ANGELO WALTHER

DIE MYTHEN DER ANTIKE IN DER BILDENDEN KUNST

Angelo Walther

DIE MYTHEN DER ANTIKE IN DER BILDENDEN KUNST

Albatros

Titel der Originalausgabe:
Von Göttern, Nymphen und Heroen:
die Mythen der Antike in der bildenden Kunst

Die Edition Leipzig ist ein Unternehmen der Verlagsgruppe Dornier

Bibliographische Information der Deutschen Bibliothek
Die Deutsche Bibliothek verzeichnet diese Publikation
in der Deutschen Nationalbibliographie;
detaillierte bibliographische Daten sind im Internet
über http://dnb.ddb.de abrufbar.

Genehmigte Lizenzausgabe für Albatros im Patmos Verlagshaus

Albatros Verlag, Düsseldorf

ISBN 3-491-96079-7
www.patmos.de

Inhalt

Zu dieser Publikation

Ebenso wie die Geschichten der Bibel sind auch die antiken Mythen über die Jahrhunderte hinweg eine unerschöpfliche Quelle der Anregung für die Künste gewesen. Zahlreiche bedeutende Dichter und Komponisten, Maler und Bildhauer haben bis in die Gegenwart in diesen Überlieferungen immer neue, ihrem Stil – und Ausdruckswillen entsprechende Motive gefunden, die sie mit vielfältigen geistigen Gehalten ausstatteten, in denen sie ihre eigenen und die ihrer Zeit gemäßen Gedanken und Anschauungen zum Ausdruck bringen und woran sie ihre schöpferische Kraft erproben konnten. Geschehnisse und Gestalten aus dem Bereich der Mythologie wurden als Gleichnisse menschlicher Schicksale, Charaktere und Verhaltensweisen verstanden.

Die mythologischen Geschichten von den Göttern und Heroen der alten Griechen waren zunächst über einen langen Zeitraum nur mündlich überliefert worden, ehe sie von Dichtern literarisch gestaltet wurden und nun erst recht zu einer wesentlichen Grundlage europäischen Bewußtseins und Selbstverständnisses werden konnten. Wie Herodot, von Cicero als »Vater der Geschichtsschreibung« gerühmt, schon im 5. Jahrhundert v. Chr. schrieb, hätten Homer und Hesiod »den Griechen den Stammbaum der Götter aufgestellt. Hesiods »Theogonia«, zu deutsch »Götterabstammung«, deutete die Welt durch den Mythos. Homer beschrieb in seinen Hymnen die Götter nach ihrer Herkunft und ihren Taten, während seine Epen vor allem den Heroen gewidmet sind. Später haben besonders die drei großen Dramatiker Aischylos, Sophokles und Euripides sowie der Lyriker Pindar in ihren Dichtungen den Götterglauben der Griechen schriftlich fixiert. Die Götter und Heroen wurden kultisch verehrt und verkörperten für die Menschen der Antike Realität, wie sie auch in den Werken der Dichtkunst und der bildenden Künste erschienen, dies um so mehr, da sie nicht als über den Menschen stehend angesehen wurden, sondern »auf vielfältige Weise mit deren Tun und Leiden verbunden waren und selbst deren Wesen verkörperten« (E. Simon).

Die römischen Dichter Vergil und – mehr noch – Ovid wurden dann zu den Mythographen, die durch weite Verbreitung ihrer Schriften für die europäische Kultur und Kunst größte Bedeutung gewannen. Ovid konnte sein Meisterwerk, die »Metamorphosen«, gerade noch vor seiner Verbannung nach Tomi am Schwarzen Meer vollenden. Es heißt, daß er in diesen den griechischen Sagen nacherzählten »Verwandlungen« von Menschen in Tiere, Pflanzen und Steine die alten Mythen zu Märchen und Novellen gemacht habe.

Die olympischen Götter waren einander durch Abstammung oder Ehe verbunden. Zwölf anthropomorphe Gottheiten, deren Wohnung sich auf dem Olymp befinden sollte, genossen in Griechenland vor allem Verehrung und fanden schon in der bildenden Kunst der Antike vielfach Gestaltung. Diesen Zwölfgöttern waren auch die zwölf Monate geweiht und die zwölf Tierkreiszeichen zugeordnet. Der Göttervater Zeus und seine Gemahlin Hera standen an ihrer Spitze. Homer hatte sie in die von seiner Zeit an literarisch tradierte Ordnung gebracht, wobei in seinen Epen aus der Eisenzeit noch der Entwicklungsstand der Bronzezeit beschrieben ist.

Die Religion der Hellenen hatte sich bereits im 2. Jahrtausend v. Chr. herausgebildet und ist als die Religion des Adels zu verstehen, die das antike Weltbild spiegelt. Die Ehrfurcht vor dem religiösen Gedankengut offenbart sich in den homerischen und hesiodischen Gedichten ebenso wie in der neuartigeren Deutung durch die griechische Tragödie und in der bildenden Kunst der Antike. In den Statuen und Reliefs der Giebelfelder wie in den Metopen und Friesen der Tempel, am Schmuck von Weihgeschenken und profanen Geräten, in Sarkophagreliefs, in der Vasenmalerei, auf Gemmen und Münzen und in anderer Kleinkunst gewannen die Mythen der Götter und Heroen anschaulich Gestalt mit den großen Themenbereichen von Liebe und Geburt, Kämpfen und Versammlungen. Fügte die archaische Kunst die einzelnen Bestandteile der Motive noch additiv zusammen, so schilderte die klassische dagegen bereits die Welt der Götter im Werden, als Vorgang. In der hellenistischen Zeit trat an die Stelle des kultischen Charakters der Darstellungen das Bemühen um dramatisch-theatralische Wirkungen.

Die Religion der Griechen, wie sie Homer in seinen zwei großen Epen »Ilias« und »Odyssee« beschrieb, breitete sich in die von Griechen kolonisierten Gebiete aus, insbesondere auch nach Italien. Die hellenischen Götter und Halbgötter wurden in großer Zahl von den Römern unter veränderten Namen übernommen: Zeus wurde zu Jupiter, Hera zu Juno, Herakles zu Herkules. Es ist darauf hingewiesen worden, daß die römischen Götter im Gegensatz zu den griechischen nicht mehr anthropomorphen Charakter hatten (E. Wissowa). Entsprechend nahm die Bedeutung der Mythologie in der römischen Religion stark ab. In der römischen Literatur aber ist das Italische zumeist von den griechischen Mythen überdeckt, und diese sind auch in den Dichtungen Vergils und Ovids uneingeschränkt lebendig. Vergils »Aeneis« knüpft an die homerischen Epen an und schildert das Schicksal des Aeneas von der Eroberung Trojas durch die Griechen bis zu seinem Sieg über den italischen Rutulerfürsten Turnus und zur Gründung Laviniums. Der Held wird in seiner historischen Mission von seiner Mutter geleitet, die niemand anderes als die Göttin Aphrodite ist. Die mythischen Bilder verbinden sich aber mit einem neuen Geschichtsbewußtsein.

Auch nachdem zu Beginn des 4. Jahrhunderts n. Chr. das Christentum im Römischen Reich zur Staatsreligion erhoben wurde und die antiken Götter weichen mußten, blieben sie im Bewußtsein der Menschen lebendig, nicht zuletzt dank ihrer Präsenz in den Kunstwerken. Die Mythen überlebten den Glauben an das Dasein der Götter. Trotz aller Einschränkungen durch die christliche Dogmatik bestand die antike Überlieferung im Mittelalter fort, zumal es zwischen der antiken Mythologie und der christlichen Religion mancherlei Beziehungen und Analogien gab. Christliche Gestalten wurden mythologischen gleichgesetzt, Christus selbst dem griechischen Nationalheros Herakles, der ebenfalls durch Dienste an der Menschheit die Unsterblichkeit errang. »Der Christ aber, der jetzt im Sonnenlicht steht, kann rückwärtsblickend mit bestürzter Liebe entdecken, wie die Lampen der Antike den kommenden Helios der Gerechtigkeit vorherspiegeln. Das ist sein Humanismus: Hellas in Christus zu sehen.« Odysseus, von Gott geleitet, findet trotz aller Gefahren schließlich doch heim, so wie der Christ zum Himmel strebt (Hugo Rahner).

Schon um 1210–1217 wurden Ovids »Metamorphosen« vom Chorherrn Albrecht von Halberstadt ins Deutsche übersetzt, als eine Art heidnisches Gegenstück zur Bibel. Das ganz neuartige große Interesse an der Kultur der Antike aber brachte die Renaissance, die danach auch ihren Namen als »Wiedergeburt« erhalten hat. Die mit ihr einhergehende Geistesbewegung des Humanismus fand aber auch bei den frühchristlichen Kirchenvätern, mehr jedoch noch bei den römischen und griechischen Schriftstellern, ihre entscheidenden Grundlagen. War Antikenrezeption zuvor eine mehr oder weniger verborgene Unterströmung gewesen, so gewann sie nun größte Bedeutung. Auch zahlreiche Denkmäler der bildenden Kunst wurden wiederentdeckt, ausgegraben oder überhaupt erst jetzt gewürdigt. In Rom war seit 1515 kein Geringerer als Raffael Beauftragter des Papstes für die Erfassung der römischen Altertümer.

Mit der Renaissance kam es zu einer »Erneuerung des religiösen Heidentums« (Gustav F. Hartlaub), und neben den christlichen Themen wurde die antike Mythologie in großem Umfang zum Gegenstand künstlerischer Gestaltung. Ohne daß es noch einen Glauben an das Dasein der antiken Götter und Heroen geben konnte, erschienen diese darstellenswert »als Urbilder des Lebens, Kinder der Erde und Kinder des Geistes, titanische Empörer und gottlose Frevler, liebend Verlangende und Hingegebene, im Glück der Erfüllung und in der Pein der Sehnsucht, in einsamer Verlassenheit und kosmischem Einsgefühl, das unsterbliches Leben verheißt«, wie es Karl Schefold ausgedrückt hat.

Angeregt von den literarischen wie den bildkünstlerischen Werken der Antike, schufen Maler und Bildhauer seit der frühen Neuzeit eine immer mehr zunehmende Anzahl von Gemälden und Plastiken mythologischen Inhalts; das Weltbild der Antike verband sich dabei mit ihrem eigenen. Zugleich gewann damit das antike Gedankengut eine unmittelbare Gegenwart und Aktualität und eine geistige Realität, wie sie durch die überlieferten Sachzeugen allein niemals hätte zustandekommen können. Mit der Gestaltung der Stoffe verband sich ihre Interpretation; die antiken Mythen engten die künstlerischen Freiheiten nicht ein, es waren Geschichten, die auf vielerlei Weise erzählt werden konnten und doch dieselben blieben (Karl Kerényi).

Durch die Fülle gestalteter Themen, die im Barock noch anwuchs, kam es zu einer weitgehend lückenlosen, wenngleich auf die dramatischen Höhepunkte ausgerichteten Bebilderung der mythologischen Erzählungen, wie sie von den aus der griechischen und römischen Antike überkommenen Kunstwerken nicht mehr geleistet werden konnte und sicherlich auch nie geleistet worden war. Das Bild der griechischen und römischen Götter und Heroen des Altertums, wie es die Mythen schildern, entsprach dem neuen Lebensgefühl der Renaissance, dem neuen Persönlichkeitsanspruch der nun wieder dem Diesseits zugewandten Menschen. Die Götter waren ebenso wie die Sterblichen diesseitig eingestellt, sie verbanden sich mit ihnen und handelten wie diese. »Leicht leben sie dahin im Olympos oder im Himmel, sie essen und trinken und lieben und erfreuen sich an Musik, Gesang und Tanz und lachen gar viel, und auch die Menschen dürfen gelegentlich ein Gelächter über sie erheben« (Fr. Pfister). Andererseits flohen die Menschen aber auch vor den Göttern, weil diese sie ins Unglück bringen konnten. Dabei fanden sie sich in den antiken Göttern und Heroen widergespiegelt und bestätigt, und deren Taten waren Gleichnisse ihres eigenen Verhaltens und Strebens, Denkens, Hoffens und Fühlens.

Zahlreiche fürstliche Persönlichkeiten gaben nun Kunstwerke mythologischen Charakters in Auftrag und identifizierten sich auch selbst mit den mythologischen Gestalten. Giulio Romano, der künstlerische Erbe Raffaels, malte in den Jahren von 1524 bis 1535 für den Herzog von Mantua, Federigo II. Gonzaga, den Palazzo del Te mit vielen mythologisch-erotischen Szenen aus. Sein Gehilfe, der Bologneser Francesco Primaticcio, wurde von König Franz I. zu einer ähnlichen Ausstattung des Schlosses Fontainebleau bei Paris 1532 gemeinsam mit anderen italienischen Malern nach Frankreich gerufen. Michelangelo schuf nach 1529 für den Herzog Alfonso d'Este von Ferrara die »Leda mit dem Schwan«. Das Bild geriet dann noch in andere Hände, wurde aber wegen der großen Nachfrage schon bald mehrfach kopiert. Der bereits erwähnte Herzog Federigo II. Gonzaga bestellte bei Correggio nach 1530 einen Zyklus von Darstellungen der Liebesabenteuer Jupiters, wovon die »Leda«, die »Danae«, der »Raub des Ganymed« und »Jupiter und Io« vollendet wurden und später in die Sammlung Philipps II. von Spanien gelangten.

Tizian erhielt von dem gleichen König den Auftrag für acht jeweils paarweise zusammengehörige »Poesien« mit der Darstellung von Liebesbeziehungen zwischen Göttern und Menschen sowie Heroen nach den »Metamorphosen« Ovids; sie entstanden zwischen 1553 und 1565. Der mythologisch-erotische Aspekt beherrschte ganz entscheidend auch die Prager Kunst um 1600 am Hofe Rudolfs II., was sich nicht nur aus den Neigungen des Kaisers selbst, sondern auch aus einer ganz allgemeinen Vorliebe für solche Sujets gerade in der Kunst des Manierismus erklärt.

Für die Vergegenwärtigung mythologischer Inhalte bot neben der Malerei auch die Plastik vielfältige Möglichkeiten, vor allem im Bereich von Schloßgärten und Parkanlagen. Schon in der Renaissance, besonders aber im Barock nach dem Vorbild von Versailles, wurden diese überall in Europa mit den Figuren antiker Götter und Göttinnen, von Nymphen, Satyrn und Amoretten, den Gestalten der Olympier wie der niederen Naturgottheiten der Berge und Wiesen, Bäume, Quellen und Flüsse, des Meeres und der Luft sowie der Heroen ausgestattet. Auch die Beziehungen zu den Gestirnen und damit zu den Tierkreiszeichen fanden Beachtung. Die Natur wurde mythologisch personifiziert, oft in umfassenden Programmen, und damit entstand gleichzeitig ein neues, der Antike nachgebildetes Arkadien gemäß einer neuen Natursehnsucht und als ein »heidnisches Paradies«, worin die mythologischen Gestalten eine Wiedergeburt erlebten und die alten mythologischen Geschichten sich auch real von neuem ereignen und zur Gegenwart werden konnten.

Die Sammeltätigkeit an den Fürstenhöfen richtete sich ebenfalls vielfach auf mythologische Motive, bevorzugt solche mit erotischem Gehalt. Das gilt zum Beispiel für August den Starken, Kurfürst von Sachsen und König von Polen, wie die von ihm 1722 begründete Gemäldegalerie Dresden gut erkennen läßt: Die berühmte »Schlummernde Venus« von Giorgione, eines der ganz wenigen als eigenhändig verbürgten Bilder dieses Malers, gehörte 1699 zu Augusts ersten Erwerbungen, der bald Bilder wie »Dianas Heimkehr von der Jagd«, der »Trunkene Herkules« und »Leda mit dem Schwan« von Peter Paul Rubens und zahlreiche andere folgten. So, wie Ludwig XIV. von Frankreich sich in Selbstvergötterung als der »Sonnenkönig« mit dem Sonnengott Apollon identifizierte, ließ sich August der Starke wegen seiner Körperstärke und seines Tatendranges gern als »Hercules Saxonicus«, als der »sächsische Herkules«, feiern. Friedrich II. von Preußen, genannt Friedrich der Große, ein doch sonst eher asketischer König, bestellte zur Ausstattung seiner Schlösser wie Potsdam, Sanssouci oder Rheinsberg bei seinem Hofmaler Antoine Pesne und anderen Künstlern zahlreiche Bilder nach Szenen aus Ovids »Metamorphosen«. Diese Beispiele sollen für viele stehen. Die Bestände von Museen und Schlössern verraten dem Besucher, in welchem Umfang die einstigen Besitzer und Begründer der Sammlungen den mythologischen Darstellungen als einer »Welt voll erotischer Farben und musikalischer Harmonien« (Gustav Hartlaub) ihre besondere Vorliebe entgegenbrachten.

Der von Horaz geprägte humanistische Topos »Ut pictura poesis«, der mit der Verwandtschaft der beiden Künste Malerei und Poesie deren gleichhohes und verwandtes Leistungsvermögen sowohl konstatiert als auch fordert, fand im Bereich der mythologischen Thematik seine Verwirklichung: Was die Dichtkunst mit Worten vollbringt, gelingt der Malkunst mit ihren optischen Gestaltungsmitteln. Ihr gemeinsames Auftreten kommt beiden zugute, wie es in dem Sinnspruch »Concordi lumine maior«, »Größer durch das vereinte Licht«, so kurz wie einprägsam formuliert ist.

Christian Ludwig von Hagedorn, erster Generaldirektor der 1764 begründeten Kunstakademie Dresden wie auch der dortigen Kunstammlungen, hat dies in seinen »Betrachtungen über die Mahlerey« (Leipzig 1762) mit anderen Worten bildhaft zu machen verstanden: »Die Fabel gehört dem Künstler wie dem Dichter, und einer hat dem anderen ein Licht angezündet«, aber »jener hat den Vorteil, uns durch Verwicklungen auf den vornehmsten Zeitpunkt zu führen, den der Künstler auf einmal vorstellet«. Hagedorn betonte aber ergänzend, »wie viel gleichwohl ein großer Künstler uns in einem Zeitpunkt zu zeigen« wisse. Er vertrat mit Recht die Meinung, daß die unterschiedlichen Quellen nicht in gleichem Maße die Phantasie des Künstlers zu beflügeln vermöchten. So habe Vergil »den Künstlern die Gemälde vorgerissen«, Ovid sei »dagegen flüchtiger und um die Nachfolge des Malers in seinen Erfindungen weniger bekümmert, wenngleich ebenfalls reich in seinen literarischen Bildern«. Unabhängig von der Bewertung des Schreibstils jedes der beiden Dichter ist festzustellen, daß der von Ovid in seinen »Metamorphosen« behandelte mythologische Stoff wesentlich häufiger von bildenden Künstlern aufgegriffen wurde als die Schilderungen in der »Aeneis« Vergils – der aber wohl der Zeit des Klassizismus mehr entsprach.

Johann Joachim Winckelmann, Begründer der klassischen Archäologie und der neueren Kunstwissenschaft, untersuchte die Wertigkeit von antiker Literatur und Kunst für unsere Kenntnis des klassischen Altertums und gestand zwar zu, daß wir über die griechischen Götter viel von den griechischen Dichtern erführen, »aber diese reiche schriftliche Tradition bliebe für uns ohne Bedeutung, hätten wir nicht die antike Bildkunst«. Andererseits räumte er aber ein, »die antiken Götterbilder könnten von uns kaum verstanden werden, hätten wir nicht die literarische Tradition«.

Die Gestaltung antiker mythologischer Sujets in der nachmittelalterlichen bildenden Kunst ist so wie diese selbst ohne den Bezug zur Kunst der Antike nicht recht vorstellbar: Wie wäre das bildnerische Menschenideal denkbar ohne das Vorbild der antiken griechischen und auch römischen Plastik? Dennoch darf dabei nicht vergessen werden, daß den Künstlern noch lange viel weniger antike Kunstwerke als Anschauungsmaterial zur Verfügung standen als uns heute. Bis in die Zeit Winckelmanns und Goethes waren ihnen die griechischen Originale zumeist nur in römischen Kopien bekannt, die Erschließung Griechenlands setzte erst seit etwa 1830 ein.

Die umfassende bildliche Vergegenwärtigung der antiken Mythen in fast unzähligen Kunstwerken seit der Renaissance, im Manierismus und im Barock, im Klassizismus, in den verschiedenen Strömungen des 19. Jahrhunderts oder im Expressionismus und bis in die Gegenwart stellt ein gewaltiges künstlerisches Vermächtnis dar. Viele der bedeutendsten Künstler aller europäischen Schulen haben daran mitgewirkt und in den mythologischen Motiven umfassende Möglichkeiten zur Erprobung der unterschiedlichen Gestaltungsmittel wie zur Darlegung mannigfaltiger philosophisch-weltanschaulicher Inhalte und existentieller Probleme erkannt und genutzt. Kein anderer Themenbereich eignete sich derart zur sinnlichen Verherrlichung von weiblicher Schönheit und männlicher Kraft, zur Schilderung der Eigenarten und Begegnungen der Geschlechter, zur Darstellung der Gottähnlichkeit des Menschen und der Tragik seiner

Sterblichkeit. Die mythologischen Geschichten boten auch manche Gleichnisse zur Weltgeschichte, ihren großen Ereignissen und Persönlichkeiten, und konnten somit Geschichtsbewußtsein entwickeln helfen. Sie forderten die Künstler zu immer neuen Werken heraus und bezeugen damit bis heute ihre beständige Lebenskraft, die gleichzeitig durch zahlreiche Rezeptionen bewiesen wird.

Es ist das Ziel dieser Publikation, den Schatz der griechisch-römischen Mythen in ihren wichtigsten Begebenheiten durch Werke der bildenden Kunst zu veranschaulichen, im Sinne einer Illustrationsfolge, wie sie uns zu den Geschichten der Bibel seit langem geläufig ist. Dabei wird zugleich ein Abriß der europäischen Malerei gegeben, ergänzt durch eine Anzahl Plastiken wie auch Druckgraphik. Das Voranstellen einer kleinen Gruppe antiker Kunstwerke soll die Tradition andeuten, in der die Künstler späterer Stilepochen gestanden haben, ohne damit eine – ungerechtfertigte – Grenze zwischen Archäologie und Kunstgeschichte ziehen zu wollen.

Es war festzustellen, daß die Malerei die mythologischen Geschichten nicht lückenlos bebildert hat. Nur jeweils bestimmte, dramatisch wirksame Szenen der Erzählfolgen wurden aufgegriffen und oftmals immer wieder gestaltet, während andere nur vereinzelt oder gar kein Interesse fanden. Die wesentlichsten Themen wurden hier einbezogen; für ihre Übersicht hat Andor Pigler mit seinem zweibändigen Werk »Barockthemen« die entscheidende Grundlage erarbeitet. Der aktuelle Forschungsstand zur mythologischen Materie wurde verschiedenen lexikalischen Werken wie dem »Lexikon der griechischen und römischen Mythologie« von Herbert Hunger und der zweibändigen »Mythologie der Griechen« von Karl Kerényi sowie »Vollmers Wörterbuch der Mythologie aller Völker« entnommen. Dabei zeigte sich immer wieder, daß die Sagenstoffe in unterschiedlichen Versionen überliefert worden sind.

Das Buch beabsichtigt in keiner Weise lexikalische Vollständigkeit; es will an Beispielen die Ausbreitung des mythologischen Stoffes durch die europäische bildende Kunst bezeugen. Die zugrunde gelegte kurze Nacherzählung der einbezogenen Mythen dient dazu, zwischen den einzelnen Themengruppen, Gestalten und Begebenheiten einen zwanglosen, sinnvollen Zusammenhang herzustellen. Daraus ergibt sich auch die Reihenfolge der behandelten Kunstwerke. Durch die Erläuterungen sollen diese zum Sprechen gebracht und das Wesen der künstlerischen Leistung in ihrem Bezug zum mythologischen Inhalt interpretiert werden. Der Leser und Betrachter soll sich in die Welt der Mythen versetzt fühlen, sich darin zurechtfinden und nicht durch verfremdende Texte ständig wieder daraus vertrieben werden. Religionsgeschichtliche Ausdeutungen waren nicht vorgesehen, der Schwerpunkt der Darstellung liegt auf dem Anteil der bildenden Kunst. Bewußt zu vermeiden war eine Entromantisierung der Mythen, vor der Karl Philipp Moritz im Vorwort seiner »Götterlehre« gewarnt hat: »Die Hand, welche den Schleier, der diese Dichtungen bedeckt, ganz wegziehen will, verletzt zugleich das zarte Gewebe der Phantasie und stößt alsdann statt der gehofften Entdeckungen auf lauter Widersprüche und Ungereimtheiten.«

Bei der Schreibweise der Namen wurden im Grundtext neben den ursprünglichen griechischen mindestens bei den ersten Nennungen die lateinischen Versionen mit eingeführt. Ihre Kenntnis ist erforderlich, weil in den Bildtiteln der Werke und folglich auch in diesem Buch weitestgehend die lateinischen Formen verwendet werden. Entsprechend wird in den Erläuterungen verfahren. Soweit möglich, werden zu jedem behandelten Kunstwerk andere wichtige Bilder oder Plastiken zum gleichen Thema erwähnt (mit dem Zeichen △), der Nachweis häufiger Darstellung oder gar Vollständigkeit war dabei keineswegs beabsichtigt. Hinweise auf die wesentlichste antike Literaturquelle (mit dem Zeichen ▽) erleichtern dem Leser den Zugang. Register der mythologischen und der Personennamen sollen zum rascheren Auffinden und zum Verständnis der Zusammenhänge beitragen.

DIE GÖTTERGESCHICHTEN

Abb. I, 1 An der Spitze der griechischen Götter, die unter anderen oder verändert geschriebenen Namen zumeist auch von den alten Römern verehrt wurden und deren Gestalten, Taten und Schicksale uns nicht zuletzt durch Werke der bildenden Kunst überliefert sind, stand Zeus, von den Römern Jupiter genannt. Er war das Haupt aller Götter, der nach ihrem Wohnsitz genannten olympischen wie auch der chthonischen, der Gottheiten des Erdbodens und der Erdentiefe, und zugleich Herrscher über die Menschen und galt darum auch als Schutzherr des griechischen Staates. Nächst Zeus waren seine zwei Brüder Poseidon (Neptun) und Hades (Pluto) die höchsten Götter. Zu ihrem Geschlecht gehörten außerdem drei Schwestern: Hera (Juno), die Gemahlin des Zeus, Demeter (Ceres) und Hestia (Vesta).

Abb. V Zeus' Vorrangstellung rechtfertigte sich daraus, daß er aus den Machtkämpfen zu Beginn der griechischen Göttergeschichte als Sieger hervorgegangen war und sich dabei um die Kroniden, wie die sechs Geschwister nach ihrem Vater Kronos (Saturn) genannt wurden, hohe Verdienste erworben hatte.

Kronos war der Sohn des Uranos, und in Uranos (Uranus) als der Verkörperung des Himmels ist der eigentliche Ahnherr der griechischen Götter zu sehen. Er zeugte mit seiner Gemahlin Gaia, der Mutter Erde, die Titanen: sechs Söhne, darunter Kronos, und sechs Töchter, dazu noch sechs gewaltige Riesen, die drei Kyklopen und die drei Hekatoncheiren. Indem nun Uranos diese letzteren sechs aus Furcht vor ihrer Stärke in den Tartaros, das unter der Erde gelegene Schattenreich, verbannte, erregte er den Zorn Gaias, und diese stiftete ihren jüngsten Sohn, eben den Titanen Kronos, zur Erhebung gegen den eigenen Vater an. Kronos entmannte Uranos mit der Sichel und entriß ihm die Weltherrschaft, ohne jedoch seine Brüder, die im Tartaros gefangengesetzten Riesen, zu befreien.

Nachdem Kronos auf diese Weise zur Macht gelangt war, lebte er einer Prophezeiung zufolge in der ständigen Furcht, daß ihm sein jüngster Sohn das gleiche Schicksal bereiten, ihm seine Männlichkeit und den Thron rauben könnte, wie es seinem Vater Uranos durch ihn, Kronos, widerfahren war. Um dem zuvorzukommen, verschlang er alle Kinder, eben die Kroniden, die seine Gemahlin Rheia (Rhea) – die zugleich seine Schwester war – zur Welt brachte. Dennoch vollzog sich sein Geschick, wie es bestimmt war, denn gerade der jüngste Sohn, eben Zeus, entging der Vernichtung. Seine Mutter Rheia versteckte ihn sofort nach der Geburt in einer Grotte des heiligen Berges Ida auf Kreta und reichte Kronos statt des Neugeborenen einen in Windeln gewickelten Stein, vorgebend, diesen geboren zu haben. Der Vater verschlang ihn wie die Kinder aus Fleisch und Blut. Abb. 2

Den kleinen Zeus aber vertraute Rheia den kretischen Nymphen an, unter deren Obhut er unbemerkt von seinem Vater aufwuchs. Sein Geschrei, das ihn hätte verraten können, übertönten die Priester der Rheia durch künstlichen Waffenlärm. Genährt mit der Milch der Ziege Amaltheia (Amalthea), wuchs der Knabe rasch heran und konnte bald selbst in das Schicksal eingreifen. Zum Dank versetzte er das Tier später als den Stern Capella, das heißt Ziege, an den Himmel. Herangewachsen, gab er seinem Erzeuger Kronos ein Brechmittel ein, das er von der klugen Okeanide Metis erhalten hatte und das Kronos zwang, die verschlungenen Kinder wieder auszuspeien. Neben Zeus als dem Höchsten traten die Kroniden dann die Herrschaft an: Poseidon als der Meeresgott, Hades als Gott der Unterwelt, Hera als Gemahlin des Zeus und Himmelskönigin, Demeter als Göttin der Fruchtbarkeit und des Ackerbaus und Hestia, die Göttin des Herdes und des heiligen Herdfeuers. Abb. 3

Abb. 4 Zeus nahm nun gemeinsam mit seinen Geschwistern den Kampf gegen Kronos und die anderen Titanen auf und fand starke Verbündete in den einstmals von Uranos eingekerkerten sechs Riesen, die von ihm endlich die Freiheit erhielten. Brontes, Steropes und Arges, die drei Kyklopen, das heißt Rundaugen, weil sie nur ein einziges Auge mitten auf der Stirn besaßen, statteten ihn mit den Waffen Blitz und Donner aus. Die Hekatoncheiren, Hunderthändige genannt wegen ihrer hundert Arme und fünfzig Köpfe, waren nicht weniger zu fürchten und entschieden schließlich den Ausgang des harten Kampfes. Die Kroniden mit Zeus an der Spitze schleuderten vom Olymp gewaltige Felsbrocken auf die Titanen und stürzten diese in den Tartaros hinab.

Abb. V Zugleich entstanden den Olympiern und ihren Mitstreitern aber neue gefährliche Feinde in den drachenfüßigen Giganten. Sie erwuchsen im Schoß der Erdmutter Gaia aus den Blutstropfen, die bei der Entmannung des Uranos durch Kronos auf diese herabgefallen waren. Die Giganten wollten die Schmach der Titanen, ihrer Brüder, rächen. Sie türmten Felsen aufeinander, um den Olymp zu ersteigen, und stürmten mit Baumstämmen, Keulen und Felsbrocken gegen die olympischen Götter an. Diese mußten, dem Orakel folgend, einen Sterblichen zu Hilfe rufen, um die mißgestaltigen, fürchterlichen, aber gleichwohl verwundbaren und sterblichen Riesen überwinden zu können: Es war Herakles, der sich auch durch die Unterstützung der Olympier gegen die Giganten selbst Unsterblichkeit erwarb.

Abb. III, 5, 6 Wie die anderen Titanen war auch Iapetos in den Tartaros hinabgeschleudert worden, Vater mehrerer starker Söhne, Titaniden genannt, die wegen ihrer Beteiligung am Kampf gegen die Götter deren Rache ebenfalls zu spüren bekamen. Der eine von ihnen, Menoitios, wurde von Zeus mit dem Blitz erschlagen, während Atlas, im Westen der Erde stehend, das Himmelsgewölbe auf seinen Schultern tragen mußte. Ganz besonders verhaßt war den Göttern aber Prometheus, weil er ihnen nicht nur mit Stärke, sondern vor allem mit Klugheit und List begegnete. Sie konnten ihm vor allem nicht verzeihen, daß er nach ihrem, der Götter Bilde, aus Lehm Menschen geformt hatte, die im Gegensatz zu den Tieren aufrecht gingen und ihren Blick zum Himmel richten konnten. Um seine Geschöpfe zu beseelen und ihnen Handwerk und Künste zu ermöglichen, stahl er schließlich das Feuer vom Himmel, das Zeus den Irdischen vorenthalten wollte. Prometheus stieg zum Sonnenwagen hinauf und entzündete daran eine Fackel, mit der er seinen Gebilden Leben einhauchte. Dafür aber mußte er schwer büßen. Zeus ließ ihn durch den Schmiedegott Hephaistos (Vulkan) im Kaukasus an einen Felsen schmieden und schickte täglich seinen Adler, der ihm die immer wieder nachwachsende Leber abfraß. Prometheus erduldete dies viele Jahre lang, bis Herakles endlich den Adler tötete und ihn befreite. Der Funke des Prometheus jedoch war nicht mehr auszulöschen.

Zeus rächte sich aber auch an den Menschen selbst dafür, daß sie durch Prometheus in die Welt gebracht worden waren. Er ließ, ebenfalls durch Hephaistos, eine verführerische weibliche Gestalt bilden, Pandora genannt, und schickte sie zu den Menschen, ausgestattet mit einer Büchse, worin alle Übel wie Krankheiten, Sorgen und Verzweiflung eingeschlossen waren. Prometheus schlug dieses Geschenk aus und warnte auch seinen Bruder Epimetheus davor, der sich jedoch von den Reizen der Pandora betören ließ und sie zur Frau nahm. Sie aber öffnete das Gefäß und ließ das Unglück über die Menschen kommen, denen nichts als die Hoffnung blieb. So mußten sie es sühnen, nach dem Bilde der Götter erschaffen worden zu sein, und der Titanensohn Epimetheus empfing seine Strafe darin, daß er das Unheil über die Sterblichen bringen mußte. Abb. 7

Trotz allem dauerte das Geschlecht der Titanen in den Menschen fort. Epimetheus zeugte mit Pandora die Tochter Pyrrha, die sich mit Deukalion, dem Sohn des Prometheus, vermählte. Das Paar war auserwählt, die Stammeseltern der Hellenen zu werden. In einem schwimmenden Kasten, den Deukalion auf Rat seines Vaters Prometheus gebaut hatte, überlebten beide die von Zeus zur Vernichtung der frevelhaften Menschheit geschickte Sintflut. Neun Tage und Nächte trieben Deukalion und Pyrrha darin auf dem Wasser umher und landeten endlich am Berge Parnaß in Böotien. Sie opferten Zeus zum Dank für ihre Errettung, und dieser stellte ihnen zum Zeichen seiner Gunst einen Wunsch frei. Nun erbaten sie sich wieder Menschen zur Gesellschaft und wurden aufgefordert, die Gebeine der großen Mutter, nämlich der Erde, also die herumliegenden Steine, hinter sich zu werfen. Das geschah, und aus den von Deukalion geworfenen Steinen wurden Männer, aus denen der Pyrrha dagegen Frauen. So bevölkerte sich die Erde von neuem. Abb. 8

Abb. Das neue Göttergeschlecht der Kroniden hatte nach
9, I der endgültigen Überwindung der Titanen die Welt-
herrschaft angetreten und unter sich aufgeteilt. An
der Spitze stand der um alle seine Geschwister hoch-
verdiente Donnerer Zeus, der vom Olymp aus den
Himmel ebenso regierte wie die Erde, auf die er Tag
und Nacht Regen, Schnee und Wind und vor allem
31, 32, auch Blitz und Donner sandte. Sein heiliger Vogel,
58 dessen Gestalt er zuweilen selbst annehm, war der
stolze Adler.

Abb. Neben Zeus regierte seine Schwester und Gemahlin
I, III Hera als Himmelskönigin. Ihr war der Vogel Pfau hei-
lig. Es heißt, daß sie sich schon lange vor der Hoch-
zeit mit Zeus vereinigt hatte. Dieser gewann sie – wie
später noch zahlreiche andere Frauen – durch eine
List: Als sie einst auf der Insel Samos bei dem Berge
Thornax spazieren ging, ließ er sich als Kuckuck in
ihrem Schoß nieder. Zum Hochzeitsfest erhielt das
Paar von Gaia, der Erdmutter, als Geschenk den
Wunderbaum, der goldene Äpfel trug. Er wurde den
Hesperiden, den Töchtern des Titanensohnes Atlas,
sowie dem Drachen Ladon zur Bewachung überge-
ben; der Heros Herakles mußte zum Beweis seiner
Tapferkeit später unter Gefahren einige von diesen
Früchten holen.

Abb. Hera war als die oberste weibliche Gottheit zugleich
9, 1 die Schutzgöttin der Ehe und der Ehefrauen und von
mütterlicher Art. Sie verkörperte das Ideal der Weib-
lichkeit, war aber dabei mit allen als typisch weiblich
angesehenen Schwächen wie Eitelkeit – die ja auch
den Pfau charakterisiert – und Zanksucht behaftet,
38, 58, und ihre Eifersucht konnte sie zu unversöhnlichem
68, 72, Haß und zu grausamer Härte treiben. Freilich ist da-
83, 91, bei zu bedenken, daß ihre Ehe mit Zeus bei weitem
100, 104 nicht mustergültig war, weil der Göttervater zahlrei-
bis che Verhältnisse mit anderen Frauen einging und
107, durch seine Liebesabenteuer seine rechtmäßige Gat-
115 tin immer von neuem erzürnte.

Abb. Hera selbst war gegenüber jedwedem Verführungs-
11 versuch erhaben, und sie wies auch den lüsternen
Ixion ab, den König des wilden Volkes der Lapithen
in Thessalien, der sie heftig begehrte. Dieser war be-
reits schuldig geworden, indem er seinen Schwieger-
vater Deioneus in eine mit glühenden Kohlen gefüllte
Grube gestoßen hatte. Zeus hatte ihm das aber gut-
mütig verziehen und ihn sogar an der Göttertafel
speisen lassen. Als sich nun Hera bei ihrem Gemahl
über Ixion beklagte, übte Zeus wiederum Nachsicht
gegen den frevlerischen König, und um ihn zu befrie-
digen, schuf er eine Wolke in Heras Gestalt, Nephele
genannt, mit der Ixion sich vermählte. So wurden die
Kentauren erzeugt, Mischwesen aus dem Rumpf und Abb.
den vier Beinen eines Pferdes mit einem menschli- 29,
chen Oberkörper und Kopf. Als Ixion aber noch da- 128,
mit prahlte, die Götterkönigin besessen zu haben, 145
stieß Zeus ihn in den Tartaros hinab, wo er auf ein
rollendes Feuerrad geflochten wurde und ewige Qual
erdulden mußte.

Die Lapithen, über die Ixion herrschte, lagen mit den Abb.
in der Bergwildnis hausenden Kentauren in ständi- 10
gem Kampf. Dieser entzündete sich besonders bei
der Hochzeit des Peirithoos, Ixions Sohn und König
der Lapithen, als die anwesenden Kentauren sich in
der Trunkenheit der Braut wie der anderen Frauen
der Lapithen zu bemächtigen und diese zu rauben
versuchten. Theseus, der Besieger des Minotauros
und anderer gefährlicher Gegner, und Nestor, der als
alter Mann noch eine Flotte gegen Troja führen sollte,
standen den Lapithen zur Seite, so daß die Kentauren
geschlagen werden konnten; der Rest zerstreute sich
in den Bergen.

Von den Brüdern des Zeus und der Hera beherrschte Abb.
Poseidon das Meer und konnte als der Erderschütte- 12
rer mit seinem Dreizack Felsen spalten, Stürme wie
See- und Erdbeben hervorrufen und die Schiffe ver-
nichten, ihnen aber auch glückliche Fahrt sichern.
Wie das Element, dem er gebot, erschien er den Men- 159
schen zumeist zornig, ganz anders als Zeus, der nur
selten zürnte und der seine Erhabenheit und All-
macht in einem Lächeln kundtat.

Poseidon hatte seine Wohnung in der Tiefe des Mee- Abb.
res und war Herr eines großen Gefolges, wozu auch 13
die Nereiden gehörten. Das waren die fünfzig Meer-
nymphen, Töchter des von Poseidon verdrängten
greisenhaften Meeresgottes Nereus und seiner Ge-
mahlin Doris. Sie waren bei den Seeleuten beliebt,
weil sie diese durch ihre Spiele und Reigentänze er-
freuten und ihnen aus Seenot halfen. Drei von ihnen,
Amphitrite, Galateia und Thetis, erlangten besondere
Berühmtheit.

Amphitrite wurde von ihrem Gebieter Poseidon Abb.
selbst zur Gemahlin begehrt. Sie floh vor ihm zu At- 14, 15
las, dem Sohn des Titanen Iapetos und Bruder des
Prometheus, der von Zeus verurteilt worden war, den
Himmel auf seinen Schultern zu tragen. Ein kluger
Delphin, das Poseidon heilige Tier und von ihm als
Kundschafter ausgesandt, spürte Amphitrite auf und

bewog sie zur Rückkehr und zur Unterredung mit Poseidon. Dieser konnte sie schließlich doch zur Frau gewinnen, und sie gebar ihm den Triton, der von den Hüften an fischleibig war und das Muschelhorn und wie sein Vater die dreizackige Harpune mit sich führte. Mit einem stattlichen Gefolge von Nereiden und Tritonen fuhr Amphitrite im Muschelwagen triumphierend über das Meer.

Abb. 16 Mit der aus dem Haupt des Zeus hervorgegangenen Göttin Athena geriet Poseidon in Streit um die Vorherrschaft über das Gebiet von Attika, auf dem auch Athen liegt. Nach dem Ratschluß der olympischen Zwölfgöttergemeinschaft sollte sie der Gottheit zugesprochen werden, die dem Land das wertvollere Geschenk bot. Poseidon stiftete das Pferd, das er vielleicht selbst erschaffen hatte, dessen Gebrauch er in Attika einführte und das ihm ebenso wie der Delphin heilig war. Zugleich schlug er mit seinem Dreizack auf der Akropolis eine Quelle aus dem Felsen, da seiner Macht außer dem Meer auch die Binnengewässer unterlagen. Athena aber stiftete den Ölbaum und trug damit den Sieg davon, den ihr Kekrops, der älteste König Attikas, als Schiedsrichter zusprach.

Abb. 17 Ebenso wie sein Bruder Zeus begehrte der Meeresgott neben seiner eigenen Gemahlin auch andere Frauen, und so stellte er der Koronis, der Tochter des Königs von Phokis, nach und verfolgte sie, als sie einst am Ufer des Meeres wandelte. Die Jungfrau rief in ihrer Not Athena um Hilfe, und die jungfräuliche Göttin schützte das keusche Mädchen, indem sie es in eine Krähe verwandelte; diese erwählte sie zu ihrem Lieblingsvogel, entließ sie aber wegen ihrer allzu großen Geschwätzigkeit später wieder aus ihrem Dienst und nahm statt ihrer die kluge Eule als heiligen Vogel an.

Abb. 18 Die Nymphe Thoosa sträubte sich gegen Poseidons Liebeswerben nicht, sie gebar ihm den einäugigen Kyklopen Polyphemos. Dieser plumpe, häßliche Riese entflammte in Liebe zu einer anderen Nereide, der schönen Galateia. Da sie aber den jungen Akis (Acis), Sohn des Pan und einer Nymphe, liebte, gab sie Polyphemos' Drängen nicht nach und verlachte ihn noch. Akis mußte dies mit dem Leben bezahlen. Als die Liebenden einst im Angesicht des Ätna Zärtlichkeiten tauschten, wurden sie von dem Kyklopen erspäht. Wohl versuchte der Jüngling zu fliehen, aber der eifersüchtige Riese schleuderte ihm einen gewaltigen Felsblock nach, dessen Spitze ihn begrub. Unter dem Gestein quoll sein Blut hervor, das schließlich die Röte verlor und als klares Wasser weiterfloß: Akis war in einen Fluß verwandelt worden, und in dieser Gestalt lebte er weiter. Auch Polyphemos entging seinem Schicksal nicht: Er wurde später von Odysseus geblendet. Abb. 164

Die Danaide Amymone, eine der fünfzig Töchter des ägyptischen Königs Danaos, wurde gleichfalls die Geliebte Poseidons. Abb. 19 Als ihr Vater vor seinem Bruder mit seinen Töchtern nach Argolis fliehen mußte, gerieten sie in Gefahr zu verdursten. Auf der Suche nach einer Quelle scheuchte Amymone einen Satyr auf, der sich ihrer zu bemächtigen suchte. Sie rief Poseidon als den Quellengott zu Hilfe. Er befreite sie von dem unerwünschten Bewerber und erhielt zum Dank von ihr, was sie dem Satyr verweigert hatte.

Die Nereide Thetis wurde nicht nur von Poseidon, sondern zugleich von Zeus selbst begehrt und umworben. Abb. 144, 145, 146, 148, 149 Da aber die Gerechtigkeitsgöttin Themis geweissagt hatte, der Sohn der Nereide werde stärker sein als sein Vater, wollte keiner der Götter mit ihr Vater werden. So nahm die Meernymphe den Helden Peleus zum Gemahl. Zur Hochzeit waren alle Olympier zu Gast, aus der Verbindung erwuchs Achilleus, der später zum größten Helden der Griechen beim Kampf um Troja aufstieg.

Die lichtlose Unterwelt wurde von Hades regiert, der den Menschen verhaßt war als der finstere und mitleidlose Beherrscher dieses düsteren Schatten- und Totenreiches, Abb. 57, 21, 22, 24 in das die Seelen der Verstorbenen eingingen, für ewig und ohne jede Erinnerung an die Freuden des irdischen Daseins. Nach dem Leben, das sie geführt hatten, kamen sie entweder in die Gefilde der Seligen, Elysium genannt, oder an den Ort unaufhörlicher Buße, den mauerumschlossenen Tartaros, auch als Hades bezeichnet. Hier erlitt der Riese Tityos ewige Qualen, weil er sich der Leto (Latona) unerlaubt nähern wollte, und hier büßte auch Sisyphos seine Strafe ab: Er mußte versuchen, einen Felsblock auf die Höhe eines steilen Berges zu wälzen, aber immer, wenn dies fast geglückt zu sein schien, rollte der schwere Stein wieder zu Tale, und die ewig vergebliche Arbeit begann von neuem. Zeus strafte Sisyphos damit vor allem dafür, daß dieser ihn einst dem Vater der Aigina als deren Entführer verraten hatte.

Das Totenreich war von den Flüssen Acheron, Kokytos und Styx umgeben, Abb. 20 der Fährmann Charon setzte die ankommenden Seelen in seinem Boot über, und der Höllenhund Kerberos (Cerberus) hielt Wache, daß keine von ihnen jemals wieder aus der Unterwelt, dem Hades, zur Oberwelt unter die Sonne zurückkehren konnte.

Abb. 57 In der Unterwelt lebten auch die Erinyen, drei Rachegöttinnen, von den Römern Furien genannt. Sie waren aus den Blutstropfen entstanden, die bei der Entmannung des Uranos durch seinen Sohn Kronos auf die Erde fielen, und sie verfolgten erbarmungslos alle bösen Taten; oft bestraften sie die Frevler mit Wahnsinn.

Abb. 23 Mit dem Gott des Schattenreiches waren weiterhin die Moiren (Parzen) im Bunde, drei Töchter des Zeus und der Titanin Themis, der Göttin der Rechtsordnung. Diese Schicksalsgöttinnen hielten den Lebensfaden jedes Sterblichen in ihren Händen: Klotho spann ihn, und Lachesis bewahrte ihn, bis Atropos, die Unabwendbare, ihn durchschnitt und damit dem irdischen Leben ein Ende setzte.

Abb. 22 Auch der gefürchtete Gott des Schattenreiches Hades entflammte in Liebe. Eros (Amor, Cupido) verwundete ihn auf Befehl der Liebesgöttin Aphrodite (Venus) mit einem Pfeil derart, daß die Wünsche des Getroffenen sich auf die Fruchtbarkeitsgöttin Persephone (Proserpina), die Tochter der Demeter aus dem Geschlecht der Kroniden richteten. Diese hatte sich ewige Jungfräulichkeit geschworen, doch ging es der Liebesgöttin darum, ihre und damit der Liebe Macht auch auf die Unterwelt auszudehnen, und so geschah es auch. Als Persephone einst mit den Okeaniden, den Töchtern des Titanen Okeanos, des Gottes der Quellen, Flüsse und Seen, spielte, tauchte Hades aus dem Schlund der Erde auf und entführte sie trotz ihres Sträubens als seine Braut in sein unterirdisches Reich.

Abb. 25 Ihre Mutter Demeter vermißte sie und geriet in große Verzweiflung. Sie war als eine der drei Schwestern der Götterbrüder Zeus, Poseidon und Hades die Göttin der Fruchtbarkeit, ihre Gaben waren vor allem Getreide und Brot. Gütig und auch für die Frauen fruchtbringend, stand sie zudem mit der Liebesgöttin Aphrodite und deren Sohn und Gehilfen Eros wie auch mit dem Wein- und Fruchtbarkeitsgott Dionysos (Bacchus) im Bunde.

Abb. 27 Nun irrte Demeter in Gestalt eines alten Weibes umher, traurig und zornig zugleich. Als sie sich dabei einmal durstig von einer Frau Wasser erbeten hatte und ein Knabe sie wegen ihres hastigen Trinkens als gierig schalt, verwandelte sie ihn ohne Gnade in eine Eidechse. Nachdem sie von der Entführung ihrer Tochter erfahren hatte, ließ sie zur Vergeltung keine Saat mehr wachsen. So sah Zeus sich selbst zur Vermittlung genötigt, und Demeter setzte durch, daß ihre Tochter von jedem Jahr nur ein Drittel in der Unterwelt zubringen mußte, die übrige Zeit aber zu den Göttern des Olymps zurückkehren durfte. So kam es zum Wechsel von Perioden unfruchtbarer Dürre und üppigen Wachstums. Immer, wenn Persephone wieder an die Oberwelt trat, erwachte die Natur zu neuem Leben. Indem Persephone damit die Jahreszeiten bewirkte, ähnelte sie dem römischen Gott Vertumnus, dem Gemahl der Pomona, der Göttin der Gärten und der Baumfrüchte, die er mit List gewann. Abb. 26

Zeus verdiente den Namen eines Vaters der Götter nicht nur wegen seiner Verdienste um die Erhaltung der Kroniden und als das Oberhaupt aller Gottheiten, sondern auch als der Erzeuger vieler von ihnen. Allein acht der olympischen Zwölfgötter, nämlich Apollon und Artemis (Diana), Ares (Mars) und Aphrodite, Hermes (Merkur) und Athena, Hephaistos und Dionysos, verdankten ihm ihr Dasein. Abb. 1, 9

Seine Lieblingstochter war Athena, auch Pallas Athena oder Athene genannt, die Göttin der klugen Kriegsführung und der Weisheit, des Ackerbaus wie des Schiffbaus, des Kunstfleißes und aller nützlichen Erfindungen, von denen sie selbst viele machte, darunter den Pflug und den Webstuhl, Schutzherrin auch der Philosophen, Dichter und Redner und nicht zuletzt jungfräuliche Stadtgöttin Athens. Sie wurde nicht von einer Frau geboren, denn Zeus hatte ihre Mutter, die Okeanide Metis – bekannt durch ihren klugen Rat, dem Kronos durch ein Brechmittel die verschlungenen Kinder wieder zu entreißen – nach der Empfängnis der Tochter Athena verschlungen; er wollte so dem Orakelspruch entgehen, daß der Metis Sohn ihn vom Throne stoßen würde. Daher entsprang Athena in voller Rüstung dem Haupte des Zeus selbst, das Hephaistos dazu mit der Axt gespalten hatte. Von den Römern wurde ihr später die Minerva gleichgesetzt. Abb. 28, 29

Im Schönheitswettbewerb vor Paris als Preisrichter unterlag Athena wie Hera der Liebesgöttin Aphrodite, aber im Wettbewerb mit Poseidon um die Vorherrschaft über das attische Land blieb sie durch die Stiftung des Ölbaums Siegerin. Ihr war als der Göttin des Handwerks jede Art von Kunstfertigkeit heilig. Als aber die Weberin Arachne aus Lydien sie voll Abb. 49, 30

Vermessenheit zum Wettstreit im Weben herausforderte und selbst dabei die Liebesaffären der Götter – Abb. 107 insbesondere die Entführung der Europa durch Zeus in Gestalt eines Stiers – darstellte, verwandelte die erzürnte Athena sie in eine Spinne.

Abb. V Im Kampf der Götter gegen die Giganten war Athena für diese eine gefährliche Gegnerin, und später nahm sie zahlreiche griechische Helden, darunter Diomedes, Odysseus und Herakles, in ihren Schutz.

Abb. 31 Mit seiner Gemahlin Hera zeugte Zeus die Tochter Hebe, von der es zuweilen heißt, ihre Mutter habe sie ohne Zutun eines Mannes hervorgebracht. Sie war die Göttin der Jugend und der Anmut und dazu auserwählt, den Göttern an der Tafel Ambrosia und Nektar zu kredenzen. Weil sie dabei einmal zu Fall kam und in eine »unanständige«, mit dem Götteramt nicht zu vereinbarende Stellung geriet, wurde sie durch Ganymedes als Mundschenk abgelöst. Herakles erhielt Hebe zum Dank für seine großen Taten bei seiner Aufnahme in den Olymp zur Gemahlin.

Abb. 32 Den schönen Ganymedes, Sohn des Tros, des ältesten Königs von Troja, ließ Zeus durch seinen Adler zum Olymp entführen. Vielleicht verbarg er sich selbst hinter der Gestalt des heiligen Raubvogels, denn hier war auch die Liebe mit im Spiele, in der im alten Griechenland verbreiteten Form von Beziehungen zwischen Männern und Knaben. Die Götter selbst hatten Neigungen zu sterblichen Jünglingen. Ganymedes' Vater erhielt als Entschädigung die berühmten edlen Pferde, die später Herakles versprochen wurden, weil er die Urenkelin des Königs Tros und Tochter des Königs Laomedon, die Prinzessin Hesione, vor einem Seeungeheuer errettete. Weil die Pferde ihm dann doch vorenthalten wurden, kam es zum Kriege.

Abb. 38, 39, 41 Zu den Söhnen des Zeus und der Hera gehörte Ares, der Gott des blutigen, zerstörerischen Krieges im Gegensatz zu der zwar ebenfalls kriegerischen, aber segenspendenden Athena. Er erfreute sich am wilden Kriegsgetümmel und am Männermord und war nicht nur den Menschen, sondern sogar den olympischen Göttern verhaßt, auch wegen seiner Unzuverlässigkeit und Unbeständigkeit, indem er, wie der Krieg selbst, seine Gunst bald dem einen, bald dem anderen Heer zuwandte. Die schöne Aphrodite ließ sich, betört von seiner männlichen Stärke, dennoch zu einem Liebesverhältnis mit Ares herbei, wenngleich sie auch mit ihrer Liebe seinen Kriegszorn nicht besänftigen konnte und sich dann verschmäht sah. Von den Kindern, die Aphrodite von Ares empfing, gerieten die Knaben Eros – ihr späterer Gehilfe – und Anteros – der die Gegenliebe darstellt – sowie die Tochter Harmonia, die spätere Gemahlin des Kadmos, nach der Mutter. Die Söhne Deimos, das Grausen, und Phobos, die Furcht, ähnelten dagegen dem Vater, dem sie zusammen mit Eris, der Göttin der Zwietracht, auch Abb. 48 den Streitwagen für die Fahrt zur Schlacht anspannten.

Abb. 34, 35 Ein Sohn des Zeus und der Hera wie Ares war auch Hephaistos, der überaus kunstreiche Gott des Feuers und der Schmiede sowie aller anderen Handwerker und auch der Künstler. Er hatte verkrüppelte Füße und hinkte; Hera hatte den schwächlichen Knaben darum nach der Geburt vom Olymp ins Meer hinabgeschleudert, doch wurde er von zwei Nereiden geborgen und aufgezogen; er lohnte es ihnen mit selbstgefertigtem kostbarem Schmuck. Zu seinem Bruder Ares stand er in enger Beziehung, weil er die Waffen für den Krieg schmiedete. In seiner unterirdischen Werkstatt stellte er mit seinen Gehilfen, den Kyklopen, viele kunstvolle Dinge her; er hatte den Brustpanzer der Athena, das Zepter des Zeus, den Wagen des Sonnengottes Helios und die Pfeile für Eros an- 80, 81, gefertigt, und die Rüstung des Helden Achilleus 148 stammte ebenso von seiner Hand wie die verführerische Gestalt der Pandora, die den Menschen mit ihrer 7 Büchse das Unglück brachte.

Abb. 33, 35 Gerade dem lahmen, häßlichen Hephaistos war die schönste aller Göttinnen, Aphrodite, die Göttin der Schönheit, der Anmut und der geschlechtlichen Liebe und Beschützerin aller Liebenden anvermählt, weil Schönheit und Kunst zusammengehören sollten. Aphrodite war eine Tochter des Göttervaters, doch hatte er sie nicht mit seiner angetrauten Gemahlin gezeugt, sondern mit der Okeanide Dione; vielleicht war sie auch dem Meere entstiegen und wurde darum »die Schaumgeborene« genannt. Viele Dinge waren ihr heilig, darunter Myrte und Rose, mit denen geliebte Frauen geschmückt werden, aber auch Apfel, Mohn und Linde, dazu Vögel wie Sperling und Taube, Schwan und Schwalbe.

Abb. 39, 41 Aphrodite betrog den rußigen Hephaistos mit dem Kriegsgott, wie wir wissen, und wurde durch diesen auch Mutter des kleinen Liebesgottes Eros. Er war ihr Gehilfe, der voller Verspieltheit mit dem Bogen seine Pfeile auf Menschen wie auch Götter schoß, sie ins Herz traf und der Liebe unterwarf. Oft gab ihm seine

Mutter das Ziel an, aber zuweilen wählte er es in seinem Übermut selbst. Oftmals war bei diesen Lieb-
Abb. 40 schaften auch die Eifersucht mit ihrem schlangenumzüngelten Haupt und ihrem Gift nicht weit. Hephaistos mußte natürlich von der Untreue seiner Gattin erfahren, vielleicht durch den Sonnengott Helios oder durch Apollon, und sann auf Bestrafung. Er fertigte ein kunstvolles Netz, fing die ehebreche-
42 rische Aphrodite und ihren Liebhaber darin und führte sie so zu ihrer – freilich auch zu seiner eigenen – Schande den Göttern vor. Gerade in diesem Netz aber hatte das Paar die schöne Tochter Harmonia gezeugt.

Abb. 34 Hephaistos konnte es seiner Mutter Hera nicht verzeihen, daß sie ihn als Kind verstoßen hatte. Er schuf daher einen goldenen Zaubersessel, aus dem niemand ohne seine Einwilligung wieder aufstehen konnte, und machte ihn seiner Mutter zum Geschenk. Tatsächlich wurde diese nur dadurch wieder aus ihrem Sitz befreit, daß der Weingott Dionysos den rachsüchtigen Hephaistos betrunken machte und ihn zur Lösung des Bannes bewog. Zeus aber hatte sich über diesen Scherz so belustigt, daß er dem Erfinder einen Wunsch freistellte, und Hephaistos bat ihn darauf kühn um die Hand der jungfräulichen Athena. Die Göttin setzte sich aber gegen diesen Freier zur Wehr. So befruchtete sein Same die Erde, und es entstand daraus der kleine Erichthonios, den Athena in einem verschlossenen Kästchen mit dem strengen Verbot,
43 dieses zu öffnen, den Aglauriden, den Töchtern des Königs Kekrops, in Verwahrung gab. Die Mädchen konnten ihre Neugierde jedoch nicht bezähmen, schauten nach und fanden den halb schlangengestaltigen Knaben. Darüber wurden sie wahnsinnig und stürzten sich von der Akropolis hinab.

Abb. 44 Die Liebes- und Schönheitsgöttin wurde von den drei Chariten oder Grazien begleitet, die als Töchter des Göttervaters Zeus und der Okeanide Eurynome galten. Sie hießen Aglaia (Glanz), Euphrosyne (Frohsinn) und Thaleia (die Blühende), und verkörperten Schönheit, Anmut und Freude, die sie auch den Menschen brachten. Sie waren darum sowohl im Gefolge des Wein- und Fruchtbarkeitsgottes Dionysos als auch Apollons, des Beschützers der Künste und Herrn der Musen, zu finden.

Abb. 45, 46, 47 Aphrodite war selbst der Liebe ergeben, die über alles siegte, so daß die Göttin von Triumph zu Triumph eilte. Ihre eigene Zuneigung zu dem schönen, aber sterblichen Adonis endete jedoch tragisch. Der Jüngling war der Sohn der Myrrha und deren eigenen Vaters, des Königs Thias von Assyrien. Es heißt, daß die Prinzessin an Schönheit sogar Aphrodite selbst zu übertreffen gemeint hatte und darum von ihr hart bestraft wurde, indem die Göttin sie in Liebe zum eigenen Vater entflammen ließ. Ihre Amme verführte sie, diesem blutschänderischen Verlangen nachzugeben, und schließlich fühlte Myrrha die Mutterschaft herannahen. Voller Scham über ihren Frevel bat sie die Götter um Hilfe und wurde von ihnen in einen Baum verwandelt; ihre unaufhörlich fließenden Tränen erstarrten zu köstlichem Myrrhenharz. Die Rinde des Baumes sprengend, kam Adonis in göttlicher Schönheit doch zur Welt und wurde nach dem Heranwachsen zum Geliebten der Aphrodite. Der eifersüchtige Ares aber wollte keinen Nebenbuhler leiden, und als Adonis eines Tages wieder seiner Jagdlust nachging, sandte der Kriegsgott ihm einen gefährlichen Keiler, den Adonis zwar erlegen konnte, der ihm aber noch eine tödliche Verwundung zufügte, so daß der Jüngling in den Armen seiner rasch herbeigeeilten Geliebten sein Leben aushauchte. Indem sie sein Blut mit Nektar besprengte, entsproß daraus das Adonisröschen, in dessen Gestalt der Getötete im Reich der Blütengöttin Flora fortlebte. Zugleich aber erwirkte Abb. 79
Aphrodite bei Zeus und Persephone, daß Adonis die Hälfte jeden Jahres aus dem Schattenreich zu ihr in den Olymp kommen durfte, also vom Tode immer wieder auferstand.

In der Gestalt der Aphrodite als Göttin der ge- Abb. 48
schlechtlichen Liebe und der Geschlechtslust wurde der heilige Trieb zur Fortpflanzung verehrt, der das Leben auf der Erde sichert, und zugleich die Verkörperung vollkommener Schönheit, deren Reiz diesen Trieb anlockt und begünstigt. Keine andere Göttin oder sterbliche Frau konnte sich an Schönheit und Wohlgestalt mit Aphrodite messen, wie es sich auch im Schönheitswettbewerb der Göttinnen bestätigte. Bei der Hochzeit des Peleus und der Nereide Thetis – der Eltern des Achilleus – hatte die nicht eingeladene und darum erzürnte Göttin der Zwietracht, Eris, die Schwester des Kriegsgottes Ares, einen goldenen Apfel mit der Aufschrift »Der Schönsten« unter die versammelten Göttinnen geworfen. Wie Eris es beabsichtigt und berechnet hatte, kam es zum Streit um diesen Preis der Schönheit, der von der Götterkönigin Hera, von Athena, der jungfräulichen Göttin der Weisheit und des Krieges, und von Aphrodite beansprucht wurde. Der junge Paris, Sohn des Königs Priamos von Troja, sollte Schiedsrichter sein, und der Götterbote Hermes führte sie auf dem Berge Ida zu-

sammen. Der trojanische Prinz war dort als Kind ausgesetzt und schließlich von Hirten aufgezogen worden, weil geweissagt worden war, er würde einst die Zerstörung seiner Vaterstadt herbeiführen. Gerade aber durch die Übernahme dieses Richteramtes und die Entscheidung, die Paris dabei traf, nahm das Verhängnis seinen Lauf.
Abb. 49 Die drei Rivalinnen versuchten nun, den Preisrichter durch Bestechung zu ihren Gunsten zu beeinflussen. Hera versprach ihm Macht, Athena kriegerischen Ruhm, Aphrodite aber die schönste Frau auf Erden für die Zuerkennung des goldenen Apfels. Paris entschied sich für die Schönheitsgöttin, sicherlich nicht nur wegen des besonders verlockenden Lohnes, sondern auch um der Gerechtigkeit willen. So aber be-
140 bis 157 gann die Prophezeiung von der Zerstörung Trojas in Erfüllung zu gehen. Der trojanische Königssohn entführte mit Hilfe Aphrodites die schöne Helena, Gemahlin des Spartanerkönigs Menelaos, in seine Vaterstadt Troja, was den Kriegszug der Griechen gegen diese und schließlich deren Zerstörung auslöste.

Abb. 50 Auch mit dem Götterboten und Handelsgott Hermes hatte Aphrodite ein Liebesverhältnis. Ihr göttlicher Sohn Hermaphroditos vereinigte die Namen der Eltern und verriet damit seine Abstammung. Er wurde leidenschaftlich von der Quellnymphe Salmakis geliebt, wies ihre Werbung aber zurück. So bat diese die Götter, ihrer beider Körper für immer miteinander zu verschmelzen. Als Hermaphroditos eines Tages in dem von der Nymphe bewohnten Weiher badete, klammerte sich diese an den Jüngling, und ihre beiden Leiber verbanden sich zu einem einzigen von zweierlei Geschlecht. Nach dem Wunsche ihres Sohnes belegten Hermes und Aphrodite den Teich mit einem Zauber, der alle Menschen, die darin badeten, ebenfalls zu Hermaphroditen werden ließ.

Abb. 157 bis 161 Schließlich schenkte Aphrodite ihre Liebe auch noch dem Sohn des Königs von Dardanos bei Troja, Anchises, und wurde durch ihn Mutter des Aeneas, der sich im Trojanischen Krieg durch seinen Mut auszeichnen sollte, von Diomedes im Zweikampf verwundet, durch ihre Hilfe aus der brennenden Stadt fliehen konnte und danach ein wechselvolles Schicksal zu bestehen hatte.

Abb. VIII, 51 Da Eros mit seinen liebebringenden Pfeilen seine Mutter selbst sehr plagte, versuchte diese ihn zu erziehen und belegte ihn zuweilen mit kleinen Strafen, indem sie ihm den Bogen entzog oder die Augen verband, so daß er kein Unheil stiften konnte. Das währte jedoch niemals lange; Eros durfte auf die Dauer nicht daran gehindert werden, seine Pflicht zu erfüllen, und blieb stets Sieger über Götter wie Menschen.

Aphrodite und Eros setzten ihre ganze Macht dafür ein, Liebe zu wecken, zu fördern und zu beschützen. Abb. 52
Was sie dabei mit ihrer Wunderkraft vermochten, erfuhr der Bildhauer Pygmalion. Er war König von Zypern und zugleich ein bedeutender und berühmter Künstler und hatte eine so vollkommene und schöne Mädchengestalt aus Elfenbein geschaffen, daß er selbst in heißer Liebe zu ihr entbrannte, die Statue mit seinen Armen umschloß und ihre Lippen küßte. Die Liebesgöttin ließ sich von seinen Bitten rühren und hauchte der Gestalt Leben ein, so daß der überglückliche Pygmalion sie zur Frau nehmen konnte.

Zuweilen endete die von Aphrodite und Eros gestiftete Liebe freilich unglücklich, wie zwischen dem Abb. 53
Jüngling Leander aus Abydos am Hellespont und der schönen Hero, einer Priesterin des Tempels der Aphrodite in Sestos, gegenüber auf der europäischen Seite der Seestraße zwischen Griechenland und Kleinasien. Die beiden liebten sich leidenschaftlich, aber die Eltern des Jünglings stimmten einer Heirat nicht zu. So schwamm er jede Nacht über die Meerenge zu seiner Geliebten, die ihm mit einer Fackel oder kleinen Lampe von einem Turm aus den Weg wies. Einmal aber hatte der Sturm das Licht verlöscht, und Leander ertrank. Als die Wellen seinen Leichnam ans Ufer spülten, stürzte sich Hero vom Turm herab und folgte ihm in den Tod.

Von Tragik überschattet war auch die Liebe der holden Bergnymphe Echo zu Narkissos, dem Sohn des Abb. 54, 79
Flußgottes Kephissos und der Nymphe Leiriope, der sehr schön, aber herzlos war. Seine Mutter sorgte sich daher um ihn und fragte den blinden Seher Teiresias nach seinem Schicksal. Sie erhielt zur Antwort, er werde lange leben, wenn er sich nicht selbst kennenlernte – was zunächst niemand zu deuten vermochte. Als aber Narkissos einst von der Jagd heimkehrte und sich durstig über eine Quelle bückte, erblickte er darin sein Spiegelbild, verliebte sich in dieses und verging vor Gram, »weil ihm der Gegenstand seiner Sehnsucht unerreichbar blieb«. So bestrafte ihn Aphrodite, daß er die Liebe Echos verschmäht hatte. Diese aber verzehrte sich ebenfalls und wurde zuletzt in einen Felsen verwandelt, so daß nur noch ihre Stimme übrigblieb.

Abb. 55, 56 Eros, der im Dienste Aphrodites Göttern und Menschen liebendes Verlangen einflößte, wurde schließlich selbst von solchem erfaßt und begehrte die liebliche Psyche. Zwar hatte er das Mädchen im Auftrage seiner eifersüchtigen Mutter in den verworfensten Menschen verliebt machen sollen, zur Strafe dafür, daß es wegen seiner großen Schönheit als zweite Aphrodite bezeichnet wurde, war aber bei seinem Anblick selbst dem Zauber erlegen. Er entführte es schlafend mit Hilfe des Zephyros, des schmeichelnden Westwindes, in seinen von blühenden Gärten umgebenen Palast, wo er großes Liebesglück mit Psyche genoß. Er gab sich aber nicht zu erkennen, besuchte sie nur nachts und hatte ihr auch verboten, nach ihm zu forschen. Ihre neidischen Schwestern konnten ihr daher einreden, es sei ein Ungeheuer, mit dem sie allnächtlich das Lager teile, und es sei ihre Pflicht, dieses zu töten. Mit einer Lampe und einem Dolche in der Hand näherte sie sich so in einer Nacht dem schlafenden Jüngling, konnte aber nicht aufhören, ihn zu betrachten und war unfähig, ihren Plan auszuführen. Indessen erwachte Eros, vielleicht durch einen Tropfen Öl, der aus der Lampe auf seine nackte Schulter gefallen war, und entfloh. Psyche machte sich nun auf die Suche nach ihm und geriet dabei in den Tempel der Aphrodite, die ihr voller Mißgunst mancherlei schwere und gefahrvolle Arbeiten auftrug, um sie auf diese Weise doch noch zu verderben. Da Eros seiner Geliebten jedoch unsichtbar beistand, konnte sie diese Zeit der Prüfung und Läuterung bestehen, und schließlich gewährte Zeus auf Eros' Bitten den Liebenden zum Lohn für Psyches Treue und Beharrlichkeit die endgültige Vereinigung.

Durch die Verführung zur Liebe, die von ihnen ausging, hatten Aphrodite und Eros mittelbar wesentlichen Anteil auch an der Vermehrung des Göttergeschlechtes, wenngleich sich zahlreiche Konflikte daraus ergaben. Im Mittelpunkt des Geschehens stand der Göttervater Zeus, der nicht nur mit seiner Gemahlin Hera, sondern außerdem noch mit manchen anderen göttlichen und sterblichen Frauen Kinder zeugte und darin zu einem wesentlichen Teil seine Schöpferkraft offenbarte.

Abb. 57, 58, 59, 72, 83, 104, 107 Die eifersüchtige Hera verfolgte die Liebschaften ihres Gemahls mit Haß, und nicht selten nahmen diese dadurch ein verhängnisvolles Ende. Das gilt auch für das Verhältnis mit Semele, der Tochter der Harmonia und des Königs Kadmos von Theben, dessen Schwester Europa Zeus ebenfalls verführte, wie noch zu berichten sein wird. Hera erschien der Prinzessin Semele in Gestalt einer alten Amme und redete ihr hinterlistig ein, daß ihr Liebhaber, der sich als Zeus ausgebe, in Wirklichkeit ein Betrüger sei; um sich davon zu überzeugen, solle sie ihn nur auffordern, in seiner göttlichen Gestalt zu erscheinen. Da Zeus seiner Geliebten die Erfüllung eines Wunsches geschworen hatte, kam er jetzt im Feuerglanz des Blitzes, und Heras Nebenbuhlerin mußte sterben. Das Kind des Göttervaters aber, das sie in ihrem Leib trug, wurde von diesem gerettet; er barg es in seiner Hüfte, und als nach drei Monaten die Zeit zur Geburt gekommen war, brachte er es zur Welt. Es war ein Knabe und kein anderer als Dionysos, der Gott des Weins und der Fruchtbarkeit. Hermes, der Götterbote, trug den Säugling zu Semeles Schwester Ino, die ihn zusammen mit ihrem Gatten Athamas aufziehen sollte. Wieder trat Hera dazwischen: Sie stieg selbst in Abb. 57 die Unterwelt hinab, um die Erinyen, die Rachegöttinnen, aufzusuchen und sie zur Rache an den Pflegeeltern des von ihr unerwünschten Kindes anzustiften. Ino, die durch Grausamkeiten gegen andere Schuld auf sich geladen hatte, und ihr Gemahl wurden durch die Furien zum Wahnsinn getrieben. So wandte Hermes sich schließlich an die Nymphen vom 59 Berge Nysa in Thrakien, die sich des jungen Gottes annahmen; später war der bocksfüßige Silenos, ein alter Satyr, sein Lehrer.

Schon frühzeitig zeigte Dionysos manche bezeichnenden Eigenarten des Weingottes und vollbrachte bereits Wunder, als er schlafend von Seeräubern auf einem Schiff entführt werden sollte. Sie hatten ihn für ein Kind reicher Eltern gehalten und ihn als Sklaven verkaufen oder ein hohes Lösegeld gewinnen wollen. Beim Erwachen forderte Dionysos, nach Naxos gebracht zu werden, und als die Piraten sich widersetzten, wurden sie von dem jungen Gott in Delphine verwandelt. Nur der Steuermann, der seine göttliche Natur erkannte, blieb verschont und lenkte das Schiff zu dem gewünschten Ziel. Abb. 60

Auf Naxos fand Dionysos die schöne Ariadne, Tochter des von Zeus mit der Europa gezeugten kretischen Königs Minos. Der tapfere Theseus, dem sie auf Kreta nach seinem Kampf gegen den Minotauros den Weg aus dem Labyrinth finden half, hatte sie hierher gebracht, aber dann allein auf der Insel zurückgelassen; er folgte damit vielleicht dem Befehl des Weingottes, der sich später selbst mit Ariadne vermählte. Dionysos hatte aber auch zu verschiedenen anderen Frauen Liebesbeziehungen, darunter Aphrodite, die ihm mehrere Kinder gebar: Hymenaios, den Hochzeitsgott, und Priapos, einen Frucht- Abb. 61, 111, 112 barkeitsgott. Vielleicht stammen auch die drei Chari- Abb. 44 ten oder Grazien, die Göttinnen der Anmut und des geselligen Beisammenseins – zumeist als Töchter des Zeus und der Eurynome angesehen – aus dieser Verbindung; sie waren immer in der Nähe des Weingottes zu sehen.

Abb. 62, 63 Mit seinem Gefolge von Satyrn, Nymphen und efeubekränzten Bacchantinnen, auch Mänaden genannt, das ihm in der Erregung des Rausches folgte, zog Dionysos im Triumph durch die Lande, von Griechenland nach Kleinasien und weiter nach Ägypten und Indien, wobei er bald einen Tiger, bald einen Löwen oder einen Elefanten als Reittier benutzte. Zuweilen nahm er selbst Tiergestalt als Bock oder Stier an. Sein Haupt war mit Efeu und Weinranken umkränzt, so wie auch die Mänaden, die Bacchantinnen, den mit den gleichen Pflanzen umwundenen Thyrsosstab führten, der an der Spitze einen Pinienzapfen als Fruchtbarkeitssymbol trug.

Abb. 25 Überall führte Dionysos den Weinbau ein, beglückte die Menschen mit der Gabe des edlen, Sorgen vertreibenden und Frohsinn bringenden, aber auch die Leidenschaften entfesselnden Getränks, und er lehrte sie, das Leben zu genießen. Wer sich freilich dem ausschweifenden Treiben ihm zu Ehren entgegenstellte, der mußte seine furchtbare Macht spüren und wurde 64 vernichtet. So erging es Pentheus, dem König von Theben, der den Gott sogar gefangenzunehmen vermochte. Das Gefängnis aber stürzte plötzlich ein, Dionysos befreite sich, und Pentheus, der auf dessen verderblichen Rat auf dem Berge Kithairon das Treiben der Mänaden heimlich beobachtet hatte, wurde von diesen ergriffen und in Stücke gerissen. Seine Mutter Agaue trug das blutende Haupt ihres Sohnes in rasendem Triumph nach Hause. Zu spät erkannte sie die schreckliche Verblendung.

Abb. 62 Zu den Begleitern des Wein- und Fruchtbarkeitsgottes Dionysos gehörte auch der stumpfnasige, glatzköpfige Silenos, der einst der Erzieher des Gottes gewesen war. Da er unausgesetzt dem Weingenuß huldigte, war er immer betrunken, nahm an Leibesfülle zu und konnte sich nicht auf seinen eigenen Füßen halten, sondern ritt auf einem Esel, von dem er jedoch fortwährend herunterfiel. Trotz seiner komischen Erscheinung war er von philosophischem Geist und großer Lebensweisheit und hatte besondere Freude an Tanz und Gesang. Nach ihm hießen die älteren, ihm ähnlichen Satyrn auch Silene.

Zuweilen wurde Silenos auch als der Erfinder der Abb. 65, 66 Flöte gerühmt, doch kam dieses Verdienst einem anderen zu, dem ebenfalls bocksfüßigen und zum Gefolge des Dionysos gehörigen niederen Wald- und Weidegott Pan (Faun) der wohl ein Sohn des Götterboten und Herdengottes Hermes und einer Nymphe war. Er beschützte das Kleinvieh ebenso wie die Hirten und Jäger, die er freilich durch sein plötzliches Erscheinen auch zu erschrecken wußte, besonders in der Mittagsstille heißer Tage. Auf diese Weise soll er sogar zum Siege der Griechen über die Perser in der Schlacht bei Marathon beigetragen haben. Seine Begierde galt freilich nicht dem Weingenuß, sondern den geschlechtlichen Freuden, und voller Lüsternheit stellte er den Nymphen nach. So verfolgte er einst in triebhaftem Verlangen die schöne Nymphe Syrinx, die Tochter des Flußgottes Ladon, und hatte diese auch schon fast eingeholt. Da rief sie in ihrer Angst den Vater um Rettung an und wurde von ihm in ein Schilfrohr verwandelt. Pan aber schnitt sich davon Stücke von verschiedener Länge ab und fügte sie mit einem Querband zu einer Flöte zusammen, die er zum Gedenken an die verlorene Geliebte wehmutsvoll Syrinx nannte, die aber auch nach ihm als Panflöte bekanntgeworden ist. Zu denen, die sie ähnlich wie Pan selbst meisterlich zu spielen verstanden, gehörte der schöne junge Hirte Daphnis, der mit Flötenmusik und Gesang am Ätna seine Herden weidete und als Erfinder des Hirtenliedes und der bukolischen Dichtung galt. Die Nymphe Echenais strafte ihn mit Blindheit, weil er ihr die Treue gebrochen hatte: Er erlag der Verführung durch die schöne Königstochter Chimaira, die ihn mit Wein berauschte. Als er vom Felsen stürzte und starb, wurde er von Tieren und Hirten zutiefst betrauert.

Zwei andere von Zeus außerehelich gezeugte Götter- Abb. 67 kinder, Halbgeschwister des Dionysos, kamen als Zwillinge zur Welt: Apollon und seine Schwester Artemis, deren Mutter Leto die Tochter des Titanenpaares Koios und Phoibe war. Seitdem Zeus' Gemahlin Hera Letos Schwangerschaft bemerkt hatte, verfolgte sie diese in ihrer Eifersucht mit grimmigem Haß und versuchte sie – wie auch schon Semele – zu verderben. Sie gebot der Erde, ihr nirgends ein Obdach und einen Ort zur Entbindung zu gewähren und ließ sie von dem fürchterlichen Drachen Python verfolgen. Leto irrte umher, fand aber zuletzt noch eine Zuflucht auf der »Wachtelinsel« Delos, die bis dahin unverankert auf dem Wasser schwamm und daher auch Heras Befehl nicht unterlag. Da aber Hera mit Hilfe der Geburtsgöttin Eileithyia – einer Tochter des Zeus und der Hera – die Geburt verzögerte, mußte die Schwangere neun Tage und neun Nächte lang die Wehen ertragen. Endlich konnte sie unter einer Palme die göttlichen Zwillinge zur Welt bringen, zuerst Artemis, die der Mutter bei der erst nach geraumer Weile folgenden Geburt Apollons schon beistehen konnte; auch später unterstützte sie Frauen bei der Entbindung. Die Insel Delos wurde durch das Ereignis zu einem hochheiligen Ort und zum Dank für die gewährte Hilfe von Zeus endlich fest im Meer verankert.

Abb. 68 Für Leto waren die Leiden aber noch nicht zu Ende. Jedermann glaubte der Heimatlosen Schmach antun zu können, und die schilfschneidenden Bauern verweigerten ihr sogar, am Weiher ihren brennenden Durst zu löschen; sie wühlten außerdem den Schlamm des Grundes auf, um das Wasser ungenießbar zu machen. Da aber entflammte Letos Zorn: Sie verwandelte die Bauern in Frösche und verdammte sie dazu, fortan im Sumpf zu leben.

Abb. 69 Sowie Apollon und Artemis heranwuchsen, standen sie ihrer Mutter zur Seite und verteidigten sie gegen jedes Unrecht. Als Niobe, die Gemahlin des Königs Amphion von Theben, Mutter von sieben Söhnen und sieben Töchtern, gegenüber Leto mit ihrem Kinderreichtum prahlte und diese schmähte, weil sie nur zwei Kinder ihr eigen nenne, wurde diese Kränkung von dem Geschwisterpaar grausam blutig bestraft. Mit unfehlbaren Pfeilen erschoß Apollon die sieben Söhne, Artemis die sieben Töchter der Niobe. Diese selbst kehrte nach dem Selbstmord ihres Gemahls in ihre Heimat Lydien zurück und wurde von Zeus schließlich in einen immer Tränen vergießenden Stein verwandelt.

Abb. 21 Das gleiche Schicksal wie den Niobiden ward dem Riesen Tityos, einem außerehelichen Sohn des Zeus und der Elare, zuteil. Da er Leto zu vergewaltigen versucht hatte, ereilten auch ihn die todbringenden Geschosse der Götterzwillinge. Nicht genug damit, wurde er nach seinem Tode, wie einst Prometheus, im Tartaros an den Boden gefesselt, und ein Geierpaar zerhackte ihm die ständig nachwachsende Leber.

Abb. 70 Apollon konnte schon bald nach seiner Geburt den fürchterlichen Pythondrachen töten, den Hera zur Verfolgung Letos eingesetzt hatte und der in der Nähe von Delphi am Abhang des Parnaß am kastalischen Quell das Orakel seiner Mutter Gaia, das Erdorakel, bewachte. Im Wissen um die Prophezeiung, einst von einem Sohn der Leto getötet zu werden, hatte er diese und ihre Kinder um so wütender verfolgt, konnte sich jedoch dem Schicksalsspruch nicht entziehen. Wegen des göttlichen Ursprungs des Getöteten mußte Apollon den Mord an ihm durch Knechtsdienste sühnen, die er bei Admetos in Thessalien ableistete. Dann aber übernahm er das berühmte Delphische Orakel selbst, und nur der Name seiner Priesterin Pythia, durch die er als Gott der Weissagung seine Orakelsprüche verkünden ließ, und die von ihm gestifteten Pythischen Spiele erinnerten noch an den Drachen, der die heilige Stätte zuvor gehütet hatte.

Abb. 80, 71 Apollon war ein Gott der Weisheit, der die Gabe der Weissagung verleihen konnte. Er war außerdem ein Todesgott, der mit seinen Pfeilen nicht nur den sofortigen Tod, sondern auch die Pest und andere Krankheiten bringen, der als Gott der Heilkunst und Vater des Heilgottes Asklepios aber ebenso die Menschen von solchen Übeln befreien konnte. Weiterhin galt er als Gott des Ackerbaus und der Herden und wurde als Gott des Lichts auch mit dem Titanensohn und Sonnengott Helios gleichgesetzt. Apollon, der sich durch besondere körperliche Schönheit auszeichnete, war aber vor allem Gott des geistigen Lebens und der Künste, besonders der Musik und des Gesangs, und als solcher Herr der neun Musen, der Schutzgöttinnen der Künste und Wissenschaften. Diese neun Schwestern führten auf dem Parnaß ihr menschenbeglückendes Dasein, waren aber auch zuweilen auf dem Helikon in Böotien, im thrakischen Pierien und auf dem Olymp anzutreffen. Wie Apollon selbst stammten sie von Zeus ab, der sie in neun Nächten mit der Titanin Mnemosyne, der Göttin des Gedächtnisses, gezeugt hatte.

Abb. 73 Von den neun Musen betreute Erato die Lyrik und die Liebesdichtung, Euterpe die vom Flötenspiel begleitete lyrische Poesie, Kalliope die epische Dichtung und die Wissenschaft, Klio die Geschichtsschreibung, Melpomene die Tragödie und den Gesang, Polyhymnia den Tanz und die Musik, Terpsichore den Tanz, Thalia die Komödie und Urania die Astronomie. Zu den meisten Musen als seinen ständigen Begleiterinnen hatte Apollon auch Liebesbeziehungen, woraus mehrere Kinder hervorgingen.
Apollon selbst pflegte die Musik und war ein Meister im Spiel der Kithara, auch Lyra oder Leier genannt, die Hermes erfunden und ihm als seinem Bruder geschenkt hatte, als Entschädigung für die Rinderherde, die er diesem zuvor von der Weide stahl.

Abb. 74 Von zwei Rivalen, die er freilich zu besiegen verstand, wurde der Musengott zum Wettstreit herausgefordert. Der eine war Pan, der Gott des Viehs und der Hirten, der vortrefflich die Hirtenflöte oder Syrinx blies. Während der zum Richter berufene Berggott Tmolos sich wie auch die anderen Zuhörer für den Wohllaut des apollinischen Saitenspiels entschied, wollte der König Midas von Phrygien dem Flötenspiel Pans den Preis zuerkennen. Das aber konnte der eitle Apollon nicht hinnehmen und ließ Midas zur dauernden Schande Eselsohren wachsen – denn der Esel galt als unmusikalisch.

Abb. 75 Während Pan selbst ungestraft davonkam, mußte der Satyr Marsyas seine Vermessenheit, sich mit einem Gott vergleichen zu wollen, mit dem Tode büßen. Er hatte die Flöte gefunden, die von Athena weggeworfen worden war, weil sich beim Spiel ihr Gesicht verzerrte, und war zum Meister darauf geworden. Apollon aber besiegte ihn, hängte ihn zur Strafe an einem Baum auf und zog ihm bei lebendigem Leibe die Haut ab, so daß er starb. Aus seinem Blut wurde ein Strom von klarem Wasser.

Abb. 76 Trotz seiner Wohlgestalt fand Apollon mit seinem Liebeswerben kein Gehör bei der anmutigen Nymphe Daphne, der Tochter des Flußgottes Peneios. Sie entfloh vor ihm, und als er sie bei der Verfolgung fast eingeholt hatte, wurde sie auf ihr Flehen von Zeus in einen Lorbeerbaum verwandelt. Fortan war dieser dem Apollon heilig.

Abb. 77, 79 In anderer Weise unglücklich und ebenfalls mit der Verwandlung in eine Pflanze endete die Liebe der Meernymphe Klytia, einer Tochter des Okeanos und der Thetys, zu Apollon. Sie verfolgte mit Eifersucht die neue Neigung des Geliebten zu Leukothoë, der Tochter des Orchamos, des Königs der Achämenier, in deren Armen der treulose Gott alle seine anderen Freundinnen vergessen hatte. Klytia verriet das Liebesverhältnis schließlich an Leukothoës Vater, der daraufhin seine Tochter lebendig begraben ließ. Apollon vermochte sie nicht mehr zu retten, verwandelte sie aber in einen duftenden Weihrauchbaum und kehrte sich nun erst recht von Klytia ab. Die Verlassene aß und trank nicht mehr und schaute, vor Kummer sich verzehrend, immer nach dem verlorenen Liebsten aus, wenn dieser im Sonnenwagen über den Himmel fuhr – bis sie zur Sonnenblume wurde.

Solche Verwandlung in eine Blume, die nach ihm ihren Namen erhielt, erfuhr auch der schöne Jüngling Hyakinthos, der ein Liebling Apollons gewesen war, aber auch von Zephyros, dem Westwind begehrt wurde. Da der Windgott seine Neigung nicht erwidert sah, trieb er beim Diskuswerfen die Wurfscheibe Apollons gegen den Kopf des Hyakinthos, so daß dieser auf der Stelle starb. Apollon betrauerte seinen Tod zutiefst und ließ aus dem Blut des geliebten Freundes die Hyazinthe entsprießen. Mit so manchen anderen, die wie er in blühender Jugend aus dem Leben gerufen worden waren – darunter auch Adonis, der Geliebte der Aphrodite, und Narkissos – lebte Hyakinthos so im Reiche der Blütengöttin Flora in Blumengestalt fort. Für ewig fand er alljährlich im Frühling seine Auferstehung. Abb. 78, 79

Apollon war auch der Sonnengott, der das feurige Viergespann mit dem Sonnenwagen über den Himmel führte und die Tageszeiten, aber auch den Wechsel der Jahreszeiten bewirkte, wenngleich in älterer Zeit der Titanensohn Helios, der Bruder der Mondgöttin Selene und der Eos (Aurora), der schönen jungen Göttin der Morgenröte, als Lenker der brausenden Rosse galt. Eos eilte blumenstreuend dem Gefährt voraus, dem Morgenstern folgend, während die anderen Sterne vor ihr flohen. Hatte der Sonnengott auf der Fahrt von Meer zu Meer der Erde den Tag gebracht, so mußte er vom Westen in das Land des Sonnenaufganges im Osten zurückzukehren, wobei er am Rande des Ozeans in einem goldenen Pokal fuhr. Abb. 80, 79

Das Führen des Sonnenwagens war freilich ein schweres Amt und keinem Ungeübten möglich, wie es Phaethon, der Sohn des Sonnengottes Helios und der Okeanide Klymene zu seinem Unglück erfahren mußte. Epaphos, der Sohn des Zeus und der Herapriesterin Io, hatte Phaethons göttliche Abkunft in Zweifel gezogen, worauf dieser seinen Vater bat, ihn zur Bestätigung des Verwandtschaftsverhältnisses einen Tag lang den Sonnenwagen lenken zu lassen. Trotz aller Warnungen vor den großen Gefahren bestand Phaethon auf seiner Bitte. Da er aber nicht genügend Kraft besaß, um die Zügel zu führen, brachen die Rosse aus der gewohnten Bahn aus und kamen zuerst zu weit nördlich, so daß die dort wohnenden Hyperboreer vor der Hitze im Meer Schutz suchen mußten, dann zu hoch, daß dem Phaethon schwindelte und die Tierkreisungeheuer Krebs und Skorpion ihn in Schrecken versetzten. Als er aber das Gespann zu weit an die Erde heranführte, versiegten die Abb. 81, 82

Quellen und gerieten die Wälder in Brand, so daß Zeus, um weiteres großes Unglück zu verhüten, den unerfahrenen Wagenlenker mit einem Blitz auf die Erde schleuderte; halbverbrannt stürzte er in den oberitalienischen Fluß Eridanus, der später Po genannt wurde. Schon war jedoch Libyen durch die Sonnenglut zur Wüste geworden, das Volk der Äthiopier schwarz gebrannt und der Nil ebenso wie andere Flüsse ausgetrocknet. Phaethons Schwestern, die Phaethoniaden (Heliaden), begruben den Bruder am Ufer, grämten sich selbst zu Tode und wurden in Pappeln verwandelt, ihre Tränen aber gerannen zu Bernstein. Klymene, ihre Mutter, erlag danach dem Wahnsinn.

Abb. 67, 85

Artemis, Apollons Zwillingsschwester, war eine jungfräuliche Göttin und Verächterin der Liebe und trotzte der Macht Aphrodites. Sie war die Herrin der Tiere, besonders des Wildes und der freien Natur, und damit zugleich eine Wachstums- und Fruchtbarkeitsgottheit. Als Göttin der Jagd zog sie mit ihren Nymphen durch Wälder und Felder und entsandte ihre treffsicheren Pfeile, die nicht nur den Tieren, sondern zuweilen auch den Menschen galten. Wie ihr Bruder Apollon war Artemis auch eine Todesgottheit, und so wie dieser die Männer, tötete sie die Frauen und brachte ihnen oft damit auch die Erlösung von Krankheiten und den Beschwerden des Alters. Sie war wie ihr Bruder von idealer Gestalt, hochgewachsen und schlank, aber von einer kalten, unnahbaren Schönheit. Sie scheute die Blicke der Männer, verschmähte deren Gesellschaft und wehrte mit unerbittlicher Strenge jeder Unkeuschheit. Dem Jäger Aktaion wurde das zum Verhängnis. Er war beim Umherstreifen im Walde unversehens auf Artemis und ihre Nymphen gestoßen und hatte deren jungfräuliche Schamhaftigkeit verletzt. So mußte er sterben wie jeder Mensch, der unerlaubt eine Gottheit erblickt hatte. [Abb. 86] Artemis, die ihn wohl auch als Nebenbuhler bei der Jagd haßte, bespritzte ihn mit Wasser und verwandelte ihn in einen Hirsch, und seine eigenen Hunde, die ihn in der Tiergestalt nicht mehr erkannten, zerrissen ihn.

Ein anderer großer Jäger, von mächtiger Gestalt, ein Sohn Poseidons namens Orion, fand den Tod durch den Pfeil der Artemis, weil er, wie es heißt, einer ihrer Nymphen nachgestellt hätte. Vielleicht aber gönnte sie den schönen Jüngling nicht der Eos, die ihn als ihren Geliebten entführt hatte, oder sie nahm Rache dafür, daß er so viele der ihrer Herrschaft unterstellten Tiere erlegt und sich dessen auch noch gerühmt hatte. Orion wurde als Sternbild an den Himmel versetzt, und gleiches geschah auch der Nymphe Kallisto, die den Zorn ihrer Herrin durch den Verlust ihrer Jungfräulichkeit auf sich gezogen hatte. (Abb. 83, 84) Kein anderer als der Göttervater Zeus hatte ihr diese geraubt, indem er sich in Artemis' eigener Gestalt der Kallisto genähert und sie verführt hatte. Beim Bade entdeckte Artemis die Schwangerschaft der Unglücklichen und verwandelte sie wegen ihrer Abtrünnigkeit in eine Bärin, aber Zeus ließ diese als den Großen Bären auf ewig im Firmament erstrahlen. Ihr Sohn war Arkas.

Abb. 87

Wie ihr Zwillingsbruder Apollon dem Sonnengott Helios, so wurde Artemis zuweilen der Mondgöttin Selene (Luna) gleichgesetzt. In dieser Gestalt liebte die keusche, jungfräuliche Göttin den schönen jungen Endymion, einen Jäger oder Hirten. Sie besuchte ihn allnächtlich unbemerkt in seiner Höhle auf dem Latmos, dem Berg der Vergessenheit in Karien, und sie versenkte ihn wohl auch in tiefen Schlummer, um ihn lange ungestört betrachten und beim Abschied heimlich küssen zu können. Eros hielt dabei Wache und leuchtete mit der Fackel.

Abb. 88

Artemis ließ Vergehen gegen ihre göttliche Hoheit nicht ungestraft. Dem Admetos schickte sie Schlangen ins Gemach seiner Braut Alkestis, weil man bei der Hochzeit der Göttin nicht gedacht hatte. Als Oineus, König von Aitolien, einmal beim Erntefest das Dankopfer an sie vergaß, sandte sie einen gefährlichen Keiler, der die Fluren von Kalydon verwüstete. Zahlreiche berühmte Helden, darunter die Dioskuren Kastor (Castor) und Polydeukes (Pollux) sowie Theseus und Iason, nahmen an der nun folgenden »Kalydonischen Jagd« teil, die manches Opfer forderte, so wie die rachedurstige Artemis es berechnet hatte. Schließlich konnte Oineus' Sohn Meleagros (Meleager) das Tier erlegen, doch mußte noch mehr Blut fließen. Der siegreiche Jäger schenkte Kopf und Haut des wilden Ebers der Jungfrau Atalante, die an der Jagd beteiligt gewesen war und in die er sich verliebt hatte. Die Brüder der Althaia, der Mutter des Meleagros, hielten dies für ungerecht und nahmen Atalante die Trophäe wieder ab. In dem nun entbrennenden Kampf wurden sie von Meleagros erschlagen. Althaia aber rächte ihre Brüder, indem sie ein Holzscheit verbrannte, von dessen Vorhandensein Meleagros' Leben abhing. So mußte auch er sterben.

Abb. 89 Die schöne arkadische Jägerin Atalante, die am Argonautenzug zur Gewinnung des Goldenen Vlieses teilnahm, wurde schließlich die Gemahlin des Hippomenes. Sie wollte nur einem Manne angehören, der sie im Wettlauf besiegte, und tötete alle Freier, die ihr unterlagen – von ähnlicher Grausamkeit beseelt wie die Göttin der Jagd selbst. Hippomenes wußte Atalante zu überlisten. Im Lauf schon von ihr eingeholt, ließ er nacheinander drei goldene Äpfel fallen, die er aus dem Garten der Hesperiden hatte. Indem die Jägerin innehielt, um sich nach ihnen zu bücken, verlor sie Zeit, so daß Hippomenes Sieger werden konnte.

Abb. 59, 90 Wie Dionysos, Apollon und Artemis wurde auch der Gott Hermes von Zeus außerehelich gezeugt. Seine Mutter war die Bergnymphe Maia, eine der sieben Pleïaden, wie man die Töchter des Titanensohns Atlas und der Pleione bezeichnete. Hermes wurde in einer Höhle des Berges Kyllene in Arkadien geboren und bewies schon als Säugling die besondere Begabung zur List, die er für sein Amt als Gott der Märkte und Straßen und als Schutzherr der Kaufleute, der Wanderer und der Diebe benötigte. Er war es auch, der die Seelen der Abgeschiedenen in die Unterwelt zu geleiten hatte. Kaum zur Welt gebracht, verließ er seine Wiege und machte sich auf den Weg nach Pierien, wo sein Bruder Apollon zur Sühne für die Tötung des Pythondrachens und der Kyklopen die Rinder des Admetos hütete. Es gelang dem kleinen Knaben, die ganze Herde unbemerkt fortzutreiben und in einer Höhle in Pythos zu verstecken, wo er sie Stück für Stück schlachtete und aufaß. Um die Verfolger irrezuführen, hatte er sich Sohlen verkehrt herum an die Füße gebunden. Indem er Därme der geschlachteten Kühe über eine Schildkrötenschale spannte, erfand er die Leier, die er schließlich Apollon als Gegenwert für die Herde gab. Ausgerüstet mit dem Flügelhelm und den Flügelschuhen, die ihn durch die Luft trugen, erledigte Hermes gewissenhaft zahlreiche Aufträge anderer Götter, hielt dabei die Verbindung vom Olymp zur Unterwelt und machte sich bei vielen verdient. Sein Amt war an seinem Heroldsstab, dem Kerykeion (Caduceus) zu erkennen. Zeus persönlich begab sich mit Hermes in Menschengestalt auf die Wanderschaft durch Phrygien, um die Gastfreundschaft der Bewohner zu prüfen. Nur das alte und wenig begüterte Ehepaar Philemon und Baukis (Baucis) gewährte ihnen gastliche Aufnahme; es wurde dafür von den beiden Göttern hoch belohnt.

Auch bei einer Liebschaft des Göttervaters mit Io, einer Tochter des Königs Inachos von Argos und Priesterin der Hera, mußte Hermes Hilfe leisten. Abb. 91, 92, 93 Zeus war mit Io von seiner Gemahlin Hera überrascht worden und hatte geistesgegenwärtig seine Geliebte in eine Kuh verwandelt, um den Ehebruch zu verschleiern. Hera hatte die Wahrheit jedoch schon erkannt. Sie erbat sich listig von Zeus die Kuh zum Geschenk, was dieser wiederum nicht ablehnen konnte, ohne sich verdächtig zu machen, und beauftragte den hundertäugigen Argos (Argus), das Tier zu bewachen. So stand Io nun in Kuhgestalt unter Aufsicht der eifersüchtigen Götterkönigin, aber Zeus ersann aufs neue Rat. Er wandte sich an den listenreichen Hermes, der zu Argos ging, den Wächter mit seinem Flötenspiel einschläferte und ihm mit dem verborgen gehaltenen Schwert den Kopf abschlug.

Io war nun zunächst wieder frei, aber wiederum beantwortete Hera eine List mit einer anderen: Sie Abb. 94 sandte eine Bremse, und diese machte die Kuh rasend und trieb sie durch viele Länder, zunächst an den Ionischen Meerbusen, der nach ihr seinen Namen erhielt, sodann durch Illyrien, über den Bosporus, die ebenfalls nach dieser Flucht bezeichnete »Rinderfurt«, weiter durch die skythische Wüste und über das Meer bis nach Ägypten, wo Io endlich ihre menschliche Gestalt wiedergewann und am Nil ihren Sohn Epaphos gebar; er wurde später König von Ägypten und gründete die Stadt Memphis. Mit den hundert Augen des getöteten Wächters Argos aber besetzte die Götterkönigin die Schweife ihrer Pfauen.

Hermes hatte selbst zahlreiche Liebesverhältnisse, besonders mit Nymphen, woraus auch der bocksfüßige Abb. 95, 96, 66 Hirtengott Pan und der schöne Daphnis hervorgingen. In Liebe entflammte der Gott auch zu Herse, der Tochter des attischen Königs Kekrops, die er in Begleitung ihrer Schwestern Aglauros und Pandrosos mit Opfergaben auf dem Weg zum Tempel der Athena erblickte. Als Hermes Herse danach im elterlichen Palast aufsuchen wollte, verlangte ihre neiderfüllte Schwester Aglauros von dem Freier zunächst Gold als Lohn für den Einlaß, den sie ihm aber beim zweiten Male sogar ganz verweigerte. Daraufhin wurde sie von dem Erzürnten in Stein verwandelt.

Der Sohn des Hermes und der Herse hieß Kephalos. Abb. 97 Er vermählte sich mit Prokris, einer Tochter des Königs Erechtheus von Athen. Beide lebten glücklich zusammen, bis Kephalos von Eos (Aurora), der Morgenröte, entführt wurde. Er konnte aber auch in den

Armen der Göttin seine Gemahlin nicht vergessen und hatte Sehnsucht nach ihr. Eos gab ihn endlich frei, prophezeite ihm aber, er werde dies noch bereuen und riet ihm, die Treue der Prokris auf die Probe zu stellen. So nahte er sich ihr in Verkleidung als ein Fremdling und warb um sie. Nach langem Sträuben erhörte sie ihn schließlich. Nun aber gab er sich zu erkennen. Prokris, tief beschämt, floh vor ihm und gelangte nach Kreta zu König Minos, der sie gastlich aufnahm und ihr als leidenschaftlicher Jägerin den trefflichen Jagdhund Lailaps und einen nie sein Ziel verfehlenden Speer schenkte. Später kehrte sie wieder zu Kephalos nach Athen zurück, der sich mit ihr aussöhnte und ihr zugestand, daß niemand solcher Versuchung hätte wiederstehen können, wie er sie ihr auf Anraten der Eos auferlegt hatte. Prokris machte Hund und Speer dem Kephalos zum Geschenk und war nun glücklich wieder mit ihm vereint, nach dem Vorhergegangenen aber doch in Sorge um seine Treue. Eifersüchtig folgte sie ihm unbemerkt auf die Jagd, wurde im Gebüsch versteckt von ihm für ein Wild gehalten und mit dem unfehlbaren Wurfspieß
Abb. 98 durchbohrt. So starb sie in Kephalos' Armen und ließ diesen in unstillbarer Sehnsucht nach ihr zurück.

Abb. 99, 153 In ähnlicher Weise wie Hermes diente den Göttern auch Iris, die Tochter des Meergottes Thaumas und der Okeanide Elektra sowie Schwester der Harpyien, der Sturmgöttinnen. Geflügelt wie der Handelsgott, eilte sie als Überbringerin von Botschaften, besonders für Zeus, aber noch öfter für Hera, vom Olymp zur Erde und in die Tiefen des Meeres, auch wohl zu Morpheus, dem Gott der Träume. Der Regenbogen, dessen Namen sie trug, diente ihr als weithin leuchtende Brücke, und in seinen Farben glänzte auch ihr Gewand.

Abb. 116 bis 129 Nur der kleinere Teil der von Zeus außerehelich gezeugten Kinder war göttlichen Standes; die meisten besaßen menschliche Natur. Einer der Söhne aus einem solchen Liebesverhältnis wurde zur Belohnung für seine Tugenden und seine großen Taten bei seinem Tode unter die Götter versetzt. Es war Herakles (Herkules), der Sohn der Alkmene, der Gemahlin des Königs Amphitryon von Mykenai, der mit ihr wegen der schuldlos verursachten Tötung seines Schwiegervaters nach Theben fliehen mußte. Um die schöne und zudem ihrem Ehemann treu ergebene Alkmene besitzen zu können, bedurfte Zeus wieder einer List, wie er sie so oft gebraucht hatte, um ans Ziel seiner Wünsche zu gelangen oder seine eifersüchtige Gemahlin zu täuschen. War er der Nymphe Kallisto als die Göttin Artemis erschienen, so kam er nun zu Alkmene in Gestalt ihres eigenen Gatten, als dieser noch auf dem Feldzug gegen die Taphier unterwegs war. Alkmene schloß den vermeintlich aus dem Kampf zurückgekehrten Amphitryon freudig in die Arme und verbrachte mit ihm eine lange Nacht, wobei sie von ihm, also von Zeus, den Herakles empfing. Am Tage darauf stellte sich der wirkliche Amphitryon bei ihr ein und zeugte mit ihr den Iphikles, war aber sehr verwundert darüber, nicht wie ein lange erwarteter Neuankömmling behandelt zu werden. Der blinde Seher Teiresias offenbarte ihm schließlich den Grund. Die beiden Knaben kamen so, wie sie gezeugt worden waren, an zwei Tagen hintereinander als Zwillinge zur Welt.

Der Antiope, Tochter des Königs Nykteus von Theben, näherte sich Zeus in Gestalt eines Satyrs. Als sie Abb. 100, VI sich schwanger fühlte, floh sie aus Furcht vor ihrem Vater zu König Epopeus nach Sikyon, der sie zur Frau nahm. Später wurde sie von Lykos, dem Bruder ihres inzwischen verstorbenen Vaters, geraubt und seiner Gemahlin Dirke als Sklavin übergeben. Die beiden Söhne, die Antiope von Zeus empfing, die Zwillinge Amphion und Zethos, wurden von Lykos ausgesetzt, aber von Hirten aufgezogen und rächten ihre Mutter, als sie herangewachsen waren. Sie töteten Lykos und banden Dirke an die Hörner eines wilden Stieres, so daß sie zu Tode geschleift wurde.

Der Tochter des Königs Akrisios von Argos, Danae, erschien Zeus als ein goldener Regen. Ihr Vater hatte Abb. 106, II sie in ein steinernes oder gar ehernes Gemach eingesperrt, damit kein Freier zu ihr gelangen konnte, denn ein Orakelspruch hatte angekündigt, Akrisios werde von der Hand eines Enkelsohnes den Tod erleiden. Zeus aber fand doch den Weg in ihren Schoß, und Danae gebar den Perseus, den großen Vorfahren des Herakles. Nun setzte Akrisios aus Furcht seine Tochter mit ihrem Kinde in einem hölzernen Kasten auf dem Meer aus, aber nach der Bestimmung wurden sie bei der Insel Seriphos an Land getrieben und gerettet. Der dort regierende König Polydektes nahm sie gastlich auf, ließ den Knaben im Waffenhandwerk ausbilden und versuchte Danae zur Gemahlin zu gewinnen. Da sie in ihrer Weigerung von ihrem heranwachsenden Sohn unterstützt wurde, sann der König darauf, sich seiner zu entledigen und schickte Perseus aus, den Kopf der Gorgo Medusa herbeizubringen. Er wollte ihn auf diese Weise verderben, denn die Gorgonen Stheno, Euryale und Medusa waren die drei ehemals außerordentlich schönen Töchter des Phorkys und der Keto, die wegen ihres Stolzes von den Göttern in schlangenhaarige, drachenschuppige und geflügelte Ungeheuer verwandelt worden waren und deren Anblick jeden zu Stein werden ließ. Medusa war als einzige von ihnen sterblich.

Abb. 101 Perseus gelangte bei seinem gefährlichen Unternehmen zunächst zu den drei Graien, Schwestern der Gorgonen, die den Weg zu diesen wie auch zu den Waffen gegen sie bewachten. Sie waren von Geburt an alt und grauhaarig und hatten gemeinsam nur ein Auge und einen Zahn, die sie abwechselnd benutzten. Es gelang Perseus, ihnen beides im Schlaf zu rauben und sie auf diese Weise zu zwingen, ihm den Weg zu den Nymphen zu zeigen. Von diesen erhielt der Held dann die Flügelschuhe, mit denen er zu den Gorgonen am Rande der Erde fliegen konnte, sowie einen Ranzen und eine Tarnkappe. Hermes, der ihn ebenso wie Athena bis hierher begleitete, gab ihm dazu die Harpe, ein sichelförmiges Schwert. So gelangte Perseus zu den Gorgonen und schlug der Me-
II dusa das Haupt ab, wobei er den von Athena entliehenen Schild als Spiegel benutzte, um die Gorgo nicht selbst ansehen zu müssen. Aus dem enthaupteten Körper sprang das Flügelpferd Pegasos (Pegasus) hervor, das Poseidon vordem mit der noch wohlgestaltigen Medusa gezeugt hatte. Das schlangenumzüngelte Medusenhaupt steckte Perseus in seinen Ranzen und trat den Rückweg an. Die Tarnkappe machte ihn dabei vor den ihn verfolgenden anderen zwei Gorgonen unsichtbar.

Abb. 102, 103 Perseus wurde nach Äthiopien verschlagen, wo Furcht vor einem schrecklichen Meerungeheuer herrschte. Poseidon hatte es zur Strafe für den Hochmut der Königin Kassiopeia gesandt, die mit Nereus' Töchtern, den Nereiden, in der Schönheit wetteifern wollte. Zur Sühne sollte dem Drachen auch noch die Prinzessin Andromeda geopfert werden, die dazu schon an einen Küstenfelsen gekettet war. König Kepheus, ihr Vater, versprach sie Perseus zur Gemahlin, wenn er sie und das Land aus der Gefahr errettete. Der Held tötete das Ungeheuer in einem harten Kampfe, doch erstand ihm ein neuer Feind in Phineus, dem Bruder des Königs, dem Andromeda schon als Gemahlin versprochen gewesen war. Perseus ließ ihn und seine Schar durch den Anblick des Gorgonenhauptes zu Stein erstarren. Das gleiche Schicksal ereilte dann auf der Insel Seriphos auch den ungetreuen König Polydektes, der Perseus schon für tot gehalten hatte. Das Gorgonenhaupt erhielt Athena, die es in ihren Schild einsetzte. Der Orakelspruch, Danaes Vater würde durch seinen Enkel sterben, erfüllte sich aber schließlich doch. Bei Wettkämpfen zu Ehren des verstorbenen Königs von Larissa in Thessalien traf Perseus seinen Großvater Akrisios ungewollt tödlich mit dem Diskus.

So griff der Götterkönig Zeus mit seinen Liebesverhältnissen zugleich schicksalhaft in das Leben der Menschen ein. Abb. 104, 105 Das galt auch für seine Verbindung zu Leda, der Tochter des Königs von Aitolien und Gemahlin des Königs Tyndareos von Sparta, zu der er in Tiergestalt, als ein stolzer Schwan, kam. Sie brachte zwei Eier zur Welt, aus deren einem Kastor und aus deren anderem dessen Zwillingsbruder Polydeukes (Pollux) und das Mädchen Helena schlüpften. Die Tochter übertraf ihre Mutter Leda noch an Schönheit, und ihre Entführung durch den trojanischen Königssohn Paris führte zum Trojanischen Krieg, bei dem viele Helden den Tod fanden. Abb. 140 bis 157

Von den beiden Dioskuren zeichnete sich Kastor, der sterblich war und wohl von Tyndareos stammte, als Abb. 108 Wagenlenker aus, während der unsterbliche Zeussohn Polydeukes als Faustkämpfer besonderen Ruhm erwarb. Beide waren sehr kampflustig, und so versuchten sie, bei der Hochzeit ihrer Vettern Lynkeus und Idas in Messenien deren Bräute, die beiden Töchter des Leukippos, zu rauben. Es kam zum Kampf, bei dem Kastor von Idas getötet wurde. Polydeukes teilte in echter Bruderliebe mit ihm seine Unsterblichkeit, so daß beide abwechselnd je einen Tag auf dem Olymp und einen Tag in der Unterwelt zubrachten.

Auch der von ihm begehrten Europa, der Tochter des Abb. 107 Königs Agenor von Phoinikien, erschien der Göttervater in Tiergestalt. Während sie mit ihren Freundinnen am Strande spielte, gesellte er sich als ein weißer Stier hinzu. Da er sich als sehr zahm erwies, faßten die Mädchen Zutrauen, streichelten ihn und bekränzten ihn mit Blumen. Als aber die Prinzessin sich auf seinen Rücken gesetzt hatte, eilte er plötzlich zum Wasser und entführte die Überraschte schwimmend von Asien über das von Poseidon für ihn geebnete Meer nach der freundlichen Insel Kreta, wo er sich mit der Europa vermählte; nach ihr soll der Erdteil seinen Namen erhalten haben.

König Agenor, Europas Vater, schickte nun seine drei Söhne aus, um die Schwester zu suchen. Da sie diese jedoch nicht fanden und auch nicht ohne sie zurückkehren durften, blieben sie in Griechenland. Der eine von ihnen, Kadmos, gründete hier auf Weisung des

Abb. 109, 110 Delphischen Orakels die Stadt Theben. Mit Hilfe Athenas tötete er einen Drachen, der die Quelle des Kriegsgottes Ares bewachte und ein Sohn von diesem war. Als Kadmos dem Ungeheuer auf den Rat der Göttin die Zähne ausbrach und diese in die Erde säte, wuchsen daraus bewaffnete Männer auf, die sofort übereinander herfielen und sich gegenseitig erschlugen. Nur fünf von ihnen blieben am Leben, und aus diesen gingen dann die fünf thebanischen Stämme hervor. Zur Sühne des Mordes an dem Drachen mußte Kadmos dem Ares acht Jahre lang dienen, erhielt aber dann Harmonia, die schöne Tochter des Gottes und der Liebesgöttin Aphrodite, zur Frau.

Abb. 111 Von den drei Söhnen der Europa mit Namen Minos, Rhadamanthys und Sarpedon erlangte besonders der erste als weiser und gerechter König von Kreta großes Ansehen, das sich aber mit Unglück verband. Seine Gemahlin Pasiphae, die ihm mehrere Söhne und die Töchter Ariadne und Phaidra gebar, wurde von einer widernatürlichen Leidenschaft zu einem Stier erfaßt, den Minos zum Beweis seines guten Verhältnisses zu den Göttern und zur Rechtfertigung seiner Herrschaft vor dem Volk von Poseidon erbeten hatte. Entgegen der Vereinbarung hatte er ihn dem Gott aber dann nicht geopfert, sondern als ein besonders prachtvolles Tier seiner eigenen Herde angereiht. Der kunstfertige und erfinderische Athener Daidalos (Daedalus), der nach dem Mord an seinem Nebenbuhler Talos nach Kreta geflohen war, verfertigte heimlich für Pasiphae eine hölzerne Kuh, durch welche sie sich mit dem Stier verband. So wurde Pasiphae Mutter des Minotauros, der einen menschlichen Körper, aber den Kopf eines Stieres hatte und Menschen fraß. Minos ließ für ihn, ebenfalls durch Daidalos, ein Labyrinth bauen, worin er gefangengesetzt wurde. Athen aber, das Minos wegen der dort erfolgten Ermordung seines Sohnes Androgeos unterworfen und abgabepflichtig gemacht hatte, mußte als Speise für den Minotauros alljährlich sieben Knaben und sieben Mädchen nach Kreta entsenden.

Auf einem der Schiffe mit solchen todgeweihten Jünglingen und Jungfrauen kam der attische Held Theseus, ein außerehelicher Sohn des Königs Aigeus von Athen und der Königstochter Aithra von Troizen, mit über das Ägäische Meer. Er hatte beschlossen, seine Vaterstadt von dem schrecklichen Menschentribut zu befreien und fand Hilfe bei der schönen Ariadne, der Tochter des Königs Minos. Sie fühlte Liebe zu ihm und wollte ihn dem drohenden Verderben entreißen. Auf Anraten des Daidalos gab Abb. 112, 61 sie ihm ein Garnknäuel, das er am Eingang zum Labyrinth befestigte und auf dem Weg ins Innere aufrollte. Er tötete den Minotauros, fand an dem Faden entlang wieder den Weg ins Freie und floh dann mit Ariadne von Kreta zur Insel Naxos, wo er sie bei Nacht verließ. Am Morgen fand sie sich allein, aber Dionysos nahm sich der Verzweifelten an und erhob sie zu seiner Gemahlin.

Abb. 113, 114 Als der kretische König Minos erfuhr, daß sein Vertrauter Daidalos das unsittliche Verhältnis der Königin zu dem Stier begünstigt und zu Theseus' Rettung wie zur Tötung des Minotauros beigetragen hatte, ließ er ihn und seinen Sohn Ikaros im Labyrinth gefangensetzen. Daidalos aber erfand künstliche Flügel, wobei er Federn mit Wachs an hölzerne Rahmen heftete. So entwichen sie unverfolgbar durch die Luft über das Meer. Daidalos hatte seinen Sohn gewarnt, nicht zu tief und nicht zu hoch zu fliegen, weil das spritzende Wasser die Federn schwer machen, die Sonnenhitze aber das Wachs auflösen würde. Ikaros kam in seinem Glücksgefühl über den kühnen Flug der Sonne dennoch zu nahe, so daß die Flügel zerfielen und der Knabe ins Meer stürzte. Es erhielt nach ihm den Namen Ikarisches Meer.

Abb. 115 Oft genug hatte Zeus seine Gemahlin Hera erzürnt, weil er seine Gunst immer wieder anderen weiblichen Wesen schenkte. So aber folgte auch der Vater der Götter dem von Eros und Aphrodite verkörperten Gesetz, immer wieder neues Leben schaffen zu helfen. So bewies er seine Kraft, und so wurde er auch den Menschen vertraut und kam ihnen nahe. Aphrodite war es aber auch, mit deren Hilfe seine eheliche Verbindung zu Hera trotz aller Liebesabenteuer beständig blieb. Sie lieh der Königin ihren Gürtel, und so gewann diese für Zeus die sinnliche Verlockung wieder, der er so oft bei anderen Frauen erlegen war. Das Leben auf dem Olymp ging ewig in den alten Bahnen fort.

DIE HEROENGESCHICHTEN

Herakles

Außer den Göttern verehrten die alten Griechen und Römer auch Heroen von zumeist halbgöttlicher Herkunft oder auch nur von menschlicher Natur, die sich durch Taten zum Wohle der Menschheit ausgezeichnet hatten.

Der bedeutendste und bekannteste dieser Helden, der für seine Verdienste die Unsterblichkeit im olympischen Götterhimmel erlangte, war Herakles, von den Römern Herkules genannt, Sohn des Zeus und der Alkmene, der Gemahlin des Königs Amphitryon von Mykenai. Hera verfolgte ihn wie auch seine Mutter aus Eifersucht mit grimmigem Haß. Indem sie zunächst Alkmenes Niederkunft verzögerte, verlor Herakles die von Zeus für ihn vorgesehene Herrschaft über die Perseiden, die Nachkommen des Perseus, zu denen er gehörte, und damit zugleich die Herrschaft über Mykenai. Der Göttervater hatte diese in Erwartung der Geburt seines Sohnes dem nächstgeborenen Nachkommen des Perseus zugedacht. Hera aber ließ Alkmene sieben Tage lang Wehen erleiden und währenddessen die ebenfalls schwangere Nikippe, Gattin des Sthenelos, eines Sohnes des Perseus, ein Siebenmonatskind gebären. Es war Eurystheus, dem Herakles später zwölf Jahre lang dienen mußte.

Abb. 116 Zugleich aber trug die Götterkönigin unfreiwillig selbst zur künftigen Größe und Bedeutung des Kindes ihrer Nebenbuhlerin Alkmene bei. Zeus legte ihr, als sie schlief, den Knaben an die Brust – oder ließ dies durch Hermes besorgen –, und Herakles nahm mit ihrer Milch göttliche Stärke in sich auf; er galt darum auch als der, »dem Hera den Ruhm gab«, wie es sein Name besagt. Freilich hatte er so heftig gesogen, daß die Göttin davon erwachte und ihn zornig von sich schleuderte. Dabei verspritzte die Milch in einem breiten Streifen über den Himmel und bildete die Milchstraße.

Hera ließ von ihrer Feindseligkeit nicht ab. Als Herakles acht Monate alt war, sandte sie zwei gewaltige Schlangen, die ihn in der Wiege töten sollten. Er aber packte mit jeder Hand eine und erwürgte beide, ehe die dabeistehenden Eltern sich noch von ihrem Entsetzen erholen konnten. Damit hatte der Zeussohn schon eine Probe seiner außergewöhnlichen Kraft und Tapferkeit gegeben, die ihn zum größten griechischen Helden werden ließen. Abb. 117

Herakles erhielt schon frühzeitig Unterweisung im Gebrauch der Waffen wie auch in anderen ritterlichen Übungen. Weil er Linos, seinen Lehrer im Saitenspiel, im Jähzorn wegen eines von ihm empfangenen Tadels erschlug, schickte ihn sein Pflegevater Amphitryon als Hirten auf den Kithairon, das Kalkgebirge zwischen Attika und Böotien. Hier erlegte der Jüngling im 18. Lebensjahr den kithaironischen Löwen. Außerdem befreite er seine Vaterstadt Theben in einem Feldzug von den Tributzahlungen an den König Erginos von Orchomenos, wobei Amphitryon fiel. Herakles erhielt als Sieger zur Belohnung von König Kreon von Theben dessen Tochter Megara zur Frau, tötete diese aber dann mit den drei von ihm gezeugten Söhnen in einem Wahnsinnsanfall, den wiederum die rachsüchtige Hera verursachte. Abb. 118

Zur Sühne seiner Untat wurde Herakles durch das Delphische Orakel zum zwölfjährigen Dienst bei seinem Verwandten Eurystheus verpflichtet und mußte für diesen zwölf überaus schwere, gefährliche und zunächst unausführbar erscheinende Arbeiten verrichten. Damit erwarb er sich als Wohltäter der Menschen freilich auch höchste Verehrung. Waffen erhielt er von den Göttern, nur seine berühmte Keule schnitzte er sich selbst im Hain von Nemea. Er hätte den leichten Weg der Lust und des Sinnengenusses gehen können, entschied sich aber für den mühevollen der Arbeit und des Kampfes im Dienste der Allgemeinheit, der ihn schließlich zur Unsterblichkeit führte. Er Abb. 119, 120 blieb dennoch mit vielen Schwächen wie Rachsucht, Jähzorn und Roheit, Erbarmungslosigkeit und Eifersucht behaftet.

Abb. 121 Zuerst besiegte Herakles den Löwen von Nemea, der durch sein Fell unverwundbar war. Der Heros mußte ihn in eine Höhle drängen und erwürgen. Das Fell des Raubtiers aber diente ihm fortan als ein undurchdringlicher Panzer, der Kopf dabei als Helm, wodurch seine Stärke noch wuchs. Selbst Eurystheus begann sich nun vor ihm zu fürchten und erteilte seine Aufträge fortan durch einen Boten, um jede unmittelbare Begegnung zu vermeiden.

Abb. 122 Die neunköpfige Wasserschlange Hydra von Lerna in Argolis, die Menschen und Tiere bedrohte, war deshalb schwer zu bezwingen, weil ihre Köpfe, wenn sie mit dem Schwert abgeschlagen wurden, sofort doppelt nachwuchsen. Herakles brannte sie schließlich mit glühenden Baumstämmen aus und hatte damit seine zweite große Tat vollbracht. Das letzte, unsterbliche Haupt der Schlange begrub er unter einem Felsen, in die Galle aber tauchte er seine Pfeile, die dadurch unheilbare Wunden verursachten.

Seine dritte Aufgabe erfüllte Herakles, indem er die der Artemis heilige, goldgehörnte Hirschkuh von Keryneia fing, die bei Argos die Felder verwüstete. Nachdem er die windschnelle Hindin ein Jahr lang gejagt hatte, konnte er sie am Flusse Ladon endlich einholen und nach Mykenai bringen.

Lebendig gefangen werden mußte auch der erymanthische Eber, der in Arkadien ebenfalls den Fluren großen Schaden zufügte. Herakles trieb ihn in ein Schneefeld im erymanthischen Gebirge, hetzte ihn bis zur Erschöpfung und fing ihn mit einer Schlinge. Als er mit dem Ungeheuer auf den Schultern zu seinem Gebieter Eurystheus kam, verkroch dieser sich vor Angst in ein Faß.

Die fünfte Tat des Helden bestand darin, die stymphalischen Vögel zu erlegen. Diese gefährlichen Raubvögel hatten ihren Namen nach dem Sumpf von Stymphalos in Arkadien, in dem sie hausten, besaßen eiserne Krallen und ebensolche Federn, die sie wie tödliche Pfeile abschießen konnten, und griffen nicht nur Tiere, sondern auch Menschen an. Hier erhielt Herakles Unterstützung durch Athena, die ihm eine weittönende Klapper gab, um die Stymphaliden aufzuscheuchen. Als sie dann aufflogen, konnte er sie mit seinen Pfeilen erlegen.

Immer waren zur Erfüllung dieser schwierigen Aufgaben außer Kraft und Kühnheit auch Klugheit, List und Erfindungsreichtum nötig. Die anbefohlene Reinigung der seit dreißig Jahren mit Dung angefüllten Ställe des Königs Augeias (Augias) von Elis an einem einzigen Tage wäre auch dem Heros kaum möglich gewesen, hätte er nicht einen glänzenden Einfall gehabt. Nachdem er sich von Augeias zum Lohn ein Zehntel der Herde hatte zusichern lassen, wenn ihm die Arbeit gelänge, trieb er die dreitausend Rinder ins Freie und leitete dann die Flüsse Alpheios und Peneios durch die riesigen Stallungen, so daß in kurzer Zeit aller Unrat hinweggeschwemmt war. Die von Augeias versprochene Belohnung erhielt Herakles aber nicht, und auch die Hand der Königstochter Epikaste, die der Heros auf diese Weise wohl vor allem hatte erringen wollen, wurde ihm von Augeias verweigert; Herakles nahm später dafür an ihm Rache.

Als nächstes mußte Herakles den kretischen Stier fangen. Poseidon hatte ihn aus dem Meer auftauchen lassen, weil König Minos von Kreta ihn um ein schönes Opfertier gebeten hatte. Dieses wurde von Minos aber dann nicht dem Meeresgott dargebracht, sondern in die eigene Herde eingereiht. Der erzürnte Poseidon ließ den prachtvollen Stier daraufhin wild werden und auf der Insel große Zerstörung anrichten. Niemand wagte ihm entgegenzutreten, weil er Feuer aus den Nüstern blies. Herakles bändigte ihn mit einem Strick, betäubte ihn schließlich mit der Keule und brachte ihn – wie die Hirschkuh und den Eber – zu Eurystheus nach Mykenai. Weil man das ungezähmte Tier dort jedoch wieder freiließ, begann es von neuem zu wüten, bis Theseus es in Marathon erlegte.

Herakles tötete dann die menschenfressenden Rosse des in Thrakien herrschenden, überaus grausamen Königs Diomedes, den er ihnen zuvor noch selbst zum Fraße vorwarf, weil dieser grausame Herrscher die Tiere immer mit dem Fleisch fremder Wanderer gefüttert hatte.

Die neunte Aufgabe für Herakles bestand darin, der Tochter des Eurystheus, Admete, das Wehrgehenk der Amazonenkönigin Hippolyte zu verschaffen, das diese einst von Ares als Geschenk erhalten hatte. Als Herakles mit ausgewählten Kampfgefährten zu Schiff nach ihrer in Kleinasien gelegenen Hauptstadt Themiskyra gelangte, kam sie ihm selbst entgegen und war bereit, ihm den Gürtel bedingungslos zu überlassen. Seine Feindin Hera gönnte ihm jedoch diesen leichten Erfolg nicht. Sie verwandelte sich daher in eine Amazone und verbreitete das Gerücht, Herakles wolle die Königin entführen. Herakles und seine Mannschaft mußten nun einen furchtbaren Kampf gegen die berittenen und gut bewaffneten Amazonen Abb. 123 bestehen, wobei viele von diesen – auch die Königin Hippolyte – den Tod fanden. Das Wehrgehenk verblieb Herakles, doch hatte dieser auf der Rückfahrt in den Städten Troja und Aenos noch weitere Abenteuer zu bestehen, ehe er endlich damit in Mykenai angelangte.

Abb. 124 Als zehnte Arbeit sollte Herakles die Rinderherde des dreileibigen, sechsarmigen Riesen Geryoneus von der weit im Westen gelegenen Insel Erytheia nach Griechenland holen. Der Heros nahm den Weg dorthin durch die Länder Nordafrikas. In Libyen oder Mauretanien begegnete ihm der Riese Antaios (Antaeus), ein Sohn des Poseidon und der Erdmutter Gaia, der die vorbeikommenden Fremden zum Ringkampf aufforderte und erwürgte. Gelang es dem Gegner einmal, ihn zu Boden zu werfen, gewann er aus dieser Berührung mit der Erde, seiner Mutter, stets neue und größere Kraft; so mußte jeder, der gegen ihn kämpfte, schließlich erlahmen und unterliegen. Herakles aber überwand ihn, indem er ihn hochhob und in der Luft erwürgte.

Abb. 125 Vom Kampfe erschöpft, legte der Held sich dann nieder und schlief ein, erwachte aber schon bald wieder von einem Angriff neuer Gegner. Es waren die Pygmäen, Menschen von kleinstem Wuchs, die ihm mit ihren winzigen Waffen und mancherlei Kriegsmaschinen zu Leibe rückten. Herakles schüttelte sie ab, sammelte sie in seine Löwenhaut und übergab sie später dem Eurystheus.

So kam der Heros an die Grenze zwischen Afrika und Europa, wo er die nach ihm benannten zwei Säulen errichtete, nämlich die Felsen von Céuta und Gibraltar. Weil ihn unterwegs der Sonnengott Helios mit seinen Strahlen hart bedrängte, richtete er seinen Bogen gegen ihn. Helios lieh ihm aus Bewunderung über solchen Mut den goldenen Becher, worin er selbst allnächtlich vom westlichen Erdrand auf dem Ozean zum Lande des Sonnenaufgangs zurückkehrte.

Auf der Insel Erytheia wurde Herakles zuerst von dem zweiköpfigen Hund Orthos des Geryoneus angefahren, den er ebenso erschlug wie den riesigen Wächter Eurytion. Den Riesen selbst erlegte er mit einem Pfeilschuß, und nachdem er mit der Rinderherde im goldenen Becher des Helios wieder das Festland erreicht hatte, trieb er sie an den Küsten des Mittelmeeres entlang bis nach Argos, durch die Länder der Gallier, Ligurer und Etrusker, wobei er immer neue Gefahren zu bestehen hatte.

Als Herakles in der Gegend von Massilia, dem heutigen Marseille, mit Poseidons Söhnen Alebion und Dercynus kämpfte und diese schließlich mit den von Zeus für ihn herabgeworfenen Steinblöcken erschlagen konnte, kam es danach zur Erhebung der Giganten gegen die Götter. Herakles mußte letzteren als ein Sterblicher beistehen, ehe er nach Italien weiterzog, damit sie den Sieg erringen konnten. Abb. V

An der Stelle am Tiber, wo später Rom entstehen sollte, hauste in einer Höhle des Aventinischen Hügels Cacus, ein riesiger Sohn des Hephaistos, des Gottes des Feuers. Dieser stahl aus der Herde vier Stiere und vier Kühe, die er an den Schwänzen in seine Höhle zog. Auf ihr Angstgebrüll hin eilte Herakles herzu, drang über das Felsendach in die Höhle ein und konnte in einem furchtbaren Kampf den feuerspeienden Cacus endlich zu Tode drücken. Zum Dank dafür wurde ihm an der gleichen Stelle ein großer Opferaltar errichtet, die spätere Ara maxima auf dem Ochsenmarkt in Rom. In Sizilien mußte Herakles gegen Eryx, den als Faustkämpfer berühmten Sohn des dortigen Königs antreten. Weil er ihn besiegte und tötete, gewann er die Insel als Preis, und tatsächlich nahmen die Griechen sie später von Sparta aus in ihren Besitz. Nachdem Herakles mit der Herde über das Meer gesetzt und noch andere Schwierigkeiten überwunden hatte, konnte er die Rinder dem Eurystheus übergeben. Es heißt, daß dieser sie der Hera opferte. Abb. 126

Nun standen dem Heros noch die beiden letzten Aufgaben bevor. Aus dem Garten der Hesperiden, der Töchter des Titanensohnes Atlas und der Hesperia, sollte er die goldenen Äpfel von dem Wunderbaum holen, den die Erdmutter Gaia Zeus und Hera zur Vermählung geschenkt hatte. Herakles erhielt von den Nymphen den Rat, den Meergreis Nereus, den hundertgestaltigen Vater der Nereiden und Wahrsager, nach dem Weg zu fragen. Er fesselte diesen und erhielt nun von ihm die nötige Auskunft.

Der Vater und Nachbar der Hesperiden, der Riese Atlas, der sich vordem mit den Titanen gegen die Götter erhoben hatte und zur Strafe am westlichsten Ende der Welt das Himmelsgewölbe tragen mußte, erbot sich, für Herakles die Äpfel zu holen, wenn dieser inzwischen seine Last trüge: So wollte er diese für immer loswerden. Herakles ging scheinbar auf den Vorschlag ein, Abb. III als aber Atlas die Äpfel gebracht hatte, bat er diesen listig, ihm das Himmelsgewölbe für kurze Zeit noch einmal abzunehmen, damit er sich ein Tragekissen zurechtmachen könne. So kam er wieder frei und konnte mit den goldenen Äpfeln der Hesperiden nach Mykenai zurückkehren.

Die zwölfte und letzte Aufgabe, die Herakles erfüllen mußte, war ohne Zweifel die gefährlichste von allen: Er mußte nun sogar in die Unterwelt hinabsteigen, um den Höllenhund Kerberos einzufangen und heraufzuholen. Bei dem an der Südspitze des Peloponnes Abb. 20 gelegenen Kap Tainaron gelangte Herakles durch eine Höhle ins Totenreich. Der Totenfährmann Charon setzte ihn über die Flüsse der Unterwelt, und sein alter Kahn, der sonst nur die schwerelosen Schatten der Abgeschiedenen aufnahm, wäre unter der Last fast gesunken.

Gleich am Tor traf Herakles auf Theseus und dessen Kampfgefährten Peirithoos, den König der Lapithen. Jeder hatte eine Zeustochter für sich gewinnen wollen, Peirithoos die Gemahlin des Unterweltgottes, Persephone, selbst. Hades stellte die beiden und ließ sie zur Strafe an einem Felsen festwachsen. Herakles konnte zwar Theseus mit dem Schwert loshauen, aber Peirithoos mußte als der größere Frevler im Totenreich zurückbleiben.

Die zeitweilige Entführung des dreiköpfigen Höllenhundes erlaubte der Gott der Unterwelt unter der Bedingung, daß Herakles keine Waffen dabei benutzte. So mußte dieser das Ungeheuer mit bloßen Händen überwältigen, um es fesseln und an Ketten zu Eurystheus führen zu können.

Der Dienst bei Eurystheus war für Herakles damit zu Ende, nicht aber die Reihe seiner Taten, zu denen auch eine kurzzeitige Teilnahme am Argonautenzug gehörte. Freilich ließ sich der Heros auch einige schwere Vergehen zuschulden kommen, deren Folgen ihn aufhielten. Als er von einer schweren Krankheit befallen wurde und das Delphische Orakel um Rat fragte, erhielt er von der Priesterin Pythia keine Antwort, weil er den Iphitos, einen Sohn des Königs Eurytos von Oichalia, von einem Turm seiner Burg in Tiryns herabgestoßen hatte: Herakles hatte Eurytos und seine Söhne im Bogenschießen übertroffen, aber nicht, wie versprochen, die schöne Königstochter Iole dafür erhalten. Er drang nun selbst in den Tempel des ihm nicht sehr wohlgesonnenen Apollon vor und raubte den Dreifuß, um vielleicht ein eigenes Orakel zu gründen. Es kam zum Zweikampf mit dem Gott, und Zeus mußte die Kämpfenden mit dem Blitzstrahl trennen. Herakles aber wurde für den Mord und den Tempelraub mit drei Jahren Sklavendienst bestraft und von Hermes auf dem Sklavenmarkt für drei Talente an die lydische Königin Omphale verkauft. Er Abb. 127 verweichlichte in dieser Zeit ungemein, trug Frauenkleidung, spann Wolle, überließ seiner Herrin seine Keule und den Löwenfellpanzer und ordnete sich ihr völlig unter.

Nachdem Herakles wieder frei war, heiratete er Dei- Abb. 128 aneira, die Tochter des Königs Oineus von Kalydon, um deren Besitz er erst mit einem Nebenbuhler, dem Flußgott Acheloos, kämpfen mußte. Als er seine junge Frau heimführte, kamen sie unterwegs an den Fluß Euenos, wo der Kentaur Nessos die Ankommenden auf seinem Rücken übersetzte. Dieser erbot sich, den Fährdienst ohne Lohn zu leisten, wollte aber – voller Arglist – zuerst Deianeira befördern. Als er sie nun auf den Rücken genommen hatte, begann er sich an ihr zu vergreifen. Auf ihr Hilfegeschrei tötete Herakles ihn vom Ufer aus mit einem seiner vergifteten Pfeile. Nessos aber ersann eine Rache, durch die das irdische Leben des Heros bald sein Ende fand. Sterbend log er Deianeira vor, sein ausströmendes Blut sei ein Zaubermittel gegen Untreue, und Herakles werde sich nie einer anderen Frau nähern, wenn Deianeira sein Hemd damit durchtränke. Daraufhin fing sie etwas davon auf und verwahrte es in einem Gefäß.

Wie nun Herakles in einem Rachefeldzug gegen den wortbrüchigen König Eurytos dessen Hauptstadt Oichalia erobert und die schon vorher von ihm begehrte Königstochter Iole zu seiner Gefangenen gemacht hatte, geriet Deianeira in Furcht um seine Treue und in heftige Eifersucht und wollte das Blut des Kentauren Nessos als Liebeszauber anwenden. Sie bestrich damit das Gewand, in dem Herakles das Dankopfer an Zeus für den Sieg über Eurytos darbringen wollte und das er durch Lichas von ihr holen ließ. Das Blut des Kentauren aber war durch Herakles' vergifteten Pfeil selbst zu Gift geworden; als der Heros nun das Gewand am Körper trug, verursachte es ihm rasende Schmerzen. Als er aber den vergifteten Stoff vom Körper zu reißen versuchte, blieb sein Fleisch daran hängen. In rasendem Zorn schleuderte er den unschuldigen Lichas gegen einen Felsen und ins Meer und ließ sich dann auf Anraten des Delphischen Orakels auf dem Berge Oite einen Scheiterhaufen

schichten. Es heißt, daß er unter Donnergetöse aus den Flammen in einer Wolke in den Himmel gestiegen sei. Deianeira gab sich mit dem Schwert selbst
Abb. 129 den Tod, Herakles aber wurde von Zeus empfangen, und auch Hera söhnte sich mit ihm aus. Er erhielt Hebe, die Tochter des göttlichen Königspaares, zur Frau und gehört seitdem zu den ewigen Göttern des Olymps.

Die Argonauten

Eine andere Schar griechischer Heroen, die wegen ihrer kühnen Taten gerühmt wurden, begegnet uns in den Argonauten. Sie hießen so nach dem stolzen Schiff »Argo«, das sie im Hafen von Iolkos bauen und ausrüsten ließen, um aus Kolchis in Transkaukasien an der Ostküste des Schwarzen Meeres das Goldene Vlies zu holen. Ihr Anführer war der Königssohn Iason, dessen Vater Aison von seinem Stiefbruder Pelias der Herrschaft über Iolkos beraubt und ermordet wurde. Nachdem Iason erwachsen war, forderte er von seinem verräterischen Onkel das ihm zustehende Erbe zurück. Da Pelias auf Grund eines Orakelspruches sich vor seinem Neffen fürchten mußte und ihn loszuwerden trachtete, gab er ihm den schwierigen Auftrag, das Goldene Vlies zu holen. Es war das Fell des Widders, der die Kinder des Königs Athamas von Orchomenos in Böotien, Phrixos und seine Schwester Helle, auf der Flucht vor ihrer bösen Stiefmutter Ino übers Meer nach Kolchis getragen hatte. Helle war dabei ins Meer gestürzt, das nach ihr dann Hellespontos – Meer der Helle – genannt wurde. Phrixos aber erreichte das Ziel, opferte Zeus den Widder und hängte dessen goldenes Fell im heiligen Hain des Ares an einen Baum, wo es von einem fürchterlichen Drachen bewacht wurde.

Zu den Argonauten gehörten alle bedeutenden griechischen Helden, darunter die Dioskuren und Orpheus, Peleus, der Vater Achills, und sein Bruder Telamon, die Brüder Lynkeus und Idas, Meleagros, die berühmte arkadische Jägerin Atalante und manche andere. Auch Herakles nahm eine Weile am Argonautenzug teil.

Abb. 130, 131 Schon unterwegs hatten die Argonauten verschiedene Abenteuer zu bestehen. In einem schrecklichen, von Rheia geschickten Sturm zerbrach Herakles das Ruder, und er mußte in Mysien an Land gehen, um ein neues zu beschaffen. Sein Liebling Hylas begleitete ihn, doch heißt es auch, dieser sei zum Wasserholen ausgeschickt, von Quellnymphen betört und in die Wassertiefe gezogen worden. Herakles, der ihn suchte, versäumte darüber die Abfahrt des Schiffes und schied damit aus dem Kreis der Argonauten aus.

Als die Seefahrer bei König Aietes in Kolchis eintrafen, verlangte dieser als Gegenleistung für das begehrte Goldene Vlies, Iason solle die feuerschnaubenden Stiere des Hephaistos vor den Pflug spannen und mit ihnen ackern, sodann die Drachenzähne, die Aietes von Athena erhalten hatte, in die Furchen säen und die daraus erwachsenden bewaffneten und gepanzerten Männer bekämpfen. Iason hätte die Aufgaben schwerlich erfüllen können, wenn nicht Medeia (Medea), die zauberkundige Tochter des Königs, ihm beigestanden hätte. Sie gab ihm eine Salbe, die ihn gegen den Feueratem der Stiere unempfindlich machte, und auf ihren Rat warf er einen Stein unter die Männer der Drachensaat, woraufhin diese die Waffen gegeneinander kehrten, sich gegenseitig selbst töteten und auch von Iason leicht getötet werden konnten.

Als Aietes seine Bedingungen wider Erwarten erfüllt Abb.
sehen mußte, wollte er dennoch das Goldene Vlies 132
nicht aushändigen und beschloß, in der Nacht die »Argo« in Brand zu stecken. Medeia verriet den Argonauten diese Absicht und gab Iason außerdem ein Mittel, mit dem er den als Wächter eingesetzten Drachen einschläfern und vernichten und so in den Besitz des Vlieses gelangen konnte.

Nun flüchteten die Argonauten zusammen mit Medeia und deren Bruder Apsyrtos schleunigst aus Kolchis. Aietes verfolgte sie, aber Medeia tötete ihren Bruder und zerstückelte den Leichnam, und indem der Vater die Teile zusammensuchte, konnten die Fliehenden entkommen.

Iason gelangte mit Medeia und seiner Mannschaft Abb.
glücklich nach Thessalien und überbrachte König Pe- 133
lias das Goldene Vlies. Als ihn dieser jedoch weiterhin von der Herrschaft über Iolkos ausschloß, vollzog Medeia an ihm eine schreckliche Rache. Sie machte die Töchter des Pelias glauben, sie sei die Göttin Artemis, bot sich an, den greisen König zu verjüngen und veranlaßte sie, ihren Vater zu töten und zu zerstückeln. Um ihr Mißtrauen zu zerstreuen, hatte sie vorher einen alten Widder in Teile gehackt und gekocht und durch Zauberkunst das Bild eines Lammes über dem Kessel erscheinen lassen.

Abb. 134 Iason zog darauf mit Medeia nach Korinth, so sie ihm zwei Söhne gebar. Sie lebten glücklich zusammen, bis Iason von Liebe zu Glauke, der jungen Tochter des Königs Kreon von Korinth, erfaßt wurde, sich mit ihr vermählte und Medeia verstieß. Da sie dies trotz aller Zauberkünste nicht abwenden konnte, tötete sie schließlich ihre von Iason gezeugten beiden Kinder, ehe sie in einem von Drachen gezogenen Wagen entfloh. Sie sei dann auch aus Athen vertrieben worden, wo sie Theseus, den Sohn des Königs, zu töten versucht hatte, soll später aber in Phoinikien die Gemahlin eines angesehenen Königs geworden sein.

Orpheus

Abb. 135 bis 139 Zu den Argonauten hatte auch Orpheus gehört, der als Sohn der Muse der epischen Dichtung und der Wissenschaft, Kalliope, und des thrakischen Flußgottes Oiagros, nach anderen Quellen des Apollon, galt. Fürwahr göttlich war seine Kunst des Gesangs und Saitenspiels. Es heißt, daß er weite Teile der Mittelmeerwelt, Asiens und Afrikas durchwandert und dort die griechische Kultur, Kunst und Wissenschaft verbreitet habe. Mit seinen Liedern verstand er nicht nur die Menschen, sondern auch Bäume, Felsen und selbst die wilden Tiere zu bezaubern, so daß sie zahm wurden und dem Herdenvieh kein Leid mehr zufügten. Den Argonauten soll er mit seiner Musik den Rudertakt angegeben haben. Er war vermählt mit der Nymphe Eurydike, und sie liebten sich über alles, doch währte ihr Glück nicht lange: Eurydike wurde von einer Schlange gebissen und von Hermes in die finstere Unterwelt geführt. Orpheus war über diesen Verlust von größtem Schmerz erfüllt, doch gelang es ihm, Hades, den unerbittlichen Gott des Schattenreiches, durch seinen Gesang zu rühren und zur Freigabe Eurydikes zu bewegen. Sie durfte Orpheus aber nur unter der Bedingung wieder ans Licht folgen, daß er sich nicht nach ihr umschaute, ehe sie die Oberwelt erreicht hatten. Der Zweifel, ob sie ihm wirklich nachkomme, ließ ihn jedoch dieses Verbot übertreten – und mit einem Klagelaut entschwand Eurydike für immer. Später soll Orpheus von rasenden thrakischen Mänaden zerrissen worden sein, weil er dem Dionysos keine Verehrung erwiesen hätte, sondern statt seiner dem Apollon.

Der Trojanische Krieg

Die Namen und Schicksale der meisten griechischen Helden verbinden sich mit dem Trojanischen Krieg, der sich daraus entwickelte, daß Paris, ein Sohn des Königs Priamos von Troja, die schöne Helena, Gemahlin des Spartanerkönigs Menelaos, entführte. Aphrodite hatte sie ihm dafür versprochen, daß er ihr beim Wettstreit mit Hera und Athena den Preis der Schönsten zuerkannte, und ihm bei der Gewinnung Helenas dann auch in verschiedener Form Hilfe geleistet. Der Traum, den Hekabe (Hecuba), die Mutter des Paris, gehabt hatte, als sie mit ihm schwanger ging, sie werde eine brennende Fackel gebären, die ganz Troja in Brand setze, ging nun in Erfüllung. Abb. 140 bis 142; 49

Eines der ersten Opfer dieses schrecklichen Krieges sollte Iphigeneia (Iphigenie), die Tochter des Königs Agamemnon von Mykenai, sein. Dieser hatte die Göttin Artemis beleidigt, darum wurde nun die nach Troja auslaufende griechische Flotte in Aulis durch Windstille aufgehalten. Der Seher Kalchas erklärte, daß Artemis zur Sühne die Opferung Iphigeneias fordere, und Agamemnon als Oberbefehlshaber über das griechische Heer war dazu bereit, um die Weiterfahrt der Flotte zu sichern. Artemis selbst aber rettete Iphigeneia und erhob sie zur Priesterin ihres Heiligtums in Tauris am Schwarzen Meer, wo sie im Auftrage des Königs Thoas Menschenopfer vollziehen mußte. Mit ihrem Bruder Orestes, den sie als einen Fremden ebenfalls töten sollte, floh sie später nach Griechenland zurück. Abb. 143

Der tapferste und strahlendste griechische Held des Trojanischen Krieges war Achilleus (Achilles), der Sohn des Argonauten Peleus und der Thetis, die einst auch Zeus und Poseidon zur Gemahlin begehrt hatten. Thetis, die Tochter der Nereide Doris und des Meergottes Nereus, hatte dem Knaben bei dem weisen Kentauren Cheiron (Chiron) eine sorgfältige Erziehung zuteil werden lassen und ihn zuvor gleich nach der Geburt in den Höllenfluß Styx getaucht, um ihn unverwundbar zu machen; nur die Ferse, an der sie ihn hielt, blieb verletzlich. Weil Thetis wußte, daß es Achilleus bestimmt sei, vor Troja zu fallen, versteckte sie ihn in Mädchenkleidern unter den Töchtern des Königs Lykomedes von Skyros. Der weise Kalchas hatte den Griechen aber mitgeteilt, daß Troja nicht ohne Achilleus erobert werden könne. So wurde der listenreiche Odysseus ausgeschickt, um ihn aufzuspüren. Als Kaufmann verkleidet, legte er den Mädchen Schmuck und Kleider vor, zugleich aber auch Abb. 144 bis 146

Waffen. Achilleus verriet sich, indem er gerade für diese Interesse zeigte.

Abb. 147 Nun mußten Peleus und Thetis ihren Sohn ziehen lassen, nachdem sie ihn mit den von Poseidon geschenkten unsterblichen Pferden und einer mächtigen Lanze ausgerüstet hatten. Gemeinsam mit seinem Freund Patroklos und seinem Lehrer Phoinix führte Achilleus die aus Aigina stammenden Myrmidonen auf fünfzig Schiffen nach Troja, wo er auch als der Schönste aller versammelten Heroen galt. Nach Protesilaos, der freilich gleich von Hektors Hand fiel, betrat er als erster das Land und tötete zahlreiche Feinde. Der Versuch, den Krieg durch einen Zweikampf zwischen Menelaos und Paris noch abzuwenden, war gescheitert. Bald begannen die Griechen zu plündern, und die Belagerung Trojas setzte ein.

Abb. 148 bis 150 Das Kriegsglück schwankte hin und her. Im zehnten Jahr nach der Landung der Griechen zog Achilleus sich vom Kampf zurück, weil Agamemnon ihm seine Lieblingssklavin Briseis genommen hatte; trotz der angespannten Lage ließ er sich nicht umstimmen. Dann drang Hektor ins Lager der Griechen ein und setzte ihre Schiffe in Brand. Patroklos erbat sich Achilleus' Rüstung, um in den Kampf einzugreifen, wurde aber von Hektor getötet und sein Leichnam der Waffen beraubt. Nun wollte Achilleus nicht länger beiseitestehen, und nachdem er von seiner Mutter Thetis eine neue, von Hephaistos selbst geschmiedete Rüstung erhalten hatte, stürzte er sich im Zorn des Schmerzes um den verlorenen Freund auf Hektor. Er trieb ihn erst dreimal um die Stadtmauern Trojas, ehe er ihn erschlug, und schleifte den Toten dann an seinem Wagen ins griechische Lager. Achilleus wußte, daß damit zugleich der Zeitpunkt seines eigenen Todes nahegerückt war, gemäß der Weissagung, daß er bald nach dem Trojaner sterben müßte. Zunächst tötete er noch die Amazonenkönigin Penthesileia, die mit ihrem Heer den Trojanern zu Hilfe kam.

Abb. 151 Dann aber fand Achilleus selbst den Tod. Ein von Paris abgeschossener Pfeil traf ihn tödlich in die verwundbare Ferse. Der auf Seiten Trojas stehende Apollon selbst hatte das Geschoß gelenkt, mit dem der unbedeutende trojanische Königssohn im Tempel dieses Gottes den viel Größeren niederstreckte. Achilleus wollte dort vielleicht seine Vermählung mit Polyxena, einer Tochter des Trojanerkönigs Priamos, feiern; es heißt, daß er bereit gewesen sei, den Frieden zwischen Trojanern und Griechen zu vermitteln, wenn ihm nur diese schöne Frau zur Gemahlin gegeben werde. Noch als Schatten verlangte er nach der Einnahme Trojas ihre Opferung, die von seinem Sohn Neoptolemos vollzogen wurde. Abb. 152 Paris aber wurde durch einen Pfeilschuß des Philoktetes, des Königs von Meliboia, getötet, der von dem sterbenden Herakles dessen Bogen mit den Giftpfeilen erhalten hatte. Der Weissagung gemäß nahm der Untergang Trojas nun seinen Lauf.

Nach Achilleus' Tod stritten sich Aias (Ajax, der Telamonier), nun der Stärkste der griechischen Helden, und Odysseus um die Waffen des Gefallenen, die schließlich von einem Schiedsgericht dem Odysseus zugesprochen wurden. Abb. 79 Aias wollte daraufhin alle griechischen Heerführer ermorden, wurde aber von Pallas Athene mit Wahnsinn geschlagen und metzelte in seiner Verblendung als vermeintliche Gegner das Herdenvieh nieder. Wieder zu Sinnen gekommen, erkannte er seine Schande und tötete sich vor Scham selbst.

Am Kampf um Troja waren unsichtbar auch Götter beteiligt, darunter Aphrodite, die den Krieg ja eigentlich verschuldet hatte. Abb. 153, 154 So wie Paris ihr Schützling war, unterstützte sie die Trojaner, in deren Reihen auch ihr eigener Sohn Aeneas stand, dessen Vater der König Anchises von Dardanos bei Troja war. Durch Achilleus, der in dieses Land einfiel und die Herden raubte, wurde Aeneas in den Krieg verwickelt. Seine göttliche Mutter hatte ihn dafür mit Waffen ausgerüstet, aber in einem Zweikampf wurde er von dem tapferen Griechen Diomedes mit einem Stein getroffen und gefährlich verletzt. Aphrodite, die ihm gleich zu Hilfe eilte, wurde von Diomedes ebenfalls verwundet. Sie brachte Aeneas noch in Sicherheit, der, dank der Hilfe Apollons geheilt, bald auf das Schlachtfeld zurückkehren konnte und die Griechen damit in Schrekken versetzte. Die Göttin aber entfloh nun der Schlacht im Wagen des ihr eng vertrauten Kriegsgottes Ares auf den Olymp.

Im gleichen zehnten Jahr der Belagerung nahm der Krieg um Troja schließlich eine unvorhergesehene Abb. 155 bis 157 Wende, indem die Stadt mit Hilfe einer List von den Griechen erobert werden konnte. Diese bauten auf Rat des Odysseus ein großes hölzernes Pferd, in das sich gegen dreißig der tapfersten griechischen Helden einschließen ließen und das den Trojanern als angebliches Weihgeschenk für die Göttin Athena überbracht wurde. Vergeblich hatte der trojanische Apollonpriester Laokoon mit den Worten »Was es auch sei, so fürchte ich die Danaer, selbst wenn sie schenken« davor gewarnt und eine Lanze gegen das Ungetüm geschleudert. Da die meisten Götter den Untergang Trojas wünschten, wurde er mit seinen zwei Söhnen beim Opfer am Altar Poseidons durch zwei riesige Schlangen erwürgt. Die Trojaner sahen darin ein göttliches Zeichen und zögerten nun nicht mehr, das hölzerne Pferd in die Stadt zu ziehen, wobei sie zudem noch eine Bresche in die Mauer schlagen mußten. Die Griechen waren indessen zum Schein abgesegelt. In der Nacht aber stiegen die im Leib des Pferdes verborgenen Krieger heraus und öffneten auf Feuerzeichen hin den zurückgekehrten Belagerern die Stadttore, während die Trojaner ihren vermeintlichen Sieg feierten. Es kam zu einem gewaltigen Blutbad, und die Stadt wurde in Brand gesteckt. So ging dieser Krieg zu Ende.

Aeneas

Abb. 157, 158 Einer der wenigen, die sich aus dem brennenden Troja retten konnten, war der zu neuen großen Taten ausersehene Aeneas. Mit seinem alten Vater Anchises auf den Schultern und seinem Söhnchen Askanios an der Hand entkam er unter dem Schutz seiner Mutter Aphrodite dem Verderben, während er seine Gattin Kreusa verlor. Unterwegs sammelte er am Fuße des Idagebirges noch andere Flüchtlinge aus Troja, die er in eine neue Heimat führen sollte. Es gelang ihnen, eine Anzahl Schiffe zu bauen, auf denen sie die heimatliche trojanische Küste – voller Trauer – verließen. Ihr Ziel war Italien.

Abb. 159 Hera, die ewige Gegenspielerin der Aphrodite aber verfolgte deren Sohn und Schutzbefohlenen und bewog Aiolos (Aeolus), den Beherrscher der Winde, den Flüchtigen einen schweren Sturm zu schicken. Poseidon wurde dies jedoch gewahr, wies die entfesselten Elemente als deren eigentlicher Gebieter in die Schranken und brachte die auf Klippen geratenen Schiffe selbst wieder in Fahrt.

Abb. 160 Auf merkwürdigen Umwegen, über Thrakien, Delos und Kreta, konnte Sizilien erreicht werden. Unterwegs wurden die Trojaner im Ionischen Meer bei Landungen von den scheußlichen Harpyien angegriffen, halb mädchen-, halb vogelgestaltigen Mischwesen mit hübschen Gesichtern, aber gefährlichen Krallen, die den Flüchtlingen die Nahrung raubten und besudelten und einen üblen Gestank zurückließen. Da ihre Gefieder selbst den Schwertern widerstanden, blieb schließlich nur die eilige Weiterfahrt.

Auf Sizilien starb Anchises zum großen Schmerz seines Sohnes, der danach endlich das ihnen von den trojanischen Hausgöttern versprochene, heißersehnte Italien zu erreichen versuchte. Ein neuer schwerer Sturm aber, nach dem nur noch sieben Schiffe übrig waren, trieb diese an die libysche Küste bei Karthago. Hier herrschte die Königin Dido, eine Tochter des Königs von Tyros in Syrien. Sie war einst hierher geflohen, nachdem ihr Bruder Pygmalion ihren Gemahl Sychaeus ermordet hatte, um sich seiner Schätze zu bemächtigen. Der Ermordete hatte diese aber gut verborgen. Er erschien Dido nun im Traume, teilte ihr das Versteck mit und riet zur Flucht. Begleitet von den zahlreichen Gegnern des Tyrannen, kam Dido mit großem Reichtum nach Afrika. Sie erkannte die überaus günstige Lage des Platzes in der Nähe des heutigen Tunis, wo sie anlandete, und erbat sich von dem herrschenden König Iarbas so viel Land, wie sie mit einer Ochsenhaut umspannen könne. Das wurde ihr gewährt, und sie zerschnitt die Haut in so dünne Riemen, daß sie das Gebiet zur Gründung der Burg und Stadt Karthago gewann. Abb. 161

Mit ihren Schätzen konnte Dido ein mächtiges Reich gründen, das sie klug regierte. Sie war bis dahin ihrem toten Gatten bedingungslos treu geblieben, entflammte aber nun in heißer Liebe zu Aeneas, den sie fürstlich empfangen und der ihr bewegend sein Schicksal geschildert hatte. Es heißt, daß Hera endlich mit Aphrodite Frieden geschlossen habe und daß sie die entstandene Liebesbeziehung auch deswegen zustande kommen ließ, um Aeneas in Karthago festzuhalten und ihm nicht die Ehre zuteil werden zu lassen, der Gründer der Stadt Lavinium und damit Roms zu werden. Aeneas aber mußte seine Berufung doch erfüllen und auf den durch Hermes überbrachten Befehl von Zeus die Königin schon nach wenigen glücklichen Monaten für immer verlassen. Dido aber, von Iarbas bedroht, den sie als Ehegatten verschmäht, von den Völkerstämmen getadelt, weil sie sich ohne Hochzeit schon mit Aeneas verbunden hatte, gab sich voller Verzweiflung auf dem am Meeresufer aufgerichteten Scheiterhaufen selbst den Tod. Abb. 162

Odysseus

Abb. 146, 147, 163, 155 Zu den Helden des Trojanischen Krieges gehörte auch Odysseus (Ulixes), der König von Ithaka, zweifellos der Listigste und Erfindungsreichste, aber auch der Verschlagenste unter den Griechen. Da er sich wie zahlreiche andere einstmals auch um Helena beworben hatte, war er nun zur Teilnahme an ihrer Befreiung verpflichtet. Als König Menelaos von Sparta, der Gemahl Helenas, und dessen Bruder Agamemnon, König von Mykenai, ihn durch ihre Gesandten zum Kriegszug rufen ließen, stellte er sich wahnsinnig, spannte ein Pferd und einen Ochsen vor seinen Pflug und säte Salz in die Furchen. Einer der Boten jedoch, Palamedes, der sich auch im folgenden Krieg als weiser Ratgeber bewähren sollte, legte Odysseus dessen kleinen Sohn Telemachos (Telemach) vor den Pflug, so daß der Vater anhalten und die Verstellung bekennen mußte. Durch eine List gelang es ihm seinerseits, Achilleus zu entdecken, der sich versteckt hielt, um nicht mit in den Krieg ziehen zu müssen. Odysseus beteiligte sich dann mit zwölf Schiffen, leistete während der ganzen Zeit wichtige diplomatische Dienste und ermöglichte schließlich die Einnahme Trojas durch den Raub des Bildes der Göttin Athena – von dessen Besitz die Eroberung der Stadt abhing – und durch den Vorschlag zum Bau des hölzernen Pferdes.

Abb. 164 Zehn Jahre aber brauchte Odysseus trotz aller seiner Klugheit, um wieder in die Heimat zu gelangen. Der Zorn des Meeresgottes Poseidon trieb ihn zwischen Land und Wasser umher und setzte ihn immer neuen Gefahren aus, als Rache dafür, daß Odysseus dessen Sohn, den einäugigen Kyklopen Polyphemos, geblendet hatte. Der Ithaker war mit zwölf Gefährten aus Neugier und Übermut in die Höhle des Riesen eingedrungen, der sie entdeckte und in kurzer Zeit sechs von ihnen auffraß. Die Männer konnten ihn nicht töten, denn sie vermochten nicht den gewaltigen Felsblock zu entfernen, mit dem Polyphemos die Höhle stets verschlossen hielt. In höchster Not ersann Odysseus einen Weg zur Rettung: er machte den Unhold durch den mitgebrachten Wein betrunken und stieß ihm dann einen aus Polyphemos' eigener Keule gefertigten, zugespitzten und glühend gemachten Pfahl ins Auge. An die Bäuche der stärksten Widder aus der Schafherde geklammert, die der Kyklop nachts mit in seiner Felsgrotte hielt, konnten Odysseus und die sechs übriggebliebenen Gefährten am anderen Morgen entkommen. Vergeblich schleuderte der erblindete Riese dem Schiff große Steine nach.

Nach Poseidons Willen sollten aber die harten Prüfungen für die Heimkehrenden erst recht beginnen, und durch manche Unbesonnenheit, ja Torheit, brachten diese sich auch selbst in schwierige Lagen. So öffneten zum Beispiel die Gefährten des Odysseus, als dieser unweit der heimatlichen Insel Ithaka vor Erschöpfung eingeschlafen war, aus Gier nach verborgenen Schätzen den an Bord befindlichen Schlauch mit den widrigen Winden; der Windgott Aiolos hatte sie ihnen darin eingeschlossen übergeben, um ihnen eine rasche Heimkehr zu sichern. Nun waren diese wieder frei und rissen die Schiffe in die Richtung zurück, aus der sie gekommen waren. Aiolos aber war zur Hilfe nicht mehr bereit.

Die Laistrygonen, gewaltige Riesen, in deren Hafen Odysseus anlegen ließ, waren Menschenfresser. Sie wollten die beiden Gesandten der Ankömmlinge sogleich verspeisen und vernichteten mit Felsbrocken die gesamte Flotte samt den Mannschaften bis auf Odysseus' eigenes Schiff.

Die Zauberin Kirke (Circe) auf der Insel Aia, zu der Odysseus die Hälfte seiner Männer schickte, nahm diese dagegen freundlich auf, lud sie in ihren Palast und bewirtete sie, verwandelte sie aber alsbald in Schweine, die sie in Verschläge sperren und Eicheln fressen ließ. Nur Eurylochos, der Anführer, der sich ferngehalten hatte, entging dem Verderben und konnte Odysseus Bericht erstatten. Dieser aber erhielt von Hermes die schwarze Wurzel Moly, die ihn gegen Kirkes Hexenkünste unempfindlich machte. Als sie ihn mit ihrem Stab berührte und ebenfalls in ein Schwein verwandeln wollte, drang er mit dem Schwert auf sie ein und zwang sie, den Gefährten ihre Menschengestalt zurückzugeben. Abb. 165

Kirke wurde nun Odysseus' Geliebte, er zeugte mit ihr den Sohn Telegonos, durch dessen Rochenstachel-Lanze er tragischerweise später den Tod finden sollte. Erst nach einem Jahr nahmen die Griechen wieder Abschied. Zuvor wies Kirke Odysseus jedoch noch den Weg zu dem verstorbenen blinden Seher Teiresias im Hades, der ihm die Zukunft prophezeite. Er beschwor auch Odysseus' verstorbene Mutter Antikleia, die ihm über die Verhältnisse zu Hause in Ithaka berichtete.

Den Gefahren durch die Sirenen, die mit bezauberndem Gesang die Vorüberfahrenden anlockten, an den Felsen schiffbrüchig werden und zu Tode kommen ließen, entgingen die Seefahrer dadurch, daß Odysseus seinen Gefährten die Ohren mit Wachs ver- Abb. 166 stopfte und sich selbst von ihnen am Mast des Schiffes festbinden ließ. So kamen sie an diesem unheilvollen Ort vorüber, während das sechsköpfige Seeungeheuer Skylla (Scylla) in der sizilianischen Meerenge sechs Männer vom Schiff holte und auffraß.

Abb. 167 Der blinde Seher Teiresias hatte Odysseus davor gewarnt, jemals die heiligen Herden des Sonnengottes Helios anzurühren, wenn er nicht erst spät, elend und einsam in die Heimat zurückkehren wolle. Als Odysseus und seine Gefährten aber durch eine Windstille auf der Insel Thrinakia festgehalten wurden, schlachteten sie aus Hunger doch einige von diesen Rindern. Der Frevel fand bald seine Strafe. Mit einem Blitzstrahl zertrümmerte Zeus das Schiff und tötete die ganze Besatzung; nur Odysseus konnte sich retten. An eine Planke geklammert, wurde er nach Tagen an der Insel Ogygia an Land getrieben. Hier trat die Nymphe Kalypso (Calypso) in sein Leben, die ihm ihre Liebe schenkte und ihn für immer bei sich behalten wollte. Als er sie nach sieben Jahren auf den durch Hermes überbrachten ausdrücklichen Befehl der Götter verlassen mußte, schien es ihm, als seien diese neidisch auf die Sterblichen, wenn Göttinnen diesen eine Gunst gewährten.

Abb. 168 Die Weiterfahrt trat Odysseus auf einem selbstgebauten Floß an, bis Poseidon dieses nach siebzehntägiger Fahrt zerbrechen ließ. Wieder kam dem Helden Hilfe von Frauen: Die Meergöttin Ino (Leukothea) warf ihm einen Schleier zu, so daß er schwimmend das Ufer erreichen konnte, und die Königstochter Nausikaa, die mit ihren Mägden dort Wäsche gewaschen hatte und der er nach einem dreißigstündigen Schlaf der Erschöpfung ausgemergelt und halbverhungert gegenübertrat, ließ dem Schiffbrüchigen beherzt sofort die nötige Hilfe zuteil werden. Sie brachte ihn zu ihrem Vater Alkinoos, dem durch seinen Reichtum wie durch seine große Gastfreundschaft berühmten König der Phäaken auf der Insel Cercyra, dem heutigen Korfu. Nachdem Odysseus in dessen Palast über seine Abenteuer berichtet und reiche Geschenke empfangen hatte, ließ Alkinoos für ihn ein Schiff ausrüsten, auf dem er nach zwanzigjähriger Abwesenheit endlich in die Heimat zurückkehren konnte.

Auf Ithaka, wo nach so langer Zeit kaum noch jemand an seine Heimkehr glaubte, wurde seine Gemahlin Penelope von zahlreichen Freiern bedrängt, die tagtäglich in Odysseus' Palast dessen Besitz verpraßten. Als treue Ehefrau wies sie jedoch alle ab, gab vor, sie müsse erst das Leichentuch für ihren Schwiegervater Abb. 169 Laertes weben, trennte aber in der Nacht die Arbeit immer wieder auf, um Zeit zu gewinnen, was die Freier schließlich entdeckten. Penelope versprach nun dem ihre Hand, der den Bogen ihres Mannes spannen und den Pfeil durch die Öhre von zwölf nebeneinanderstehenden Äxten schießen könne.

Indessen war Odysseus auf Ithaka gelandet. Zwar verwandelte der noch immer erzürnte Poseidon das Schiff in einen Felsen, aber Odysseus wurde von den freundlichen Phäaken, die ihn begleitet hatten, schlafend an Land getragen. Wegen der bevorstehenden Auseinandersetzungen mit den Freiern, von denen ihm Teiresias erzählt hatte, schien es ihm geraten, sich zunächst nicht zu erkennen zu geben. Er fand Unterstützung bei seiner Gönnerin Athena, die sich zuerst in Gestalt eines Jünglings zu ihm gesellte und ihn dann zu dem Schweinehirten Eumaios als seinem treuesten Untertan führte. Da sie ihn in einen gebrechlichen, zerlumpten Bettler verwandelt hatte, konnte Eumaios ihn nicht erkennen und wollte ihm auch nicht glauben, daß Odysseus bald zurückkehren werde.

Als Odysseus' Sohn Telemachos aus Sparta eintraf, wo er Nachforschungen über den verschollenen Vater betrieben hatte, verlieh Athena dem vermeintlichen Bettler wieder seine eigene kraftvolle Gestalt, und in Wiedersehensfreude lagen sich Vater und Sohn in den Armen. Eumaios wurde zunächst noch nicht eingeweiht, und als er abends heimkam, war Odysseus wieder zu dem armseligen Bettler zusammengeschrumpft. Als dieser ging er anderntags mit dem Schweinehirten in die Stadt, wohin Telemachos ihnen schon vorausgeeilt war, immer auf der Hut vor den Freiern, deren Absichten er als Sohn und Erbe des Odysseus im Wege stand; sie hatten schon seinem Schiff aufgelauert, um ihn zu töten, aber Athena als seine Beschützerin ließ ihn einen anderen Weg nehmen, so daß er ihnen entging. Im Palast des Odysseus ließ Telemachos diesem durch den Schweinehirten Brot und Fleisch reichen, während ihn die Freier mit manchen Schmähungen und selbst Mißhandlungen bedachten. Ein anderer, so mißliebiger wie gefräßiger Bettler namens Iros wollte ihn von der Schwelle vertreiben, und als Odysseus darum bat, ihn in Frieden zu lassen und nicht zur Gegenwehr herauszufordern, drohte Iros, ihm die Zähne herauszuschlagen. Die Abb. 170 Freier aber führten zu ihrer Belustigung einen Zweikampf herbei, wobei es dem prahlerischen Iros sehr schlecht erging, obgleich Odysseus ihm nur einen leichten Schlag versetzte, um bei den Anwesenden nicht Verdacht zu erregen. Dank seiner Verkleidung konnte Odysseus die Freier wie auch die Dienerschaft und nicht zuletzt seine treue Gattin Penelope beobachten und sie auf die Probe stellen. Schließlich kam für ihn der Augenblick der Vergeltung aller Schmach, die seinem Hause und seinen Angehörigen während seiner Abwesenheit angetan worden waren. Zuvor entdeckte er sich Eumaios und dem ebenso treuen Rinderhirten Philoitios.

Abb. 171, IV Nach dem Festmahl holte Penelope den Bogen des Odysseus samt Pfeilen herbei und forderte die Freier zum Wettkampf auf, doch war keiner von ihnen imstande, den Bogen zu spannen. Auch Telemachos beteiligte sich und hätte es nach drei Versuchen vermocht, ließ aber auf einen Wink seines Vaters davon ab. Dann aber nahm dieser in seiner Bettlergestalt die Waffe in die Hand. Die Freier hatten ihn ausschließen wollen, aber Penelope, die ihren Gemahl noch immer nicht erkannt hatte, gewährte ihm das gleiche Recht wie allen anderen. Telemachos schickte sie in ihr Gemach, und nun begann die Rache an den Frevlern, die mit Entsetzen Odysseus erkannten, ihn zu versöhnen suchten, ihre schlimmen Taten aber alle mit dem Tode büßen mußten. Penelope indessen brauchte noch weitere Beweise, bis sie endlich glauben konnte, daß Odysseus nach so langer Zeit nun doch heimgekehrt sei.

Das trojanische Pferd.
Holzschnittillustration aus Vergil, Aeneis. Ausgabe Straßburg 1502,
hrsg. von Sebastian Brant. Zweites Buch, S. 38

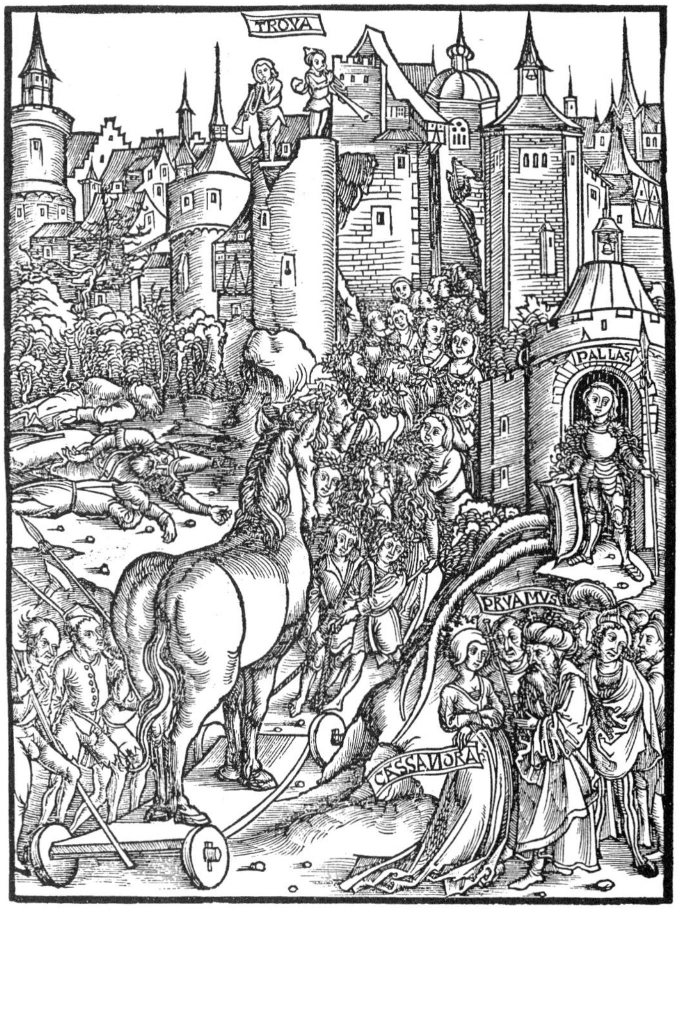

BILDTEIL

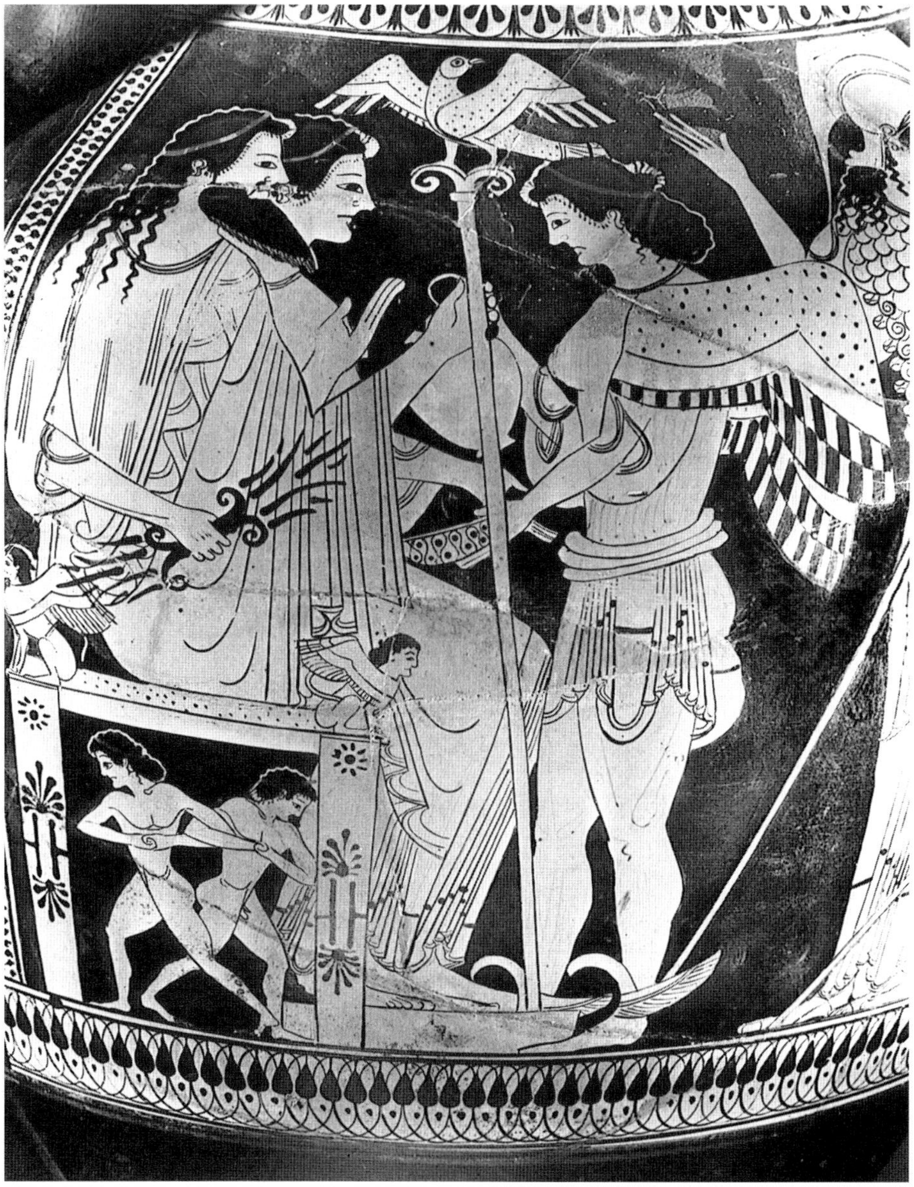

I
Nikoxenos-Maler
Attika, Ende des 6. Jh. v. Chr.
Zeus und Hera thronend
Rotfigurige Malerei
auf attischer Vase
von 65 cm Höhe und
29,2 cm Durchmesser
des äußeren Mündungsrandes
Staatliche Antikensammlung
und Glyptothek, München

Das Götterkönigspaar erscheint auf dieser Vase inmitten einer umlaufend abgebildeten Versammlung der Götter. Der langbärtige, durch den Blitz in seiner Hand und das adlerbekrönte Zepter ausgewiesene Zeus ist wie seine neben ihm sitzende Gemahlin mit einem langen Chiton bekleidet, über dem er noch einen Mantel trägt. Die Gestalt im kurzen, gegürteten Chiton und in Flügelschuhen, von der Hera aus einer Kanne und einer Omphalosschale bedient wird, ist wahrscheinlich Iris, die Botin der Götter und besonders der Hera, nach anderer Auffassung aber die dem Zeus und der Athena häufig beigesellte Siegesgöttin Nike. Wäre sie nicht geflügelt, könnte sie wohl auch als Hebe gelten, die vor Ganymed das Mundschenkamt innehatte. Die beiden kleinen Gestalten zwischen den Beinen des Thrones wurden als zwei Athleten angesehen und damit als Motiv, das Zeus als den Herrn der athletischen Wettkämpfe, besonders der olympischen, charakterisieren sollte; ebenso wie die beiden bekrönenden Sphingen kehrten sie später am Thron des von Phidias (Pheidias) geschaffenen olympischen Zeus wieder. Bei genauerem Zusehen erweisen sich die beiden kleinen Gestalten jedoch als verschiedengeschlechtlich und werden daher wohl mit mehr Recht als ein Knabe und ein Mädchen, als spielende Kinder und somit als bloße Füll- und Stützfiguren erklärt. Es zeigt sich hier, daß der zu Beginn der reifarchaischen Zeit um 530 v. Chr. aufgekommene rotfigurige Stil gegenüber dem noch bis gegen 500 angewandten, stärker ornamentalen schwarzfigurigen besser geeignet war, den Reiz der rhythmischen Linienzeichnung und zugleich räumliche Wirkung zu entwickeln.

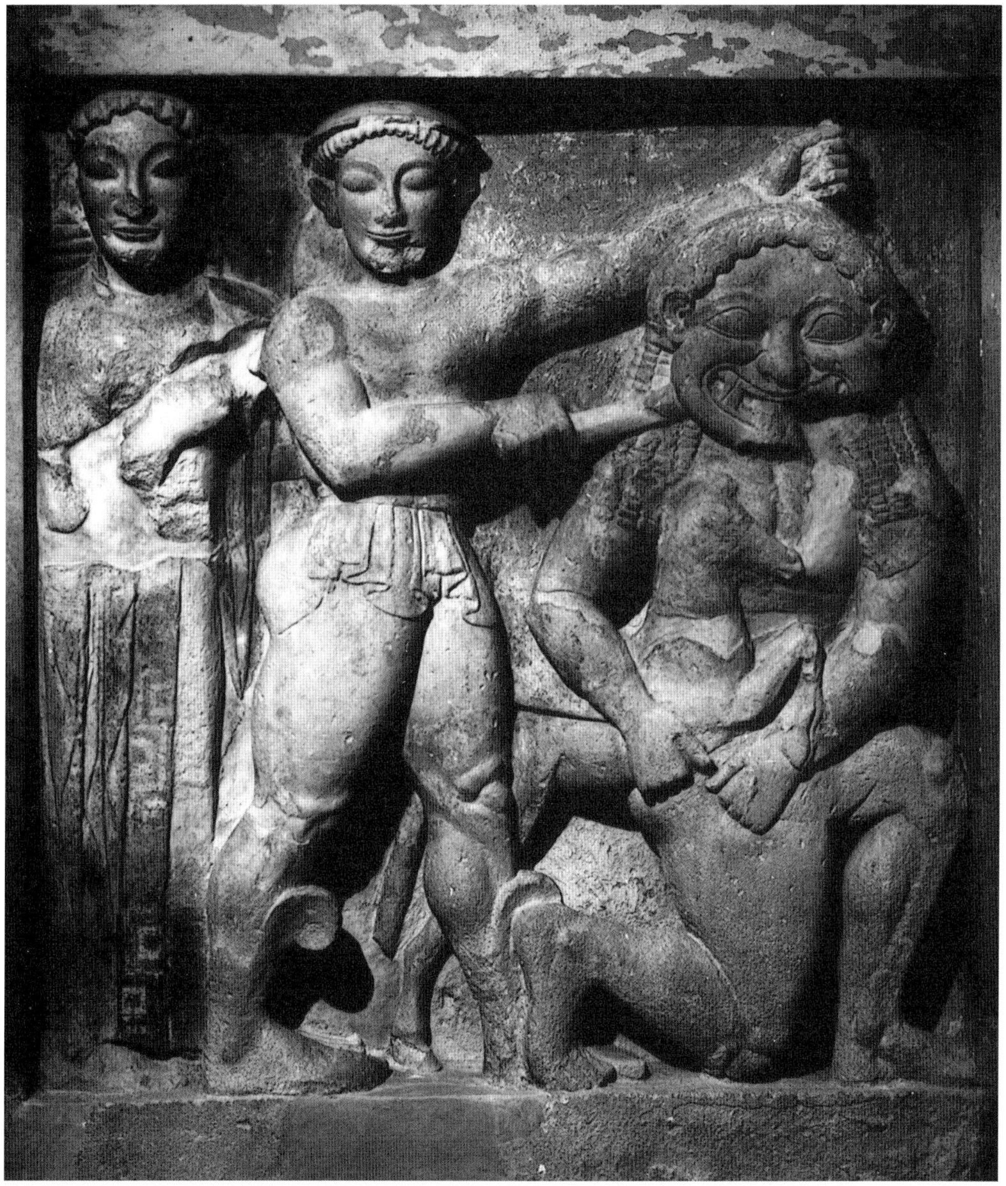

II
Großgriechisch (sizilisch),
3. Viertel des 6. Jh. v. Chr.
Perseus enthauptet die Gorgo Medusa
Kalkstein, Höhe 147 cm
Museo Archeologico Palermo

Diese archaische Plastik gehört zu dem reichen Metopenschmuck des Tempels C in Selinus, dem heutigen Selinunt an der Südwestküste Siziliens. Die Stadt wurde im 7. Jahrhundert v. Chr. von sizilischen Dorern gegründet und 409 v. Chr. von den Karthagern zerstört. Ihre acht gewaltigen Tempel sind nur noch in Trümmern vorhanden; von ihnen war der innerhalb der Burgmauern gelegene Tempel C einer der ältesten.

Der Frühstufe der italisch-griechischen Kunst entsprechend ist die Darstellung sehr knapp, vereinfachend und bäurisch plump, aber trotz ihres provinziellen Charakters sehr drastisch und eindrucksvoll. Die drei Gestalten – Athena steht als Beschützerin hinter dem Helden – blikken frontal auf den Betrachter, und es wäre zu denken, daß Perseus den etwas entfernt aufgestellten spiegelnden Schild der Göttin ins Auge faßt, um den mörderischen Anblick der Gorgo selbst meiden zu können. Die Vorderansicht der Köpfe verbindet sich mit einer leichten Wendung der Körper nach rechts, die bei Perseus schon durch die Handlung notwendig wird. Bei der Gorgo ist der Künstler durch die Profilstellung der Beine der schwierigen Vorderansicht ausgewichen. Das Flügelroß Pegasos ist ihrem Körper schon entsprungen, obwohl das Haupt noch nicht vom Rumpf getrennt ist. Die moderne Kunst hat uns den Blick für die expressive Ausdruckskraft der archaischen Gestaltungsmittel wieder geöffnet.

▽ Hesiod, Theogonie, 274 ff.
▽ Ovid, Metamorphosen IV, 772–803

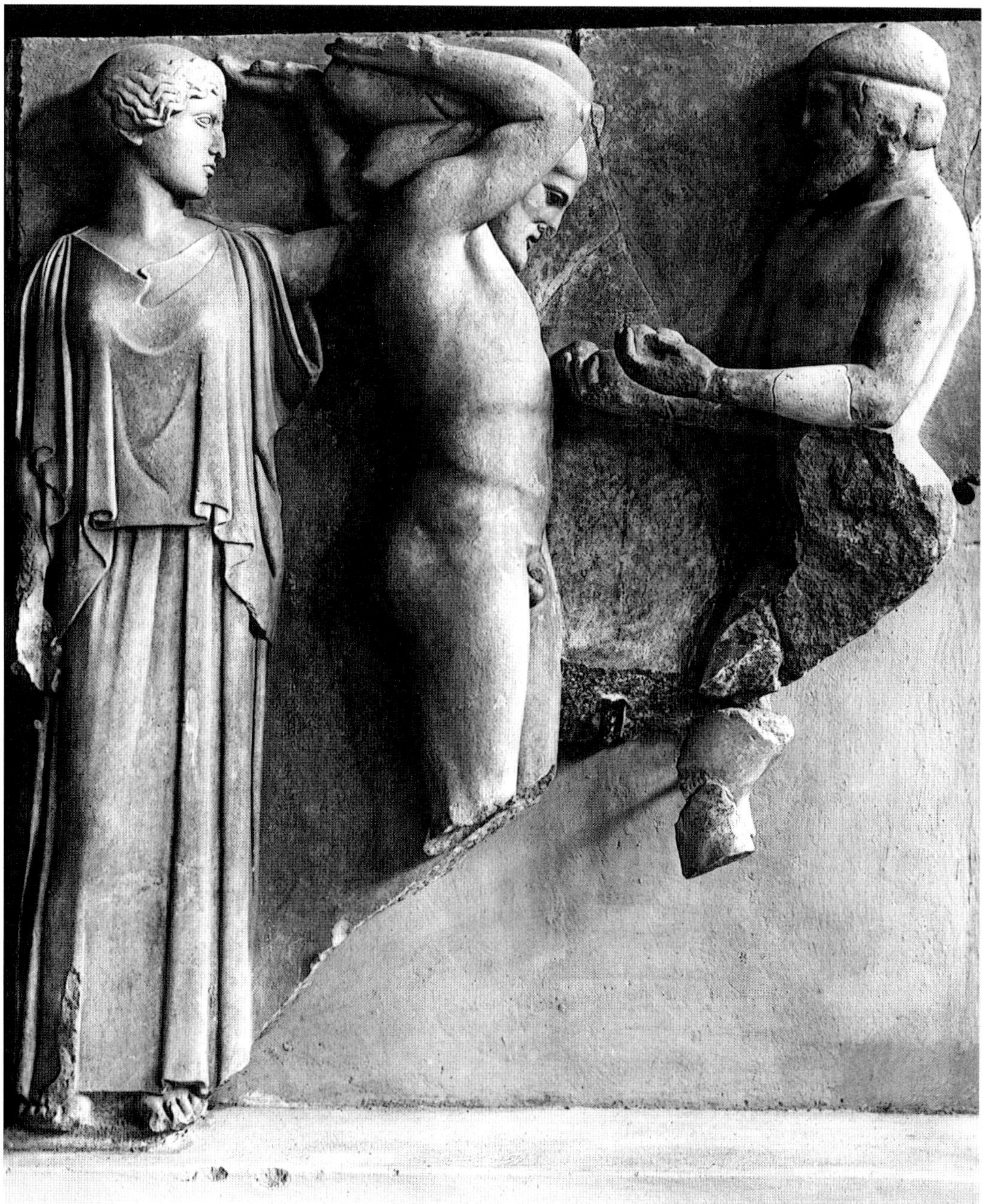

III
Griechisch, um 460 v. Chr.
Atlas bringt Herakles
die Äpfel der Hesperiden
Metope vom Zeustempel
in Olympia
Marmor, Höhe 160 cm
Archäologisches Museum,
Olympia

Die Geschichte von Atlas und dem ihm an List überlegenen Herakles ist hier in denkbar knapper Form geschildert. Sie schmückt eine der Platten, mit denen an den dorischen Tempeln unter der Traufrinne der Raum zwischen den Endigungen der Steinbalken verkleidet wurde und die an dem im Jahre 456 v. Chr. vollendeten Zeustempel von Olympia im Relief die Taten des Herakles zum Gegenstand hatten. Dabei ist – wie noch öfter – auch in dieser Szene nicht der Kampf dargestellt, der für Herakles so große Bedeutung hatte, sondern ein Augenblick des ruhigeren Handlungsablaufs. Wir sehen, wie Atlas aus den Gärten der Hesperiden zurückkehrt und dem Heros, der inzwischen die Weltkugel auf seine Schultern genommen hatte, beide Hände voll mit den gewonnenen goldenen Äpfeln hinstreckt. Herakles richtet den Blick darauf, doch mag ihn auch die Last in seinem Nacken dazu veranlassen, den Kopf zu neigen. Auf jeden Fall muß er dem anderen nicht ins Gesicht schauen und kann sein Vorhaben, diesen zu betrügen, um so leichter verbergen. Die hinter ihm stehende Athena hilft ihm, voll Würde die Last zu tragen; ihre unbewegte Miene läßt ebenfalls nichts von ihren Absichten erraten. Mit der klaren Entschiedenheit der Formen gelten diese Reliefs zusammen mit den Skulpturen der beiden Giebelfelder des Zeustempels als die Gipfelleistungen des sogenannten strengen Stils, der in seiner neuartigen Klassizität Ausdruck des erstarkten nationalen Geistes in Griechenland zur Zeit der Perserkriege und nach den entscheidenden Schlachten von Marathon, Salamis und Plataä war.

▽ Hesiod, Theogonie, 215 ff.

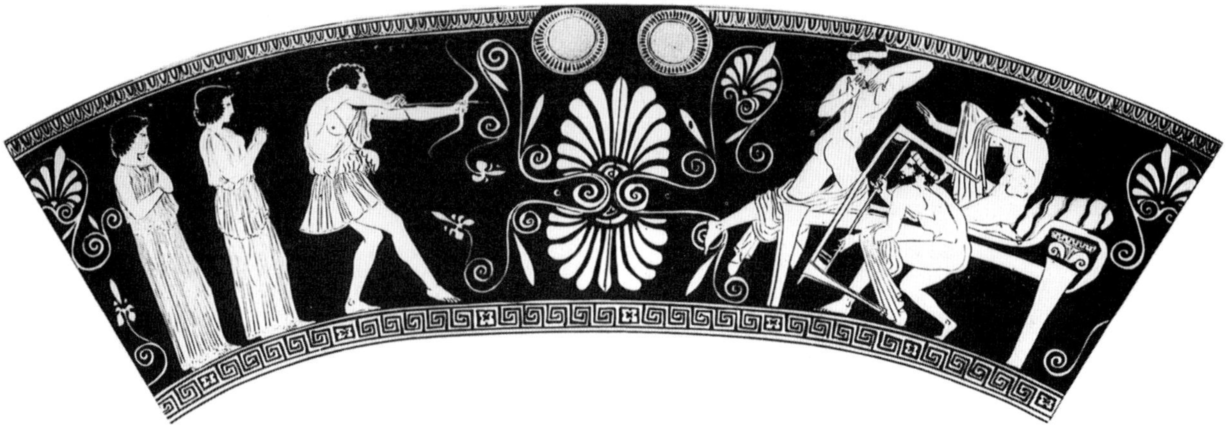

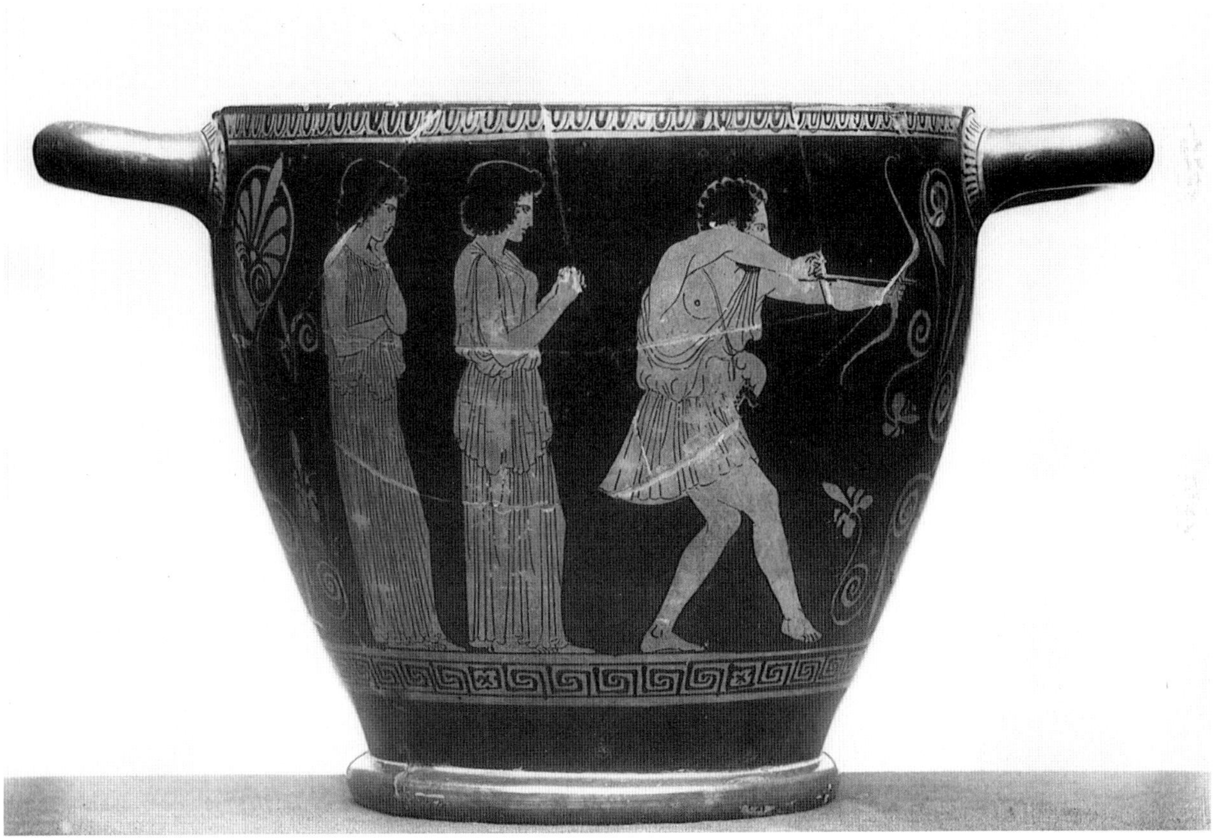

IV
Penelope-Maler
Attika, Mitte des 5. Jh. v. Chr.
Odysseus tötet die Freier
Rotfiguriger Bildstreifen
auf einem attischen Skyphos
Ton, Höhe 20 cm
Staatliche Museen zu Berlin,
Antikensammlung

Wie einen Sport in eleganter, wohlberechneter Haltung übt Odysseus das Tötungsgeschäft aus. Im Beisein zweier hinter ihm stehender junger Frauen, von denen die eine durch die Beischrift KALE als die Schöne ausgewiesen ist, spannt er den Bogen, und, sorgfältig zielend wie ein Jäger auf Wild, sendet er seine Pfeile gegen die Schar der Freier. Diese werden ihrem Schicksal nicht entgehen, mag auch der eine einen Tisch als Schild vor sich halten oder ein anderer, der sich nackt wie seine Kumpane auf einem Bett niedergelassen hatte, abwehrend den Arm ausstrekken. Ein Dritter ist schon getroffen. Das Geschoß ist ihm in den Rücken gedrungen, und vergeblich versucht er es zu erfassen, aber die nach außen geöffnete leere Hand offenbart seine Hilflosigkeit, und das Blut aus der Wunde läßt sich nicht mehr stillen. Durch die zwei Henkel des Skyphos und den daneben angebrachten ornamentalen Schmuck von Palmetten und Voluten ist die Darstellung in zwei Gruppen zerlegt. Die feingezeichneten Figürchen lassen die Hand des Penelope-Malers, eines attischen Vasenmalers der Perikleszeit, erkennen. Sein Notname rührt von einem anderen Skyphos her, auf dem die Gemahlin des Odysseus und ihr Sohn Telemachos und auf der anderen Seite der von seiner Amme wiedererkannte Held selbst zu sehen sind. In seinem Schaffen äußert sich im kleinen Format etwas von der edlen Harmonie und Idealität der Parthenonskulpturen.

▽ Homer, Odyssee XX, 1–329

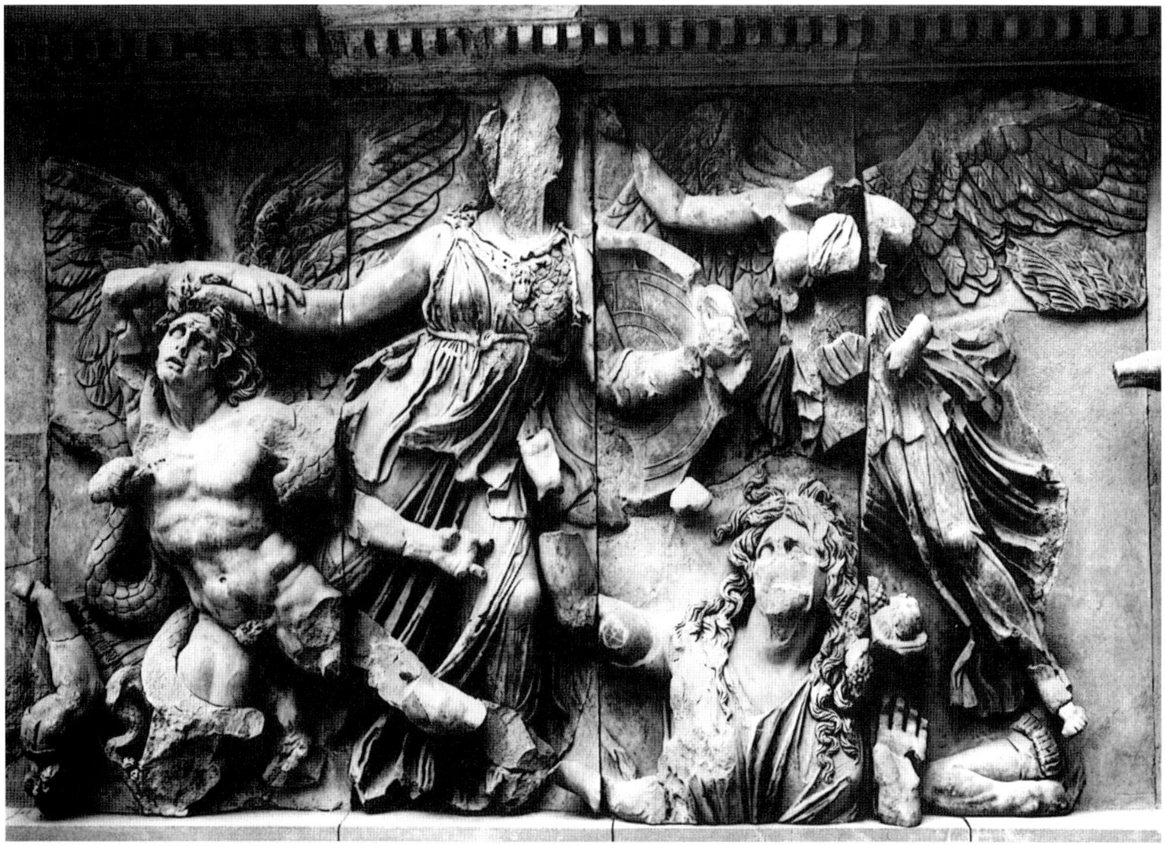

V
Hellenistisch um 180 – 160 v. Chr.
Athena im Gigantenkampf
mit Alkyoneus, Gaia und Nike
Vom Ostfries des Pergamon-Altars
Marmor, Höhe etwa 250 cm
Staatliche Museen zu Berlin,
Antikensammlung

Die bei weitem bedeutendste künstlerische Darstellung des Kampfes der Giganten gegen die Götter (griechisch: Gigantomachie) findet sich in den Hochreliefs am oberen Sockel des Zeusaltars von Pergamon, der dem Zeus und der siegbringenden Athena zu Ehren am Burgberg dieser Stadt im Westen Kleinasiens errichtet und von dem deutschen Ingenieur Carl Humann wiederentdeckt und 1878–1880 ausgegraben wurde. Der etwa 2,50 m hohe, aus insgesamt 118 Platten bestehende und 112 m lange Fries, das Hauptwerk der gesamten hellenistischen Reliefkunst, umzieht den auf der Berliner Museumsinsel erstmals bis 1930 rekonstruierten Altar. Die von einem großartigen Pathos bestimmte Schilderung des Gigantenkampfes bezog sich auf den Sieg Pergamons, also des Griechentums, über die Galater, die Barbaren. Insgesamt sind mehr als 60 Giganten, von denen nur ein Teil als schlangenbeinig erscheint, und ebensoviele zumeist kämpfende Gottheiten weit überlebensgroß wiedergegeben. Besonders bedeutend ist der Ostfries mit den olympischen Hauptgöttern als den Führern des Kampfes, dem auch die Szene mit der kämpfenden Athena angehört. Die mit einem weiten Peplos bekleidete, durch das schuppige Fell mit dem Unheil abwehrenden, versteinernden Haupt der Gorgo Medusa geschützte und mit Helm und Schild bewaffnete Stadtgöttin Athena überwindet den jungen geflügelten Giganten Alkyoneus. Sie reißt ihn an den Haaren von der Erde los, weil er in Verbindung mit dieser nicht zu töten ist. Mit leidvollem Antlitz streckt er seinen linken Fuß zu der aus der Tiefe emporsteigenden Erdmutter Gaia hin, die Athena um Gnade für ihren Sohn anfleht – vergeblich, denn die Schlange der Göttin beißt ihn in die Brust, und Athena erhält von der rechts herankommenden Nike schon den Siegeskranz. – Nach anderer Überlieferung war Alkyoneus ein mordender Riese am Isthmos von Korinth, der von Herakles getötet wurde.

▽ Ovid, Metamorphosen I, 152–158
▽ Ovid, Fasti V, 35–44

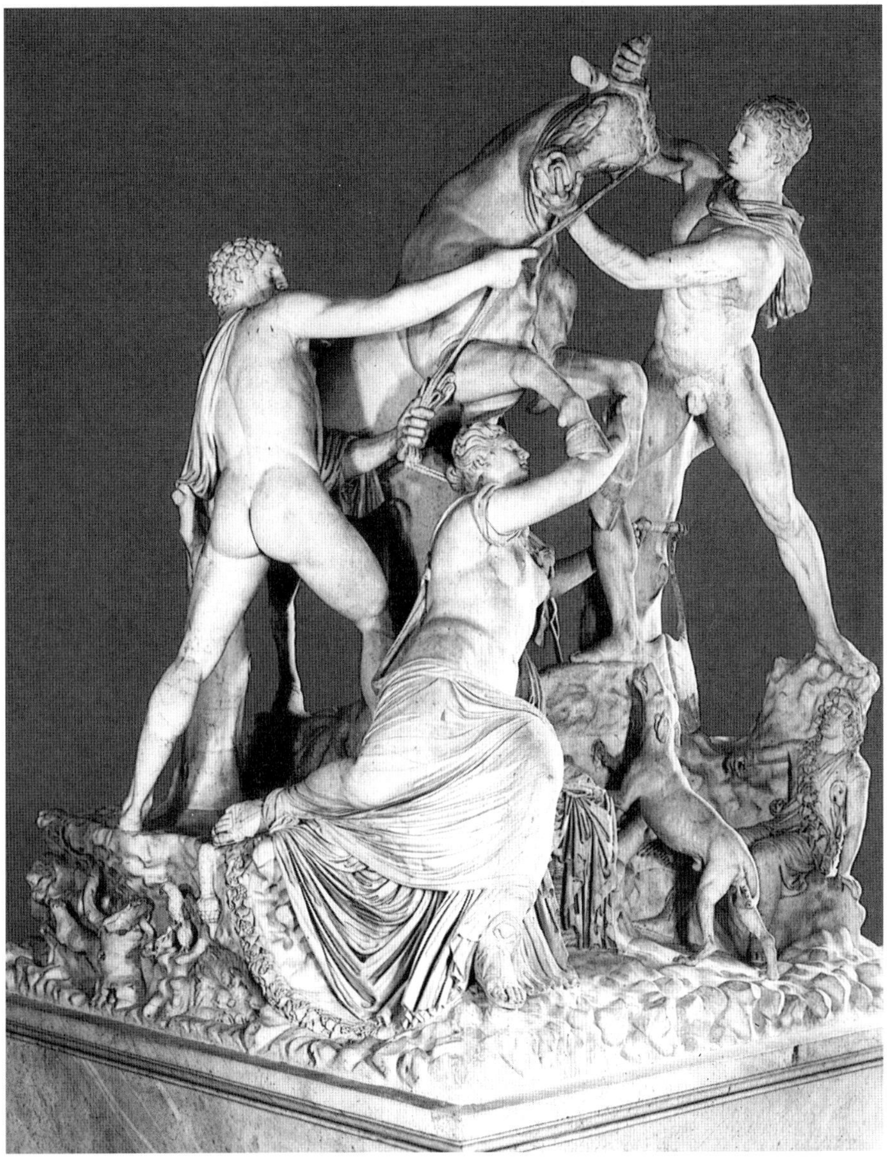

VI
Kopie nach Apollonios und Tauriskos aus Tralleis (Kleinasien)
Amphion und Zethos binden Dirke an den Stier
(Der »Farnesische Stier«)
Original 1. Jh v. Chr.,
Kopie um 200 n. Chr.
Marmor, Höhe 370 cm
Museo Archeologico Neapel

Die Marmorgruppe ist das größte aus der Antike überkommene bildhauerische Werk. Es wurde 1546 in den Caracalla-Thermen in Rom aufgefunden und kam durch Papst Paul III. aus dem Adelsgeschlecht Farnese in den Besitz dieses Hauses. Aus dem Palazzo Farnese in Rom gelangte es nach Neapel und dort 1826 in das Nationalmuseum. Nach Auffassung von Studniczka handelt es sich um eine Kopie aus der Zeit um 200 n. Chr., die durch landschaftliches und figürliches Beiwerk verändert wurde. In der Schilderung des hochdramatischen Geschehens ist dargestellt, wie die beiden Söhne der Antiope die Tötung der Königin Dirke wegen des Vergehens an ihrer Mutter vorbereiten; zur Strafe für solche Grausamkeit wurde Antiope später von Dionysos in Raserei versetzt und irrte durch ganz Griechenland. Mit gespreizten Beinen stemmen sich die Brüder gegen den felsigen Boden, um das ungezähmte Tier festzuhalten. Während Amphion dieses bei den Hörnern packt, faßt Zethos den Strick, der schon um die Hörner des Stiers gewunden ist und an dessen Ende – was heute nicht mehr sichtbar wird – die todgeweihte Frau gebunden werden soll, die um Gnade flehend vorn auf dem Felsen hingestreckt ist. Antiope steht ungerührt zuschauend hinter der Gruppe. Ein Jüngling, wohl als Berggott zu deuten, der vorn am Felsabhang sitzt, und ein Hund, der bellend an diesem hochspringt, sowie noch andere Tiere sollen den Ort des Geschehens bezeichnen, den Berg Kithairon in Böotien. Die Figuren der Antiope und des Berggottes sowie das Getier mit Ausnahme des Hundes werden als römische Ergänzungen angesehen. Unabhängig von allen Veränderungen sind die plastische Wucht, die Kraft der Bewegung und das leidenschaftliche Pathos des hellenistischen Bildwerkes im wesentlichen erhalten geblieben. Nach dem Bericht des älteren Plinius soll das von den Brüdern Apollonios und Tauriskos geschaffene Original aus einem einzigen Block gearbeitet gewesen sein und ursprünglich auf Rhodos gestanden haben.

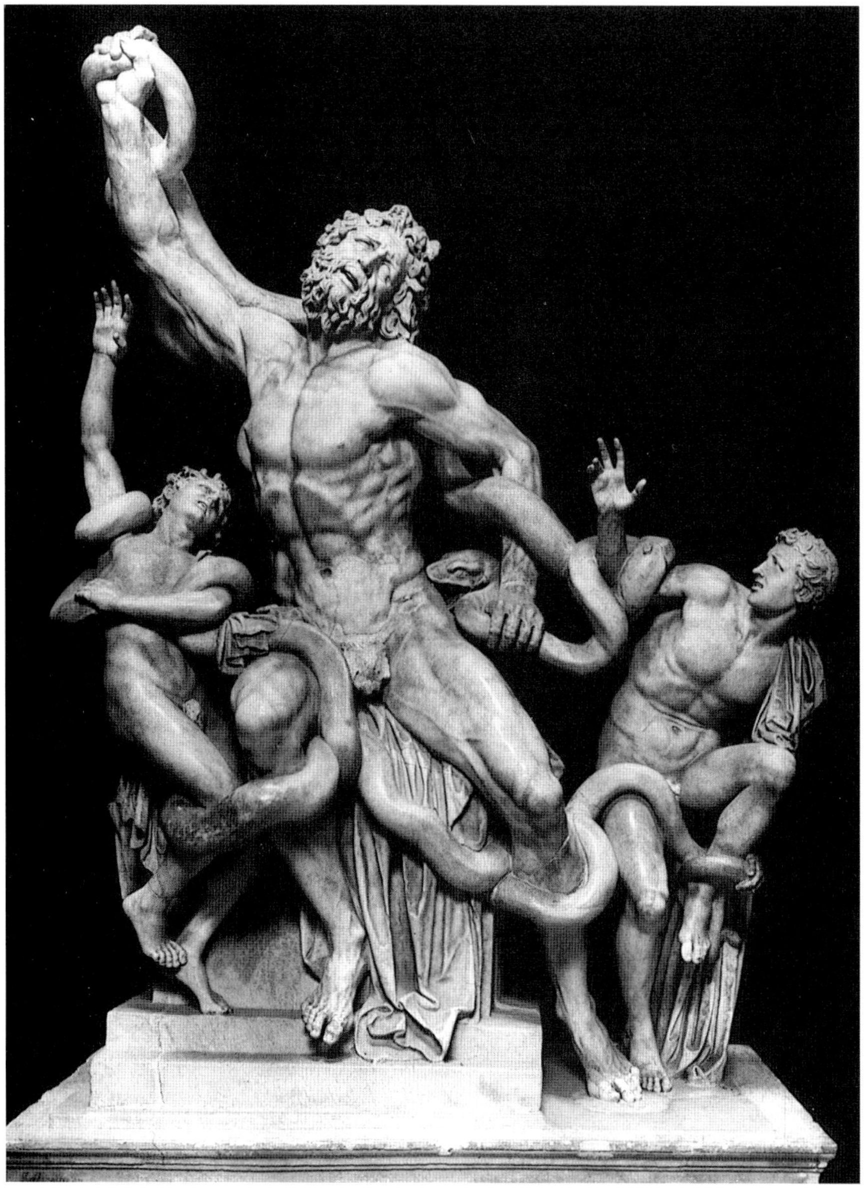

VII
Hagesandros,
Athanadoros, Polydoros
Insel Rhodos, um 50 v. Chr.
Laokoon und seine Söhne
Marmor, Höhe 184 cm
Città del Vaticano,
Cortile del Belvedere, Rom

Kaum eine andere Plastik hat solche Berühmtheit erlangt wie diese Gruppe mit dem trojanischen Priester Laokoon und seinen zwei Söhnen in der tödlichen Umschlingung der von den Göttern geschickten Schlangen. Dieses griechische Originalbildwerk der Zeit des späten Hellenismus hatte wohl ursprünglich in einem Heiligtum auf der Insel Rhodos gestanden, war irgendwann nach Rom gelangt und wurde dort 1506 in den Ruinen der Titusthermen auf dem Hügel Palatin aufgefunden. Schon der römische Anwalt, Konsul und spätere Statthalter Plinius der Jüngere hatte in seinen Briefen die damals bereits etwa 150 Jahre alte Plastik gerühmt und über alle anderen ihm bekannten Kunstwerke gestellt. In der Renaissance gewann sie nach langer Vergessenheit größten Einfluß auf die zeitgenössische Kunst. Mit den um ihre eigene Achse gedrehten, im Todeskampf sich windenden Figuren sind hier Gestaltungsprinzipien des Manierismus vorweggenommen, der in Italien um 1520 die Hochrenaissance ablöste. Michelangelo, der dem Manierismus sehr nahestand, betrachtete die Gruppe daher auch als Gipfel der Bildhauerei aller Zeiten. Wie der römische Barockbildhauer Gianlorenzo Bernini hat sie auch Johann Joachim Winckelmann, der Begründer der neueren Kunstgeschichte, ganz besonders gewürdigt, und Lessing hat an sie seine aufklärerischen Auseinandersetzungen »Laokoon oder über die Grenzen der Malerei und Poesie« (1766) geknüpft. Zahlreiche Künstler haben die Gruppe kopiert. Bemerkenswert ist, daß die Söhne in kleinerem Maßstab wiedergegeben sind als der Vater, was vielleicht als eine Art von Bedeutungsperspektive aufzufassen ist.

▽ Vergil, Aeneis II, 31–57, 198–232

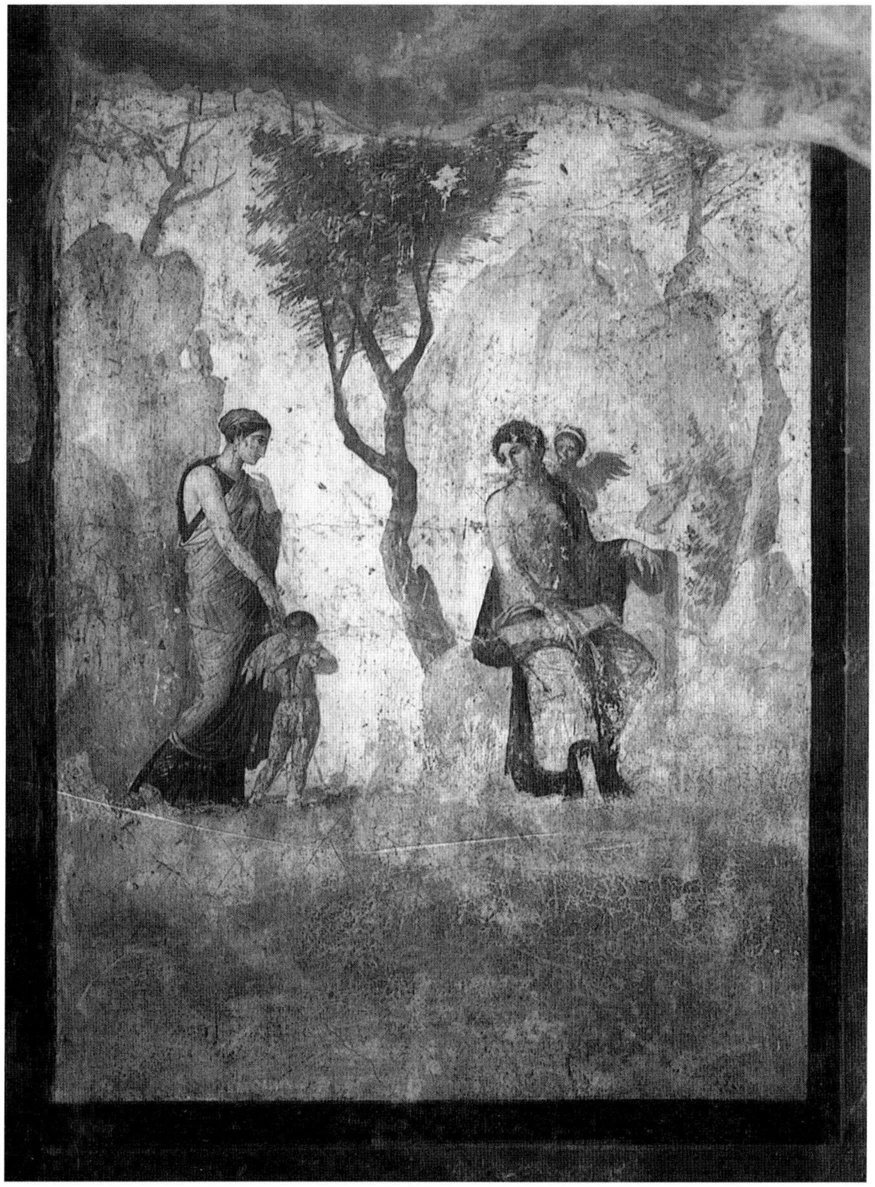

VIII
Pompejanisch, spätaugusteisch
Um 60–70 n. Chr.
Die Bestrafung des Amor
Wandgemälde aus der
Casa dell'Amore punito
in Pompeji
Museo Archeologico Neapel

Das schöne, ganz zartfarbige Wandgemälde gehört dem sogenannten dritten pompejanischen Malereistil an, bei dem die auf die Innenwände aufgemalten architektonischen Gliederungen zum Rahmen für geschlossene Bildmotive werden und dabei den Wandgemälden den Charakter von Tafelbildern verleihen. In ihnen verbindet sich die Landschaftsmalerei mit der Darstellung mythologischer Szenen, die sehr häufig der Liebesgöttin Venus (Aphrodite) und ihrem Wirken gewidmet sind; auch dieses Gemälde aus dem danach benannten »Haus des bestraften Amor« wie sein Gegenstück »Mars und Venus als Liebespaar« aus dem gleichen Gebäude sind Beispiele dafür. Ein schlanker Baum, der in einer Felsschlucht wächst, trennt zwei Figurengruppen. Links ist von hinten, weinend mit einer Hacke in der Hand, Amor zu sehen, neben ihm Nemesis, die Göttin der gerechten Verteilung von Glück und Unglück sowie der Vergeltung für begangenes Unrecht und Übermut, die unglücklich Liebende anzurufen pflegten. Hier soll sie den kleinen Unheilstifter bestrafen. Er ist wie ein entlaufener Sklave gefesselt und soll Zwangsarbeit verrichten. Seine Mutter Venus, die rechts auf einem Felsblock sitzt und Amors Köcher auf dem Schoß hält, zeigt darüber Mitleid; sein Bruder Anteros dagegen bekundet aus sicherer Position an ihrer Schulter eher Schadenfreude. Stilistisch entsprechen die zwei geflügelten Putti ganz dem heiteren Geist des Hellenismus. Die beiden strenger aufgefaßten weiblichen Gestalten sind dagegen von der vorhellenistischen Malerei zur Zeit Alexanders des Großen beeinflußt.

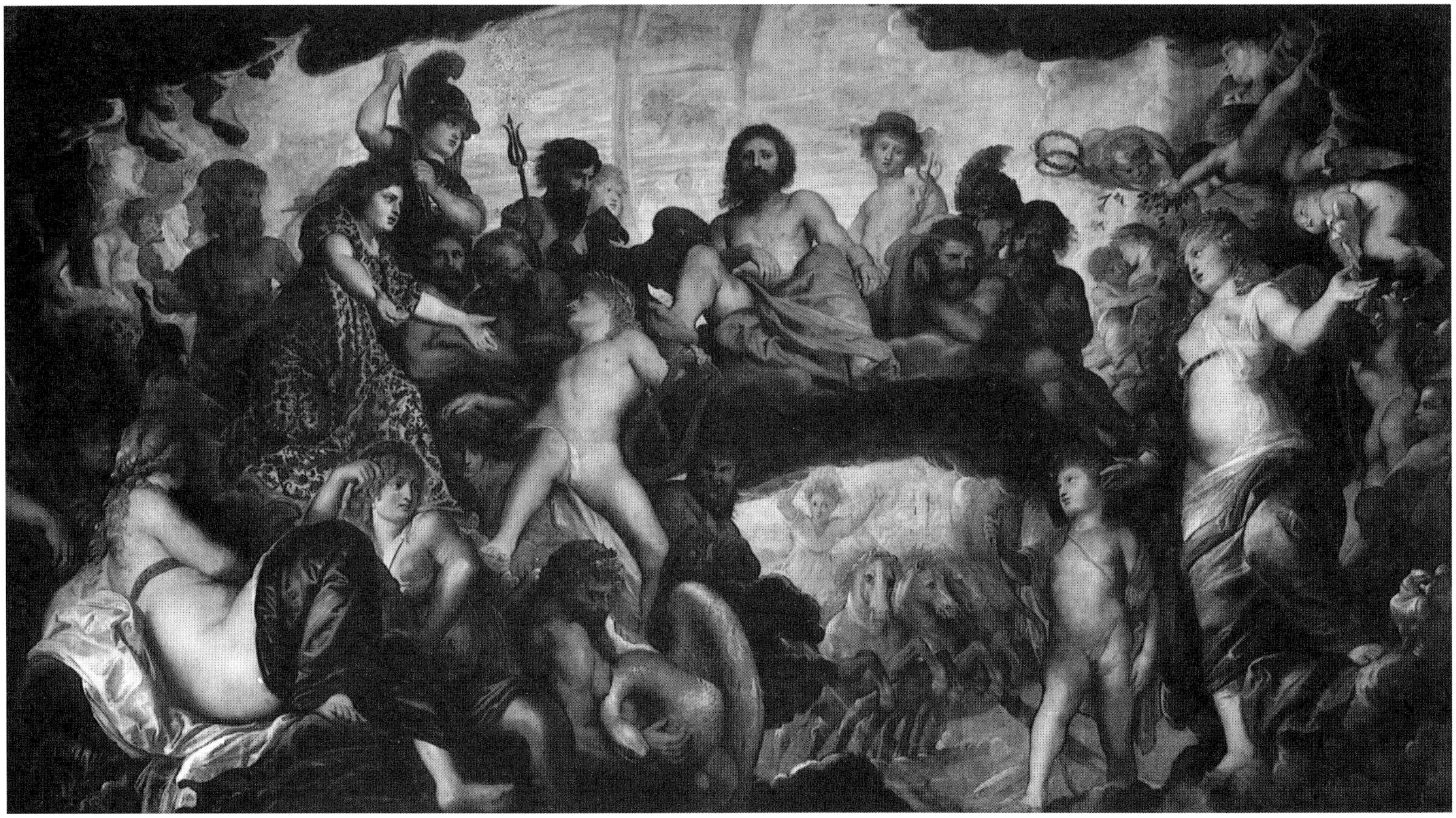

1
Peter Paul Rubens
1577 Siegen (Westfalen)
bis 1640 Antwerpen
Die Versammlung der olympischen Götter
Wohl 1602
Leinwand, 204 × 379 cm
Gemäldegalerie der Prager Burg

Eine Versammlung der Olympier mit dem Charakter eines Tribunals hat der junge Rubens als Hofmaler des Herzogs Vincenzo Gonzaga von Mantua gemalt. Hera, die Beschützerin der Ehe, die links soeben ihrem Pfauenwagen entstiegen ist, verklagt ihre Gegenspielerin Aphrodite, weil diese durch die Herbeiführung freier Liebesbeziehungen ständig die rechtmäßigen familiären Bande und damit die häusliche und gesellschaftliche Ordnung bedroht. Nun muß die Liebesgöttin sich verteidigen. Von Eros begleitet und von Eroten bekrönt, bis zu den Hüften entblößt, tritt sie in stolzer Körperlichkeit triumphierend der zornigen, im Gegensatz zu ihr durch ein langes Gewand verhüllten Klägerin entgegen. Apollon mit Leier und Lorbeer, dicht vor Hera nackt auf einer Sphinx sitzend und verärgert zu der Anklägerin umblickend, ist vom Vorwurf mit betroffen. Als Gott der Künste, der musischen und geistigen Kräfte und der prophetischen Inspiration ist er mit Aphrodite eng verbunden. Hera dagegen findet Unterstützung vor allem bei der dicht an ihrer Seite stehenden, an Panzer, Helm und Lanze erkenntlichen Athena, der vernunftbestimmten jungfräulichen Göttin der Weisheit und des Verstandes. Bei ihr sind der Meeresgott Poseidon mit dem Dreizack und der greise Gott der Zeit, Kronos, zu sehen, die fragend zu Aphrodite blicken, außerdem Hades, der Heras Auftreten folgt. Das Mädchen hinter Poseidon ist wahrscheinlich »die hübsche Kellnerin« Hebe. Links hinten sind die Fruchtbarkeitsgöttin Demeter und der Rauschgott Dionysos zu erkennen. Zwei Flußgötter und Nymphen links unten verkörpern vermutlich die Gewässer von Mantua. Zeus mit seinem Adler thront in der Mitte auf der Wolkenbank, rechts flankiert von Hermes mit Flügelhut und Heroldstab, Herakles, dem Schmiedegott Hephaistos, Gemahlin der Aphrodite, und seinem Nebenbuhler, dem Kriegsgott Ares. Unter ihnen kommt das Sonnengespann hervorgefahren. Der Göttervater hat es nicht leicht, ein Urteil zu sprechen, denn obzwar er als Herr der Welt die gegebene Ordnung verteidigen muß, sieht er sich doch selbst ständig den Versuchungen der Liebe und dem Konflikt zwischen Pflicht und Neigung ausgesetzt.

△ Giulio Romano,
Palazzo del Te, Mantua

2
Francisco de Goya
1746 Fuendetodos bei Saragossa
bis 1828 Bordeaux
Saturn verschlingt seine Kinder
Zwischen 1820 und 1823
Öl auf Wandputz,
auf Leinwand übertragen,
146 × 84 cm
Prado, Madrid

Als eine fürchterliche Vision des Schreckens erscheint der in rasendem Verfolgungswahn seine Kinder verschlingende Saturn (Kronos) bei Goya. Der schwer erkrankte, vom Verlust des Gehörs betroffene große spanische Meister malte diese Gestalt zusammen mit anderen Hexen- und Dämonenmotiven an die Wand seines Landhauses am Ufer des Manzanares vor den Toren Madrids, das von den Nachbarn »la Quinta del sordo«, »das Landhaus des Tauben«, genannt wurde. Die Malereien wurden 1874 auf Leinwand übertragen und 1878 auf der Pariser Weltausstellung gezeigt, damals aber als »korrupt und unsittlich« abgewertet. Erst mit dem Aufkommen des Expressionismus und Surrealismus, deren Ausdrucksmittel hier vorweggenommen sind, wurde ihre unerhörte expressive Kraft allmählich begriffen. Man nannte sie nun »negros«, »schwarze« Bilder, als eine Kunst des Entsetzens und der Angstträume, die dabei aber wie die meisten Werke Goyas einen unmittelbaren historischen Bezug besitzen. Die schreckliche Gestalt des Riesen, dem die Augäpfel weit aus den Höhlen treten und der dem zierlichen menschlichen Wesen mit gnadenlosem Griff den Brustkorb zerdrückt, ehe er es in seinen weitgeöffneten Rachen stopft, ist zu deuten als ein Gleichnis auf das Wüten der reaktionären Kräfte gegen die wiederum zum Scheitern verurteilte zweite bürgerliche Revolution in Spanien, auf die Greuel der menschenmordenden Inquisition und auf die Despotie der französischen Fremdherrschaft im Lande zu jener Zeit. In diesen Bildern, die Goya für sich selbst malte, erweist sich seine leidenschaftliche Anteilnahme am Schicksal seines Volkes.

△ Martino Altomonte,
Kunsthistorisches Museum Wien
▽ Hesiod, Theogonie 453–491

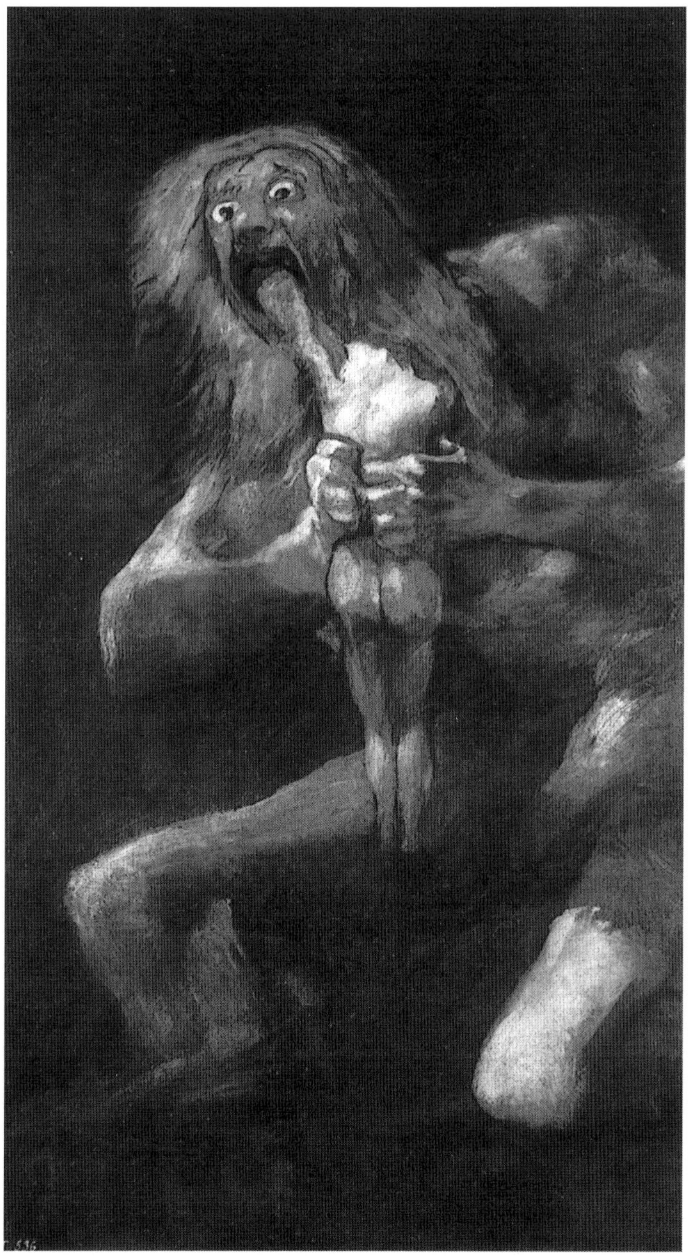

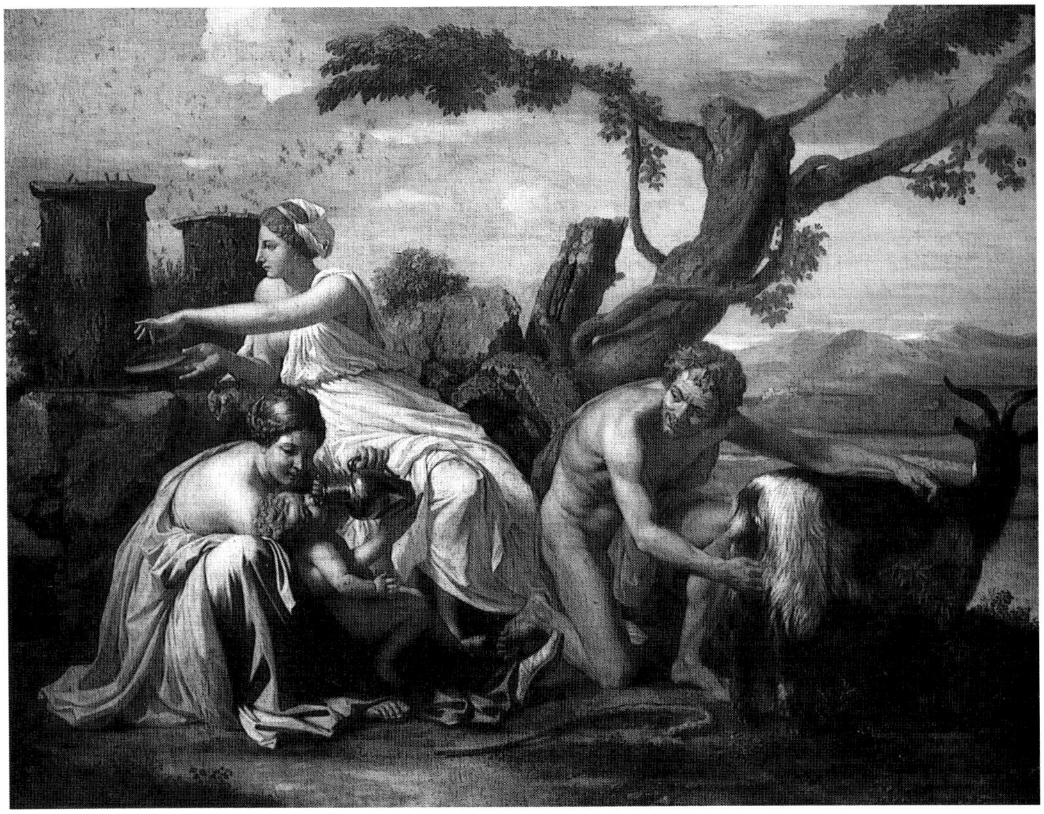

3
Nicolas Poussin
1594 Les Andelys – 1665 Rom
Jupiter, als Kind von der Ziege Amalthea genährt
Um 1639
Leinwand, 97 × 133 cm
Staatliche Museen zu Berlin, Gemäldegalerie

Die Kindheit des Götterkönigs unter der Obhut der Nymphen auf Kreta hat Nicolas Poussin zweimal dargestellt; das Berliner Bild folgte einer um 1636/37 geschaffenen, heute im Dulwich College, London, befindlichen Fassung. Es ist ein echtes Hirtenstück von arkadischer heiterer Stille und wird von wenigen großen Figuren beherrscht, die in ihrer klaren Monumentalität und statischen Ruhe das Vorbild plastischer Werke der Antike und der Renaissance, aber auch italienischer Barockmaler wie Annibale Carracci und Domenichino sowie Anregungen durch die venezianische Malerei erkennen lassen. Der Hirt, der die Ziege Amalthea (Amaltheia) melkt, die Nymphe Adrastëa (Adrasteia), eine Tochter des kretischen Königs Melissos, die dem göttlichen Knaben den Zinnkrug mit der Milch reicht, während ihre Schwester Ida aus den Bienenstöcken Honig für ihn entnimmt, inmitten der einsamen, etwas schwermütig wirkenden Campagnalandschaft: Alles läßt uns in seiner Abgeklärtheit die Vorstellung eines ewigen, nicht der Vergänglichkeit unterworfenen Daseins gewinnen. Wie es heißt, wurde das abgebrochene Horn der Ziege von Jupiter zum segenspendenden Füllhorn gemacht.

△ Jacob Jordaens,
Staatliche Gemäldegalerie Kassel
△ Carlo Cignani,
Alte Pinakothek, München
▽ Ovid, Fasti V, 111–124

4
Anselm Feuerbach
1829 Speyer – 1880 Venedig
Titanensturz
1879
Leinwand, 830 × 640 cm
Gemäldegalerie der Akademie der bildenden Künste, Wien

Das große ovale Deckengemälde in der Aula der Wiener Akademie hatte Feuerbach durch mehrere Entwürfe vorbereitet, bis er zu dieser dramatischen Verdichtung gelangte. Die Aufgabe entsprach seinem Streben nach monumentalen Gestaltungen aus dem Geist der klassischen Antike, wobei Michelangelo, die großen Venezianer des 16. Jahrhunderts sowie Rubens und Delacroix seine Leitbilder waren. Auch das Wiener Bild ist in der dynamischen Verknüpfung zahlreicher kraftvoller Menschen- und Tierleiber von ihnen inspiriert. Die machtvollen Gestalten von drei Frauen, die vom Entsetzen über das hereinbrechende Verhängnis gepackt sind, lenken den Blick des Betrachters in den Zenit, wo der Sonnengott Apollon mit seinem Gespann heranbraust, begleitet von der wehrhaften Pallas Athena, um der Herrschaft der Titanen ein Ende zu bereiten. Von steiler Höhe werden diese rücklings herabgestürzt, während andere sich vergebens den berstenden Felsen des Olymp entgegenzustemmen versuchen. In der Tiefe auf dem Meer kämpft Poseidon gegen die Hydra, die ihre Köpfe reckt. Daneben aber fährt schon Aphrodite mit ihrem Gefolge von Eroten in dem von Delphinen gezogenen, rosenbeladenen Muschelwagen heran und schwenkt die Siegespalme, während über ihr die Siegesgöttin, den Lorbeerkranz in der Hand, mit Posaunenstößen den Triumph der olympischen Götter über die Titanen verkündet, gemeint als Sieg des Lichts über die Mächte der Finsternis. Feuerbach wollte damit – dem Ort der Malerei gemäß – zugleich den Sieg von Kunst und Wissenschaft über die ungezähmten Naturkräfte veranschaulichen.

△ Peter Paul Rubens,
Musées Royaux des Beaux-Arts, Brüssel
△ Jacob Jordaens,
Prado, Madrid
▽ Hesiod, Theogonie 624 ff.

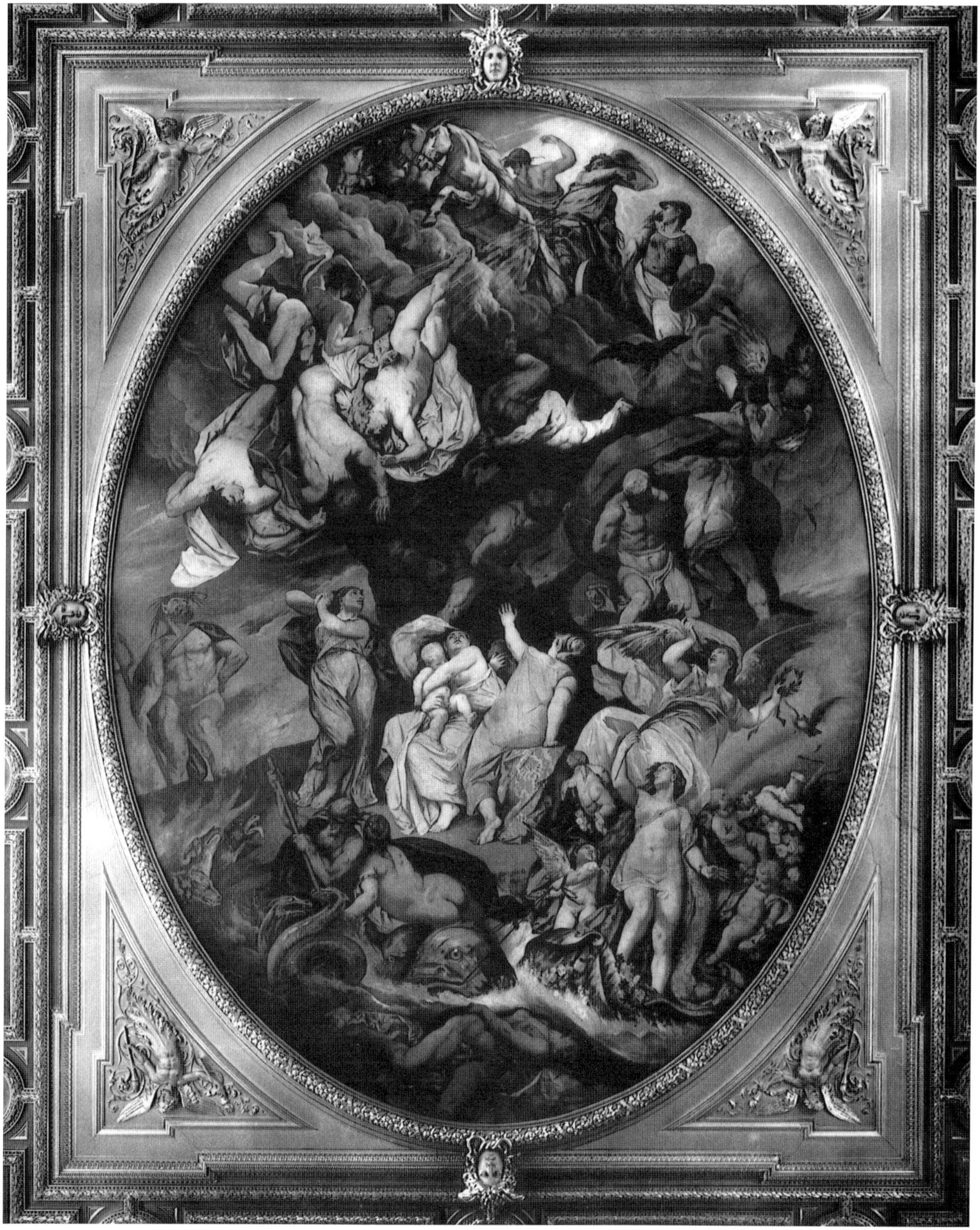

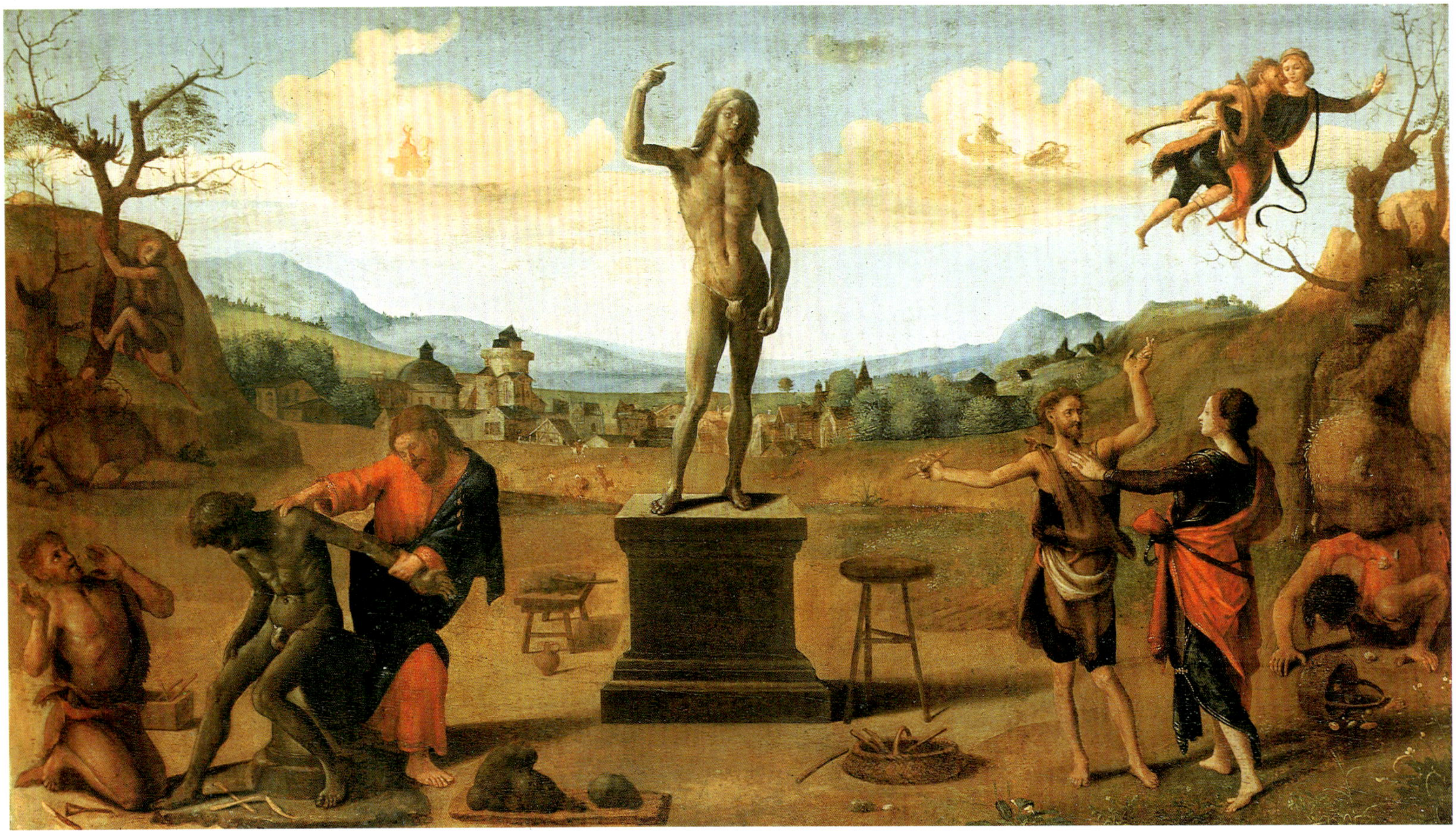

5
Piero di Cosimo
1461 oder 1462 Florenz
bis 1521 Florenz
Darstellung aus der Prometheussage
Zwischen 1510–1520
Pappelholz, 66 × 118,7 cm
Alte Pinakothek, München

Zu den schönsten Darstellungen der Prometheussage gehören zwei Truhenbilder dieses Florentiner Malers in München und Straßburg, die beide simultan aufeinanderfolgende Szenen vereinigen. In dem Münchener ist Prometheus links in anbetender Haltung zu sehen. Die Menschengestalt, die er aus Lehm geformt hat, ist zusammengesunken, wird aber von Gottvater in christusähnlicher Gestalt wieder aufgerichtet: So wie Herakles als Helfer der Menschheit mit Christus, wurde der Titan Prometheus zuweilen mit Gottvater als dem Schöpfer des Menschengeschlechts in Verbindung gebracht. Nach anderer Auffassung stellen die beiden Männer Prometheus bei der Arbeit und seinen Bruder Epimetheus (kniend) dar. Auf der Szene links hinten erklettert dieser den Baum. Als unglückseliger Gemahl der das Übel stiftenden Pandora hatte er – wie es Boccaccio schildert – auch schon einen Menschen zu formen versucht, war aber daran gescheitert und zur Strafe in einen Affen verwandelt worden. – Der von Prometheus geschaffenen Figur auf dem Sockel fehlt noch der Atem, doch schon erscheint rechts Athena und rät Prometheus, zur Belebung des Bildwerkes das göttliche Feuer vom Himmel zu stehlen und trägt ihn empor. Er wird die Fackel in seiner Hand an der Sonne entzünden und nach Weisung der Göttin das Werk vollenden, wie es dann in dem zugehörigen Straßburger Gegenstück zu sehen ist.

△ Constantin Hansen, Statens Museum for Kunst, Kopenhagen
▽ Ovid, Metamorphosen I, 76–88
▽ Boccaccio, Genealogiae deorum IV, cap. 42–44

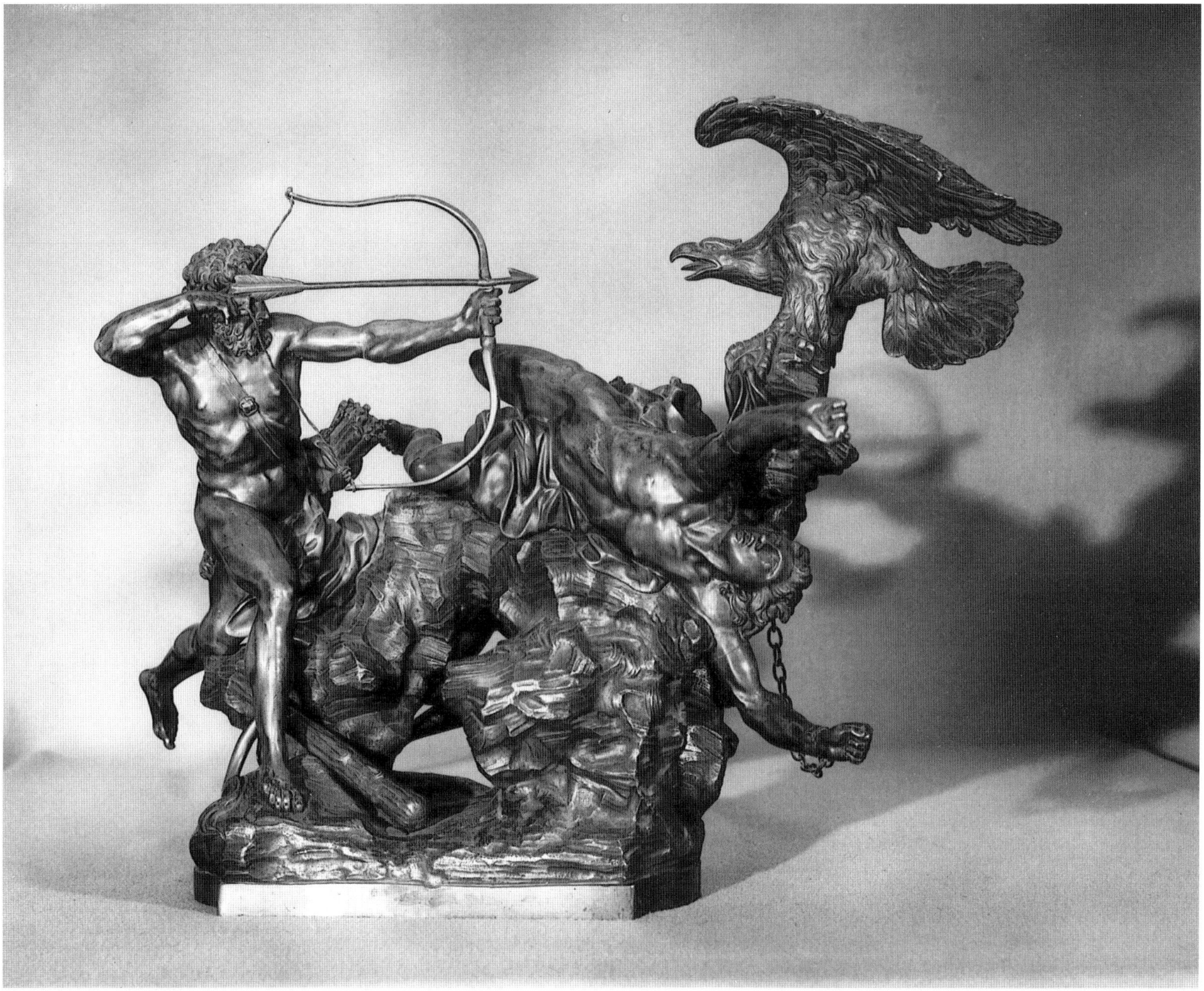

6
François Lespingola
1644 Joinville (Meuse)
bis 1705 Paris
Herkules befreit Prometheus
Bronze, Höhe 43 cm
Grünes Gewölbe, Dresden

Nachdem der französische Bildhauer als junger Künstler schon 1665 und 1666 den Plastikpreis an der alten École academique in Paris erhalten hatte, war er seit 1666 Stipendiat des Königs an der französischen Akademie in Rom und wurde 1672 Mitglied der römischen Akademie S. Luca. 1675 kehrte er nach Paris zurück. Die Bronze im Grünen Gewölbe zeigt seine Vorliebe für mythologische Darstellungen, wie sie auch in Versailles zu finden sind. Die ganz malerisch aufgefaßte, leidenschaftlich bewegte Gruppe ist bezeichnend für die pathosreiche französische Barockplastik. Prometheus liegt, ja hängt rücklings zwischen Himmel und Erde auf dem zerklüfteten Felsen, an den er mit Arm und Fuß mit Ketten geschmiedet ist. Er wendet seinen Kopf zurück zu dem Adler, der auf einem Felszacken sitzt, von wo aus er mit dem Schnabel die Leber an der rechten Seite des Gefesselten erreichen kann. Schon aber naht der Befreier. Herkules (Herakles) hat die Keule zu Boden geworfen und noch im Lauf den Bogen gespannt, und sein Pfeil wird den Raubvogel nicht verfehlen. An der Gegenseite des Felssockels lagert ein Hirt, dessen Anwesenheit die Vorstellung von einer Landschaft als Schauplatz des Geschehens bekräftigt. – Nicht zuletzt durch diese Befreiung eines Wohltäters und Kulturbringers der Menschheit gewann Herkules das Ansehen eines Nothelfers und Retters und wurde zuweilen selbst mit Christus verglichen.

△ Nicolas Bertin,
Louvre, Paris
△ Giuseppe Baldrighi,
Galleria Nazionale, Parma
▽ Apollodoros,
Bibliotheke 2,5,11

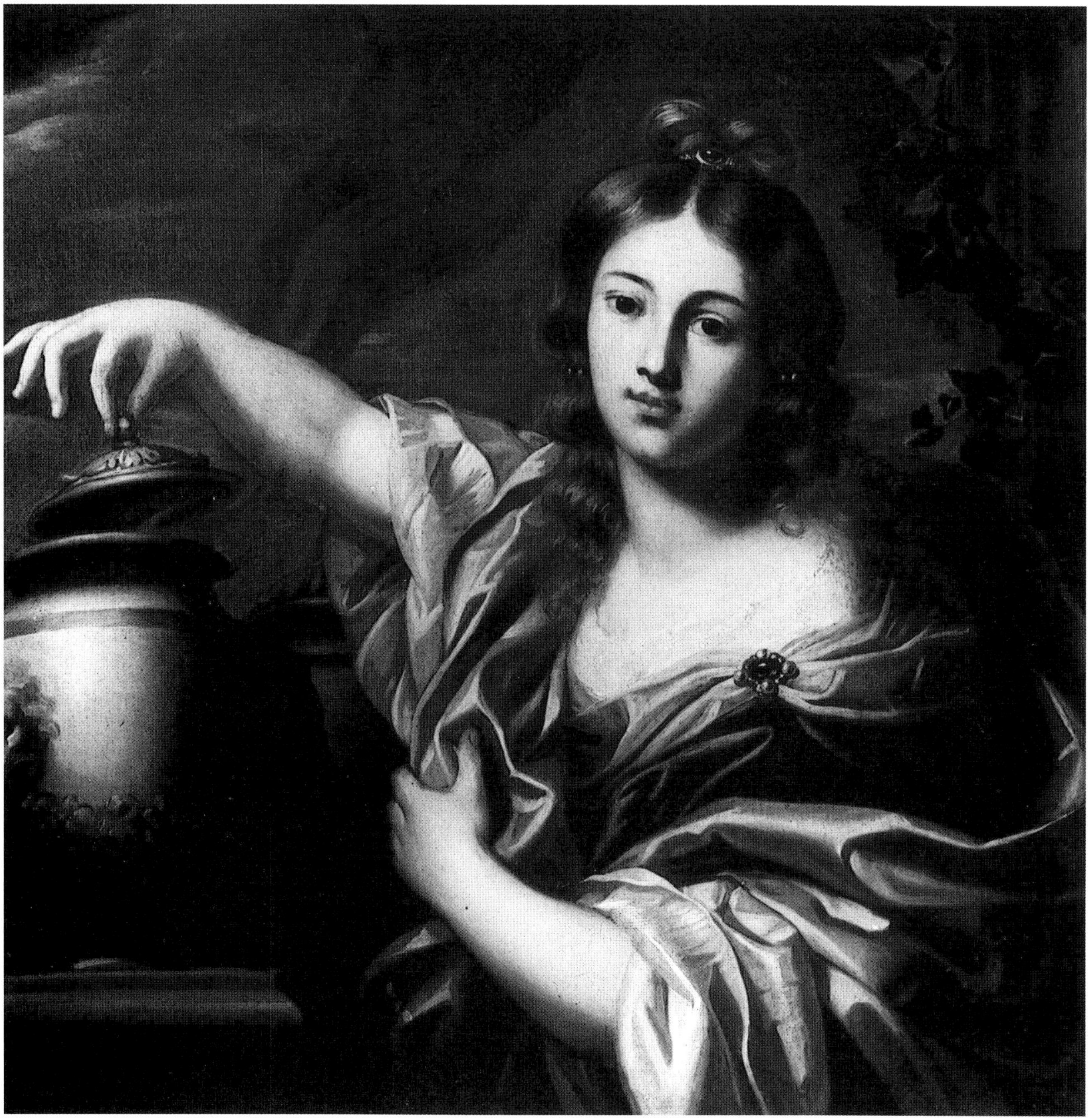

7
Nicolas Régnier (Niccolò Renieri)
1590 Maubeuge – 1667 Venedig
Pandora
Leinwand, 86 × 88 cm
Museo Correr, Venedig

Von einer süßen, bezaubernden Schönheit, der wir uns kaum entziehen können, ist die Pandora auf dem Bild des Wahlitalieners Régnier: mit den klassisch klaren Zügen des ovalen, von dunklem Lockenhaar umgebenen Gesichts, dem sinnlichen Reiz des leicht üppigen Körpers und der Anmut der Bewegungen. Ein solches gleichermaßen unschuldsvoll wie verführerisch wirkendes Geschöpf müßte es gewesen sein, mit dessen Hilfe Zeus die Bestrafung der frevelhaften Menschheit durchsetzte. Régnier benutzte als Modell für seine weiblichen Gestalten seine vier schönen Töchter, von denen zwei, Angelica und Clotilde, selbst Malerinnen waren und die beiden anderen, Clorinda und Lucrezia, Maler heirateten. Durch sie wurde Régniers Haus in Venedig in besonderem Maße zu einer gern aufgesuchten Stätte kulturvoller Geselligkeit, und durch sie wurde die Schilderung gewinnender Frauengestalten zu einem wesentlichen Bestandteil im Schaffen dieses Malers. Eine der vier Töchter ist ohne Zweifel auch hier porträtiert. Sie ist im Begriff, den Deckel der Büchse mit den Übeln und Leiden abzunehmen, und bei längerem Hinschauen vermögen wir zu ahnen, welche Waffen einer schönen Frau zu Gebote stehen.

△ Odilon Redon,
Metropolitan Museum
of Art, New York
▽ Hesiod, Theogonie, 571 ff.

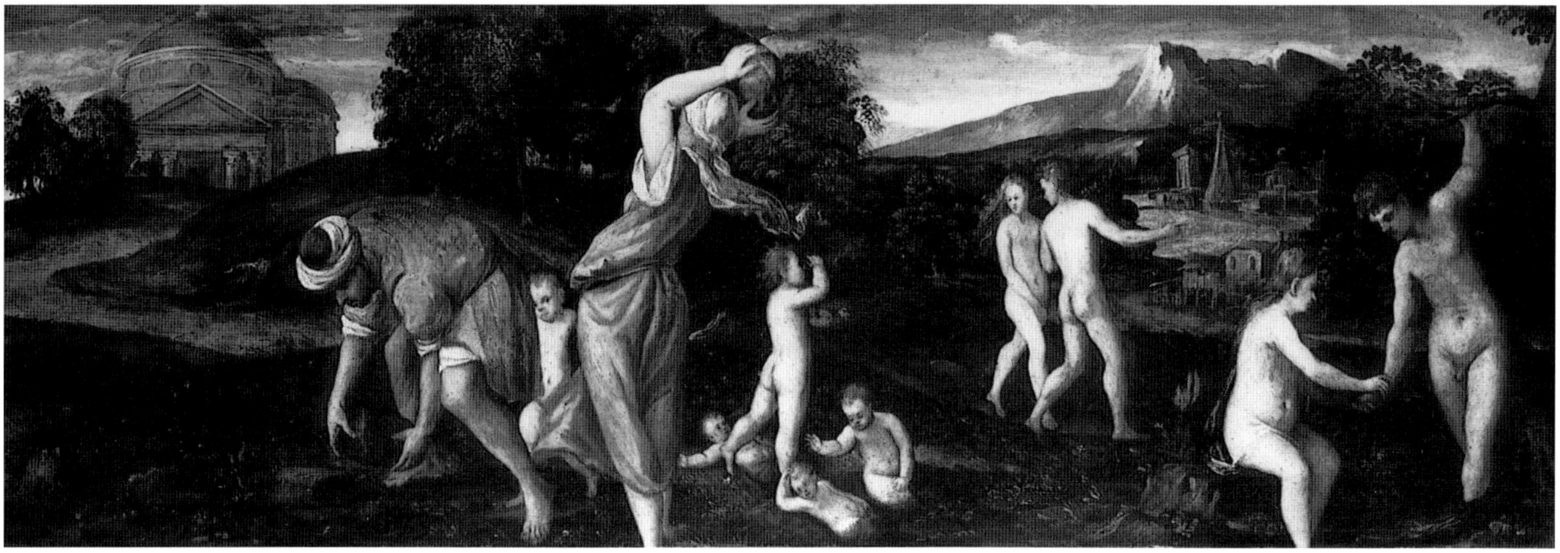

8
Andrea Schiavone,
eigentlich Andrea Meldolla (?)
Um 1510–1515 Zara (Slawonien)
bis 1563 Venedig
Deukalion und Pyrrha
Holz, 41 × 118 cm
Gallerie dell'Accademia, Venedig

Auf dem – wie das ebenfalls in der Akademiegalerie Venedig befindliche Gegenstück mit dem Midasurteil – von einer Truhe stammenden Bild werden aus den von Deukalion und Pyrrha geworfenen Steinen erst einmal Kinder; sie sind jedoch im nächsten Augenblick zu Männern und Frauen herangewachsen, die sich paarweise zusammenfinden und, ähnlich wie Adam und Eva, unbekleidet von der lieblichen Gegend Besitz ergreifen. Im Gegensatz zu dem ersten biblischen Menschenpaar finden sie die Erde aber schon besiedelt vor, und angesichts der Zeugnisse einer hochentwickelten Kultur, darunter ein kuppelgekrönter Zentralkirchenbau, erscheint ihre paradiesische Nacktheit freilich nicht natürlich, sondern eher befremdlich. Mit dem so entstehenden Kontrast ist wohl ein erotischer Effekt angestrebt, wie er dem Manierismus zu eigen war. Die als Truhenbild geschaffene, typisch venezianisch lokker gemalte Darstellung wird wegen der schlanken Figuren und der fließenden Bewegtheit der Linien dem Andrea Schiavone zugeschrieben, teils auch seinem älteren Zeitgenossen Bonifazio de' Pitati.

▽ Ovid, Metamorphosen I, 381–415

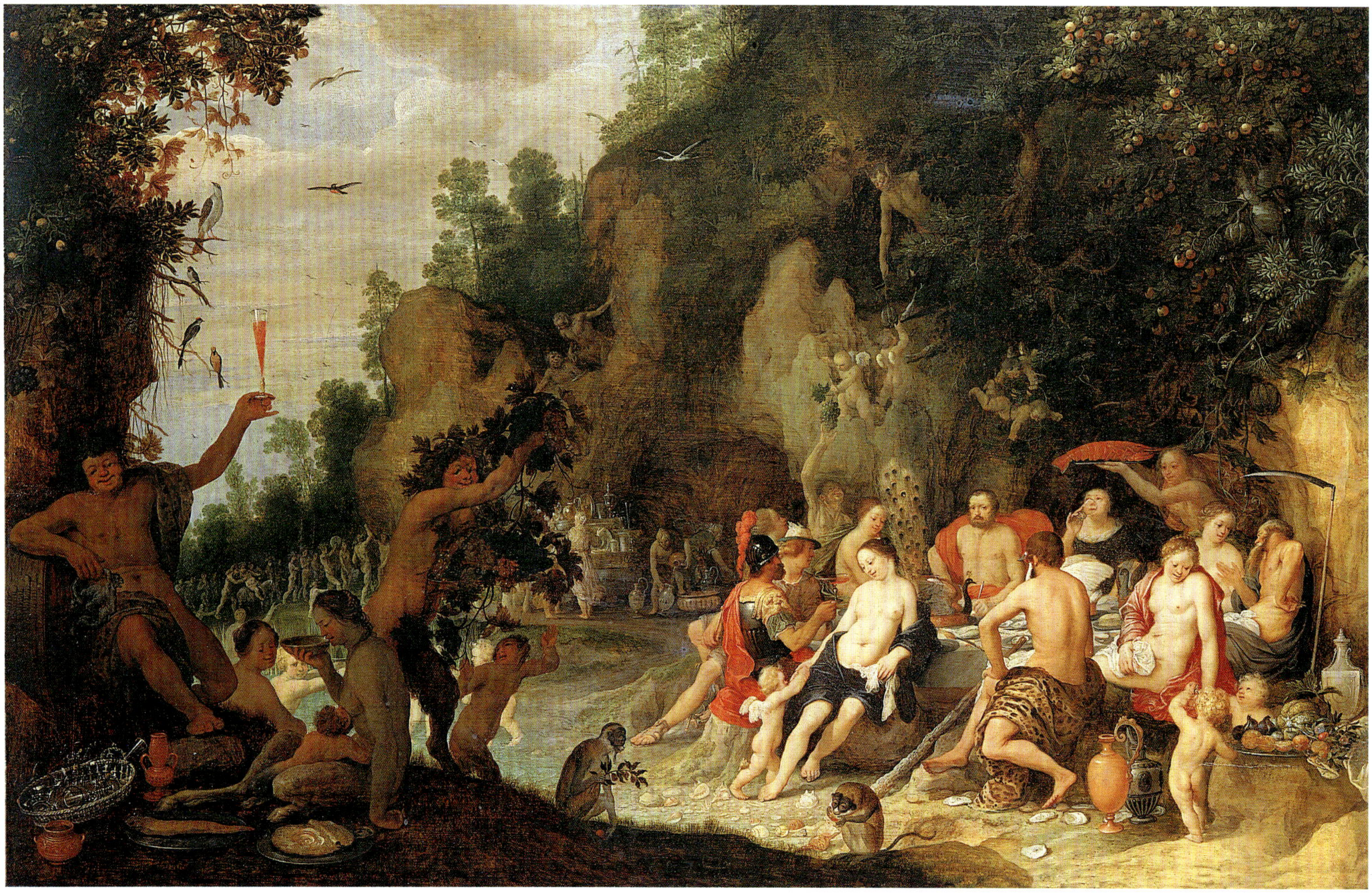

9
Adriaen van Stalbemt
1580 Antwerpen – 1662 Antwerpen
Ein Göttermahl
Bezeichnet unten rechts:
V. STALBEMT.F A° 1622
Eichenholz, 51 × 80,5 cm
Gemäldegalerie Alte Meister,
Dresden

Von den beim Mahle versammelten olympischen Göttern erkennen wir in der Mitte an der steinernen Tafel den Göttervater Jupiter mit einem kleinen Zepter in der Hand, der nachdenklich, ja sorgenvoll zum Betrachter herausblickt und damit gleichsam seine Verantwortung bekräftigt. Seine Gemahlin Hera neben ihm ist an dem ihr heiligen Pfau zu erkennen, der hier eine Pastete schmückt. Aphrodite vor ihr stellt kokett ihre Reize zur Schau und scherzt mit ihrem Söhnchen Eros. Der Weinkelch, den der gerüstete Kriegsgott Ares ihr huldigend darreicht, bleibt unbeachtet, obgleich die beiden durch ein heimliches Liebesverhältnis verbunden sind und der Kriegsgott auch als Eros' Vater gilt. Zwischen Ares und Hera sitzt der listenreiche Götterbote Hermes mit geflügeltem Reisehut. Der Heros Herakles dreht uns den Rücken zu; seine gefürchtete Waffe, die selbstgeschnitzte Keule, hat er auch bei Tisch griffbereit. Neben ihm sitzt seine Frau Hebe, Tochter des Götterpaares und Göttin der Jugend. Sie diente den Olympiern eine Zeitlang als Mundschenk. Ganz rechts gewahren wir den langbärtigen Erntegott Kronos mit der Sense, den die Römer Saturn nannten. Ihm zu Ehren wurden voll Ausgelassenheit die Saturnalien gefeiert, bei den Griechen nach Kronos die Kronien genannt, und vielleicht ist es dieses Fest, das wir hier miterleben. Beherrscht wird es tatsächlich vom Wein- und Fruchtbarkeitsgott Dionysos, der links vorn halb im Schatten bleibt, neben einem Satyr aus seinem Gefolge, der Trauben von einer Rebe pflückt, sowie dessen Weib, das mit dem Kind an der Brust den edlen Saft aus einer Schale trinkt. In einem Korb am Boden warten Gläser auf weitere Zecher, und der gefüllte Weinkelch in der erhobenen Hand des Gottes wird zum Symbol der ganzen Szene.

△ Giovanni Bellini,
National Gallery of Art,
Washington
△ Abraham Bloemaert,
Alte Pinakothek, München
△ Johann Rottenhammer,
Staatliche Ermitage,
St. Petersburg

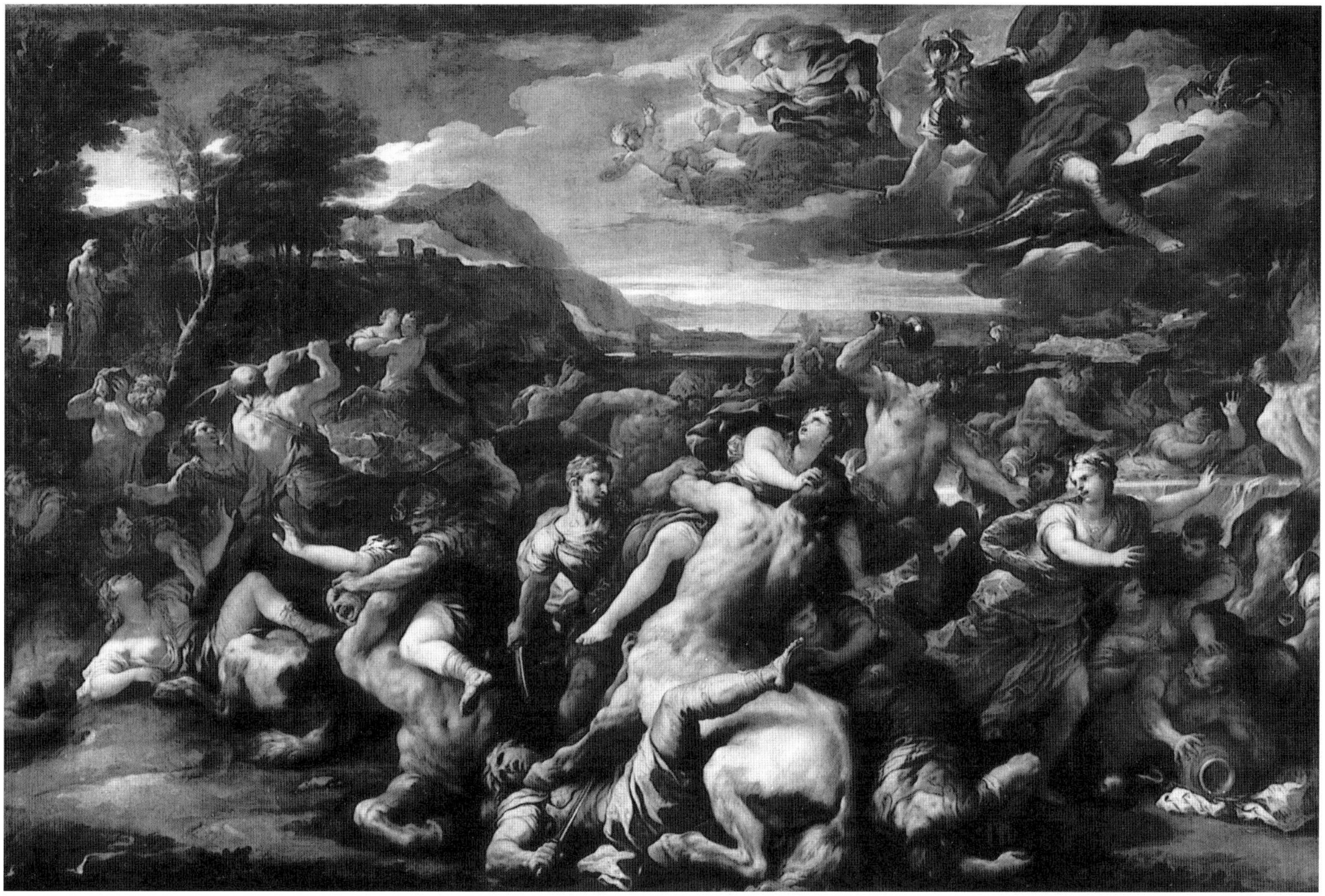

10
Luca Giordano
1632 Neapel – 1705 Neapel
Kampf zwischen Kentauren und Lapithen
Leinwand, 320 × 252 cm
Staatliche Ermitage,
St. Petersburg

Auf einer Bildfläche von mehr als acht Quadratmetern hat Luca Giordano diesen Kampf dargestellt. Das Gemälde ist ein Beispiel für die außerordentliche Vorstellungskraft des neapolitanischen Schnellmalers, die ihn befähigte, bewegte Figurenmassen in wilden, tumultuarischen Szenen mit den kühnsten Verkürzungen überzeugend dramatisch und dekorativ wirksam zu gestalten. Im Vordergrund erscheint als Blickpunkt vom Rücken her gesehen der mächtige Körper eines Kentauren, der eine Lapithenfrau an sich gerissen hat und mit dem linken Vorderhuf einem Lapithen die Kehle zertritt. In ihm ist wohl Eurytion zu erkennen, der Hippodameia, die Braut des Lapithenkönigs Peirithoos, zu rauben versuchte. Der Held, der sich ihm mit dem kurzen Schwert von vorn angreifend nähert – zögernd, um die von dem Tiermenschen als Schild benutzte Frau nicht zu verletzen –, ist sicher der streitbare Theseus. Von dieser Gruppe aus entfaltet sich die kämpfende Menge nach beiden Seiten in die Bildtiefe, während über ihr in den Wolken zwei Götter dem Kampf verfolgen: der gerüstete Kriegsgott Ares, auf einem Drachen in Gestalt einer Riesenechse reitend, und die Liebesgöttin Aphrodite, die auch diese Schlacht verschuldet hat. Das wilde, rohe Urvolk der »Stierstecher«, wie der Name Kentauren übersetzt lautet, wurde dabei bis auf wenige ausgerottet, nachdem vorher schon Herakles viele von ihnen mit seinen Pfeilen erlegt hatte.

△ Piero di Cosimo,
National Gallery, London
△ Johann Georg Platzer,
Staatliche Gemäldegalerie Kassel
△ Hans Makart,
Österreichische Galerie
im Oberen Belvedere, Wien
▽ Ovid, Metamorphosen XII,
210 ff.

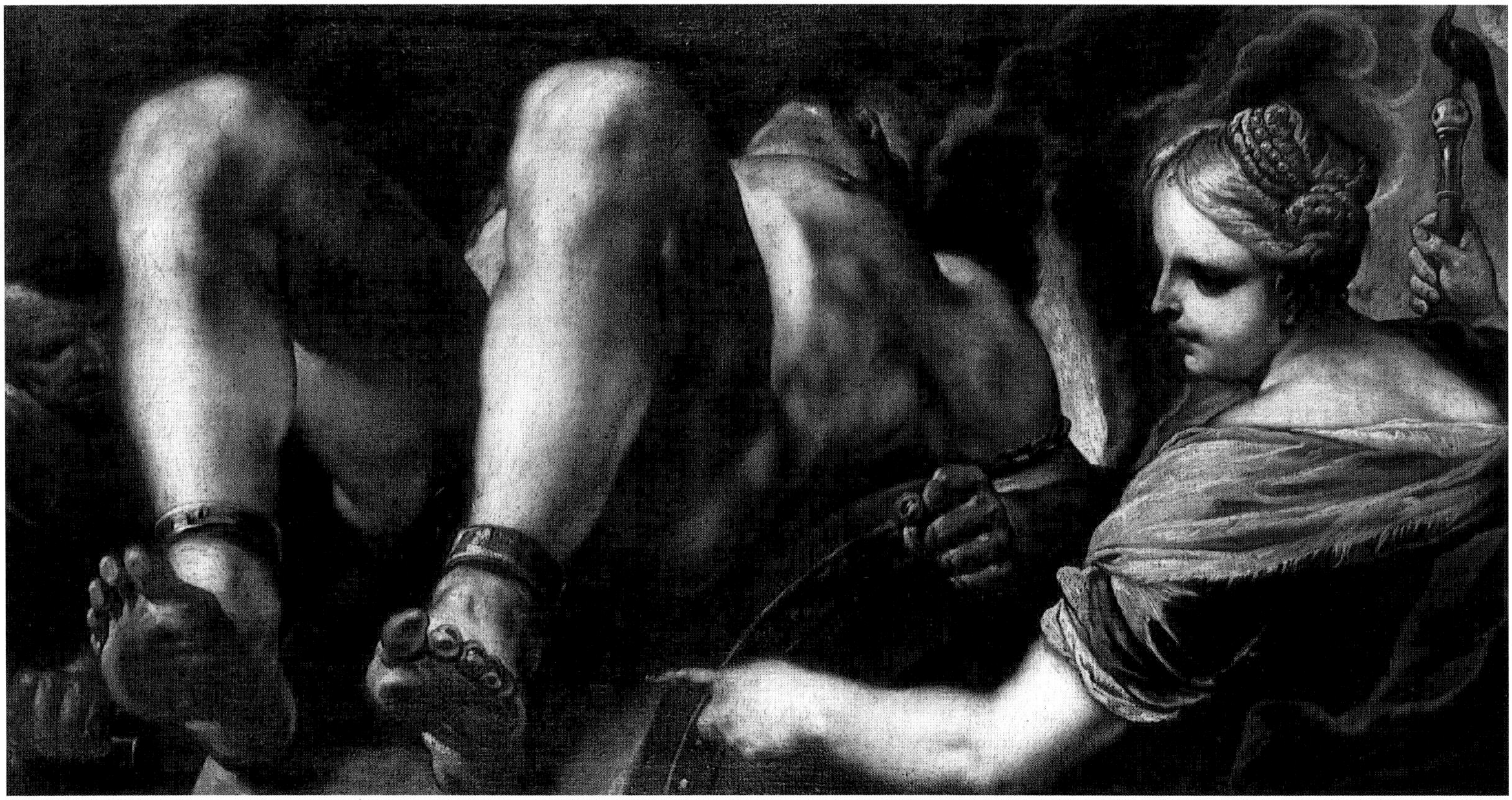

11
Luca Giordano
1632 Neapel – 1705 Neapel
Ixion, auf das glühende Rad geflochten
Leinwand, 77 × 113 cm
Národní Galerie, Prag

Die schreckliche Rache, die Jupiter und Hera an Ixion nahmen, wird in einem kompositionell ganz ungewöhnlichen Bild von Luca Giordano sichtbar. In einem krassen Realismus perspektivischer Verkürzung und Verzerrung ist der Körper des Verurteilten so in das niedrige Querformat gezwängt, daß von ihm zunächst nicht viel mehr als die nackten Füße und die Unterschenkel mit den stählernen Fesseln sichtbar werden, während der Rumpf sich mit dem Rad, an das er geheftet ist, unter der Hand des links hantierenden Henkers bereits dem feurigen Schlund entgegenzudrehen beginnt. Sein Gesicht hat Ixion damit schon verloren, er ist als Person ausgelöscht. Hera aber, an ihrem Pfauenzepter erkenntlich, prüft mit dem Ausdruck der Unerbittlichkeit den Eisenbeschlag des Marterwerkzeuges, durch das der Frevler nun ewige Qualen erleiden wird. Die fast brutal wirkende Plastizität der Gestalten will das Format sprengen und scheint im Widerspruch zu den Gesetzen der Bildfläche zu stehen, doch ist gerade dadurch höchste Expressivität erzielt. – Luca, der schon als Junge aus wirtschaftlichen Gründen von seinem Vater beim Malen zu immer größerer Eile angetrieben wurde und eine außerordentliche Vorstellungskraft besaß, hat ein gewaltiges Œuvre hinterlassen.

△ Jusepe de Ribera, Prado, Madrid
△ Giambattista Langetti, Museo de Arte de Ponce (Puerto Rico)
▽ Ovid, Metamorphosen IV, 461

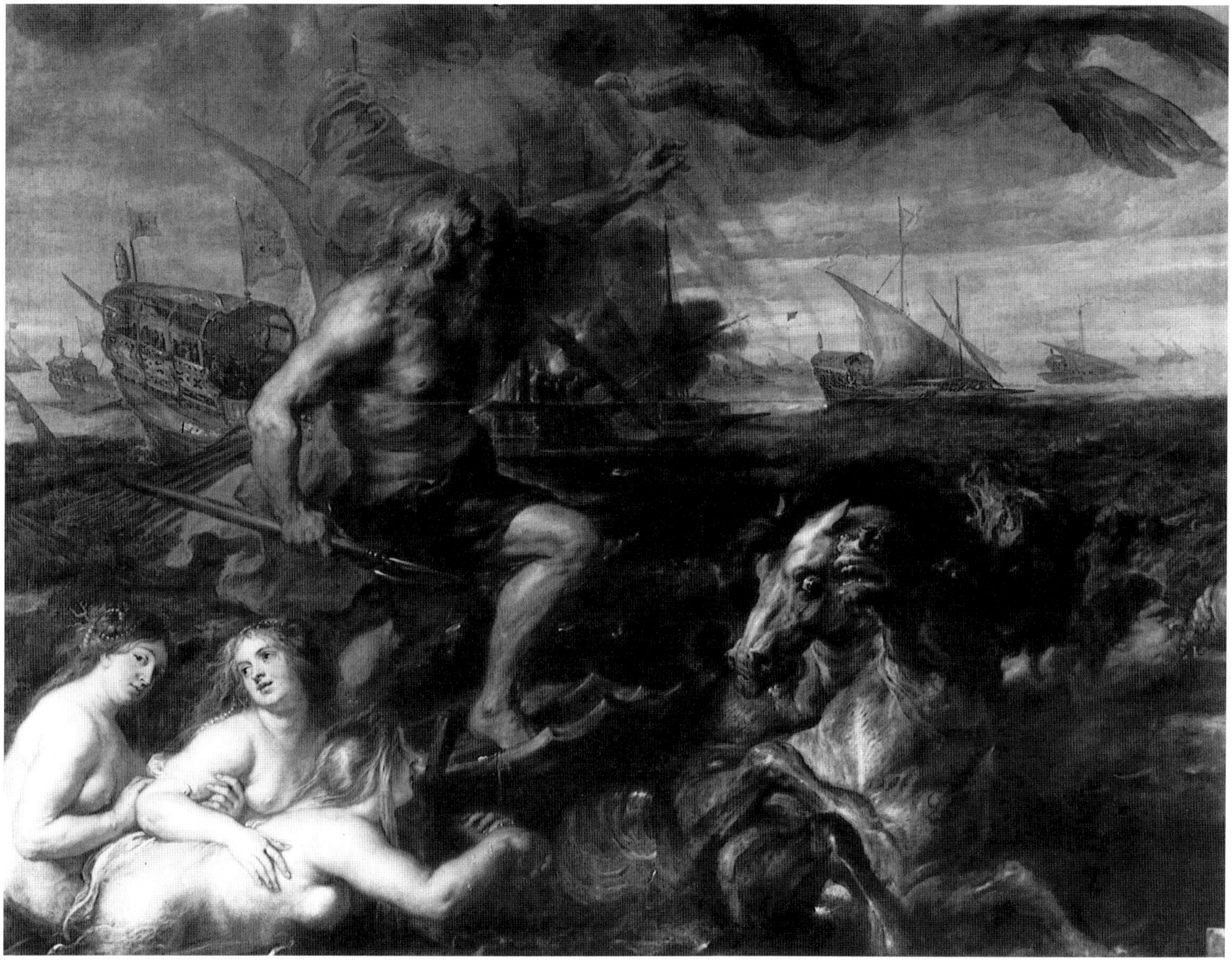

12
Peter Paul Rubens
1577 Siegen – 1640 Antwerpen
Quos ego! –
Neptun beschwichtigt die Wogen
Um 1635
Leinwand, 326 × 384 cm
Gemäldegalerie Alte Meister,
Dresden

Wie häufig in der Kunst des Barocks, ist hier eine konkrete historische Begebenheit mit dem Bereich des Mythologischen verknüpft und dadurch in ihrer Bedeutung gesteigert. Der Meeresgott wird aufgeboten, um dem Kardinalinfanten Ferdinand, dem neuen Statthalter Spaniens in den Niederlanden, eine ungehinderte Überfahrt seiner Schiffe von Barcelona nach Genua zu sichern. Diese Seereise fand im April–Mai 1633 statt. Rubens malte das Bild für eine der Schauwände, wie sie zusammen mit Triumphbögen in großer Zahl zum festlichen Empfang des Regenten am 17. April 1635 in Antwerpen errichtet wurden. Der Maler war selbst mit der Anfertigung der Entwürfe für die umfangreiche hölzerne Festarchitektur beauftragt und vermochte diese Aufgabe um so vollkommener zu lösen, als er den archäologischen Bildungsstoff sicher beherrschte. Der Drohruf Neptuns (Poseidons) »Quos ego!« – »Euch (will) ich!« aus Vergils »Aeneis« ist zum Bildtitel geworden. Mit ihm zügelte der Meeresgott die Winde und Wogen, die der Windgott Aeolus (Aiolos) auf Junos Ersuchen gegen die Flotte des flüchtigen Trojaners Aeneas gehetzt hatte. Neptun mit der Harpune und die schnaubenden Seerosse vor seinem Muschelwagen sind so furchterregend wie das wilde Meer selbst, während die perlen- und korallengeschmückten Nereiden in ihrer Leibespracht dessen Schönheiten verkörpern. Ein Triton kündigt mit Hörnerschall den Zug an. Im Mittelgrund sind die Galeeren des Kardinalinfanten zu sehen, darunter links sein Flaggschiff. Noch nehmen die Winde den Himmel ein und wühlen das Wasser auf: Euros, der Ostwind, der den Griechen schwüle, drückende Regenluft und schwere Gewitter bringt und darum mit dem Donnerkeil dargestellt ist, Notos (oder Auster), der ebenfalls Regen heranführende Südwind, und Boreas, der Nordwind, dem die Kälte folgt und der mit seinen meerhörnerartigen Gliedmaßen das gespenstische hohle Heulen erzeugt. Sie müssen Neptun gehorchen, und schon beginnt der Himmel sich aufzulichten. – Eine Skizze zu dem Gemälde befindet sich im Fogg Art Museum der Harvard University in Cambridge (USA).

▽ Vergil, Aeneis I, 124–143

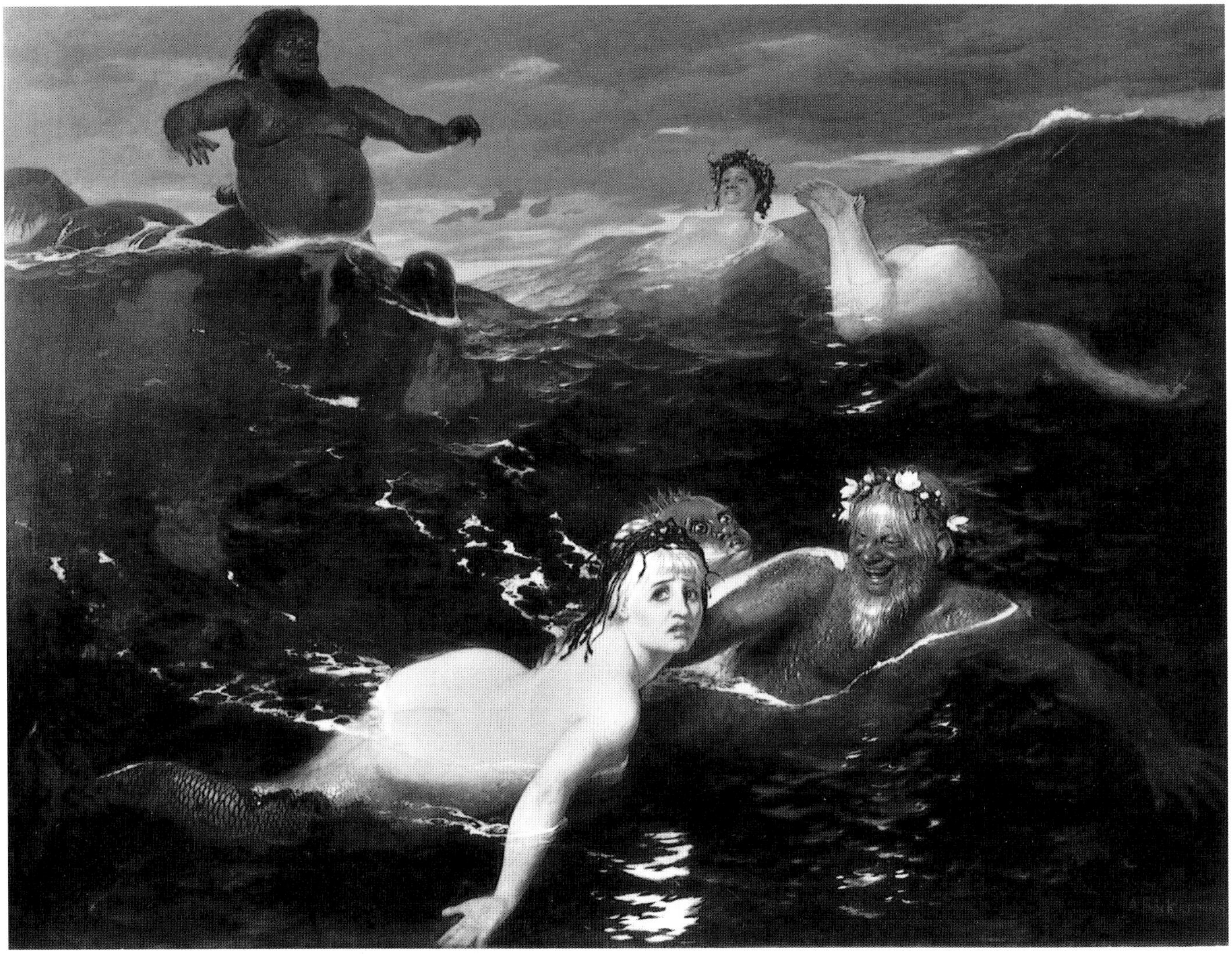

13
Arnold Böcklin
1827 Basel bis
1901 San Domenico bei Fiesole
Spiel der Wellen
1883
Leinwand, 180 × 236 cm
Neue Pinakothek, München

Die Tritonen und Nereiden im Gefolge Poseidons entsprachen als Fabelwesen des Meeres den Satyrn und Nymphen des Wein- und Fruchtbarkeitsgottes Dionysos auf dem Lande und wurden von den bildenden Künsten in unterschiedlicher Gestalt dargestellt. So erscheinen die Nereiden zumeist ganz wie Menschenfrauen, dann aber auch der allgemeinen Vorstellung von Nixen gemäß als Mischwesen mit dem Unterkörper von Fisch oder Schlange. Ebenso sind die von Triton, dem Sohn Poseidons und der Nereide Amphitrite, herkommenden Tritone zumeist von den Hüften an fischschwänzig, haben jedoch zuweilen als eine Art Meereskentauren einen menschlichen Oberkörper auf dem Leib eines Pferdes mit vier Beinen. Meerwesen von mannigfaltiger Art begegnen uns in einigen Bildern des Schweizer Malers Böcklin, der sie aus dem Erlebnis Italiens und des Mittelmeeres überzeugend darzustellen vermocht hat. So ist auch hier das gläsern durchsichtige hohe Meer von ihnen bevölkert. Fern von den Blicken der Menschen treiben sie ungestört ihr Spiel und folgen mit ungestümen wie geschmeidigen Bewegungen dem Wogen, Aufschäumen oder gleitenden Verebben des Elements, dem sie angehören und das sie verkörpern, teils sinnliche Verlockung, teils Bedrohung. – Böcklin erwarb sich die hervorragende Meisterschaft der Wiedergabe der Meeresflut schon in frühen Jahren durch gründliches Naturstudium: Er soll einmal eigens von Zürich nach Neapel gereist sein, um dort für ein Bild das Auftreffen der Wellen am Castello dell'Uovo zu studieren.

△ Max Klinger,
Staatliche Museen zu Berlin,
Nationalgalerie

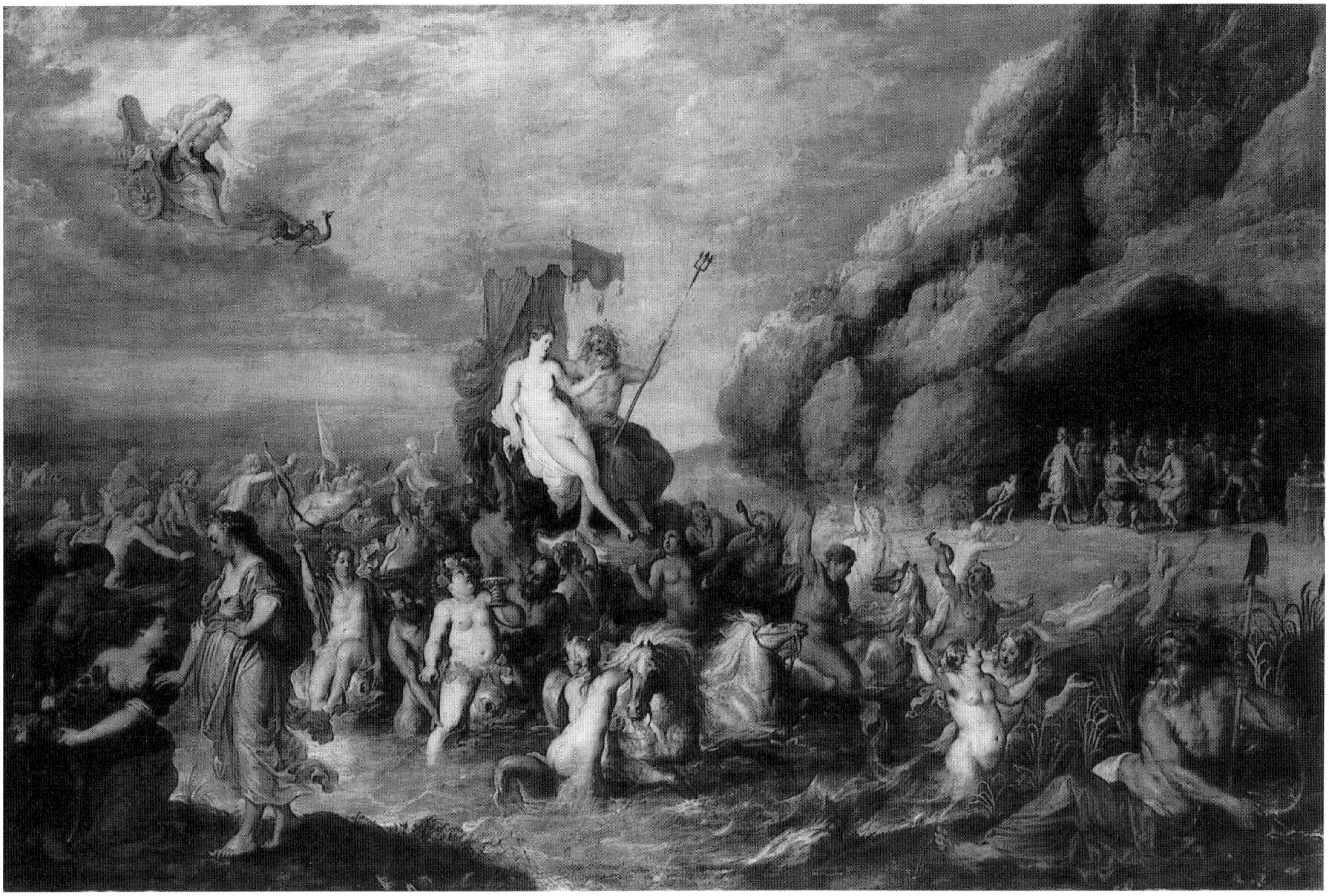

14
Hendrik van Balen der Ältere (?)
1575 Antwerpen – 1631 Antwerpen
Die Hochzeit des Neptun und der Amphitrite
Eichenholz, 88,5 × 135 cm
Gemäldegalerie Alte Meister, Dresden

Vielleicht Hendrik van Balen, vielleicht ein anderer flämischer Maler aus der Rubensnachfolge, hat hier geschildert, wie wir uns die Hochzeit des Meeresgottes mit der schönen Nereide vorzustellen haben. Von vier weißen Meerrossen gezogen, wird das unter rotem Thronhimmel auf seinem Muschelwagen sitzende Brautpaar im Triumphzug ans Ufer geleitet, umgeben von einem großen Gefolge von teils fischschwänzigen, teils völlig menschengestaltigen Nereiden. Mitten unter ihnen ist Bacchus (Dionysos) zu erkennen, Gott des Weines, aber auch der Fruchtbarkeit, und darum hier als Gast sehr erwünscht, dicklich und von fast weiblichen Formen, auf einem Delphin reitend und von zwei gehörnten Satyrn gestützt, um nicht herunterzufallen. Er hebt seinen Pokal und trinkt Neptun (Poseidon) und Amphitrite zu, diesem ungleichen Paar, das dennoch glücklich zu werden verspricht: Die junge Frau krault den struppigen Gatten am Bart und macht den sonst so Gefürchteten sanft; ihre ausnehmend schlanken Körperformen sollen wohl ihren besonderen Rang anzeigen. Drei üppige Frauen halten am Ufer ein Füllhorn als Geschenk bereit, ein langbärtiger Flußgott – vielleicht ist es auch Nereus, der Vater der Nereiden – schaut den Herankommenden entgegen, während durch die Lüfte auf ihrem Pfauengespann als Beschützerin der Ehe Juno (Hera) herbeieilt und die anderen Götter indessen schon hinten in der Höhle auf das Hochzeitsmahl warten.

△ Peter Paul Rubens,
Staatliche Museen zu Berlin,
Gemäldegalerie

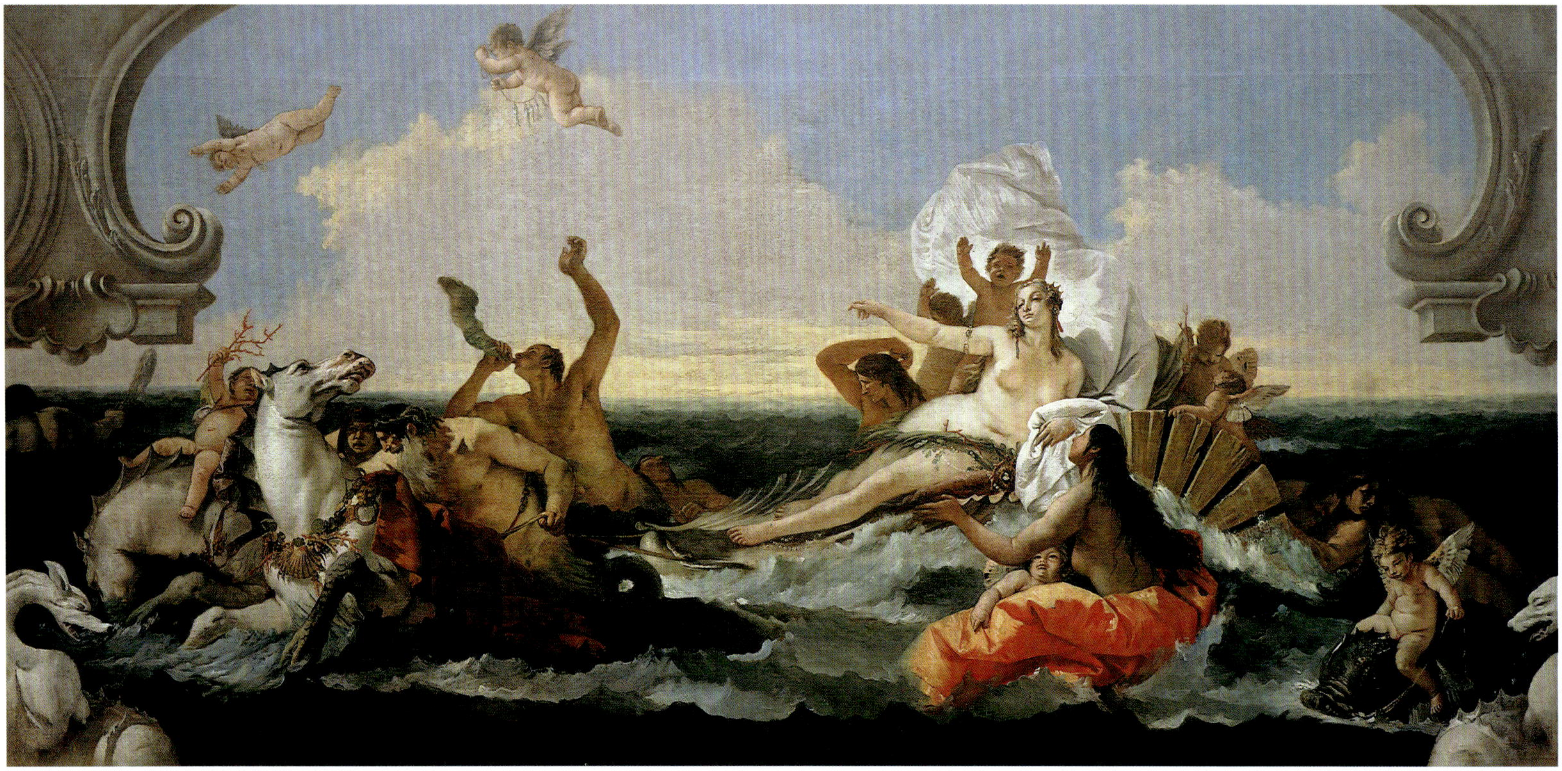

15
Giovanni Battista Tiepolo
1696 Venedig – 1770 Madrid
Der Triumph der Amphitrite
Um 1740
Leinwand, 213 × 442 cm
Gemäldegalerie Alte Meister,
Dresden

Diese glanzvolle Darstellung der Herrin des Meeres gehörte wahrscheinlich zu einer Folge der Elemente, die Tiepolo für einen Palast in Venedig malte. Ungestüme Rosse, von Tritonen geritten, ziehen das mit gewaltigen Schaufelrädern ausgerüstete Muschelboot so rasch dahin, daß die Flut aufschäumt. Langhaarige Nereiden, Eroten und Delphine begleiten den Zug. Befehle erteilend, ruht Amphitrite auf ihrem Gefährt, eine Frau von stattlicher Schönheit in ebenso lässiger wie hoheitsvoller und verführerischer Pose. Hell, kühl und schattenlos sind die Farben, dem Stil des Rokoko entsprechend. Meergrün und lichtes Himmelblau werden gesteigert durch das Gelb und Rot der Draperien, die abgestuften Töne der nackten Körper und das Weiß der glänzenden Schimmel und der Wolken. Mit der Fülle von Bewegungsmotiven verbinden sie sich zu großartiger dekorativer Wirkung. Ein faszinierendes Theater spielt sich vor unseren Augen ab, Widerspiegelung der rauschenden Feste auf den Kanälen der Lagunenstadt, und so könnte hier eine Verherrlichung Venedigs als der meerbeherrschenden »Königin der Adria« selbst gesehen werden. Tiepolo erweist sich auch hier als der italienische Hauptmeister des Rokokos, der die großen venezianischen Traditionen des 16. Jahrhunderts weiterführte. Bei der unlängst erfolgten Restaurierung wurden unter alten Übermalungen die steinernen Fabeltiere und rahmenden Architekturteile freigelegt.

△ Nicolas Poussin,
Staatliche Ermitage, St. Petersburg
△ Charles-Joseph Natoire,
Muzeum Narodowe, Warschau
△ Hugues Taraval, Louvre, Paris
▽ Homer, Odyssee III, 90–91

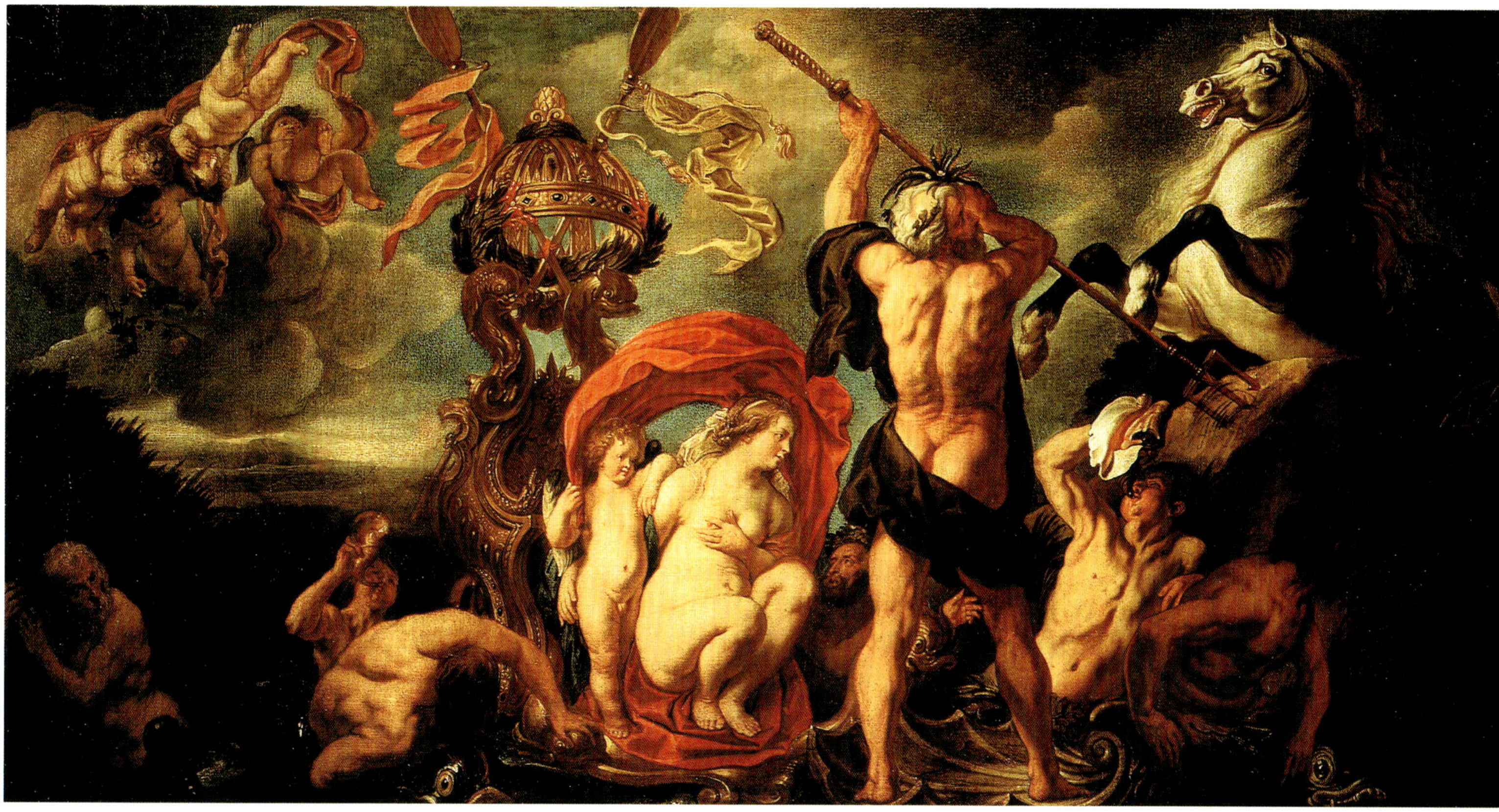

16
Jacob Jordaens
1593 Antwerpen – 1678 Antwerpen
Neptun erschafft das Pferd
Leinwand, 67 × 130 cm
Galleria Palatina,
Palazzo Pitti, Florenz

Jordaens malte dieses Bild als Vorlage zu einem Wandteppich der Serie für die Reiterakademie in Antwerpen, und dank dem monumentalen Stil war das Motiv für die damit verbundene mehr als sechsfache Vergrößerung – auf 410 cm in der Höhe – geeignet. Wir sehen, wie der in muskulöser Rückenfigur dargestellte Neptun (Poseidon) mit gewaltiger Kraftanstrengung seinen Dreizack in den Felsen treibt und wie aus dem entstandenen Spalt hoch sich aufbäumend ein feuriges Roß entspringt. Ein Triton zu Füßen des Meergottes bläst in eine große Seemuschelschale und verkündet den Triumph seines Gebieters. Amphitrite, Neptuns Gemahlin, kauert mit einem kleinen Knaben an der Seite in ihrem Wagen und schaut aufmerksam dem wunderbaren Geschehen zu. Die Formen des merkwürdigen Wassergefährts lassen den zeitgenössischen Ohrmuschelstil erkennen. Eine riesige edelsteinbesetzte Krone auf zwei geschnitzten Delphinen und mit zwei gekreuzten Rudern bezeugt als Bekrönung die königliche Hoheit der Insassin. Jordaens, der stark von Rubens beeinflußt wurde und mit ihm zusammenarbeitete, erweist sich auch hier als Maler von barocker Kraftentfaltung und sinnlichem Temperament.

△ Noël Hallé,
Louvre, Paris
▽ Ovid, Metamorphosen VI,
75–82

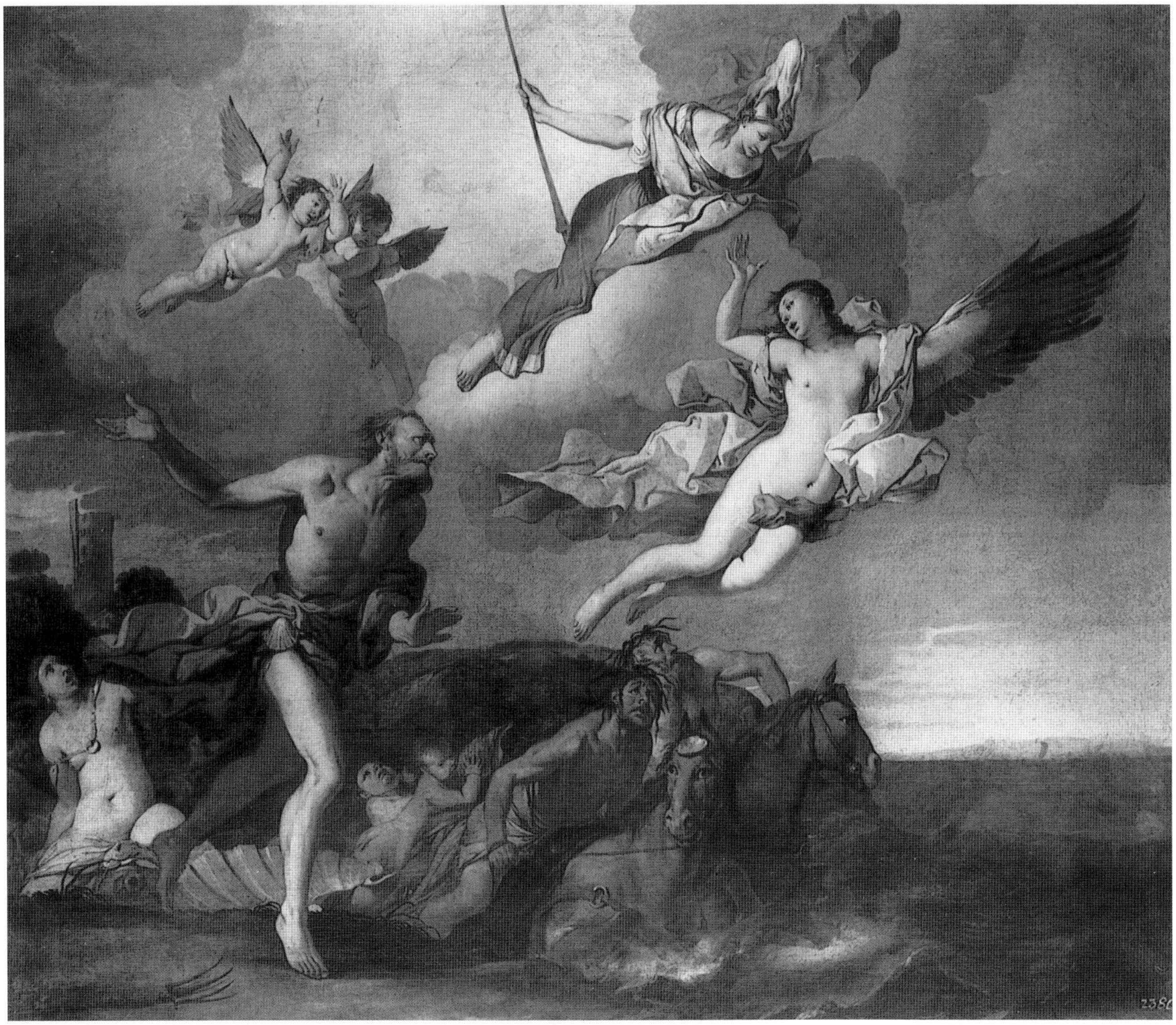

17
Giulio Carpioni
1613 Venedig – 1679 Vicenza
Koronis wird in eine Krähe verwandelt
Um 1665–1670
Leinwand, 108 × 131,5 cm
Gemäldegalerie Alte Meister, Dresden

Das Bild wurde zusammen mit seinem Gegenstück »Latona verwandelt die Bauern in Frösche« (vgl. Abb. 68) 1738 in Venedig für die Dresdener Sammlung angekauft. Es zeigt, wie Poseidon mit seinem Muschelgefährt am Strand von Thessalonien angelegt hat, um sich auf festem Boden der vor ihm fliehenden Königstochter zu bemächtigen. Schon aber läßt die auf einer Wolke lagernde Athena ihren Zauber wirken, und der schöne Mädchenkörper beginnt sich in eine Krähe zu verwandeln und immer weiter in die Luft zu erheben. Der Meeresgott, wie immer so auch hier gealtert dargestellt, gewahrt dies mit ohnmächtigem Grimm, aber auch die Rosselenker, die Nymphe auf dem Delphin wie die Putti zeigen Bedauern über das Geschehnis, und Koronis ist wohl selbst erschrocken. Sie sollte sich ja auch Athenas Gunst bald wieder verscherzen, indem sie ihr mitteilte, daß die von der Göttin als Betreuerinnen des schlangenfüßigen Erichthonios eingesetzten Töchter des Kekrops entgegen der Weisung das Körbchen des Knaben geöffnet und diesen betrachtet hatten. Athena hörte dies so ungern, daß sich ihr Zorn auch gegen den schwatzhaften Vogel richtete. – Das Dresdener Gemälde ist ein Beispiel für die gerühmten, geistreichen mythologischen Kompositionen dieses venezianischen Malers. In der Bedeutung der Umrißlinie und der plastischen Klarheit der Gestalten ist das Vorbild bolognesischer Maler wie Albani und auch des Franzosen Poussin zu erkennen. Die helle Farbigkeit mit dem Akkord von Gelb, Blau und Rot aber weist schon auf das Rokoko voraus: Carpioni erscheint als ein Vorläufer Tiepolos, wie auch der Vergleich mit dessen »Triumph der Amphitrite« (vgl. Abb. 15) bestätigen kann.

▽ Ovid, Metamorphosen II, 562–588

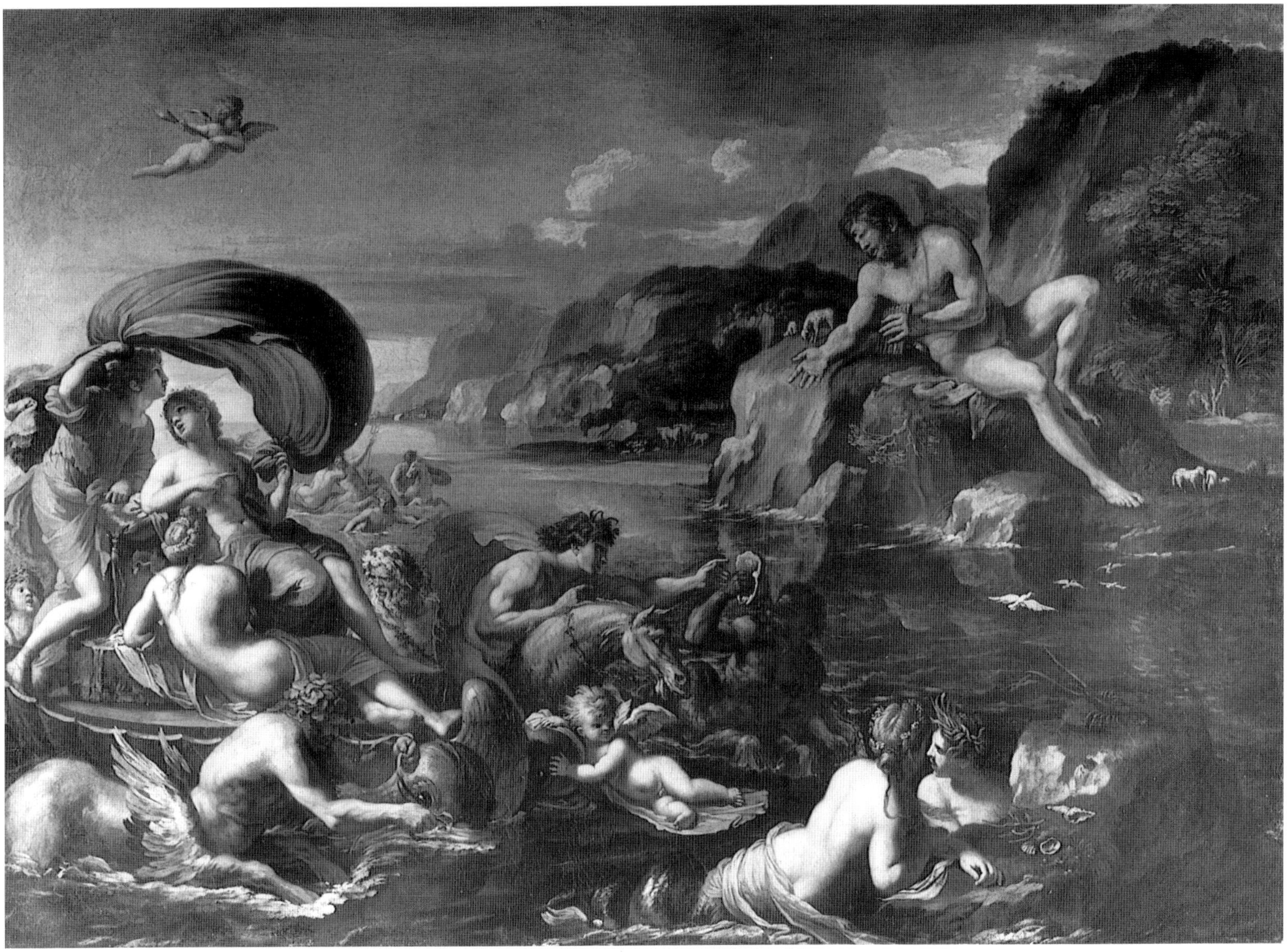

18
François Perrier,
genannt le Bourguignon
Um 1590 Bourgogne
(Saint-Jean-de-Losne ?) – 1650 Paris
Acis und Galatea
Leinwand, 97 × 133 cm
Louvre, Paris

Polyphem besang die Schönheit Galateas, die er mit dem weißen Liguster und den Muscheln des Meeres verglich, er bot ihr Früchte und Tiere aus seinem Wald und Feld als Geschenke an, und er rühmte auch seine eigenen Vorzüge, um sie für sich zu gewinnen. Seine Demut und Geduld im Werben um ihre Zuneigung mußten sich aber schließlich in rasende Eifersucht verkehren, und so fand auch die schöne Liebe der Nereide mit Acis ein trauriges Ende. – Perrier zeigt, wie die Nymphe den Kyklopen herausforderte, wie sie dicht an dem von ihm bewohnten Felsufer ihren Triumphzug vorbeiführte, auf ihrem von feurigen Rossen gezogenen Wassergefährt mit einem reichen Gefolge von muschelhornblasenden Tritonen und geflügelten Genien, vor allem aber begleitet von Acis, dem sie sich im Angesicht seines Rivalen liebevoll zuwendet und der mit Neugierde zu Polyphem hinüberblickt, mit Galatea wie durch einen Baldachin weithin sichtbar verbunden durch das vom Fahrtwind gebauschte Tuch. Polyphem, dessen riesige Körperlichkeit an den winzigen Herdentieren in seiner Nähe zu erkennen ist, hat die Panflöte abgesetzt und macht mit der Rechten eine einladende Geste zu Galatea – aus der aber zugleich schon Hilflosigkeit und Enttäuschung, das Wissen um die Vergeblichkeit allen Bemühens sprechen. – Perrier war ein Nachfolger Poussins, arbeitete in Paris mit Simon Vouet zusammen und war dann seit 1635 zehn Jahre in Rom, wo Lanfranco sein Lehrer wurde; er gehört zu den Begründern der Academie Royale.

△ Claude Lorrain,
Gemäldegalerie Alte Meister,
Dresden
△ Johann Heinrich Tischbein d. Ä.,
Staatliche Gemäldegalerie Kassel
▽ Ovid, Metamorphosen XIII,
871–892

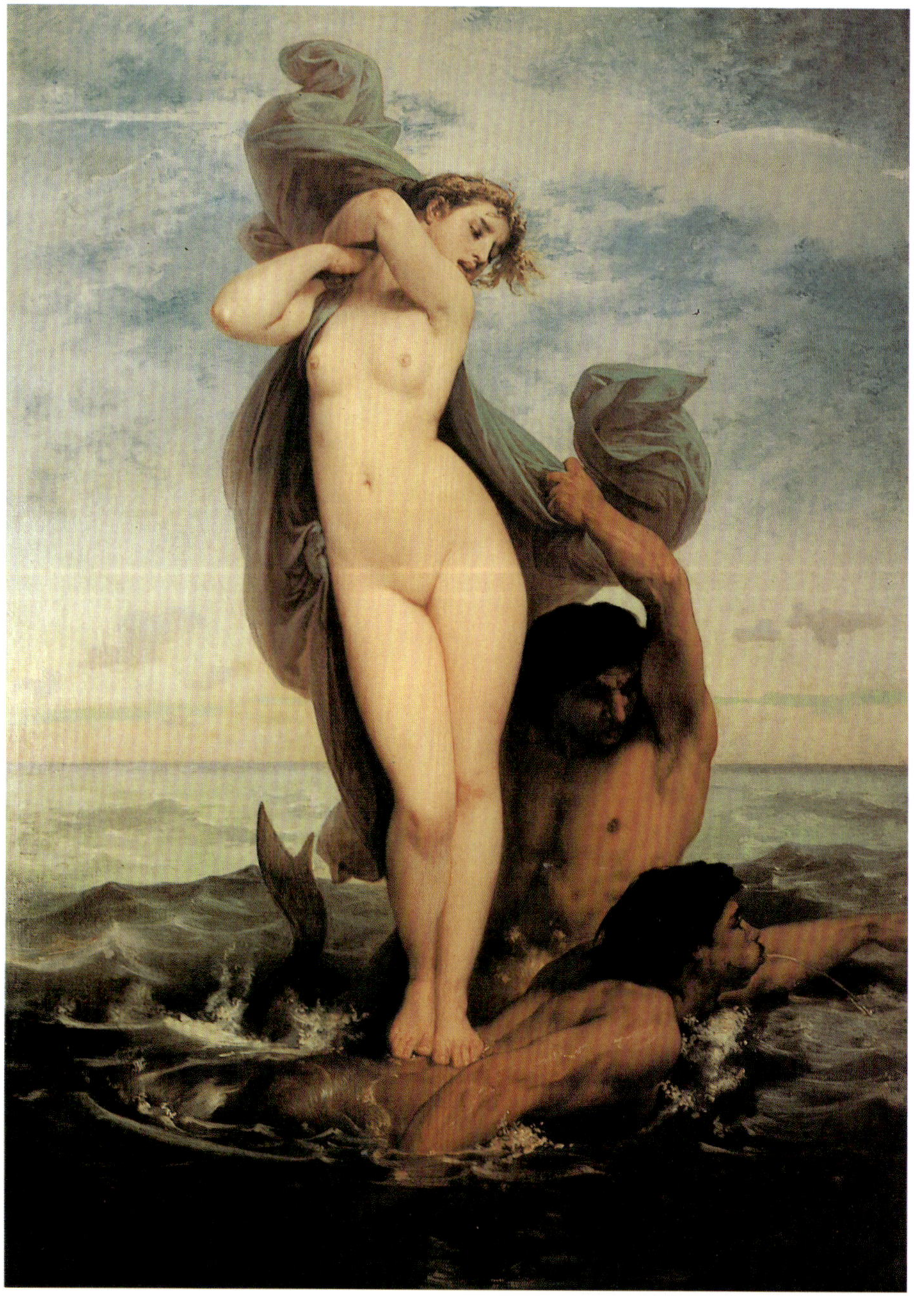

19
Felix Henri Giacomotti
1828 Quingey – 1909 Besançon
Die Entführung der Amymone
Nach 1867
Leinwand, 225 × 162 cm
Musée Raimond Lafage,
Lisle-sur-Tarn

Giacomotti hat in sein Bild weder den zudringlichen Satyr noch den Meeresgott einbezogen, vielmehr das Geschehen vom Festland auf das Meer verlegt und eine Entführung Amymones zu Poseidon durch dessen Vasallen dargestellt. Die Danaide steht auf dem Rücken eines fischschwänzigen Tritonen, der mit weitausgreifenden Armen schwimmend die Flut teilt. Ihre fast gezierte Pose läßt keine Besorgnis um das doch so unsichere Gleichgewicht erkennen, und der Berührung durch einen zweiten Tritonen, der sie zu stützen bemüht ist, weicht sie eher aus. Er dagegen wagt es nicht, ihre Nacktheit anzurühren und verkrallt sich in das Tuch, das sie bedecken soll, im Windzug ihren Körper aber völlig den Blicken preisgibt. In der Verbindung von vertikal betonter Standbildhaftigkeit und Bewegungsmotiven erinnert die Szene an neubarocke Plastikgruppen, wie sie zur Zeit der Entstehung des Bildes zahlreich zum Schmuck von Brunnenanlagen geschaffen wurden. Gegen die braunhäutigen, dunklen Körper der Meermänner und die malerisch gebauschte Draperie gewinnt der helle straffe Mädchenkörper tastbare Plastizität, so daß sein sinnlicher Reiz um so wirksamer wird.

△ Noël-Nicolas Coypel, Schloß Compiègne
▽ Vergil, Aeneis VI, 595–600

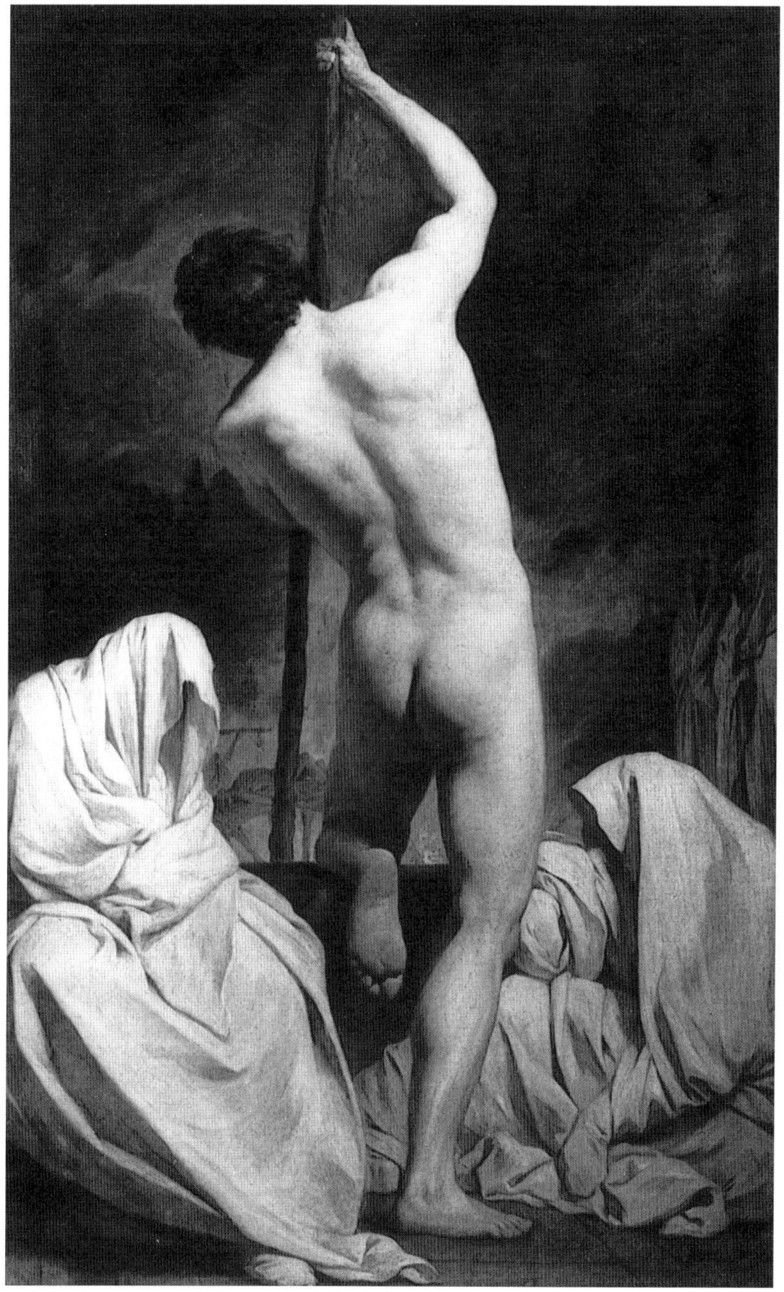

20
Pierre Subleyras
1699 Saint-Gilles-du-Gard
(Languedoc) – 1749 Rom
Charon fährt die Toten über den Styx
Wohl 1746
Leinwand, 135 × 83 cm
Louvre, Paris

Subleyras hat hier ein Thema aufgegriffen, das vor ihm in der Malerei nicht dargestellt wurde. In sehr suggestiver Weise macht er uns zu Zeugen der unheimlichen Überfahrt der Abgeschiedenen über den Unterweltstrom. Wir haben als Betrachter selbst unseren Platz in dem Nachen, den der Totenfährmann Charon mit einer langen Stange stakt. Ihn selbst sehen wir nackt nur von hinten, so daß wir zu ihm ebensowenig eine Beziehung gewinnen können wie zu den Schatten der Verstorbenen, die gesichtslos in weiße Tücher gehüllt sind. Auch im Hintergrund sind noch tote Seelen zu sehen, zwei davon unter einem Galgen auf ein Rad geflochten, von rötlichem Licht unheimlich erhellt. Mit dem statuenhaften, sorgfältig ponderierten Rückenakt und den weißdrapierten Totengestalten, die an Gewandstudien nach Gipsabgüssen erinnern, erscheint das Bild wie ein akademisches Lehrstück, aber kalt, abweisend und auch gespenstisch, denn das Leben ist entflohen und keine menschliche Verständigung mehr möglich. Gerade damit erfüllt sich aber der Sinn des makabren Motivs. – Subleyras, der erst in jüngerer Zeit die ihm gebührende Wertschätzung erfahren hat, kam 1726 nach Paris, zog aber schon 1728 nach Rom weiter, wo er bis zu seinem Tode blieb. Er fand in dem Kardinal Valenti Gonzaga einen mächtigen Gönner und hat vor allem Porträts und religiöse Darstellungen gemalt, als Auftragswerk 1739 auch das heute in der Dresdener Galerie befindliche Bildnis des sächsischen Kurprinzen Friedrich Christian.

△ Joachim Patinir,
Prado, Madrid

21
Tizian, eigentlich Tiziano Vecellio
Wohl um 1488–1490 Pieve di Cadore
(Dolomiten) – 1576 Venedig
Tityos und der Geier
1548–1549
Leinwand, 253 × 217 cm
Prado, Madrid

Die »vier Verdammten«, Tityos, Sisyphos, Tantalos und Ixion, waren Gegenstand von Gemälden Tizians, die dieser 1548/49 für Maria von Ungarn, die Schwester Kaiser Karls V. und spätere Regentin der Niederlande, malte. Die Darstellungen von Tantalos und Ixion sind verlorengegangen, die beiden anderen gelangten aus dem Château de Binche nahe Brüssel in den Prado. Sie zeigen muskulöse Männergestalten, die in ihren gewaltsamen Bewegungen an Tizians Deckenbilder von 1543/44 für Santo Spirito in Venedig erinnern. Ganz besonders für den Tityos gilt, daß der Maler, wie es der Kunsthistoriograph Giorgio Vasari lobend bemerkte, »sich mit viel Kunst befleißigt« habe, »die Figuren von unten zu verkürzen«. Hier zeigen sich die Möglichkeiten, die der Manierismus zum Dramatisieren eines Stoffes bot und mit denen sich Tizian bei seinem Rombesuch 1545/46 eindringlich auseinandersetzte. In der Ausdrucksgewalt der gigantischen Körperformen, die dem tragischen Charakter des mythologischen Motivs entspricht, wird vor allem der Einfluß der »terribilità« Michelangelos spürbar, aber auch das Vorbild der 1506 in Rom ausgegrabenen, für die Kunst des Manierismus überaus bedeutsamen Gruppenplastik des trojanischen Priesters Laokoon und seiner Söhne (vgl. Abb. VII, 156). Tityos ist – ähnlich wie Prometheus – mit Ketten an den Felsen gefesselt, ohnmächtig gegen den Geier, der an seinen Eingeweiden zerrt, um seine immer wieder nachwachsende Leber zu fressen, wie es Apollon zur Strafe im Hades für ihn ersonnen hatte.

△ Hendrick Goltzius, Frans-Hals-Museum, Haarlem
▽ Homer, Odyssee XI, 576–581
▽ Ovid, Metamorphosen IV, 460

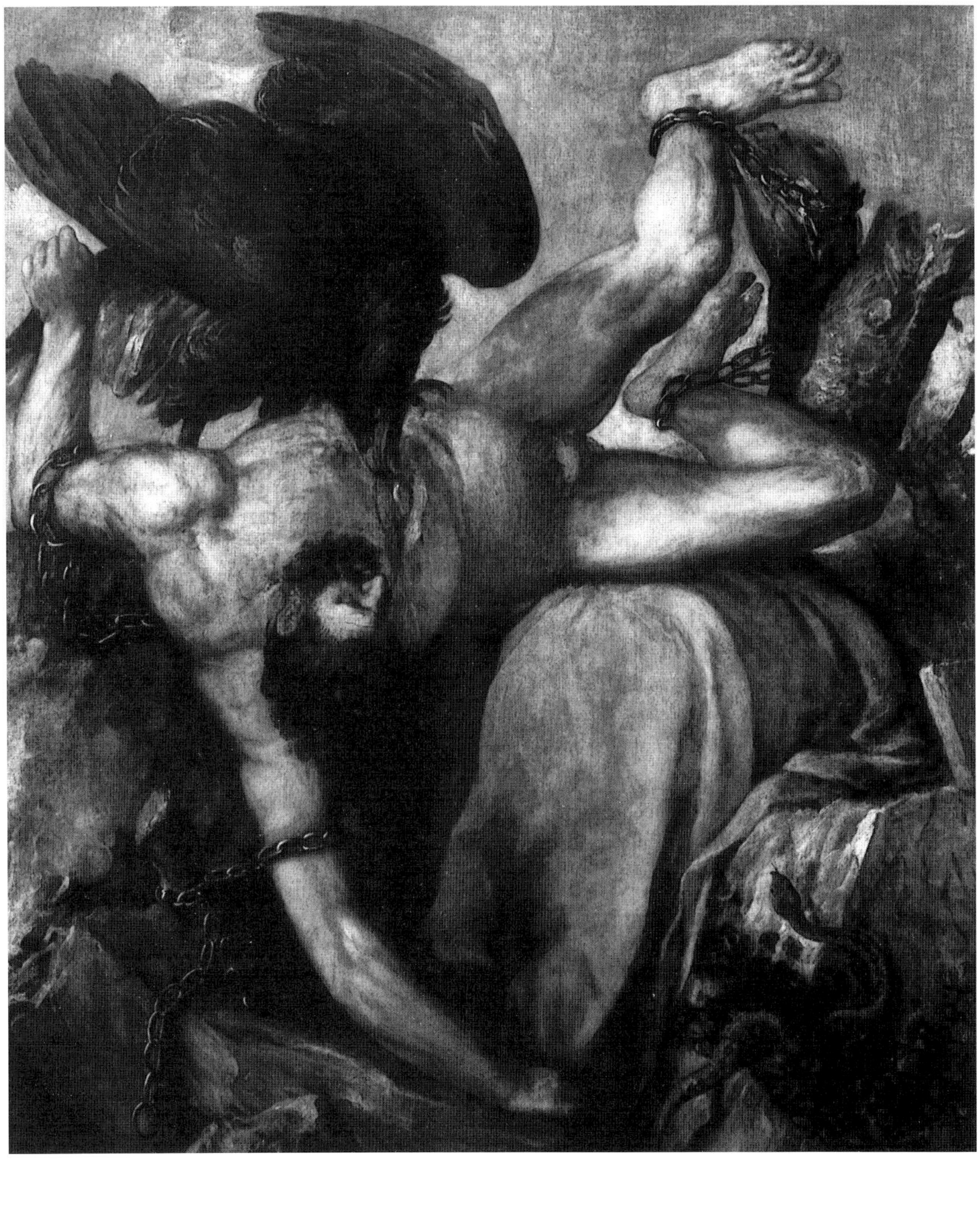

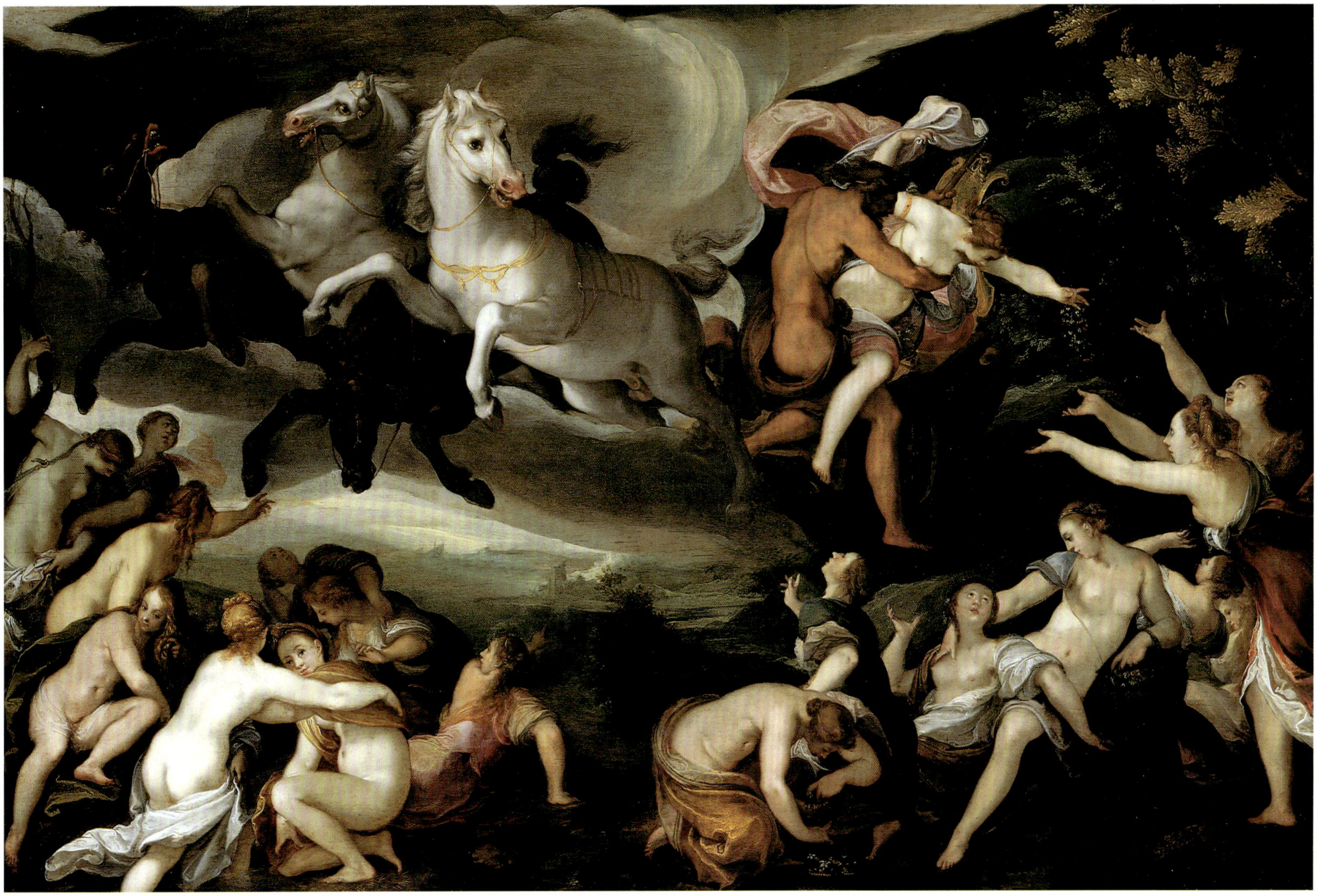

22
Joseph Heintz der Ältere
1564 Basel – 1609 Prag
Der Raub der Proserpina
Um 1595
Kupfer, 63 × 94 cm
Gemäldegalerie Alte Meister, Dresden

Die Darstellung des Raubes der Proserpina (Persephone) durch Pluto (Hades) ist eines der Hauptwerke dieses Malers, der zumeist im Dienste Kaiser Rudolfs II. in Prag tätig war. Der Gott der Unterwelt ist mit Sturmesbrausen heraufgefahren und hat die Tochter der Ceres (Demeter), auch Kore genannt, voll Leidenschaft an sich gerissen; sein athletischer, gebräunter Körper kontrastiert mit ihrem verführerisch weichen und zarthäutigen. Bei genauerem Zusehen wird deutlich, daß Proserpina nicht eigentlich Widerstand leistet, wie es doch zu erwarten wäre. Indem sie abschiednehmend die letzten Blumen unter die Gefährtinnen streut, hat sie das ihr bestimmte Geschick bereits angenommen, wie es auch auf zahlreichen anderen Gemälden mit Entführungsszenen zu beobachten ist. Man hat darin den Ausdruck jahrtausendelanger Unterwerfung der Frau unter den Willen des Mannes erkennen wollen. Auf dem glatten Grund der Kupfertafel sind die changierenden kühlen Farben mit höchster Feinheit abgestuft, und die Dramatik des Geschehens wird durch Helldunkel-Kontraste gesteigert. Heintz entsprach wie sein Lehrer Hans von Aachen, der etwa gleichzeitig mit ihm zum Kammermaler in Prag berufen wurde, mit seiner manieristischen Kunst dem Geschmack seines kaiserlichen Auftraggebers, der nicht zuletzt auf erotische Raffinesse gerichtet war. Die elegante Sinnlichkeit der mannigfaltigen Aktmotive verweist aber auch auf den Einfluß der Italiener Correggio und Parmigianino, die zu den Vorbildern des Malers gehörten und von Rudolf II. selbst hoch geschätzt wurden.

△ Rembrandt,
Staatliche Museen zu Berlin, Gemäldegalerie
△ Hans von Aachen,
Brukenthal-Museum, Sibiu
△ François Girardon,
Grünes Gewölbe, Dresden (Plastik)
△ Jean-François de Troy,
Staatliche Ermitage, St. Petersburg
▽ Ovid, Metamorphosen V, 391–404

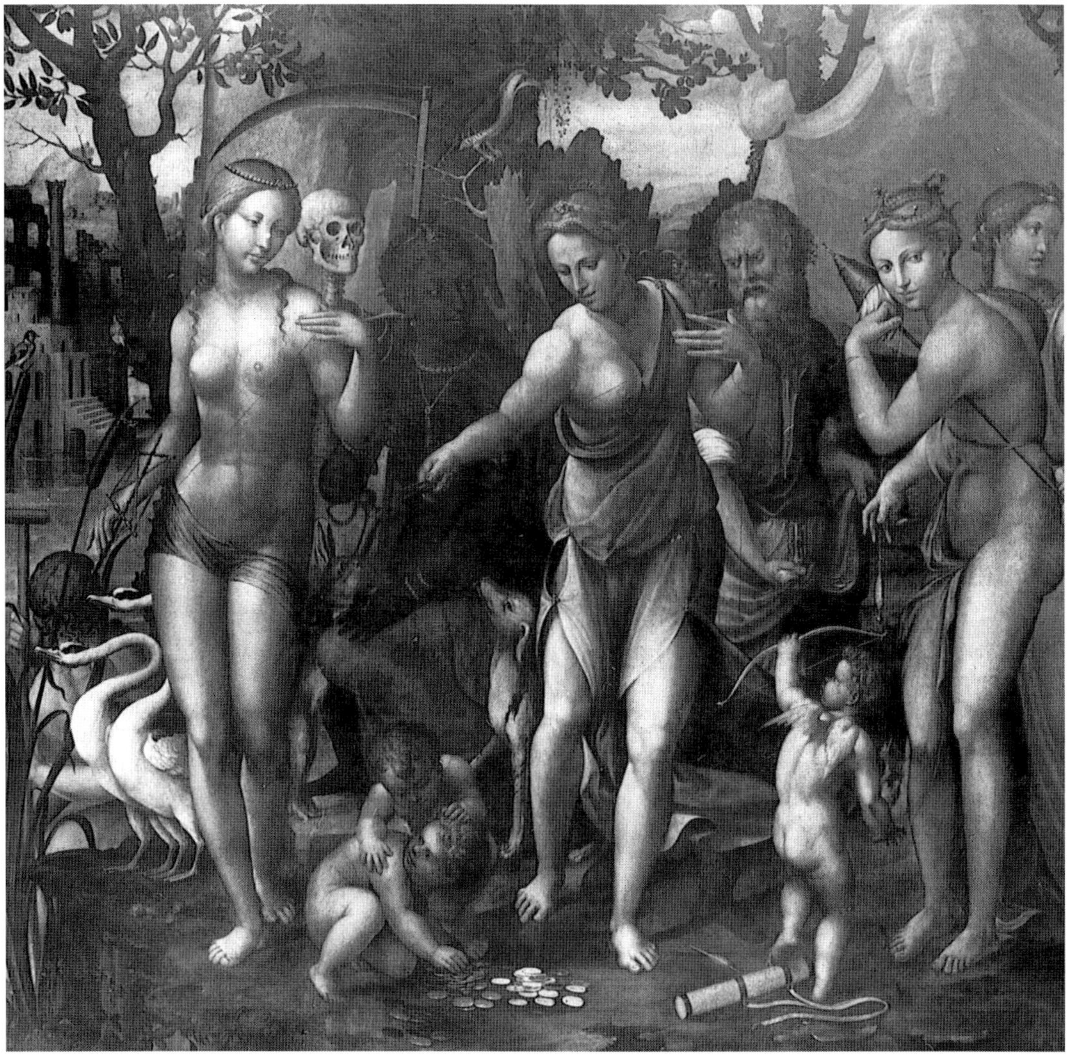

23
Sodoma,
eigentlich Giovanni Antonio Bazzi
1477 Vercelli – 1549 Siena
Die drei Parzen
Zwischen 1530–1540
Leinwand, 200 × 212 cm
Galleria Nazionale,
Palazzo Barberini, Rom

Sodoma trug neben Peruzzi entscheidend zur Überwindung der künstlerischen Verarmung in Siena bei, die dort im späteren 15. Jahrhundert aus der Abkehr von dem politisch feindlichen mächtigen Florenz entstanden war. Nachdem der Maler schon in seiner oberitalienisch-lombardischen Heimat seine wesentliche Prägung erhalten hatte, empfing er vor allem in Rom im Umkreis Raffaels wichtige Anregungen. In diesem Bild, das die Tragödie des befristeten menschlichen Lebens spiegelt, verbindet sich die Klassizität der Hochrenaissance mit starken manieristischen Zügen. Die drei Schicksalsgöttinnen sind bildparallel in gleichmäßigen Abständen nebeneinander aufgereiht. Klotho rechts hält die Spindel mit dem Rocken, von dem der Lebensfaden gesponnen wird. Bei ihr befindet sich Amor, der mit der Liebe auch das neue Leben erweckt. Links steht Lachesis, die den Lebensfaden bewahrt, aber die metallene Haspel, von der sie ihn abwickelt, ist nun leer, und schon naht sich als Sensenmann unerbittlich der Tod. Seinem Gebot folgend, zückt Atropos als die dritte der Parzen (Moiren) die Schere, um den Faden durchzuschneiden und dem Leben ein Ende zu bereiten; sie ist als einzige mehr bekleidet. Kronos, der Zeitgott mit der Sanduhr in der Hand, wacht darüber mit grimmigem Gesicht. Mancherlei Beifügungen unterstützen in verschlüsselter Form den Sinnzusammenhang. Die Ruinen links im Hintergrund sind ebenso wie der abgestorbene Baum hinter Atropos Symbole der Vergänglichkeit alles Irdischen. Der Wiedehopf auf dem Ast wird mit dem Teufel in Verbindung gebracht. Die Münzen am Boden könnten Liebe bedeuten. Die Schwäne verweisen auf die Todesnot Christi, sie singen vor ihrem Tod, weil sie Apollon gehören und Sehergabe besitzen, wie es in Platos »Apologie des Sokrates« zu lesen ist. In seinem makabren Charakter steht das Bild im Widerspruch zu anderen Werken Sodomas von heiterer Beschaulichkeit und Anmut.

△ Cecchino Salviati,
Galleria Palatina,
Palazzo Pitti, Florenz
△ Gottfried Schadow,
Dorotheenstädtische Kirche Berlin
(Marmorrelief)
▽ Hesiod, Theogonie, 904 ff.

24
Tizian, eigentlich Tiziano Vecellio
Wohl um 1488–1490 Pieve di Cadore
(Dolomiten) – 1576 Venedig
Sisyphos
1548/49
Leinwand, 237 × 216 cm
Prado, Madrid

Sisyphos scheint dem von den Göttern gesandten Verhängnis zu trotzen: Er wälzt den Felsbrocken nicht, sondern hat sich die ungeheure Last auf die Schultern geladen, und wir spüren die gewaltige Kraftanstrengung, die er aufbringen muß, um sie bergauf zu tragen. Die flackernde Beleuchtung schafft die Vorstellung unterirdischer ewiger Nacht, und schon Vasari sprach dabei von der Hölle. Sisyphos büßt mit seiner sprichwörtlich ewigen, zwecklosen Arbeit nach unterschiedlichen Quellen dafür, Zeus' Entführung der Aigina verraten zu haben bzw. für seinen ruchlosen Lebenswandel allgemein. Seit der Romreise war Tizian der Gestaltung leidvollen Erlebens in wachsendem Maße zugeneigt.

△ Luca Giordano,
Mauritshuis, Den Haag
△ Wolfgang Mattheuer,
Gemäldegalerie Neue Meister,
Dresden

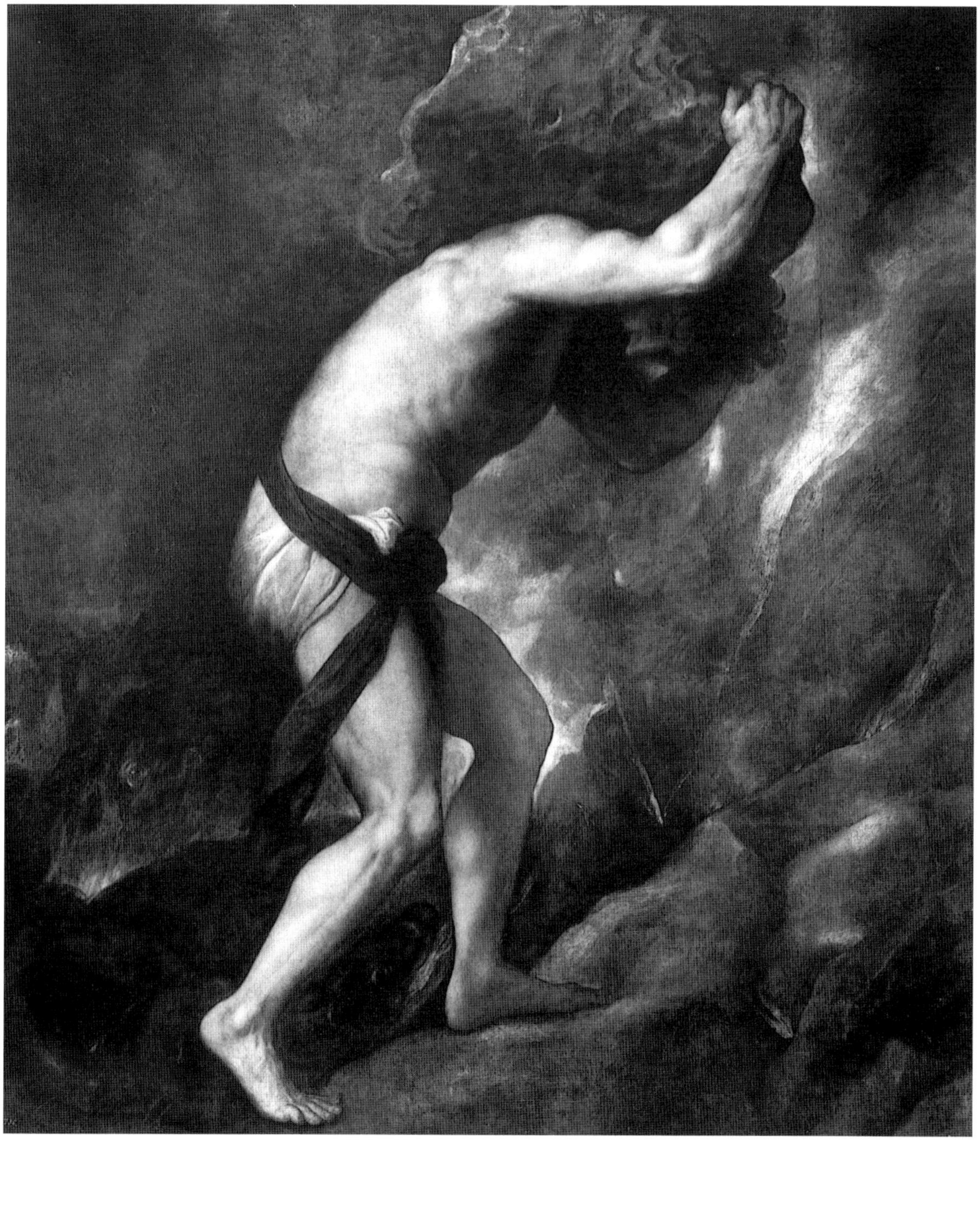

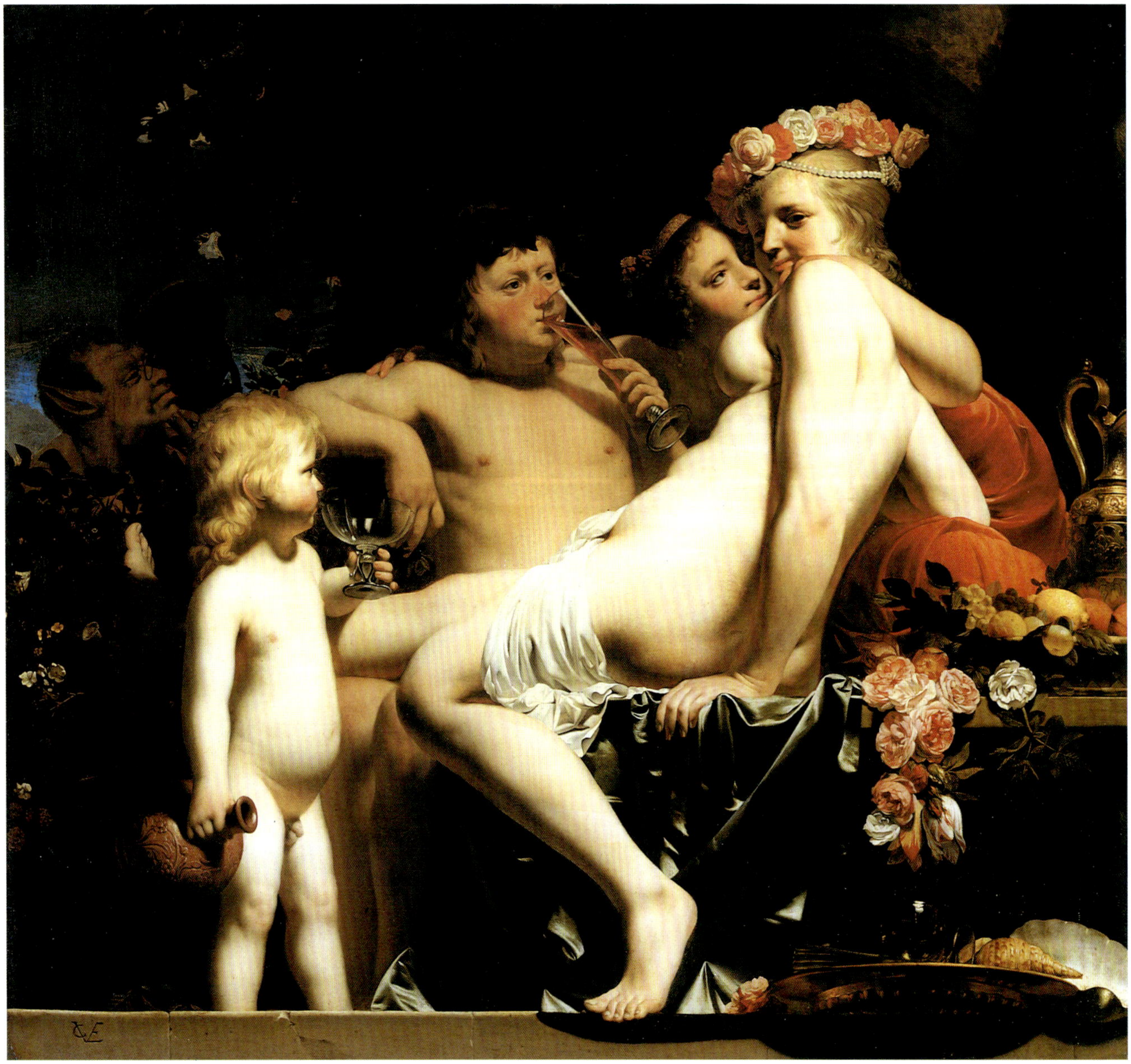

25
Caesar Boëtius van Everdingen
Um 1617 Alkmaar – 1678 Alkmaar
Bacchus, Venus und Ceres
Um 1650–1660
Bezeichnet links unten
mit dem Monogramm CVE.
Leinwand, 147 × 161 cm
Gemäldegalerie Alte Meister,
Dresden

»Ohne Bacchus und Ceres friert Venus«, heißt es bei Terenz, womit gemeint ist, daß ohne die Gaben der beiden anderen Gottheiten, Wein und Speisen nämlich, auch die Liebe erkaltet, denn Venus weilt gern dort, wo Überfluß daran herrscht. Der nordholländische Maler hat zu diesem Thema sein wohl bestes Bild gemalt; es konnte noch 1865 aus Bremer Privatbesitz für die Dresdener Galerie erworben werden. Die beiden weiblichen Gestalten neben dem rotweintrinkenden Bacchus galten lange als Nymphen aus dessen Gefolge, später als Blütengöttin Flora und die Göttin der Gärten, Pomona. Inzwischen wird in der rosenbekränzten, neben einem Stilleben von Blumen und Früchten sitzenden jungen Frau jedoch Ceres erkannt, die nach Ovid die Menschen den Ackerbau lehrte, in der anderen, größtenteils von ihr verdeckten, dagegen Venus, zu der das Amorknäblein gehört. Sie wähnen sich allein und sind ganz ungezwungen, werden aber von einem schweinsohrigen Satyr und einer schwarzen Bacchantin aus dem Versteck heraus mit lüsternen Blikken beobachtet. Das schöne Bild gibt weiterhin Rätsel auf, denn warum schaut die dunkelhaarige Liebesgöttin die blonde Ceres so bange fragend an, und warum wendet diese sich von ihr ab und lächelnd dem Betrachter zu? Was bleibt, ist die vornehme Schönheit der Malerei, die mit der vorbehaltlosen Offenbarung verführerischer Körperschönheit, den leuchtenden Farben und der entscheidenden Helldunkelwirkung den Einfluß des Italieners Caravaggio wie auch die menschliche Unmittelbarkeit holländischer Genrebilder erkennen läßt.

△ Bartholomäus Spranger,
Schloßmuseum Weimar
△ Abraham Janssens,
Brukenthal-Museum, Sibiu
△ Cornelis van Poelenburgh,
Gemäldegalerie der Akademie
der bildenden Künste, Wien.
▽ Terenz, Eunuch 732

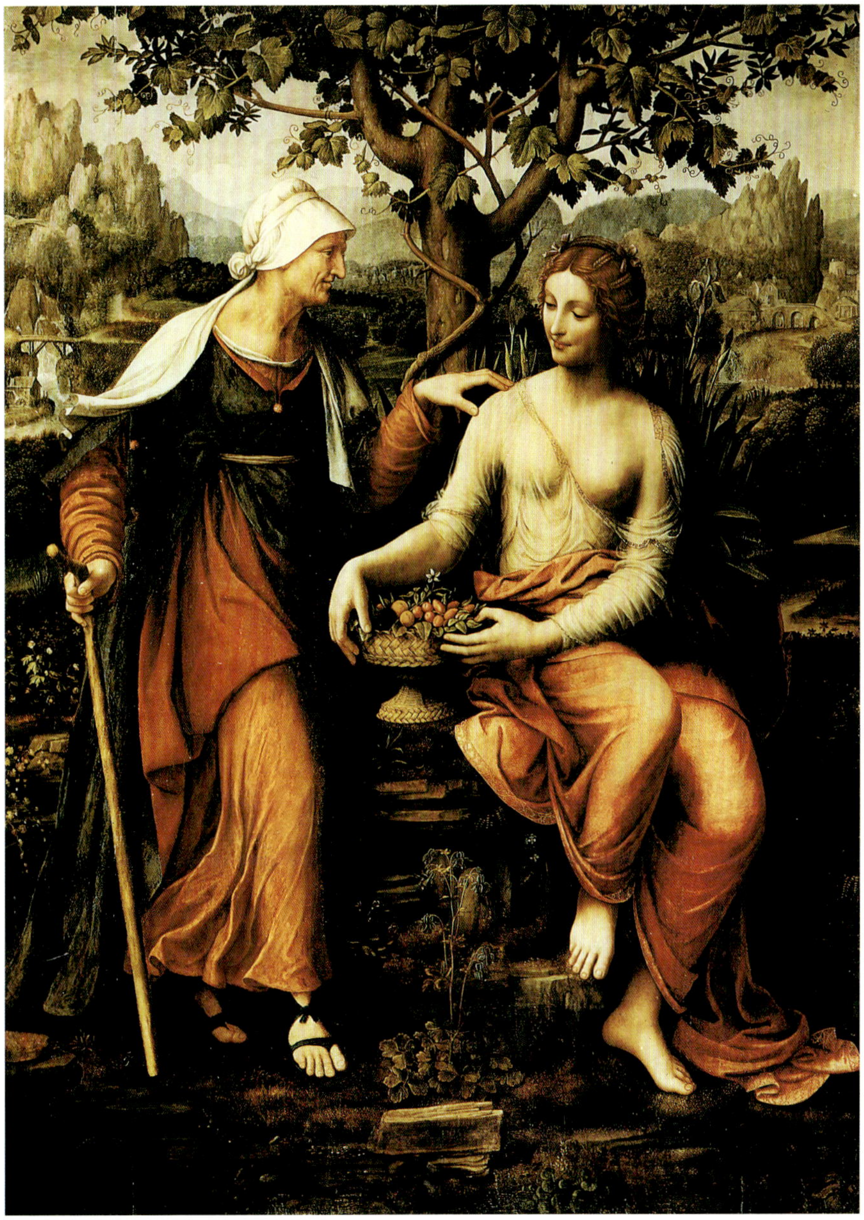

26
Francesco Melzi
1493 Mailand – um 1570 Mailand
Vertumnus und Pomona
Pappelholz, 185 × 134 cm
Staatliche Museen zu Berlin,
Gemäldegalerie

Eine der schönsten Darstellungen der Szene, wie Vertumnus, Gott des Wachstums und zugleich des Jahreswechsels und des Handelsverkehrs, um die Liebe seiner späteren Gemahlin Pomona wirbt, stammt von diesem Mailänder Maler. Vertumnus hat die Gestalt eines alten Weibes angenommen, das sich auf den Stock stützt und sich dem schönen jungen Mädchen mit leicht zudringlicher Vertraulichkeit nähert. Pomona gewährt die Berührung mit einem gelassenen, nachdenklich wirkenden Lächeln, das ihren Liebreiz verstärkt. Sie sitzt unter der ganz von einem Rebstock durchrankten Ulme, wie Ovid es beschreibt, und ist auch durch den dichten Busch von Schwertlilien, die Akelei zu ihren Füßen und natürlich das Fruchtkörbchen in ihren Händen als Gartengöttin charakterisiert. Vertumnus benutzt die Verbindung von Ulme und Weinstock als Gleichnis für den Wert einer ehelichen Vereinigung, für die er die junge Göttin gewinnen möchte: Wenn die Ulme auch selbst keine Früchte trägt, so gibt sie doch dem Weinstock Halt und gewinnt dadurch auch an Wert. – In der sinnlich reizvollen Gestalt Pomonas, deren schöner Körper durch das schleierartige Gewand nachmodelliert und zugleich enthüllt wird, erkennen wir den unmittelbaren Einfluß Leonardo da Vincis, mit dem Melzi als dessen Lieblingsschüler, wichtigster künstlerischer Erbe und Freund eng verbunden war. Die rätselhafte Schönheit der jungen Frau mit den milden, gewinnenden Zügen läßt an die »Mona Lisa« denken.

△ Nicolaes Pietersz Berchem,
Herzog Anton Ulrich-Museum,
Braunschweig
△ Adriaen van de Velde,
Kunsthistorisches Museum Wien
△ Johann Christian Sperling,
Gemäldegalerie Alte Meister,
Dresden
▽ Ovid, Metamorphosen XIV,
623–694

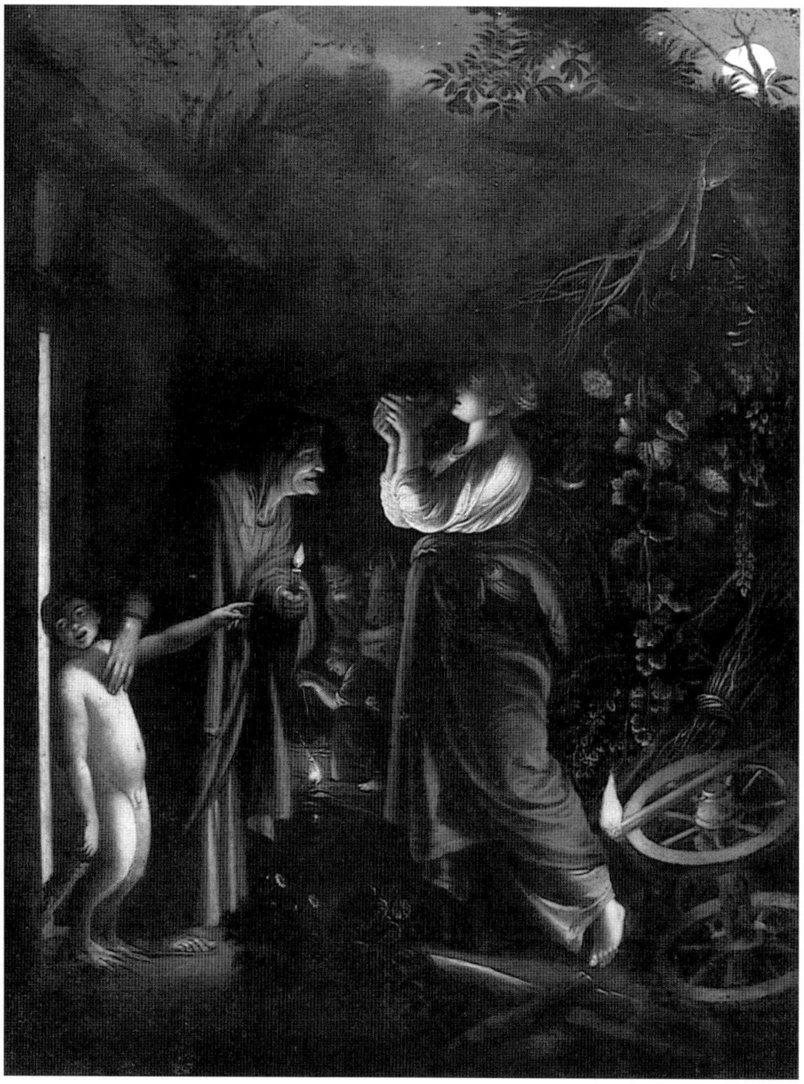

27
Kopie nach Adam Elsheimer
1578 Frankfurt am Main – 1610 Rom
Die Verspottung der Ceres
Kupfer, 31 × 24 cm
Herzog Anton Ulrich-Museum, Braunschweig

Das Täfelchen wird heute als Kopie nach einem Kupferstich angesehen, der ein eigenhändiges Bild Elsheimers im Prado in großen Zügen seitenverkehrt wiederholt. Dennoch zeigt es recht gut die Eigenarten dieses deutschen Malers, der zumeist in Rom tätig war, dort auch mit erst 32 Jahren starb und dennoch für die europäische Kunst, insbesondere für die Landschaftsmalerei, große Bedeutung gewinnen konnte und so berühmte Meister wie Rubens, Rembrandt und Claude Lorrain angeregt hat. Ähnlich wie beim Interieur mit Philemon und Baucis (vgl. Abb. 90) wird die nächtliche Szene auch hier von mehreren kleinen Lichtquellen erhellt, von der Kerze in der Hand der alten Frau, die der Göttin das Gefäß mit Wasser gebracht hat, von einem Öllämpchen, das weiter hinten auf dem Boden steht, von einer Fackel auf dem Rad des Karrens und schließlich vom Schein des Vollmondes hinter den Bäumen. Ihr Licht hat unterschiedliche Färbung, und es kommt zu feinfühligen Helldunkelwirkungen, die Elsheimer auch an die Kunst nördlich der Alpen weitervermittelte und die besonders von Rembrandt aufgegriffen wurden. Sie sind Träger eines romantisierenden Naturerlebnisses in der Tradition Dürers oder solcher Meister der Donauschule wie Altdorfer. Auch die volkstümliche Erzählweise leitet sich von dort her. Wir sehen die hochgewachsene Göttin mit dem Trinkgefäß am Munde und ihr gegenüber das alte Mütterchen, das den spottlustigen Knaben zurückzuhalten sucht, dessen Verwandlung zur Echse schon beginnt.

△ Theodor Caspar von Fürstenberg, Museum der bildenden Künste, Budapest
▽ Ovid, Metamorphosen V, 446–461

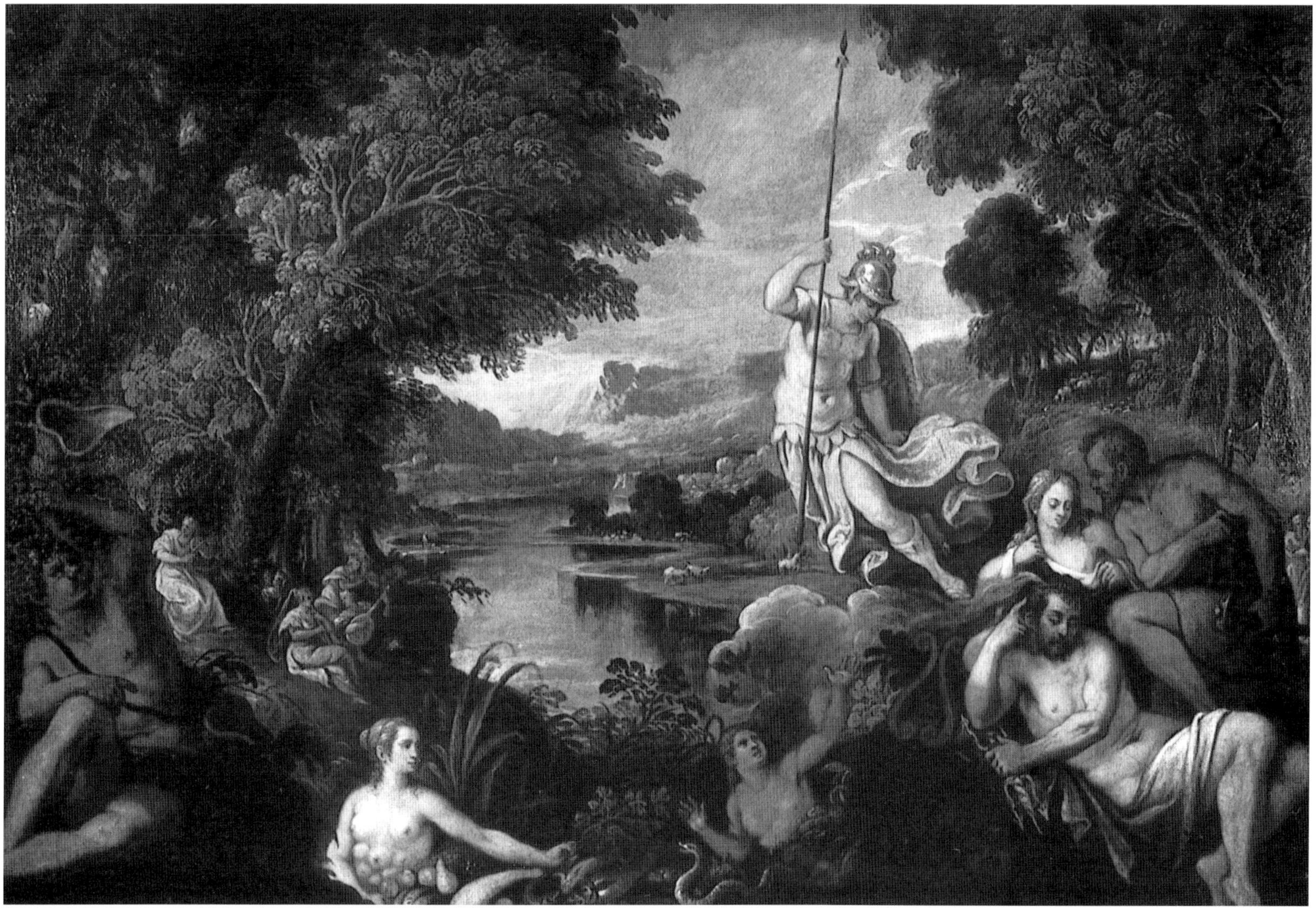

28
Paolo Fiammingo,
eigentlich Pauwels Franck
1540 wohl Antwerpen
bis 1596 Venedig
Die Geburt der Athena aus dem Haupte des Zeus
Leinwand, 106 × 153 cm
Gemäldegalerie der Prager Burg

Wegen der Seltenheit dieses Sujets ist das Bild von besonderem Interesse. Paolo Fiammingo hat alle zum Thema gehörigen Gestalten in eine der reich gegliederten Landschaften einbezogen, die ihm zu großem Ansehen verhalfen und schon von dem venezianischen Kunsthistoriographen Ridolfi 1648 als sehr wertvoll gerühmt wurden. Gemeint ist hier die Gegend um den See der Tritonen in Libyen, wo nach Hesiod die Geburt erfolgt sein soll. Der Maler hat ihr arkadischen Charakter verliehen, und der Blick zwischen den kulissenhaft angeordneten Bäumen auf den klaren Wasserspiegel, umgeben von Wiesen mit weidenden Tieren, Bäumen und Felsenbergen, ist von großer Schönheit. Die Handlung ist dem Vordergrund vorbehalten. In der rechten Ecke sehen wir den schlummernden Zeus, erkenntlich an den gebündelten Blitzen in seiner Hand, jetzt erschöpft von der Geburt. Hinter ihm erscheint Hephaistos mit Vorschlaghammer und Axt, die er zur Geburtshilfe benötigte, und neben ihm die Geburtsgöttin Eileithyia, die ebenfalls mit zur Hand gegangen ist. Die neugeborene Athena, schon völlig erwachsen, gerüstet und lanzenbewehrt, schwebt dicht über ihrem Vater. Weiter hinten am Ufer spielen Musikanten auf, ein Triton stößt zur Begrüßung ins Horn, und die Göttin der Erde hält mannigfaltige Früchte bereit. – Paolo Fiammingo, Paul der Flame, erhielt seinen Namen in Italien, wo er 1584 bis 1596 in Venedig tätig war. Er hat dort viel für den Augsburger Bankier Hans Fugger gemalt, vor allem allegorische Darstellungen für dessen Schloß Kirchheim in Schwaben, und einen venezianisch-flämischen Mischstil entwickelt. Zeitweise war er auch im Atelier Tintorettos als Gehilfe für Landschaftsmalerei beschäftigt.

△ Charles de Lafosse, Palais Crozat, Paris
▽ Pindar, Olympische Ode 7, 35 ff.

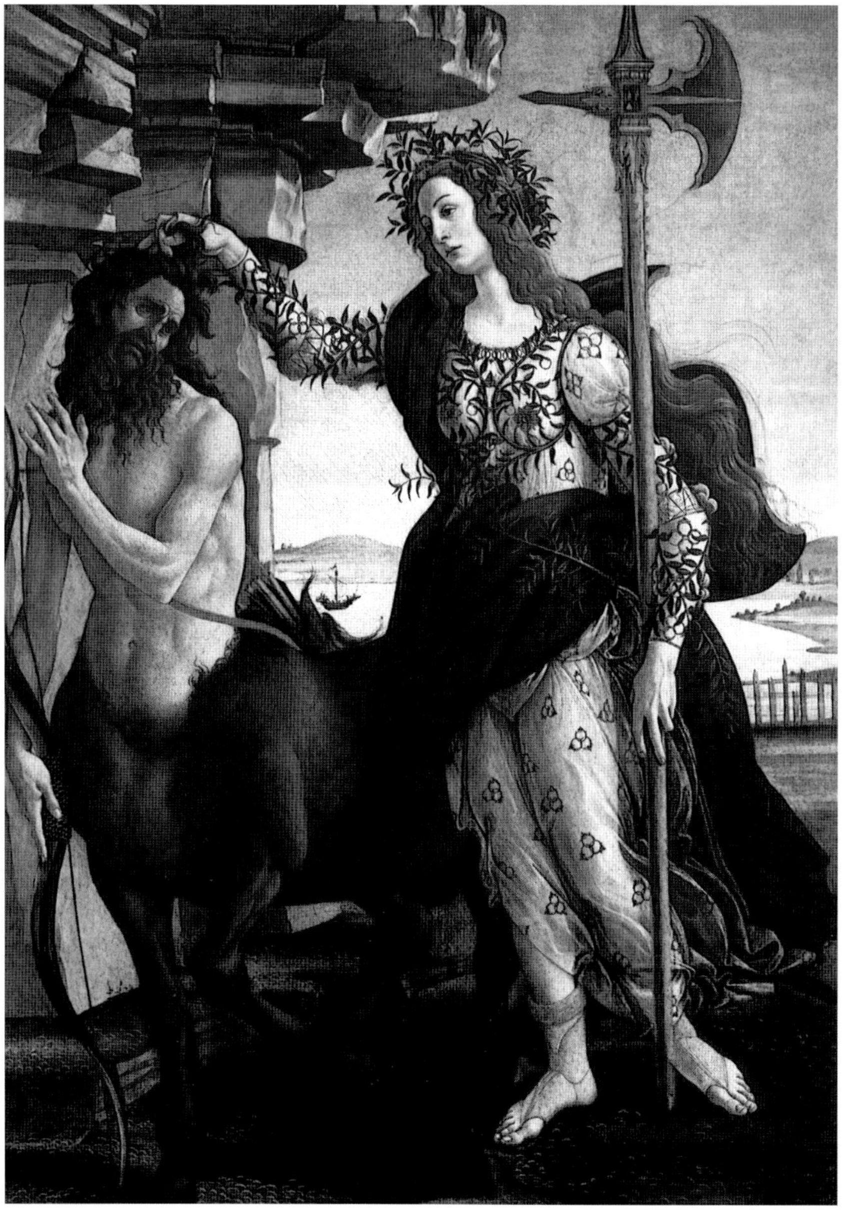

29
Sandro Botticelli,
eigentlich Alessandro
di Mariano Filipepi
1444 oder 1445 Florenz
bis 1510 Florenz
Minerva züchtigt den Kentauren
Um 1482
Holz, 207 × 148 cm
Uffizien, Florenz

Obwohl sich von den Kentauren einige durch edlen Sinn, Güte und Klugheit auszeichneten – besonders Chiron, der Asklepios in der Heilkunst unterwies und zum Lehrer berühmter Helden wie Achilleus und Theseus wurde –, waren die meisten von ihnen trotz ihrer halb menschlichen Gestalt von Wildheit und niederen Gelüsten beherrscht. Botticelli hat ihre problematische Natur in einem Meisterwerk veranschaulicht, das er für die Villa di Castello der Medici in Florenz malte. Lorenzo de'Medici (Il Magnifico, der Prächtige) als damaliger Herrscher in Florenz war nicht nur ein bekannter Förderer der Künste, sondern beschäftigte sich auch mit Philosophie und anderen humanistischen Wissenschaften, und es besteht kein Zweifel, daß dem von Botticelli für ihn geschaffenen Bild ein besonderer, allegorisch verschlüsselter und vielleicht politischer Sinn zugrunde liegt, zumal das Kleid der Minerva mit Lorenzos eigenem Emblem geschmückt ist. In der schönen jungen und eleganten Göttin mit der schweren Hellebarde ist die Personifikation von Florenz gesehen worden, in dem von ihr geschundenen, gealterten und fast bemitleidenswerten Kentauren dagegen Rom, in dem Gewässer im Hintergrund aber der Golf von Neapel, weil Lorenzo den König von Neapel damals zum Austritt aus dem von Papst Sixtus IV. geschaffenen Bund gegen Florenz bewegen konnte. Auch die Deutung als eine moralische Allegorie der durch Weisheit und Vernunft gebändigten tierischen Triebhaftigkeit und Gewalt hat manches für sich. Stilistisch bestimmend ist für Botticelli auch hier die sensible, rhythmisch bewegte Umrißlinie, ebenso empfindungsvoll wie elegant und mit einer vornehmen, kühlen Farbigkeit verbunden. Das Vorbild für die Gestalt des Kentauren fand der Maler auf einem antiken Sarkophag im Vatikan.

△ Bartholomäus Spranger,
Kunsthistorisches Museum Wien
△ Gustav Klimt,
Historisches Museum Wien

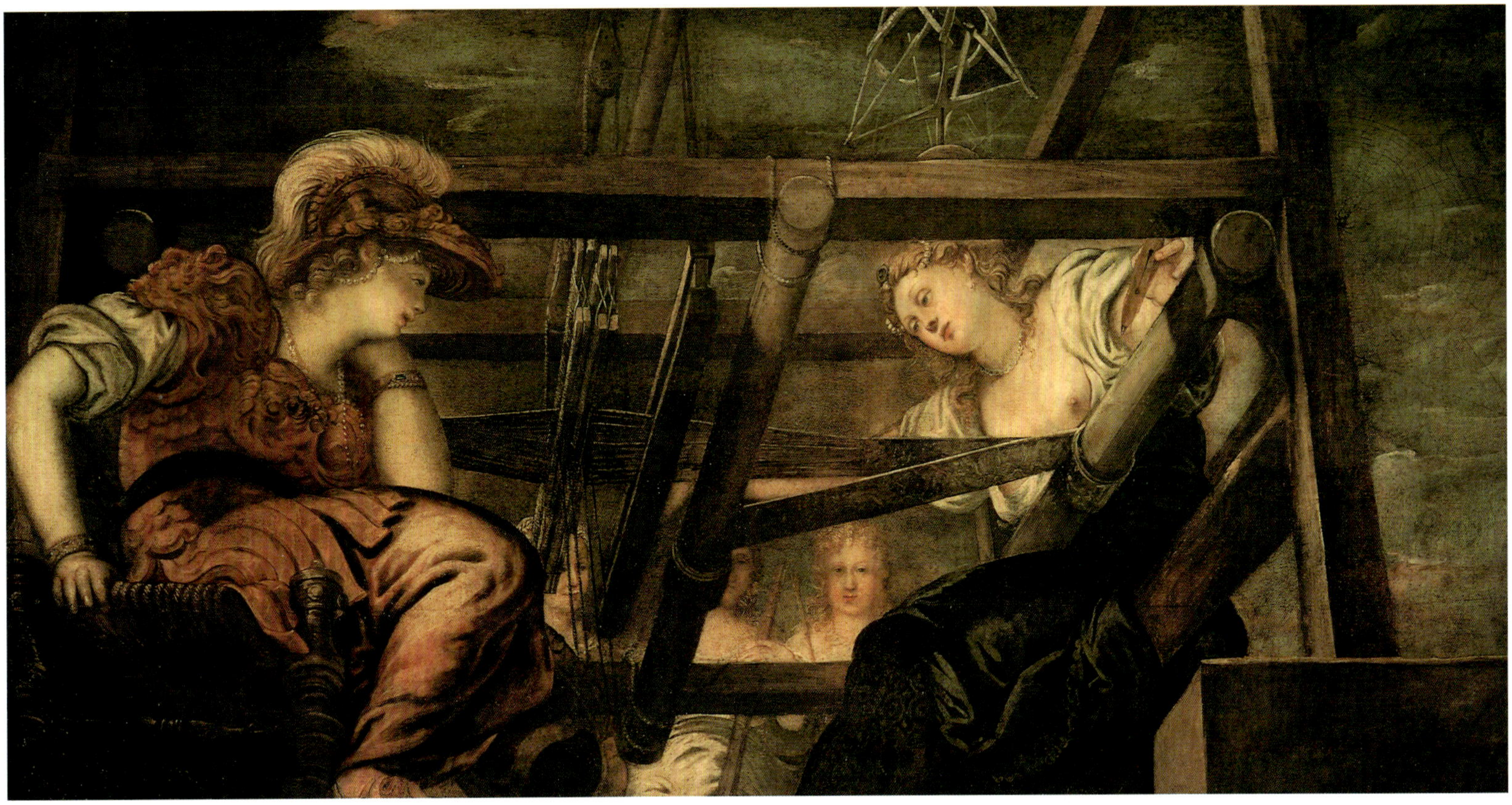

30
Tintoretto,
eigentlich Jacopo Robusti
1518 Venedig – 1594 Venedig
Athena und Arachne
Um 1543–1544 (?)
Leinwand, 145 × 272 cm
Palazzo Pitti, Florenz

Das Bild ist das Gegenstück zu einer Darstellung von Venus und Adonis und diente wie dieses als Deckendekoration. Aus solcher Verwendung erklärt sich auch die starke Untersicht mit den heftigen perspektivischen Verkürzungen, die freilich den manieristischen, expressiven Gestaltungsprinzipien Tintorettos so recht entsprachen. Sinnend, das Kinn in die Hand gestützt, mit kaum unterdrücktem Mißmut, sitzt die behelmte Göttin neben dem großen Webstuhl, dessen Balkengerüst die Bildfläche gliedert. Dem Betrachter erscheint sie thronend und majestätisch. Die Holzkonstruktion bildet den Rahmen für die Weberin Arachne, eine üppige blonde Schönheit, die aufmerksam das Gerät bedient und dabei so unbekümmert wie stolz ihre vollen Brüste zur Schau trägt. Wir wollen glauben, daß sie auch eine Kritik an den Göttern wagte. Obwohl sie höher sitzt als Athena, erscheint sie dieser als ihre Rivalin genau gegenüber, so daß die Spannung zwischen beiden bildhaft wird. Im Hintergrund sind drei Frauen zu sehen, die den Fortgang der Arbeit ebenfalls beobachten, doch wird Athena sich ihr Urteil selbst bilden. Das Gemälde ist auch als eine Allegorie des Gewerbes gedeutet worden, aber die sichtbar gemachten psychologischen Beziehungen gehen darüber hinaus.

△ Luca Cambiosa,
Palazzo Giorgio Doria, Genua
△ Luca Giordano,
Escorial bei Madrid
▽ Ovid, Metamorphosen VI,
129–145

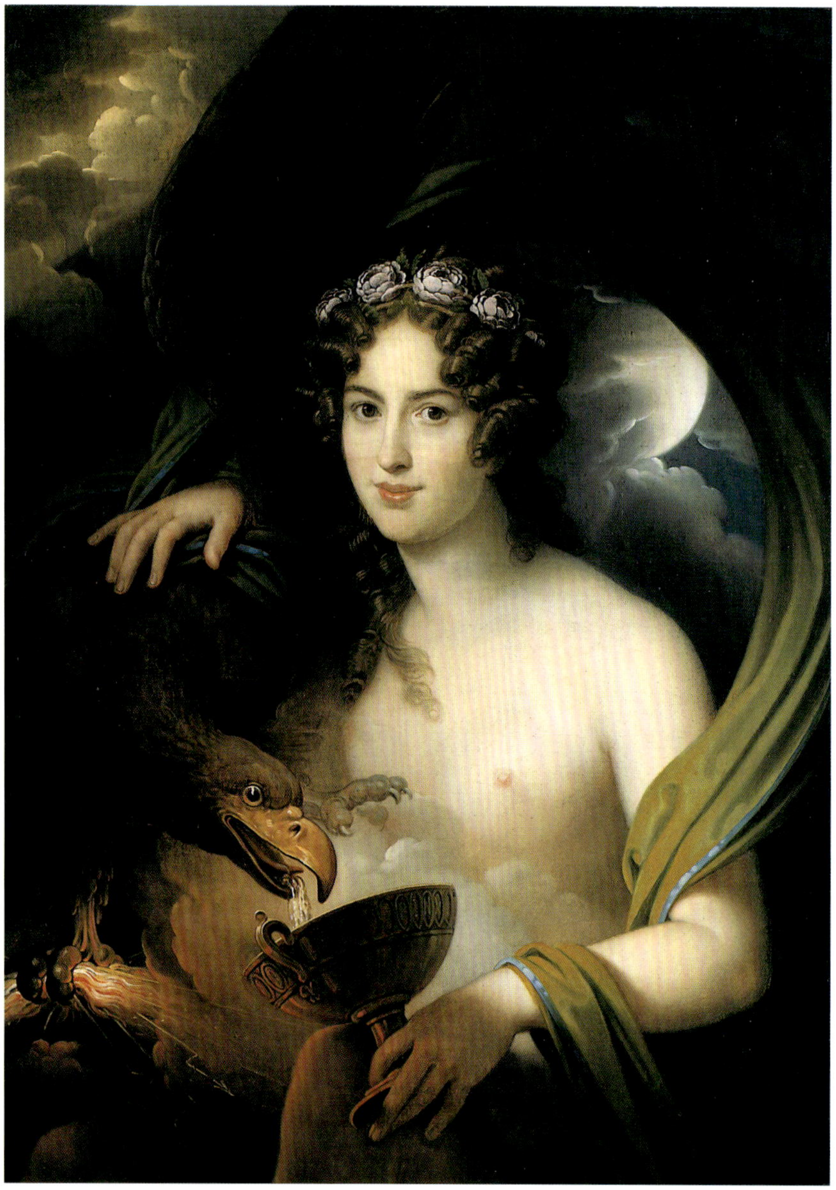

31
Johann Baptist Lampi der Jüngere
1775 Triest – 1837 Wien
Hebe, den Adler des Zeus tränkend
Um 1826
Bezeichnet im Randornament des Kelches: J B LAMPI PINXIT
Leinwand, 103 × 76,5 cm
Clemens-Sels-Museum, Neuß/Rhein

Darstellungen der Hebe aus der Zeit des Spätbarocks und des Klassizismus verbinden sich häufig mit den Bildnissen schöner Frauen. Eine solche aus der Welt des Theaters, die Wiener Schauspielerin und Bühnenschriftstellerin Therese Krones, hat Lampi in seinem Bild verewigt. Sie hatte eine zierliche Figur und große ausdrucksvolle Augen, war von großer künstlerischer Begabung und erreichte den Höhepunkt ihrer Karriere in der Rolle der »Jugend« in Ferdinand Raimunds Stück »Das Mädchen aus der Feenwelt oder Der Bauer als Millionär«, das am 10. November 1826 in Wien Premiere hatte. Das von Therese Krones damals zuerst gesungene Abschiedslied »Brüderlein fein« hat 1909 der Operette von Leo Fall und 1942 einem deutschen Film mit gleichem Stoff den Titel geliefert.
Der Maler hat in ungewöhnlicher Weise eine nächtliche Stimmung gewählt, die sich mit einer kühlen, von blauen und grünen Tönen bestimmten Farbigkeit verbindet. Hell löst sich die von einer grünen Draperie umwogte anmutige Gestalt aus dem Dunkel, während hinter ihr am Himmel als große weiße Scheibe der Mond hervortritt und zauberisch die Ränder der Wolken beleuchtet: Wir spüren die Nähe der Romantik. Der weibliche Körper empfängt sein Licht aber nicht von dem Gestirn, sondern eher von dem gleißenden Blitzstrahlbündel in der rechten Klaue des Adlers, den Hebe mit dem rechten Arm umfängt, während er gierig aus dem von ihr dargebotenen, auf ihrem vorgeschobenen linken Knie ruhenden Kelch den Nektar schlürft. Zeus selbst ist in ihm verkörpert, und Hebe rückt durch die bezeugte Vertraulichkeit in die Rolle einer seiner zahlreichen Geliebten. Vielleicht ist darin eine Anspielung auf die amourösen Abenteuer der Schauspielerin zu sehen.

△ Ignaz Unterberger,
Österreichisches Barockmuseum
Unteres Belvedere, Wien
△ Antonio Canova,
Nationalgalerie Berlin
(Marmorplastik)

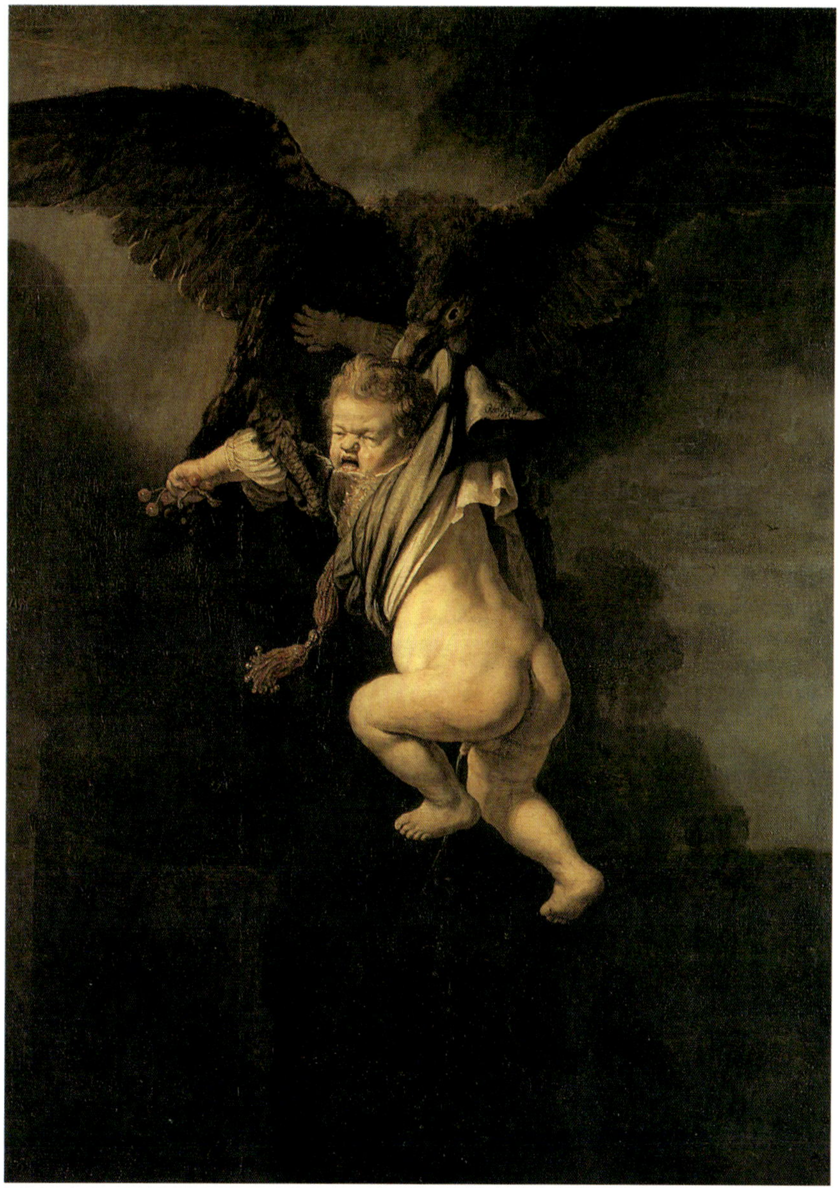

32
Rembrandt Harmensz van Rijn
1606 Leiden – 1669 Amsterdam
Ganymed in den Fängen des Adlers
1635
Bezeichnet am Hemdzipfel:
Rembrandt fe 1635
Leinwand, 171 × 130 cm
Gemäldegalerie Alte Meister, Dresden

Das Bild ist bei den Besuchern der Dresdener Galerie ebenso beliebt wie in seiner Art ungewöhnlich, denn der große holländische Maler ist von der klassischen Gestaltungsweise des mythologischen Stoffes kühn abgewichen und hat diesen realistisch verfremdet. Ganymed (Ganymedes) war Jupiter durch seine außerordentliche Schönheit aufgefallen, und in solcher wurde er allgemein dargestellt, wie er, von dem großen Raubvogel getragen, lächelnd und erwartungsvoll emporschwebt. Rembrandt aber malte in einer Art Protesthaltung gegen diese Idealisierung den Vorgang so, wie er ihm möglich erschien: als die Entführung eines Kleinkindes, das völlig überrascht, hilflos und voller Angst ist, weinend sein Gesicht verzieht, mit einer Hand die Kirschen umkrampft, die es eben essen wollte, mit der anderen halb abwehrend, halb Halt suchend, dem furchterregenden Adler ins Gefieder faßt und ein Wässerchen abgibt. In der für Rembrandt so charakteristischen Helldunkelwirkung ist sein genau in der Bildmitte angeordneter dicklicher kleiner Körper hell gegen die nur in großen Zügen geschilderte Landschaft abgehoben. Am Saum des emporgerafften Kittelchens ist deutlich die Signatur zu erkennen. Das Dresdener Kupferstich-Kabinett bewahrt eine Vorzeichnung zu dem Gemälde. Diderot schrieb darüber: »Ich habe den Ganymed von Rembrandt gesehen. Er ist unedel, die Furcht hat den Schließmuskel seiner Blase gelockert. Er ist unanständig. Der Adler, der ihn an seinem Jäckchen entführt, läßt seinen nackten Hintern sehen; aber dieses kleine Bild löscht alles in seiner Umgebung aus. Mit welcher Kraft des Pinsels und welchem Ungestüm des Charakters dieser Adler gemalt ist! …«

△ Correggio,
Kunsthistorisches Museum Wien
△ Girolamo da Carpi,
Gemäldegalerie Alte Meister, Dresden
△ Peter Paul Rubens,
Prado, Madrid
▽ Ovid, Metamorphosen X, 152–161

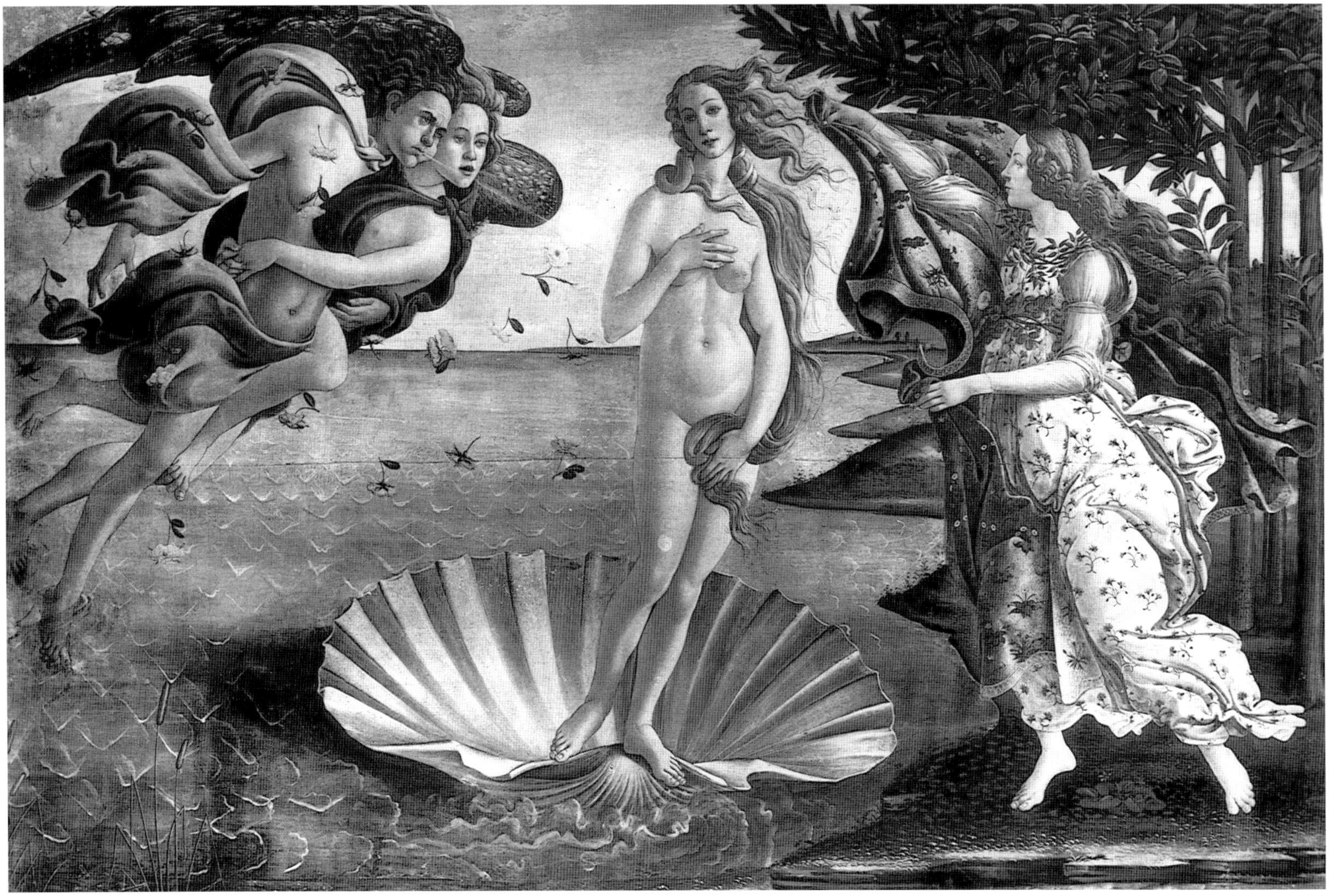

33
Sandro Botticelli,
eigentlich Alessandro di
Mariano Filipepi
1444 oder 1445 Florenz
bis 1510 Florenz
Die Geburt der Venus
Um 1486
Leinwand, 175 × 278 cm
Uffizien, Florenz

Die sicherlich schönste und bei weitem berühmteste Darstellung dieses Themas verdanken wir Botticelli, dem großen florentinischen Maler der Frührenaissance, der mit seinen empfindsamen, schlankgliedrigen Figuren zugleich noch der Gotik verhaftet erscheint. Der Gestaltung mythologischer Stoffe der Antike hat er seine bedeutendsten Werke gewidmet, zu denen neben dem »Frühling« (vgl. Abb. 44) und der »Minerva mit dem Kentauren« (vgl. Abb. 29) auch dieses gehört. Es wurde für die im Nordosten von Florenz gelegene Villa von Castello gemalt und gilt als das Werk, das Botticellis Reifezeit abschließt; wahrscheinlich ist es von Versen des florentinischen Humanisten und Dichters Angelo Poliziano (1454–1494) angeregt. Die hochgewachsene nackte Liebesgöttin ist in göttlicher Schönheit aus dem Meer aufgestiegen. Von ihrem langen goldenen Haar umweht, steht sie auf einer Muschel und wird von einem sich eng umschlungen haltenden Windgötterpaar – es sind wohl Zephir und seine Geliebte Chloris oder Flora, die Göttin der Blumen – ans Ufer getrieben, gefolgt von vielen rosafarbenen Rosen. Die Gestalt der Venus ist der heute auch in den Uffizien befindlichen Venus von Medici nachempfunden. Am Lande wird die Göttin unter einem Myrtenhain von einer Hore, einer Jahreszeitengöttin, im geblumten Kleid, empfangen, die für sie ein gemustertes rotes, goldgesäumtes Gewand bereithält. Im Gesicht der Venus sind – wie bei der Venus im Bilde »Der Frühling« – die idealisierten Züge der Simonetta Vespucci, der Geliebten des Giuliano de'Medici, erkannt worden, die 1474 jung und schön gestorben war.

△ François Boucher,
Nationalmuseum Stockholm
△ Adolphe William Bouguereau,
Palais Luxembourg, Paris
△ Odilon Redon,
Städelsches Kunstinstitut,
Frankfurt am Main
▽ Hesiod, Theogonie 188ff.

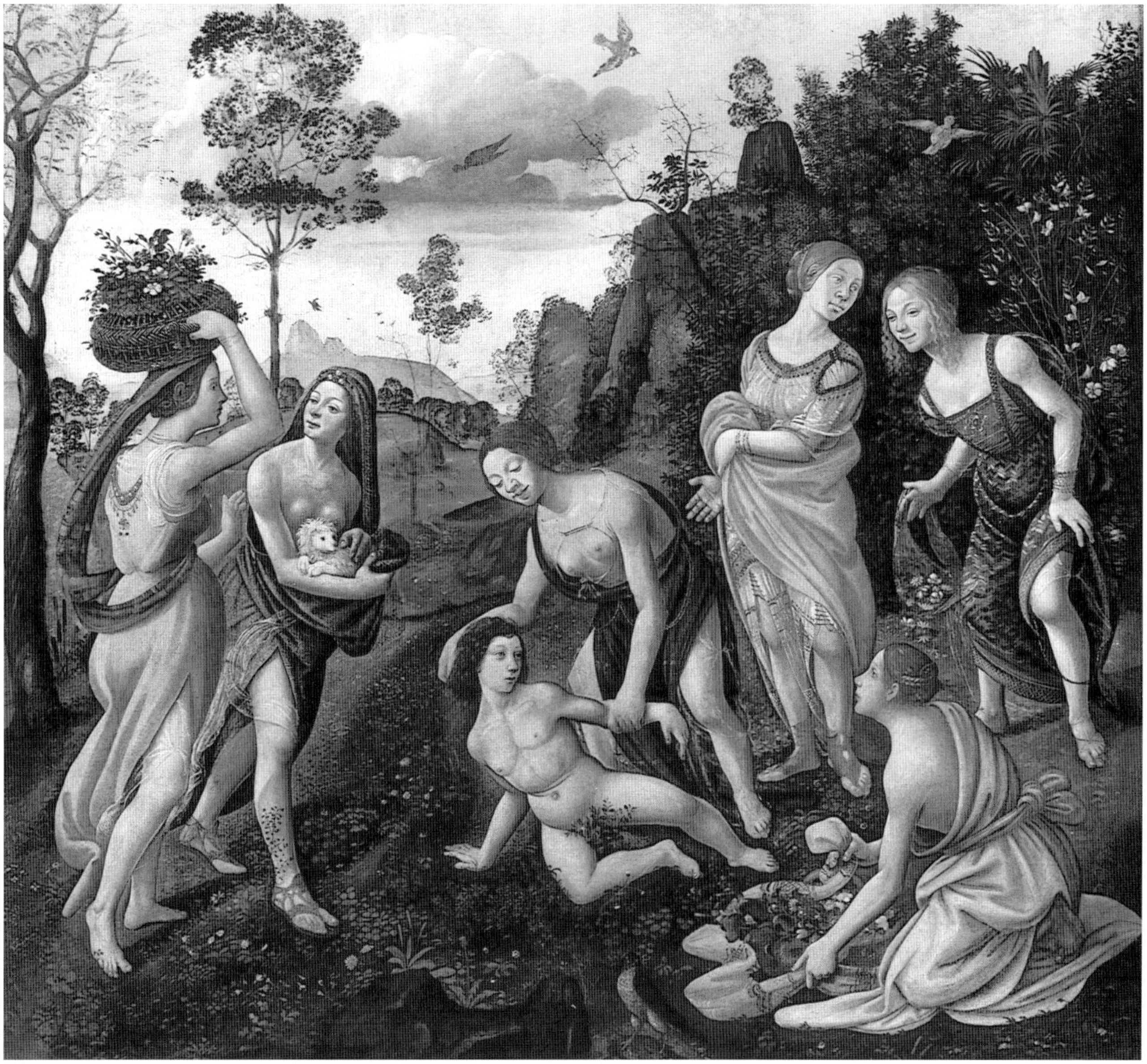

34
Piero di Cosimo
1461 oder 1462 Florenz
bis 1521 Florenz
Der Sturz des Vulkan
Leinwand, 155 × 175 cm
Wadsworth Atheneum
Hartford/Connecticut

Zu den seltenen Darstellungen des Stoffes gehört dieses Bild, das jedoch lange anders gedeutet wurde: Der Knabe auf der blumigen Wiese galt als Hylas, der Liebling des Herkules, der auf der Argonautenfahrt zum Wasserholen ausgesandt und dabei von den Quellnymphen entführt worden war. Es ist jedoch wahrscheinlicher, daß es sich hier um den herabgestürzten Göttersohn Vulkan handelt. Seine unbeholfene Haltung, als ob er sich nach dem Fall nicht aus eigener Kraft vom Boden erheben könnte und die Hilfe der Nymphe dazu benötigte, und seine Züge, die den Ausdruck des Nichtbegreifens zu haben scheinen, weisen darauf hin. Dazu können die wie durch einen Aufprall merkwürdig verdrehten und anscheinend auch ungleich stark gebildeten Gliedmaßen auf die körperlichen Mängel hindeuten, mit denen der Schmiedegott von Geburt an behaftet war. Er soll von den Nymphen Thetis und Eurynome aufgefangen worden sein, die unter den sechs liebevoll um den Knaben bemühten jungen Frauen zu suchen wären. Mit Blumen und selbst mit einem Löwenjungen wollen sie ihn erfreuen, wobei sie, zumal wegen der schleierartigen Gewänder, in einer gewissen burlesken Weise, an die Gestalten in Botticellis Bild »Der Frühling« (vgl. Abb. 44) erinnern. Durch ihre behenden Bewegungen inmitten der von Pflanzen und Vögeln belebten Natur gewinnt das Bild eine heitere rhythmische Beschwingtheit.

▽ Homer, Ilias XVIII, 393–399

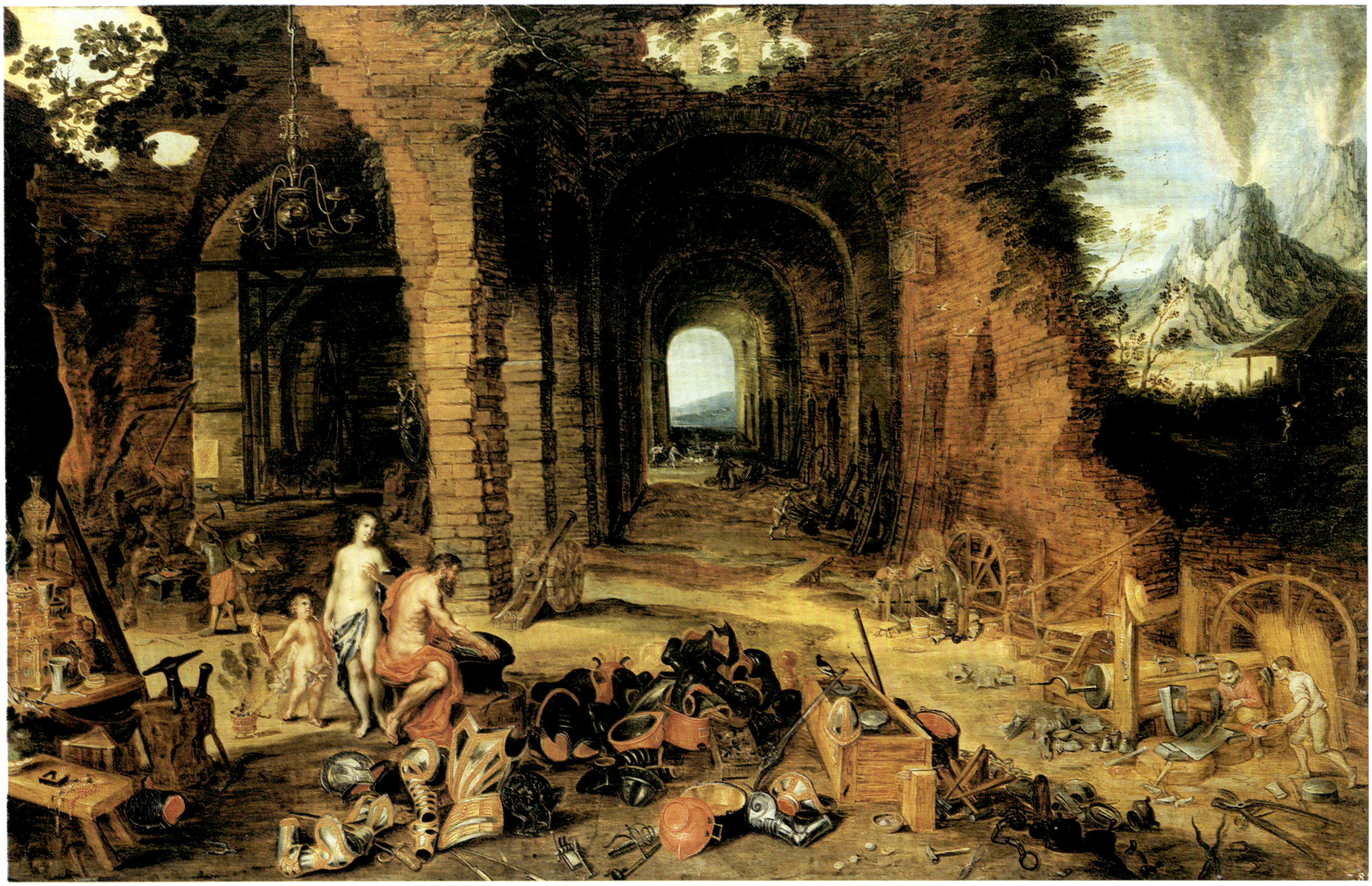

35
Kopie nach
Jan Brueghel dem Älteren
1568 Brüssel – 1625 Antwerpen
Venus in der Schmiede des Vulkan
Eichenholz, 63 × 97 cm
Gemäldegalerie Alte Meister,
Dresden

Die Darstellung der Werkstatt des Vulkan, des Gottes des Feuers, der Schmiede und Handwerker, ist hier als Allegorie des Feuers verstanden und Teil einer Serie der vier Elemente. Der Gott stellte das Feuer nicht nur in den Dienst seiner kunstvollen Arbeiten, sondern verkörperte es selbst, etwa auch in Gestalt des rechts hinten sichtbaren feuerspeienden Berges. Die riesigen, hochgewölbten, jedoch schon stark ruinösen Hallen erwecken die Vorstellung eines unterirdischen Schauplatzes. Verschiedenartige, sorgfältig wiedergegebene Maschinen, Werkzeuge und viele andere Gegenstände mit der Faszination eines längst überwundenen technischen Entwicklungsstandes sind wie Gerümpel aufgehäuft, so daß der Eindruck großer, über einen langen Zeitraum entstandener Unordnung entsteht. Bei genauer Betrachtung sind Teile von Harnischen sowie verschiedenartige Helme, Hieb- und Stichwaffen und links auf einem Tisch neben dem Amboß auch kunstvolle Pokale und eine kostbare Stutzuhr zu erkennen, ähnlich dem Inventar einer Kunstkammer. In diesem Bild ist wie in kaum einem anderen eine Fülle von stillebenhaft gruppierten Gegenständen vereinigt. Unter dem prächtigen Kronleuchter gewahren wir eine Familienszene. Venus in Begleitung Amors besucht ihren Gemahl, der freilich kaum Notiz von ihr nimmt und ebensowenig wie seine Gesellen ringsum ihretwegen seine Arbeit unterbricht; Venus ist ihm ja auch nicht treu, wie man weiß. In seine Werkstatt war sie einmal auch gekommen, um neue Waffen für ihren Sohn Aeneas zu bestellen – ebenso wie Thetis diese bei ihm für Achilleus erbat. – Jan Brueghel, eng mit Rubens befreundet, war ein Meister miniaturhafter Darstellungskunst und wurde schon zu Lebzeiten häufig kopiert.

△ Giorgio Vasari,
Uffizien, Florenz
△ Peter Paul Rubens,
Musées Royaux des Beaux-Arts,
Brüssel
△ Martin Johann Schmidt,
Österreichisches Barockmuseum
Unteres Belvedere, Wien
▽ Homer, Ilias XVIII, 400 ff.
▽ Vergil, Aeneis VIII, 370–385,
414–453

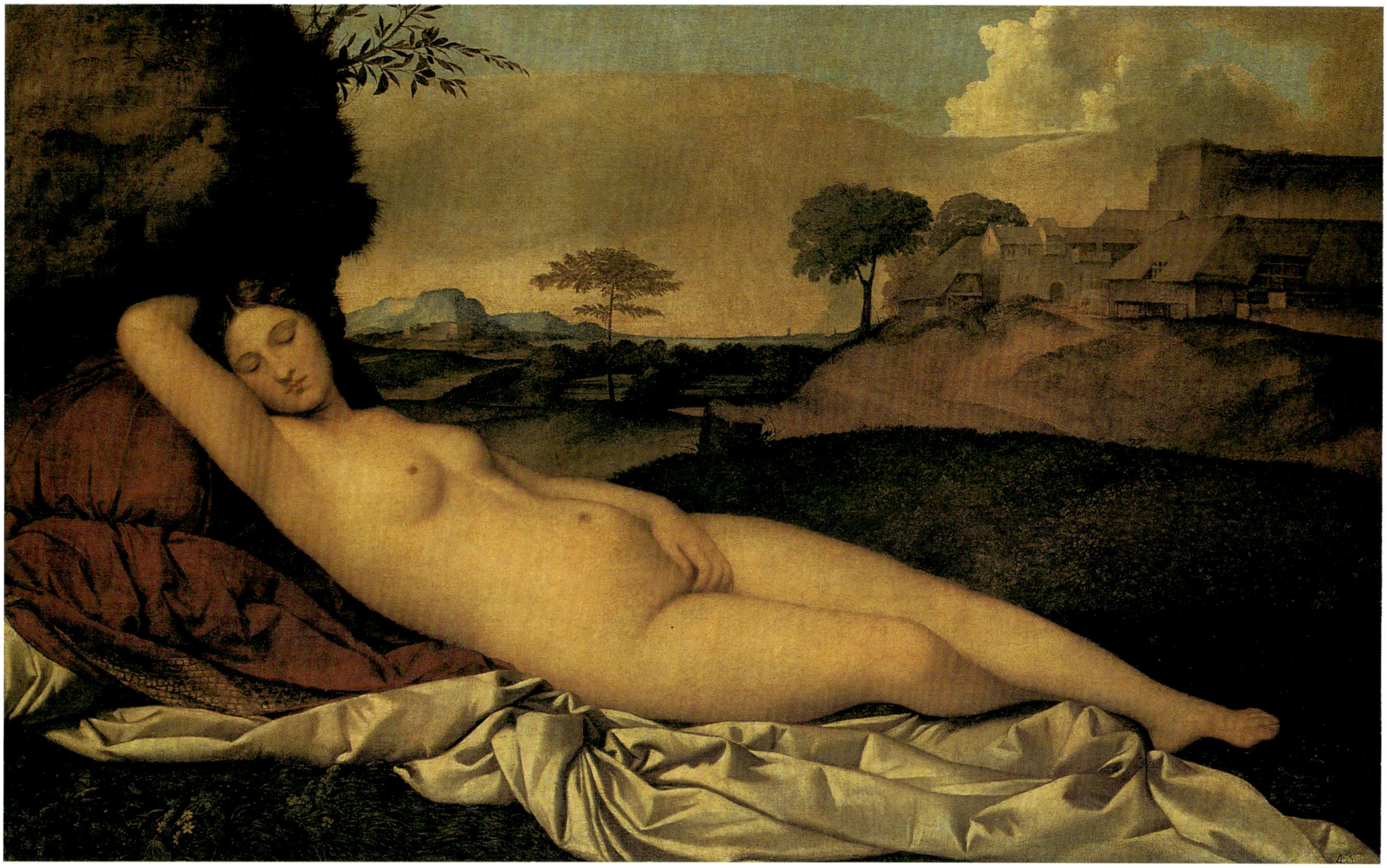

36
Giorgione,
eigentlich Giorgio da Castelfranco
1477 oder 1478 Castelfranco
(Treviso) – 1510 Venedig
Schlummernde Venus
Um 1508–1510
Leinwand, 108,5 × 175 cm
Gemäldegalerie Alte Meister,
Dresden

Nach der »Sixtinischen Madonna« von Raffael gehört dieses Bild zu den berühmtesten der Dresdener Galerie. Es ist eines der wenigen, die Giorgione mit Sicherheit zugeschrieben werden können. Der Reisende Marc Antonio Michiel hat es 1525 im Hause des Jeronimo Marcello in Venedig gesehen und in seinem Tagebuch mit einer kurzen Beschreibung erwähnt. Nachdem Giorgione jung an der Pest gestorben war, wurde das Gemälde von seinem künstlerischen Nachfolger und Kollegen Tizian durch Hinzufügen der Landschaft, des Tuches und eines Amorknaben zu Füßen der Göttin vollendet. Da Tizian in seiner Frühzeit Giorgione stilistisch sehr nahe stand, ist eine Scheidung der Anteile beider bis heute problematisch. Die Darstellung des nackten menschlichen Körpers, häufig unter mythologischem Vorwand, war eine Errungenschaft der Renaissance; das Mittelalter hätte besonders den weiblichen Akt als sündhaft abgelehnt. Venus, die Göttin der Liebe und der Schönheit, ruht mit gelösten Gliedern in einer abendlichen Landschaft, mit der ihre Erscheinung in vollendetem Einklang steht. Frei von aller Koketterie und der Absicht bewußter Zurschaustellung, verkörpert ihre Gestalt das klassische Schönheitsideal. Der Amorknabe wurde wegen starker Farbverluste an dieser Stelle des Bildes nach 1837 übermalt, doch im Röntgen- und Infrarotbild sind die Reste noch zu erkennen. Viele ähnliche Gemälde haben in Giorgiones »Venus« ihr Vorbild gefunden, wobei die Göttin häufig auch ohne Amor dargestellt wurde.

△ Palma Vecchio,
Gemäldegalerie Alte Meister,
Dresden
△ Lambert Sustris,
Rijksmuseum, Amsterdam
△ Nicolas Poussin,
Gemäldegalerie Alte Meister,
Dresden

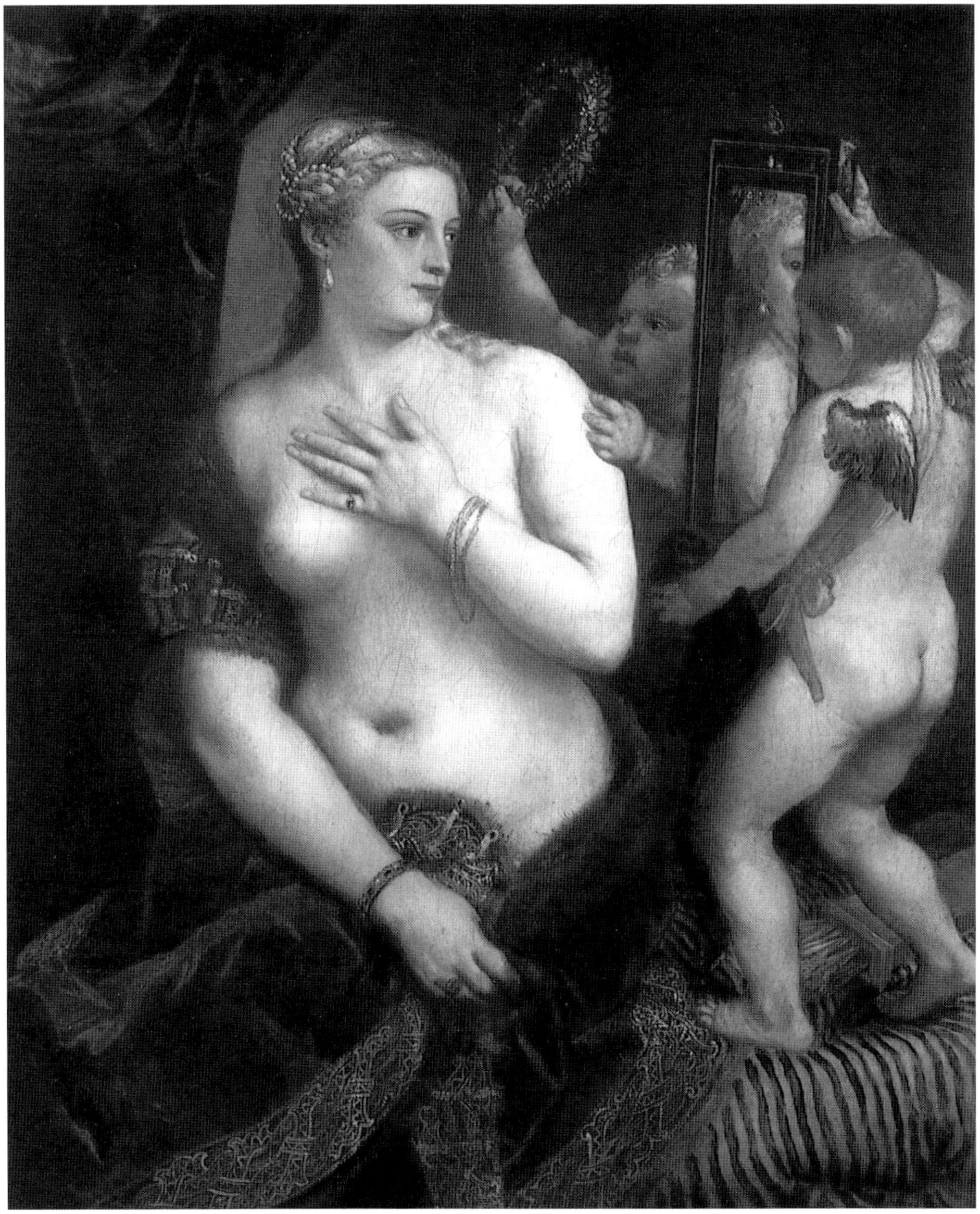

37
Tizian,
eigentlich Tiziano Vecellio
wohl um 1488–1490 Pieve di Cadore (Dolomiten) – 1576 Venedig
Venus vor dem Spiegel
Um 1555
Leinwand, 124,5 × 105,5 cm
National Gallery of Art, Washington

Die Schönheit der Malerei Tizians wird am leichtesten in seinen mythologischen Bildern erkannt, wohl besonders deswegen, weil diese oft der Verherrlichung der Frau gewidmet sind. Für dieses Grundanliegen der venezianischen Kunst boten die mythologisch-allegorischen Inhalte den willkommenen Vorwand, auch im Sinne eines philosophisch-symbolischen Beziehungsreichtums. Tizian hat in seinen Frauengestalten im Gegensatz zu Giorgiones dunkelhaarigen Schönen den goldblonden Typus bevorzugt, wie er auch einer Modeströmung entsprach. Für die Darstellung der Liebesgöttin hat er in Anlehnung an die Aphrodite von Knidos des Praxiteles den Typus des sitzenden Halbaktes vor dem Spiegel entwickelt, dem er zumeist ein oder zwei Amoretten beigab. Die bekannteste und beste der zahlreichen, oft nur teilweise eigenhändigen Fassungen ist die in Washington. Sie zeigt eine damenhafte, reife blonde Schönheit, deren weicher Körper aus der Umhüllung kostbaren Pelzes und tiefroten, goldbrokatgesäumten Samtes erwächst: Inbegriff edelster, alle Wünsche an Körper und Geist erfüllender Weiblichkeit. Vielleicht dürfen wir in ihr Tizians Tochter Lavinia erkennen, die ihm auch als Modell für andere Frauendarstellungen diente. Ein Putto, mit dem vielleicht Anteros, der Gott der Gegenliebe, gemeint ist, will sie mit einem Blütenkranz schmücken, während Amor ihr den Spiegel hält, in dem – auch für den Betrachter – ihre Pracht bestätigt erscheint. Die Spiegelwirkung hat den Maler gereizt. Tizians eigene große Vorliebe für dieses Bild zeigt sich daran, daß er es selbst behielt.

△ Johann Liss, Uffizien, Florenz
△ François Boucher, Metropolitan Museum of Art, New York
▽ Ovid, Metamorphosen X, 534

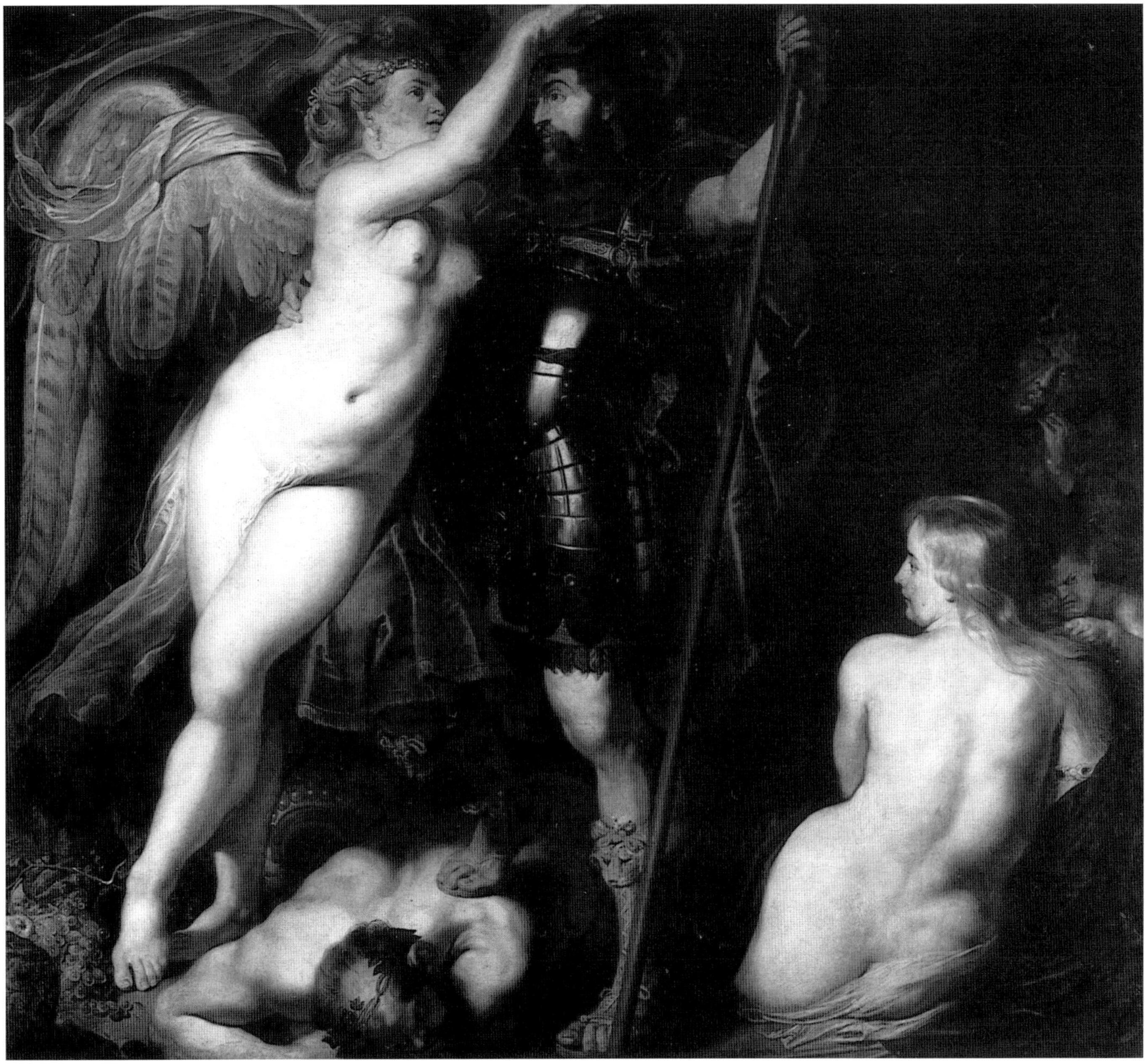

38
Peter Paul Rubens
1577 Siegen (Westfalen)
bis 1640 Antwerpen
Mars als Tugendheld, von der Siegesgöttin bekränzt
Um 1615–1620
Leinwand, 203 × 222 cm
Gemäldegalerie Alte Meister, Dresden

Venus verstand den wilden, kriegerischen Mars in ihren Armen zu bezähmen, doch versagte zuweilen auch ihre Macht, wie wir es hier erleben. Der voll gerüstete Kriegsgott scheint sie nicht mehr zu kennen und läßt sie völlig unbeachtet, während ihr darüber eine Träne über die Wange läuft und Amor sich weinend an ihre Schulter schmiegt. Seine Pfeile sind an der Rüstung abgeprallt und wirkungslos zu Boden gefallen. In höchstem Maße gedemütigt sieht sich auch der mit dem Gesicht nach unten liegende, weinlaubumkränzte Satyr aus dem Gefolge des Bacchus, dem Mars in der barbarischen Art des Siegers der Antike den Fuß in den Nacken setzt. Alle Aufmerksamkeit des Gottes gilt der geflügelten Siegesgöttin Victoria (Nike), um deren Gunst es ihm zu tun ist. Sie zeichnet ihn mit einem Lorbeerkranz aus, den er selbstgefällig entgegennimmt, während er gleichzeitig mit der Rechten ihren prachtvollen nackten Körper umfängt. So erscheint auch seine Tugendhaftigkeit nicht echt: Er hat die Gaben der Liebe und des Weins nur verschmäht, um andere zu gewinnen – die eine Frau mit einer anderen vertauscht. Daß ihn als Sieger der Neid bedroht, der in Gestalt einer häßlichen Alten mit schlangenumzüngeltem Haupt aus der Dunkelheit auftaucht, kümmert ihn nicht. Das ist alles mit überlegenem Humor gestaltet, aber der tiefe Sinn, daß das Streben nach Kriegsruhm die Menschlichkeit gefährdet, ist sehr ernst zu nehmen. – Das Bild hat die Darstellung des trunkenen Herkules zum Gegenstück, die sich in zwei Fassungen ebenfalls in Dresden befindet. (vgl. Abb. 120)

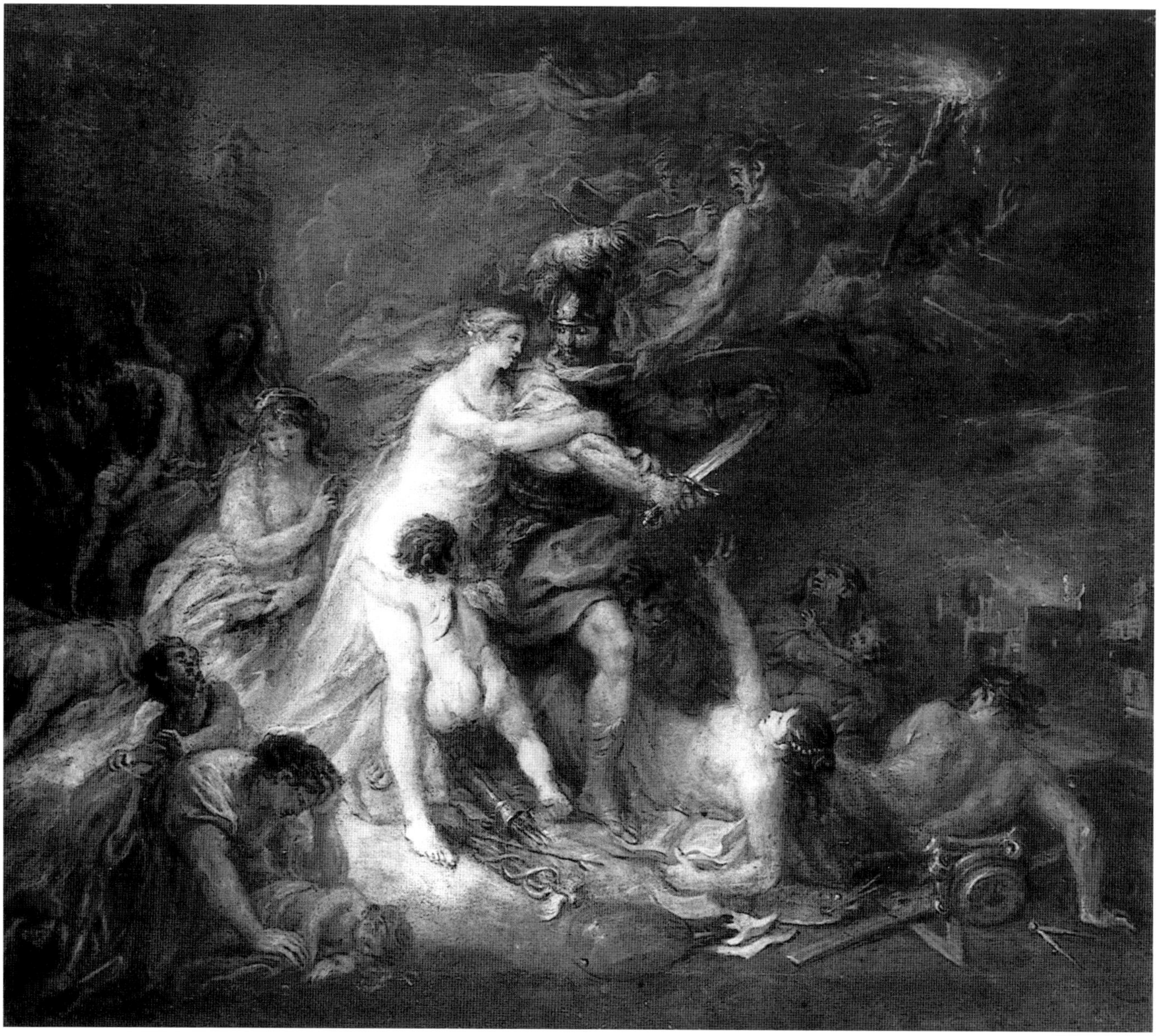

39
Martin Johann Schmidt,
genannt Kremserschmidt
1718 Grafenwörth bei Krems
bis 1801 Stein/Donau
Venus sucht Mars zu besänftigen
1792
Leinwand, 52,2 × 61,7 cm
Landesmuseum Joanneum Graz,
Alte Galerie

Der österreichische Maler folgte kompositionell sehr eng dem um 1637/38 entstandenen Gemälde »Die Folgen des Krieges« von Peter Paul Rubens, das sich heute im Palazzo Pitti in Florenz befindet. Auch dort versucht Venus, von Amor unterstützt, »mit Liebkosungen und Umarmungen«, wie Rubens selbst dazu schrieb, den Kriegsgott in seinem schreckenbringenden Tatendrang zurückzuhalten – vergeblich. Über seinem erhobenen Schild schwebt neben den Ungeheuern von Pest und Hunger die Kriegsfurie Allekto mit der brennenden Fackel und zieht ihn am Gewand vorwärts. Mit gezücktem Schwert stampft er dahin und tritt unaufhaltsam nieder, was ihm in den Weg kommt. Die Künste, die Wissenschaften und der Handel, gekennzeichnet durch ihre Attribute wie Buch, Palette und Laute, Lineal und Winkelmaß, Zirkel, Säulenkapitell und Merkurstab sowie Amors Köcher mit den nun wirkungslos gewordenen Pfeilen liegen am Boden und verderben. Ohnmächtig sieht die junge Mutter mit dem Kind in den Armen das Unheil nahen, während eine andere ihr Kind schon beklagen muß. Auch die brennenden Häuser bezeichnen die Spur des Krieges, vor dem das Bild in mythologischer Verkleidung warnen will. Schmidt erweist sich hier auch als Anhänger der Aufklärung. Außer von Rubens und Rembrandt wurde er bei seinem Aufenthalt in Venedig von 1746 bis 1748 auch von der dortigen spätbarocken Malerei sowie von dem Bolognesen Giuseppe Maria Crespi beeinflußt und führte mit seiner lockeren Handschrift ihre hohe Farbkultur bis zum Jahrhundertende weiter.

△ Peter Paul Rubens,
Galleria Palatina, Palazzo Pitti,
Florenz

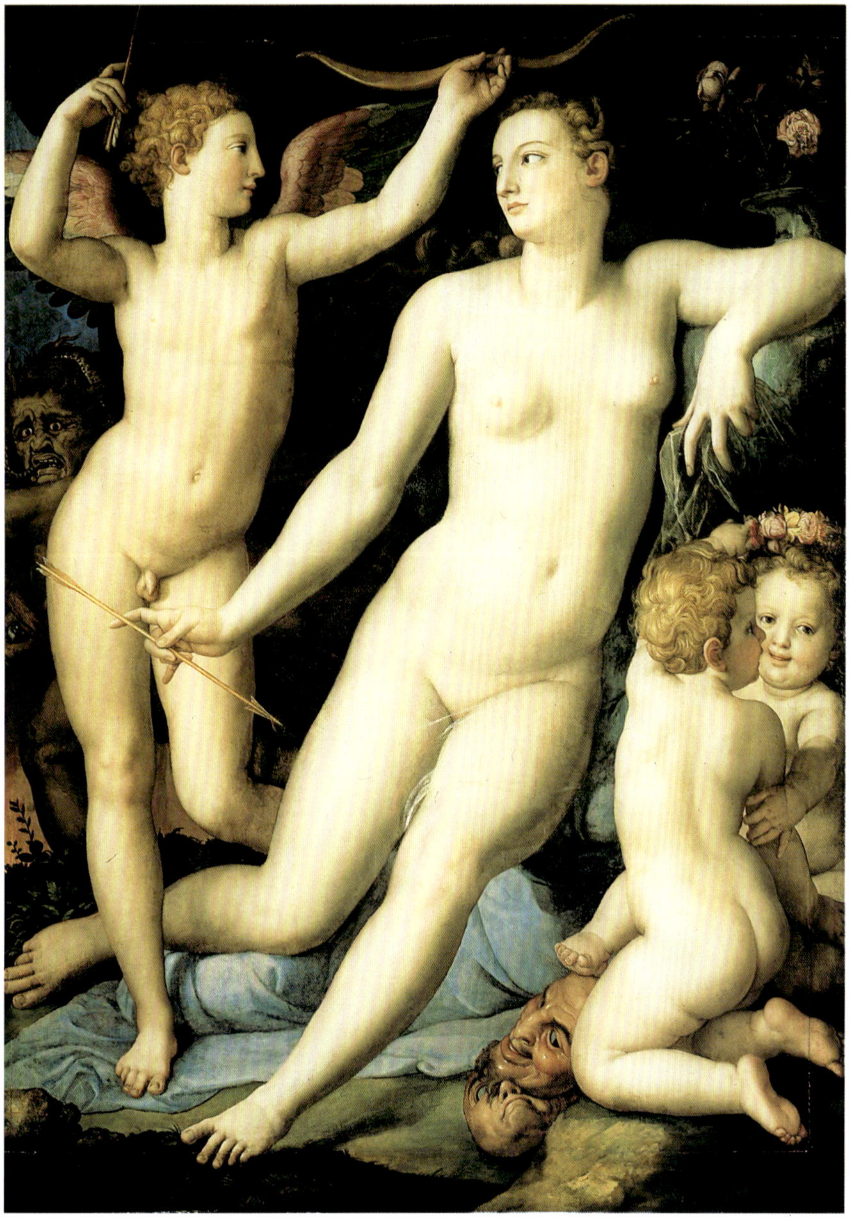

40
Bronzino,
eigentlich Agnolo di Cosimo
1503 Florenz – 1572 Florenz
Venus, Amor
und die Eifersucht
Bezeichnet rechts auf der Vase:
Il Bronzino Fior. F.
Pappelholz, 192 × 142 cm
Museum der bildenden Künste,
Budapest

Die überlebensgroße Darstellung ist bezeichnend für die stark intellektuelle, preziöse und aparte Auffassung dieses Hofmalers der Medici, der damit die florentinische Malerei des späteren 16. und 17. Jahrhunderts entscheidend mit prägte. Die elegante schlanke Gestalt der Venus entspricht ebenso den manieristischen Gestaltungsprinzipien wie ihre gezierte Haltung in der Diagonalen, in labilem Gleichgewicht unentschieden zwischen Sitzen, Knien und Stehen, und wie das kühle Raffinement ihres nackten Körpers. Ihr Sohn und Gehilfe Amor erscheint nicht wie üblich als ein kleiner Knabe, sondern als Jüngling, dazu ermutigt, ihr den Hof zu machen: Das Wechselspiel der Blicke ist von psychologischer Hintergründigkeit. Die roten Rosen in der Achatvase rechts als Symbol für körperliche Liebe und die schlangenspeiende Fratze der Eifersucht links im Hintergrund, aber auch das als Liebeslager deutbare Ruhebett und die beiden zärtlich miteinander spielenden Putti unterstreichen diesen Bildgehalt. So folgt das Budapester Gemälde einem anderen Werk Bronzinos in der National Gallery, London, wo der fast noch knabenhafte Amor die Liebesgöttin im Kuß umarmt und mit neugierigen Fingern eine ihrer kleinen Brüste drückt. Bedeutungsvolle Wechselbeziehungen zwischen Venus und Amor in immer wieder anderer Form sind in zahlreichen Bildern dargestellt worden.

△ Lucas Cranach der Ältere,
Staatliche Museen zu Berlin,
Gemäldegalerie
△ Guido Reni,
Gemäldegalerie Alte Meister,
Dresden
△ François Boucher,
National Gallery of Art, Washington

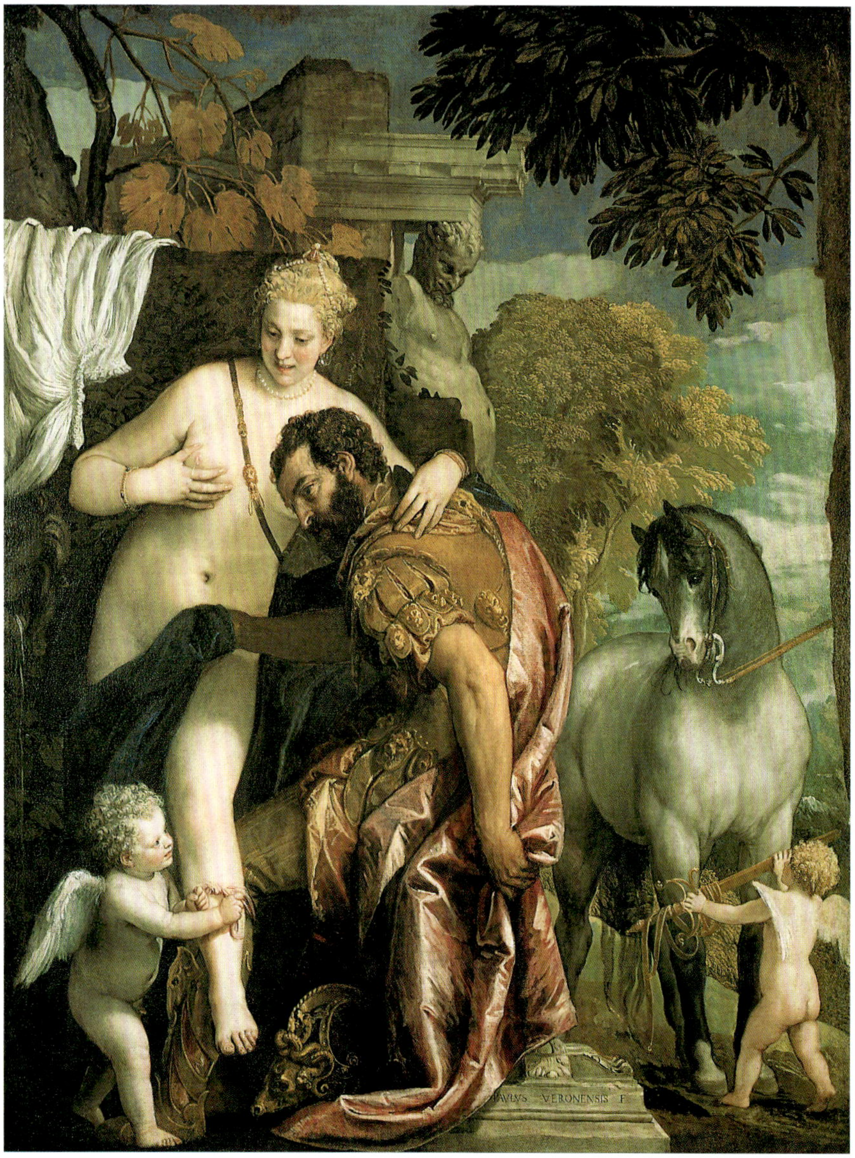

41
Paolo Veronese,
eigentlich Paolo Caliari
1528 Verona – 1588 Venedig
Mars und Venus,
durch die Liebe vereint
Um 1570–1580
Bezeichnet unten an der Plinthe:
PAVLVS VERONENSIS F.
Leinwand, 201 × 161 cm
Metropolitan Museum of Art,
New York

Dieses Bild, das 1648 von den schwedischen Truppen aus den kaiserlichen Sammlungen in Prag geraubt wurde und in den Besitz der Königin Christina von Schweden gelangte, gehört als Spätwerk zu den schönsten mythologischen Darstellungen von der Hand dieses großen venezianischen Malers und Zeitgenossen Tizians und Tintorettos. Es ist nicht nur im Sinne des traditionellen Titels, sondern auch noch in anderer Weise interpretiert worden, als Darstellung der durch die Schönheit besiegten kriegerischen Stärke, weiterhin als die Aussöhnung Junos mit Herkules, oder – weil es scheinen könnte, als drücke die Frau Milch aus ihrer Brust – als die durch die Liebe in die Barmherzigkeit gewandelte Keuschheit: Das von dem Putto rechts zurückgehaltene Pferd wird dabei als die unterdrückte Leidenschaft gedeutet. Dennoch spricht vieles für eine Begegnung der Venus mit ihrem Geliebten Mars, wie sie Veronese wiederholt dargestellt hat. Mag die Hantierung des Puttos mit dem abgelegten Schwert des Mannes etwas rätselhaft erscheinen, so darf in dem anderen geflügelten kleinen Knaben links vorn doch der Liebesstifter Amor gesehen werden, der die Liebenden mit einer kleinen Girlande symbolisch aneinanderkettet. Nicht zufällig ist der lüsterne Hirten- und Fruchtbarkeitsgott Pan in Gestalt einer Karyatide Zuschauer. Die ungewöhnlich dichte, spannungsvolle und zugleich harmonische Komposition in ihrer festlichen malerischen Schönheit ist bestimmt vom Ausdruck aristokratischer Vornehmheit, wie er Veroneses Werke auszeichnet.

△ Sandro Botticelli,
National Gallery London
△ Piero di Cosimo,
Staatliche Museen zu Berlin,
Gemäldegalerie
△ Carlo Saraceni,
Thyssen-Bornemisza-Museum,
Madrid
▽ Ovid, Metamorphosen IV,
171–172

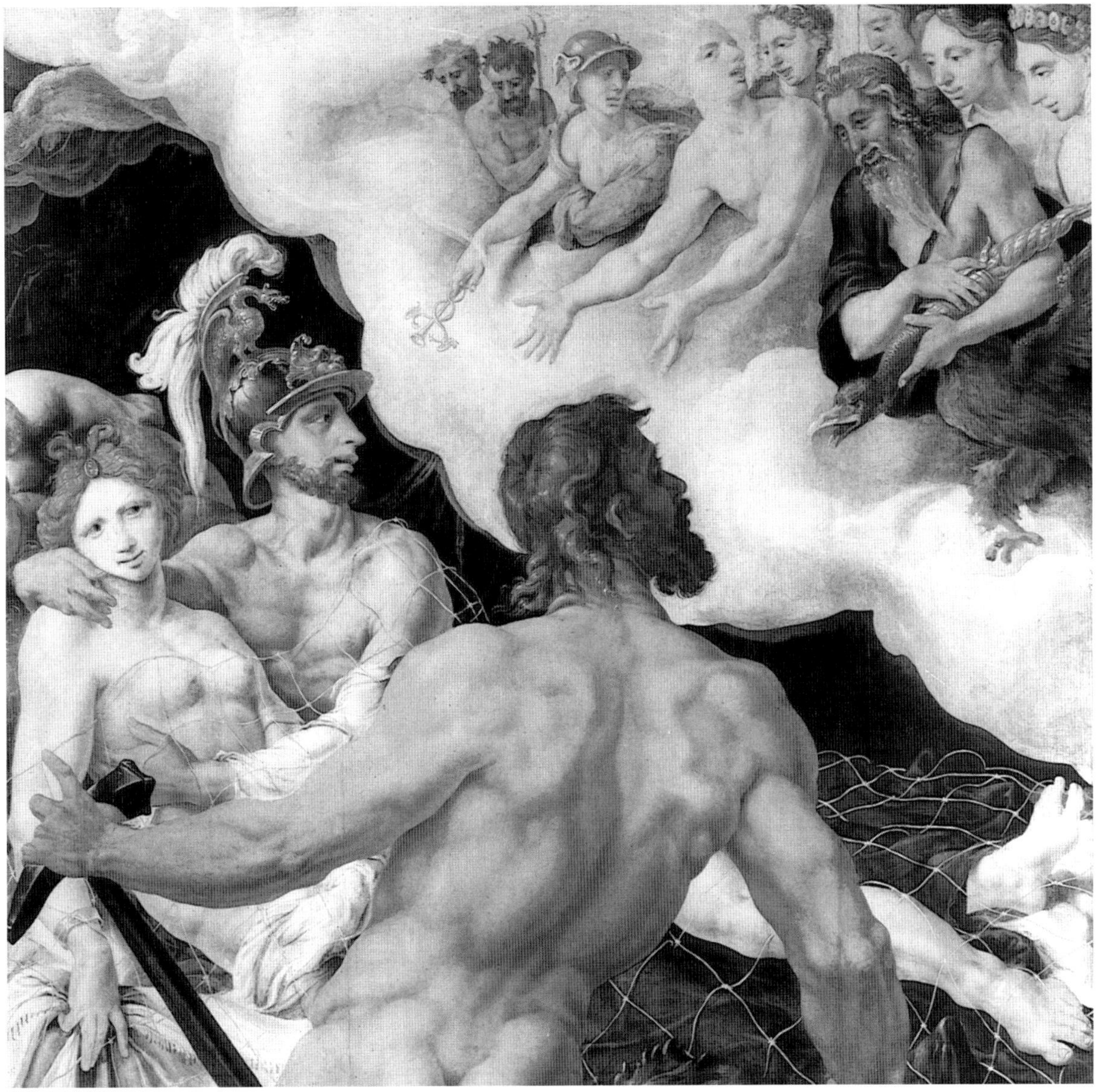

42
Maerten van Heemskerck
1498 Heemskerck/Alkmaar
bis 1574 Haarlem
Vulkan zeigt Mars und Venus
im Netz den Göttern
Um 1536
Eichenholz, 96 × 99 cm
Kunsthistorisches Museum Wien

Das Bild war der linke Flügel eines Triptychons mit einer »Schmiede des Vulkan« als Mittelbild. Heemskerck hat mit Hilfe einer manieristischen Diagonalkomposition überaus spannungsvoll die Konfrontation der Beteiligten anschaulich gemacht. Durch die unterschiedlichen Größenmaßstäbe entsteht der Eindruck von Raumtiefe und Entfernung. Der Ankläger Vulkan erscheint als muskulöse Rückenfigur, mit dem verschatteten Kopf im Profil den Göttern zugewandt, auf das ehebrecherische Paar weisend und dessen Verurteilung fordernd; ehe das Bild unten stark verkürzt wurde, war seine Gestalt noch beherrschender. Während die hübsche Venus mit gespielter Naivität – aber doch auch leicht verunsichert – zum Betrachter herausblickt, wendet sich der behelmte, aber sonst nackte Kriegsgott etwas betreten mit einem fast dümmlichen Gesichtsausdruck zu den aus den Wolken auftauchenden Olympiern hin, um ihre Reaktion zu erkunden. In der vorderen Reihe sind Neptun, Merkur, Apollon und Jupiter zu erkennen, dahinter einige Göttinnen, die teils entrüstet, teils neugierig auf die zwei bloßgestellten Sünder herabblicken. Auch sie haben in Aussehen und Haltung gar nichts Göttliches an sich; vielleicht wären einige von ihnen gern anstelle des Kriegsgottes oder der Liebesgöttin gewesen. Die ganze Szene ist ins Alltägliche übertragen und zu einem Genrebild voller Komik geworden. Ehrfurcht vor der Antike läßt dieses Gemälde des holländischen, 1532 bis 1537 in Italien geschulten Malers nicht erkennen.

△ Paris Bordone,
Staatliche Museen zu Berlin,
Gemäldegalerie
△ Tintoretto,
Alte Pinakothek, München
▽ Ovid, Metamorphosen IV,
171–189

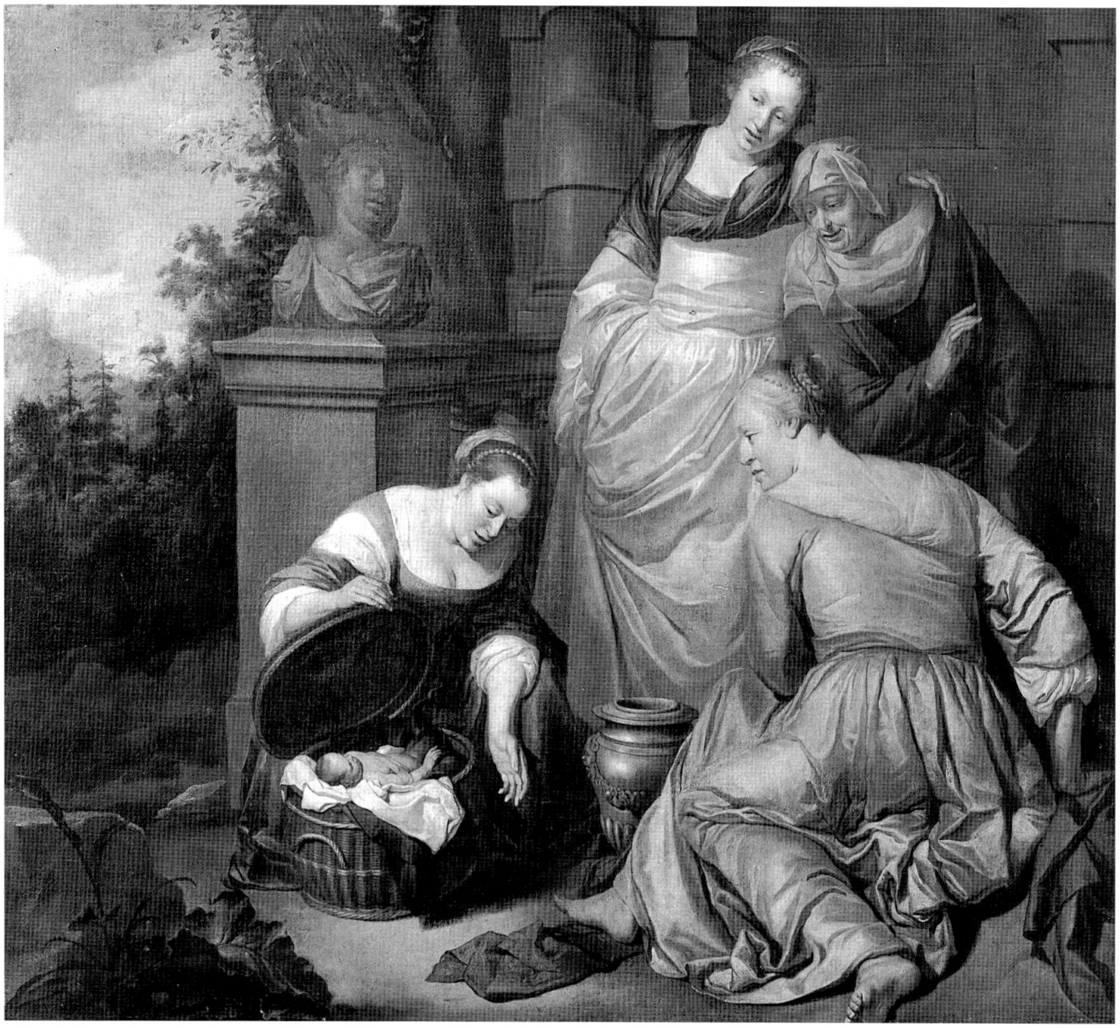

43
Hendrick Heerschop
1620 oder 1621 Haarlem
bis nach 1672 Haarlem (?)
Die Findung des Erichthonios
Bezeichnet: H. Heerschop
Leinwand, 110 × 121,5 cm
Rijksmuseum, Amsterdam

Heerschop hat mit Vorliebe bürgerliche Innenräume dargestellt. Er war ein Schüler des Stillebenmalers Willem Claesz Heda, aber noch stärker ist in vielen seiner Arbeiten der Einfluß Rembrandts wirksam geworden. Das gilt auch für die Szene mit den drei vornehm gekleideten Frauen, den drei Kekropstöchtern Herse, Aglauros und Pandrosos, die das Körbchen mit dem mißgestalteten Erichthonios öffnen. Wir gewinnen freilich nicht den Eindruck, als ob sie sich über den Anblick in der Weise entsetzten, wie es die mythologische Geschichte berichtet. Statt schreckhafter Überraschung zeigen sie höchstens leise Verwunderung und erscheinen so gelassen, fast gelangweilt, wie es ihren auf Phlegma hinweisenden kräftigen, etwas schwerfälligen Körperformen und den psychische Trägheit spiegelnden Gesichtszügen entspricht. Überstürzte Handlungen sind von ihnen kaum zu erwarten. Den Maler scheint vor allem die Drapierung der Gewänder interessiert zu haben. Das Milieu mit den Details einer aufwendigen Architektur, der Büste auf dem Sockel und der Bodenvase weist einen nicht geringen gesellschaftlichen Anspruch aus.

△ Jacob Jordaens,
Kunsthistorisches Museum Wien
▽ Ovid, Metamorphosen II,
553–563

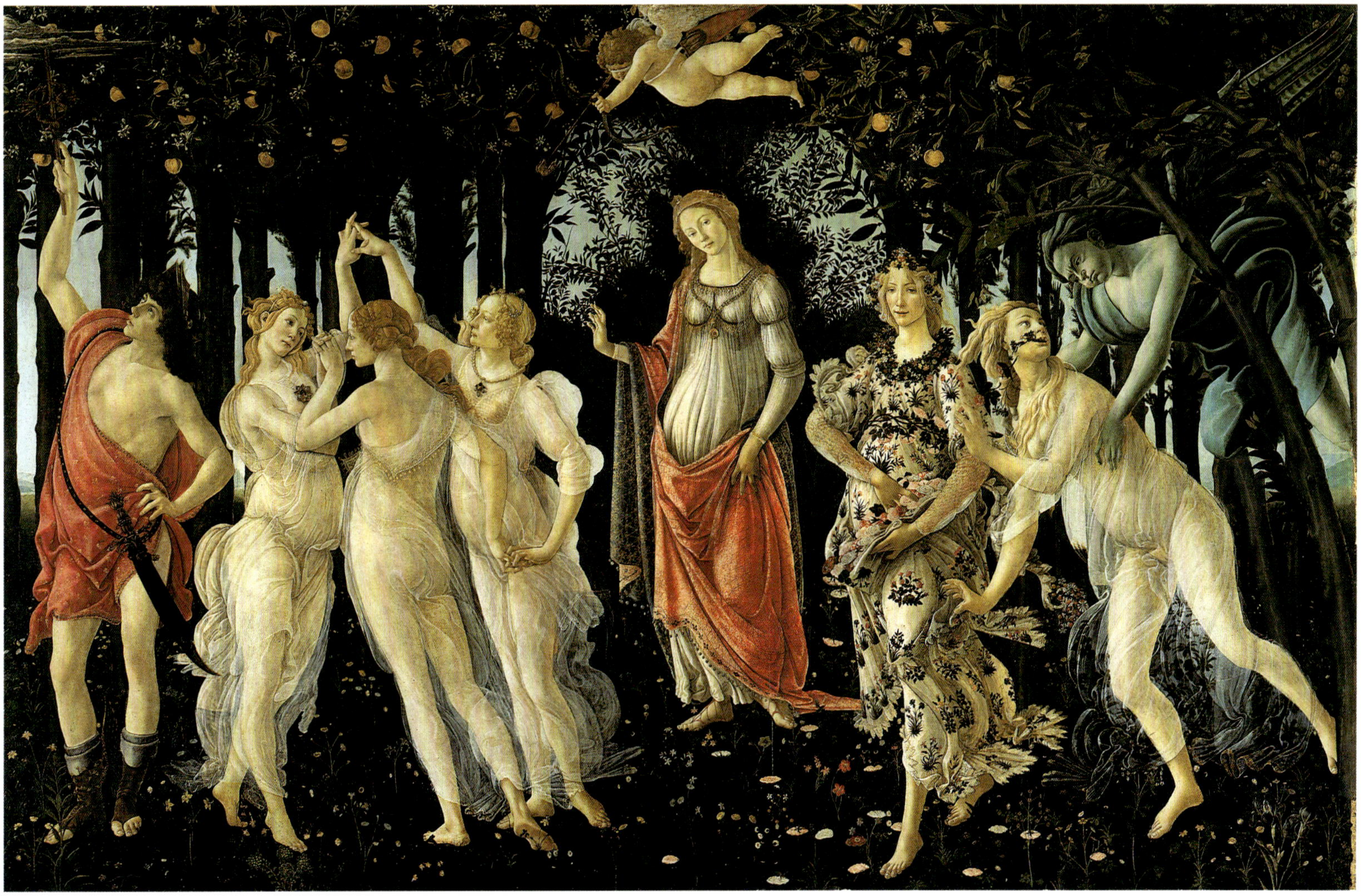

44
Sandro Botticelli,
eigentlich Alessandro
di Mariano Filipepi
1444 oder 1445 Florenz
bis 1510 Florenz
Der Frühling
Um 1477–1478
Holz, 203 × 314 cm
Uffizien, Florenz

Das große Holztafelbild gilt als das erste Meisterwerk der Reifezeit Botticellis und wurde offenbar von den 1475 verfaßten »Stanzen für das Turnier« des humanistischen Dichters Angelo Poliziano angeregt. Es ist als eine Huldigung für Venus als Mutter der Natur zu verstehen. Die durch den über ihr schwebenden Amor ausgewiesene Liebesgöttin erscheint, nicht wie zumeist sonst nackt, sondern lang verhüllt, und mutet in ihrer weihevollen segnenden Haltung beinahe wie eine Madonna an. Die drei Grazien in durchsichtigen Schleiergewändern sind in ihrer zerbrechlichen Zartheit von großer Anmut; der Reigentanz, den sie vollführen, wirkt wie ein feierliches Zeremoniell. Merkur neben ihnen mit umgegürtetem Schwert erscheint wie ein David oder heiliger Sebastian. Mit ebenso ernstem Gesichtsausdruck tastet er mit einem Stöckchen nach einer der Orangen über ihm in den Zweigen, wie im Spiel. Einzig die blütenumkränzte Blumengöttin Flora, die im reich geblumten, spitzenbesetzten Kleid rosenstreuend über den Blütenteppich des Orangenhains wandelt, trägt ein leises Lächeln zur Schau, aber die – ähnlich den Grazien – nur von einem Schleier umhüllte Primavera, die weibliche Verkörperung des Frühlings, blickt sich fragend nach dem düster wirkenden Zephir um, der sie im Fluge umfaßt. Die senkrechten Baumstämmchen skandieren die Bildfläche, unterstützen den Rhythmus der Figuren und bilden mit den Kronen um die Venus einen Architekturbogen mit Amor im Scheitel. Die empfindsame Schönheit der Gestalten in der paradiesischen Natur ist überschattet von leiser Wehmut und einem Gefühl unerfüllbarer Sehnsucht. Es ist ein melancholischer Frühling, der hier zelebriert wird. Vielleicht steht auch diese Darstellung in Beziehung zu dem kurz zuvor, 1474, erfolgten Tod der Simonetta Vespucci.

△ Annibale Carracci,
National Gallery of Art, Washington
△ Pietro Liberi,
Palazzo Abrizzi, Venedig

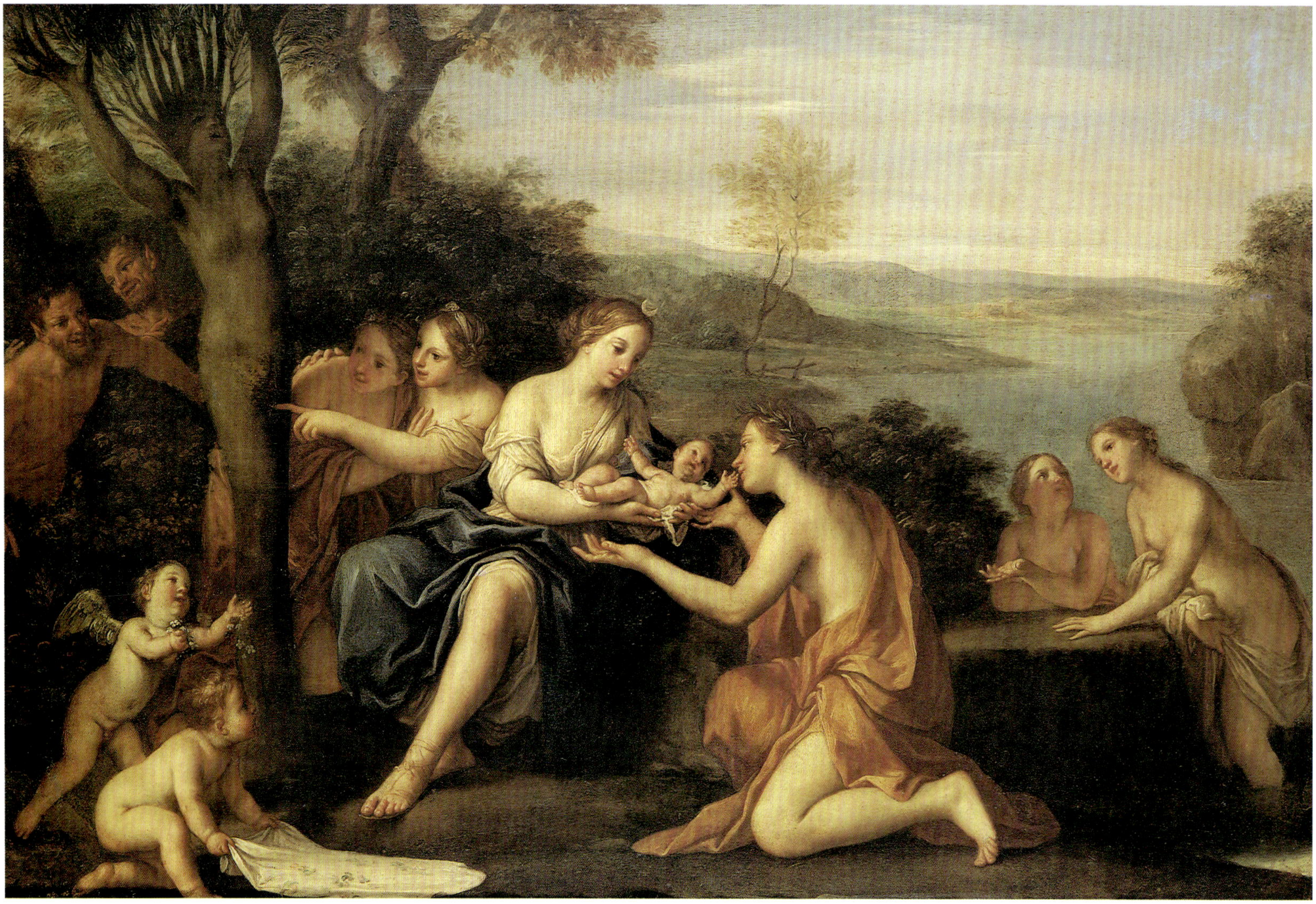

45
Marcantonio Franceschini
1648 Bologna – 1729 Bologna
Die Geburt des Adonis
Kupfer, 48,5 × 69 cm
Gemäldegalerie Alte Meister,
Dresden

Franceschini war der bedeutendste Schüler Carlo Cignanis, des führenden bolognesischen Malers im späteren 17. Jahrhundert, und selbst einer der berühmtesten Künstler seiner Zeit. Er hat in sechzigjähriger Tätigkeit zahlreiche Werke geschaffen, die ihm viel Geld einbrachten und die auch im Ausland weite Verbreitung fanden. Durch seinen Biographen Zanetti ist überliefert worden, daß er sogar nachts malte, um alle Aufträge ausführen zu können. Er erhielt ehrenvolle Berufungen nach Wien, Heidelberg, Modena und selbst nach Spanien, die er aber nicht wahrnahm, und er gehörte zu den Gründern der Accademia Clementina in Bologna. Die sinnliche dekorative Leichtigkeit seiner Malweise offenbart sich auch in diesem Motiv, von dem es im Palazzo Durazzo Pallavicini in Genua eine ähnliche, größere Fassung gibt. Es ist der Klassizismus Albanis, der hier nachwirkt. Obgleich schon zum Baum geworden und im Boden verwurzelt, ist der Körper der unglückseligen Myrrha in seinen Formen noch deutlich zu erkennen. Eine der um ihn versammelten Najaden, der Flußnymphen, weist auf den Schoß, aus dem das Knäblein ans Licht gekommen ist; den halbverborgenen Satyrn macht das Vergnügen. Die Geburtsgöttin Diana Lucina (Artemis Lochia), an dem Möndchen auf der Stirn erkenntlich, hat Hilfe geleistet und reicht das Neugeborene, das fröhlich die Ärmchen wirft, an eine Nymphe weiter. Ein Putto hat ein Tuch für das Kindchen ausgebreitet, ein anderer erwartet es mit Blumen. In der Geburtshelferin darf auch Selene gesehen werden, die als Personifikation des Mondes in seinem Gestaltwandel mit Wachstum und Fruchtbarkeit und so auch mit der Geburt in Verbindung gebracht wurde. Die Landschaft des weiten Flußtales mit ihren sanften Linien ist so lieblich wie die Figuren selbst.

△ Flämischer Meister um 1610,
Städelsches Kunstinstitut,
Frankfurt am Main
△ Giuseppe Maria Crespi,
Museum der bildenden Künste,
Leipzig
▽ Ovid, Metamorphosen X,
503–518

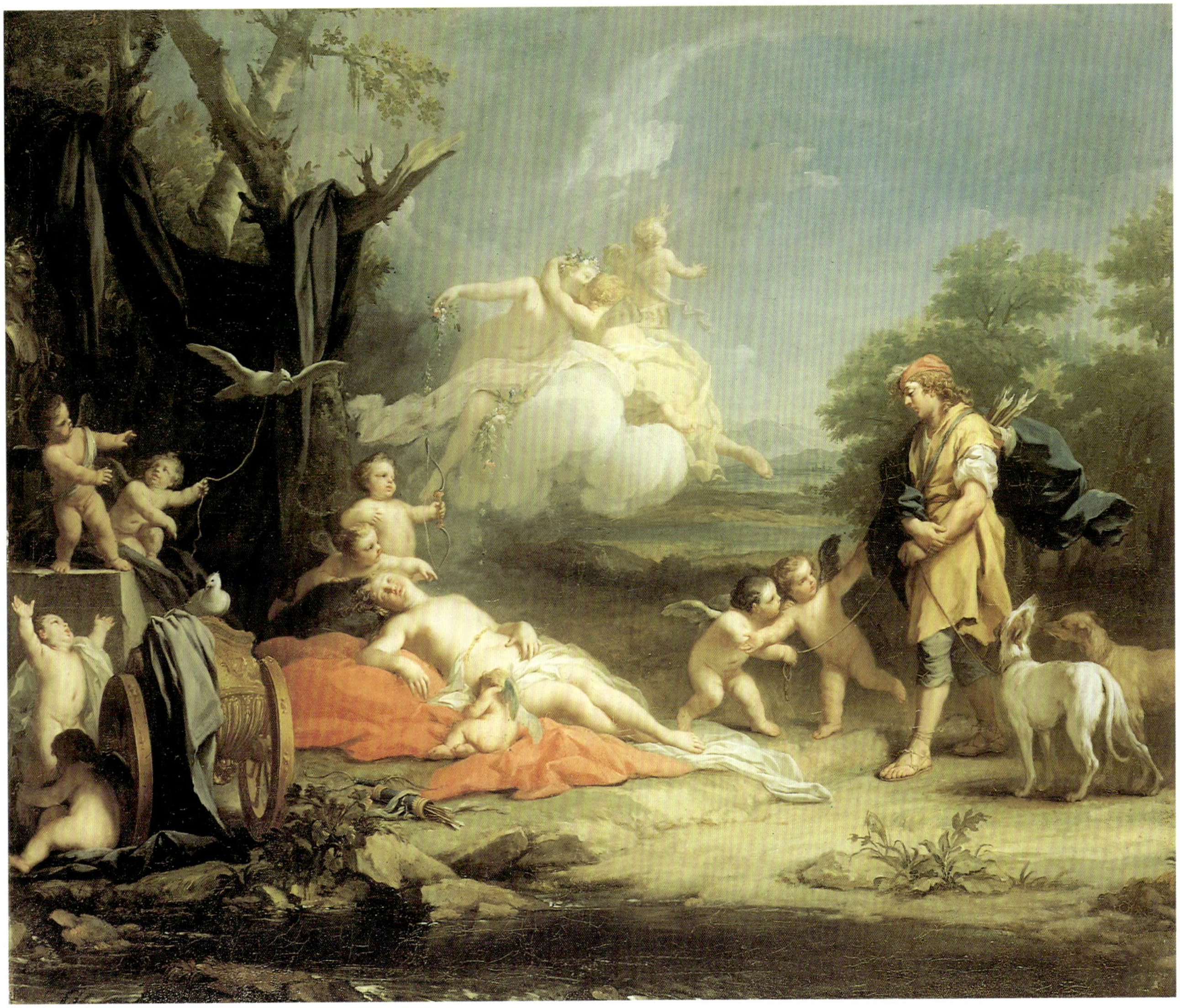

46
Jacopo Amigoni
1682 Neapel – 1752 Madrid
Adonis findet die schlafende Venus
Um 1736–1740
Leinwand, 142 × 172 cm
Bayerische Staatsgemäldesammlungen
München, Schloß Schleißheim

Jacopo Amigoni hat mit der poetischen Freizügigkeit eines venezianischen Rokokomalers in einer galanten, sinnlichen Szene geschildert, wie die erste Begegnung des schönen Adonis und der Liebesgöttin verlaufen sein könnte. Der Jüngling ist auf der Jagd mit seinen Hunden umhergeschweift und findet am Rande eines Waldes neben einem Bach die Göttin fast nackt auf Tüchern ausgestreckt liegend und schlafend, umgeben von einem Gefolge von Amoretten, die ihre Spiele treiben und am Herbeikommen des Jägers auch nicht ganz unschuldig sind: An der Leine für die Jagdhunde führen sie ihn noch ein Stück näher, und der Putto unmittelbar zu Häupten der Schlummernden, in dem wir Amor vermuten dürfen, hält den Bogen in der Hand, auf den Ankömmling gerichtet, mit Bewegungen, die darauf schließen lassen, daß er soeben einen Pfeil auf diesen abgeschossen hat – wenngleich wir einen solchen nicht sehen. Adonis hat vor der unerwarteten Begegnung den Schritt verhalten und genießt den Anblick. In der heiteren, leuchtenden Farbgebung ist auch der Einfluß der Malerei Roms und Neapels spürbar. – Der Maler kam während seines Lebens durch große Teile Europas, war in London, Paris und Spanien sowie zwischen 1716 und 1728 für den bayerischen Hof tätig. Dabei malte er auch das Schloß Schleißheim mit mythologischen Motiven aus, in dem sich heute dieses ehemals in Mannheim aufbewahrte Bild befindet. – Häufiger als die Szene der Begegnung ist Adonis' Abschied von Venus dargestellt worden.

△ Annibale Carracci,
Kunsthistorisches Museum Wien
△ Tizian,
Prado, Madrid
△ Johann Liss,
Staatliche Kunsthalle Karlsruhe
△ Abraham Janssens,
Kunsthistorisches Museum Wien
▽ Ovid, Metamorphosen X,
519–541

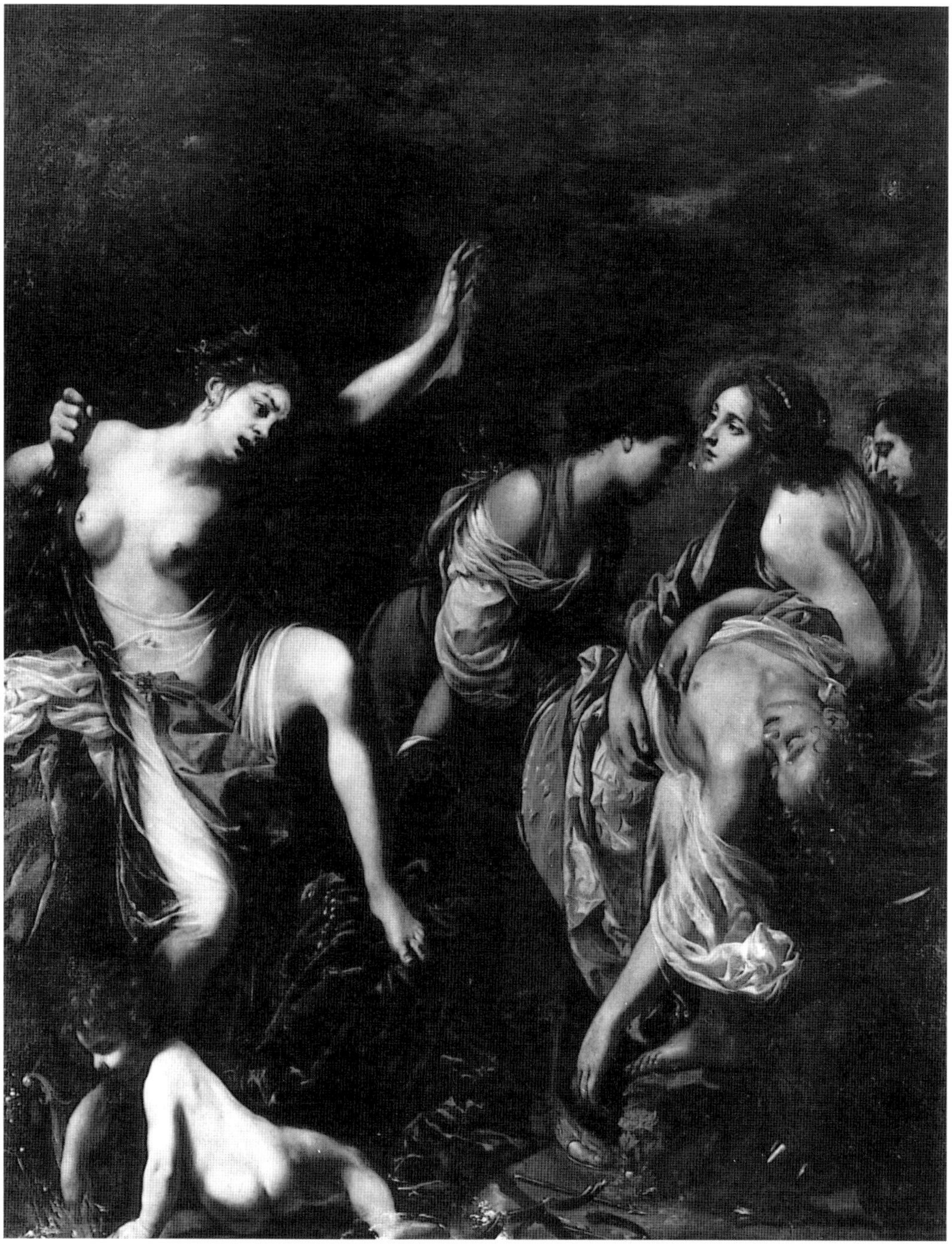

47
Francesco Furini
1603 Florenz – 1646 Florenz
Venus beweint Adonis
Leinwand, 233 × 190 cm
Museum der bildenden Künste, Budapest

Der Maler schuf dieses erste großformatige Gemälde für den Florentiner Kaufmann Giovanni Battista Baccelli; es gelangte später nach Ungarn in die Sammlung Esterházy. Bezeichnend für Furinis Stil ist es, daß die Figuren nach dem Vorbild Leonardo da Vincis in einem weichen, sinnlich wirkenden Halbschatten versinken. Furini hat mit Vorliebe historische, mythologische oder auch religiöse Themen mit entblößten weiblichen Gestalten gemalt, und es bestätigt sich auch hier, daß er dabei um besonders schöne Modelle bemüht war. Ein Lobgesang auf die weibliche Schönheit ist auch die Szene mit den jungen Frauen um den Leichnam des knabenhaften Adonis. Ihre ebenmäßigen, seelenvollen Gesichtszüge sind vom Schmerz bestimmt, der sich bei Venus angesichts des Toten als hemmungsloser, ihren halbnackten Körper zu heftiger, ja wilder Bewegung zwingender Aufschrei äußert. Mimik und Gestik als Widerspiegelung tiefer Verzweiflung erinnern an Formen modernen Ausdruckstanzes. Damit gewinnt die Darstellung über das Wesen florentinischer Barockmalerei sowie den Vorwurf einer »morbiden Sensualität« und »übersteigerten Schönheit« hinaus ein hohes Maß an Zeitlosigkeit.

△ Christoph Schwarz, Kunsthistorisches Museum Wien
△ Alessandro Turchi, Gemäldegalerie Alte Meister, Dresden
△ Jusepe de Ribera, Galleria Nazionale, Rom
▽ Ovid, Metamorphosen X, 708–728

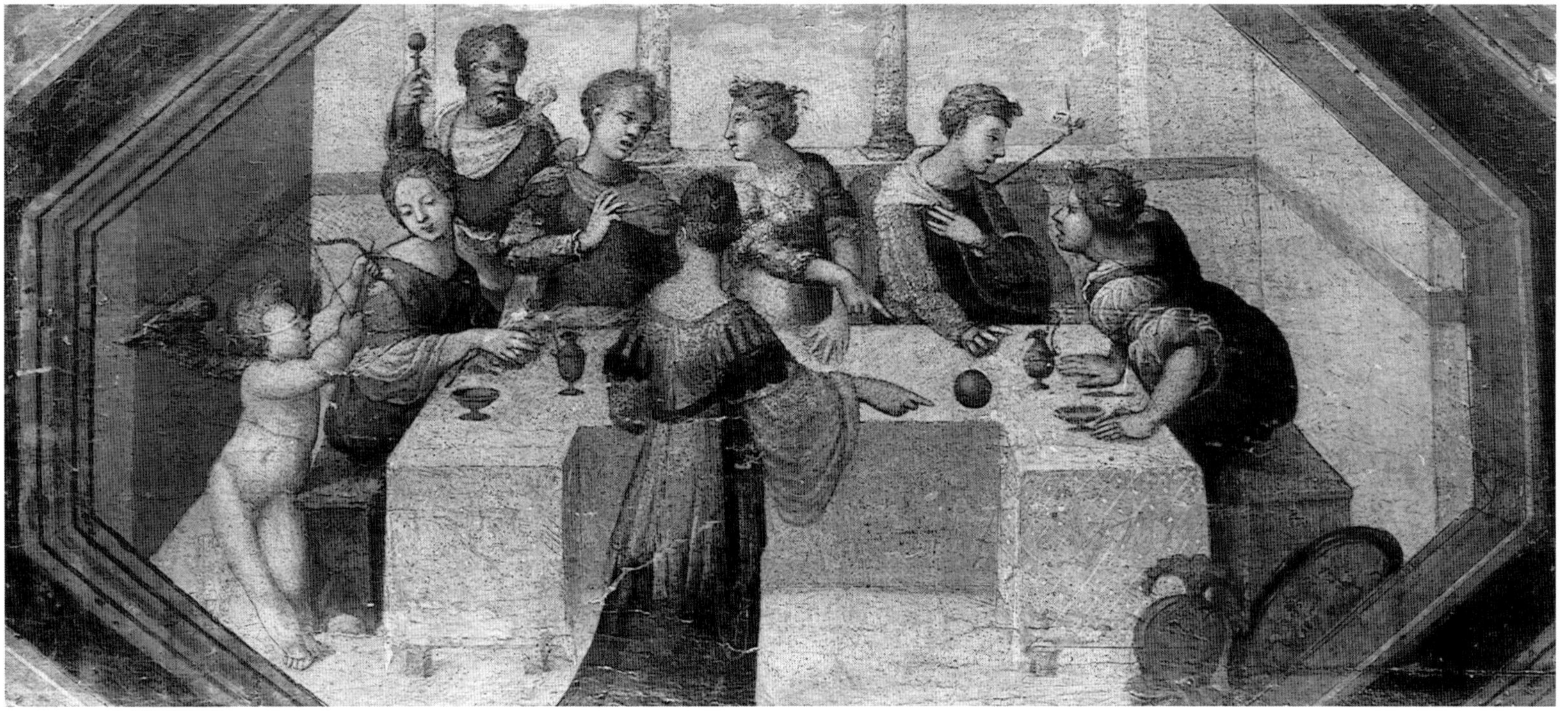

48
Sienesischer Meister,
Anfang 16. Jahrhundert
Der Erisapfel
Lindenholz, 25,5 × 57 cm
Gemäldegalerie Alte Meister,
Dresden

Das kleine Holztafelbild war vermutlich Seitenteil einer Truhe. Es konnte bis heute keinem bestimmten Künstler zugeschrieben werden, doch wird es allgemein als eine Arbeit der sienesischen Schule angesehen. Die Zaghaftigkeit der perspektivischen Darstellung von Raum und Tisch könnte auf eine Entstehung schon im 15. Jahrhundert schließen lassen, doch bestand in Siena eine gewisse Stilverspätung. Bemerkenswert ist, daß die Anzahl der dargestellten Personen über die bei dieser Szene sonst übliche hinausgeht, zumal hier nicht das Göttermahl bei der Hochzeit des Peleus und der Thetis gemeint sein kann. Die Rükkenfigur ist ohne Zweifel Eris, die auf den von ihr mitgebrachten, auf der Tafel liegenden Apfel weist. Links sitzt Venus, die auch hier als die Schönste dargestellt ist. Sie wendet sich kokett-anmutig zu Amor um, der mit Pfeil und Bogen neben ihr steht und mit verbundenen Augen zielt. Venus gegenüber ist Minerva zu sehen, die Helm und Schild neben sich auf den Boden gestellt hat und sich – wie erzürnt – leicht vom Sitz erhebt. Juno dürfen wir in der Frau in der Mitte vermuten, die offenbar ebenfalls nicht ohne Erregung auf den Apfel zeigt und dabei fragend und fordernd den neben ihr sitzenden Paris anschaut: Seine Handbewegung ist abwehrend. Der hinter ihm Stehende mit dem Heroldstab müßte dann Merkur sein, während die Frau neben Juno überzählig ist. Bei aller statuarischen Ruhe sind die Gesten und mit ihnen die Beziehungen zwischen den Versammelten überaus sprechend.

△ Abraham Bloemaert,
Mauritshuis, Den Haag
▽ Homer, Ilias XXIV, 25–31

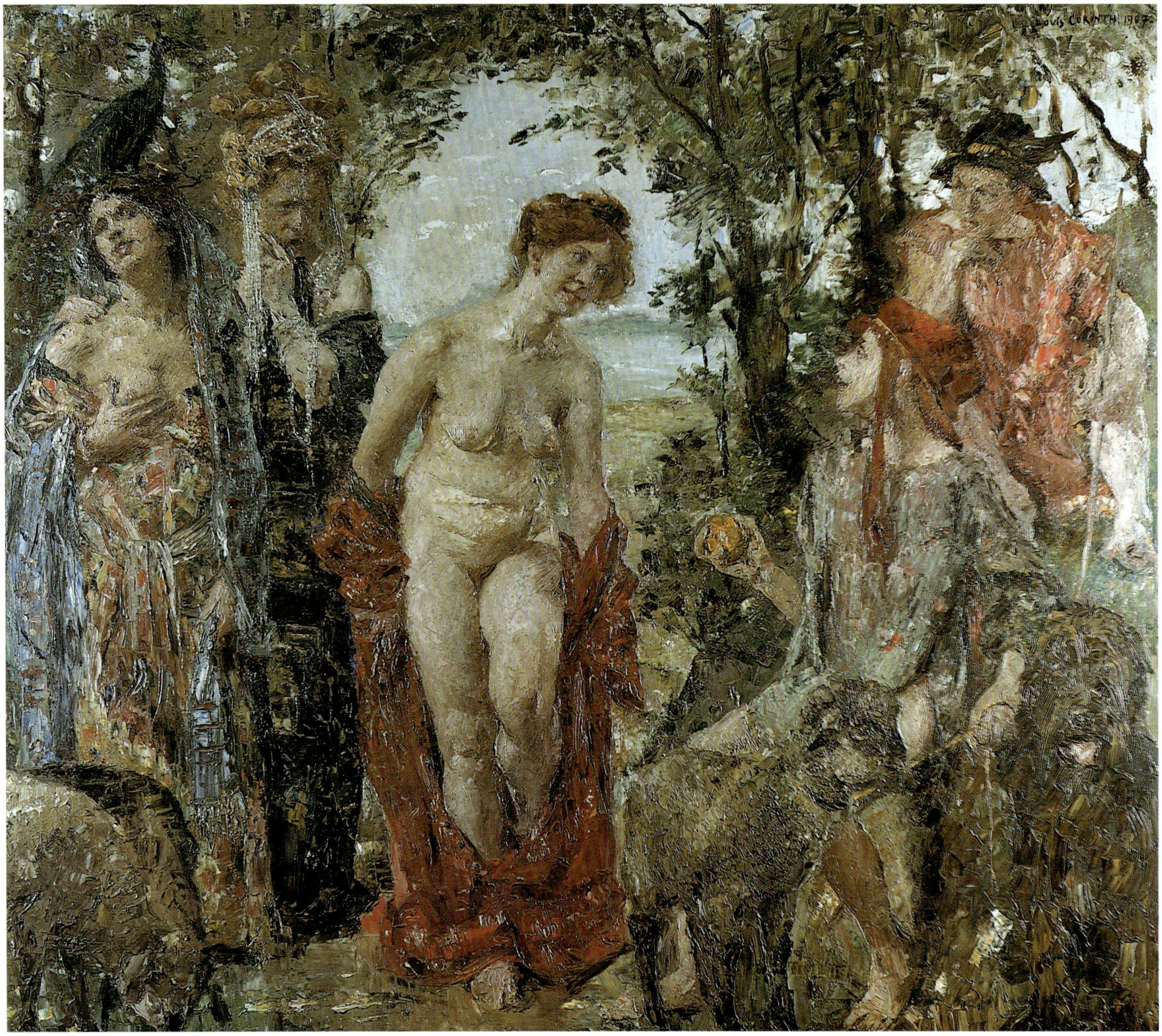

49
Lovis Corinth
1858 Tapiau (Ostpreußen)
bis 1925 Zandvoort (Holland)
Das Urteil des Paris
Bezeichnet rechts oben:
Lovis Corinth 1907
Leinwand, 120 × 140 cm
Gemäldegalerie Neue Meister,
Dresden

Ebenso wie dreihundert Jahre früher der Flame Rubens, dem er in seiner künstlerischen Vitalität ähnlich war, hat sich auch Corinth vom existentiellen sinnlichen Gehalt antik-mythologischer – wie auch biblischer – Stoffe angezogen gefühlt. Er hat diese nicht uneingeschränkt in die Gegenwart übertragen, wohl aber in einer Weise verfremdet und neu gesehen, daß sie für den modernen Menschen besser erschließbar werden und gleichermaßen Aktualität wie Überzeitlichkeit gewinnen. So sieht sich der Knabe Paris, ein Prinz von Geburt, plötzlich drei Frauen gegenüber, die ihn zum Richter erkoren haben und vor seinen Augen und anderen Sinnen alle ihre Möglichkeiten zu entfalten suchen, um seine Stimme und den Preis für sich zu gewinnen. Aphrodite, die sich ihm in aller Leibespracht ganz nackt zeigt, bleibt dabei die Siegerin. Selbst der erfahrene Hermes, dessen geflügeltes Hütchen von bayerischer Herkunft sein könnte, ist von ihrem Anblick wie gebannt. Wohl entblößt auch die an ihrem Pfau erkenntliche Juno, eine reife Frau von exotischer Schönheit, mit schmachtendem Gesichtsausdruck ihre üppige Brust von dem farbenprächtigen Gewand und formt deren Fülle noch mit der Hand nach, doch hat Paris sich schon entschieden. Mit dem Ausdruck begehrlichen Staunens ist er im Begriff, der Liebesgöttin den Apfel als Preis der Schönheit zu überreichen. Minerva, dunkel streng bekleidet, in reichem Silber- und Perlenschmuck, hat schon darauf verzichtet, ihn zu beeinflussen, und sieht verärgert wie aus dem Hintergrund dem unabänderlichen Gang der Dinge zu. Ein großer zottiger Hund und die Schafe erinnern daran, daß Paris bisher Hütejunge war. Die Formen des Bildes erwachsen aus der impressionistisch vom Augeneindruck bestimmten Farbigkeit, doch bleibt die Malerei wie stets bei Corinth nicht an der Oberfläche, sondern läßt die menschlichen Beziehungen expressiv sichtbar werden.

△ Lucas Cranach der Ältere, Schloßmuseum Gotha
△ Anselm Feuerbach, Hamburger Kunsthalle
▽ Homer, Ilias XXIV, 25–31

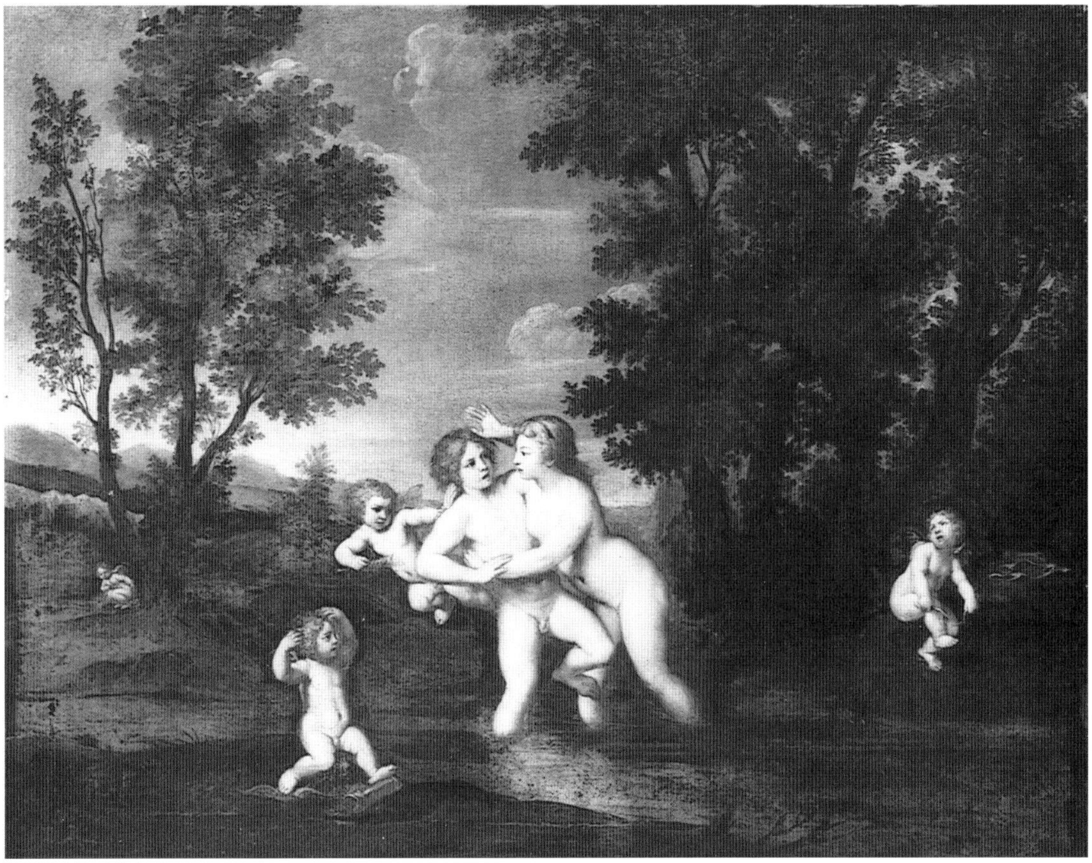

50
Francesco Albani
1578 Bologna – 1660 Bologna
Die Nymphe Salmakis umarmt den Hermaphrodit
Leinwand, 62,5 × 75,5 cm
Gemäldegalerie Oldenburg

Das Bild ist das Gegenstück zu einem ebenfalls in Oldenburg befindlichen gleichgroßen, auf dem zu sehen ist, wie Salmakis Hermaphrodit zum ersten Male erblickt. Hier nun dringt die Nymphe mit leidenschaftlichem Ungestüm auf den sich sträubenden Jüngling ein, dessen Abwehrhaltung angesichts ihrer Körperschönheit kaum veständlich erscheint. Das Motiv des erfolglosen Verführungsversuchs einer jungen Frau an einem begehrten Mann mit dem Gegeneinander der Willensanstrengungen und der erotischen Spannung fand im Bereich der religiösen Bildstoffe Entsprechung in der Darstellung von Joseph und Potiphars Frau nach der biblischen Geschichte im Alten Testament. Ist dort der Schauplatz der Szene ein Schlafgemach, so ist es hier die freie, wie in den meisten anderen Bildern Albanis parkähnliche Natur, ein heiteres Arkadien von fast romantischem Charakter. So half der Maler mit seinem Gefühl für Stimmungswerte das neuere Landschaftsbild zu schaffen. Die hellen Körper des Paares und der Amoretten kontrastieren mit dem tiefen Blau des Wassers und dem dunklen Grün des Laubwerks. Der lichte Himmel ist von weißgrauen Wölkchen bedeckt. Im Stile dieses poesievollen Klassizismus mit sinnlich reizvollen Aktmotiven hat Albani zahlreiche Themen der antiken Mythologie gestaltet. Auch dieses Bild ist in mehreren Varianten vorhanden.

△ Bartholomäus Spranger,
Kunsthistorisches Museum Wien
△ Francesco Albani,
Louvre, Paris
▽ Ovid, Metamorphosen IV,
285–388

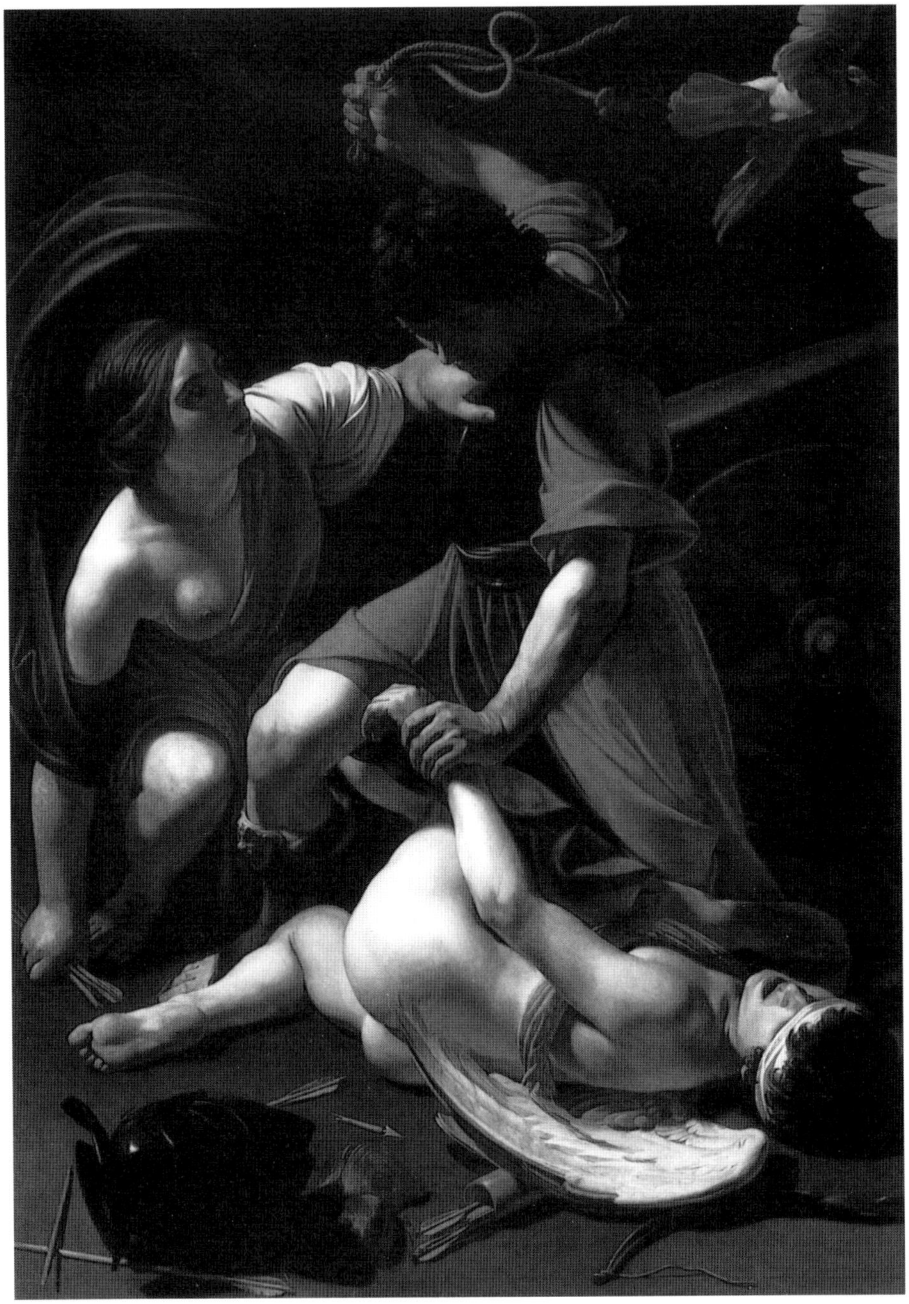

51
Bartolomeo Manfredi
1580 oder später Ostiano
bei Mantua – um 1621 Rom
Amor, von Mars gezüchtigt
Bald nach 1606
Leinwand, 175 × 130 cm
The Art Institute of Chicago

Die europäische Malerei zeigt verschiedene mythologische Personen, durch die Amor wegen der von ihm angestifteten Verwirrung gezüchtigt wurde: an erster Stelle Venus selbst, weiterhin Minerva, Amors Bruder Anteros, die keusche Diana und ihre Nymphen und schließlich in diesem Gemälde auch den Kriegsgott Mars als den Auserwählten der Liebesgöttin selbst. Was ihn zu dieser Handlung bewegt, ist ungeklärt; vielleicht hat Amor mit dem Helm des Gottes gespielt und das Symbol kriegerischer Macht und Würde solcherart entweiht. Dennoch ist kaum zu hoffen, daß die Liebe über den Krieg zu triumphieren vermag, wenn dies gleich ein uralter Wunsch der Menschheit bleibt. So hat nun auch der erzürnte Kriegsgott den geflügelten Knaben, der sein eigener Sohn ist, niedergeworfen und schickt sich an, mit einem derben Strick auf sein nacktes Gesäß einzuschlagen. Venus versucht ihn vergeblich daran zu hindern, während die ihr heiligen Tauben davonfliegen. Sie hat begonnen, die auf der Erde liegenden Pfeile Amors wieder aufzusammeln, die als Waffen friedlicher Zweckbestimmung zusammen mit dem Helm des Kriegsgottes ein ungewöhnliches Stilleben bilden. – Diese bei Manfredi sehr seltene mythologische Darstellung wurde schon von Giulio Mancini um 1620 als dessen vielleicht bestes Werk bezeichnet. Die Schärfe der Modellierung durch starke Helldunkelkontraste beweist, wie sehr Manfredi seinem Lehrer Caravaggio verpflichtet war. An ihn erinnert auch der unheroische, eher plebejische Geist der Szene, die jeder Idealisierung des antiken Stoffes fernsteht.

△ Tizian,
Galleria Borghese, Rom
△ Nicolas Vleughels,
Staatliche Ermitage, St. Petersburg

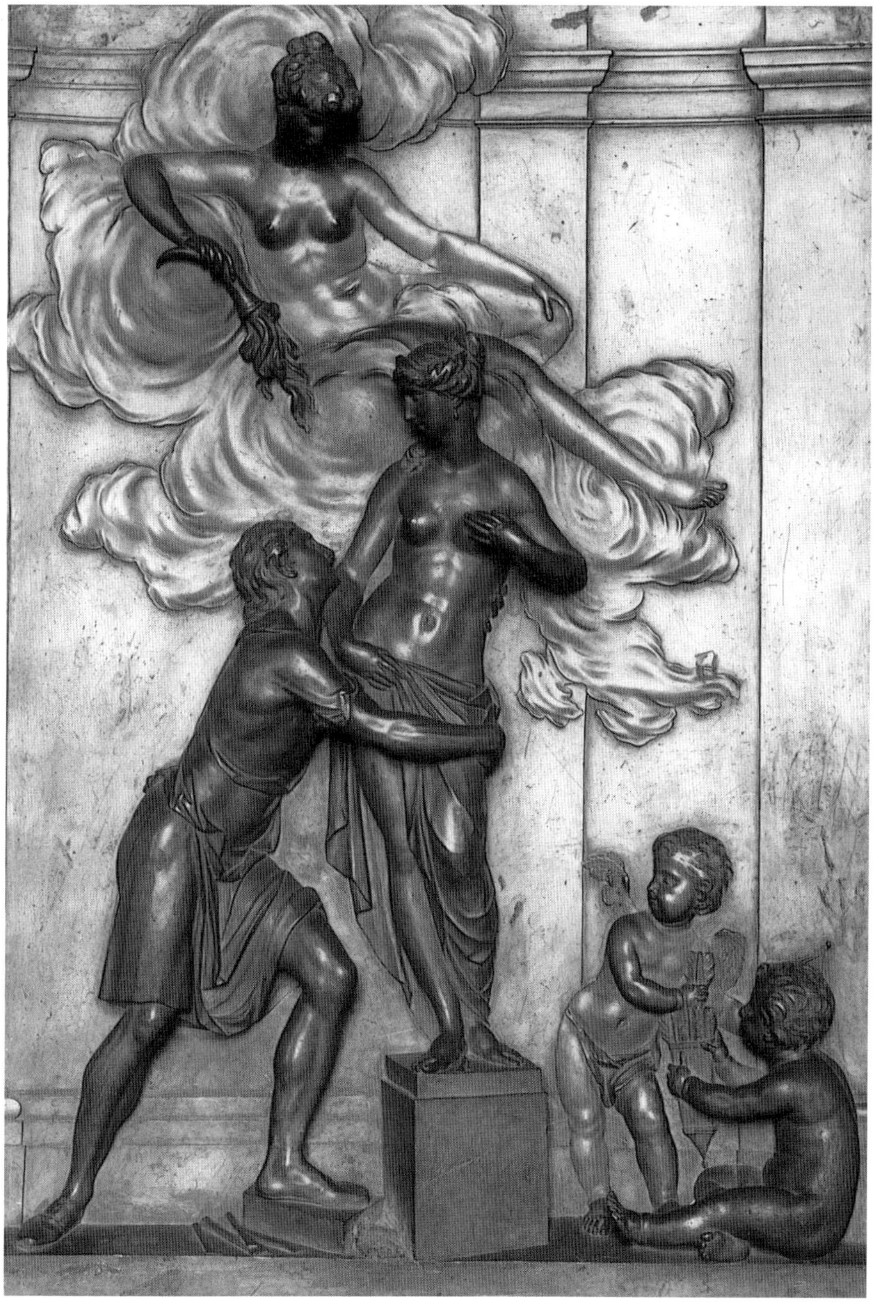

52
Franz Zächerle
1738 Hall/Tirol – um 1790 Wien?
Pygmalion und Galatea
Um 1772
Blei, 69 × 59 cm
Österreichisches Barockmuseum
Unteres Belvedere, Wien

Der Tiroler Bildhauer errang mit diesem Bleirelief die Aufnahme in die Wiener Akademie der bildenden Künste. Mit dem Ausdruck tiefster Hingabe umfaßt der junge Bildhauer die weibliche Gestalt, die eben noch tote Materie und Gegenstand der Bearbeitung mit den nun am Boden liegenden Werkzeugen war. Die auf Wolken schwebende Venus hat ihr Leben verliehen, die Kraft der Liebe, bildhaft gemacht durch die brennende Fackel in ihrer Hand, hat das Wunder vollbracht, und beseligt nimmt Pygmalion das unwahrscheinliche Geschenk entgegen. Die Liebe des Künstlers zu seinem Werk hat hier eine ganz besondere Ausdrucksform und ihre höchste Erfüllung gefunden. Stilistisch kündigt sich mit den klaren, geschlossenen Konturen und der entschiedenen Formgebung schon der Klassizismus an, wie er unter italienischem Einfluß in Österreich von Georg Raphael Donner begründet wurde. Die spielerische Auflockerung des Rokoko ist überwunden. Hohe Eleganz verbindet sich hier mit starker illusionistischer Wirkung.

△ François Boucher,
Staatliche Ermitage, St. Petersburg
Giulio Bargellini,
Galleria Nazionale d'Arte
Moderna, Rom
▽ Ovid, Metamorphosen X,
243–297

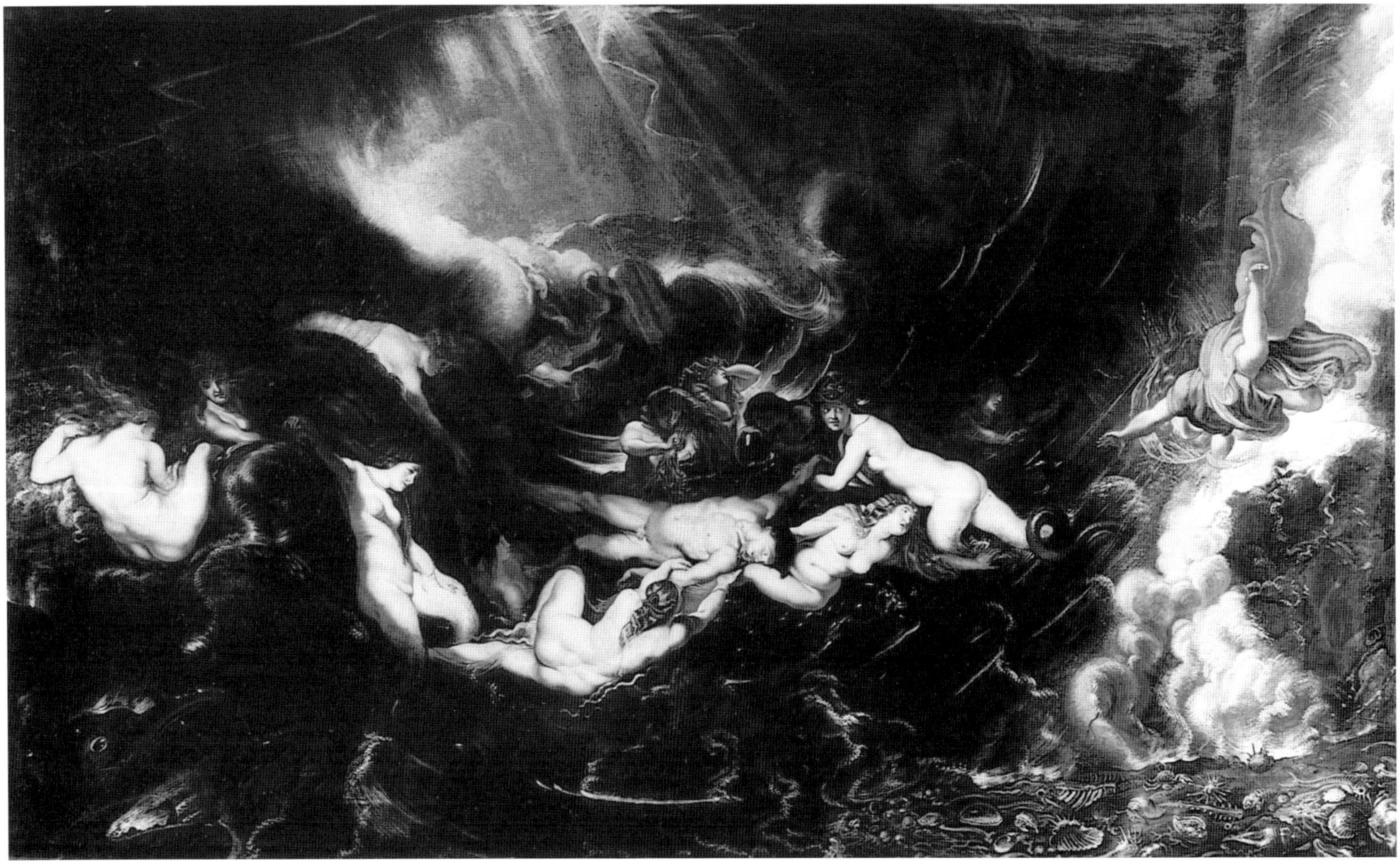

53
Peter Paul Rubens
1577 Siegen (Westfalen)
bis 1640 Antwerpen
Hero und Leander
Um 1619
Leinwand, 128 × 217 cm
Gemäldegalerie Alte Meister,
Dresden

Der Stoff entsprach den künstlerischen Mitteln, die der große Flame besonders durch seinen Aufenthalt in Italien von 1600 bis 1608 gewonnen hatte. Bildbeherrschend sind die üppigen nackten Frauenleiber in ungewöhnlichen Haltungen, wie sie durch die Schwerelosigkeit der Körper im Wasser zustandekommen. Sie folgen wie in einem Reigen dem Rhythmus der großen Wellen, die vorn auf den Strand branden, und begleiten den Leichnam des ertrunkenen Leander ans Ufer. Die teilweise fast gewaltsamen Bewegungen der Nereiden stehen in deutlichem Gegensatz zu der Willenlosigkeit des entseelten Jünglingskörpers, so wie der Ton ihres warmen Fleisches mit der grünlich fahlen Hautfarbe des Toten kontrastiert. Die kräftigen Körper verraten das Studium der Malerei und Plastik Michelangelos, die stark verkürzte Gestalt der Hero rechts, die sich ins Meer stürzt, erinnert an ähnliche wirbelnde Gewandfiguren am Deckengewölbe der Sixtinischen Kapelle in Rom. Beleuchtet wird das Geschehen in dieser Schrekkensnacht durch ein unsichtbares Gestirn, dessen Licht durch einen von Blitzen umzuckten Wolkenkrater hervordringt. Es ist eine Helldunkelwirkung, wie sie durch Caravaggio angeregt wurde, ohne daß bei diesem das Vorbild für ein solches Naturschauspiel zu finden gewesen wäre. Ein Strandstilleben von Muscheln und Meeresschnecken, Korallen, Krabben und anderem merkwürdigem Meeresgetier führt wieder zur flämischen Kunst zurück. Das Dresdener Bild wetteifert mit zwei weiteren Fassungen um die Eigenhändigkeit.

△ Domenico Fetti,
Kunsthistorisches Museum, Wien
△ William Turner,
Tate Gallery, London
▽ Ovid, Heroides, 18, 19
▽ Ovid, Ars amandi II, 249–250
▽ Musaeus, Hero und Leander

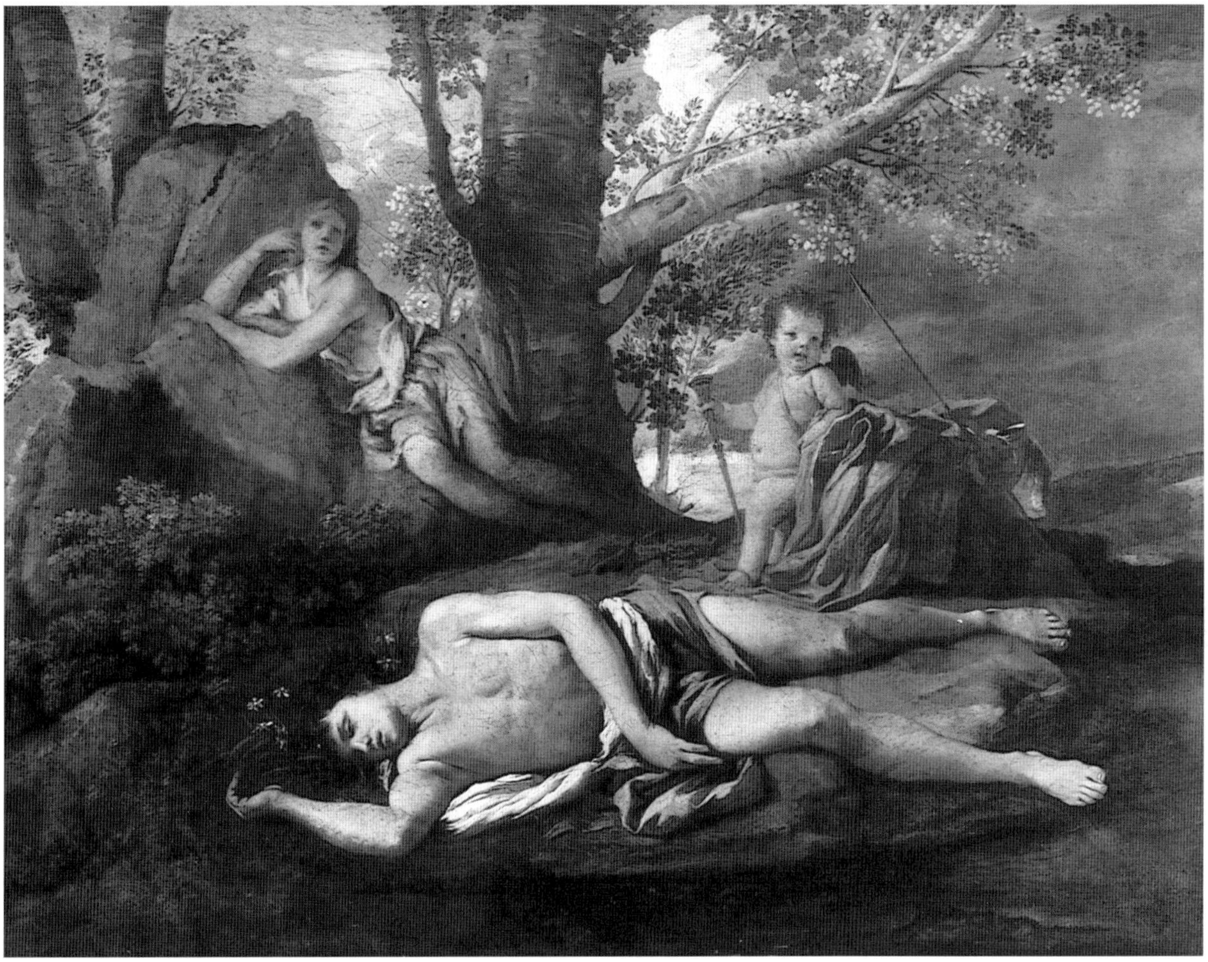

54
Nicolas Poussin
1594 Les Andelys (Normandie)
bis 1665 Rom
Echo und Narziß
Um 1630 – 1631
Holz, 74 × 100 cm
Louvre, Paris

Das Bild ist stilistisch der in Dresden befindlichen Darstellung »Das Reich der Flora« sehr verwandt (vgl. Abb. 79) und etwa zur gleichen Zeit entstanden. Das Schicksal des schönen Narziß, der sich in Eigenliebe selbst verzehrte und in der Blume seines Namens fortlebte, ist hier aber weniger versöhnlich geschildert. Während er im »Reich der Flora« noch lebendig über den Wasserspiegel der großen Glasvase gebeugt erscheint, liegt er hier ausgestreckt tot neben der Quelle am Boden. Die Nymphe, die sich hinten unter den Bäumen an einen Felsen schmiegt, hat sich schon ausgeweint und keine Tränen mehr; bald wird sie selbst zu Stein werden. Amor, der zwischen beiden steht, erscheint unbeteiligt. Die Fackel in seiner Hand brennt weiter, und doch hat die von ihm gestiftete Liebe Unheil gebracht. So, wie nun auch Echo dem Tod entgegensieht, verdüstert sich der Himmel, das lichte Blau weicht dunklen Wolken, die Natur spiegelt das tragische Geschehen. Als Vorbild für die Gestalt des Narziß wird die Darstellung eines toten Christus in einer Pietà von Paris Bordon angesehen, die früher im Dogenpalast zu Venedig aufbewahrt wurde und die der französische Maler vielleicht gesehen hat, als er durch diese Stadt nach Rom weiterreiste; dort hat er die meiste Zeit seines Lebens gewirkt. Tatsächlich kann das Bildthema als eine Beweinung mit mythologischem Charakter bezeichnet werden.

△ Caravaggio,
Galleria Nazionale
Palazzo Barberini, Rom
△ François Lemoyne,
Musée des Beaux-Arts, Tours
▽ Ovid, Metamorphosen III,
339–510

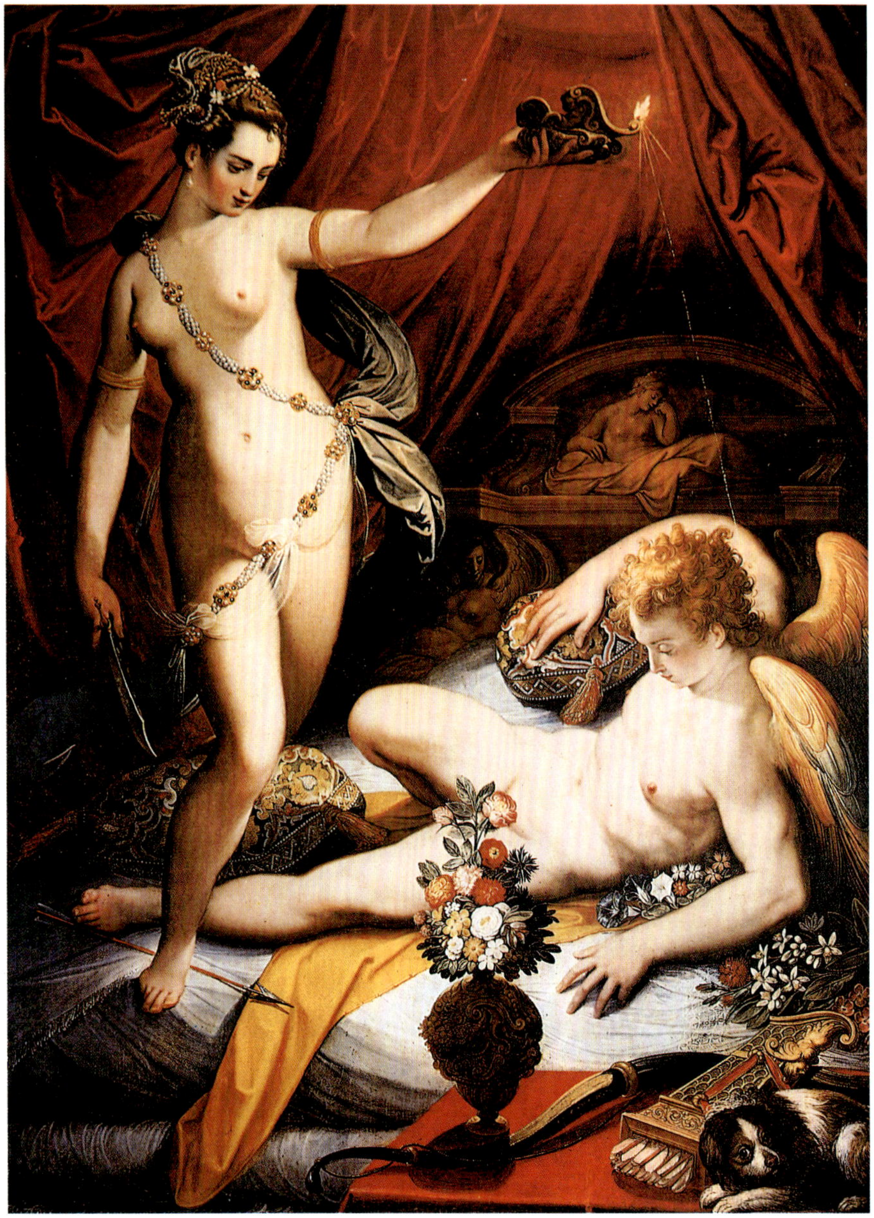

55
Jacopo Zucchi
Um 1541 Florenz bis
1589 oder 1590 Rom oder Florenz
Psyche und der schlafende Amor
1589
Bezeichnet: IAC.ZUC.FAC. 1589
Leinwand, 173 × 130 cm
Galleria Borghese, Rom

Zucchi war Schüler und Mitarbeiter Giorgio Vasaris und hatte großen Anteil an den Malereien im Palazzo Vecchio in Florenz, dem alten Wohnpalast der Medici. Das Bild weist ihn als einen typischen Vertreter des Manierismus aus, eines Stils von überaus subjektivem und suggestivem Charakter, der sich seit dem zweiten Viertel des 16. Jahrhunderts vor allem im Florenz entwickelte und der dem überfeinerten Geschmack einer kleinen Zahl meist feudaler Auftraggeber entsprach. Hier offenbart er sich in den gezierten, preziösen Körperhaltungen wie in der kalten Farbigkeit und der zeichnerischen Härte. Die beiden menschlichen Gestalten durchdringen den Raum in ganz verschiedenen Achsen. Der Körper des Jünglings erscheint in kunstvoller Verkürzung, im Schlaf nicht gelöst, sondern eher verkrampft und in spannungsvollem Gegensatz zu dem labilen Standmotiv der herbeikommenden Psyche, deren Gestalt in unnatürlicher Weise um sich selbst geschraubt ist im Sinne einer figura serpentinata, in Bögen umgeben von einem mit Perlenschnüren befestigten, drapierten Tuch, das nichts bedeckt und die Nacktheit vielmehr hervorhebt. Die Haltungen erscheinen wie Positionen eines kunstvollen, gezierten Tanzes, der durch die Lampe und den Dolch in den Händen der Psyche erst recht wie ein geheimnisvolles Zeremoniell wirkt. Alle Details, ob Gesichter und Haare, ob Psyches kostbarer Schmuck, die gestickten Kissen oder Amors Köcher, sind von größter zeichnerischer Feinheit, aber auch Härte, und die Blumen wirken wie künstlich und könnten aus Porzellan sein. Der schwere rote Samt des Betthimmels und des Tischtuches umrahmt das Liebeslager mit dem jungen Paar. – Nicht selten ist das Motiv dahingehend verändert, daß Amor die schlafende Psyche betrachtet.

△ Simon Vouet,
Musée des Beaux-Arts, Lyon
△ Giuseppe Maria Crespi,
Uffizien, Florenz
△ Anton van Dyck,
Royal Collection, London
△ François Edouard Picot,
Louvre, Paris
▽ Apulejus, Amor und Psyche

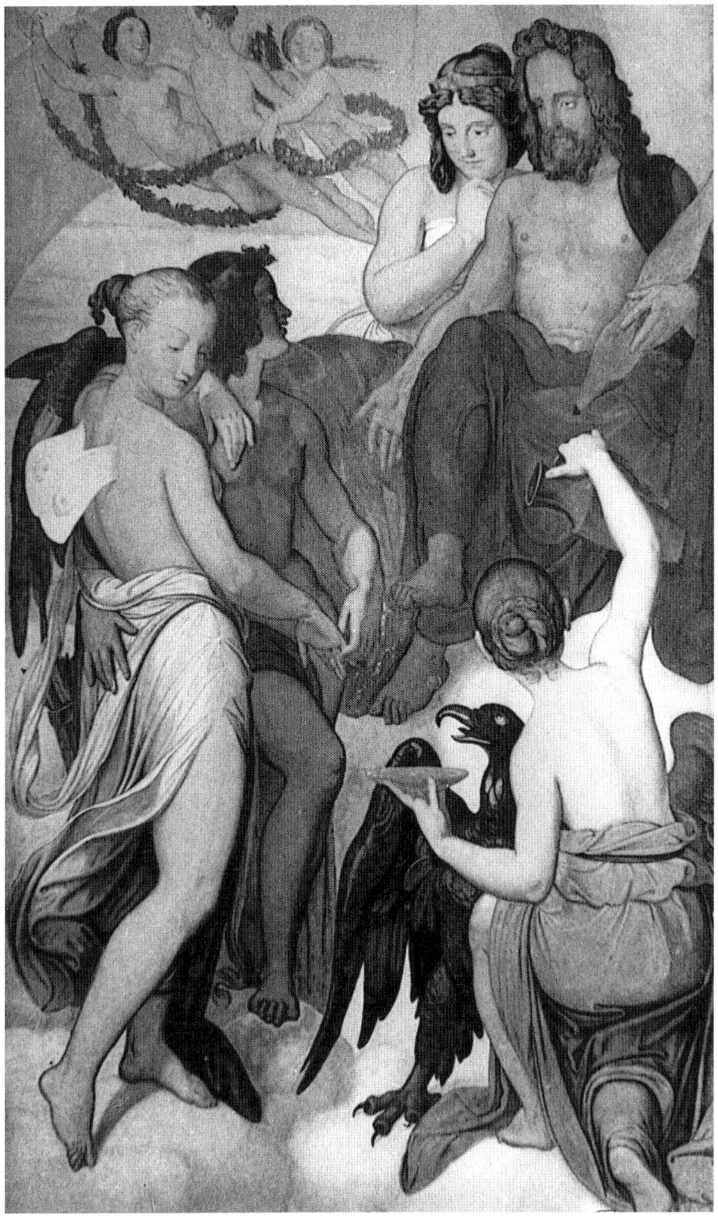

56
Moritz von Schwind
1804 Wien – 1871 München
Amor bittet Jupiter
um Vermählung mit Psyche
1838
Fresko, 210 × 126 cm
Gartensalon (Musikpavillon)
Rüdigsdorf/Kreis Geithain

Die schöne Geschichte von Amor und Psyche hat der zumeist in München tätige Moritz von Schwind gemeinsam mit dem Maler Leopold Schulz (1804–1873) in einem Zyklus im Gartensalon des Schlosses Rüdigsdorf gestaltet; Julius Schnorr von Carolsfeld, der 1846 Direktor der Dresdener Gemäldegalerie wurde, aus Leipzig stammte und daher mit dem Auftraggeber Wilhelm Leberecht Crusius bekannt war, hatte ihm diese Arbeit vermittelt. Die insgesamt neun Bilder zeigen in ihrer großen Anmut den Einfluß der berühmten Fresken gleichen Inhalts nach den Entwürfen von Raffael in der Villa Farnesina in Rom, die Schwind bei seinem Italienaufenthalt 1835 kennenlernte. Als Hauptmeister der süddeutschen und österreichischen Romantik hat er den Stoff in der ihm eigenen liebenswürdigen Weise poetisch-märchenhaft aufgefaßt. Es kann auch bei dieser Szene keinen Zweifel geben, daß alles ein glückliches Ende finden wird. Das Götterkönigspaar blickt voller Wohlwollen auf die beiden geflügelten Bittsteller: Amor, der den Blick erhebt, und Psyche, die ihn züchtig und demütig abwendet: ihrem Wunsch wird Erfüllung werden. Jupiters Adler richtet ebenfalls den Blick auf sie und ist gleichsam Zeuge, während Genien mit der Girlande heranschweben und Hebe aus ihrem Krug Nektar in eine Trinkschale gegossen hat und diese für den feierlichen Vollzug der Vermählung bereithält. Psyche hatte sich zuvor von Furien peitschen lassen und in die Unterwelt hinabsteigen müssen. Nun finden ihre Ausdauer und die gegenseitige große Liebe der beiden die verdiente Belohnung: Psyche wird unter die Unsterblichen des Olymps aufgenommen.

△ Giulio Romano,
Palazzo del Te, Mantua
▽ Apulejus, Amor und Psyche

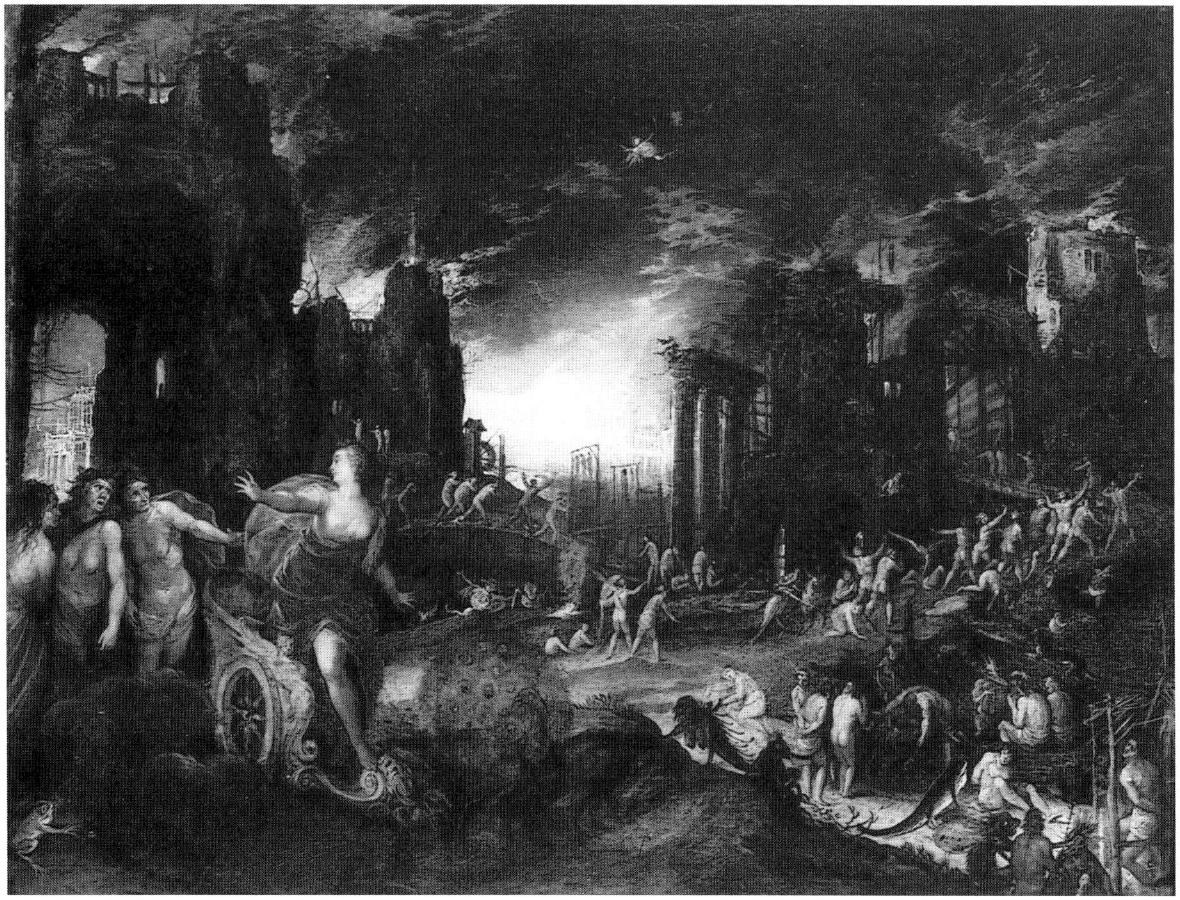

57
Jan Brueghel der Ältere
1568 Brüssel – 1625 Antwerpen
Juno in der Unterwelt
Bezeichnet links unten:
BRVEGHEL 1592
Kupfer, 25,5 × 35,5 cm
Gemäldegalerie Alte Meister,
Dresden

So groß war das Rachegelüst der Himmelskönigin gegen die Pflegeeltern des Bacchusknaben, daß sie sogar in den Hades hinabstieg und den Anblick aller Schrecknisse auf sich nahm. Ein furchtbarer Brand im Hintergrund erleuchtet fahlgelb die weite Felslandschaft, und auch hinter der Richtstätte links auf der Höhe neben einer verfallenen Burg steigt rote Lohe auf. Greuliche Spukgestalten, Mißgeburten mit Körperteilen von Insekten, Vögeln oder Fledermäusen, zwingen die Verdammten zu einem höllischen Reigen, und keiner kann den Teufeln entgehen. Juno, begleitet von ihrem Pfau, bleibt unbedroht, und die Gespenster müssen ihr zu Diensten sein. Die fast nackten, hexenhaften Erinyen mit ihren von Nattern umzüngelten Häuptern nehmen die Befehle entgegen, die Juno ihnen mit ausgestrecktem Arm erteilt, ohne länger als erforderlich zu verweilen. – Jan Brueghel hat auf kleinem Raum mit höchster Feinheit der Pinselführung eine Fülle von Einzelheiten vereinigt. Er war der Begabtere der beiden Söhne Pieter Bruegels d. Ä., eng mit Rubens befreundet, und hat auch zahlreiche Blumenbilder gemalt, die ihm den Namen »Blumen-Brueghel« eintrugen; wegen seiner Vorliebe für Samt- und Seidenstoffe wurde er auch »Sammet-Brueghel« genannt. Seine wie auch hier zuweilen von einem raffinierten Manierismus bestimmten Landschaftsbilder verraten ein starkes Naturgefühl und wurden schon von den Zeitgenossen sehr häufig kopiert und nachgeahmt.

△ Frans Wouters,
Museum der bildenden Künste,
Budapest
▽ Ovid, Metamorphosen IV,
447–478

58
Ferdinand Bol
1616 Dordrecht – 1680 Amsterdam
Semele in Erwartung des Zeus
Frühe 1660er Jahre
Bezeichnet F. Bol 166… (?)
Leinwand, 207 × 184 cm
Schloß Elisabethenburg, Meiningen

Das Bild des Rembrandtschülers Bol ist auch als Darstellung der Danae gedeutet worden, zu der Zeus in Gestalt eines goldenen Regens kam, um in ihren Schoß zu gelangen und Perseus zu zeugen. Semele war dagegen schon sechs Monate schwanger von ihm, als er ihr den verderblichen Wunsch erfüllte, sich in seiner wahren Gestalt zu zeigen. Tatsächlich läßt der Körper der vollbusigen jungen Frau in Bols Gemälde von einer Schwangerschaft nichts erkennen. Sie muß aber Semele sein, denn der göttliche Liebhaber erscheint ihr in Gestalt des Adlers, in den Fängen die gebündelten Blitzstrahlen, die der Vorwitzigen den Tod bringen: Der Mensch versuche die Götter nicht! Zeus ist zugleich in schemenhafter menschlicher Gestalt gegenwärtig, hinter dem Vorhang hervortretend, mit einer Handbewegung, die auf gespenstische Weise sowohl einladend als auch im Hinblick auf den tragischen Ausgang dieses Zusammentreffens wie bedauernd wirkt. Eros indessen ist getreu seinem andauernden Auftrag noch bemüht, einer Liebesbegegnung die letzten Hindernisse aus dem Weg zu räumen – doch wird es nicht mehr dazu kommen. Die Figur der Semele zeigt seitenverkehrt Ähnlichkeiten mit der in den dreißiger Jahren des 17. Jahrhunderts gemalten Danae Rembrandts in der Petersburger Ermitage. Das Motiv des Erosknaben, der Semele das Laken wegzieht, ist in Correggios »Danae« in der Galleria Borghese in Rom vorgebildet.

△ Tintoretto,
National Gallery, London
△ Jacopo Amigoni,
Herzog Anton Ulrich-Museum,
Braunschweig
▽ Ovid, Metamorphosen III,
259–309

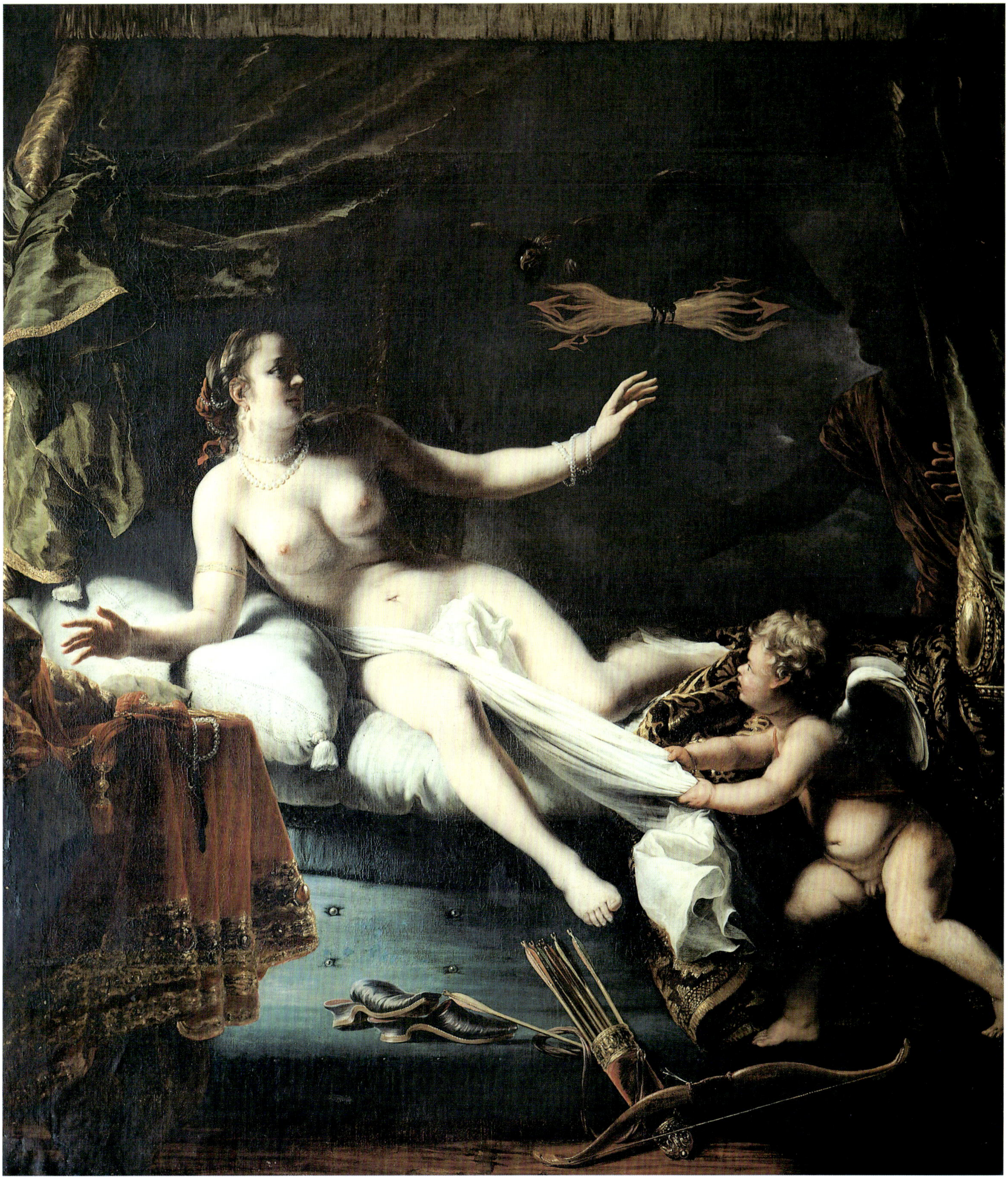

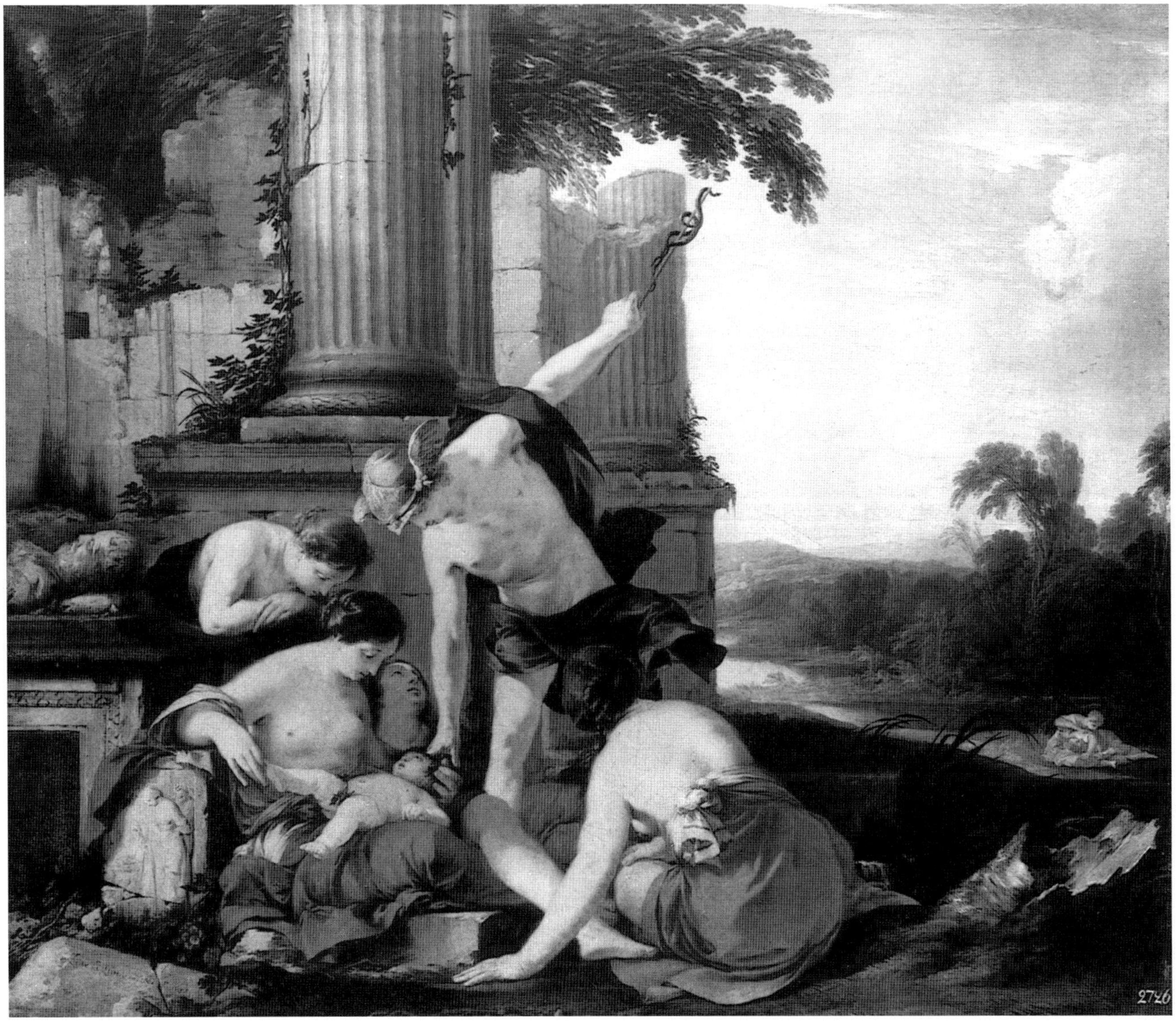

59
Laurent de la Hyre
1606 Paris – 1656 Paris
Merkur vertraut Bacchus den Nymphen an
Bezeichnet unten über dem Stein:
L. de la Hyre m. x. F. 1638
Leinwand, 125 × 153 cm
Staatliche Ermitage, St. Petersburg

Das Bild wurde 1772 aus der Sammlung Crozat in Paris für die Zarin Katharina II. erworben. Es ist ein Beispiel für die akademisch-klassizistische, aus dem Geist des Rationalismus geborene Auffassung, die besonders von Nicolas Poussin begründet wurde und die Kunst im absolutistischen Staat des 17. Jahrhunderts weithin prägte. Sie ist bestimmt durch kühle Klarheit und disziplinierte Strenge. Merkur mit Flügelkappe und dem achtlos gehaltenen Kerykeion ist in rascher, nur ganz kurz unterbrochener Bewegung: So rasch, wie er gekommen ist, wird er wieder enteilen. Die Nymphen haben sich des Kindes schon angenommen, ohne große Gefühlsäußerungen, voller Gelassenheit, wie es nicht anders sein kann in dieser arkadischen Landschaft und im Bereich der antiken Architektur, die gegenüber der Dauer eines menschlichen Lebens eine Vorstellung von Ewigkeit geben: mächtige ionische Säulen mit weich kannelierten Schäften und attischen Basen auf hohen Piedestalen, Mauern aus gewaltigen Hausteinen gefügt und dazu feine Bildhauerarbeiten, von den Spuren der Zeit gezeichnet, aber ihr auch trotzend. Was der französische Maler mit ihr darstellte, war auch die von der Antike inspirierte Baukunst, die zu seinen Lebzeiten das Gesicht seiner Vaterstadt Paris für lange Zeit grundlegend prägte.

△ Joachim von Sandrart, Germanisches Nationalmuseum, Nürnberg
△ Hyacinthe Collin de Vermont, Musée de Tours
▽ Ovid, Metamorphosen III, 314–315

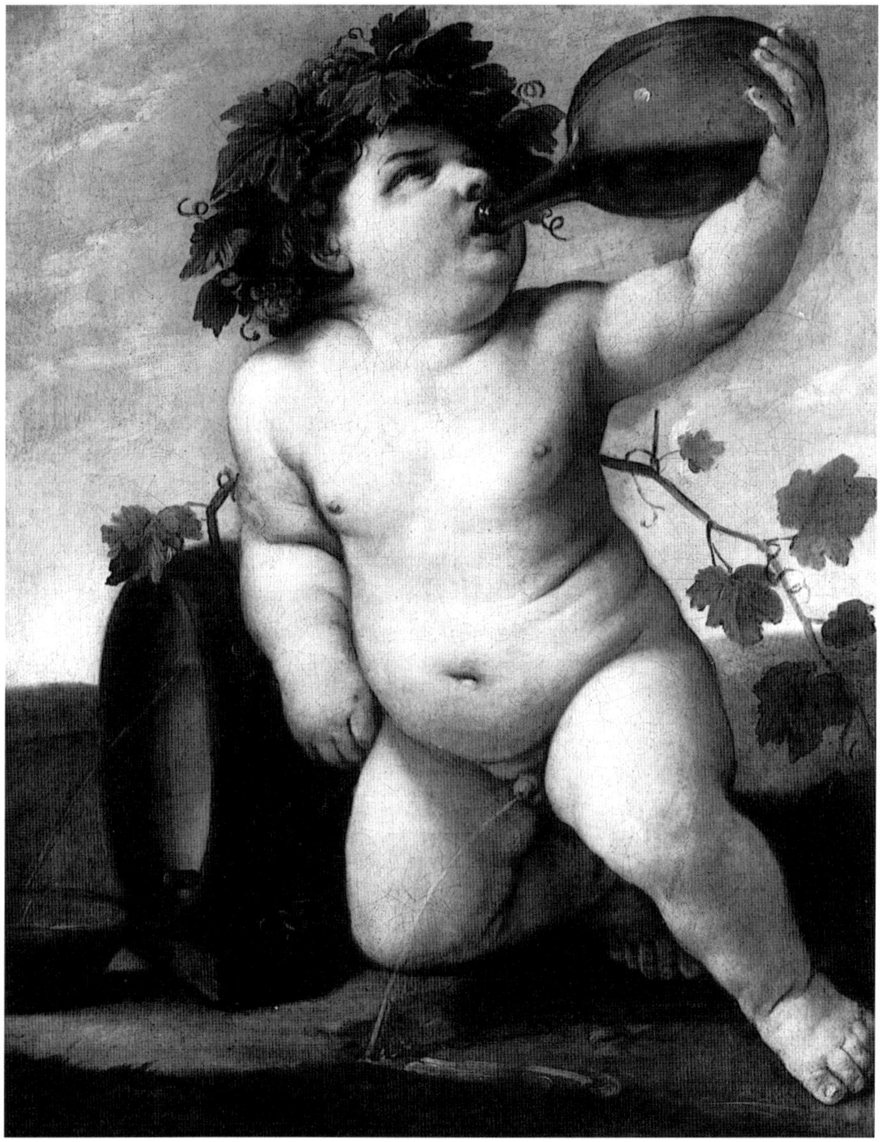

60
Guido Reni
1575 Bologna – 1642 Bologna
Trinkender Bacchusknabe
Um 1623?
Leinwand, 72 × 56 cm
Gemäldegalerie Alte Meister, Dresden

»Il Baccarino ignudo che rende ciò che beve« – »Der kleine nackte Bacchus, der abgibt, was er trinkt«, charakterisierte der Kunsthistoriograph Malvasia das Bild, als er es 1678 noch in der herzoglichen Galerie zu Modena sah. Kürzer und prägnanter läßt sich die Darstellung wohl nicht umschreiben, und von der Natur des Weingottes, wie sie sich schon in dessen jüngstem Alter offenbart haben könnte, hat der berühmte bolognesische Maler hier eine feste Vorstellung schaffen helfen. Bacchus erscheint als ein dickliches Kind, dessen Körperformen bereits die spätere überquellende Leibesfülle ankündigen. Der Wein bestimmt auch hier schon seine ganze Existenz: Laub und Beeren dieser edlen Pflanze, von der eine Rebe hinter ihm aufwächst, sind sein Kopfschmuck, roter Wein ist sein Getränk, ein volles Weinfaß seine Stütze, und so, wie Bacchus mit geübtem Griff den gläsernen Ballon ansetzt und das berauschende Getränk in seine Kehle rinnen läßt, so erleichtert er ungeniert gleichzeitig seine Blase und gibt die verbrauchte Flüssigkeit von sich – im gleichen Strahl wie das Faß den Wein aus dem Spundloch. Das humorvolle Bild ist Ausdruck barocker Genußfreudigkeit, Aufforderung zur Nachahmung, die gern befolgt wurde.

△ Giovanni Bellini, National Gallery of Art, Washington

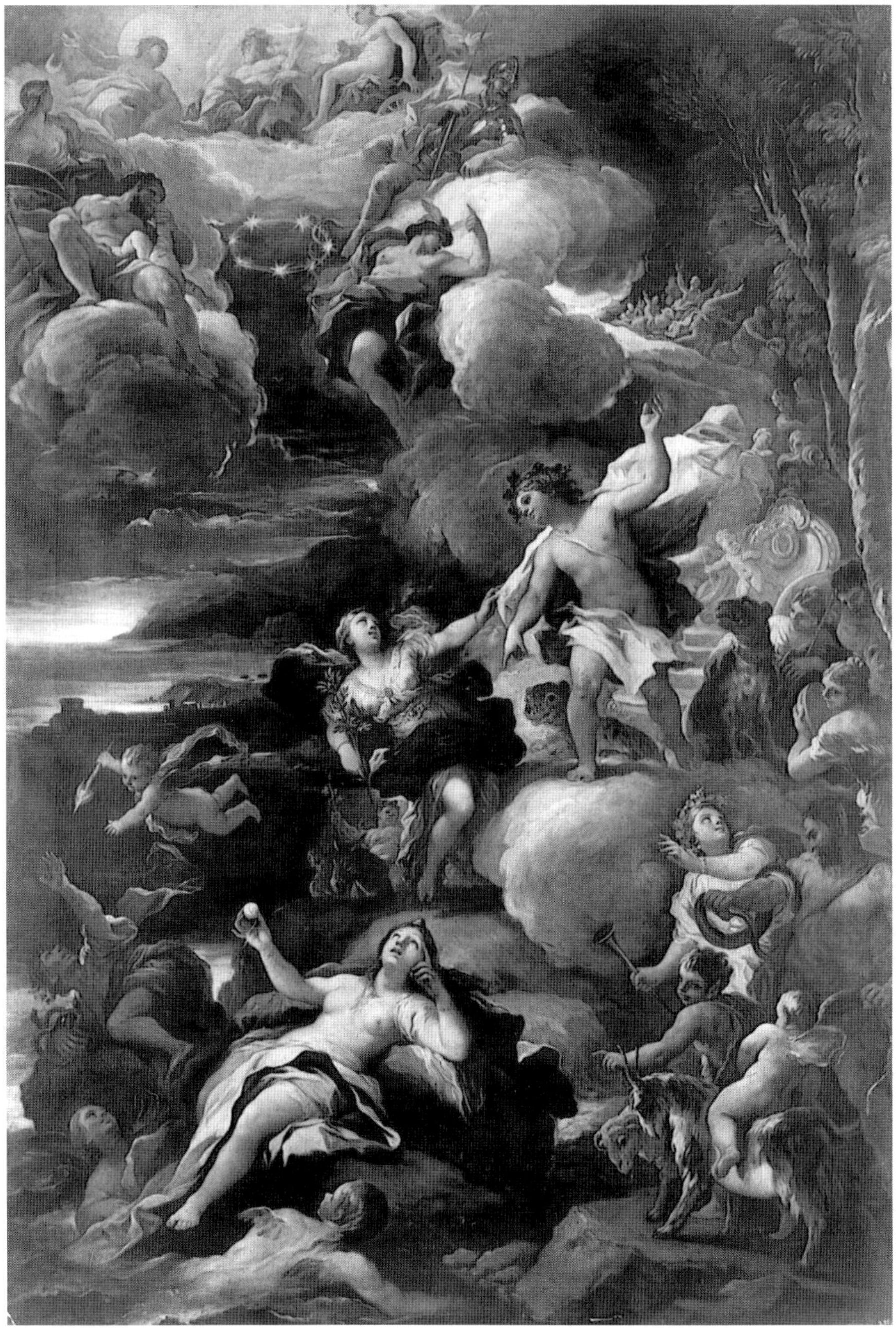

61
Luca Giordano
1632 Neapel – 1705 Neapel
Bacchus und Ariadne
Um 1682/83
Leinwand, 263 × 180 cm
Gemäldegalerie Alte Meister,
Dresden

An der reich gegliederten Küste der Insel Naxos trifft der junge und schöne, weinlaubumkränzte Bacchus auf die verlassene Ariadne. In einem rosaroten Mantel naht er sich auf einer Wolke an der Spitze eines großen Gefolges, geleitet von einer jungen Frau in dunkelblauem Gewand, die einen Ölzweig in der Hand hält und in der wohl Athena zu sehen ist, Stadtgöttin von Athen, Stifterin des Ölbaums und Beschützerin vieler griechischer Helden. Unter ihr wird im Hintergrund der auf seinem Esel reitende dicke Silen sichtbar. Ariadne ruht auf wasserbespülten Felsblöcken und ist an dem Wollknäuel zu erkennen, den sie wie zum Beweis ihrer Identität und zugleich wie fordernd mit der Rechten hochhält; der von ihr schon erwartete Freier wird sie auf diese Weise sicherer finden. Auch die zu Füßen Ariadnes im Wasser schwimmenden Nymphen halten nach ihm Ausschau, während Amor mit der Fackel sich im Fluge gegen ein häßliches altes Weib wendet, das an den Schlangen in seinen Händen als die Personifikation des Neides gedeutet werden kann. Ariadnes Diadem, das Bacchus als Sternbild der Krone an den Himmel versetzte, leuchtet über ihr hoch oben inmitten der Versammlung der Götter. Der Maler hat sich auch in diesem Entwurf für ein Deckenbild als ein großartiger Regisseur erwiesen. Das Bild steht den Fresken im Palazzo Medici-Riccardi in Florenz nahe.

△ Tizian,
National Gallery, London
▽ Ovid, Metamorphosen VIII, 176–182
▽ Philostratos d. Ä., Imagines I, 15ff.

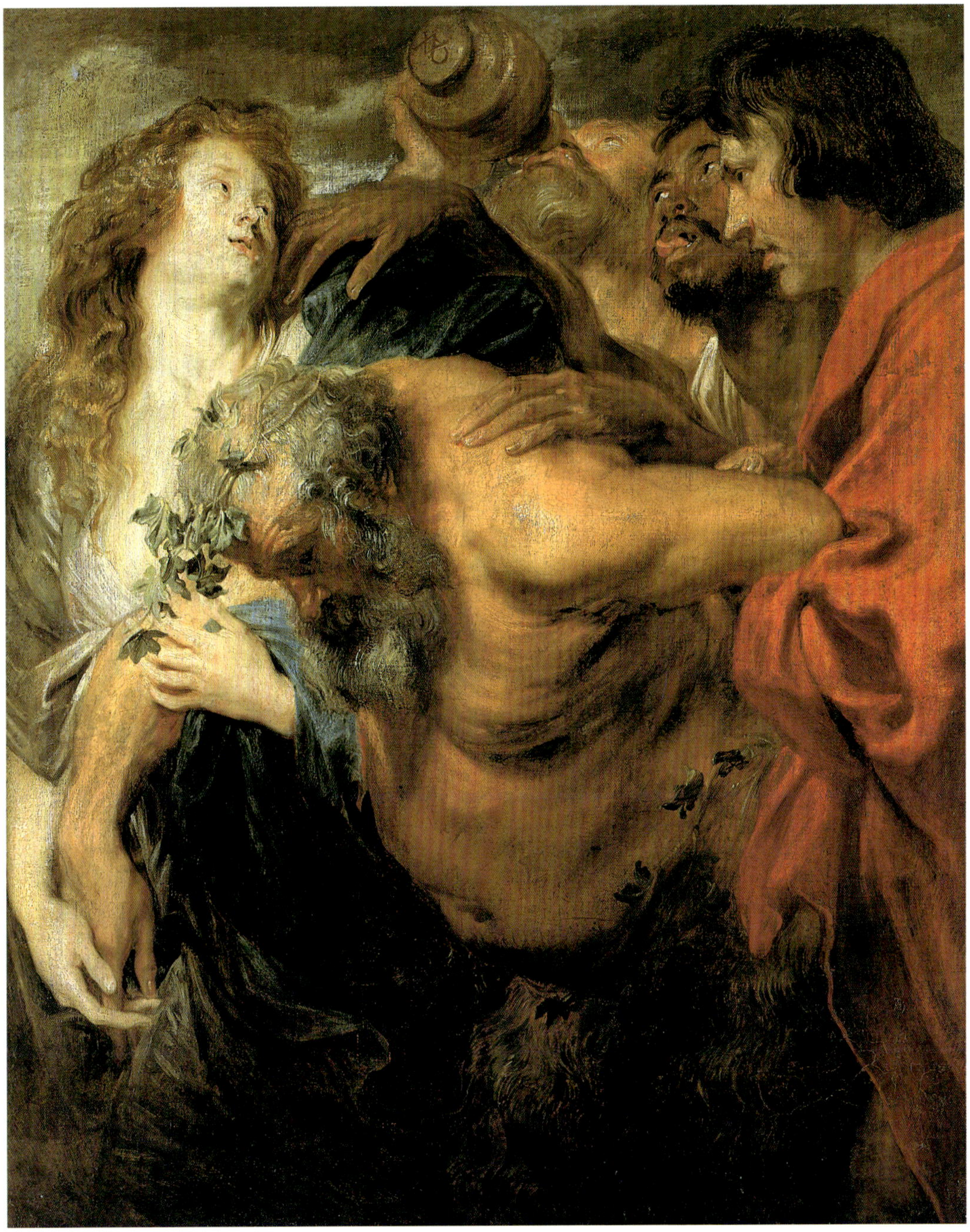

62
Anton van Dyck
1599 Antwerpen – 1641 London
Der trunkene Silen
Gegen 1619
Bezeichnet oben in der Mitte
am Krug: AVD
Leinwand, 107 × 91,5 cm
Gemäldegalerie Alte Meister,
Dresden

Als ein ausgesprochen frühreifes Talent hatte Van Dyck schon 1615 ein Bild mit dem trunkenen Silen gemalt. Inzwischen war er Gehilfe bei Rubens geworden und immer mehr zu seiner eigenen, nervös vibrierenden, ebenso geistvollen wie eleganten Handschrift gelangt. Das Motiv des weinlaubumkränzten, alten und ergrauten, von Gestalt massigen Silen im Kreise eines bacchantischen Gefolges ist nicht als derb-komische Posse aufgefaßt. Mag Silens Schwäche auch vom übermäßigen Weingenuß herrühren, so läßt sie ihn doch nicht zum Gegenstand des Spottes werden. Daß er der Unterstützung bedarf, die ihm von der schönen Bacchantin und dem porträthaft aufgefaßten kräftigen Mann im roten Mantel geleistet wird, tastet seine Würde nicht an. Er nimmt diese Hilfe mit Selbstverständlichkeit entgegen, ist in sich selbst versunken und hat auch keinen Anteil an der animalischen Gier nach dem Trunk oder dem sexuellen Verlangen, wie sie die zwei wüsten Gestalten in seinem Rücken erkennen lassen. Hier wird eine philosophische Haltung spürbar. Durch den Gegensatz zwischen Silens greisem Haupt und der einladenden Schönheit der jungen Rothaarigen, zwischen seinem gebräunten, kraftlos herabhängenden Arm und ihren hellhäutigen, gefühlvoll zarten Händen, die ihn behutsam umfassen, sowie durch das wechselvolle Mienenspiel gewinnt die Szene psychologische Tiefe.

△ Peter Paul Rubens,
Alte Pinakothek, München
△ Jusepe de Ribera,
Museo di Capodimonte, Neapel

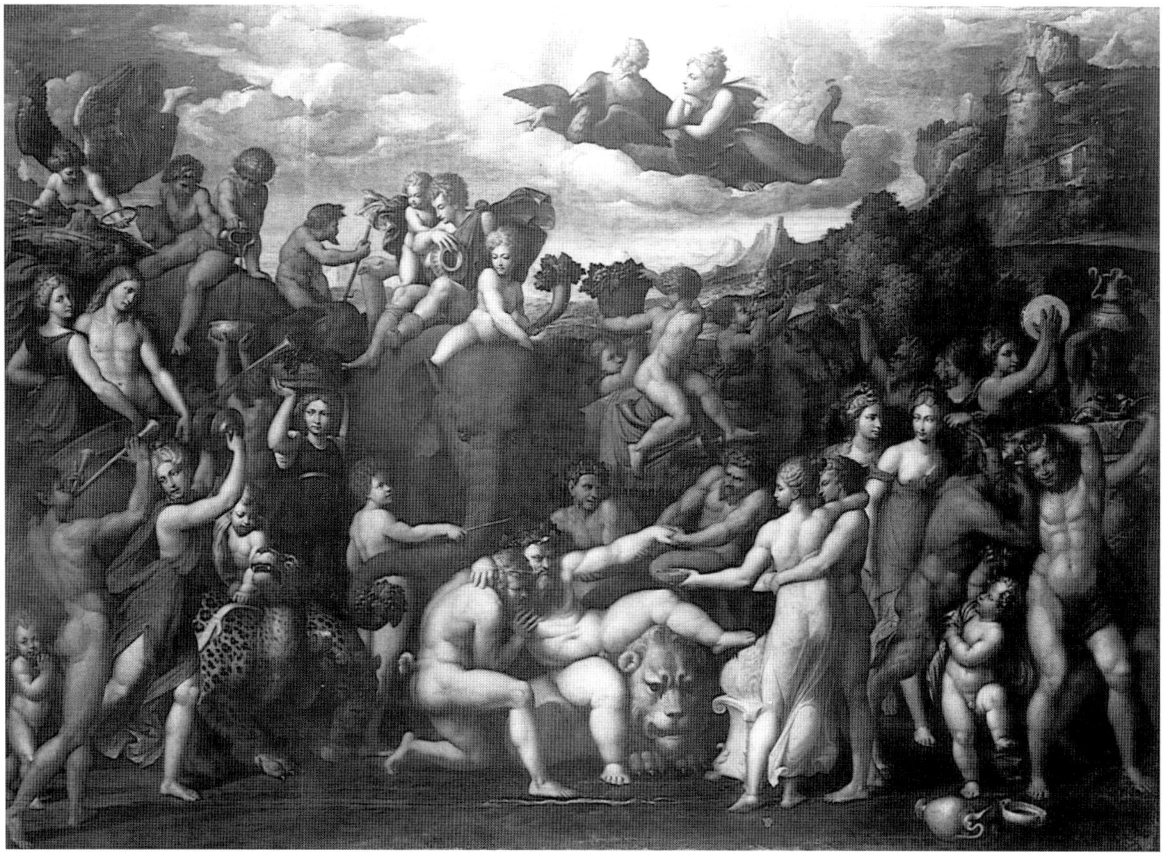

63
Garofalo,
eigentlich Benvenuto Tisi
Um 1481 wohl Ferrara
bis 1559 Ferrara
Die Rückkehr des Bacchus aus Indien
Vor 1543
Leinwand, 218 × 313 cm
Gemäldegalerie Alte Meister,
Dresden

Wie der Kunsthistoriograph Giorgio Vasari überlieferte, hat Garofalo, der vielfältig beeinflußte »ferraresische Raffael«, das große Gemälde unter Benutzung einer Zeichnung Raffaels für den Herzog Alfonso I. von Ferrara als Kaminstück gemalt. Es wurde früher als »Hochzeit des Bacchus und der Ariadne« oder dann einfach als »Bacchanal« betitelt. Bei genauerer Betrachtung wird aber deutlich, daß hier die Rückkehr des Wein- und Fruchtbarkeitsgottes von seinem Triumphzug nach Indien gemeint ist. Bacchus galt ohnehin als ein Gott, der von weither über das Meer nach Griechenland gekommen war, und sein Machtbereich konnte seinem Wesen gemäß auch keine Einschränkung durch irgendwelche Ländergrenzen erfahren. Die Komposition ist von antiken Sarkophagreliefs angeregt, und die verschiedenen figürlichen Motive erscheinen stark zusammengedrängt. In dem nur langsam vorwärtskommenden Zug erscheinen ganz links Bacchus und Ariadne auf einem von Panthern gezogenen goldenen Wagen, in der Menge hervorgehoben durch einen Genius, der zwei goldene Reifen über ihren Häuptern hält. Vorn in der Mitte ist auf einem Löwen der dicke Silen zu sehen, betrunken wie immer, so daß er von Satyrn gestützt werden muß. Auf Elefanten und Kamelen reitend oder zu Fuß, zum Flötenspiel mit Becken den Takt schlagend, Füllhörner mit Trauben tragend oder gefüllte Weinkrüge und daraus in die Trinkschalen einschenkend – so zieht das Gefolge, darunter Satyrn und Mänaden wie auch viele Kinder, daher, unter den Augen von Jupiter und Juno, die, bequem auf einer Wolke lagernd, dem Treiben zuschauen.

△ Jacob Jordaens,
Gemäldegalerie Alte Meister,
Dresden

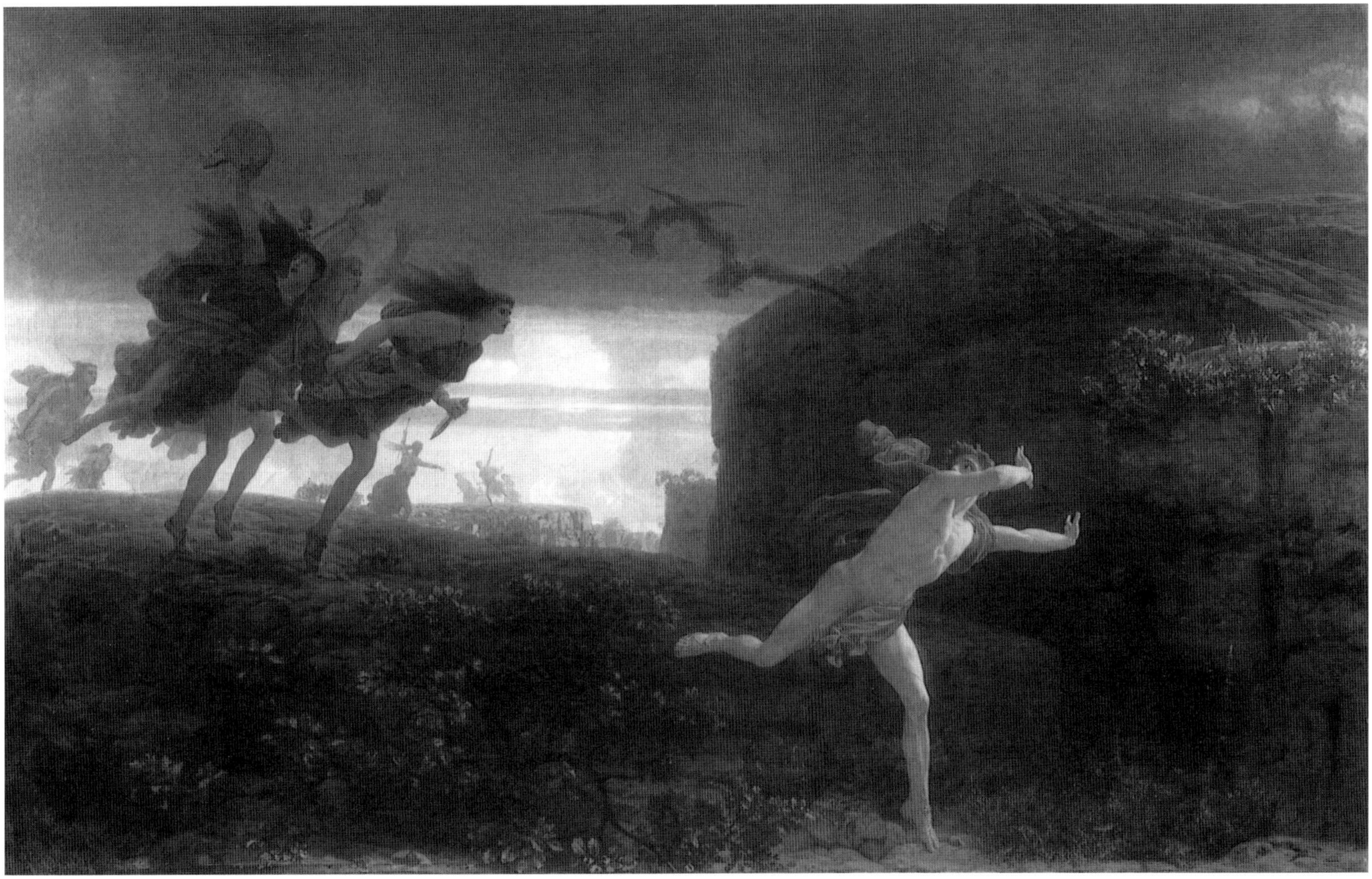

64
Charles Gabriel Gleyre
1806 Chevilly (Vaud) – 1874 Paris
Pentheus, von Mänaden verfolgt
1864
Leinwand, 121 × 201 cm
Kunstmuseum Basel

König Pentheus versucht zu fliehen, aber die Mänaden in ihrer Raserei werden ihn einholen – wie es Euripides in seiner Tragödie »Die Bakchen« geschildert hat. Wie Furien, mit aufgelöstem Haar und Mordwaffen in den Händen, verfolgen sie ihn, und im Zwielicht eines Sturmhimmels schweben unheilverkündend zwei gespenstische große Vögel dem Flüchtigen nach, der ihnen bald zum Opfer fallen wird. Der französisch-schweizerische Maler hat das Thema der Mänaden (Bacchantinnen), auch in Verbindung mit dem Motiv des Tanzes, mehrfach behandelt, so wie er sich in seinem letzten Lebensabschnitt vor allem der malerischen Verherrlichung der Frau gewidmet hat. In seiner klassizistischen Auffassung ist die Nähe zu Ingres bemerkbar.

▽ Ovid, Metamorphosen III, 701–731

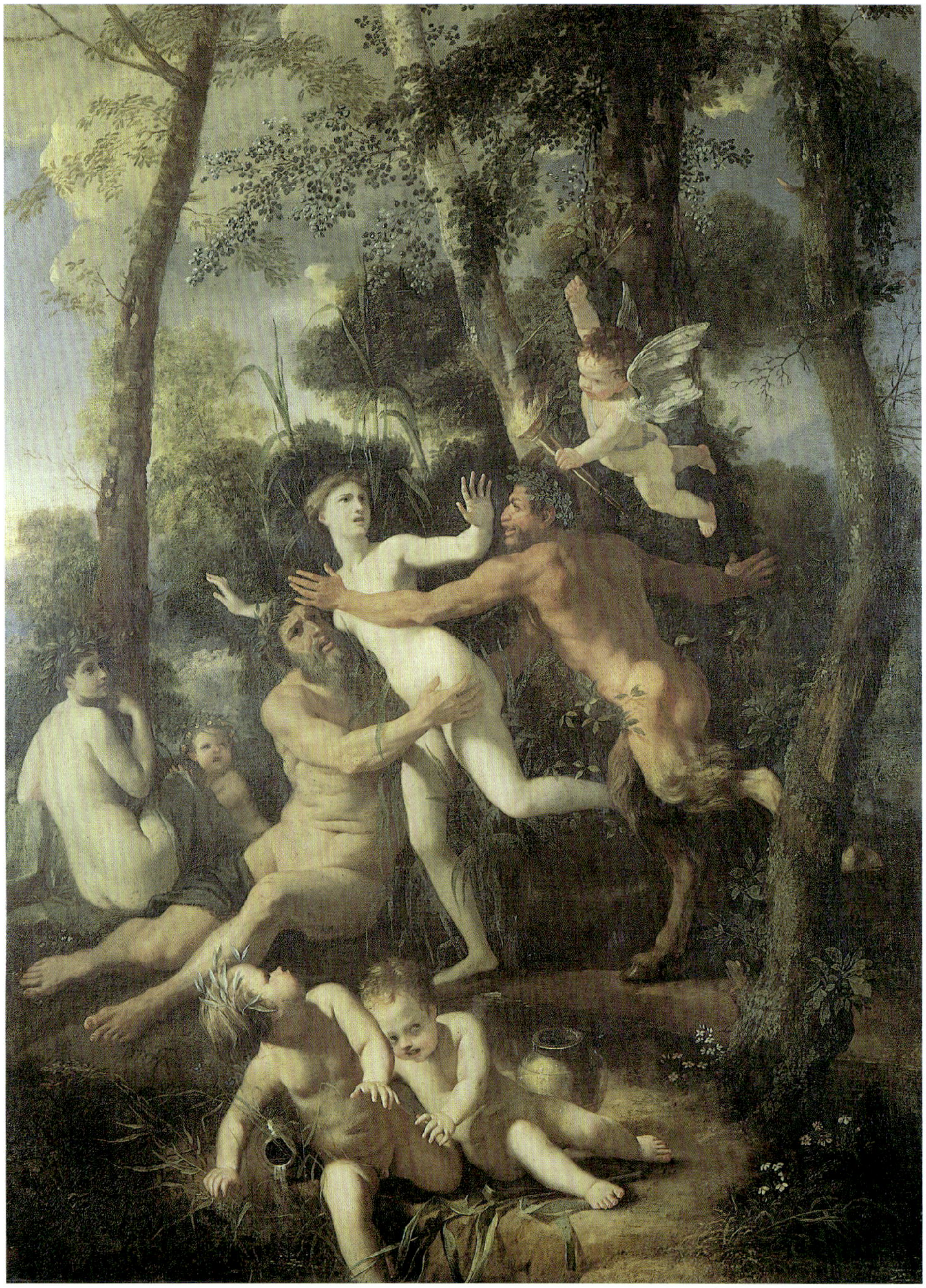

65
Nicolas Poussin
1594 Les Andelys (Normandie)
bis 1665 Rom
Pan und Syrinx
1637 – 1638
Leinwand, 106 × 82 cm
Gemäldegalerie Alte Meister,
Dresden

Poussin beweist hier gleichermaßen seine Meisterschaft im Figürlichen wie in der Landschaftsdarstellung und im Ausdruck des vollendeten harmonischen Gleichklangs zwischen beiden. Die Funktionen der einzelnen Bildteile sind unübertrefflich aufeinander abgestimmt. Einige schlanke, kurvig bewegte Stämme in unterschiedlichen Bildtiefen umgrenzen den Raum der Handlung, an der außer Pan und Syrinx noch Ladon und Amor mit der Fackel und einem Pfeil in den Händen beteiligt sind. Zwei kleine Knaben vorn am Flußufer, nach den wassergefüllten Gefäßen als Gottheiten kleinerer Wasserläufe zu deuten, und eine Nymphe mit einem dritten Knäblein sind Zeugen, wie der liebesgierige Pan sich der Fliehenden, die vor seiner Leidenschaft erschrickt, zu bemächtigen sucht. Er hat sie nach schnellem Lauf eingeholt, aber im gleichen Augenblick findet sie in den Armen ihres Vaters Schutz vor dem Verfolger, und Amor, der Anstifter, wird nicht mehr Zeit finden, sie mit seinem Pfeil zu treffen und umzustimmen, denn die Verwandlung in Schilfrohr hat schon eingesetzt: Auch der Betrachter muß mit Bedauern wahrnehmen, daß dieser schöne Körper seine Gestalt verlieren wird. In der stimmungsvollen Landschaft mit ihren silbrigen Tönungen ist etwas von der Kunst Corots vorweggenommen.

△ Jacob Jordaens,
Musées Royaux des Beaux-Arts,
Brüssel
△ Arnold Böcklin,
Gemäldegalerie Neue Meister,
Dresden
▽ Ovid, Metamorphosen I, 689 ff.

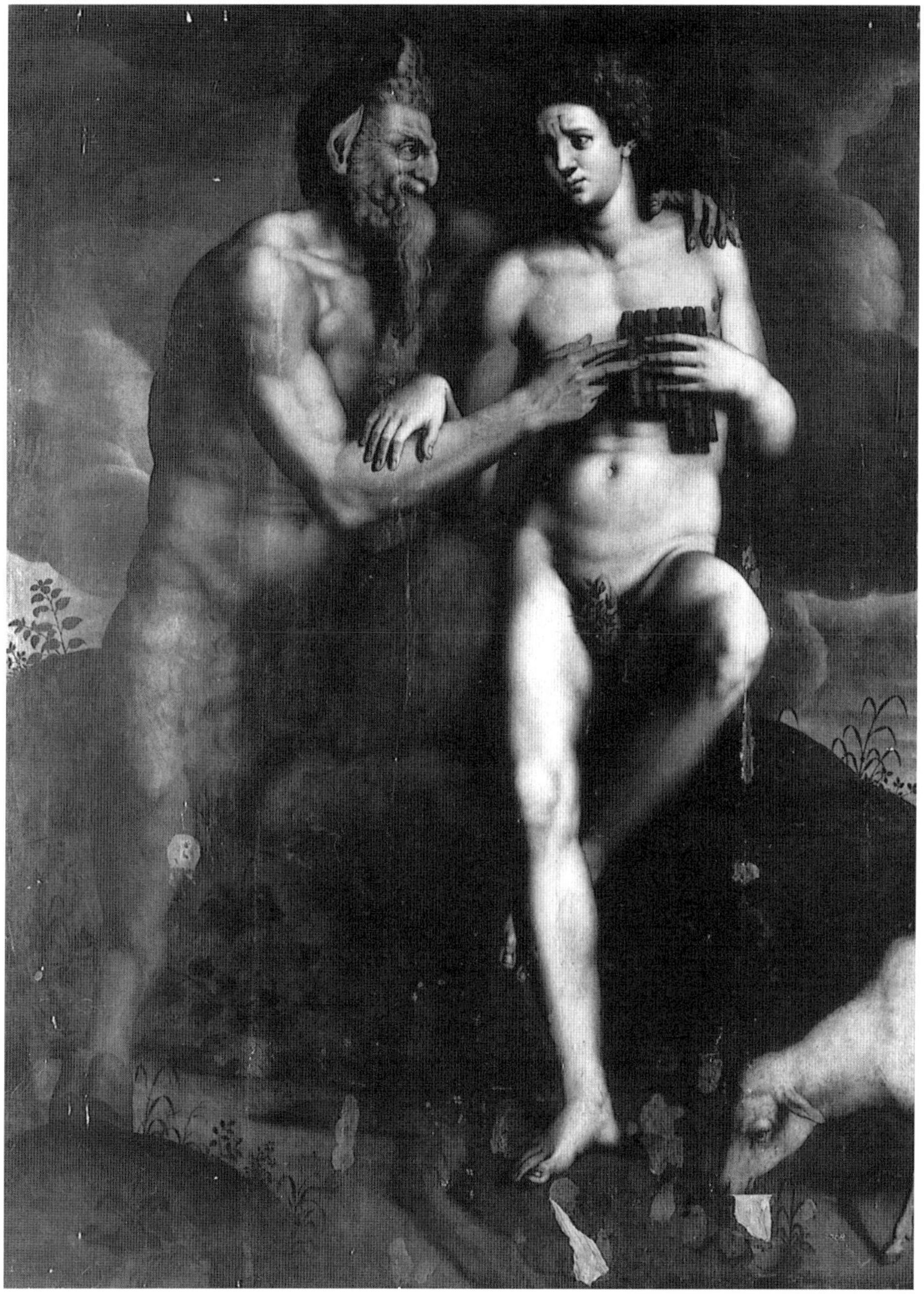

66
Giulio Romano,
eigentlich Giulio Pippi
Um 1499 Rom – 1546 Mantua
Pan und Daphnis
Pappelholz, 248 × 187 cm
Gemäldegalerie Alte Meister,
Dresden

Giulio Romano war der Hauptschüler und bevorzugte Gehilfe Raffaels und hat viele von dessen späteren Werken vollenden helfen. In diesem Bild mit den zwei überlebensgroßen Gestalten des Hirtengottes Pan und des schönen sizilischen Hirten Daphnis folgte er einer antiken Marmorgruppe, die heute im Museum von Neapel aufbewahrt wird, sich aber damals noch in Rom befand. Der Maler hat als Ort der Begegnung den Gipfel eines Berges gewählt – vielleicht ist der Ätna gemeint –, von dem aus Daphnis seine Herde gut überblicken kann; sie ist aber nur durch ein einziges Schaf angedeutet. Pan hat dem Hirten die von ihm erfundene und nach ihm benannte Panflöte aus mehreren nebeneinander angeordneten einzelnen Flöten, deren unterschiedliche Länge die gewünschten Tonabstufungen ergibt, überlassen. Er empfiehlt sie dem Jüngeren mit gutmütigem Lächeln zum Gebrauch, während er ihm vertraulich die Hand auf die Schulter legt. Der Hirt aber zögert, zaghaft und eher abwehrend berührt er mit der Rechten den Unterarm des Gottes, und sein Gesicht verrät Zweifel und Mißtrauen. Wenn er aber der Erfinder der bukolischen Dichtung, der Poesie über Hirten und Schäfer war, wie es überliefert ist, dann konnte er ohne die Panflöte nicht auskommen. Es heißt von ihm auch, daß er sich gegen die von Venus gesandte Liebe gewehrt habe und an diesem Zwiespalt zugrunde gegangen sei. Vielleicht war auch er ein Sohn Merkurs und damit der Bruder Pans. Das Bild galt beim Ankauf 1732 als Werk Michelangelos, dessen heroisches Körperideal Giulio Romano übernahm.

▽ Ovid, Ars amandi I, 732–739

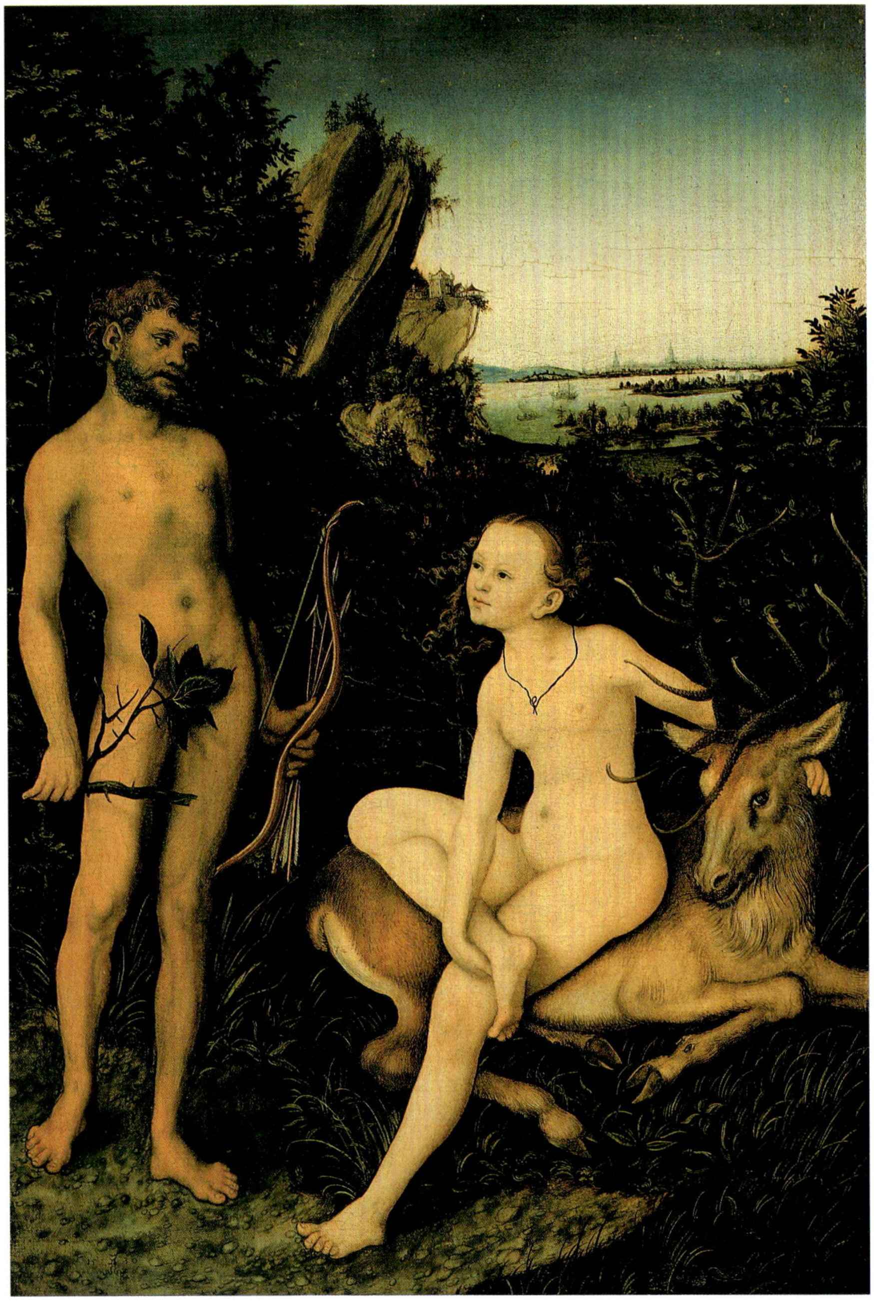

67
Lucas Cranach der Ältere
1472 Kronach/Oberfranken
bis 1553 Weimar
Apollo und Diana
in waldiger Landschaft
Bezeichnet links unten
mit der Schlange und 1530
Rotbuchenholz, 51,8 × 36,6 cm
Staatliche Museen zu Berlin,
Gemäldegalerie

Der ungewöhnlicherweise bärtige Apollon und seine Schwester Diana verkörpern in ihrer Schlankheit und den etwas gezierten Bewegungen ein Figurenideal, das einerseits dem Manierismus zuzurechnen ist, in der fast arabeskenhaften Bildung aber auch noch gotische Züge trägt. Cranach hat unter mythologischem wie auch biblischem Vorwand sehr gern weibliche Akte gemalt, die gelegentlich als lüsterne kleine Bürgersfrauen bezeichnet worden sind. Auch die Göttin der Jagd hat etwas leise Herausforderndes an sich, eine hintergründige, raffinierte Sinnlichkeit. Das Motiv des Reitens auf dem Hirsch verstärkt das Verführerische ihrer Erscheinung, die Vorstellung von der Bereitschaft zum Liebesspiel hinter scheinbar kühler Distanziertheit. Es ist mit Recht auf die Nähe zu Darstellungen des Sündenfalls hingewiesen worden, der so oder so nicht weit zu sein brauchte. Von der schamhaften Naivität des ersten Menschenpaares wäre hier aber nichts zu spüren. Apollon ist mit Pfeilen und Bogen bewaffnet als der gefürchtete und treffsichere Schütze, in seiner Eigenschaft als der strafende und verderbende Gott, der aber auch die Alten mit seinen Geschossen sanft von der irdischen Mühsal erlöst. Cranach zeigt hier zugleich seine besondere Vorliebe für die Darstellung von Wildtieren und sein großes Können als Landschaftsmaler. Als Angehöriger der Donauschule neben Malern wie Albrecht Altdorfer und Wolf Huber leistete er einen wesentlichen Beitrag zur Darstellung der reinen Landschaft, oft mit märchenhaft romantischer Stimmung, die auch hier anklingt.

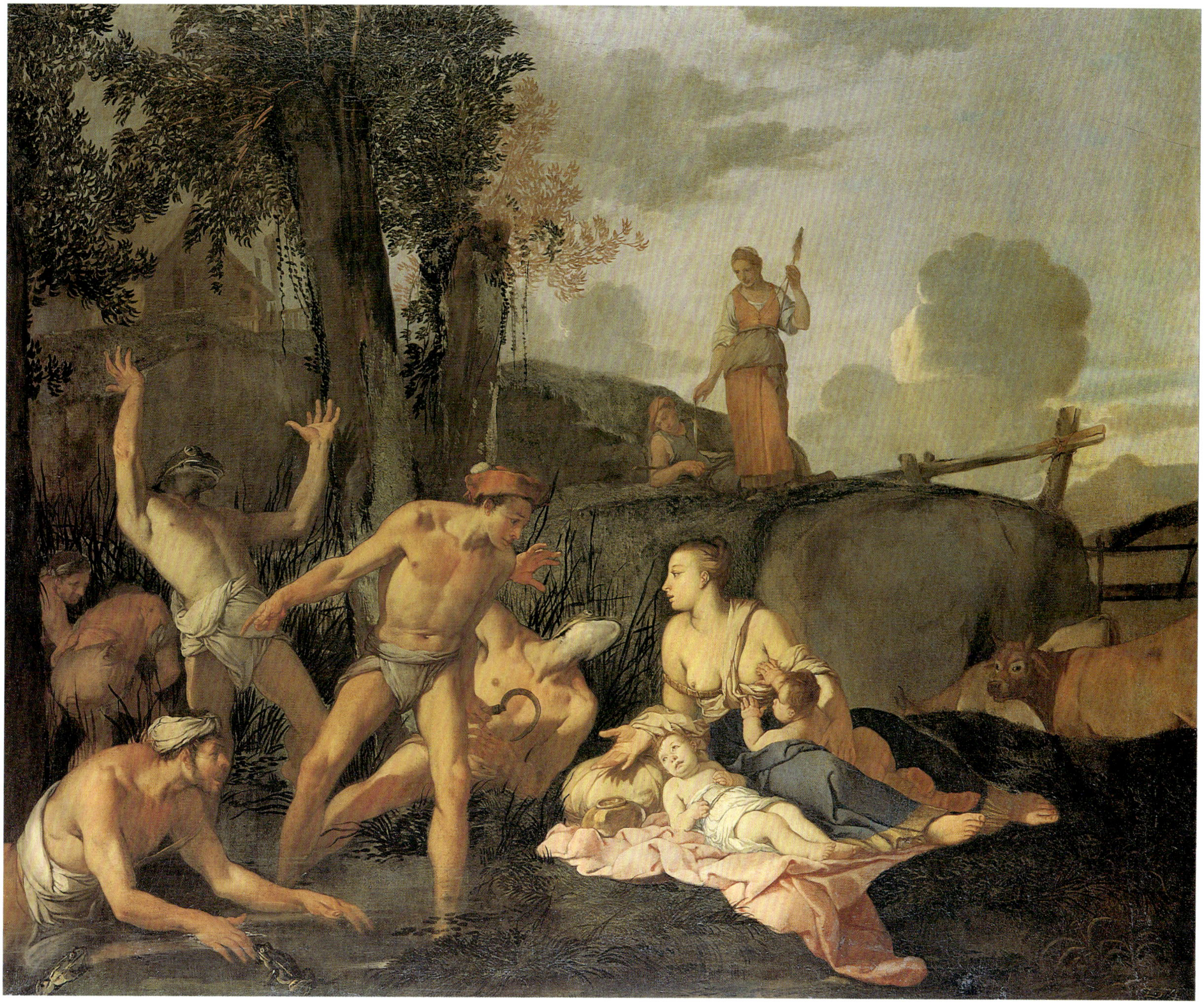

68
Giulio Carpioni
1613 Venedig – 1679 Vicenza
Latona verwandelt die Bauern in Frösche
Wohl um 1665 – 1670
Leinwand, 108 × 132 cm
Gemäldegalerie Alte Meister, Dresden

Carpioni hat hier in einem Meisterwerk seiner Reifezeit die unglaubliche Verwandlung zur glaubhaften Gegenwart gemacht. Menschen werden zu Fröschen, die von nun an für immer an diesen Tümpel gebannt sind. Besonders schrecklich ist es, daß sie das selbst ganz bewußt erleben. Mit Entsetzen lehnen sie sich ohnmächtig dagegen auf: Einer der beiden Bauern, die schon den Froschkopf mit dem häßlichen breiten Maul tragen, hebt verzweifelt die Arme, ein anderer, noch ganz menschengestaltiger mit der Sichel in der Hand, reckt sich flehend zu Latona hin, die mit ihren zwei Kindern neben der Wasserstelle lagert. Sie aber bleibt gegen die angstvollen und bittenden Gebärden der von ihr Verurteilten völlig ungerührt. So wirkt der schlimme Zauber fort. Carpioni hat nicht nur die Figuren mit sicherem Empfinden für Anatomie in ihren Haltungen und Wechselbeziehungen überaus suggestiv komponiert, sondern als ein echter venezianischer Maler auch die in verschiedenen Bildebenen ein wenig im Sinne von Kulissen aufgebaute Landschaft zur Unterstützung der Wirkung einbezogen. Es sind darin auch der Einfluß der holländischen Malerei und in dem ausgeprägten bukolischen Gehalt die Neigung zum 16. Jahrhundert und das Erbe Giorgiones erkannt worden.

△ Jan Brueghel d. Ä., Städelsches Kunstinstitut, Frankfurt am Main
△ Giuseppe Chiari, Galleria Spada, Rom
▽ Ovid, Metamorphosen VI, 313–381

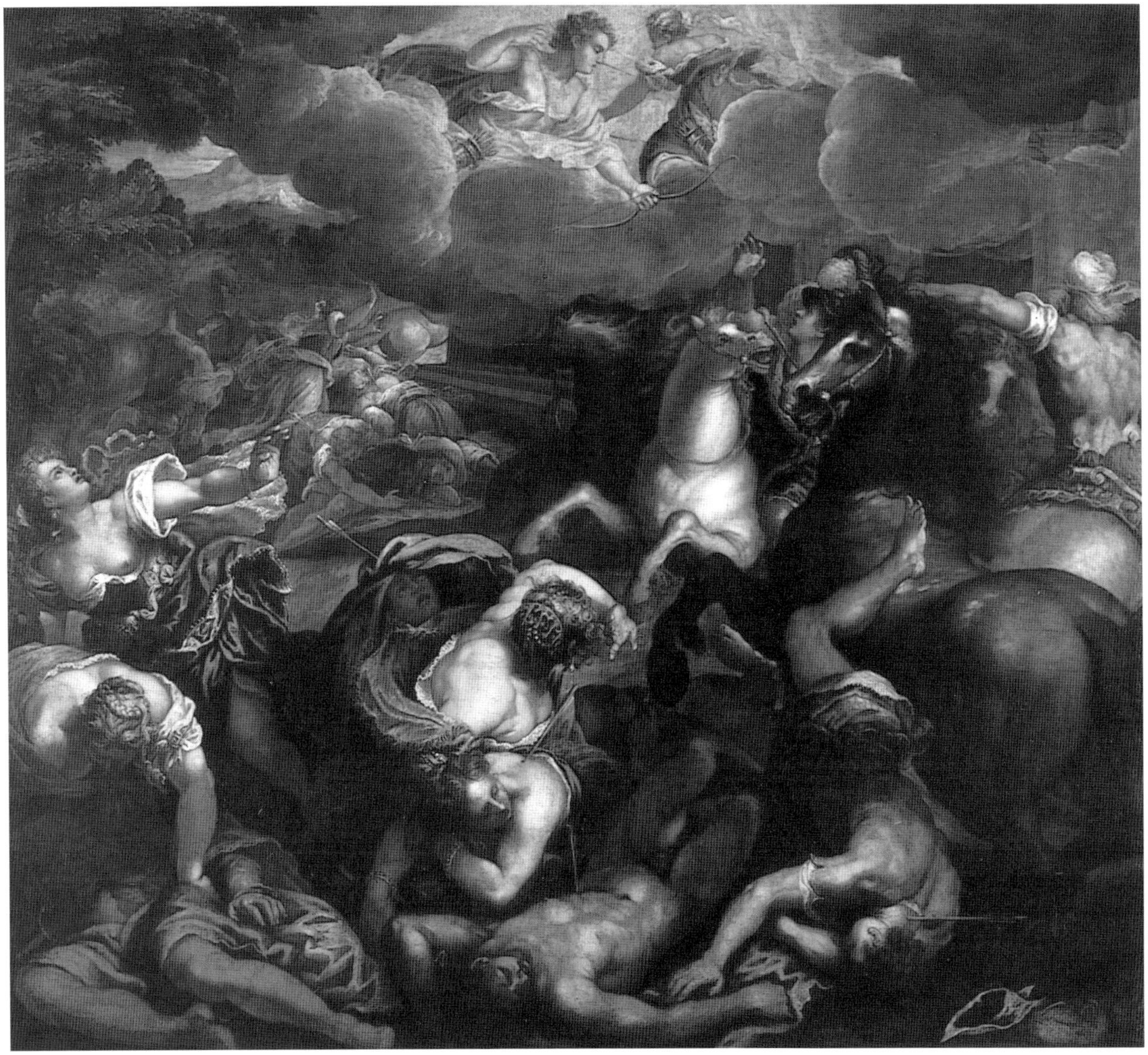

69
Vicentino,
eigentlich Andrea Michieli
Um 1539 Vicenza – nach 1617
Venedig
Der Tod der Niobiden
Leinwand, 249 × 276,5 cm
Gemäldegalerie der Prager Burg

Dieses Bild Vicentinos aus der Sammlung des Erzherzogs Leopold Wilhelm in Brüssel war früher dem etwa gleichaltrigen Palma Giovane zugeschrieben. In einer dramatischen, das Chaos spiegelnden Komposition erleben wir die Hinrichtung der Söhne und Töchter Niobes durch Apollon und Artemis unter den Mauern Thebens. Sie erleiden den Tod unschuldig und büßen nur für den Hochmut ihrer Mutter, durch den die Grausamkeit des göttlichen Geschwisterpaares jedoch nicht gerechtfertigt wird. Der Maler hat die beiden zeitlich aufeinanderfolgenden Handlungsphasen in einem Bild vereinigt und das Furchtbare des Massenmordes damit noch deutlicher gemacht. Vergeblich versuchen die Todgeweihten ihrem Schicksal zu entgehen, die Geschosse abzuwehren oder vor ihnen zu flüchten, sie werden doch von ihnen erteilt und brechen zusammen. Indem Niobe, die unglückselige Mutter, ihr jüngstes Kind auf ihrem Rücken unter dem Mantel zu verbergen sucht, ist es doch schon von einem Pfeil in die Stirn getroffen und entseelt, ebenso, wie die schon erwachsene Tochter, die sie mit ihrem eigenen Körper zu decken versucht hatte, das Geschoß schon im Rücken stecken hat. Bald wird alles Leben ausgelöscht sein. Mit den dynamischen Stilmitteln des Manierismus, den oft gegenläufigen Bewegungen der Menschen- und Tierkörper in knäuelartigen Gruppierungen und den zuckenden Helldunkelkontrasten ist hier ein grausiger Totentanz geschildert.

△ Abraham Blomaert,
Statens Museum for Kunst,
Kopenhagen
▽ Ovid, Metamorphosen VI,
204–312

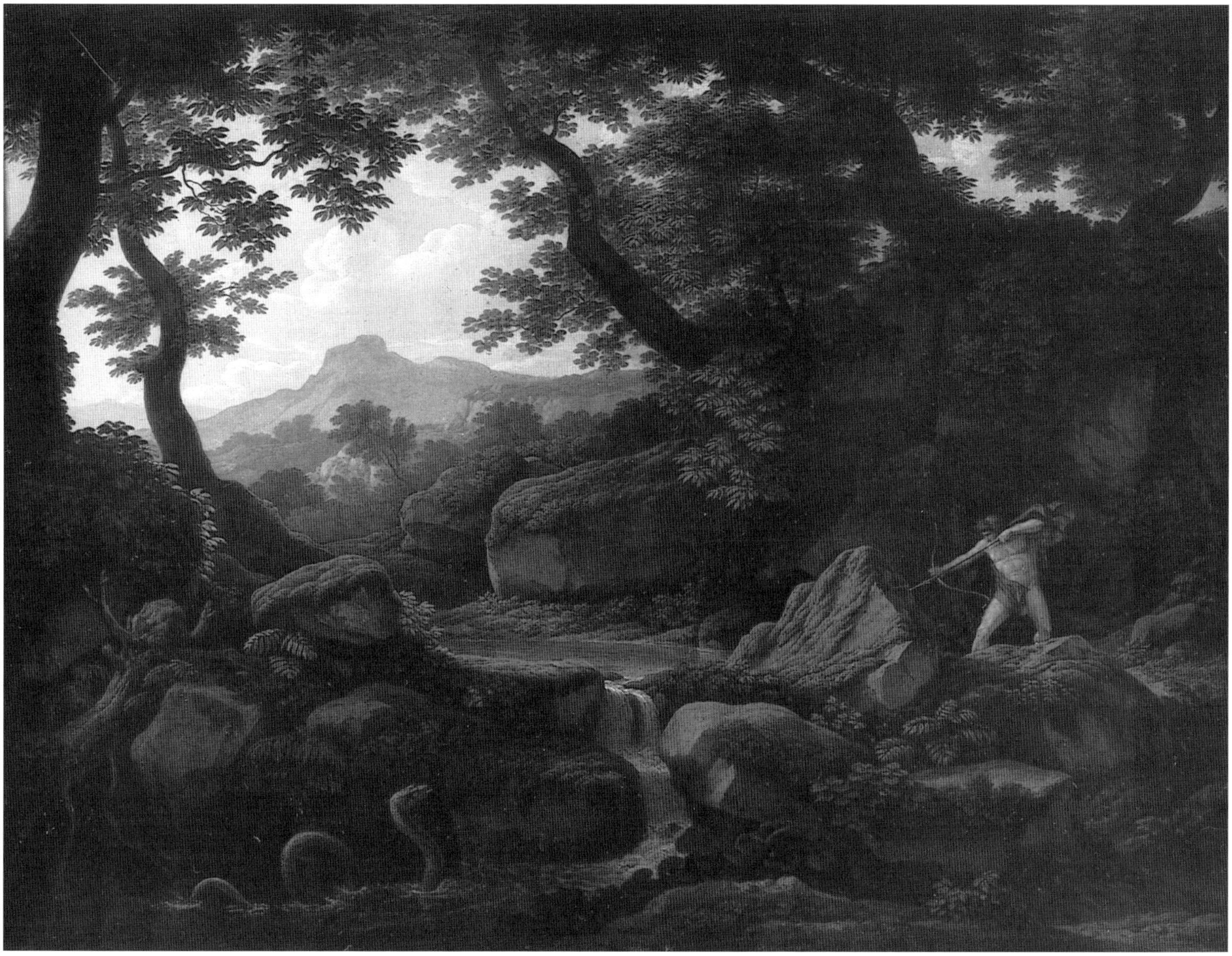

70
Johann Christian Reinhart
1761 Hof (Bayern) – 1847 Rom
Apollon tötet die Python
1817
Holz, 55 × 72 cm
Wallraf-Richartz-Museum, Köln

An diesem sonnigen Sommertag mit Schönwetterwolken am Himmel besiegt der Gott des Lichtes das im Dunkeln hausende Ungeheuer. Ein wasserreicher Bach, der in der Ebene von dem fernen majestätischen Bergmassiv herkommt, fließt am Eingang des Waldes mit starkem Gefälle über große Steinblöcke zu einem tiefen, im Schatten der Bäume gelegenen Weiher. In diesem wildromantischen Waldgrund haust die Python und wird auch hier durch Apollon den Tod finden. Sie hat Kunde von dem Eindringling erhalten und nähert sich ihm in bedrohlicher Geschwindigkeit in der klaren Flut mit geschmeidigen Windungen, aber Apollon hat in der Deckung bemooster Felsen schon zum tödlichen Schuß angesetzt. – Das Vorbild für diese klassizistische Landschaftsdarstellung fand der nordbayerische Maler wie schon die Meister der idealen Landschaftskunst des 17. und 18. Jahrhunderts in der römischen Campagna. Er hatte eine Ausbildung an der Leipziger Akademie unter Adam Friedrich Oeser genossen, aber auch durch Werke von Jacob van Ruisdael, Meindert Hobbema und Allaert van Everdingen sowie von Claude Lorrain Anregungen empfangen. 1786 bis 1789 wirkte er am Hofe des Herzogs Georg I. von Sachsen-Meiningen in Meiningen und ging dann nach Rom, wo er in Gemeinschaft vor allem mit Joseph Anton Koch seine künstlerische Vollendung erlangte. Die im Sinne von Baumschlag etwas schematisierte Auffassung des Blattwerks erinnert noch an das klassische Lehrprogramm. Zugleich aber verstand es Reinhart, der Natur vielerlei Stimmungswerte abzugewinnen und ihr den heroischen Charakter zu verleihen, der dem dramatischen Geschehen gerecht wird.

△ Johann Sporer,
Staatliches Museum, Schwerin
(Elfenbeinplastik)
△ William Turner,
Tate Gallery, London
▽ Ovid, Metamorphosen I,
438–451

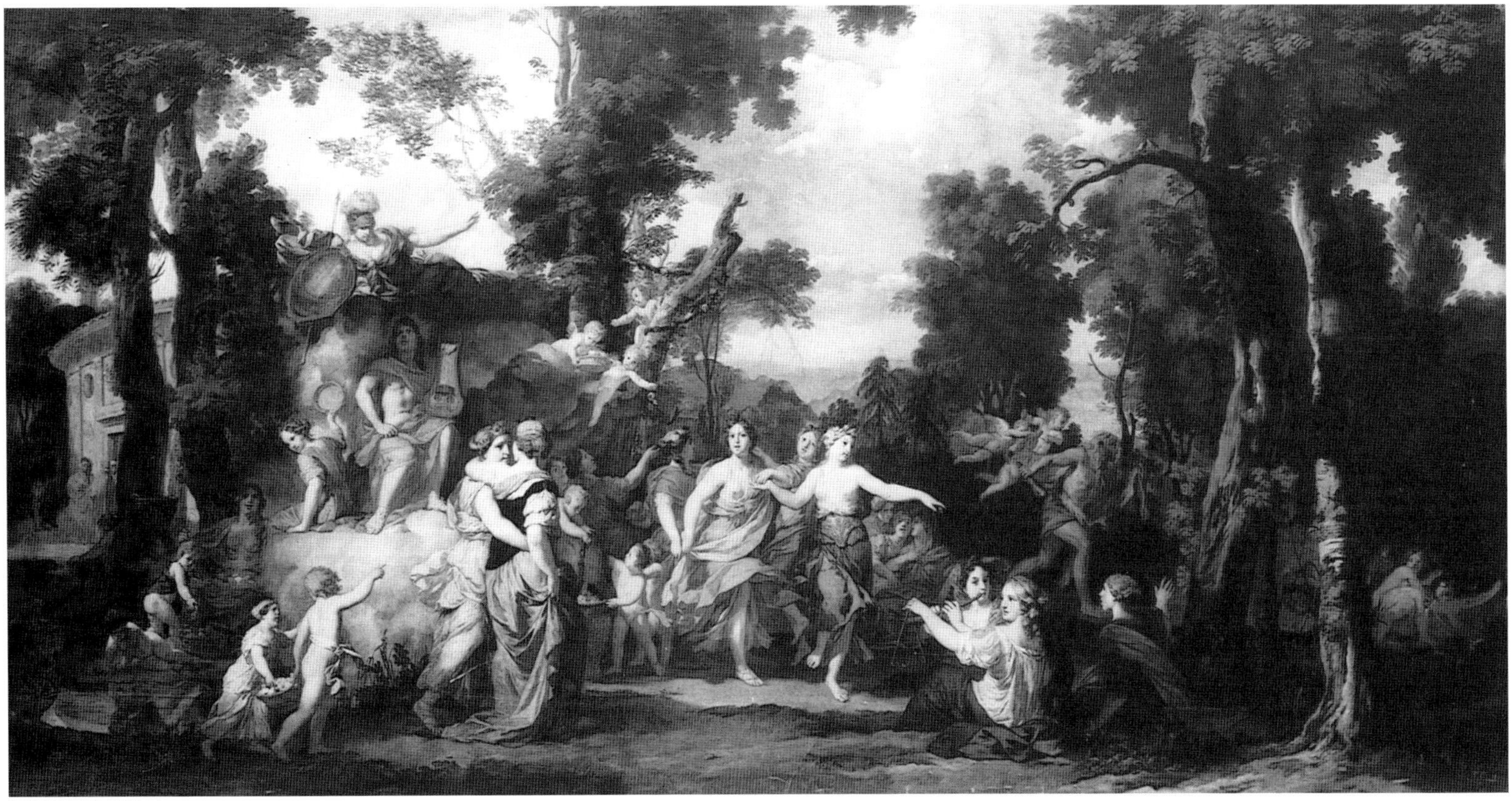

71
Gérard Lairesse
1641 Liège (Lüttich)
bis 1711 Amsterdam
Der Parnaß
Bezeichnet unten rechts:
G. Lairesse f
Eichenholz, 77,5 × 152,5 cm
Gemäldegalerie Alte Meister,
Dresden

Gérard Lairesse, der seine wallonische Geburtsstadt, wie es heißt wegen Liebeshändeln, mit 23 Jahren verlassen mußte, nach Holland ging und 1667 das Bürgerrecht in Amsterdam erwarb, hat den Parnaß als arkadisches Gefilde mit seinen Bewohnern in einer rhythmisch gegliederten, nahezu friesartigen Komposition gestaltet. Apollon, der den Musenberg Parnaß regiert, sitzt mit der Kithara, die hier aber einer Drehleier gleicht, links auf einem Felsvorsprung, ein Mädchen mit einem Tamburin zu seinen Füßen, und wendet den Blick nach oben, wo über ihm, behelmt, mit Speer und Schild, Pallas Athena lagert, die Göttin der Weisheit wie aller handwerklichen Künste, Patronin der Philosophen, Dichter und Redner. So hat ihr der Maler mit Recht einen Platz auf dem Parnaß zugewiesen. Links im Hintergrund ist der Tempel Apollons zu sehen; in ihm befindet sich das berühmte Delphische Orakel, dem der Gott selbst vorsteht. Vorn aber gruppieren sich in der parkartigen Landschaft voller Anmut die Musen, zwei von ihnen eng umschlungen schreitend, andere in graziösen tänzerischen Bewegungen oder auch musizierend, umringt von blumenstreuenden Genien. Im Mittelgrund aber sehen wir einen keulenbewehrten bärtigen Mann davoneilen: Es ist kein anderer als Herakles, der den Künsten wie dem leichten Weg der Lüste und des Wohllebens abgeschworen hat, wenngleich er wie die anderen griechischen Helden von Athena beschirmt wird. – Lairesse hat auch für den Kunsthändler Uylenburgh, der Rembrandts spätere Frau Saskia nach dem Tod ihres Vaters aufnahm, manche Aufträge ausgeführt. Er war der bedeutendste Vertreter des akademischen Klassizismus im Holland des späten 17. Jahrhunderts. Nach seiner Erblindung 1689/90 fristete er den Rest seines Lebens ziemlich kümmerlich mit Vorlesungen über die Theorie der Malerei.

△ Andrea Mantegna,
Louvre, Paris
△ Raffael,
Palazzo Vaticano, Rom
▽ Homer, Ilias I, 601–604

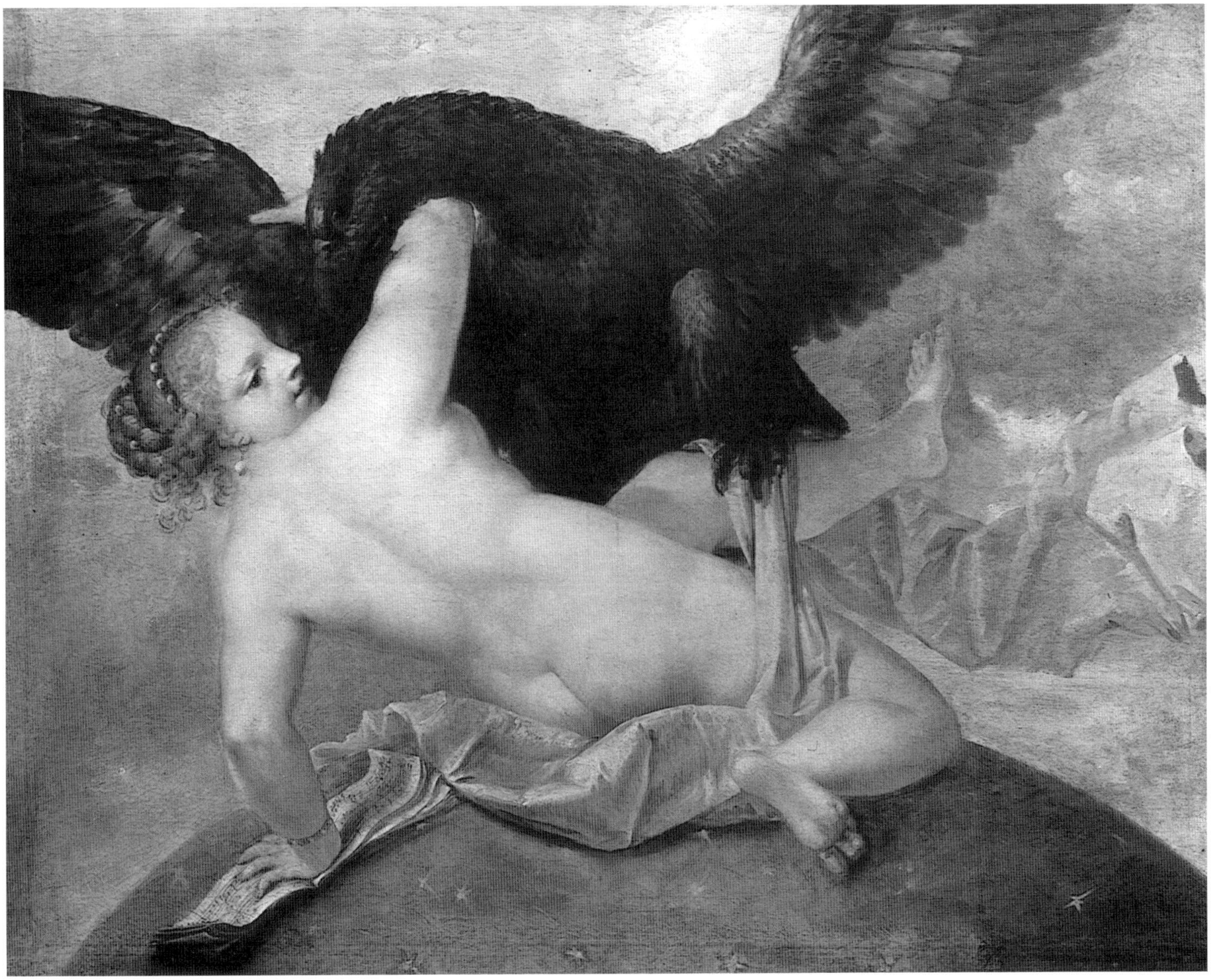

72
Marco Liberi
1640 Padua – nach 1725 Rom
Jupiter und Mnemosyne
Bezeichnet unten links
am Notenheft: Marcus Liberi
Leinwand, 118 × 153 cm
Museum der bildenden Künste,
Budapest

Mnemosyne als Tochter des Uranos, also des Himmels, und der Gaia, der Mutter Erde, war auserwählt, durch Jupiter die Mutter von neun vielfältig begabten Kindern, den Musen, zu werden. Es gibt keine literarische Quelle dafür, daß der Götterkönig ihr in Gestalt des ihm zugehörigen Adlers erschien, aber der venezianische Maler hat es so dargestellt. Die Auserwählte umfängt ihn, während er ihr mit der Kralle das verhüllende Tuch vom Körper zieht. Geschlechtliche Beziehungen zu Tieren waren der Antike nicht fremd. Hier ist im Beieinander des Vogel- und des Menschenkörpers eine deutliche kompositionelle Entsprechung zum Thema der Entführung des Ganymed durch den Adler gegeben, dabei eine auffallende Ähnlichkeit zu dem Bild von Girolamo da Carpi in Dresden, das ebenfalls von den gekreuzten Diagonalen bestimmt wird. Mnemosyne, wenngleich sie auf einer von Sternen übersäten Weltkugel lagert und sich dabei auf das Notenheft stützt, erscheint fast schwebend zwischen Himmel und Erde. Den schlanken, zarten blonden Frauentypus, bis hin zur Haartracht mit kleinen, um den Kopf gelegten Zöpfen, hat Marco Liberi von seinem Vater Pietro übernommen, und auch der von Tintoretto herzuleitende manieristische Einfluß ist wie bei diesem hier noch spürbar. Bilder Marco Liberis sind sehr selten, und auch das Thema ist sonst kaum dargestellt worden.

▽ Hesiod, Theogonie 75 ff., 915 ff.
▽ Ovid, Metamorphosen VI, 114

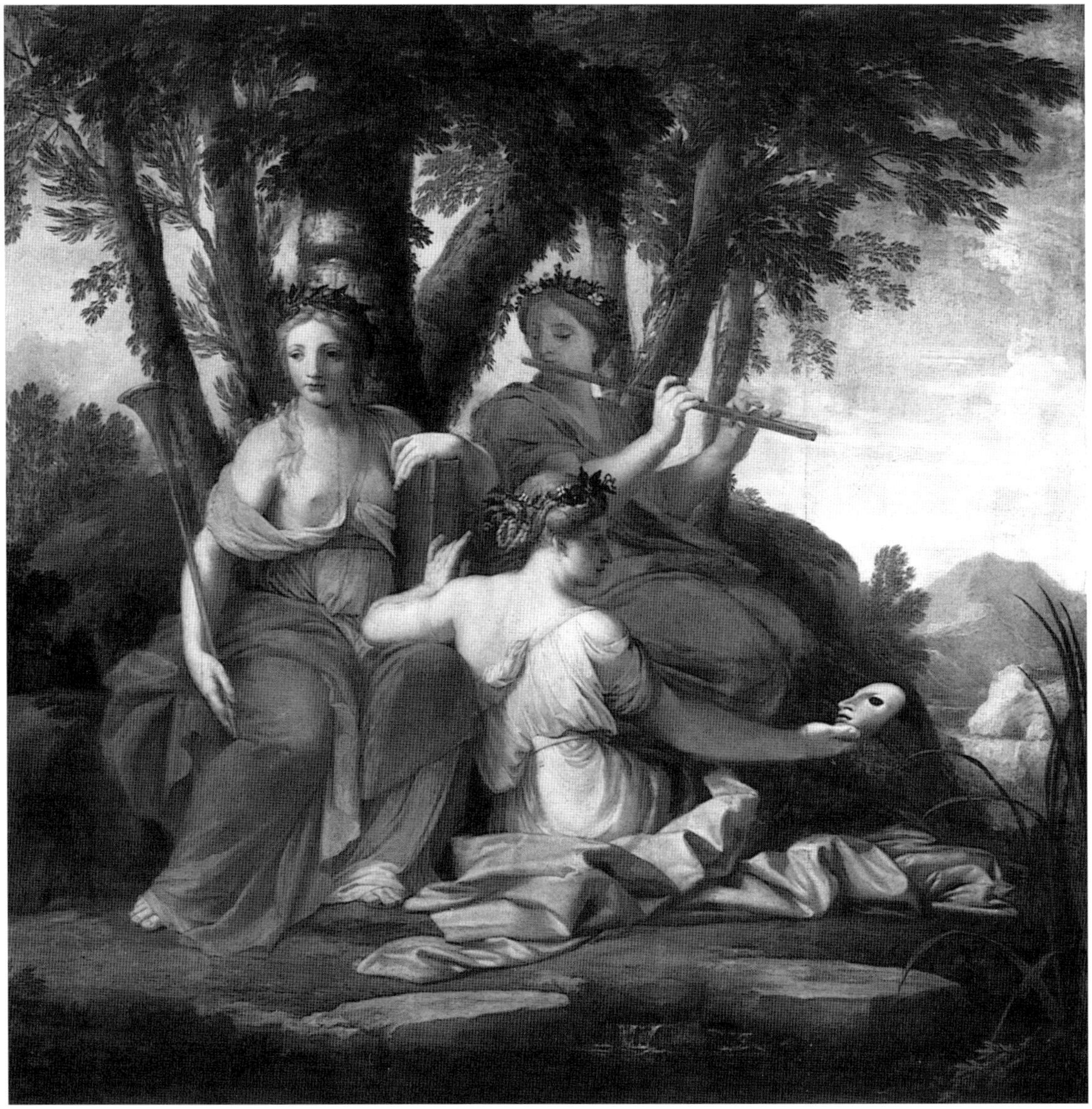

73
Eustache Lesueur
1616 Paris – 1655 Paris
Die Musen Klio, Euterpe und Thalia
Spätwerk
Holz, 130 × 130 cm
Louvre, Paris

Das Bild ist eine von fünf Darstellungen der Musen, die Lesueur für das Hôtel Lambert de Thorigny in Paris malte; sie gehören zu seinen reifen Arbeiten und bezeugen seine Erfindungskraft und anmutvolle Darstellungsweise. Die edle Würde, Klarheit und Gefühlsstärke sind bezeichnend für den klassizistischen barokken Stil der Zeit Ludwigs XIII. Unter einer Baumgruppe, halb im Schatten, halb beleuchtet, haben drei der neun Musen einen freundlichen Ruheplatz gefunden: Klio, die Muse der Geschichtsschreibung, mit dem linken Arm auf einen dicken Folianten gestützt, eine Fanfare in der Rechten; mit ihr werden große Ereignisse angekündigt. Unschuldsvoll trägt sie ihre nackte Brust zur Schau und blickt in eine Ferne, die wir nicht kennen, aus der das Geschehen kommt und zur Geschichte wird. Klio zu Füßen und an sie gelehnt sitzt auf dem Boden die Muse der Komödie, Thalia, die mit ausgestrecktem Arm eine Maske vor sich hält und forschend betrachtet, als wollte sie deren Wesen ergründen. Ganz in ihr Flötenspiel vertieft ist die dritte, Euterpe, die Muse der lyrischen Dichtkunst, der die gefühlvollen sanften Klänge der Flöte entsprechen. Auch die zwei anderen lauschen diesen, und die romantische Verzauberung, wie die Kunst sie bewirken kann, geht auch auf den Betrachter über. – Lesueur, der allzu früh starb, war an den großen Italienern wie Raffael und Correggio, Caravaggio und den Carracci geschult und gehörte 1648 zu den Gründern der Académie Royale.

△ Tintoretto,
Hampton Court Palace, London
△ Simon Vouet,
National Gallery of Art, Washington
▽ Homer, Ilias II, 594–602
▽ Ovid, Metamorphosen V, 250–268

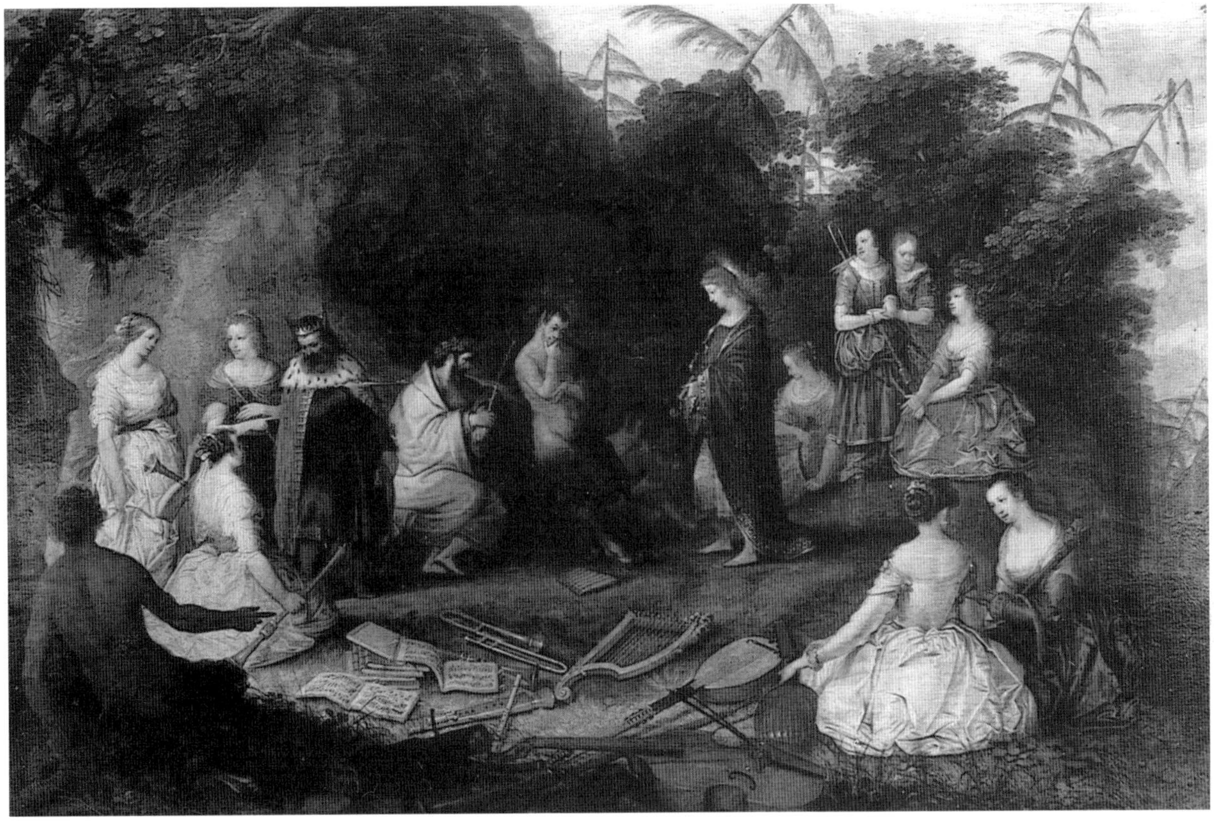

74
Adriaen van Stalbemt
1580 Antwerpen – 1662 Antwerpen
Das Urteil des Midas
Nußbaumholz, 37 × 57 cm
Gemäldegalerie Alte Meister,
Dresden

Stalbemt, der in der Art des jüngeren Jan Brueghel malte, hat die Szene mit dem Musikwettstreit zwischen Pan und Apollon in seine Gegenwart versetzt: Die eleganten Damen als Zuhörerinnen, an ihrer Zahl als die neun Musen zu erkennen, tragen Kleider und Frisuren der Barockzeit. Fast alle haben auch ein Musikinstrument in den Händen und weisen damit ihre Zuständigkeit für diese Kunst aus. Zahlreiche andere Instrumente, darunter eine Knieviola, eine Laute, eine Harfe, eine Zugposaune und mehrere Holzblasinstrumente, liegen neben Notenbüchern auf der Erde und bilden ein reizvolles, das Ergebnis umschreibendes Stilleben. Der Wettstreit ist schon beendet. Der bocksfüßige Gott des Viehs hat die Panflöte auf die Erde gelegt und lehnt nachdenklich an der Böschung, die den Schauplatz begrenzt. Apollon im langen, auf dem Boden schleifenden Gewand, durch seinen Glorienschein über die anderen gestellt, hat die Violine abgesetzt und blickt strafend auf den besiegten Rivalen. Neben diesem sitzt der eichenlaubbekränzte Berggott Tmolos, der zum Schiedsrichter bestellt war. Dem König Midas sind über die Krone hinaus schon die Eselsohren gewachsen, so daß er Pan ähnlich geworden ist. Auf die fragende Haltung der jungen Frauen weist er mit dem Zepter bekümmert auf den Musengott, der ihn so geschändet hat. Es heißt, daß er den Schimpf durch eine purpurfarbene, nach seinem eigenen Land genannte phrygische Mütze zu verbergen suchte, doch wurde das Geheimnis vom flüsternden Schilf verraten. In Stalbemts Bild verbindet sich harmonische Schönheit mit Verhaltenheit; der Ausgang des Geschehens läßt Heiterkeit nicht aufkommen.

△ Alessandro Turchi,
Galerie der Grafen von Schönborn,
Pommersfelden
△ Pieter Jacobus Codde,
Museum der bildenden Künste,
Leipzig
▽ Ovid, Metamorphosen XI,
147–180

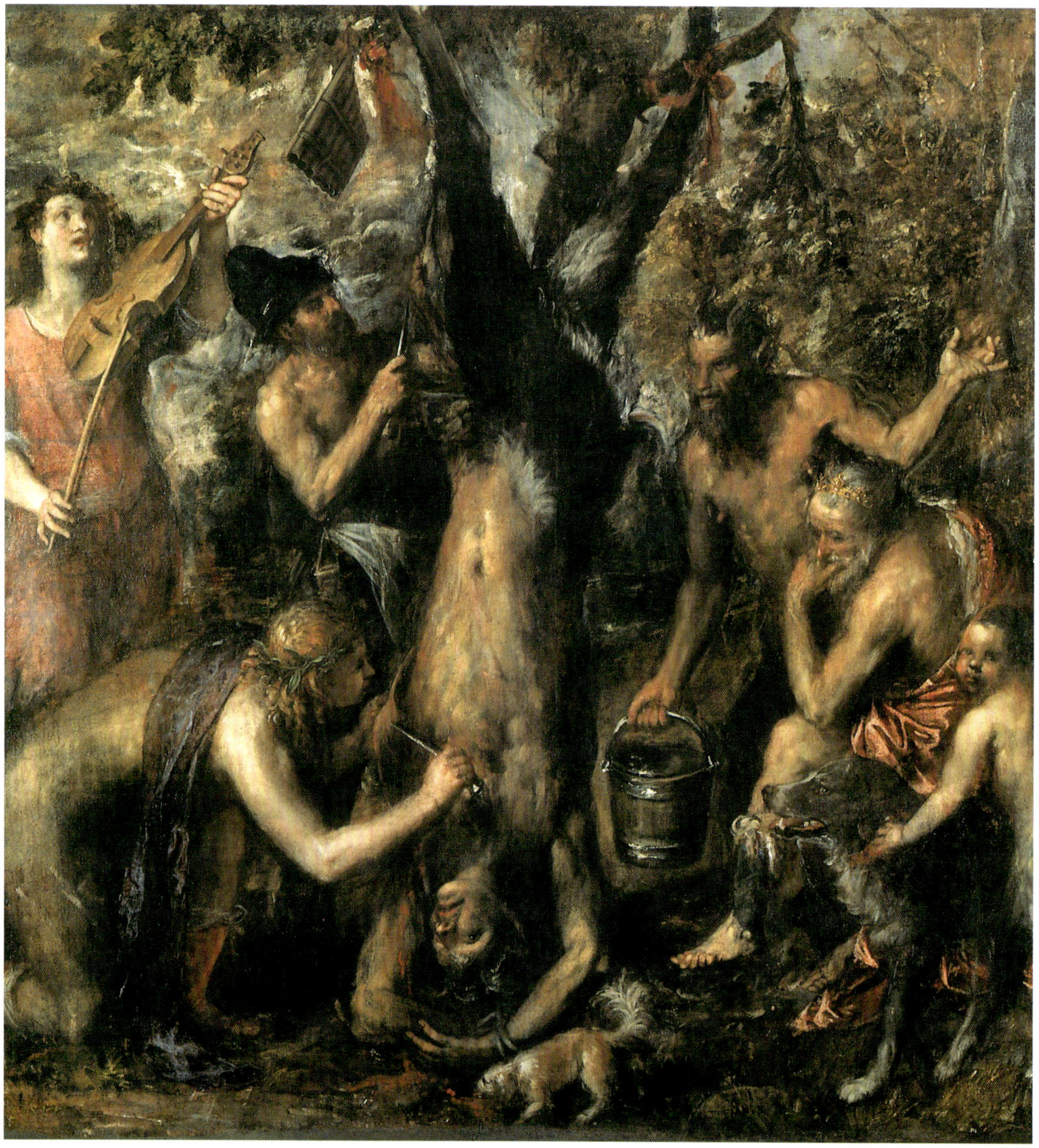

75
Tizian,
eigentlich Tiziano Vecellio
Wohl um 1488 – 1490 Pieve di Cadore (Dolomiten) – 1576 Venedig
Die Schindung des Marsyas
Um 1570 – 1575
Bezeichnet in Resten: (TITIA)NVS P.
Leinwand, 213 × 207,5 cm
Schloßgalerie Kroměříž

In diesem vielfigurigen Gemälde hat Tizian gegen Lebensende eine erschütternde Darstellung des Leidens und der Grausamkeit, eine mythologisch motivierte Passionsdarstellung geschaffen, in der ohne Zweifel eigene Einsichten aus einem langen Leben in einer krisenreichen Zeit Ausdruck gefunden haben. Die Darstellung macht das schreckliche Geschehen uneingeschränkt deutlich und kann als Gleichnis auf die Greuel der Inquisition, die Folterungen und Hinrichtungen Unschuldiger wegen angeblicher Ketzerei gedeutet werden. Daß Tizian seinem Bilde etwas von eigenen schlimmen Eindrücken anvertrauen wollte, darf daraus geschlossen werden, daß er sich selbst als mitbetroffenen Zuschauer einbezogen hat, in Gestalt des rechts sitzenden, nachdenklich versunkenen alten Königs Midas; weil dieser den Schiedsspruch des Berggottes Tmolos ungerecht genannt und für Marsyas gestimmt hatte, mußte er auf Apollons Geheiß nun auch noch Zeuge der Schindung des Satyrs sein. Apollon selbst erscheint in simultaner Auffassung zweimal: links am Rande, auf einer Viola musizierend, also edler Kunst huldigend, und halblinks vorn, mit dem Lorbeer des Siegers geschmückt, den er sich selbst zugesprochen hatte, dem wie ein Schlachttier mit dem Kopf nach unten aufgehängten Marsyas in unüberbietbarer Rohheit die Haut abziehend. Das zeigt seine Doppelnatur. Die fleckenhaft vibrierende, fast monochrome Malweise macht in ihrer expressiven Knappheit den Gehalt der Szene suggestiv spürbar und spiegelt die geistige Erschütterung und das tragische Lebensgefühl, die auch anderen Spätwerken Tizians eigen sind.

△ Guido Reni,
Alte Pinakothek, München
△ Johann Liss,
Staatliches Puschkin-Museum, Moskau
▽ Ovid, Metamorphosen VI, 382–400

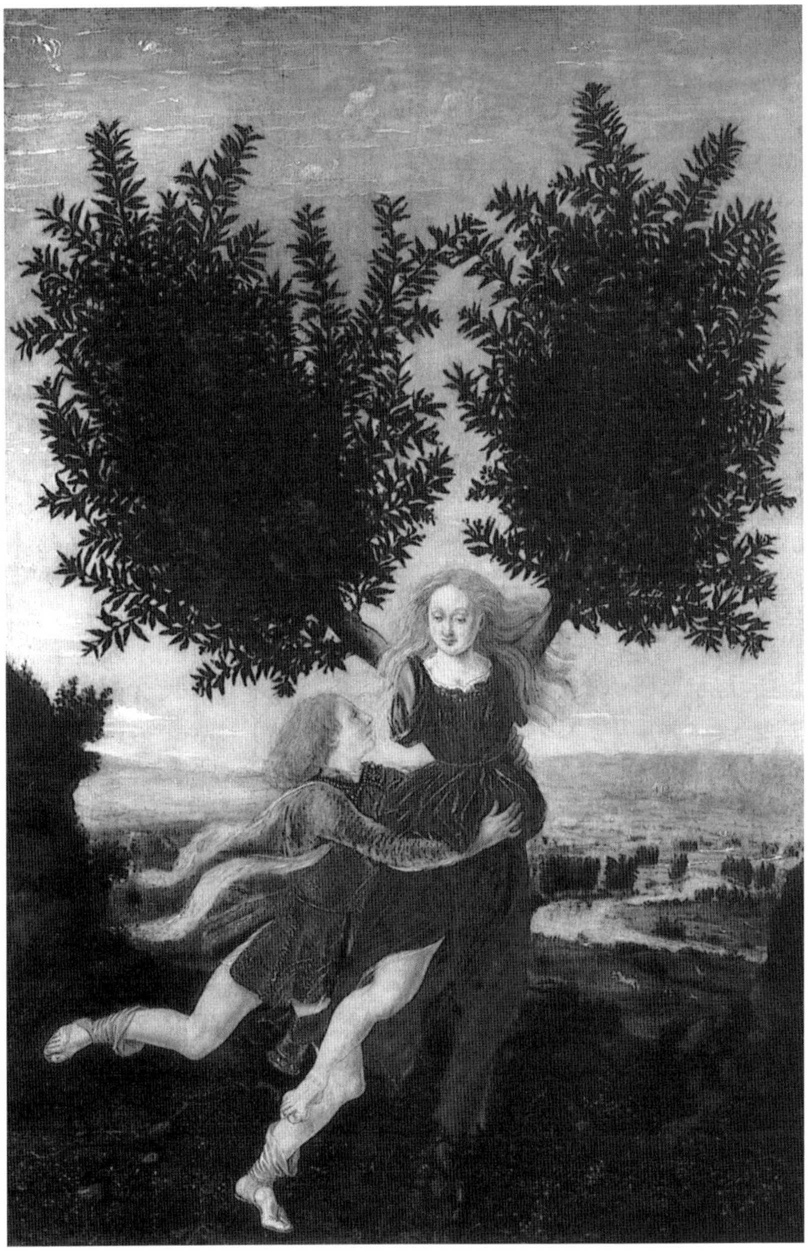

76
Antonio del Pollaiolo,
eigentlich Antonio di Jacopo
d'Antonio Benci
1429 Florenz – 1498 Rom
Apollon und Daphne
Frühwerk
Holz, 29,5 × 20 cm
National Gallery, London

Das Bildchen ist nicht viel größer als die beiden Kampfszenen mit Herakles in den Uffizien, aber im Gegensatz zu deren heroischem Charakter nun von einer ganz intimen, romantisch-märchenhaften Auffassung: Es zeigt uns das traurige Ende einer Liebesgeschichte, die noch gar nicht recht begonnen hatte. Apollon, im zeitgenössischen Gewand eines jungen Edelmannes, muß erleben, wie ihm das begehrte schöne Mädchen für immer entrückt wird. Wohl faßt er sie nach raschem Verfolgungslauf, halb niedergesunken, verlangend um die Hüfte, doch wird er die Verwandlung nicht aufhalten können. Daphne aber blickt zu ihm herab, weniger triumphierend als abschiednehmend und auch eher wehmutsvoll, wie es scheinen will. Ihr schlanker Körper in dem schönen Kleid und ihr von langem blonden Haar umgebenes Antlitz sind noch unversehrt, die Arme aber schon zu reich belaubten Lorbeerbäumchen geworden, zwei weiteren in der Flußlandschaft, die den Schauplatz Delphi beschreiben soll, aber die Toskana wiedergibt. Amor hatte Apollon wegen einer Schmähung durch eines seiner Geschosse zur Liebe entflammt, die schöne Nymphe dagegen gleichzeitig mit einem die Liebe vertreibenden Pfeile getroffen, so daß sie jungfräulich zu bleiben wünschte und alle Werbungen abwies, wie es Ovid erzählt hat. Apollon als der Gott des Gesangs und des Saitenspiels erhob den Lorbeer aus Liebe zu seinem Baum, zum Sinnbild des Ruhms der Sänger und Dichter. Pollaiolo hat solche augenblicklichen Bewegungsvorgänge so überzeugend wiederzugeben vermocht wie kein anderer Meister seiner Zeit.

△ Gianlorenzo Bernini,
Villa Borghese, Rom
(Marmorgruppe)
△ Carlo Maratta,
Musées Royaux des Beaux-Arts,
Brüssel
▽ Ovid, Metamorphosen I,
452–567

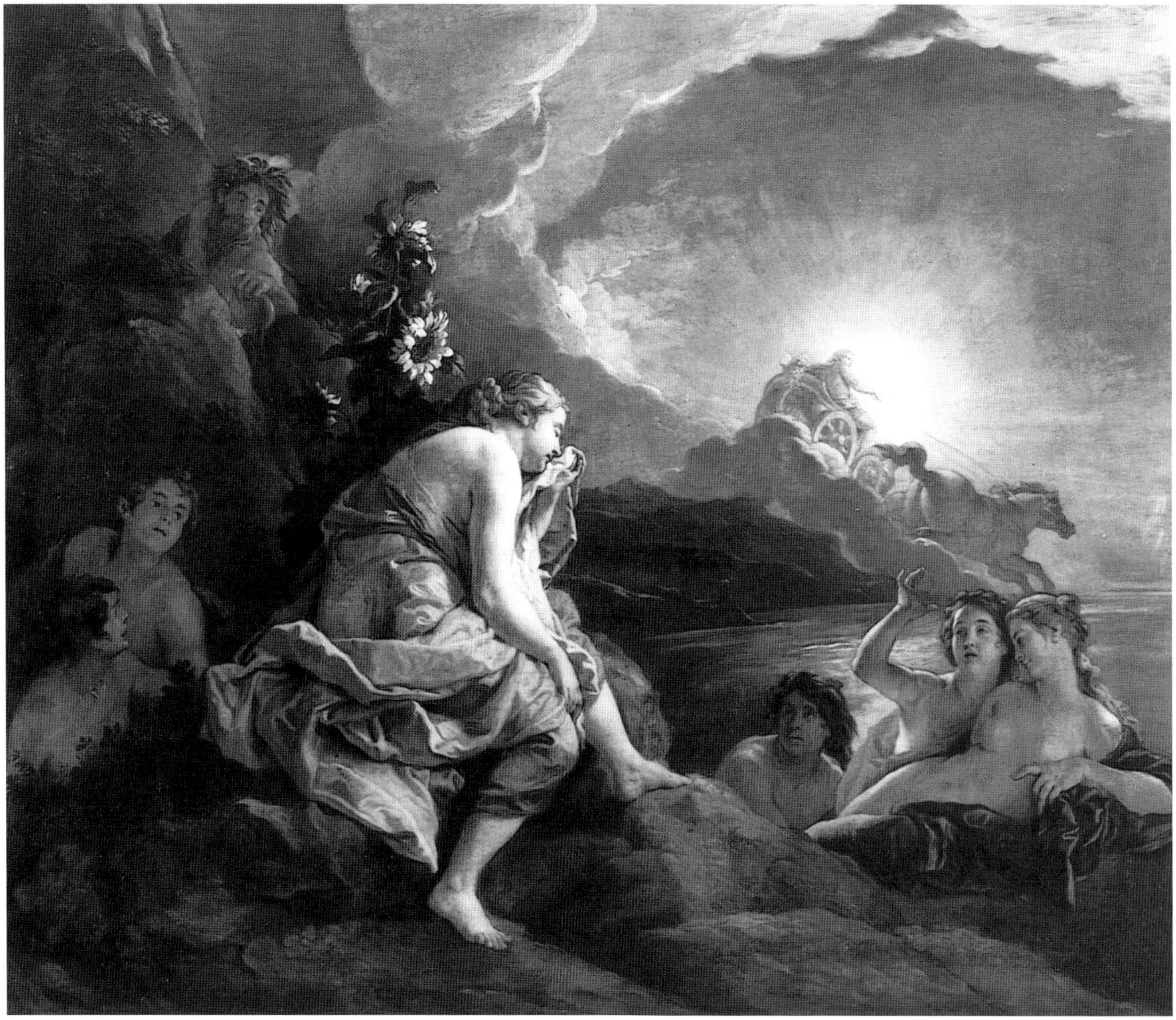

77
Charles de Lafosse
1636 Paris – 1716 Paris
Die Verwandlung der Nymphe Klytia in eine Sonnenblume
1688
Leinwand, 131 × 159 cm
Grand Trianon, Versailles

Das Bild wurde von Lafosse zusammen mit »Diana mit Nymphen« und »Apollon und Thetis« für das Grand Trianon gemalt, wo es sich noch heute befindet.

Lafosse, Sohn eines Pariser Goldschmiedes, erhielt seine Ausbildung vor allem in Italien, wo er sich seit 1658 zwei Jahre in Rom und danach drei Jahre in Venedig aufhielt. So gewann er die Voraussetzungen für große dekorative Aufgaben; sogar die Ausmalung des Invalidendomes in Paris ganz allein wurde ihm von dem Architekten François Mansart in Aussicht gestellt, doch mußte er sich dann mit einigen anderen Malern in diesen Auftrag teilen und sich mit dem Kuppelfresko begnügen. Das gerühmte warme Kolorit und die dekorative Pracht seiner ausgedehnten Wand- und Deckenmalereien finden sich auch in seinen Tafelbildern; wir spüren den Einfluß der großen Venzianer wie Tizian und Veronese und der großen Flamen wie Rubens und Van Dyck. – Am blauen Abendhimmel, umgeben von einem weiten Wolkenkranz, neigt sich über Gebirge und Meer die Sonne zum Untergang. Das Gespann Apollons beendet seinen Bogen über den Himmel und wendet sich im Westen zur Erde nieder. Die verlassene Klytia sitzt wie seit Tagen und Wochen schmerzversunken am felsigen Ufer. Andere Nereiden, ein Triton und Flußgötter in einer Felsspalte umringen sie in stillem Mitleid, ohne Trost für sie zu wissen. Es gibt auch keinen, seitdem Apollon sie verlassen hat. Dennoch wird sie bald mit ihm eins sein, denn sie wird übergehen in die Sonnenblume, deren Blüten der Sonne so ähnlich sind, sich dem Gestirn immer zuneigen und von ihm geküßt werden.

△ Martino Altomonte
Österreichisches Barockmuseum
Unteres Belvedere,
Schlafzimmer, Wien
△ Charles-Joseph Natoire,
Nationalmuseum, Stockholm
▽ Ovid, Metamorphosen IV, 256 ff.

78
Giovannyi Battista Tiepolo
1696 Venedig – 1770 Madrid
Der Tod des Hyazinth
Um 1750
Leinwand, 287 × 235 cm
Thyssen-Bornemisza-Museum, Madrid

Der am Boden liegende, nun herrenlose Ballschläger mit den beiden Bällen und die daneben entsprossene, blütenreiche Pflanze, in der Hyazinth fortleben wird, ergeben ein vielsagendes, die Tragik des Geschehens umschreibendes Stilleben. Für den tödlich getroffenen Jüngling, dem man das Gewand über der Brust geöffnet hat, gibt es keine Hilfe mehr; sterbend, während sein Körper schon blaß geworden ist, wendet er den Kopf zu Apollon, der ihn liebte und nun seinen Tod mit verschuldet. Verzweifelt hält der blondlockige Gott die rechte Hand vor die Stirn, während er die Linke in einem Gestus der Verzweiflung von sich streckt. Dennoch kann das Gefühl entstehen, daß er den Tod des Hyazinth bald verschmerzt haben wird, war er doch eher für seine Eigenliebe und eitle Kaltherzigkeit bekannt. Die Schicksalsschwere des Augenblicks aber spiegelt sich deutlich in der Haltung und Mimik des bärtigen alten Mannes, der mit einem Leibwächter und anderen Gefolgsleuten herbeigekommen ist und in dem wir den Vater des Hyazinth erkennen: Amyclas (Amyklas), den sagenhaften König Spartas. Wie vom Schmerz versteinert, schaut er auf seinen Sohn, ohne die tröstende Gebärde eines hinter ihm stehenden Alten zu beachten. Der marmorne Faun rechts, der das Gebälk trägt, scheint dagegen Leben zu gewinnen und grinst wie ein Teufel auf die Szene herunter. Die antikische Schönheit des Schauplatzes und die lichte Heiterkeit der von kühlen Tönen bestimmten Malerei dieses größten italienischen Meisters des 18. Jahrhunderts bringen uns den Kontrast von Leben und Tod so recht zum Bewußtsein.

▽ Ovid, Metamorphosen X, 162–219

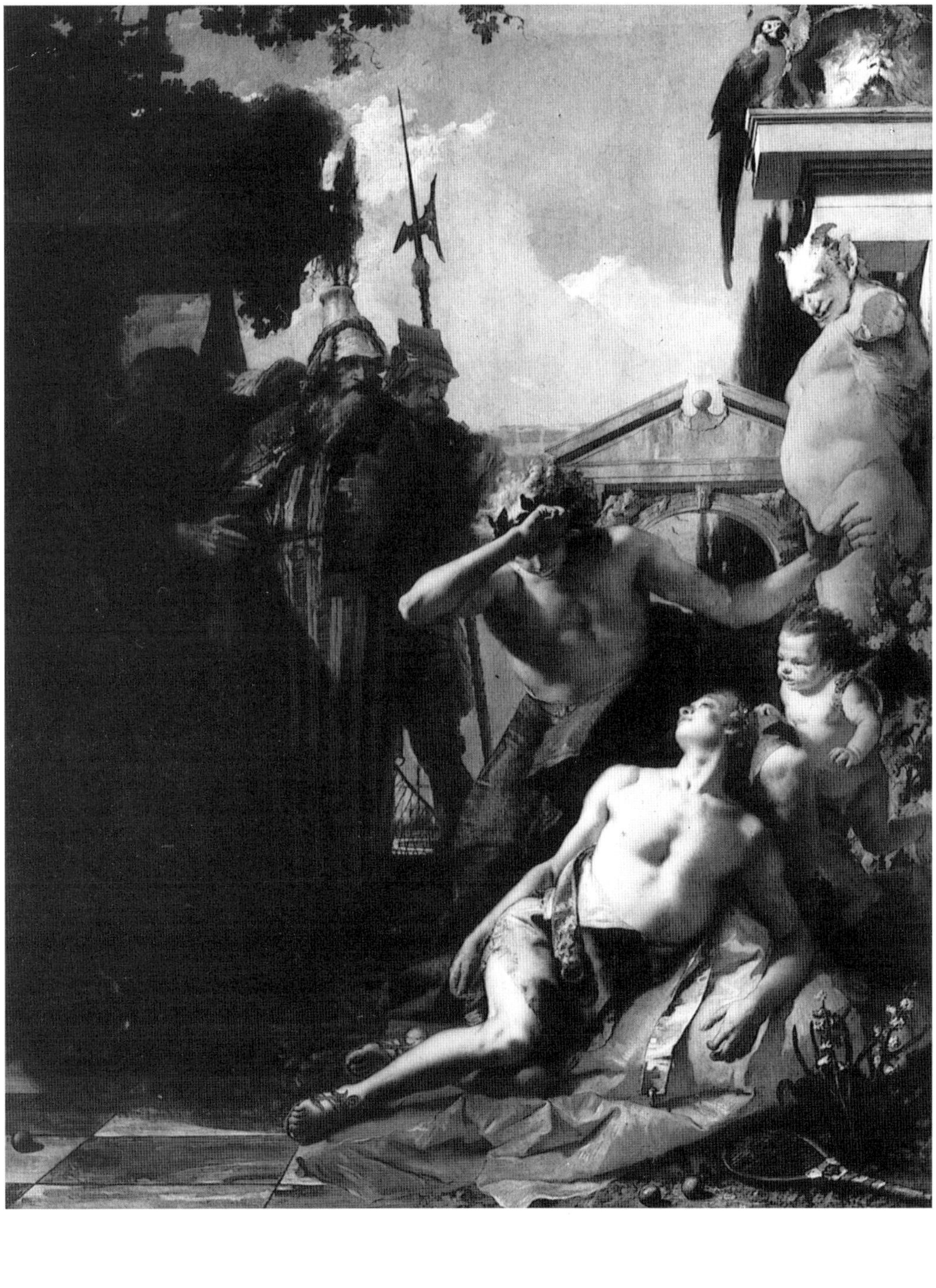

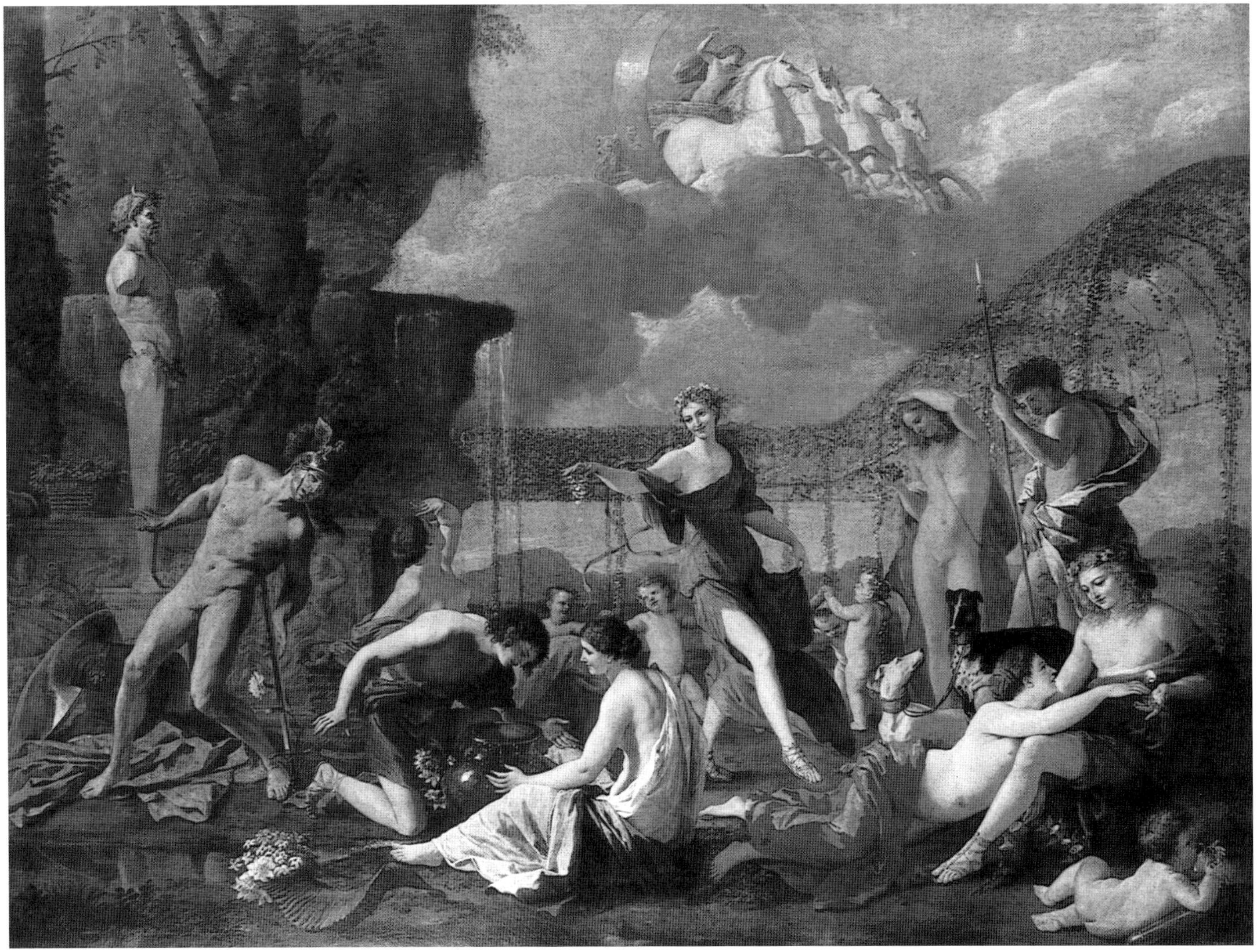

79
Nicolas Poussin
1594 Les Andelys (Normandie)
bis 1665 Rom
Das Reich der Flora
1630 – 1631
Leinwand, 131 × 181 cm
Gemäldegalerie Alte Meister,
Dresden

Leichten Schrittes, lächelnd und blumenstreuend, begleitet von reigentanzenden Amoretten, geht die Blütengöttin Flora durch ihr Reich, während Apollon den mit vier Schimmeln bespannten Sonnenwagen über den Himmel lenkt. An dem goldenen Bogen, der das Gefährt umgibt, weisen die Tierkreiszeichen Widder, Stier und Zwillinge auf die Jahreszeit des Frühlings hin, und als »Der Frühling« wurde dieses Bild auch schon im 17. Jahrhundert betitelt. Eine Herme des Fruchtbarkeitsgottes Priap (Priapos) und ein Opferaltar bei einem hohen Schalenbrunnen vor steilaufragendem Felsen auf der einen und zartbegrünte Laubengänge auf der anderen Seite umrahmen die Szene. Der fast mädchenhaft blondgelockte Jüngling unmittelbar rechts von Flora, der nachdenklich die blaue Blütentraube in seiner Rechten betrachtet, ist Hyazinth, der in der Hyazinthe fortlebte. So wie er nach der verwundeten Stelle an seiner Stirn faßt, wo ihn Apollons Diskus traf, richtet der neben ihm stehende Jäger Adonis, der Geliebte der Venus, seinen Blick auf die Hüftwunde, die ihm der von Mars gesandte Keiler zufügte. Das Adonisröschen bewahrt sein Andenken. Als liebendes Paar erscheinen vor ihnen Krokus, der die Blüten seines Namens im Haar trägt, und seine Geliebte Smilax, die in eine Winde verwandelt wurde. Narziß bewundert sein Spiegelbild in einem großen, wassergefüllten Glasgefäß, das die Bergnymphe Echo – oder eine Quellnymphe? – mit den Händen umfaßt. Hinter Narziß schaut voll Sehnsucht die Meernymphe Klytia zu ihrem untreu gewordenen Geliebten Apollon auf; die Sonnenblumen im Korb neben ihr halten die Erinnerung an sie wach. Während alle diese Gestalten mit ihrem tragischen Geschick schon ausgesöhnt erscheinen, erleidet Aias, der Sohn des Königs Telamon von Salamis, dieses erst jetzt. Weil nicht ihm als einem der tapfersten griechischen Helden vor Troja, sondern dem Odysseus die Waffen des gefallenen Achilles zugesprochen wurden, geriet er in Zorn und wollte alle griechischen Heerführer töten, metzelte in Verblendung durch Athena jedoch das Herdenvieh nieder. Später schämte er sich dessen und stürzte sich in sein Schwert, wie hier zu sehen ist. Statt der Schwertlilie, die nach mythologischer Überlieferung aus seinem Blute entsproß, hat Poussin eine große Nelke gemalt. In klassischer Schönheit und poetischer Stimmung sind die gedankenreichen griechischen Mythen überzeugend veranschaulicht, und das symbolische Reich der Flora als Sinnbild für den ewigen Fortbestand des Lebens wird anschauliche Wirklichkeit.

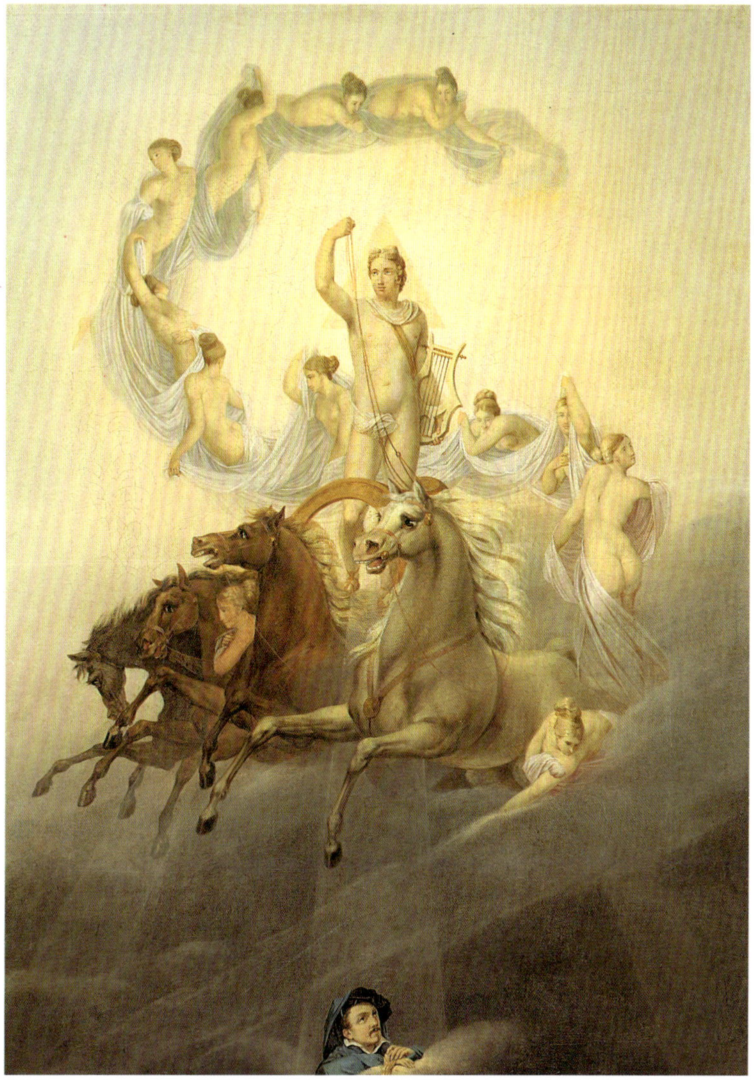

80
Georg Friedrich Kersting
1785 Güstrow – 1847 Meißen
Apollon mit den Stunden
1822
Leinwand, 96 × 69 cm
Stadtmuseum Güstrow

Sieghaft, in der Haltung des Triumphators, kommt der blonde Apollon als Sonnengott Helios auf dem Sonnenwagen dahergefahren, und das Dunkel der Nacht muß weichen. Locker hält er mit der erhobenen rechten Hand die Zügel des Leitpferdes, während er mit der anderen die Lyra umfaßt. Die zwölf Stundengöttinnen folgen dem Viergespann im freien Flug, einige an der Seite der Rosse, die anderen im anmutigen, hoch hinauf reichenden, s-förmigen Reigen. Ihre zarten wehenden Schleier erscheinen wie die silbrigen Morgennebel, die im aufbrechenden Licht des Tages steigen und zerfließen. – Kersting schenkte dieses Gemälde der Güstrower Freimaurerloge »Phoebus Apoll«, der er selbst seit 1809 angehörte; mit dem Motiv folgte er ihrem Siegelbild. Das gleichseitige goldene Dreieck hinter Apolls Haupt, hier wohl als ein freimaurerisches Zeichen zu verstehen, ist zugleich ein uraltes Dreifaltigkeitssymbol, das in der christlichen Kunst in jüngerer Zeit ebenso lichtumstrahlt wie hier mit dem Auge Gottes in der Mitte auftritt. Von den drei breiten Lichtbahnen, die von diesem Dreieck nach unten ausgehen, trifft die mittlere einen Mann im blauen Gewand und Barett des Freimaurers, der sich mit den Armen auf eine Wolkenbank stützt wie auf einen festen Halt und nach oben schaut und in dem ein Selbstbildnis des Malers zu erkennen ist. Indem dieser von der göttlichen Strahlung erfaßt wird, hat er gleichsam an der Erleuchtung Anteil und ist stellvertretend für seine Logenbrüder mit der Bildidee identifiziert. Besonders bemerkenswert erscheint es, daß der Dargestellte, also Kersting, das Eiserne Kreuz vorweist, jenen von Karl Friedrich Schinkel entworfenen, in den Befreiungskriegen von König Friedrich Wilhelm III. von Preußen gestifteten Orden, den er 1813 selbst erhielt und der nun in der Zeit metternichscher Reaktion seine patriotische Gesinnung ausweist. In der Glätte und biedermeierlichen Feinheit der Ausführung ist das Metier Kerstings spürbar, der seit 1818 der Abteilung für Malerei an der Meißner Porzellanmanufaktur vorstand.

△ Kreis des Rosso Fiorentino,
Museum der bildenden Künste,
Budapest
△ Guido Reni,
Palazzo Pallavicini, Rom
▽ Homer, Ilias V, 748–752;
VIII, 432–435
▽ Ovid, Metamorphosen II,
23–30, 118–121

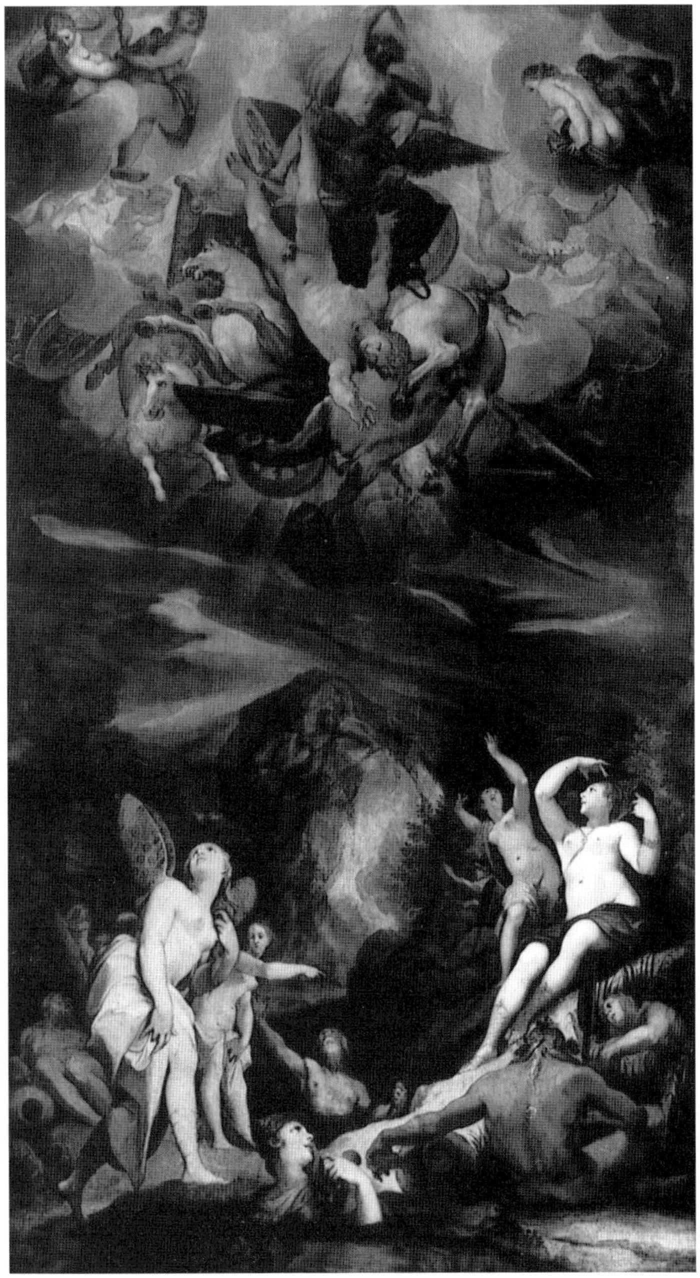

81
Joseph Heintz der Ältere
1564 Basel – 1609 Prag
Sturz des Phaethon
Holz, 122,5 × 66,5 cm
Museum der bildenden Künste, Leipzig

Der aus Basel gebürtige, zeitweilig in Augsburg, vor allem aber als Kammermaler Rudolfs II. in Prag Tätige empfing die entscheidenden Anregungen bei seinen Aufenthalten in Italien durch das Studium der Antike und der Hochrenaissance. Ähnlich wie Hans von Aachen, dem er sich in Rom anschloß, beeindruckten ihn besonders die kühnen Kompositionen der Venezianer und Correggios. Das ausgeprägte Hochformat bot die Möglichkeit, in der Spannung zwischen Himmel und Erde das Ende des vermessenen Wagenlenkers als Warnung vor solchem Übermut dramatisch darzustellen. Das Licht dringt aus dem Wolkenkrater, von dessen Rändern aus einige Götter verfolgen, wie der auf den Flügeln des Adlers thronende Zeus seinen Blitz schleudert; der Sturz Phaethons kann aus dieser Höhe nur tödlich verlaufen. Die Rosse des Sonnengespanns brechen wild nach allen Seiten aus, der Wagen wird herumgeschleudert, während Phaethon rücklings abstürzt. Unten aber erhebt aus dem vor Trockenheit geborstenen Boden im Kreise der Najaden und Dryaden, der Quell- und Baumnymphen und der Flußgötter, die Erdgöttin ihr Haupt, das Ende der alles verheerenden Glut erflehend. Durch das von oben kommende Licht sind die Gestalten fast grell beleuchtet, während die Landschaft wie auch der Himmel im Dunkeln bleiben. Nur einige helle Spuren mögen den unkontrollierten Lauf des Sonnenwagens bis zur gefährlichen Annäherung an die Erde anzeigen: Weil dieser aus der Bahn geraten ist, droht der Tag zur Nacht zu werden. Die Formen der schlanken Körper sind auch hier von der für den Manieristen Heintz typischen Feinheit und Eleganz und einer sinnlichen Glätte der Malweise.

△ Johann Heinrich Schönfeld, Ministero della Pubblica Istruzione, Rom
△ Sebastiano Ricci, Palazzo Fulcis – De Bertoldi, Belluno
▽ Ovid, Metamorphosen II, 19–328

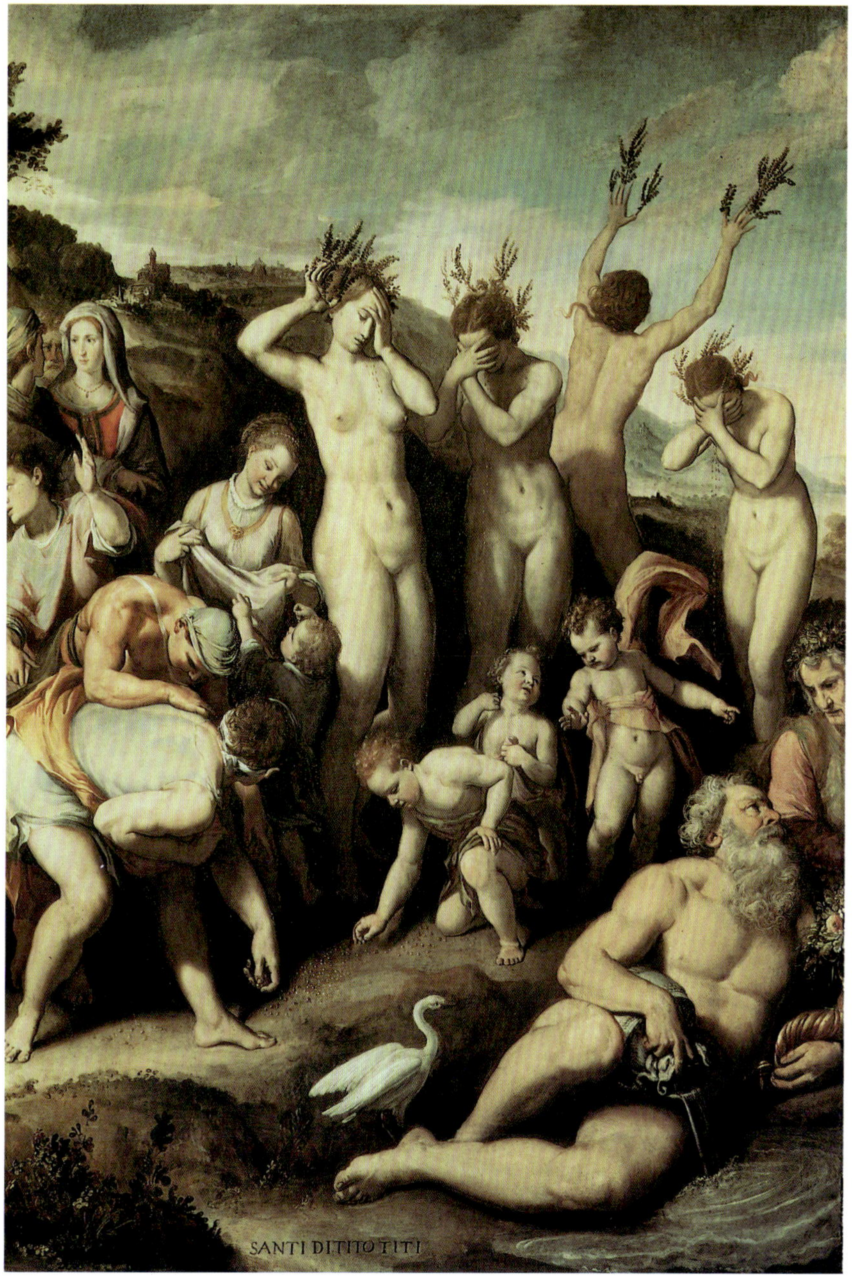

82
Santi di Tito
1536 Borgo San Sepolcro
bis 1603 Florenz
Die Schwestern des Phaethon, in Pappeln verwandelt
Palazzo Vecchio,
Studiolo, Florenz

Santi di Tito hat versucht, dem florentinischen Manierismus wieder eine natürlichere und klarere Formensprache entgegenzusetzen. So verzichtete er auf allzuviele Verkürzungen und Überschneidungen der Gestalten und gelangte gleichzeitig wieder zu einfacheren, leichter überschaubaren Kompositionen. Auch hier ist die Hauptszene in räumlicher Übersichtlichkeit in den Mittelgrund zurückgenommen und der Vordergrund von den sonst üblichen Repoussoirfiguren befreit: Nur der Flußgott Eridanus, wie der Po verkörpert wurde, gekennzeichnet durch die unerschöpflich Wasser spendende Amphora und den Wasservogel, ist der Gruppe der Heliaden, wie die drei Schwestern genannt werden, vorgelagert. An den Ufern dieses Flusses geht die Verwandlung der Mädchen vor sich: Schon erwachsen ihren Köpfen und den ausgestreckten Händen der einen belaubte Zweige, und es könnte scheinen, als weinten sie nicht nur und viel weniger über den Tod ihres Bruders als darüber, daß ihre schönen Mädchenkörper nun in Baumgestalt übergehen werden und sie von der Welt Abschied nehmen müssen. Wir sehen, wie ihre Tränen als goldgelbe Bernsteintropfen zur Erde fallen und von den dabeistehenden Kindern und auch Erwachsenen aufgesammelt werden. Hier hat der Maler – etwa in der Gruppe des Mädchens mit dem sich zu ihm hochreckenden Kind – gemütvolle Motive einbezogen, die dem Manierismus fremd waren. Er hat aber auch komplizierte Körperhaltungen wiedergegeben, und besonders bei der kraftvollen Liegefigur rechts vorn ist die Nähe zu Michelangelo spürbar.

△ Daniele Crespi,
Galleria Borromeo, Mailand
▽ Ovid, Metamorphosen II,
340–366

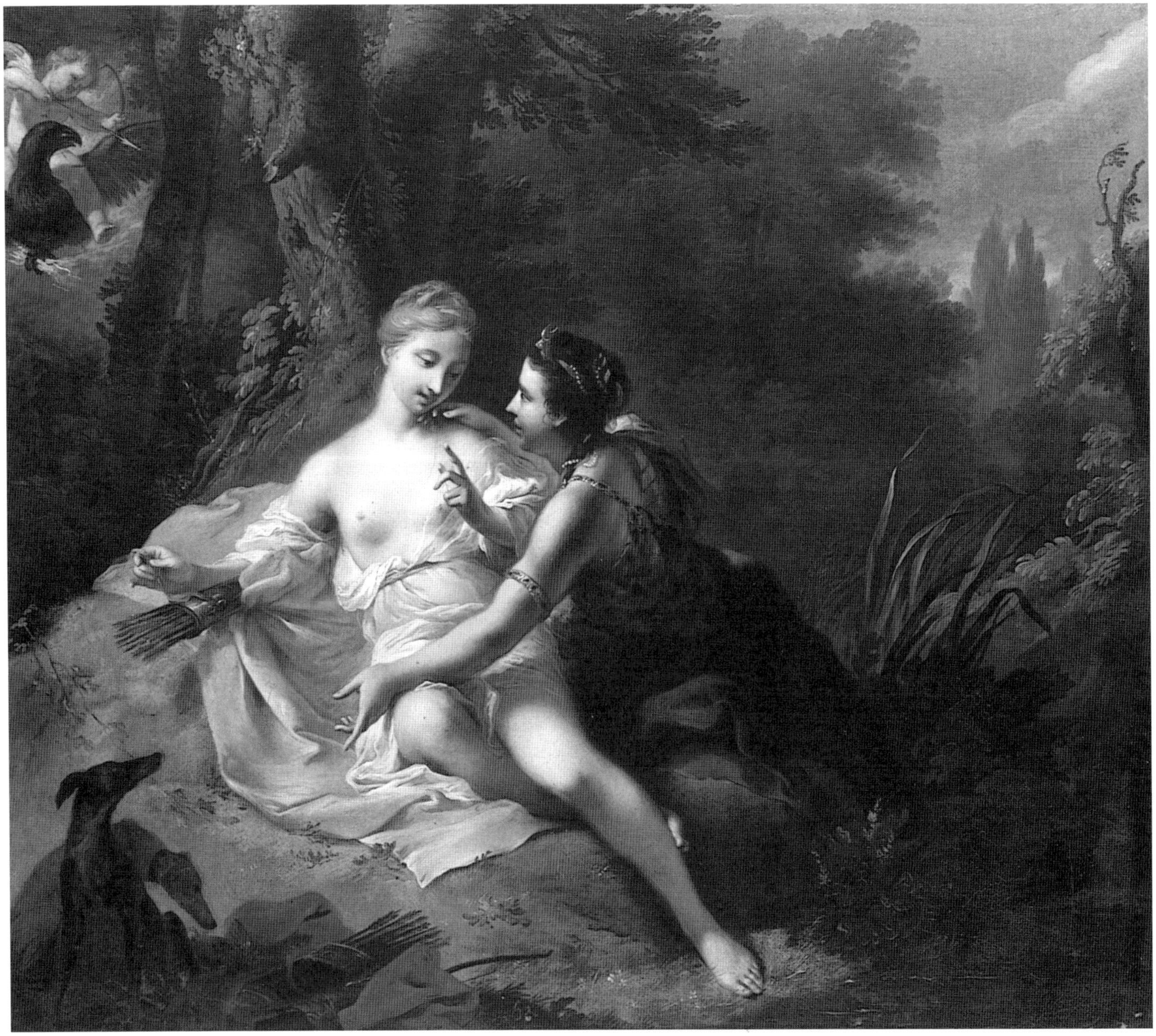

83
Johann Heinrich Tischbein
der Ältere
1722 Haina (Hessen) – 1789 Kassel
Jupiter in Gestalt der Diana
und die Nymphe Kallisto
Bezeichnet links unten:
J H Tischbein Pinx 1756
Leinwand, 41 × 47 cm
Staatliche Gemäldegalerie Kassel

Tischbein malte dieses Bild wie 1758 das Gegenstück mit »Acis und Galatea« für den Landgrafen Wilhelm VIII. von Hessen, der ihn 1752 zum Hofmaler ernannt hatte. Als der »Kasseler Tischbein« gehörte er wie seine Neffen und Schüler, Johann Heinrich Wilhelm und Johann Friedrich August der weitverzweigten hessischen Künstlerfamilie an. Seine Ausbildung hatte er in Kassel, Paris und Venedig erhalten und war bis Rom gekommen. Wir spüren die verfeinerte Sinnlichkeit des französischen Rokoko wie die Nähe des Venezianers Piazzetta, der Tischbeins Lehrer war. Die an Porzellanmalerei erinnernde Glätte der Pinselführung trägt zur erotischen Wirkung der beiden weiblichen Figuren wesentlich bei. Die Verführungsszene vollzieht sich am Fuße eines Baumriesen wie auf einer beleuchteten Bühne inmitten einer dekorativ geschilderten Landschaft, aus der die vermeintliche, listig wirkende Diana mit dem Möndchen dieser jungfräulichen Göttin auf der Stirn aufgetaucht ist. Kallisto (Callisto) läßt dagegen bei aller Schönheit ihres zarten blonden Körpers sowohl in ihren Zügen wie in der wie belehrend erhobenen linken und der mit dem Trageriemen ihres Köchers spielenden rechten Hand etwas von Verlegenheit und naiver Einfalt erkennen. In der Luft ist Amor auf den Flügeln von Zeus' Adler herbeigekommen. Der Vogel mit den gebündelten Blitzen in den Krallen könnte verraten, wer sich hinter Dianas Gestalt verbirgt, doch Kallisto sieht ihn nicht, und der auf sie schon angelegte Pfeil des Liebesgottes wird sie dem Liebeswerben gefügig machen.

△ Caesar Boëtius van Everdingen, Nationalmuseum, Stockholm
△ François Boucher, Staatliches Puschkin-Museum, Moskau
▽ Ovid, Metamorphosen II, 401 ff.

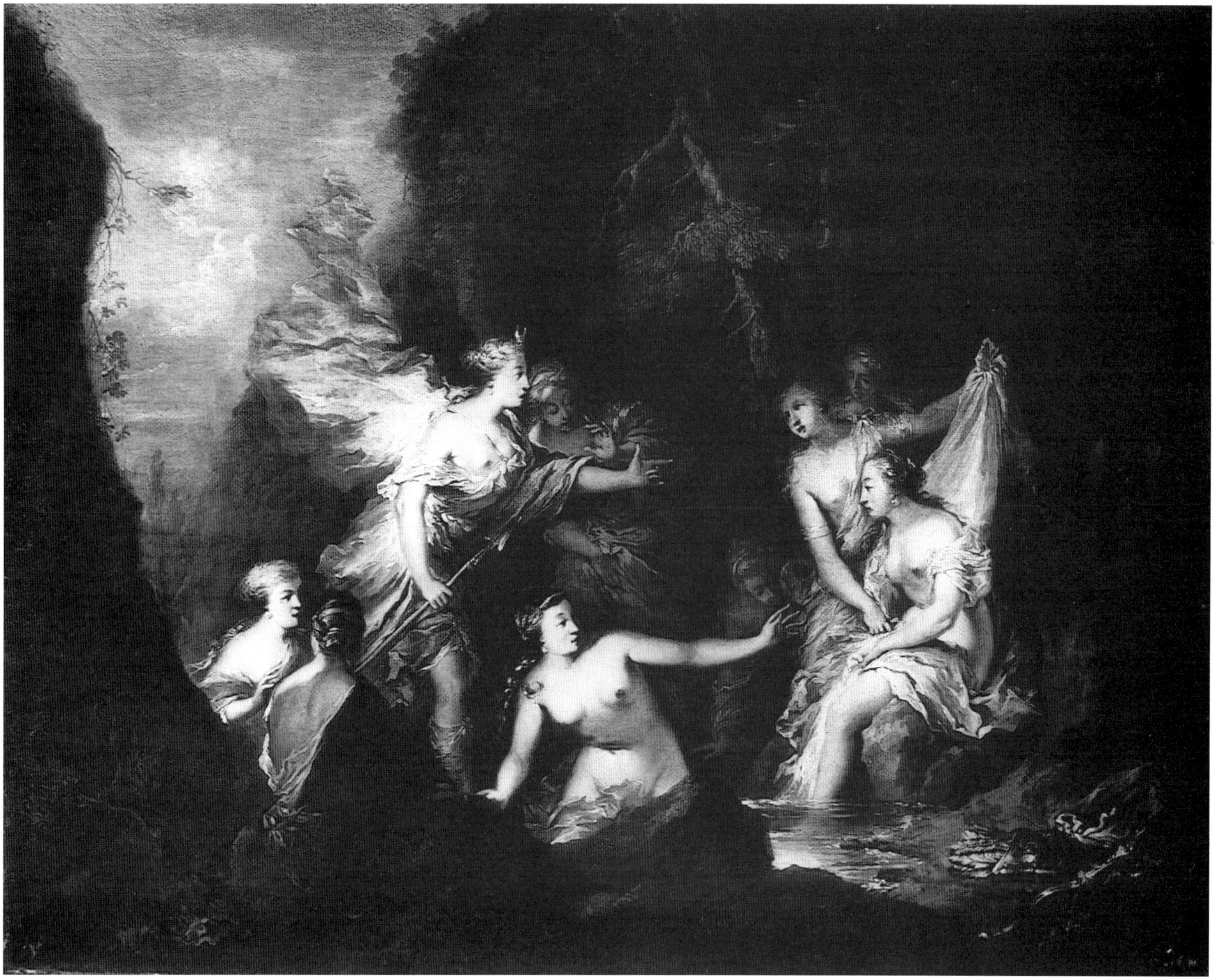

84
Christian Wilhelm Ernst Dietrich
1712 Weimar – 1774 Dresden
Diana entdeckt Kallistos Fehltritt
1731
Leinwand, 53,5 × 72 cm
Gemäldegalerie Alte Meister,
Dresden

Dietrich war 19 Jahre alt, als er dieses Bild malte und gleich danach an die Galerie lieferte; im selben Jahr wurde er auch von August dem Starken zum Hofmaler ernannt. Das Sujet der Entdeckung der Abtrünnigkeit Kallistos ist häufig wiedergegeben worden, aber kaum ein anderer Künstler hat es in solchem Maße dramatisiert: Wütend und ganz außer sich über solche Untreue, sprühend vor Zorn, so daß sich ihre Gesichtszüge häßlich verzerren und ihre Würde zu leiden beginnt, stürmt Diana mit dem Speer in der Hand gegen Kallisto vor, anklagend den Zeigefinger auf diese gerichtet. Auch die anderen Nymphen bekunden nun sofort Feindseligkeit gegen die Verführte: eine von ihnen entblößt ihr den Bauch und zeigt darauf, während die anderen ihr verächtliche, aber zugleich neugierige Blicke zuwenden: Sollte vielleicht auch ein Gefühl des Neides bei ihnen aufgekommen sein? Kallisto selbst ist aber von jedem Triumph weit entfernt. Kummervoll zieht sie die Mundwinkel nach unten, was ihr fast eine altjüngferliche Häßlichkeit verleiht, und sieht ergeben ihrer Bestrafung entgegen. – Dietrich hat hier den Boden antikischer Schönheit verlassen, und es hat den Anschein, daß er Beobachtungen des Alltags verarbeitete. Die Stilmittel, die der bedeutende Eklektiker benutzt hat, könnte venezianische Einflüsse, etwa von Francesco Guardi, vermuten lassen.

△ Abraham Janssens,
Museum der bildenden Künste,
Budapest
△ Andrea Locatelli,
Galleria Nazionale,
Palazzo Barberini, Rom
▽ Ovid, Metamorphosen II,
441–453
▽ Ovid, Fasti II, 155–192

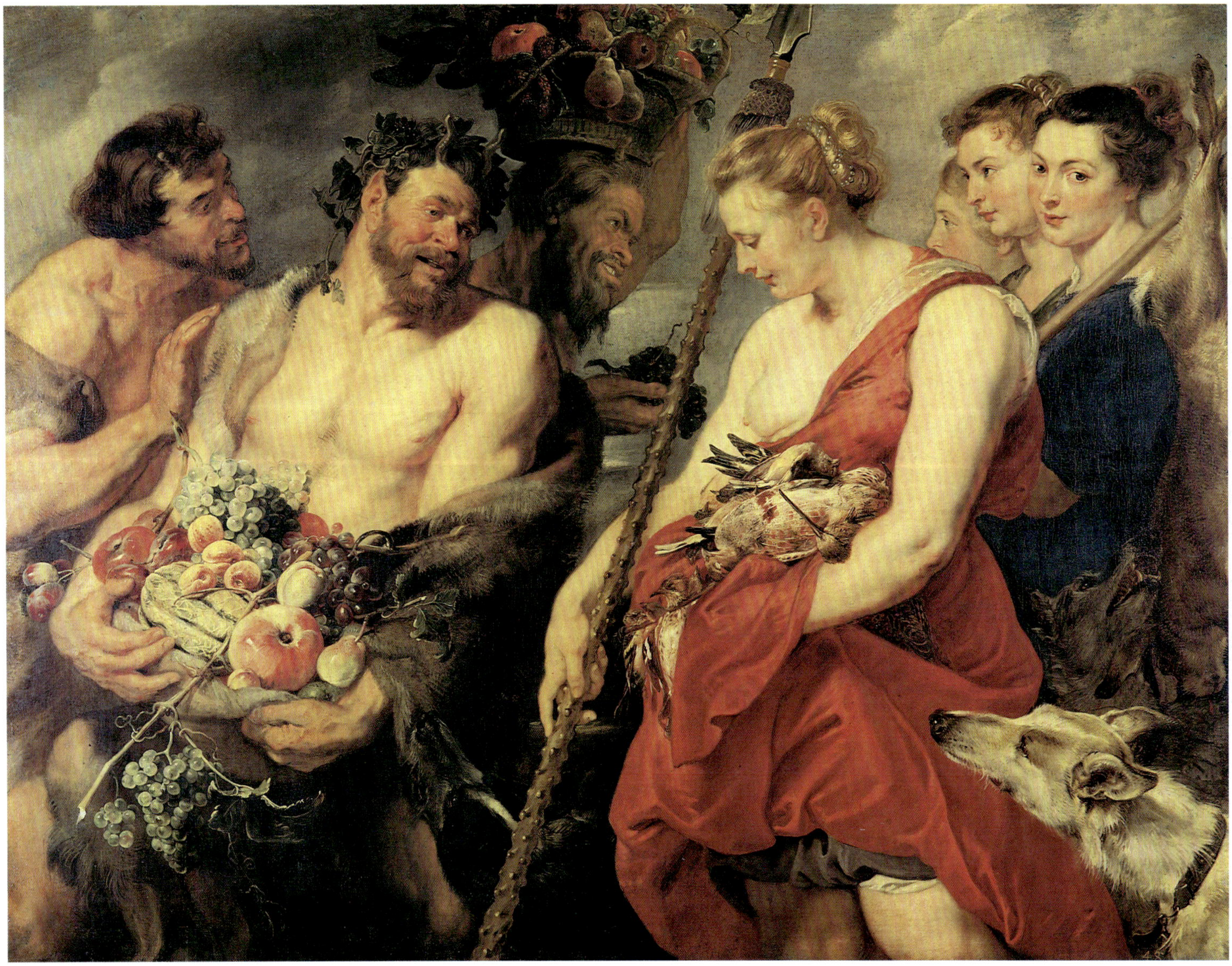

85
Peter Paul Rubens
1577 Siegen (Westfalen)
bis 1640 Antwerpen
Dianas Heimkehr von der Jagd
Um 1616
Leinwand, 136 × 184 cm
Gemäldegalerie Alte Meister,
Dresden

Rubens hat der Göttin Diana eines seiner schönsten Bilder gewidmet und dargestellt, wie sie und ihre Gefährtinnen, mit Beute beladen und von großen Wolfshunden begleitet, von der Jagd heimkehren. Sie werden aufgehalten von drei Satyrn, die sich ihnen gutmütig lachend in den Weg stellen und um ihre Gunst werben, nicht mit leeren Händen, sondern mit einer Fülle von Früchten zum Geschenk. Nun aber scheiden sich die Geister: Das unbekümmert harmlose Anerbieten der Fruchtbarkeitsgötter, gewiß auch mit sinnlichem Verlangen verbunden, stößt auf kühle Ablehnung. In unwiderruflicher, keinen Widerspruch duldender Bewegung, mit strengem Gesichtsausdruck und ohne aufzublikken, stellt Diana ihre Lanze vor sich und ihr Gefolge auf den Boden, so daß sie zur unübertretbaren Grenze wird. Dabei könnte es scheinen, als rege sich in den Gesichtern der Begleiterinnen Dianas der Ansatz eines versöhnlichen Lächelns, doch sind sie gehalten, dem Vorbild ihrer Herrin folgend ihre Keuschheit und Jungfräulichkeit zu wahren und keine Beziehungen zu männlichen Wesen aufzunehmen. So hat der Maler hier in einem Bild von großer malerischer Schönheit zwei ganz unterschiedliche Lebensprinzipien sichtbar gemacht. Der besondere Reiz liegt darin, daß die Figurengruppe rhythmisch durch die stillebenhaften Dinge und Tierdarstellungen belebt wird. In ihnen ist die Handschrift des von Rubens dafür herangezogenen Stillebenmalers Frans Snyders zu erkennen, die sich in ihrer Feinheit von der großzügigeren Ausführung der Figuren durch Rubens selbst unterscheidet. So bietet das Bild ein Beispiel gelungener Zusammenarbeit zweier bedeutender Maler.

▽ Apollodoros,
Hymnos auf Apollon, 14 ff.
▽ Homer, Ilias XXI, 470–471

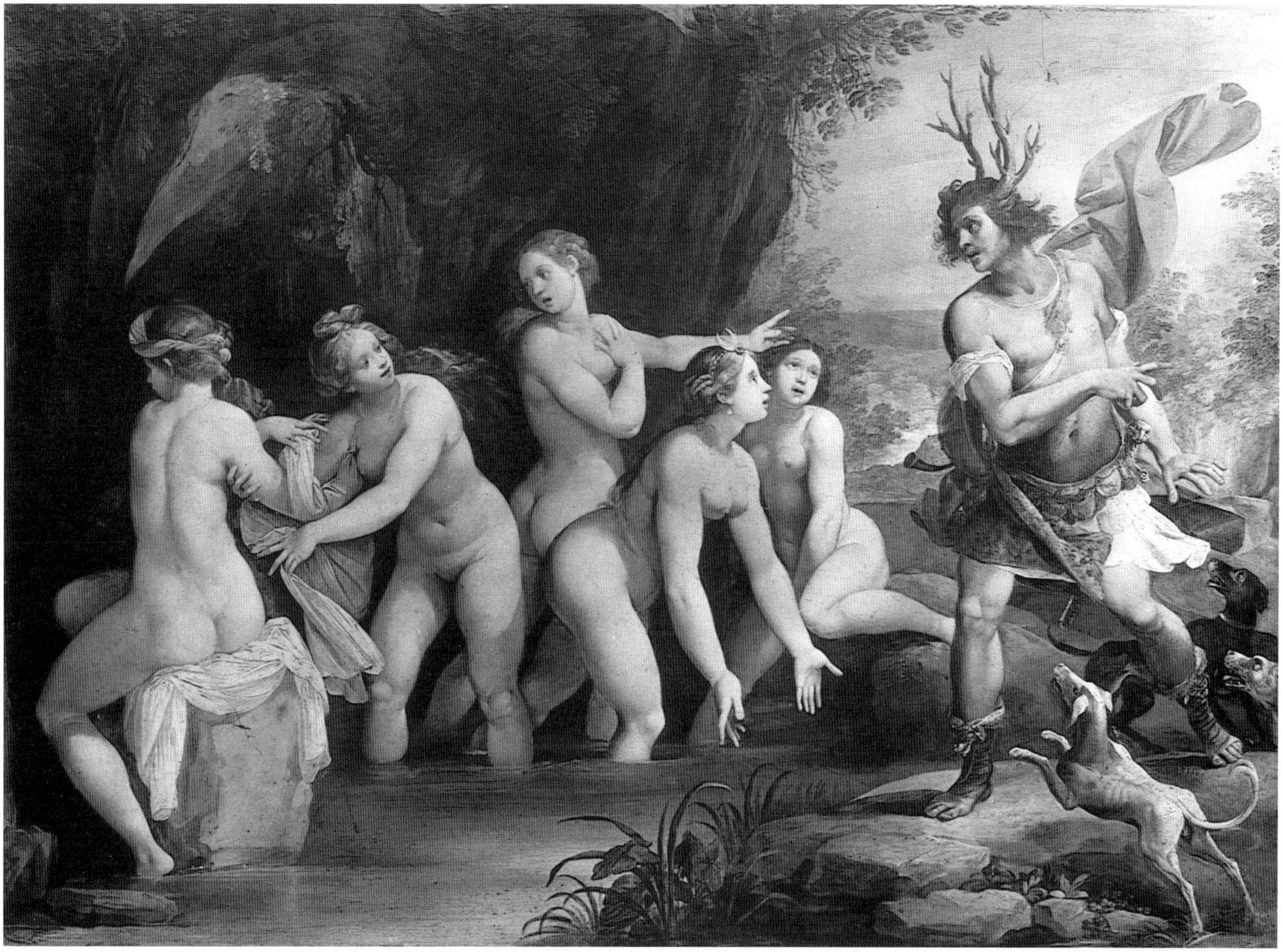

86
Cavaliere d'Arpino,
eigentlich Giuseppe Cesari
1568 Rom – 1640 Rom
Diana verwandelt Actaeon in einen Hirsch
Um 1603–1606
Bezeichnet rechts auf dem Stein zu Füßen Actaeons:
IOSEPH(U)S ARPINA(S) F(ECIT)
Kupfer, 50 × 69 cm
Museum der bildenden Künste, Budapest

Das Thema ist überaus häufig gestaltet worden, weil es Anlaß zur Darstellung zahlreicher bewegter weiblicher Akte bot. Daß die um ihre Keuschheit besorgten, fast noch kindlich anmutenden Nymphen plötzlich und unfreiwillig den Blikken eines Mannes ausgesetzt sind, verleiht der Szene einen besonderen Grad an Pikanterie. Das Erscheinen Actaeons ist für Diana und ihre Gefährtinnen, die sonst unangefochten in einer gleichgeschlechtlichen, wohl lesbischen Gemeinschaft leben, eine große Herausforderung und Probe auf die als Tugend dargestellte Männerfeindlichkeit. Es wird verständlich, daß die Göttin den Frevel rächen muß, um ihre Autorität zu wahren und die bisherige Ordnung aufrechtzuerhalten. Der manieristische Maler und Lehrer Caravaggios läßt uns sehen, daß das scheinbare Entsetzen der Mädchen nicht echt und nicht einmal gut gespielt und ihr Verhalten eher von Erstaunen, Neugierde und selbst einladender Erwartung bestimmt ist. Die Entscheidung über Actaeons Schicksal ist aber schon gefallen, seine Verwandlung hat begonnen, und wenn die Hunde auch klein sind, werden sie den Hirsch doch zur Strecke bringen. Der Unglückliche könnte in dieser Tiergestalt aber auch lebend die Reize der schönen weiblichen Körper nicht mehr genießen. Die Landschaft, die das Tal Gargaphia wiedergeben soll, zeigt den Einfluß des in Rom tätig gewesenen flämischen Malers Paul Bril. Eine Variante des Bildes befindet sich im Louvre.

△ Tizian,
National Gallery of Scotland, Edinburgh
△ Bartholomäus Dietterlin,
Gemäldegalerie Alte Meister, Dresden
▽ Ovid, Metamorphosen III, 143–252

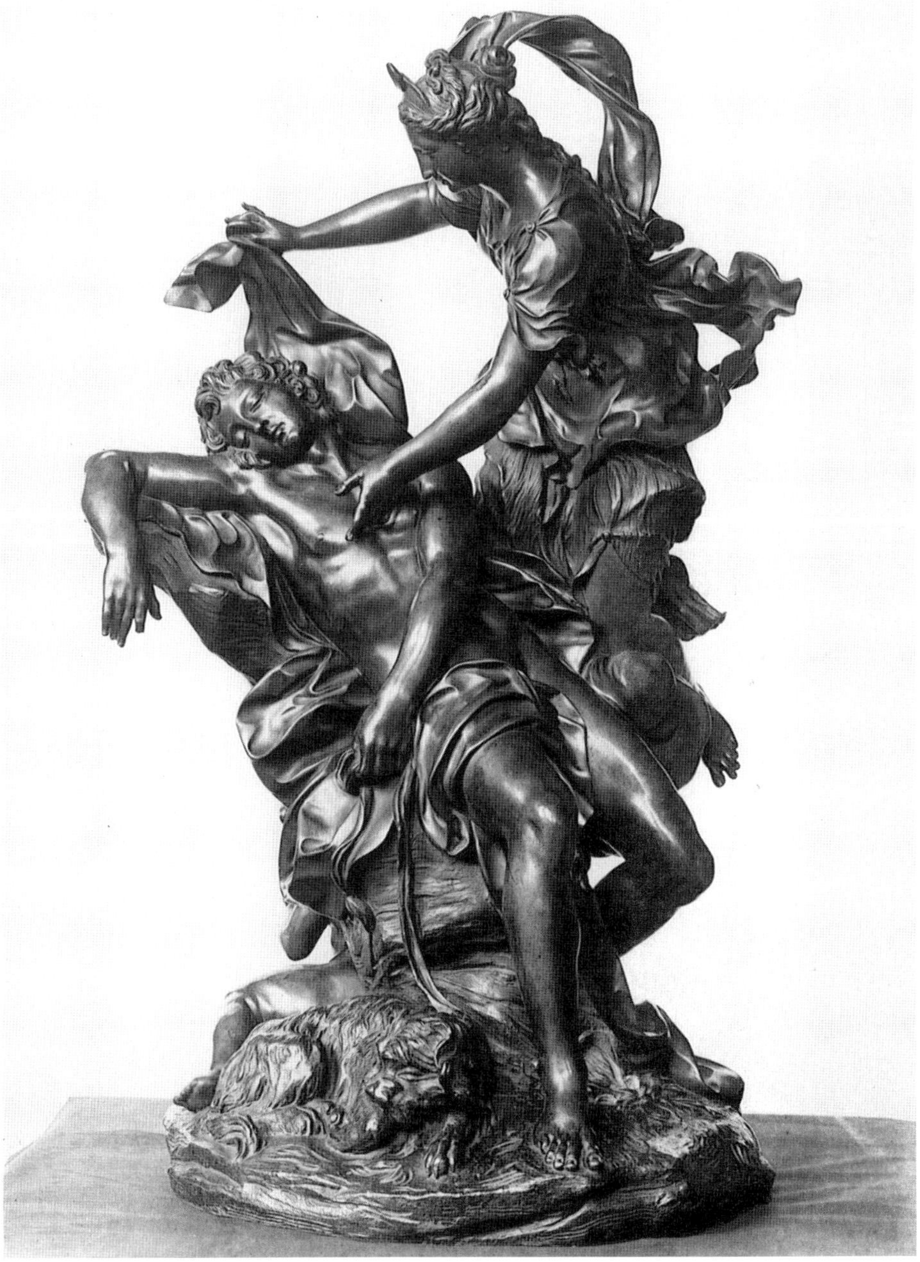

87
Corneille (Cornelis) van Cleve
1645 Paris – 1732 Paris
Luna und Endymion
Bronze, Höhe 73,4 cm
Grünes Gewölbe, Dresden

Die Liebe der Mondgöttin zu dem schönen Jüngling mußte im tiefsten unerfüllt bleiben, da sie von ihm nicht erwidert werden konnte: Selbst den Kuß gab sie nur einem Schlafenden, wenn sie sich wieder von ihm entfernte. Der in Rom an den Werken Berninis geschulte Bildhauer flämischer Herkunft hat von der Begegnung, wie sie sich nach mythologischer Überlieferung allnächtlich wiederholte, eine schöne Bronzegruppe geschaffen. Luna (Selene) ist von ihrem silbernen Wagen zu dem Geliebten herabgeschwebt, hat mit sanfter Hand, um ihn nicht aufzuwecken, das verhüllende Tuch von seiner Brust gehoben und versenkt sich in seine Betrachtung. Ihr treuer Helfer Amor, der auch den zottigen Hirtenhund in Schlummer versenkt hat, ist neben diesem am Fuße der Plastik zu sehen. Endymion muß die Liebkosungen der Göttin im Unterbewußtsein doch gespürt haben, so daß er Jupiter nicht nur um ewige Jugend und ewiges Leben, sondern auch um ewigen Schlaf gebeten hat – was ihm gewährt wurde. Cornelis van Cleve, der bei seinem neunjährigen Italienaufenthalt als Pensionär des Königs von Frankreich nicht nur in Rom, sondern auch drei Jahre in Venedig lebte, war sonst immer in Paris tätig und hat vor allem dekorative Skulpturen für den Schloßpark von Versailles, aber auch für Pariser Kirchen und Paläste geschaffen. Seine Werke sind von starker plastischer Ausladung und bezaubern durch ihren schönen, ein wechselvolles Spiel von Licht und Schatten erzeugenden Bewegungsreichtum.

△ Francesco Trevisani,
Staatliche Gemäldegalerie Kassel
△ Moritz von Schwind,
Museum Folkwang, Essen
▽ Lukian, Dialogi deorum, 11

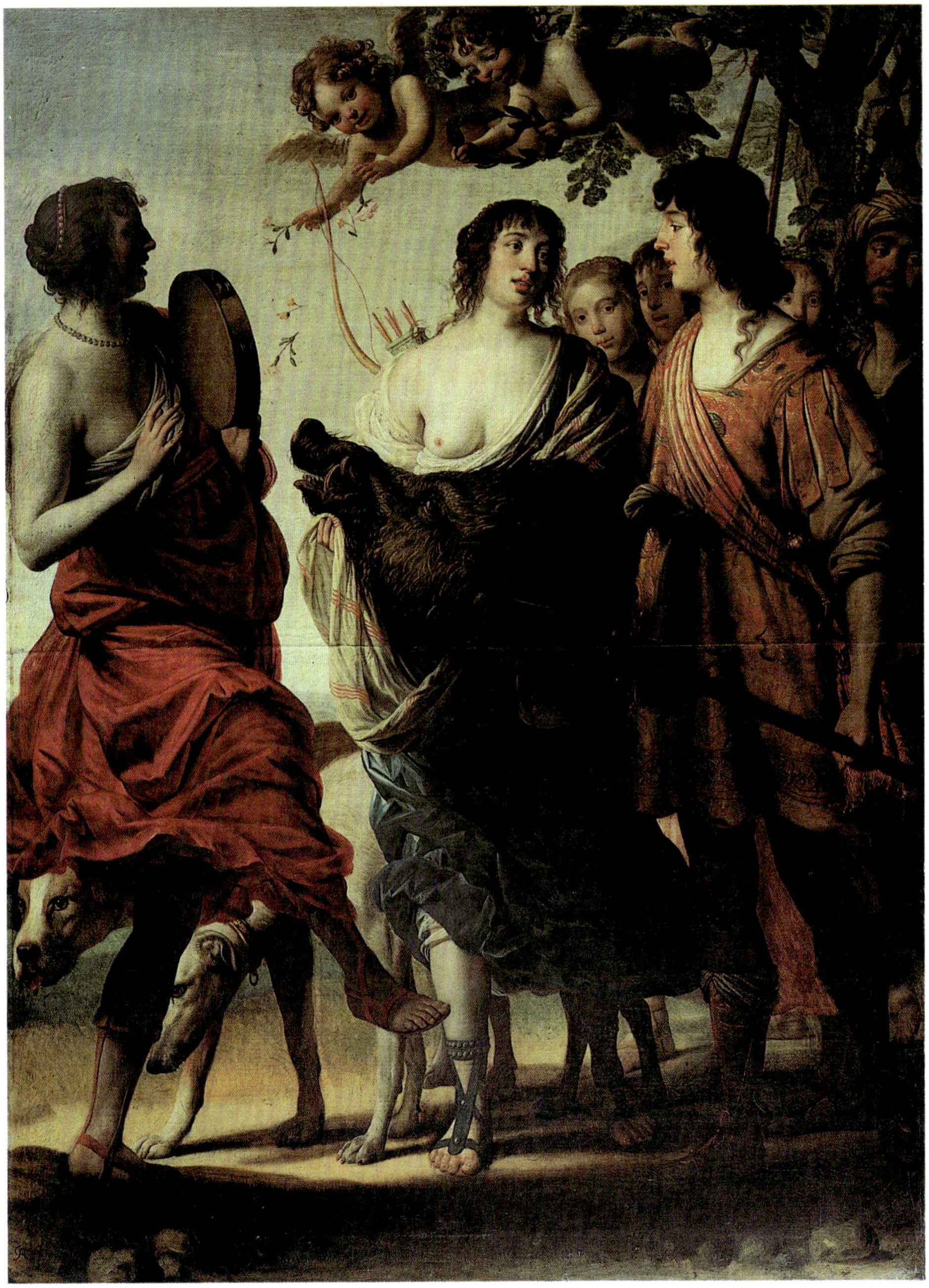

88
Gerard van Honthorst
1590 Utrecht – 1656 Utrecht
Meleager und Atalante
mit dem Eberkopf
Bezeichnet und datiert 1632
Leinwand, 220 × 165 cm
Neues Palais,
Potsdam-Sanssouci

Bei der Kalydonischen Jagd hatte die Jägerin Atalante den Keiler zuerst verwundet, und Meleager – vielleicht ein Sohn des Kriegsgottes Mars –, der das Tier schließlich töten konnte, überließ ihr darum zu Recht die Trophäe: um ihr zu huldigen, aber auch, um ihre Gunst zu gewinnen. Es ist tragisch, daß er auf diese Weise seinen eigenen Tod herbeiführte. Honthorst hat die beiden gemalt, wie sie mit einem Gefolge dem Betrachter entgegenschreiten. Die kühne Jägerin mit dem Köcher auf dem Rücken und den Hunden an der Seite trägt den Kopf des erlegten Tieres vor sich im gerafften Obergewand, gefeiert von einer tanzenden und tambourinschlagenden Mänade und zwei geflügelten Putti, von denen der eine Blumen auf sie herabstreut und der andere im Begriff ist, ihr den Lorbeerkranz aufzusetzen. Atalante hält ihre rechte Schulter und Brust entblößt und findet damit um so mehr das Augenmerk Meleagers. Mit dem schönen jungen Menschenpaar, das vom Stolz über die erfolgreiche Jagd wie vom Glück der Liebe erfüllt ist, hat Honthorst hier ein Bild voller Festlichkeit geschaffen, dessen Wirkung ebenso auf der barock-klassizistischen Form wie den prächtigen Farben beruht, die sich in den Gewändern Atalantes und Meleagers mit dem Gegensatz von Blau und Rotorange komplementär steigern. Der Maler hatte ein Jahrzehnt in Rom gearbeitet und wurde für Holland zum wichtigsten Vermittler des römischen Caravaggismus und zum Haupt der Utrechter Malerschule.

△ Hans Bol,
Gemäldegalerie Alte Meister,
Dresden
△ Abraham Govaerts,
Narodní Galerie, Prag
▽ Ovid, Metamorphosen VIII,
426ff.

89
Giovanni Battista Foggini
1652 Florenz – 1725 Florenz
Hippomenes und Atalante
Um 1690
Bronze, Höhe ohne Basis 41,2 cm
Skulpturensammlung, Dresden

Foggini schuf diese Plastik etwa in dem Jahr, in dem der fast gleichaltrige Salzburger Balthasar Permoser nach vierzehnjähriger Zusammenarbeit mit ihm der Berufung an den Hof von Dresden folge. In der Gestaltung des umfangreichen Figurenschmucks für den 1710 begonnenen Zwinger vermittelte Permoser die Anregungen der italienischen Barockplastik nach Sachsen und Deutschland. Foggini aber blieb bis zu seinem Tode als Hofbildhauer und -architekt im Dienste der Medici tätig. Er gehörte zu den ersten Schülern der von Großherzog Cosimo III. 1674 in Rom gegründeten Accademia medicea. Möglicherweise wurde die von ihm geschaffene plastische Gruppe von Permoser mit nach Dresden gebracht und später aus dessen Nachlaß von Graf Brühl erworben, ehe sie nach Brühls Tod in die königlichen Sammlungen gelangte. So wie Fogginis Hauptwerke, die Reliefs in der Cappella Corsini, ist auch diese Plastik von einer Schauseite her reliefartig aufgefaßt. Atalante hat ihm Lauf innegehalten und bückt sich, um den rollenden Apfel zu fangen (der freilich samt der ursprünglichen Plinthe verloren gegangen ist). Hippomenes, der die beiden anderen Äpfel noch in den Händen hält und damit das Mädchen noch zweimal zum Haltmachen veranlassen wird, kann dieses ohne sichtliche Anstrengung überholen. In der sich teilweise verselbständigenden, malerisch lockeren und plastisch ausladenden Faltengebung ist zugleich das Erbe des großen römischen Bildhauers Bernini zu spüren, dessen Einfluß auf Foggini in Rom gewirkt hatte.

△ Guido Reni,
Museo di Capodimonte, Neapel
△ Johann Heinrich Schönfeld,
Brukenthal-Museum, Sibiu
▽ Ovid, Metamorphosen X,
560–680

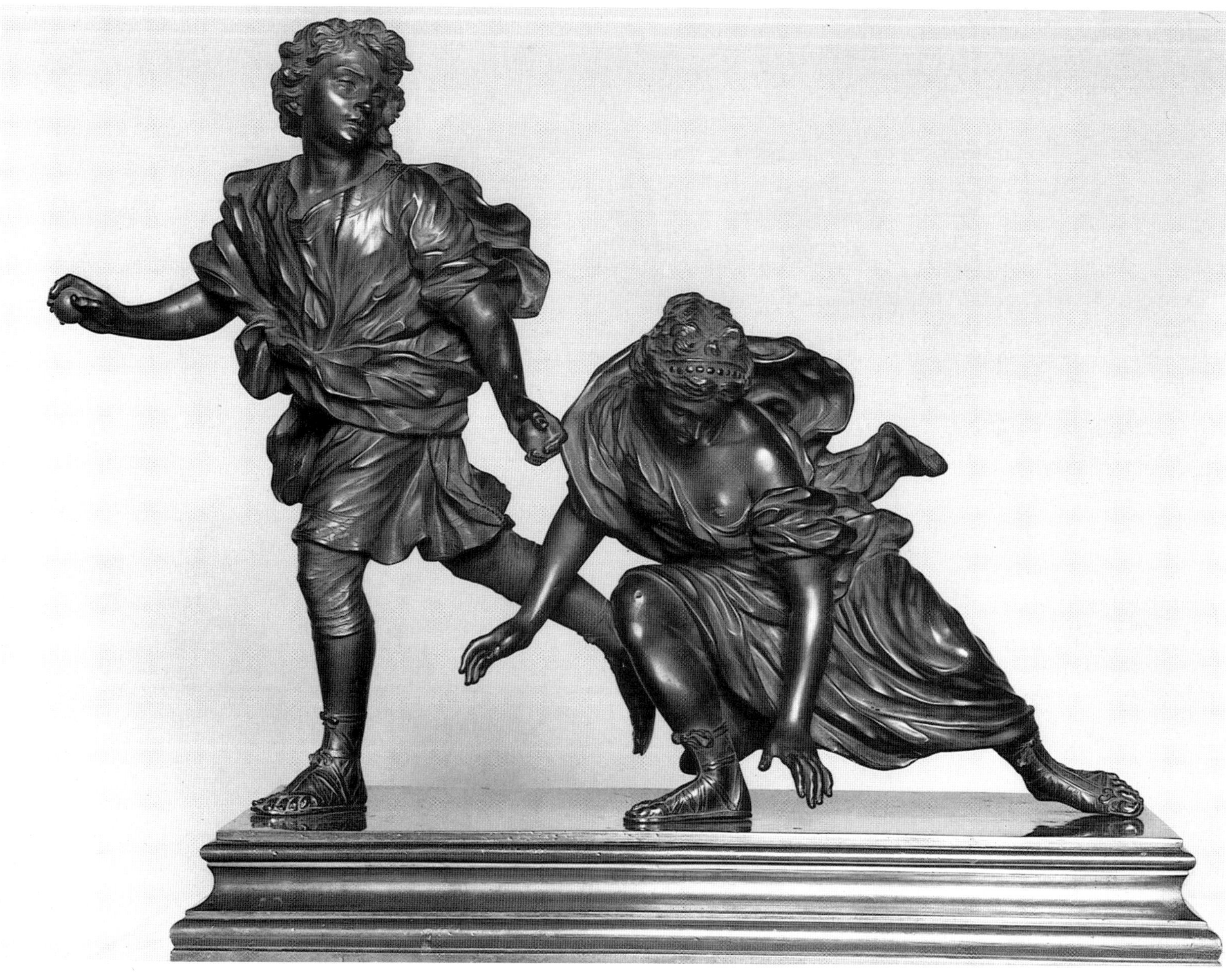

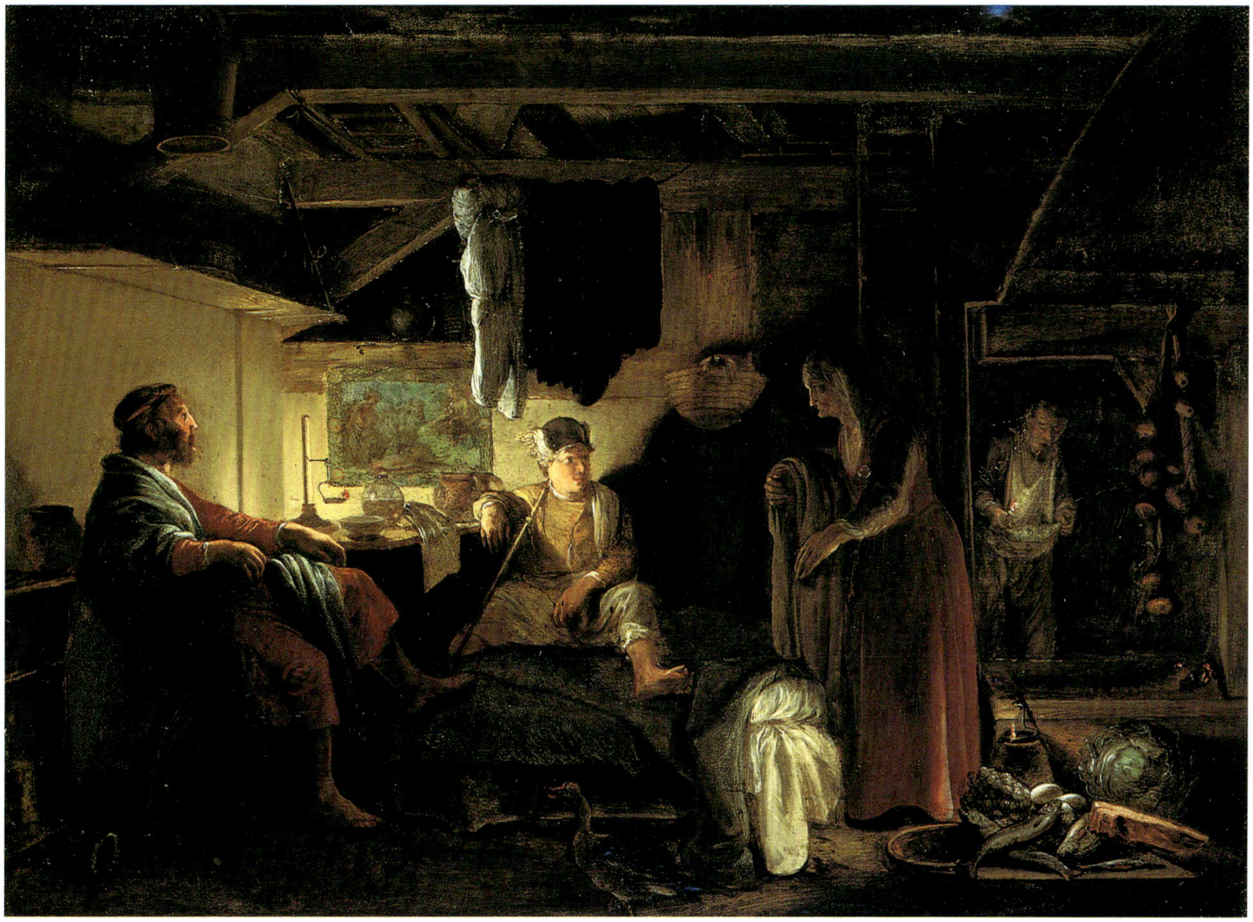

90
Adam Elsheimer
1578 Frankfurt am Main – 1610 Rom
Jupiter und Merkur bei Philemon und Baucis
Um 1609–1610
Kupfer, 16,5 × 22,5 cm
Gemäldegalerie Alte Meister, Dresden

Das kleine Bild ist fast eine Miniatur zu nennen, aber trotz seiner geringen Abmessungen von monumentaler Wirkung und eines der letzten und bedeutendsten Werke des jung verstorbenen deutschen Malers. Das Thema des Götterbesuches bei den beiden alten Leuten hat hier eine gültige und eindrucksvolle Formulierung erfahren. Den zwei Gästen ist in der bescheidenen Hütte größtmögliche Bequemlichkeit zuteil geworden: Jupiter nimmt den Stuhl ein, Merkur sitzt auf der Lagerstatt, und während Baucis noch eine Decke bringt, wird zugleich ein Mahl vorbereitet. Die stillebenartig aufgehäuften Nahrungsmittel – ein Kohlkopf, Zwiebeln, Fische, Eier und Weinbeeren – lassen dies erkennen, und Philemon trägt von draußen noch anderes herbei. Zu Trinken steht schon auf dem Tisch. Ein Bild an der Wand zeigt die Überlistung des Wächters Argus (Argos), der zur Aufsicht über die in eine Kuh verwandelte Io – Jupiters Geliebte – bestellt worden war, durch Merkur: Es ist also eine Geschichte, an der die beiden Götter beteiligt waren. Die Ärmlichkeit dieses einzigen Raumes, den das alte Paar auch noch mit einigen Haustieren wie der Gans oder der Bruthenne im Korb neben der Leiter teilt, wird erhellt durch das Licht zweier Öllämpchen auf dem Tisch und vorn an der Tür sowie der Kerze, die Philemon in der Hand trägt. Mit den subtilen Helldunkelwirkungen entsteht der Eindruck von Gemütlichkeit und Geborgenheit im Innenraum, wie ihn schon die deutsche Kunst der Dürerzeit hervorzubringen wußte. Elsheimer übertrug die in Venedig und seit 1600 im Carravaggiokreis in Rom erhaltenen Anregungen in die nördliche Kunst und konnte zum Vorbild Rembrandts und Claude Lorrains werden.

△ Bramantino, Wallraf-Richartz-Museum, Köln
△ Jean-Bernard Restout, Musée de Tours
▽ Ovid, Metamorphosen VIII, 621–696

91
Correggio,
eigentlich Antonio Allegri
Um 1489 Correggio – 1534 Correggio
Jupiter und Io
Um 1530
Leinwand, 162 × 73,5 cm
Kunsthistorisches Museum Wien

In dem aus der Kunstkammer Kaiser Rudolfs II. in Prag nach Wien gelangten Bild bietet sich der Rückenakt einer zartgliedrigen jungen Frau dar, die leicht nach hinten gelehnt am Rande eines Weihers sitzt. Wir werden Zeuge der wunderbaren Erscheinung, wie sich von oben unaufhaltsam zarte Nebelschleier herabsenken, den blauen Himmel verdecken und das Gebüsch immer mehr einhüllen, alles in ein silbriges Licht tauchen und gegen die Frau andringen, die sich weich umfangen läßt. Aus den Nebeln aber löst sich ein Gesicht, und Io bietet ihren Mund zum Kusse dar und gibt sich mit ihrem ganzen Körper hin. In weichem, nicht endendem Linienfluß fügt sich ihr Körper in den schmalen Bildraum. Die verschwimmenden Umrisse im Sfumato lassen den Einfluß Leonardo da Vincis erkennen. Durch den Hirsch rechts, der ohne Scheu zur Tränke gekommen ist, wird die romantische Naturhaftigkeit des märchenhaften Geschehens noch verstärkt. Wir spüren die leidenschaftliche Sinnlichkeit, die nach dem Bericht des Kunsthistoriographen Vasari das Wesen Correggios wie seine Kunst beherrschte. Hier ist gleichsam schon das Vorbild für die französische Rokokomalerei gegeben, für Watteau und Fragonard, aber auch für die silbrige Farbgebung Corots.

△ Hans Bock der Ältere,
Museum der bildenden Künste,
Budapest
△ Lambert Sustris,
Staatliche Ermitage, St. Petersburg
▽ Ovid, Metamorphosen I,
588–600

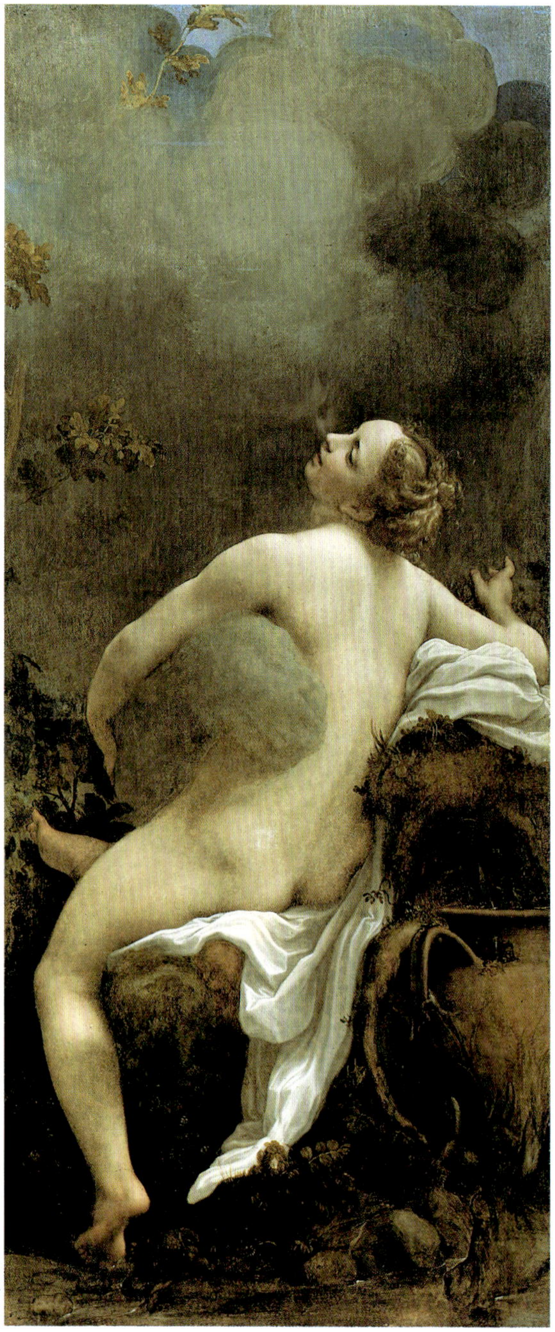

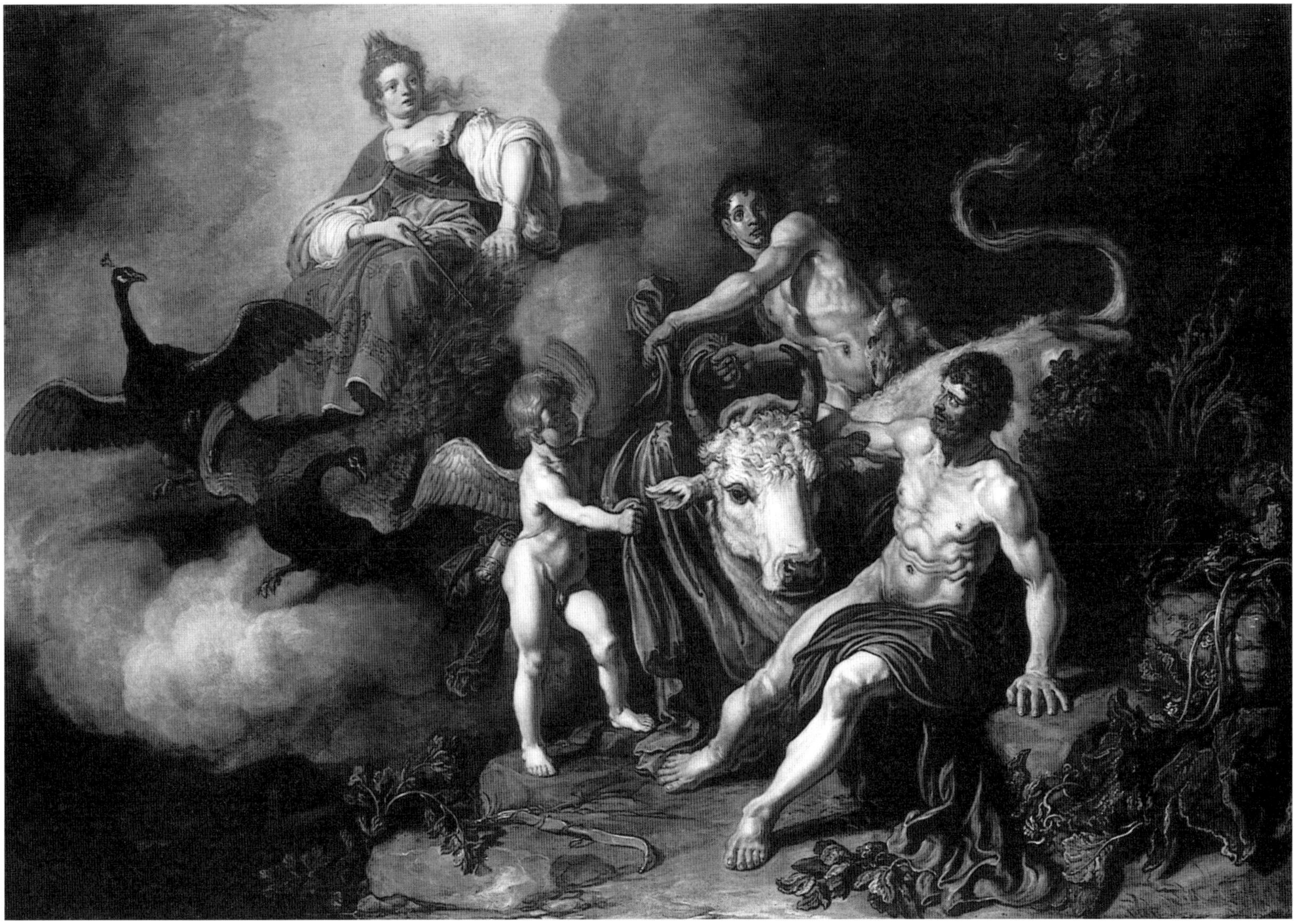

92
Pieter Lastman
Wohl 1583 Amsterdam – 1633 Amsterdam
Juno entdeckt Jupiter mit Io
Bezeichnet rechts oben:
Pietro Lastman/fecit A° 1618
Holz, 54,3 × 77,8 cm
National Gallery, London

Als Juno zur Erde sah, erblickte sie am hellen Tag die dunkle Wolke, mit der ihr Gemahl die schöne Königstochter Io eingehüllt und ihre Flucht gehemmt hatte, um von ihr Besitz ergreifen zu können. Da sie Jupiter im Himmel nicht finden konnte, ließ sie sich selbst zur Erde hinab und gebot dem Nebel zu weichen. Sie fand den Gesuchten in der überaus merkwürdigen Lage bei einer weißen Kuh, in die er selbst, zur Verschleierung seines Seitensprungs, seine Geliebte verwandelt hatte. In dieser Version hat der in Rom von Caravaggio und Elsheimer beeinflußte Amsterdamer Maler die Geschichte dargestellt. Juno thront auf der Wolke wie auf einem Kutschbock über den aufgeregten Pfauen und kann von dieser Höhe aus die Situation sofort überschauen. Jupiter blickt abwartend mit listigem Gesichtsausdruck, aber zugleich deutlich verunsichert, zu ihr auf, während er der Kuh die Stirnlokken grault. Der Maler hat die Gestalten des geflügelten Amor und der durch Maske und Fuchsfell gekennzeichneten Allegorie der Täuschung hinzugefügt. Die erzürnte Götterkönigin erliegt der Täuschung freilich nicht, versucht sich ihrer aber ebenfalls zu bedienen, und so beginnt ein listenreiches Spiel um Io zwischen den Ehegatten. Typisch für Lastman sind die kräftigen, muskulösen Figuren mit den ausdrucksvollen Gebärden und reichen Gewändern in leuchtenden Farben: Ein türkisgrünes Tuch bedeckt Jupiters Blöße, ein rötliches die Kuh. Lastman hat mit Vorliebe mythologische und biblische Historien dargestellt und ist nicht zuletzt als Lehrer Rembrandts bekannt geworden.

△ David Teniers d. Ä.,
Kunsthistorisches Museum Wien
▽ Ovid, Metamorphosen I,
600–624

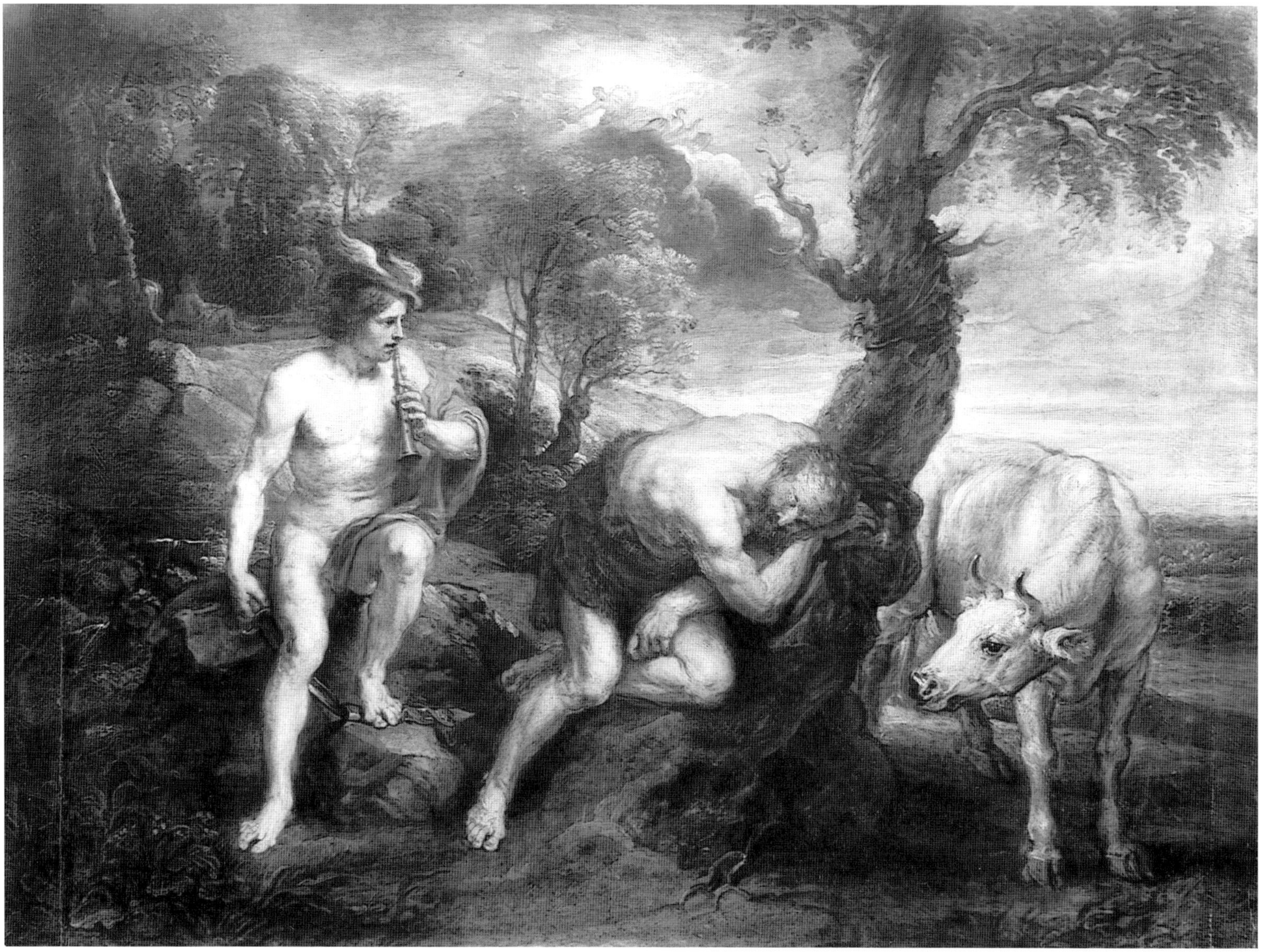

93
Peter Paul Rubens
1577 Siegen (Westfalen)
bis 1640 Antwerpen
Merkur und Argus
Um 1635–1638
Eichenholz, 63 × 87,5 cm
Gemäldegalerie Alte Meister,
Dresden

Rubens hat für sein Bild den Zeitpunkt der höchsten Spannung im Ablauf des Geschehens gewählt: Argus, der von Juno bestellte Wächter über die in eine Kuh verwandelte Io, ist durch das betörende Flötenspiel Merkurs in Schlaf gefallen, und der an seinem geflügelten Hut erkenntliche listige Gott, der ihn sorgfältig beobachtet und nicht aus den Augen läßt, hält den Zeitpunkt für gekommen, das Instrument abzusetzen und sein kurzes krummes Schwert aus der Scheide zu ziehen, die er zur Dämpfung eines möglichen, vom Metall verursachten Geräusches mit dem linken Fuß auf den felsigen Boden drückt. Juno, die auf ihrem Pfauengespann über den Himmel fährt, wird Argus' Tötung nicht verhindern können. Die Kuh folgt indessen dem Geschehen mit ihren Blicken wie ein vernunftbegabtes Wesen – das ja auch in ihr wohnt. Simultan hat Rubens links im Hintergrund zwischen den Bäumen Argus mit der weidenden Kuh vor dem Erscheinen Merkurs wiedergegeben. Von großartiger malerischer Kraft ist in diesem späten Werk des flämischen Barockmalers neben der Menschen- und Tierdarstellung auch die Schilderung der Landschaft, die von einem unruhigen Licht und von stürmischem, die Wolken treibenden Wind erfüllt ist und deren Erregtheit den bevorstehenden Mord erahnen läßt. Das Bild ist die Variante einer größeren, drei Meter breiten Fassung, die sich heute im Prado befindet und zu einer von Philipp IV. in Auftrag gegebenen Serie von Gemälden für das unweit von Madrid gelegene Jagdschloß Torre de la Parada gehörte.

△ Jan Both,
Bayerische Staatsgemäldesammlungen
München, Schloß Schleißheim
△ Jacopo Amigoni,
Gemäldegalerie Alte Meister,
Dresden
▽ Ovid, Metamorphosen I,
622–721

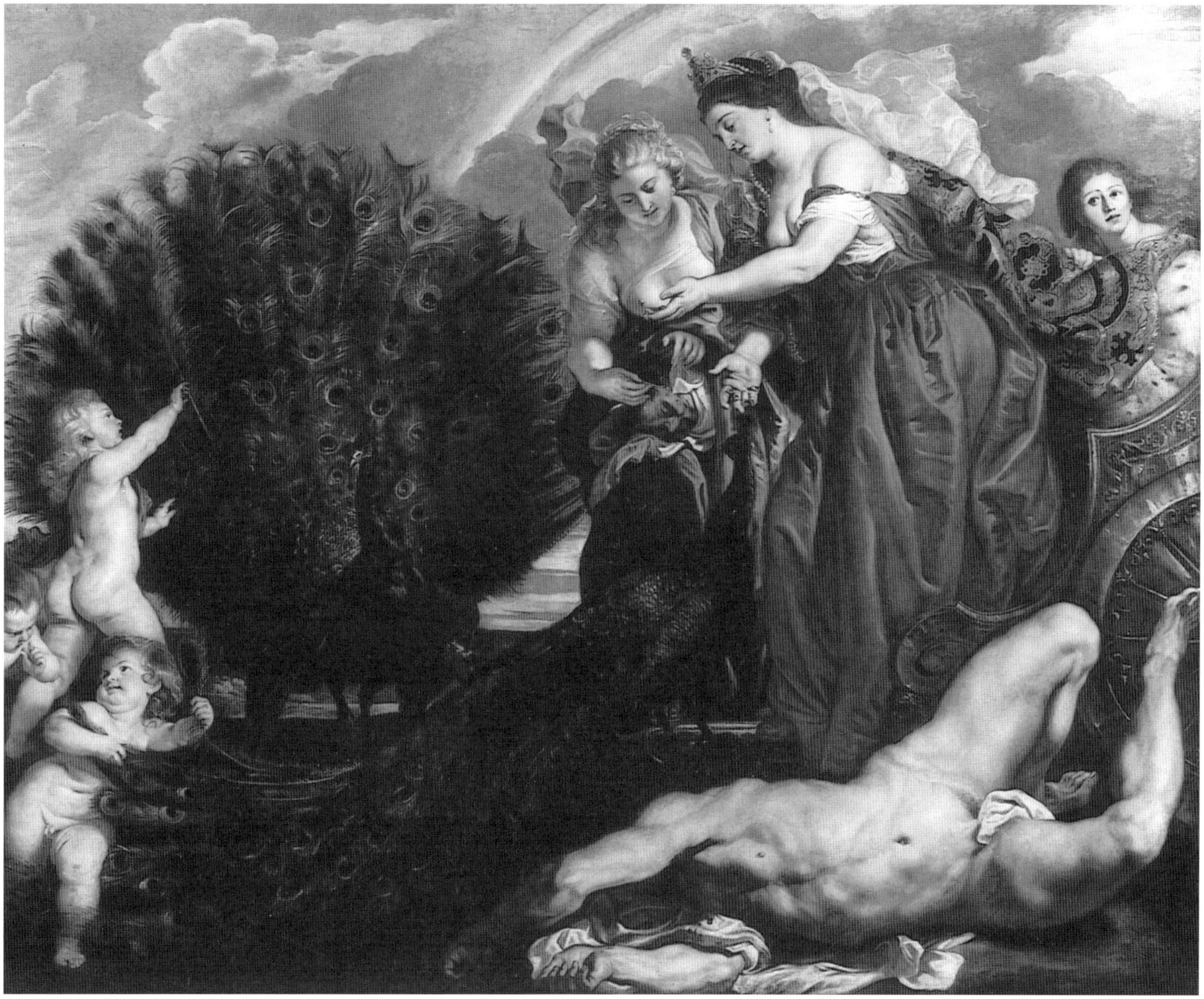

94
Peter Paul Rubens
1577 Siegen (Westfalen)
bis 1640 Antwerpen
Juno schmückt den Schweif ihres Pfaus mit den Augen des Argus
Um 1611
Leinwand, 255 × 348 cm
Wallraf-Richartz-Museum, Köln

Der verstümmelte Leichnam des Wächters, der sein ihm von Juno übertragenes Amt mit dem Leben bezahlten mußte, liegt in den Verrenkungen des Todes am Boden. Es heißt zuweilen, seine hundert Augen wären über seinen ganzen Körper verteilt gewesen, doch ist davon hier nichts zu erkennen. Wohl aber pflückt die neben Juno stehende Götterbotin Iris die Augäpfel aus dem abgeschlagenen Haupt des Getöteten; die irisierenden kleinen rundlichen Körper wirken wie geschliffene glänzende Edelsteine. Die heroinenhafte Juno, die ihren goldenen Wagen kaum verläßt, nimmt sie entgegen, um mit Hilfe von zwei Putten ihre Pfauen damit zu schmücken, ganz ungerührt vom Schicksal des einstigen Besitzers dieser Kleinodien. Die eitlen Vögel tragen den neuen Schmuck schon zur Schau: Hier ist zugleich ein Stück naiv aufgefaßter Schöpfungsgeschichte erzählt, eine märchenhafte Erklärung für das Zustandekommen dieser Pracht gegeben. Die Figur des Argus in ihrer gewaltsamen Bewegtheit findet sich ähnlich schon bei Raffael und Michelangelo und geht auf die Antike zurück. Prächtige Pfauen wurden von den flämischen Barockmalern auch gern in Stilleben und Tierstücken dargestellt.

△ Hendrick Goltzius, Museum Boymans-van Beuningen, Rotterdam
▽ Ovid, Metamorphosen I, 720–723

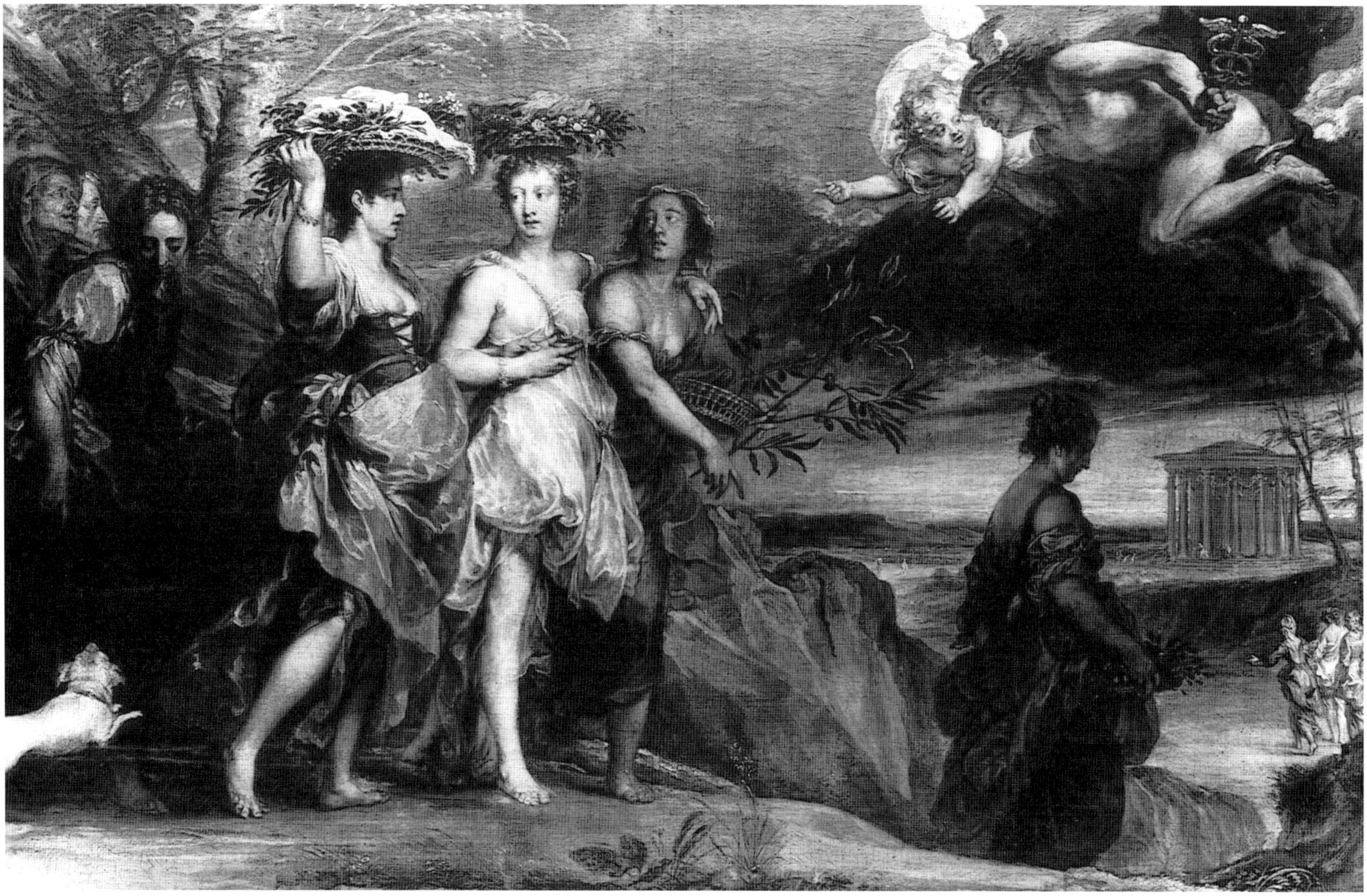

95
Jan Boeckhorst
1605 Münster (Westfalen)
bis 1668 Antwerpen
Merkur erblickt Herse
Leinwand, 118 × 178,5 cm
Kunsthistorisches Museum Wien

Boeckhorst hat den von Ovid dichterisch gestalteten Stoff in seinem Bild genau nacherzählt. Klassisch statuenhaft erscheint die Gruppe der drei Schwestern auf ihrem Weg zum Tempel, gegenüber der vorauseilenden Dienerin und den nachfolgenden Begleiterinnen durch helle Beleuchtung hervorgehoben. Zwei der Mädchen tragen die »bekränzten Körbe« mit den Opfergaben auf dem Kopf, was ein aufrechtes, stolzes Schreiten verlangt. Die eine von diesen beiden aber, als einzige im Profil gesehen, ist Herse, die Auserwählte. Indem die beiden anderen sich zu ihr hinwenden, lenken sie auch den Blick des Betrachters auf sie. Ihr gilt das Erscheinen Merkurs, den der mit dem Finger weisende Amor als Verkörperung des Liebesverlangens zu diesem Ziele geleitet hat. An seinem Flügelhut, den geflügelten Füßen und dem Heroldstab ist der Götterbote deutlich zu erkennen. Herse nimmt den Blick des herbeischwebenden Gottes mit Festigkeit auf; sie wird durch ihn später Mutter des Kephalos werden. Die Schwestern sind nicht ohne Neid, besonders Aglauros, wohl die rechte hier, wird Merkur sogar den Zutritt zu ihrer Schwester verweigern wollen. Der runde Tempel in der Ferne erinnert an den Vesta-Tempel in Rom. – Boeckhorst soll Schüler von Jacob Jordaens gewesen sein und war außerdem in Italien geschult. Seine farbenprächtige Malweise läßt auch die Nähe zu Rubens und Van Dyck erkennen.

△ Jacob Simonsz Pynas,
Uffizien, Florenz
△ Cornelis van Poelenburgh,
Staatliche Gemäldegalerie Kassel
▽ Ovid, Metamorphosen II,
710–731

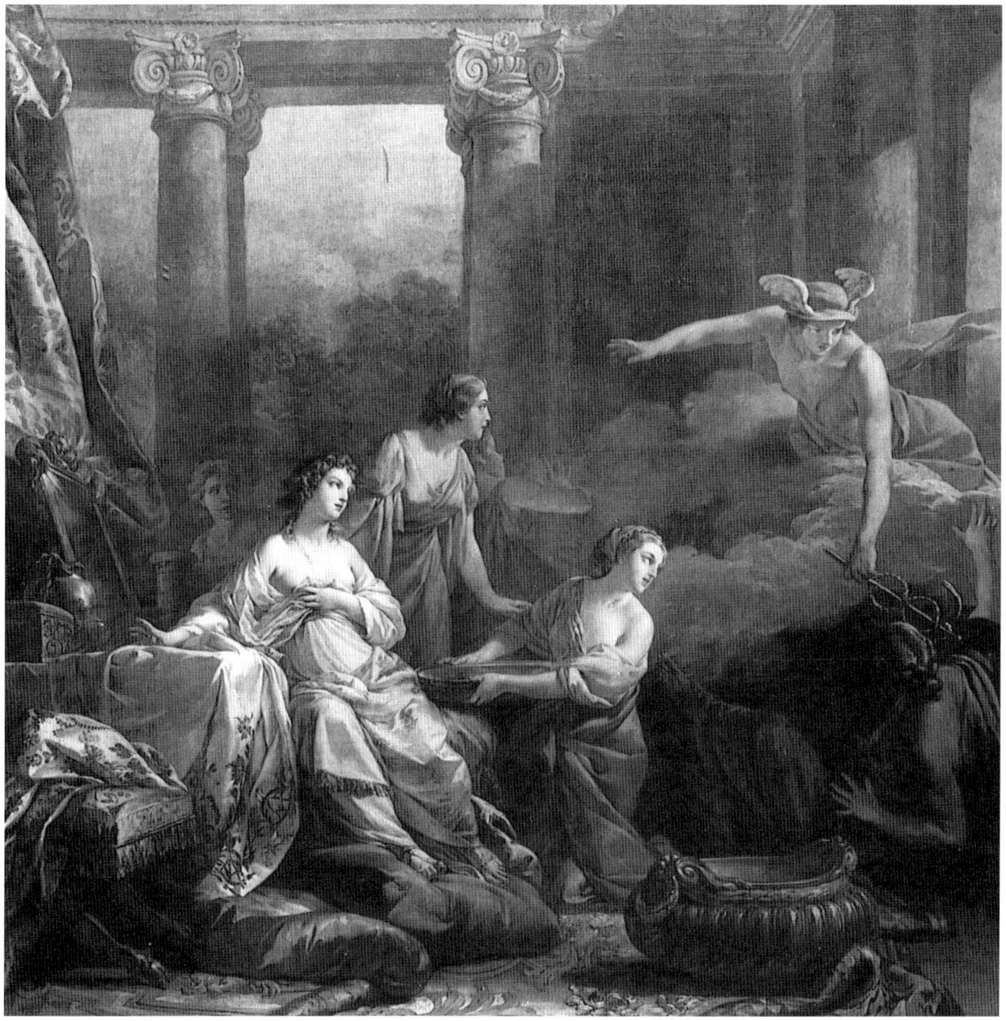

96
Jean-Baptiste-Marie Pierre
1714 Paris – 1789 Paris
Aglauros will Merkurs Eintritt zu Herse verhindern
1763
Leinwand, 320 × 320 cm
Louvre, Paris

Das Gemälde erschien im Salon von 1763, einer der für Paris berühmt gewordenen Kunstausstellungen, und war zur Vorlage für die Herstellung eines Gobelins in der königlichen Manufaktur zu Paris bestimmt. Pierre selbst genoß großes Ansehen unter Ludwig XV.; er war der Schützling der Madame de Pompadour, der Geliebten des Königs, und als Schüler von Natoire schon frühzeitig Mitglied, bald auch Professor und seit 1770 Rektor der Akademie sowie als Nachfolger Bouchers »premier peintre du Roi«, »erster Maler des Königs«. Die Darstellung der Verwandlung der Aglauros gewinnt ein großartiges Pathos durch die Rahmenarchitektur einer monumentalen Säulenhalle, aufwendige Draperien, Kissen und ein prachtvolles Bronzebecken, aber auch durch die Wolke, auf welcher der Freier sich genähert hat. Herse, der sein Besuch gilt, ist als die Hauptfigur in volles Licht getaucht und blickt ihm erwartungsvoll entgegen, und auch ihre neben ihr stehende Schwester Pandrosos wendet sich, wie überrascht, zu dem Gast hin. Die Dienerin dagegen, die mit einer Schale vor Herse kniet, beobachtet mehr das Geschehen, das sich am Eingang vollzieht. Dort ist Aglauros zu sehen, die von Minerva mit Neid gegen ihre Schwester Herse vergiftet worden war, weil sie das Körbchen des Erichthonios geöffnet hatte. Nun wollte sie Merkur den Eintritt zu seiner Auserwählten verweigern. Er aber hat sie mit dem Kerykeion berührt, und schon beginnt sie zu düsterem Stein zu werden, dessen Farbe ihrem schwarzen Gemüt entspricht, wie Ovid es ausgedrückt hat. Herse aber brachte von Merkur den Sohn Kephalos zur Welt.

△ Veronese Schule, Fitzwilliam Museum, Cambridge
△ Louis-Jean-François Lagrenée, Nationalmuseum Stockholm
▽ Ovid, Metamorphosen II, 732–834

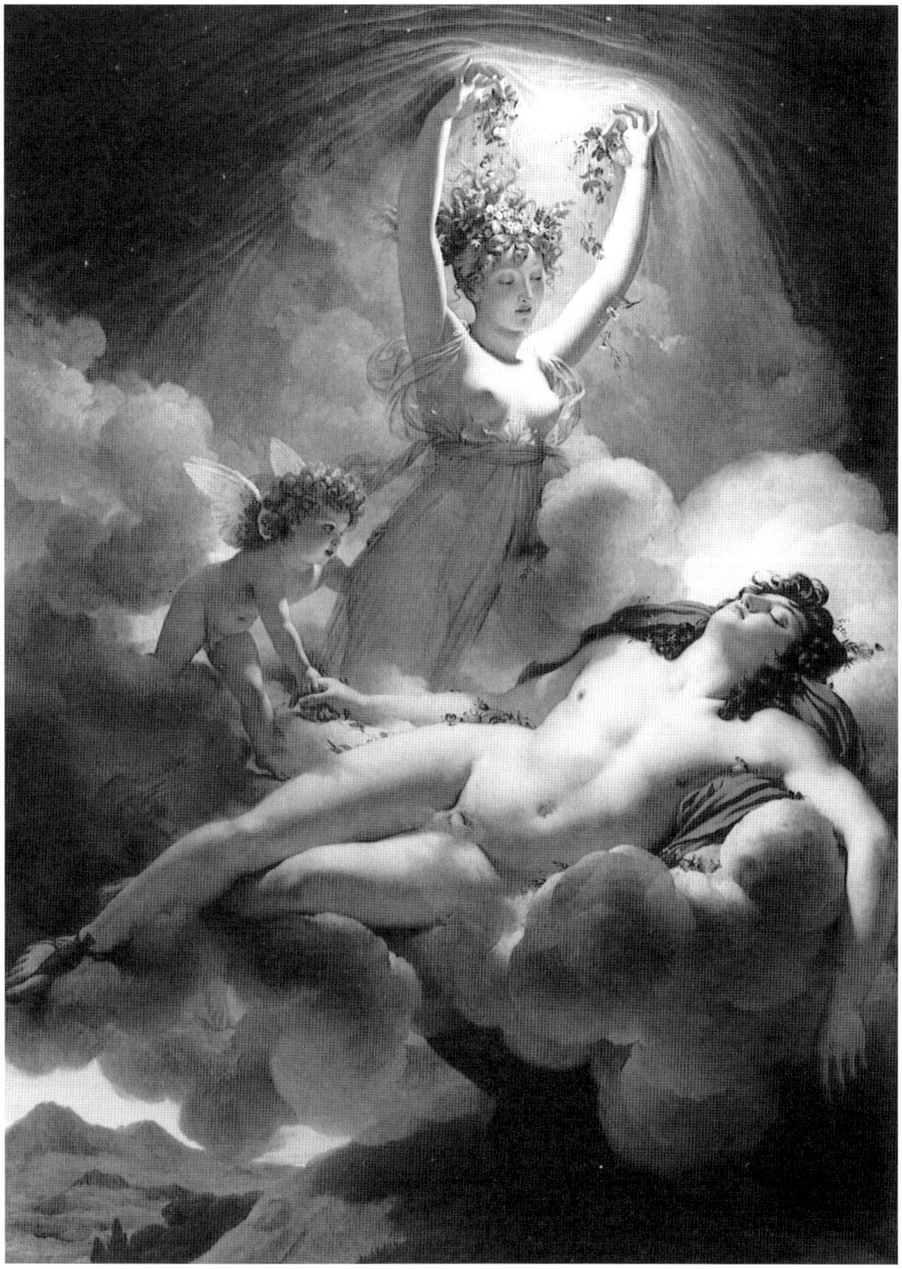

97
Pierre Narcisse Guérin
1774 Paris – 1833 Rom
Aurora und Kephalos
Bezeichnet rechts unten:
P. Guerin 1810
Leinwand, 252 × 183 cm
Louvre, Paris

Guérin, der Lehrer von Delacroix, gewann schon in jungen Jahren mit Bildern nach Motiven aus der römischen Geschichte zwei Rompreise und konnte Italien später zwei Jahre lang bereisen. Er blieb immer dem von Jacques Louis David, dem Hofmaler Napoleons, begründeten Klassizismus verpflichtet, vermochte aber dessen Strenge zu mildern und den Darstellungen größere Anmut zu verleihen. Das gilt auch für dieses Bild, das schon im Jahre seiner Entstehung, 1810, und erneut 1814 im Pariser Salon ausgestellt war und 1891 durch Schenkung in den Louvre kam. Eine zweite Fassung von 1811 wurde mit dem Gegenstück »Iris und Morpheus« vom russischen Fürsten Jussupow für seine Sammlung in Archangelskoje bei Moskau erworben und gelangte ins Puschkin-Museum Moskau. – Guérins Figurenkompositionen sind kritisch mit der zuweilen etwas pathetischen Gestensprache des damaligen Theaters in Verbindung gebracht worden. Es ist aber unbestreitbar, daß er mit der wohlüberlegten klassizistischen Linienführung und den kühlen, ja kalten Farbtönen Bilder von hohem sinnlichem Reiz geschaffen hat. Dieses hier kann in der betörenden Nacktheit der Menschenkörper an mythologische Szenen Correggios erinnern: Aurora im hochgegürteten, nichts verhüllenden schleierartigen Gewand, mit den Gesten einer schönen Zauberin, und der völlig entblößte, schlummernde Kephalos, den sie doch trotz aller von ihr ausgehenden sinnlichen Verlockung nicht zu verführen vermag, dazu Amor, der bei der Entführung Beihilfe leistet. Wundervoll ist der farbige Übergang von der kühlblauen Sternennacht zu der goldenen Morgenröte über dem Horizont.

△ Nicolas Poussin,
National Gallery, London
△ François Boucher,
Louvre, Paris
▽ Hesiod, Theogonie, 700 ff., 986 f.

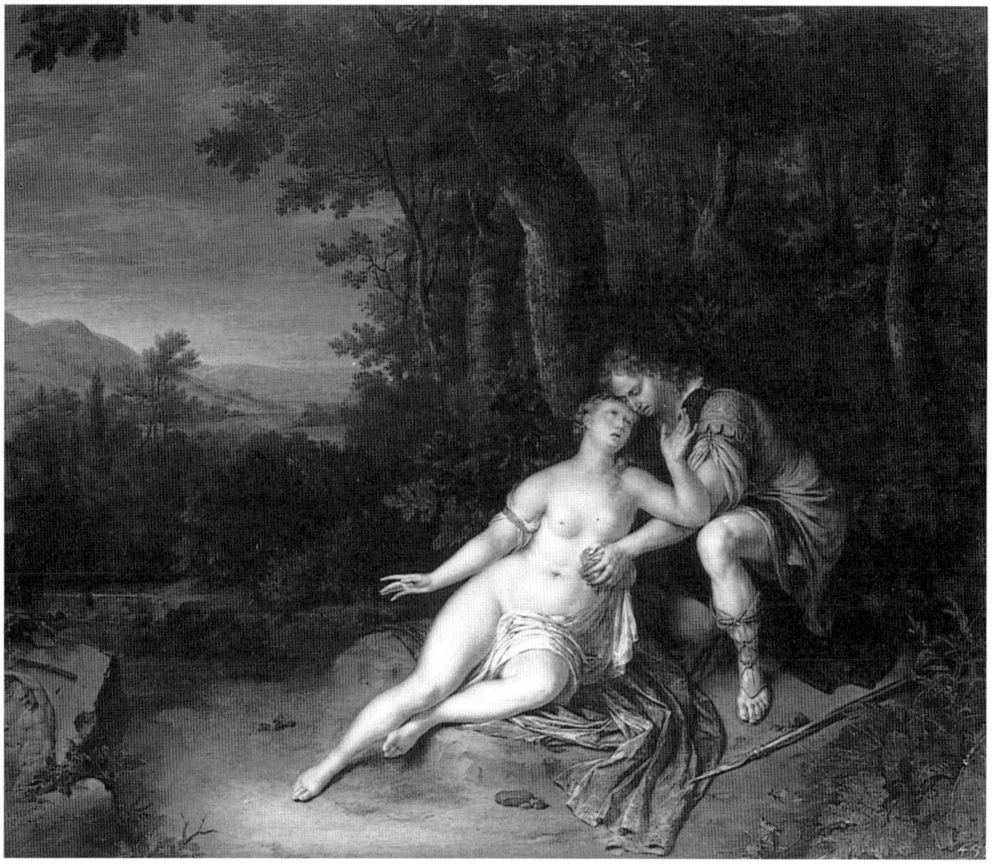

98
Willem van Mieris
1689 Leiden – 1763 Leiden
Kephalos und Prokris
Bezeichnet unten links
auf dem Säulenstumpf:
W. van Mieris. Fe An° 1702
Eichenholz, 37,5 × 44 cm
Gemäldegalerie Alte Meister,
Dresden

Prokris ist am Waldrand niedergesunken und lehnt sich halb sitzend, halb liegend gegen einen Baumstamm. Sie schmiegt ihre Stirn an die Wange des Geliebten, der bei ihr kniet, und schaut voll Innigkeit, aber auch Bangnis zu ihm auf, denn schon beginnen die Kräfte sie zu verlassen. Mit dem Tuch, das Prokris umhüllt hatte, ihr aber vom Körper geglitten ist, versucht Kephalos ihre Wunde zu stillen, so daß es schon ganz vom Blut getränkt ist. Der gefährliche Wurfspeer liegt neben dem Paar am Boden. Der arkadische Charakter der anmutigen Hügellandschaft, die sich links dem Blick öffnet, wird betont durch die Zeugen antiker Architektur und Plastik am Boden: einen Säulenstumpf – worauf der Maler seine Signatur angebracht hat – und ein Relief auf einem Sockel, das zwei Satyrn zeigt. Der eine hält eine Traube über einen Kelch, und der andere scheint diese ausdrücken oder Beeren davon pflücken zu wollen, und vielleicht soll die Weintraube, die in religiösen Bildern auf den Opfertod Christi hinweist, ein Symbol für das Sterben der jungen Frau sein, das ja letztlich auch aus der Liebe kam? – Willem van Mieris hat als Schüler seines Vaters Frans van Mieris die Tradition der Leidener Feinmalerei fortgesetzt und sehr häufig solche minutiösen Bilder mythologischen Inhalts gemalt.

△ Piero di Cosimo,
National Gallery, London
△ Guido Canlassi,
Herzog Anton Ulrich-Museum,
Braunschweig
▽ Ovid, Metamorphosen VII,
795–866

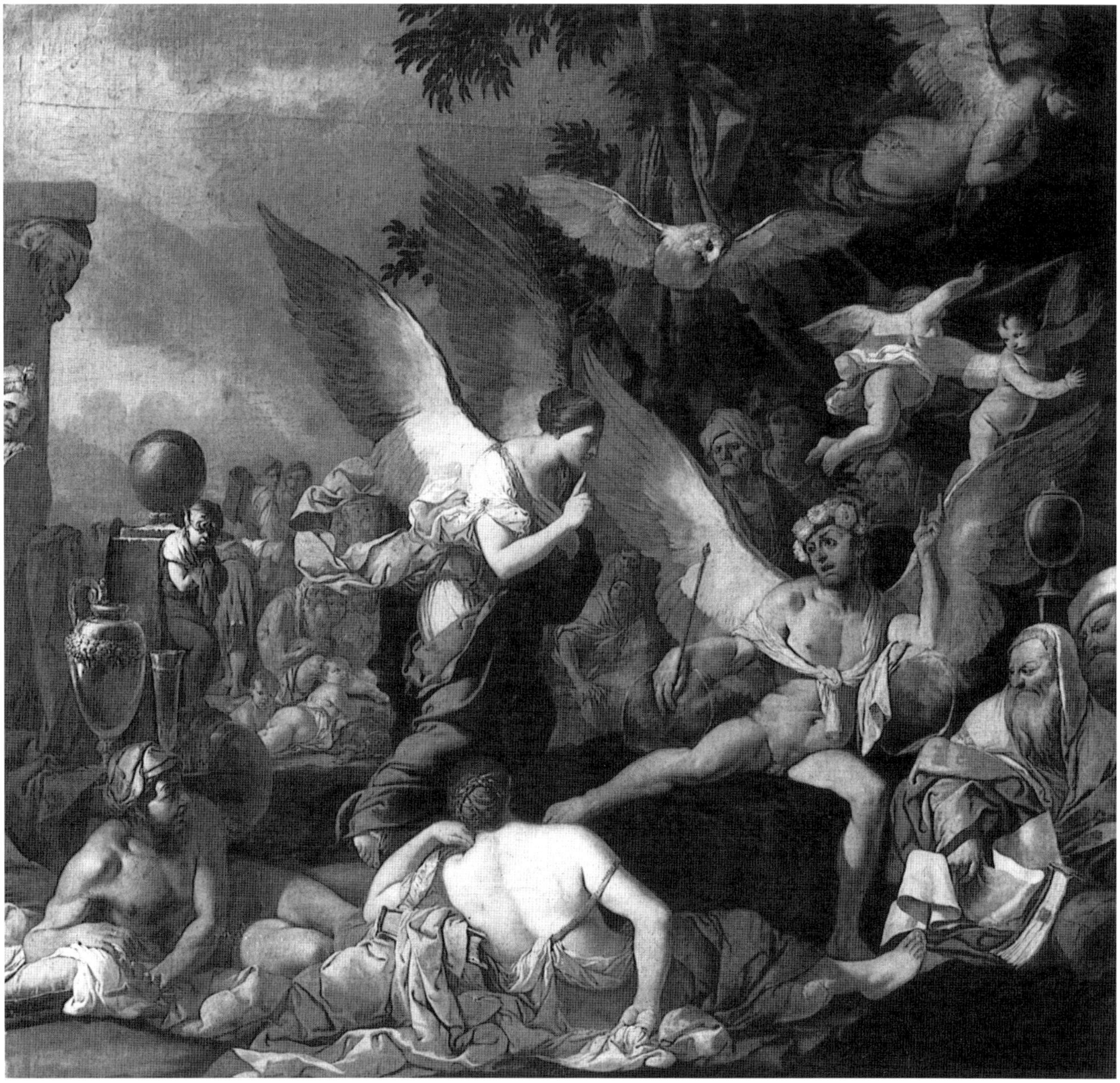

99
Giulio Carpioni
1613 Venedig – 1679 Vicenza
Iris im Reiche des Traumgottes Hypnos
Spätwerk
Leinwand, 137 × 148 cm
Museum der bildenden Künste, Budapest

Der Schlaf ist der Bruder des Todes, heißt es, und Hypnos, der Gott des Schlafes, Vater des Traumgottes Morpheus, ist der Bruder des Thánatos, des Todesgottes, und wie dieser ein Sohn der Nacht. Der Venezianer Carpioni hat ihn in seiner Behausung am Eingang zum Jenseits in üblicher Weise als geflügelten Jüngling dargestellt, die Stirn von Mohn umkränzt. Sein Lager auf einem Gestell von schwarzem Ebenholz ist von den Träumen umgeben, die vielerlei Menschengestalt haben. Sie alle ruhen hier im ewigen Dämmer, wo kein Laut die Stille stört und kein Zweig sich bewegt, wo Nebel weben und das eintönige Gemurmel des vom Quell des Vergessens, Lethe, gespeisten Baches und die Düfte einschläfernder Pflanzen unweigerlich Müdigkeit bringen. Selbst Iris fürchtet ihr zu erliegen und wird sich beeilen. Auf dem Regenbogen, nach dem sie ihren Namen hat, ist sie vom Himmel herabgeglitten und hat das Traumreich mit Licht erfüllt. Hypnos ist aus dem Schlummer aufgeschreckt, kaum kann er in seiner Schläfrigkeit der von Iris mit erhobenem Zeigefinger vorgetragenen Botschaft folgen. Über ihnen schwebt ein großer Nachtvogel. – Von Carpionis Hand sind nicht weniger als 15 Fassungen dieses Themas bekannt. Die stark plastischen Formen und die kräftigen Helldunkelkontraste verleihen der Darstellung starken Wirklichkeitscharakter.

△ Battista Naldini, Palazzo Vecchio, Studiolo, Florenz
△ Pierre Narcisse Guérin, Staatliche Ermitage, St. Petersburg
▽ Ovid, Metamorphosen XI, 589–630

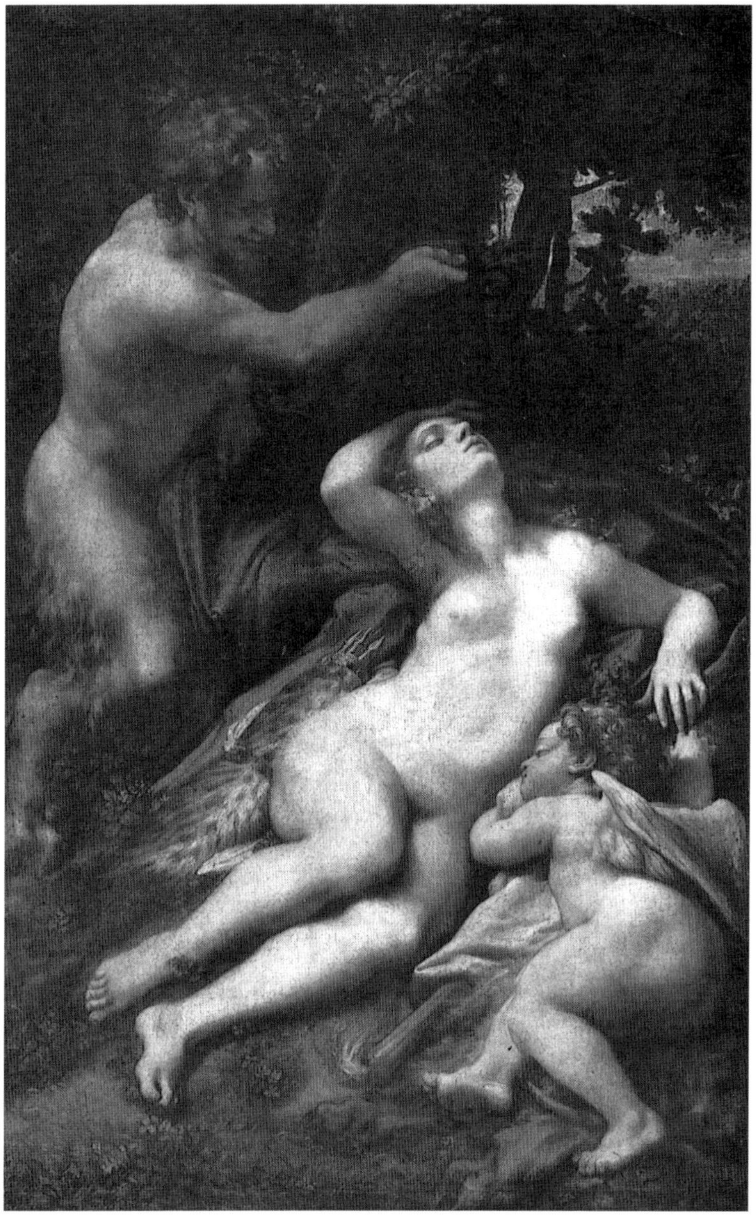

100
Correggio,
eigentlich Antonio Allegri
Um 1489 Correggio – 1534 Correggio
Jupiter und Antiope
Um 1528
Leinwand, 190 × 124 cm
Louvre, Paris

Gemäß dem Inventar in Mantua ließ Herzog Federigo II. Gonzaga das Bild ausführen, um Kaiser Karl V. damit ein Geschenk zu machen. Es wird als das Gegenstück zu dem in der National Gallery London befindlichen Gemälde »Die Schule der Liebe« angesehen, wo Merkur in Gegenwart der Venus den kleinen Amor über seine Pflichten unterrichtet. Nach Ansicht von C. Gould ist in dem Pariser Bild nicht Antiope dargestellt, sondern Venus, weil auch Amor einbezogen ist, der in der von Ovid in den »Metamorphosen« erzählten Geschichte der Verführung Antiopes nicht vorkomme und weil diese dort auch nicht als schlafend genannt werde. Tatsächlich wird das Bild in Inventaren vor dem 18. Jahrhundert als »Venus mit dem schlafenden Cupido und einem Satyr« bezeichnet. Es ist aber zu bedenken, daß die erwähnten Einzelheiten der Darstellung etwa auch auf Tizians »Venus vom Pardo« im Louvre zutreffen, die doch schon im 16. Jahrhundert als Antiope bezeichnet wurde. Gleiches gilt für einen Stich nach Primaticcio, auf dem der Satyr durch den anwesenden Adler eindeutig als Zeus ausgewiesen und somit die Deutung der jungen Frau als Antiope unanfechtbar ist. – Die Künstler sind meist nicht wörtlich der literarischen Vorlage gefolgt. H. E. Wethey hat bei seinen Nachweisen bemerkt, daß mit dem Schlaf ja auch die Überraschung Antiopes erklärt wird, daß dieser als natürlich angenommen werden darf und außerdem das sittliche Vergehen der thebanischen Königstochter gemildert erscheinen läßt. In seiner sinnlich-anmutsvollen Gestaltungsweise hat Correggio durch die diagonale Staffelung der Körper die sich anbahnende Liebesbeziehung sinnfällig gemacht. Die unbeaufsichtigt brennende Fackel Amors bestätigt sie noch. Mit ausgeprägtem Empfinden für Natur ist der waldige Schauplatz wiedergegeben.

△ Hans von Aachen,
Kunsthistorisches Museum Wien
△ Antoine Watteau,
Louvre, Paris
▽ Ovid, Metamorphosen VI,
110–111

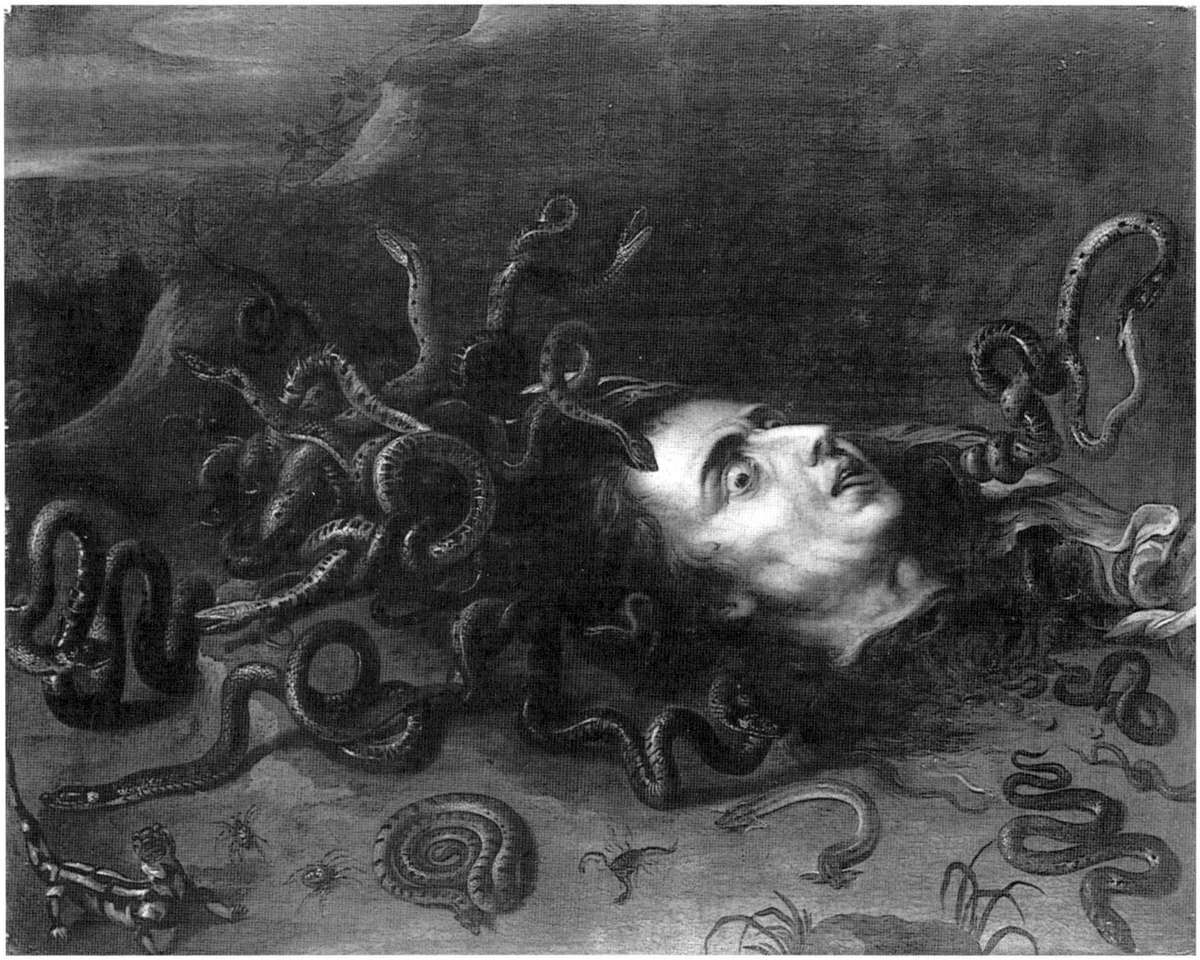

101
Victor Wolfvoet
1612 Antwerpen – 1652 Antwerpen
Das Medusenhaupt
Bezeichnet links unten:
VICTOR WOLFVOET
Leinwand, 45,5 × 59 cm
Gemäldegalerie Alte Meister,
Dresden

Der Antwerpener Maler wiederholte hier freizügig in etwas kleinerem Format ein Bild seines Lehrers Rubens, das sich im Kunsthistorischen Museum Wien befindet und um 1618 entstand. Knapp dreißig Jahre vor Rubens, kurz nach 1590, hatte Caravaggio sein hochberühmtes »Medusenhaupt« für einen römischen Kardinal auf einen Turnierschild gemalt, in einem fast brutal zu nennenden Realismus, von Schlangen umzüngelt, im Zustand gleich nach der Enthauptung mit nach unten herausspritzendem Blut, während der Mund wie zu einem Schrei aufgerissen ist. Im Gegensatz dazu hat Wolfvoet so wie Rubens das Gorgonenhaupt nicht von vorn und senkrecht wiedergegeben, wie es im apotropäischen, feindabwehrenden Sinne auf dem Schild der Athena seinen Platz fand. Es liegt vielmehr, schräg gesehen, auf dem Boden, mit stark verdrehten und völlig entseelten Augen, von denen nur das rechte ganz zu sehen ist. Trotzdem scheint es uns aber in grausiger Weise anzustarren. Die Zunge tritt zwischen den Zähnen hervor wie bei einem Gehängten, und das Gewürm von Nattern und Aalen, Skorpionen, Spinnen und Echsen ersetzt nicht mehr das Haar, sondern ist selbständig geworden und sucht in dem abgehackten und blutentleerten Frauenkopf mit der grünlichbleichen Gesichtsfarbe eher Unterschlupf und Fraß. Insofern ist das Motiv noch gräßlicher anzusehen als alle die fratzenhaften, zähnefletschend grimassierenden und letztlich heraldischen Medusenköpfe seit der archaischen griechischen Kunst bis hin zu Caravaggio.

△ Caravaggio,
Uffizien, Florenz
△ Peter Paul Rubens,
Kunsthistorisches Museum Wien
▽ Ovid, Metamorphosen IV,
772–804

102
Frederick Leighton
1830 Scarborough – 1896 London
Perseus befreit Andromeda
1891
Leinwand, 235 × 125 cm
Walker Art Gallery, Liverpool

Von den sehr zahlreichen Darstellungen dieses Themas ist die von Leighton eine der wirkungsvollsten: Kaum in einer anderen erscheint der Drache, der Andromeda in seiner Gewalt hat, so entsetzenerregend und gefährlich, Andromeda ihm so völlig ausgeliefert, weil auch jeder Angriff auf ihn zugleich sie in höchste Gefahr bringen muß. Auf einer schmalen Klippe zwischen steil ansteigenden kahlen Felswänden ist sie an den Stein gefesselt, fast nackt und schutzlos bedroht von dem schweren Flügel des Ungeheuers, das sich mit glühenden Augen, feuerspeiend nach seinem Gegner umwendet: Perseus, der es schon mit einem Pfeil getroffen hat, erscheint in goldener Glorie hoch über der Schlucht auf seinem Zauberroß Pegasos (Pegasus). Zart und verletzlich nimmt sich seine Gestalt aus gegen den mit Hornbuckeln bedeckten, häßlichen Leib der riesigen Echse. Die kühlen, auf wenige Töne gestimmten Farben sind wesentlich der Linienführung untergeordnet, in der sich der Sezessionsstil ankündigt, so wie die visionäre, auf das Dämonische gerichtete Auffassung auch schon auf den Symbolismus der Jahrhundertwende hinweist. Leighton, der als der bedeutendste Vertreter des akademischen Klassizismus der englischen Malerei des 19. Jahrhunderts galt, hat mit Vorliebe Motive der griechischen Mythologie und Geschichte gemalt.

△ Piero di Cosimo,
Uffizien, Florenz
△ Giorgio Vasari,
Palazzo Vecchio, Florenz
△ François Lemoyne,
Wallace Collection, London
▽ Ovid, Metamorphosen IV,
665–734

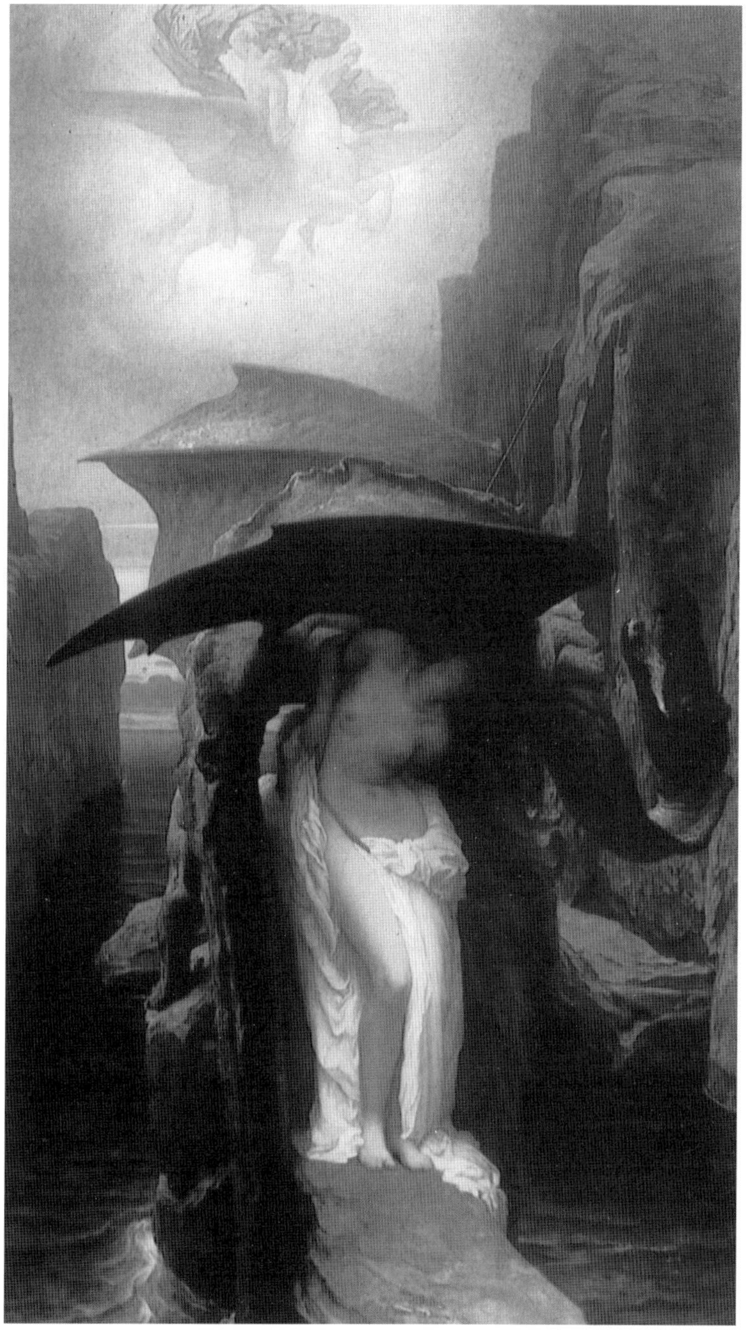

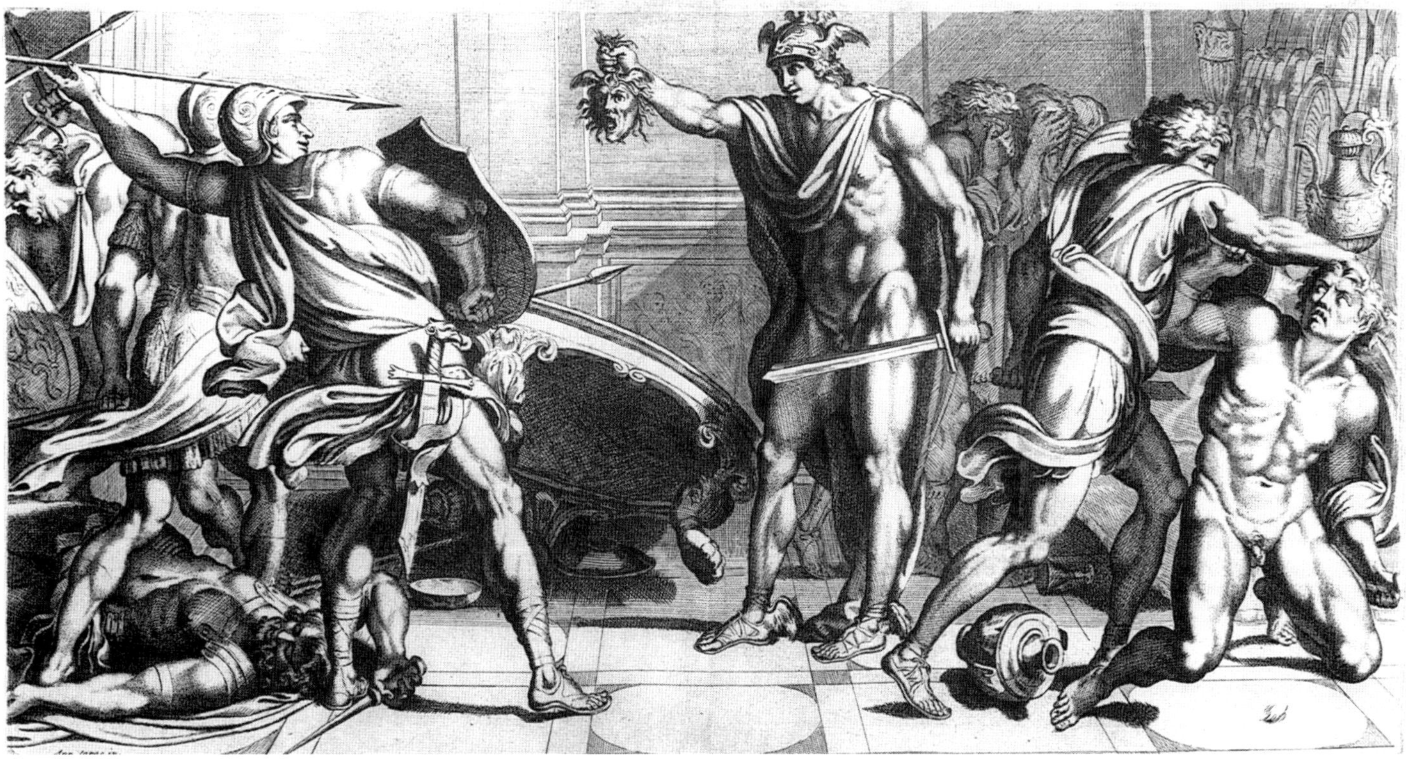

103
Annibale Carracci
1560 Bologna – 1609 Rom
Perseus und Phineus
Um 1603–1604
Stich nach dem Fresko
der Wanddekoration
Palazzo Farnese, Rom

Perseus braucht mit dieser stets tödlichen Waffe keinen Gegner mehr zu fürchten. Er muß das Schwert gegen Phineus nicht erheben und kann ihm ohne Schild gegenübertreten, denn der erhobene Speer wird nicht mehr geschleudert werden: Vor dem schlangenumzüngelten Medusenhaupt werden die Gegner zu Stein erstarren und sich nicht mehr rühren. Phineus wird Perseus nicht mehr daran hindern können, sich mit Andromeda zu vermählen. Der breite Zwischenraum, der in der friesartigen Komposition die gegnerischen Gruppen trennt, wird über dem umgestürzten Tisch durch das Gorgonenhaupt beherrscht. Der Anblick seiner von Entsetzen geprägten Züge ist für den starken und schwergewappneten Phineus und seine Vasallen unausweichlich, und schon erscheinen sie nicht mehr wie lebende Menschen, sondern wie Plastiken aus toter Materie. – Annibale Carracci, neben Caravaggio der Begründer der italienischen Barockmalerei, hat in einem der zahlreichen Fresken, mit denen er den Palast des Kardinals Odoardo Farnese in Rom ausstattete, das Thema gültig gestaltet. Einige Studien dazu befinden sich in der Royal Library in Windsor Castle. – Der Stich zeigt das Fresko seitenverkehrt.

△ Luca Giordano,
National Gallery London
△ Jean Marc Nattier,
Musée des Beaux-Arts, Tours
▽ Ovid, Metamorphosen V, 1–235

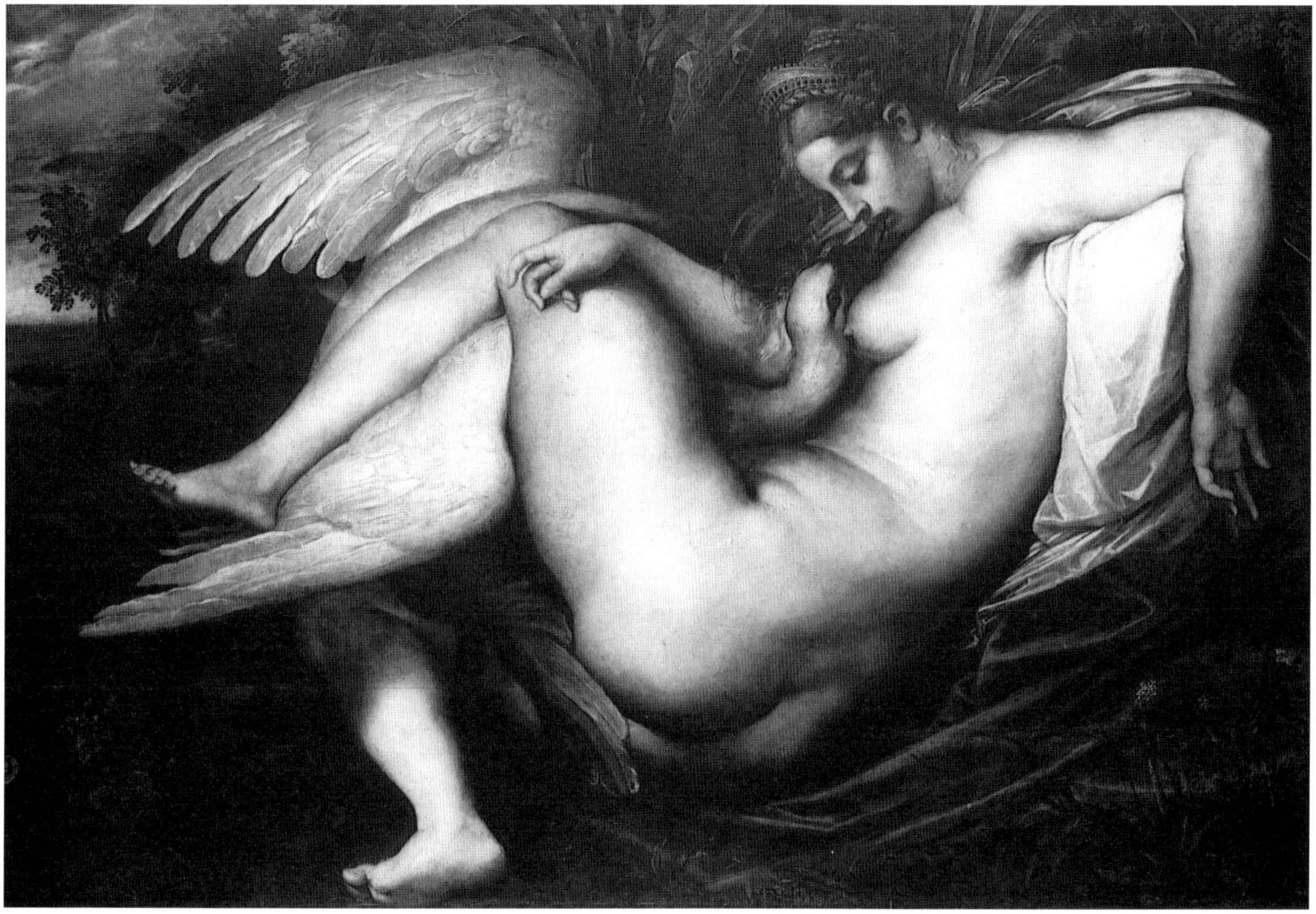

104
Peter Paul Rubens
1577 Siegen (Westfalen)
bis 1640 Antwerpen
Leda mit dem Schwan
1600–1602
Eichenholz, 122 × 182 cm
Gemäldegalerie Alte Meister,
Dresden

Die körperliche Liebesbeziehung zwischen Mensch und Tier ist in diesem Frühwerk des großen flämischen Malers eindeutig gestaltet. Leda öffnet dem großen Vogel ihren Schoß und läßt ihn gewähren, weniger mit dem Ausdruck sinnlicher Begierde als im Zustand des Empfangens ganz in sich versunken – es ist ja der höchste Gott, der sich hinter dem Schwan verbirgt. Der starke existentielle Gehalt dieser Darstellung einer so bedeutungsvollen Situation des Menschseins ist nicht zuletzt durch das Erbe eines anderen ganz großen Künstlers bewirkt, das von Rubens aufgenommen und modifiziert wurde. Es war Michelangelo, der das Thema nach dem Vorbild antiker Gemmen schon in ähnlicher Weise gestaltet hatte. Der Herzog Alfonso d'Este erteilte ihm 1529 den Auftrag dazu, doch soll dessen Gesandter nach Vasaris Bericht das fertige Gemälde mit einer unpassenden Bemerkung bedacht und Michelangelo es daraufhin seinem Gehilfen Antonio Mini geschenkt haben. Dieser hätte es mit nach Frankreich genommen, um es König Franz I. anzubieten, habe aber so viele Interessenten dafür gefunden, daß er allein mit den Kopien ein Vermögen erwerben konnte. Rubens hat das zu seiner Zeit vielleicht schon verschollene Bild wohl über eine Kopie oder einen Stich kennengelernt. Gleichzeitig konnte er in der Gestalt der »Nacht« vom Grabmal des Giuliano de' Medici in der Florentiner Kirche San Lorenzo ein ähnliches Motiv einer lagernden Frauengestalt von Michelangelo im Original wiederfinden. Die außerordentliche Plastizität und die Betonung der großen Umrisse des wuchtigen Körpers, der mit dem Vogelkörper verschmilzt und mit ihm das Bildformat völlig einnimmt, lassen den Einfluß des Italieners deutlich erkennen.

△ Correggio,
Staatliche Museen zu Berlin,
Gemäldegalerie
△ Tintoretto,
Uffizien, Florenz
△ Otto Dix,
County Museum of Art,
Los Angeles
▽ Lukian, Dialogi deorum 20, 14
▽ Euripides, Helena, 16–21

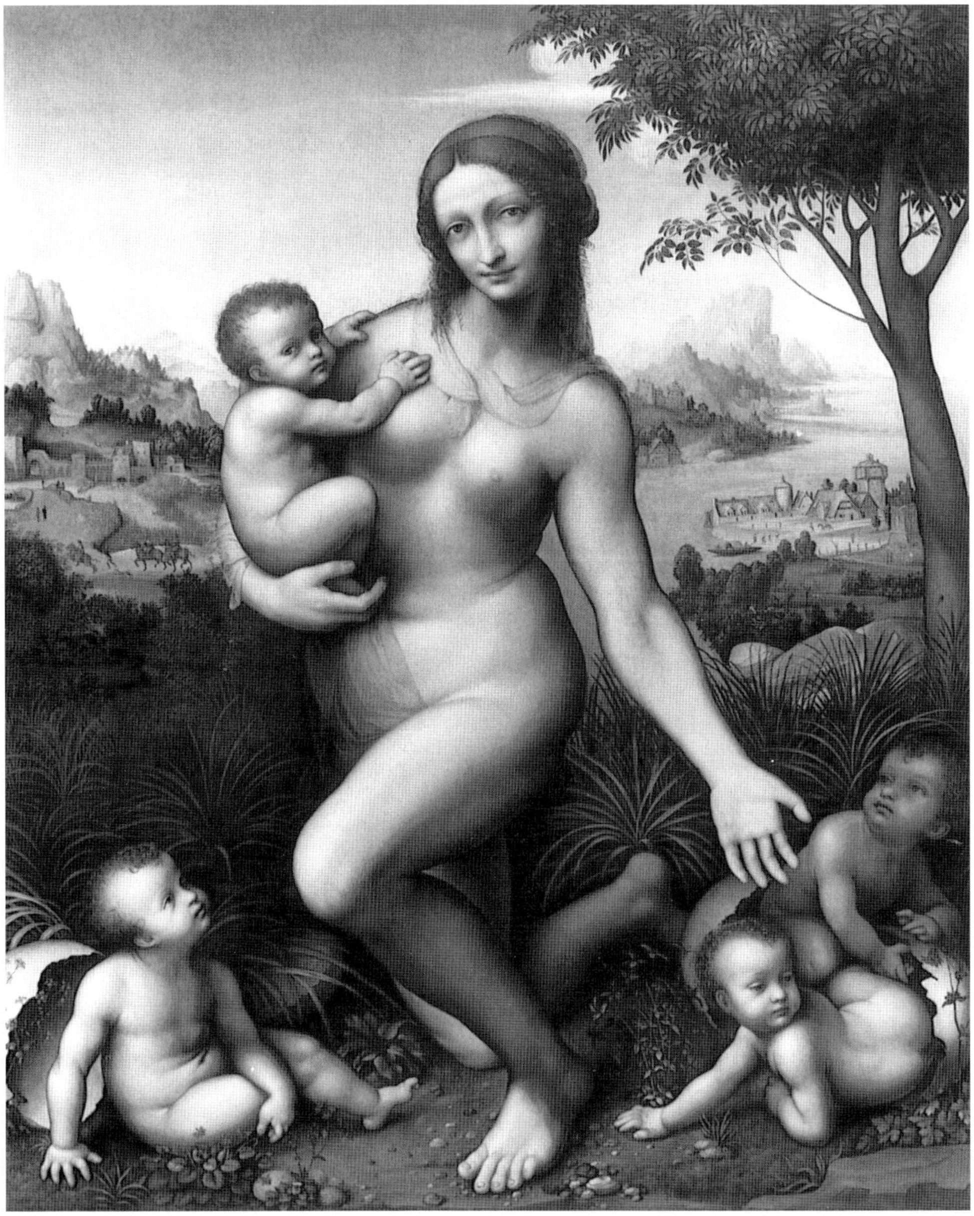

105
Giampietrino,
eigentlich Giovanni Pedrini
Tätig um 1520–1540 in Mailand
Leda mit ihren Kindern
Erlenholz, 128 × 105,5 cm
Staatliche Gemäldegalerie Kassel

Giampietrino wurde von Leonardo da Vinci in seiner Spätzeit als sein Schüler Gian Pietro erwähnt, ist aber in seinen Lebensdaten nicht näher zu bestimmen. Mit diesem Bild folgte er der verschollenen einzigen mythologischen Darstellung seines Lehrers, der »Leda mit dem Schwan«: dort schmiegt sich die nackte junge Frau fast wie in einem Standbild an den übernatürlich großen und kräftigen Vogel und umfängt seinen hochgereckten Hals. Von dem Schwan und damit von der Liebesbeziehung zum Göttervater ist hier nichts mehr zu sehen. Leda erscheint nurmehr als die junge Mutter von Vierlingen, von denen sie einen auf dem Arm hält, während die anderen ihr zu Füßen bei den Schalen der Eier bleiben, die Leda gebar und woraus sie soeben erst geschlüpft sind. Nach der hier gezeigten Mythosversion enthielten sie nicht drei, sondern vier Kinder: das eine Ei Pollux und Helena, als Abkömmlinge von Zeus unsterblich, das andere außer Kastor aber auch noch Klytaimnestra, von Ledas Ehegatten Tyndareos gezeugt und darum sterblich. Klytaimnestra wurde später die Frau Agamemnons, des Königs von Mykene. Es gelingt aber nicht, die vier kleinen Kinder im Bilde den überlieferten Namen zuzuordnen. Leda selbst bietet sich dem Betrachter in einer komplizierten Haltung, das rechte Knie auf der Erde, das linke gebeugt vorgestellt, der Oberkörper in leichter Drehung mehr nach vorn gewandt, raumgreifend spannungsvoll. Das feinlinige Gesicht mit der langen schmalen Nase zeigt den typisch leonardesken Typus. Die Leda wurde früher wegen der sehr mütterlichen Beziehung zu den Kindern als Caritas, als Verkörperung der Mutterliebe gedeutet. Die reich gegliederte Landschaft des Hintergrundes erscheint zumal in den Bauwerken nordisch beeinflußt.

△ Leonardo da Vinci (Kopie nach), Sammlung Gallotti Spiridon, Rom
▽ Euripides, Helena, 16–21
▽ Lukian, Dialogi deorum 20, 14

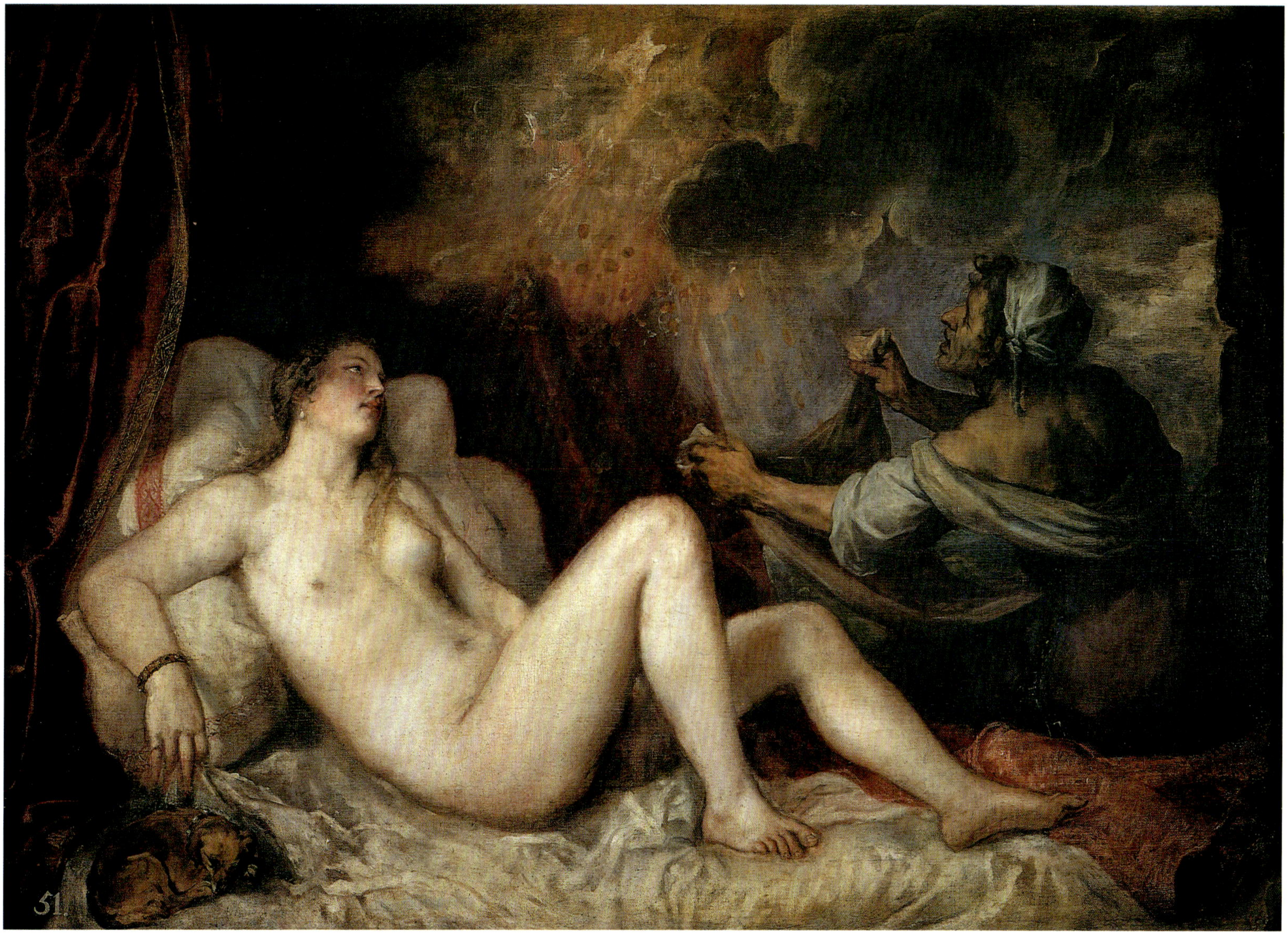

106
Tizian,
eigentlich Tiziano Vecellio
Wohl gegen 1488–1490 Pieve di Cadore (Dolomiten) – 1576 Venedig
Danae
1553–1554
Leinwand, 129 × 180 cm
Prado, Madrid

Das Gemälde war Bestandteil der Serie von acht jeweils paarweise zusammengehörigen »Poesien« nach den »Metamorphosen« des Ovid, die Tizian in den Jahren 1553 bis 1562 für König Philipp II. von Spanien malte und von denen die meisten Liebesbeziehungen zwischen Göttern und Menschen darstellen. In diesen Darstellungen offenbaren sich die erotischen Ansprüche eines Fürsten, der andererseits durch fanatischen Glaubenseifer hervortrat. Tizian hatte schon 1545/46 die erste Fassung des Motivs geschaffen, die sich heute in Neapel befindet. Anstelle des Amorknaben, der dort neben der Liebesgöttin steht, ist nun ein hexenhaftes altes Weib getreten, Danaes Dienerin, die gierig einen Teil des vom Himmel fallenden Goldes in ihrer Schürze aufzufangen versucht. Da es eine literarische Quelle für diese Gestalt nicht gibt, könnte hier ein Bezug zu zeitgenössischen Moralverhältnissen gesehen werden, zumal in Venedig der Handel mit der Liebe in voller Blüte stand. Farblich erhält das Bild mit der auf kühles Türkis treffenden goldroten Explosion seinen stärksten, den Sinn der Darstellung unterstreichenden Akzent. Ein Detail von großer Feinheit ist das Hündchen, das vielleicht als Symbol der Treue gemeint ist, aber zugleich die einladende Weichheit des Ruhebettes noch mehr spürbar werden läßt und durch den stofflichen Kontrast auch den Reiz des Frauenkörpers steigern hilft. Das Bewegungsmotiv dürfte durch Michelangelos Plastik »Die Nacht« in Florenz angeregt sein.

△ Jan Gossaert,
Alte Pinakothek, München
△ Correggio,
Galleria Borghese, Rom
△ Rembrandt,
Staatliche Ermitage,
St. Petersburg
△ Antonio Bellucci,
Museum der Bildenden Künste,
Budapest
△ Gustav Klimt,
Österreichische Galerie
Oberes Belvedere, Wien.
▽ Ovid, Metamorphosen IV, 610–611
▽ Apollodoros, Bibliotheke, 2, 4
▽ Sophokles, Antigone, 944 ff.
▽ Hyginus, Fabulae, 63

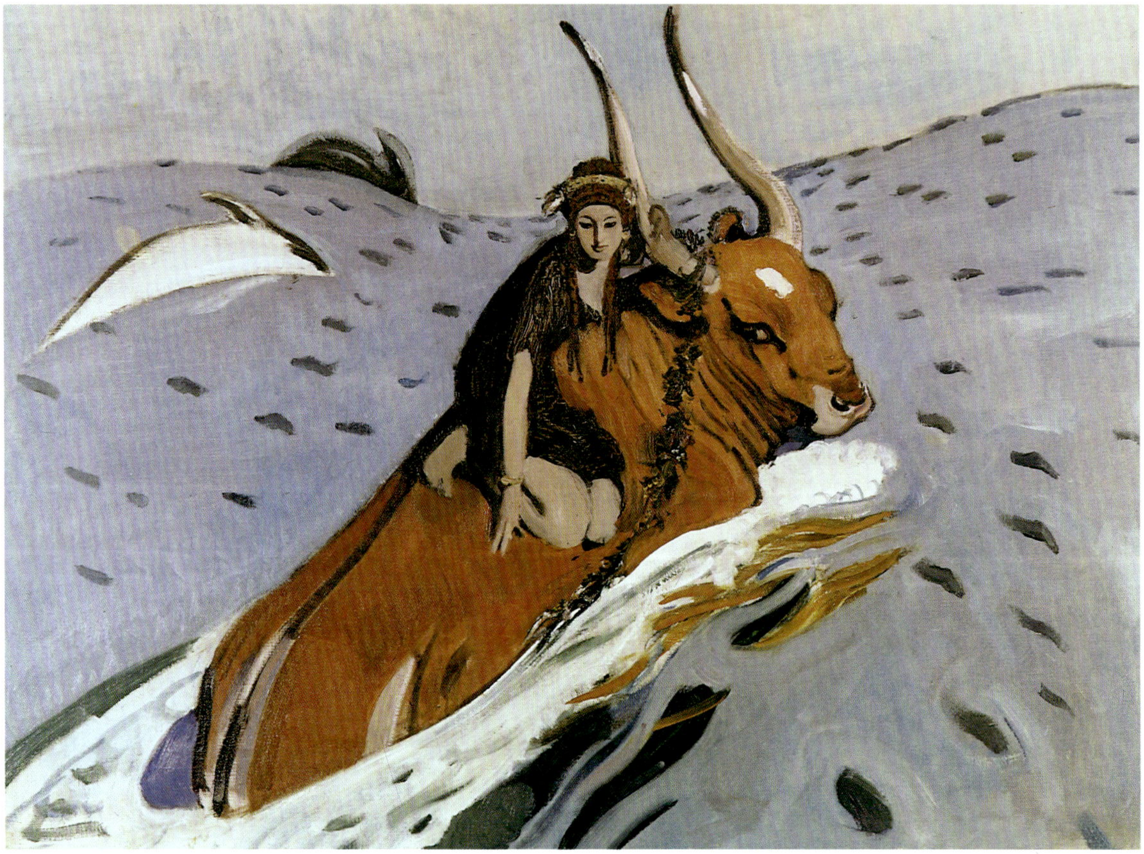

107
Valentin Alexandrowitsch Serow
1865 St. Petersburg – 1911 Moskau
Raub der Europa
1910
Leinwand, 71 × 98 cm
Staatliche Tretjakow-Galerie,
Moskau

Serow gehörte zu den großen russischen Realisten des ausgehenden 19. Jahrhunderts. Er war Schüler von Repin, stand in jungen Jahren im Kreise der Wanderausstellungsbewegung Wrubel nahe, fand auch den Weg zu impressionistischen Ausdrucksmitteln und wurde in den letzten Jahren seines allzu rasch beendeten Lebens entscheidend vom Sezessionsstil geprägt.
Gerade dieses Bild ist in der Betonung der rhythmischen Umrißlinie, der großzügigen dekorativen Formgebung und der flächenhaft abgesetzten Farbigkeit ein überzeugendes Beispiel dafür. Der prachtvolle Stier durchpflügt die Wasseroberfläche in einer Richtung, die der Diagonalen des Bildes entspricht und die zur Horizontlinie des von einer Dünung bewegten Meeres in Spannung steht. Delphine folgen dem von einem weißblendenden Gischtkreis gekennzeichneten Weg des göttlichen Tieres, das sich mit eher menschlichem begehrlichem Blick nach der schönen Frau umschaut. Europa kniet ohne Furcht auf seinem Rücken. Die überaus aparte ornamentale Stilisierung der Formen verbindet sich mit einer auf wenige Töne – komplementäres Blau und Orange sowie belebtes Weiß und Schwarz – eingeschränkten Farbigkeit zu monumentaler Wirkung von hoher Eleganz und Poesie.

△ Tizian,
Isabella Stewart Gardner Museum,
Boston
△ Veronese,
Palazzo Ducale, Venedig
△ Bernardo Strozzi,
Muzeum Narodowe, Poznań
△ Charles Joseph Natoire,
Staatliche Ermitage, St. Petersburg
△ François Boucher,
Louvre, Paris
▽ Ovid, Metamorphosen II,
833–875; VI, 103–107

108
Peter Paul Rubens
1577 Siegen (Westfalen)
bis 1640 Antwerpen
Der Raub der Töchter des Leukippos
Um 1618–1620
Leinwand, 224 × 210,5 cm
Alte Pinakothek, München

Wie es die Barockkunst meist zeigt, erfolgt der Frauenraub auch hier zu Pferde, obwohl die mythologische Geschichte nichts davon erwähnt. Der sterbliche Kastor, bekannt als Rossebändiger, ist in eine Rüstung gekleidet und reitet einen Braunen, Polydeukes (Pollux), als Faustkämpfer mit nacktem Oberkörper dargestellt, dagegen einen grauweißen Apfelschimmel, der sich mutwillig auf die Hinterhand erhebt. Sein Reiter ist abgestiegen, um mit dem im Sattel gebliebenen Bruder die beiden Frauen nacheinander auf die Pferde zu heben. Verschiedene Phasen des Geschehens sind simultan vereint; während Hilaeira (Naira) noch von beiden Dioskuren in der Schwebe gehalten werden muß und ihr Körper auf Kastors Pferd noch längst keinen Halt gefunden hat, reißt Pollux die als Rückenakt gesehene Phoibe (Phoebe) schon vom Boden hoch, so daß der kunstvolle Turm von Menschen- und Tierleibern um so mehr die Vorstellung von einem ununterbrochenen Bewegungsablauf erweckt. Amor hält dem Braunen die Zügel. Die Frauen setzen sich gegen ihre Entführer nicht wirklich zur Wehr, sondern genießen deren Begierde als temperamentvolle Huldigung an ihre Schönheit. Der Kontrast zwischen den blonden und hellhäutigen Körpern der Leukippiden und den gebräunten der Dioskuren veranschaulicht die Spannung zwischen den Geschlechtern und trägt zur Dramatisierung der Szene bei. Den Kampf mit Lynkeus und Idas hat Rubens aber nicht gezeigt.

△ Französischer Meister 17. Jh.,
Grünes Gewölbe, Dresden
(Bronzeplastik)
▽ Ovid, Fasti V, 699 ff.
▽ Theokrit, Idyllen XXII, 34,
135 ff.

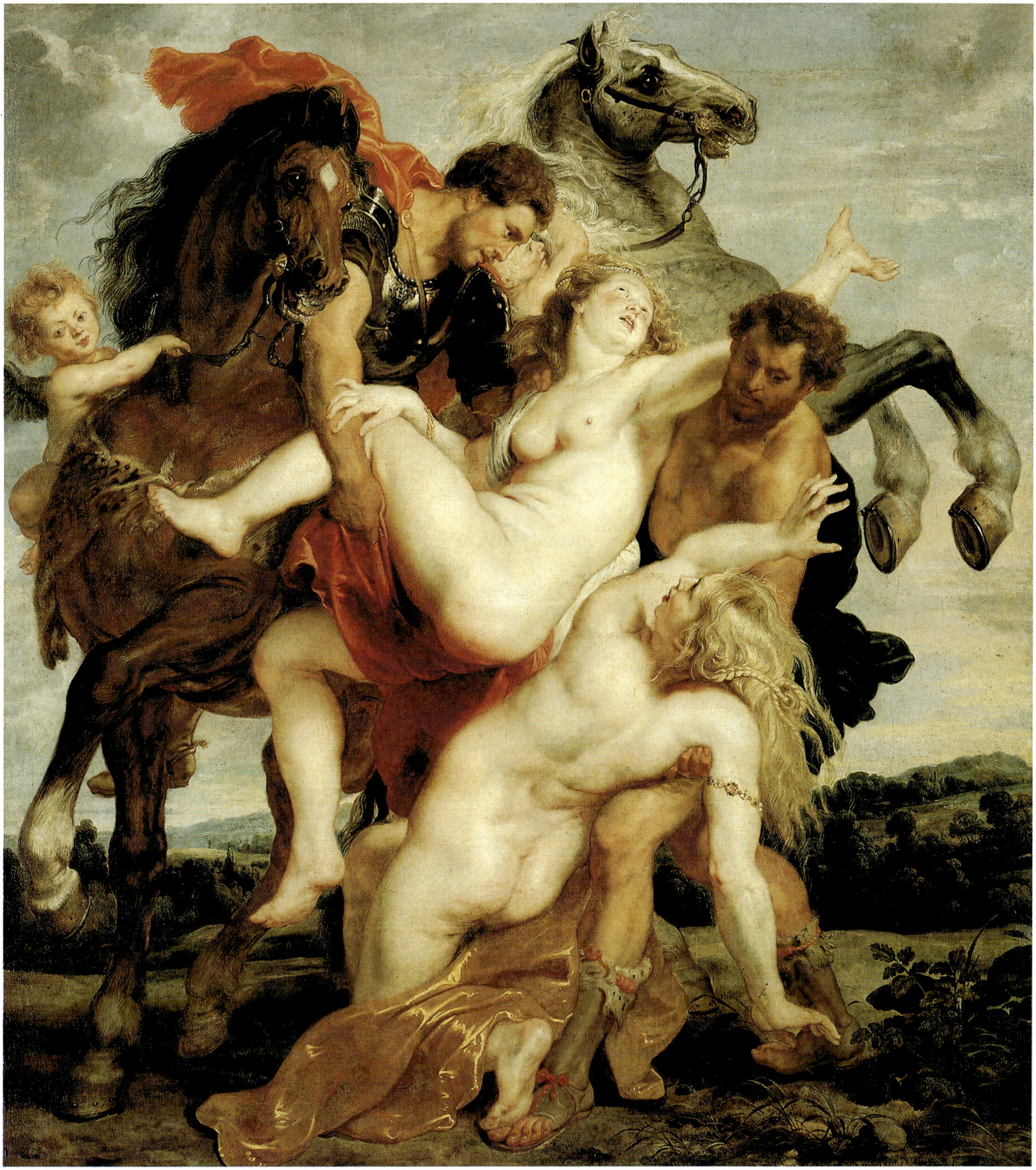

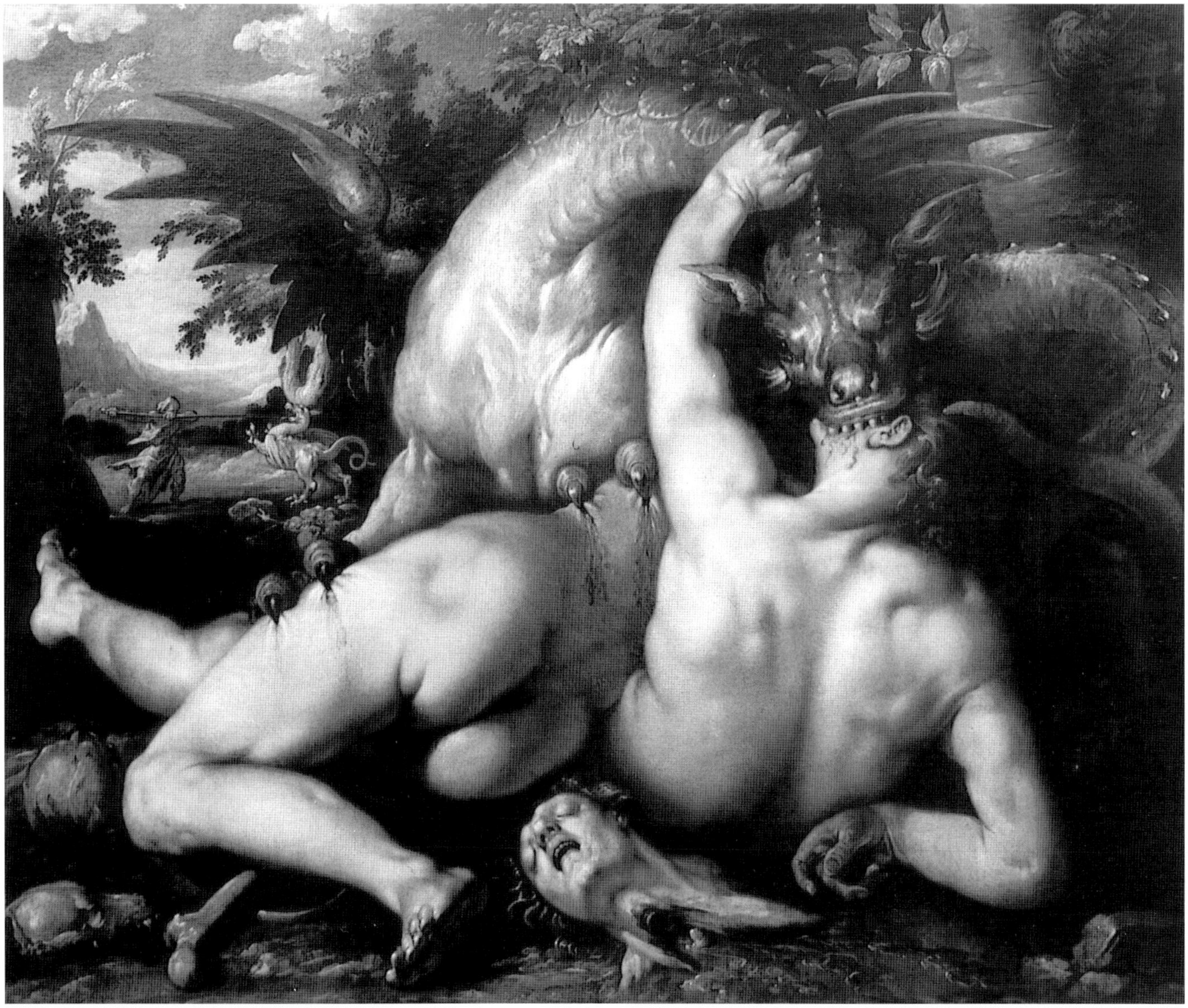

109
Cornelis Cornelisz van Haarlem
1562 Haarlem – 1638 Haarlem
Der Drache tötet die Gefährten des Kadmos
Nach 1588
Leinwand, 164,5 × 205 cm
Gemäldegalerie Alte Meister, Dresden

Das Delphische Orakel hatte Kadmos anbefohlen, einer Kuh zu folgen, die ihm begegnen würde; wo sie sich niederlegte, sollte er die böotische Stadt, das spätere Theben, gründen. Als dieser Platz nun gefunden war und Kadmos seine Gefährten nach Wasser für das fällige Dankopfer an Zeus schickte, wurden sie von dem schrecklichen Drachen angefallen und von ihm totgebissen, erwürgt oder vom Pesthauch seines Atems vergiftet. Keiner von ihnen konnte entkommen, und vergeblich wartete Kadmos auf ihre Rückkehr, bis er sich selbst aufmachte, ihren Tod zu rächen. – Das Dresdener Bild folgt der eigenhändigen, signierten und 1588 datierten Fassung in der National Gallery, London. Der Haarlemer Maler, der zusammen mit dem Maler und Kunsthistoriographen Carel van Mander und dem Kupferstecher Hendrick Goltzius die Haarlemer Akademie gründete, hat das Thema mit grausiger Deutlichkeit gestaltet. Das geflügelte Ungeheuer schlägt einem der Männer sein fürchterliches Gebiß ins Gesicht und verkrallt sich zugleich in den Körper eines anderen, dem es schon den Kopf abgerissen hat. Kadmos hat angesichts der ermordeten Gefährten Mut und Kraft zur Vergeltung gefunden. In simultaner Darstellung im Hintergrund ist zu sehen, wie er dem Drachen seine Lanze in den Rachen stößt. Es hat den Anschein, daß der Maler an seiner eingehenden Schilderung des unüberbietbar gräßlichen Geschehens besondere Freude empfand. Damit erweist sich seine Nähe zur Kunst des Manierismus, dem auch die Vorliebe für die komplizierten, gewaltsamen Körperverrenkungen und eine fast die Bildfläche sprengende Komposition entsprechen.

▽ Ovid, Metamorphosen III, 28–49

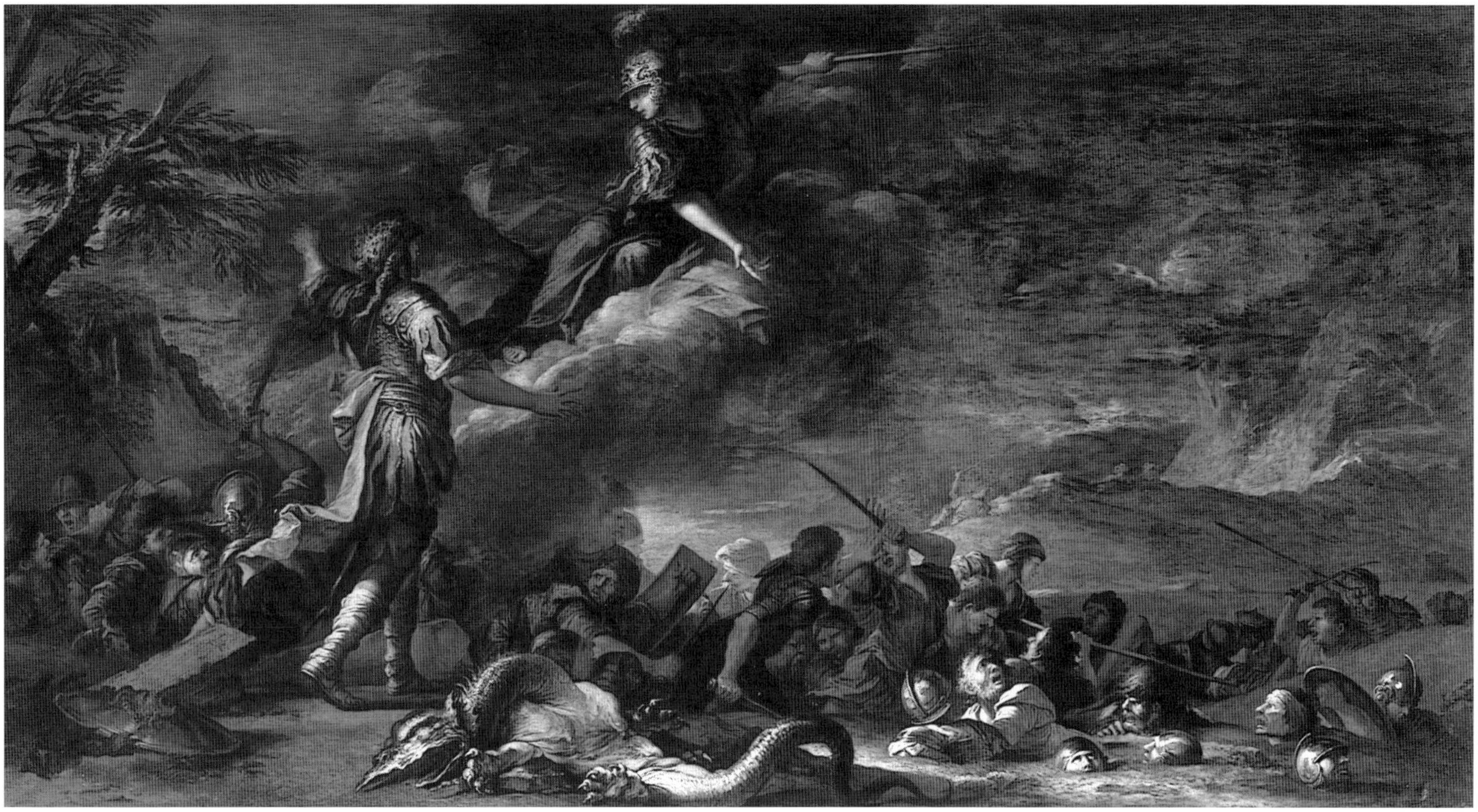

110
Salvator Rosa
1615 Arenella bei Neapel
bis 1673 Rom
Die Gründung Thebens durch Kadmos
Gegen 1660
Bezeichnet links unten: S. Rosa
Leinwand, 95 × 180 cm
Statens Museum for Kunst,
Kopenhagen

Der fürchterliche Drache liegt zusammengekrümmt leblos am Boden. Kadmos, in königlicher Tracht, ist stolzer Sieger geblieben und hat Athenas Anweisung befolgt. Sie blickt von einer Wolke zu ihm herunter und weist auf den Acker, wo die Drachensaat aufgegangen ist. So wie bei einer Darstellung des Jüngsten Gerichtes die Menschen aus ihren Gräbern steigen, so wachsen sie hier aus der Erde hervor, unterschiedlich gerüstet und bewaffnet, viele vorerst nur mit dem Kopf sichtbar, andere schon mit dem ganzen Körper. Diese aber beginnen sich sofort zu bekämpfen, und so, wie die Krieger sich von der Erde gelöst und das Leben empfangen haben, so müssen sie es wieder verlieren und wieder zu Erde werden – alle bis auf die fünf zu Stammesvätern der thebanischen Geschlechter bestimmten. Der neapolitanische Maler hatte für die Gestaltung des Themas die besten Voraussetzungen. Er war einer der bedeutendsten Malerpoeten des italienischen 17. Jahrhunderts und trat schon früh durch stimmungsvolle Landschaften hervor. Zugleich erlangte er große Meisterschaft im Schlachtenbild und besaß ein starkes Gefühl für das Märchenhafte und Phantastische, besonders wo es sich mit dem Bereich des Unheimlichen und auch Grausigen verband. Salvator Rosa verkaufte das Bild an den König von Dänemark, wie er es in einem Brief vom 16. April 1661 selbst erwähnte.

▽ Ovid, Metamorphosen III, 101–130

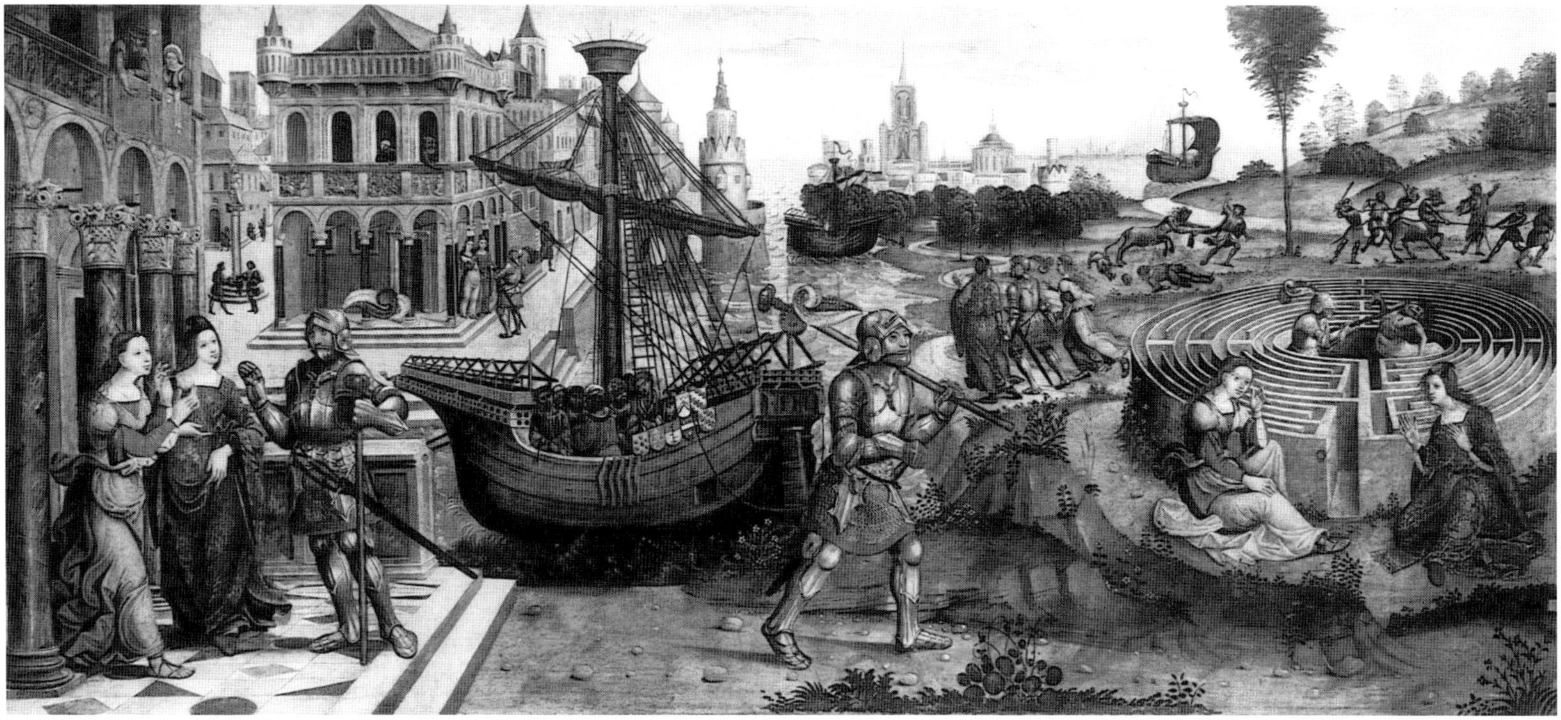

111
Meister der Campana-Cassoni
Wahrscheinlich französischer Herkunft,
tätig Anfang des 16. Jahrhunderts in Florenz.
Szenen zum Theseusmythos
Um 1510–1515
Pappelholz, 69 × 155 cm
Musée du Petit Palais, Avignon

Nicht weniger als viermal ist der Held Theseus auf der friesartig im simultanen Nebeneinander der Szenen gestalteten Cassonetafel zu finden. Ein Schiff in Gestalt einer Kogge ist in den Hafen von Kreta eingelaufen und wird an den Stufen des von prachtvollen Bauwerken gesäumten Platzes anlegen, der von fern an den Markusplatz in Venedig erinnern kann. Noch drängt sich die Mannschaft im Mittelschiff zusammen, aber schon sehen wir Theseus an Land, vor den Arkaden des vorderen Palastes im Gespräch mit Ariadne und ihrer Schwester Phaidra, die ihm soeben das Wollknäuel übergeben haben. Der Held säumt nicht lange: Schon geht er nach rechts auf das schräg von oben gezeigte kreisförmige Labyrinth zu. Die nächste Szene zeigt, wie er im inneren Rundraum des kunstvollen Bauwerks das Schwert auf den Minotauros niedersausen läßt. Währenddessen sitzen die beiden Frauen außen vor dem Eingang, und ihre Haltungen gewinnen den Sinn des ungeduldigen und auch ängstlichen Wartens auf den Ausgang des Kampfes. Dann aber ist die Tat glücklich vollbracht, und wir sehen den siegreichen Ritter zwischen den Frauen den gewundenen Weg entlangeilen, der auf der Landzunge zu dem inzwischen veränderten Ankerplatz des Schiffes führt. Gleich darauf ist dieses schon weit draußen auf dem Meer, unterwegs nach Naxos, nur ist zum Unglück vergessen worden, das schwarze Segel gegen ein weißes auszutauschen. So wird Theseus' Vater Aigeus sich bei diesem Anblick in der Annahme, sein Sohn sei dem Minotauros zum Opfer gefallen, bei der Ankunft des Schiffes in Athen von der Akropolis herabstürzen. – Auf einer zweiten gleichgroßen Tafel ist die Erzählung detailreich fortgesetzt. – Die vier Truhenbilder wurden früher dem Florentiner Bartolomeo di Giovanni zugeschrieben.

▽ Plutarch I, 19
▽ Ovid, Metamorphosen VIII, 169–176

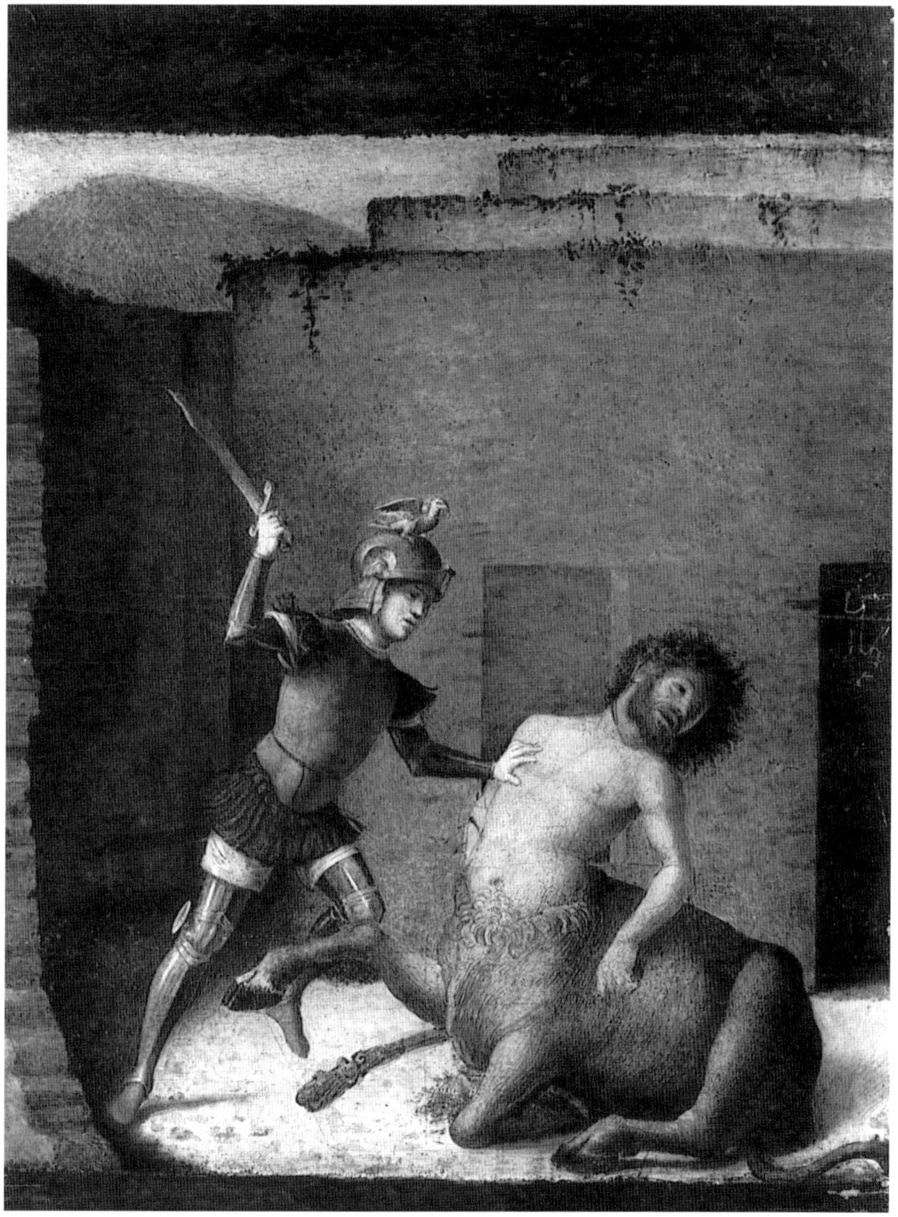

112
Cima da Conegliano
1459 oder 1460 Conegliano (Treviso)
bis 1517 oder 1518 Conegliano
Theseus tötet Minotauros
Zwischen 1495 und 1497
Holz, Tempera, 38,3 × 31,3 cm
Museo Poldi Pezzoli, Mailand

Minotauros erscheint hier merkwürdigerweise nicht als Mensch mit einem Stierkopf, sondern gleicht mit dem menschengestaltigen Oberkörper und dem vierbeinigen Rumpf eines Stiers eher den Kentauren, die freilich halb pferdegestaltig sind. In dem nach vorn aufgebrochenen steinernen Gemach ist er niedergesunken, die Keule ist ihm entglitten und liegt am Boden, und ergeben in sein Schicksal erwartet er zurückgelehnt den Todesstreich, zu dem der an Körpergröße ihm doch unterlegene Theseus mit dem Schwert ausholt. Es ist das Schwert, das dessen Vater Aigeus zusammen mit den Sandalen in Troizen unter einem Felsblock versteckt und das Theseus sich dort geholt hatte, als er die Kraft dazu besaß. Der Heros erscheint als ein junger Ritter der Renaissancezeit, mit einem metallenen Drachen auf dem Helm. Die Szene mit den zierlichen und feingliedrigen Figuren ist von schlichter, fast naiv zu nennender verinnerlichter Erzählfreude. Sie ist nicht heroisch aufgefaßt, sondern als Schilderung eines unabwendbaren, schicksalhaften Geschehens eher von leiser Melancholie erfüllt. Verschiedene Ausgänge und die Staffelung der dachlosen Mauern schaffen die Vorstellung des Labyrinths, in dessen Mittelpunkt sich das Geschehen vollzog. Von der gleichen Auffassung sind mehrere andere Täfelchen Cimas mit mythologischen Darstellungen im gleichen Museum sowie in Zürich und Philadelphia. Sie gehörten wie dieses hier vermutlich zu einem Zyklus.

△ Oberitalienischer Meister um 1500, Museum der bildenden Künste, Budapest
△ Carle Van Loo, Musée des Beaux-Arts, Nizza
▽ Plutarch I, 19
▽ Ovid, Metamorphosen VIII, 169–171

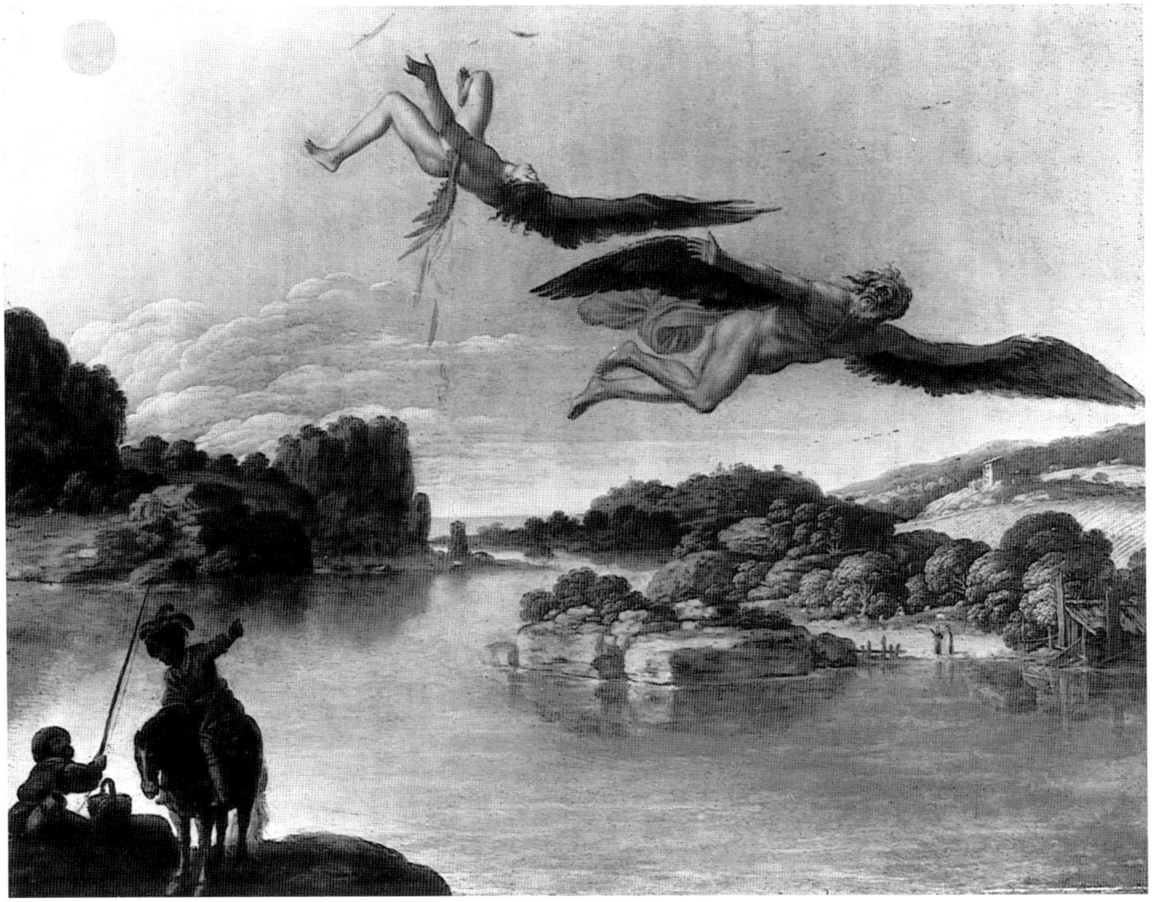

113
Carlo Saraceni
1585 Venedig – 1620 Venedig
Landschaft mit dem Sturz des Ikaros
Vor 1608
Kupfer, 41 × 53 cm
Museo di Capodimonte, Neapel

Das Ikaros-Thema verband sich mit dem uralten Wunsch der Menschen, fliegen zu können, enthielt aber auch die Warnung vor frevelhaftem Übermut, den Göttern nachzueifern: Ikaros mußte dafür mit seinem jungen Leben bezahlen. Saracenis Bild offenbart mit der stimmungs- und empfindungsvollen Landschaft, worin die Anfänge einer Freilichtmalerei zu erkennen sind, die venezianische Herkunft des Malers. Von einer Anhöhe geht der Blick über einen ruhigen Fluß, der zwischen Buschwerk aus der Tiefe gezogen kommt und sich nach vorn verbreitert. Vorn und auch drüben am anderen Ufer sind Menschen auf die beiden fliegenden Gestalten aufmerksam geworden, aber in diesem Augenblick hat sich bei Ikaros der eine Flügel aufgelöst, und der Knabe stürzt rücklings ab. Die Natur folgt dem dramatischen Geschehen, denn in der Ferne sind unheilvolle Wolken aufgezogen, und fast drohend steht darüber die Sonne am Himmel. – Saraceni war den deutschen Malern des römischen Caravaggio-Kreises verpflichtet, insbesondere Adam Elsheimer, dem diese beiden kleinen Tafeln und die anderen der insgesamt neun Stücke umfassenden Serie mit mythologischen Szenen – sechs davon in Capodimonte – früher zugeschrieben waren.

△ Pieter Bruegel d. Ä., Musées Royaux des Beaux-Arts, Brüssel
△ Thomas Verhaecht, Städelsches Kunstinstitut, Frankfurt am Main
▽ Marc Chagall, Musée National d'Art Moderne, Paris
▽ Ovid, Metamorphosen VIII, 183–235

114
Herbert James Draper
1864 London – 1920 London
Trauer über Ikaros
1890
Leinwand, 183 × 155,6 cm
The Tate Gallery, London

Draper erhielt schon in jungen Jahren Preise für seine mythologischen, allegorischen und historischen Gemälde, die wegen ihrer eleganten akademisch-klassizistischen Auffassung gerühmt werden und dem Stil Frederick Leightons und Edward Poynters verwandt sind. Ganz besonderen Reiz gewinnen diese Bilder durch die überaus sinnlich empfundenen Mädchenakte. Draper hat es schon in diesem Frühwerk vermocht, dem mythologischen Geschehen neue Wahrhaftigkeit zu verleihen und es ikonographisch zu bereichern, er hat dabei das große christliche Thema der Totenklage in eigenständiger Weise auf einen mythologischen Stoff übertragen. Ikaros liegt rücklings auf einem Felsblock am Ufer eines Waldsees. Das stolze Gefieder mit den langen weichen Federn, das nicht wie künstlich verfertigt, sondern wie an seinem Körper gewachsen erscheint, ist ihm zum Totenlager geworden; der rechte Flügel steht wie geknickt nach oben. Nymphen von großem Liebreiz sind herbeigekommen, betrachten den toten Jüngling in wortloser Trauer, dabei nicht ohne eine leise Neugier, und versuchen ihn zu betten. Sein gebräunter, athletischer Körper läßt ihre blonde Hellhäutigkeit noch stärker hervortreten, so wie er durch diese noch männlicher erscheint – ein Gegensatz, den schon die Maler des Barocks in ihren Bildern einsetzten. Die fast monochrome Palette ist beschränkt auf diese beiden Inkarnatfarben und dunklere Brauntöne und wird nur durch das tonige Rot der Schärpe sowie einige grüne und blaue Reflexe des Wasserspiegels akzentuiert. Auch hier verraten die weich fließenden Umrißlinien schon die Nähe zum Sezessionsstil.

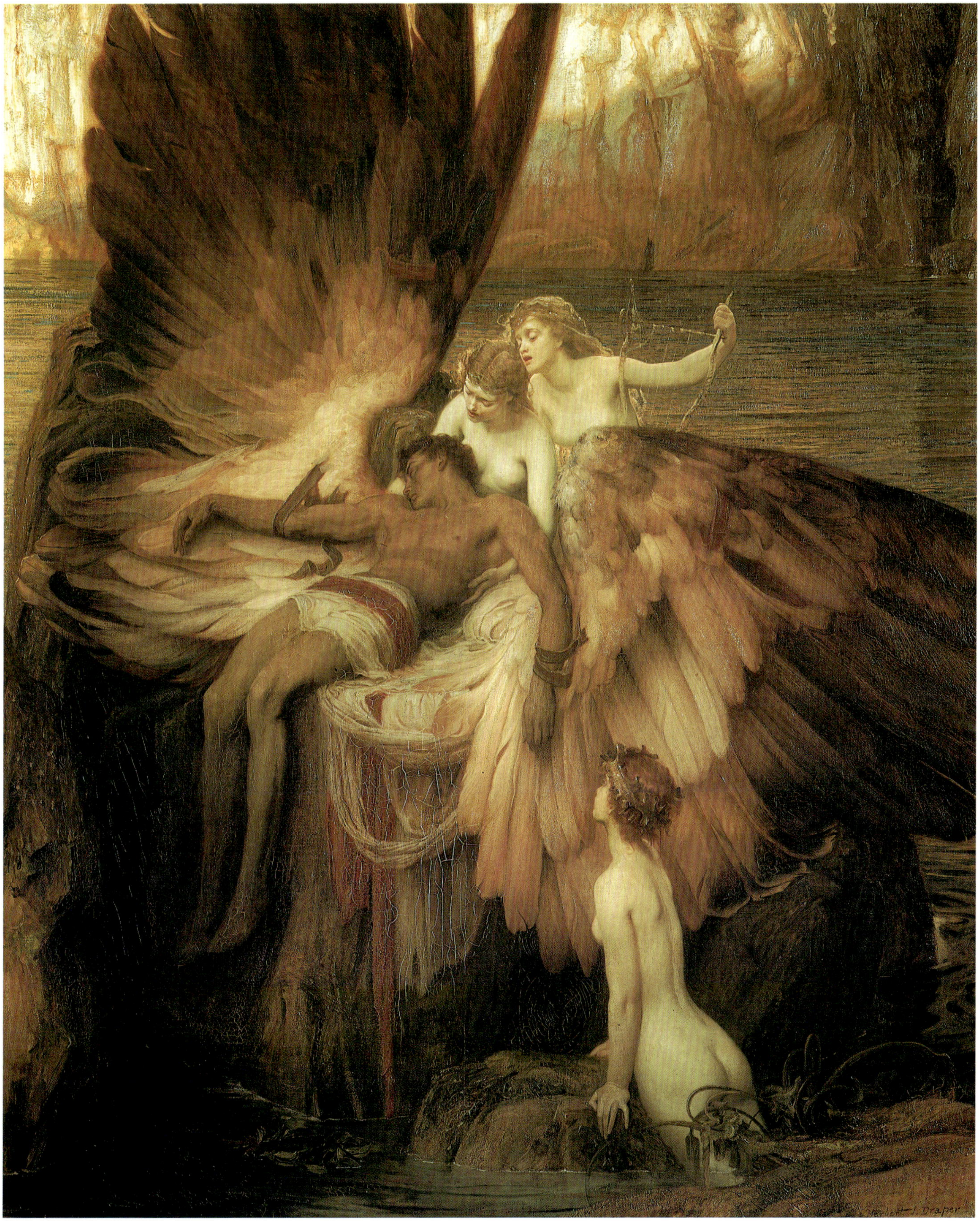
Draper

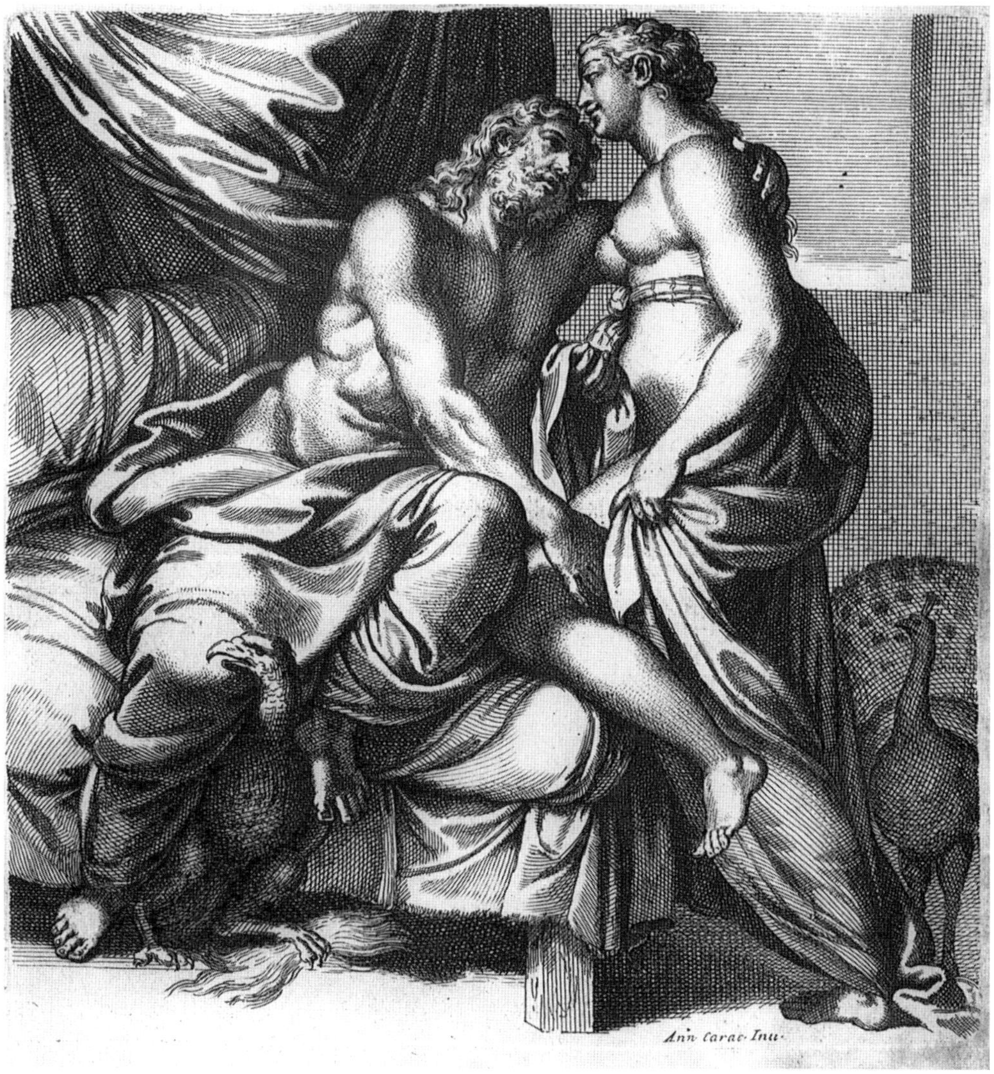

115
Annibale Carracci
1560 Bologna – 1609 Rom
Juno mit dem Gürtel der Venus, die Liebe ihres Gatten zurückerobernd
1597–1600
Stich nach dem Fresko der Deckendekoration
Palazzo Farnese, Rom

Der Triumph der Liebe im Weltall war das große Thema, unter dem Carracci für Kardinal Odoardo Farnese das etwa zwanzig Meter lange und sieben Meter breite Tonnengewölbe der sogenannten Galleria im Palazzo Farnese auszumalen hatte. Die Motive waren vor allem der antiken Mythologie zu entnehmen und zeigen daher vor allem göttliche Liebschaften. Der erfindungsreiche bolognesische Maler entwickelte ein dekoratives Gliederungssystem, in das er die einzelnen Szenen einfügte, umgeben von rahmenden Figuren, Girlanden, Fruchtgehängen und Masken. – Hatte der Götterkönig zuvor immer wieder andere Frauen seiner eigenen vorgezogen, so hat Juno nun endlich das Mittel gefunden, ihn wieder für sich zu interessieren: Es ist der unwiderstehliche Liebesgürtel der Schönheitsgöttin Venus, den sie sich geliehen hat und mit dem sie ihren Ehegemahl bezaubert. Sie hat ihn dicht unter den Brüsten gebunden, und Jupiter schaut nun schmachtend verliebt zu ihr auf und beginnt schon Besitz von ihr zu ergreifen, indem er ihren Schenkel umfaßt. So wie aber auch Venus selbst nicht eigentlich durch ihren Zaubergürtel, sondern durch ihr Liebesverhalten ihren sinnlichen Reiz gewinnt, so liegt das Geheimnis auch hier darin, daß Juno alle Prüderie aufgegeben, ihr Gewand schon zur Hälfte abgestreift hat und sich ihrem Gemahl halb nackt darbietet. – Die Fresken wurden – seitenverkehrt – in mehreren Stichfolgen reproduziert.

▽ Homer, Ilias XIV, 147–351

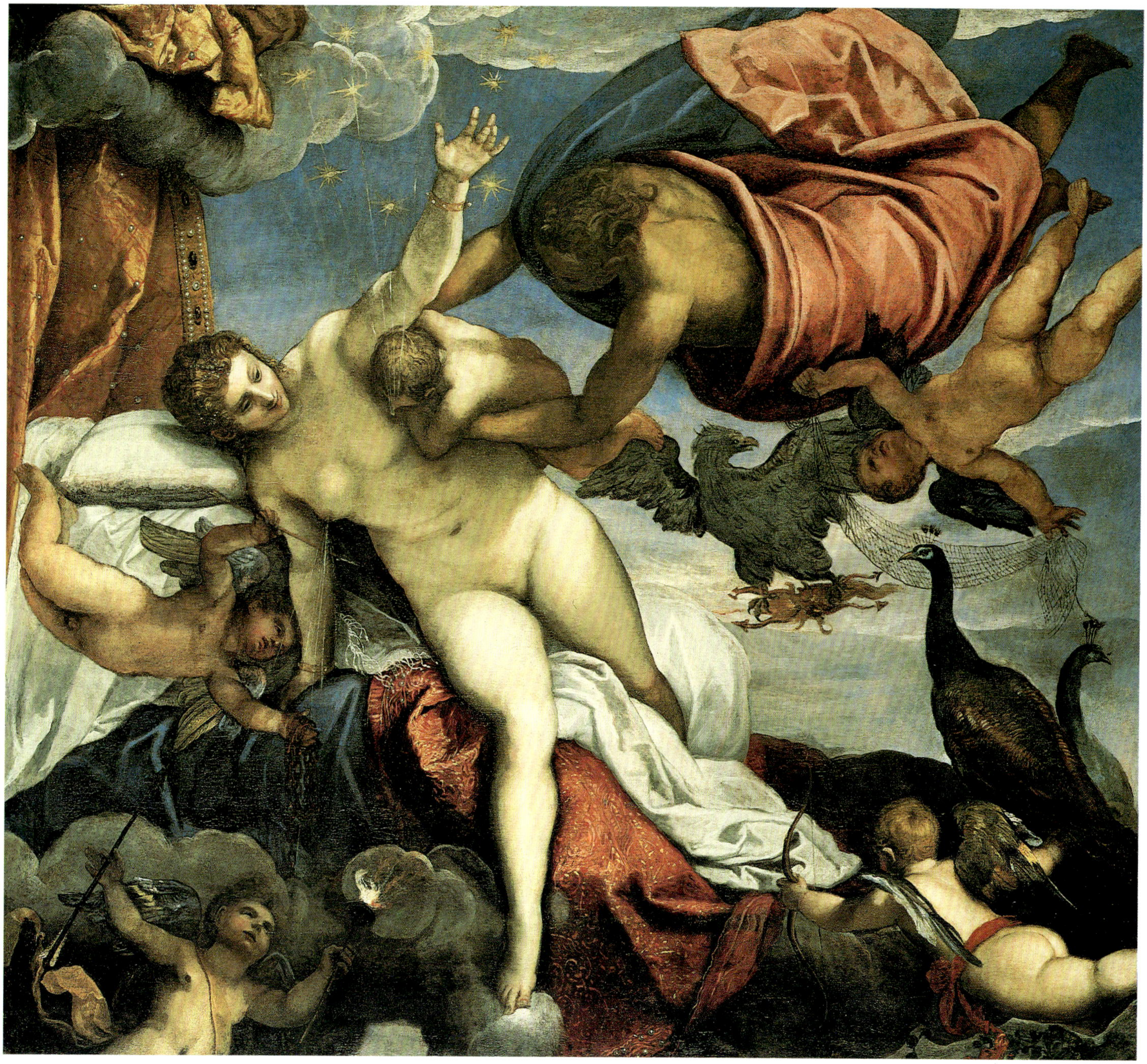

116
Tintoretto,
eigentlich Jacopo Robusti
1518 Venedig – 1594 Venedig
Der Ursprung der Milchstraße
Um 1578–1580
Leinwand, 148 × 165 cm
National Gallery, London

Nicht Athena oder Hermes, sondern Zeus als der Vater selbst legt hier den Säugling Herakles an Heras Brust und sichert seinem Sohn die Unsterblichkeit. Tintoretto hat eine Szene aus dem Weltraum zu malen verstanden, die sich zwischen Sternen, Wolken und herumfliegenden Putti abspielt, wo aber auch irgendwo zwischen Himmel und Erde das Lager der Göttermutter und die beiden zu ihr gehörigen Pfauen ihren Platz haben. Der von seinem Adler begleitete Zeus mit dem kleinen Herakles im Arm ist zu der Schlafenden herangeschwebt, und der Knabe hat so gierig die Milch aus ihrer Brust gesogen, daß ein nachfolgender Strahl verspritzte, als die Erwachende den Dieb wegstieß; er ließ am Himmel Sterne, auf der Erde Lilien entstehen: So ist es in dem byzantinischen botanischen Textbuch »Geoponica« zu lesen, das 1542 in italienischer Übersetzung in Venedig erschien, und Tintoretto hat in Vorzeichnungen die Lilien auch angedeutet. Die Figuren durchdringen den Raum in den verschiedensten Achsen und in Drehungen um sich selbst, die Gesetze der Schwerkraft scheinen aufgehoben, und es entsteht die Vorstellung einer kosmischen Welt. Es sind die Gestaltungsmittel des Manierismus, die Tintoretto hier mit großer Meisterschaft entwickelte und nutzte. In der Kühnheit der Raumbehandlung ging er dabei noch über Michelangelo hinaus, der – wie Tizian für die Farbe – für den zeichnerischen Entwurf sein großes Vorbild gewesen ist.

△ Peter Paul Rubens, Prado, Madrid
▽ Hyginus, Astronomica II, 43
▽ Geoponica, Venedig 1538, XI, 20

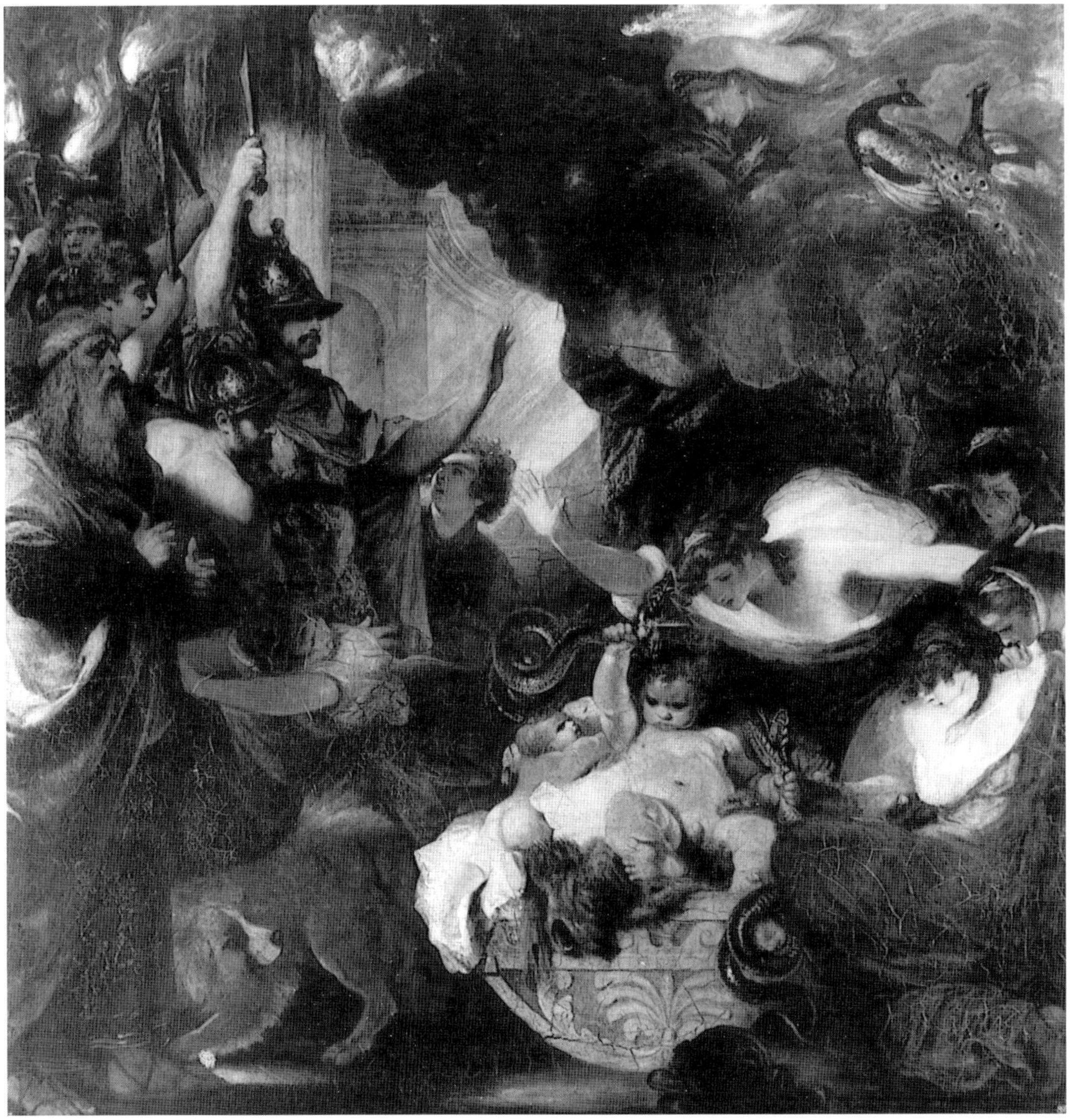

117
Sir Joshua Reynolds
1723 Plymton (Devonshire)
bis 1792 London
Der kleine Herakles erwürgt die Schlangen
1788
Leinwand, 303 × 297 cm
Staatliche Ermitage,
St. Petersburg

Reynolds wurde durch seine zahlreichen, sehr begehrten, stilistisch stark von Van Dyck beeinflußten Bildnisse zum berühmtesten englischen Maler des 18. Jahrhunderts. In späterer Zeit, nachdem er 1768 zum Präsidenten der Royal Academy ernannt worden war, wandte er sich unter dem Einfluß des Klassizismus zunehmend der Historienmalerei und mythologischen Themen zu. Wie er seine Darstellungen zu dramatisieren verstand, zeigt auch dieses neun Quadratmeter große Bild. Es gehört zu seinen spätesten Werken und mutet an wie eine Theaterszene, nach Regieanweisung gespielt von einer Anzahl verschiedenartig kostümierter Personen bei Einsatz zusätzlicher technischer Hilfsmittel. Der Heraklesknabe ist körperlich schon wesentlich weiter entwickelt als sein nur einen Tag jüngerer Halbbruder Iphikles, mit dem er die Wiege teilt. So besitzt er auch die Kraft, gleichzeitig alle beide gefährlich mit geöffnetem Rachen drohenden Schlangen zu erwürgen. Die an ihren Pfauen erkenntliche Hera ist selbst erschienen, um die Vernichtung des verhaßten Kindes durch die Reptilien triumphierend mitzuerleben, muß aber ihren Plan scheitern sehen. Alkmene, die Mutter der beiden Knaben, ist von Entsetzen über die Gefahr gepackt, und der Hund vorn im Schatten zieht sich furchtsam zurück. Der von links mit seinem Gefolge – darunter der blinde Seher Teiresias – an die Wiege herantretende Amphitryon aber hebt beruhigend die Hand: Er hat die besondere Sendung des Knaben Herakles erkannt.

△ Annibale Carracci, Louvre, Paris
△ Hugues Taraval, Louvre, Paris
▽ Theokrit, Idyllen XXIV
▽ Pindar, Nemeische Epinikien 1, 33 ff.

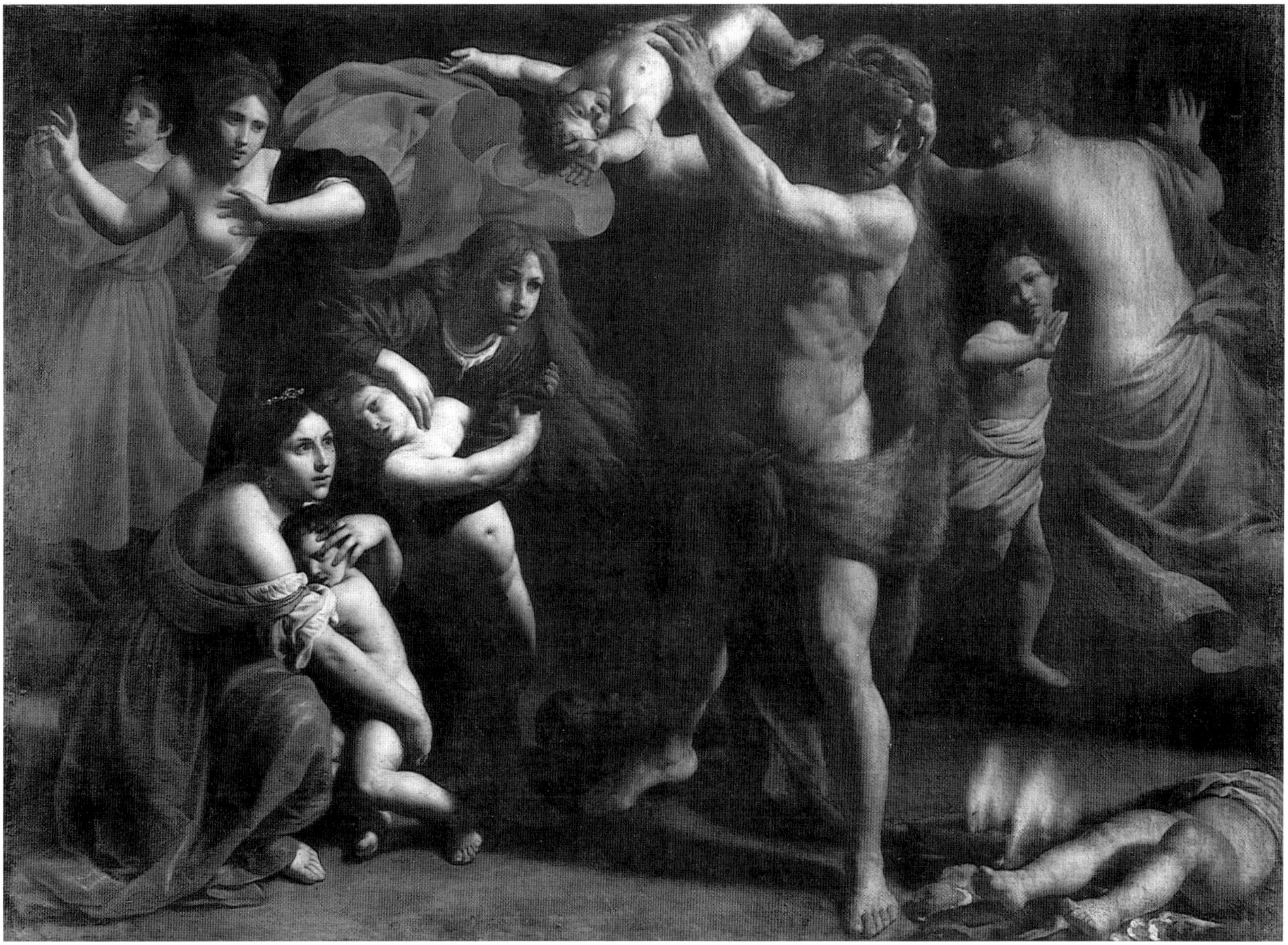

118
Alessandro Turchi
1578 Verona – 1649 Rom
Der rasende Herkules
Leinwand, 166,5 × 237 cm
Alte Pinakothek, München

In seiner Verblendung, mit der Miene eines Irren, gebraucht der Heros seine Kräfte zur Vernichtung unschuldiger Kinder, seiner drei eigenen Söhne, die ihm seine erste Gemahlin, Megara, geboren hatte, und zweier Kinder seines Halbbruders Iphikles. Tatsächlich sind im Bilde auch fünf Knaben zu sehen. Einen hat Herkules schon zu Boden geschmettert und einen hilflos zappelnden zweiten ergriffen, um ihm dasselbe Schicksal zu bereiten. Die Handlung läuft ab wie ein unaufhaltsamer Mechanismus, während die anwesenden jungen Mütter und andere Frauen wie von Entsetzen gebannt sind und dem Rasenden nicht Einhalt zu gebieten vermögen. In der Flüchtenden rechts ist vielleicht Megara zu sehen. Hier begegnen wir dem uneingeschränkten Realismus Caravaggios, der auch vor der Schilderung des Grausamen nicht haltmacht; Turchi hatte ihn um 1620 in Rom studiert, sich aber dann wieder mehr dem Klassizismus der bolognesischen Akademie angenähert. Von dorther erklärt sich auch eine gewisse Verhaltenheit in der Wiedergabe der dramatischen Szene. – Das Gegenstück zu diesem Bild, das sich ebenfalls in München befindet, zeigt Herkules als Sklaven im Dienst der Omphale. – Turchi ist vor allem auch dafür bekannt geworden, daß er häufig schwarzen Marmor oder Schiefer als Bildträger benutzte.

▽ Euripides, Herakles, 967 ff.

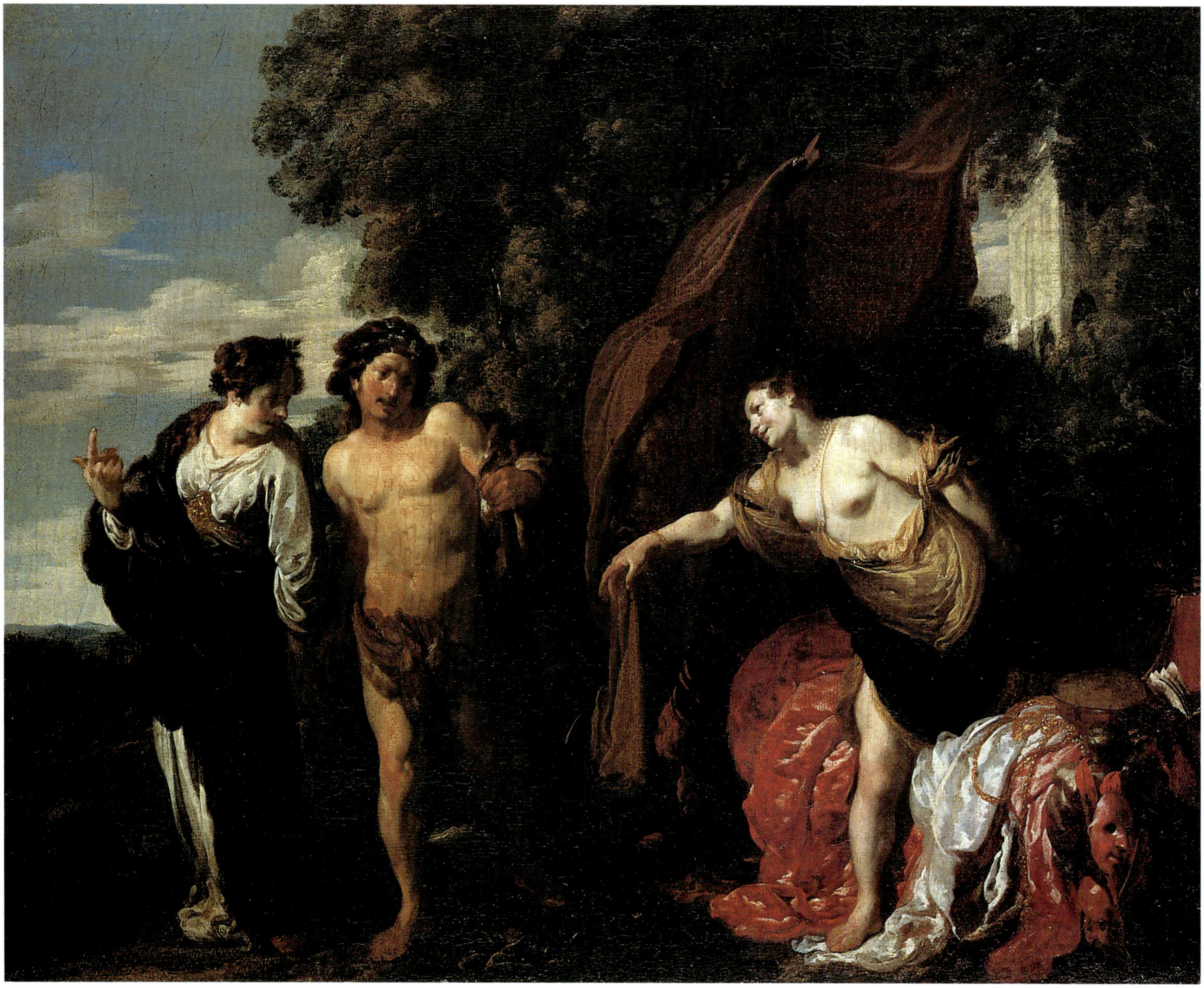

119
Johann Liss
Um 1597 nördlich von Lübeck
im Land Oldenburg – 1629
oder 1630 Venedig
Herkules am Scheidewege
Um 1625
Leinwand, 61 × 75 cm
Gemäldegalerie Alte Meister,
Dresden

Es entsprach einer verklärenden Darstellung des antiken Heros, ihn vor diese Entscheidung gestellt und den Weg der Tugend wählen zu sehen, und er wurde darum auch mit Jesus verglichen, der zum Wohle der Menschheit ein hartes, im Opfertod endendes, aber dann doch zur Verklärung führendes Los auf sich genommen hatte. In Wirklichkeit gelang es Herkules fast gar nicht, seine Leidenschaften und Triebe zu bezwingen. Im Bilde des norddeutschen Malers, der mit kaum 17 Jahren auf Wanderschaft ging, über Amsterdam, Antwerpen, Paris und Venedig 1622 nach Rom gelangte und später nach Venedig zurückkehrte, wo er an der Pest starb, steht der keulenbewaffnete Heros zwei Frauengestalten gegenüber, die ihn beide für sich zu gewinnen versuchen: drängend, mit mahnend erhobenem Zeigefinger Virtus, die Tugend, lockend mit körperlichen Reizen und der Aussicht auf ein Liebeslager wie auf Freuden durch die Künste – Theater, Musik oder Literatur, schöne Kleidung und Schmuck die andere, Voluptas, die Verkörperung des Genusses. Liss verarbeitete hier mancherlei Anregungen, von Tizian und dem Holländer Bloemaert in den Gestalten, von dem Deutschen Adam Elsheimer und dem aus Rom nach Venedig gekommenen Domenico Fetti in der Landschaft. Der Durchblick zu dem hellbestrahlten Palast nimmt Freilichtwirkungen vorweg. Die reichen, satten Farben in ihrer großen Leuchtkraft und die sinnlich weiche Modellierung weisen aber vor allem auf venezianische Traditionen hin, die Liss aufnahm und weiterführte, so daß sie vom 16. ins 18. Jahrhundert gelangten. Das Bild ist als »die reizvollste Gestaltung« dieses Themas überhaupt bezeichnet worden (Panofsky).

△ Sebastiano Ricci,
Palazzo Fulcis-De Bertoldi,
Belluno
△ Pompeo Batoni,
Sammlungen des Fürsten von
Liechtenstein, Vaduz
▽ Xenophon, Memorabilia II, 1,
21 ff.
▽ Hesiod, E'rga kai hemerai,
287 ff.

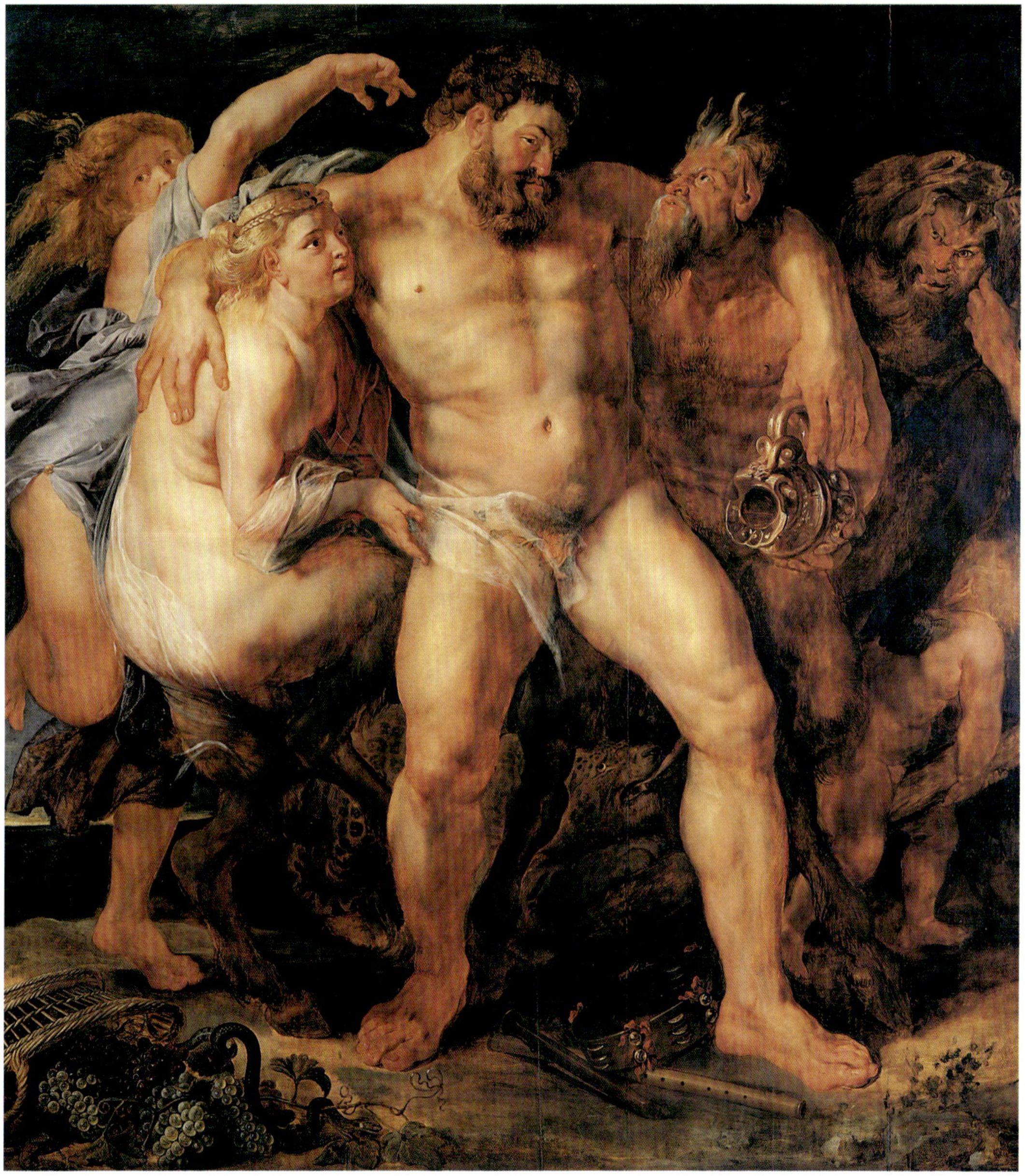

120
Peter Paul Rubens
1577 Siegen (Westfalen)
bis 1640 Antwerpen
Der trunkene Herkules
Um 1612–1614
Eichenholz, 220 × 200 cm
Gemäldegalerie Alte Meister, Dresden

Obgleich Herkules sich für den Weg der Tugend entschieden hatte, verzichtete er dennoch nicht auf die Freuden der Welt und entsagte in Wirklichkeit auch dem Laster nicht. Als ein leidenschaftlicher Liebhaber erlag er der Wollust ebenso wie als gewaltiger Trinker dem Rausch, und in diesem Zustand hat Rubens ihn dargestellt. Der Heros ist so stark betrunken, daß er sich nur mit Hilfe seiner Zechkumpane auf den Beinen halten kann: zwei bocksfüßige Gestalten aus dem Gefolge des Bacchus, eine üppige Blondine und ein gehörnter Satyr, stützen ihn, während er stieren Blickes dahintappt und der Weinkrug seiner Hand zu entgleiten droht und sich entleert. Ein anderer Satyr hat sich das Löwenfell übergezogen, das Herkules sonst als Rüstung dient, und ein Putto, vielleicht ist es Amor selbst, reitet auf der Keule · Steckenpferd. Der gewaltige Heros ist nun schwach und hilflos und Spottbild seiner selbst, seine Tugendhaftigkeit ist unglaubhaft. Er steht unter der Herrschaft des Weingottes, dessen Panther neben der Gruppe herhuscht, und eine Bacchantin, die dem Zug gefolgt ist, kann mit Fingern auf den Betrunkenen zeigen. Rubens ist bei seiner Komposition einem römischen Relief gefolgt. – Das Bild hat ein Gegenstück in der Darstellung des Kriegsgottes Mars als Tugendhelden, wovon sich die 1615–1620 für den Herzog von Mantua gemalte zweite Fassung – wie auch die zweite Ausführung dieses Bildes hier – ebenfalls in Dresden befindet (vgl. Abb. 38).

▽ Theokrit, Idyllen XXV

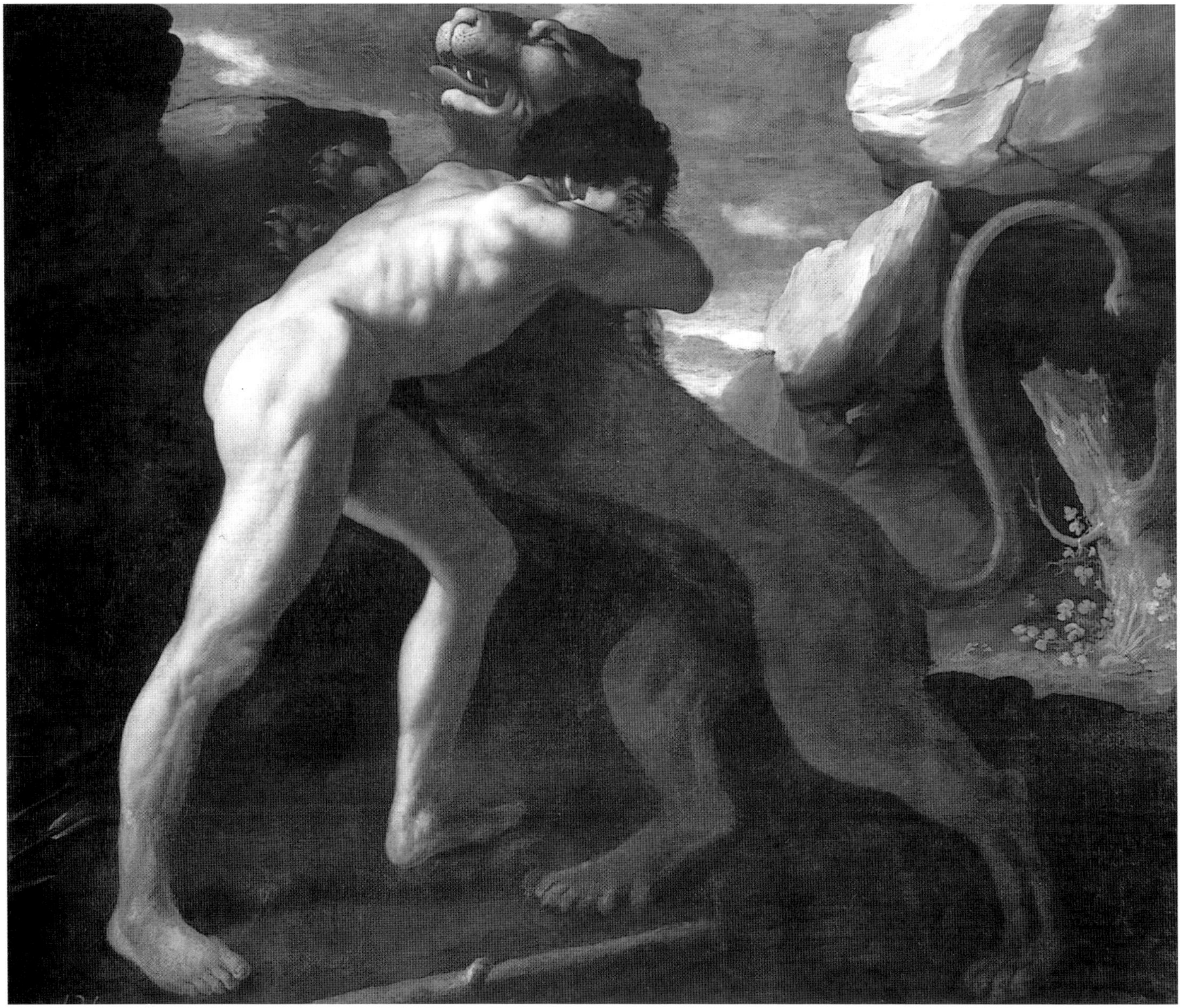

121
Francisco de Zurbarán
1598 Fuente de Cantos
(Estremadura) – 1664 Madrid
Herkules tötet den nemeischen Löwen
1634
Leinwand, 151 × 166 cm
Prado, Madrid

Das Bild gehört zu dem Zyklus von zehn Darstellungen der Taten des Herkules, die Zurbarán 1634 zusammen mit zwei Schlachtenbildern im Auftrage König Philipps IV. von Spanien für den Salón de los Reinos im Palazzo del Buen Retiro in Madrid schuf und die später in den Prado gelangten. Er erhielt dafür 332 Dukaten. Im Werk dieses Malers von Mönchen, Marien- und Heiligengestalten sind die mythologischen Darstellungen eine Merkwürdigkeit, dabei aber von großer Bedeutung. Sie sind alle von Helldunkelwirkungen bestimmt und weisen nicht die plastische Härte und Kühle der von Mystizismus und Glaubensgeheimnis erfüllten religiösen Szenen auf, sondern erscheinen stärker malerisch empfunden; wir können uns daher an die schon zu Zurbaráns Zeit in Madrid befindlich gewesenen Bilder Tizians mit Sisyphos und Tityos (vgl. Abb. 21, 24) erinnert fühlen. Wie bei den anderen ist der Heros auch hier als Monumentalfigur groß ins Bild gesetzt, zusammen mit dem auf den Hintertatzen stehenden gewaltigen Raubtier in einer gewissen axialen Symmetrie, die an heraldische Motive erinnert. Das rötliche Inkarnat des muskulösen Männerkörpers kontrastiert mit dem blaugrauen Himmel. Übereinandergetürmte Felsblöcke und ein morscher Baumstumpf, von weißlich-gelben Blättern umgeben und ohne jeden Anflug von Grün, verstärken den heroischen Charakter der Schilderung.

△ Annibale Carracci, Palazzo Farnese, Rom
▽ Theokrit, Idyllen XXV
▽ Hesiod, Theogonie, 326ff.
▽ Apollodoros, Bibliotheke 2, 5, 1

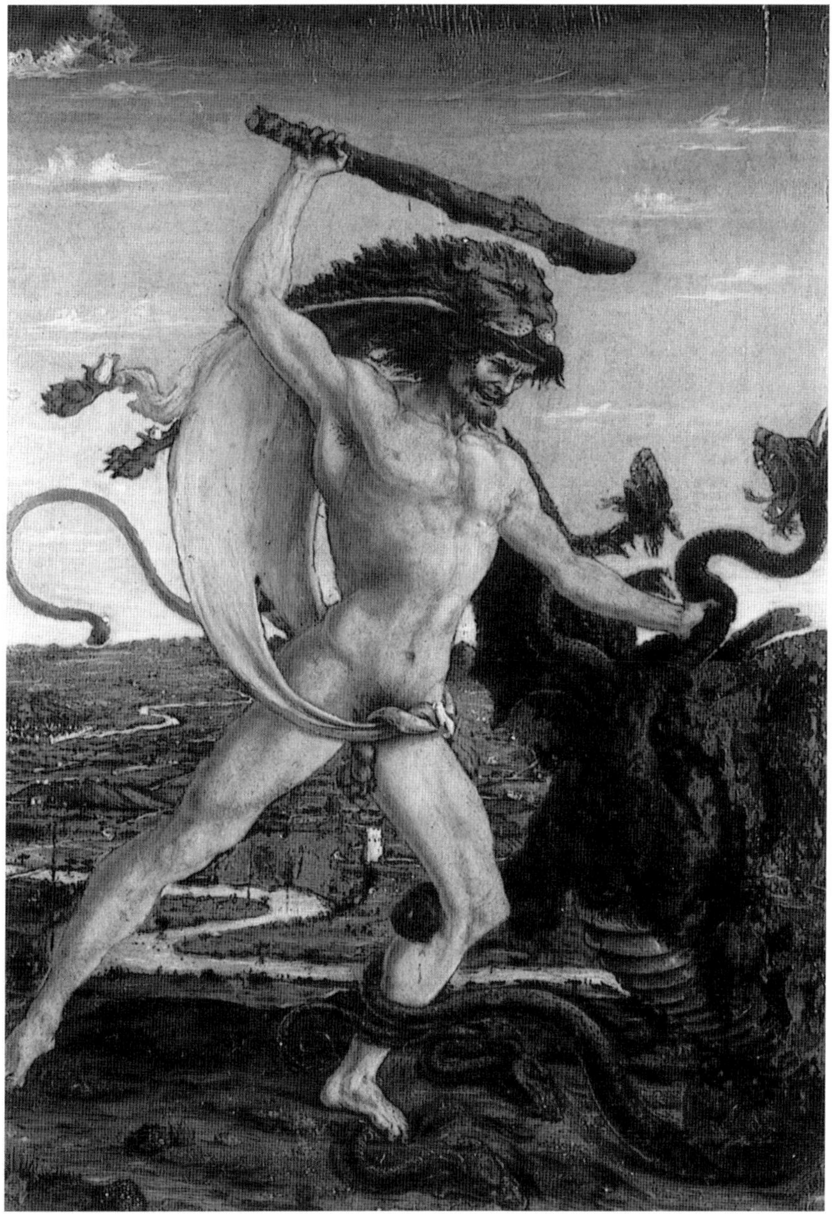

122
Antonio del Pollaiolo,
eigentlich Antonio di
Jacopo d'Antonio Benci
1429 Florenz – 1498 Rom
Herkules im Kampf mit
der Hydra von Lerna
Um 1460
Holz, 18 × 12 cm
Uffizien, Florenz

Pollaiolo gehörte zu den großen Problematikern der Form im Florenz des 15. Jahrhunderts und hat vor allem zur künstlerischen Erarbeitung der Anatomie des menschlichen Körpers entscheidend beigetragen. Sein signierter Kupferstich mit dem »Kampf der zehn nackten Männer«, den auch Dürer ausgewertet hat, ist ein bezeichnendes Beispiel dafür. So mußte ihn auch das Thema des kämpfenden Herkules stark interessieren, und da er nicht nur Maler und Kupferstecher war, sondern auch Goldschmied und Erzbildhauer, hat er es sowohl in der Malerei wie auch in der Plastik gestaltet. Wie alle diese Arbeiten, ist auch die Szene hier von der stark bewegten Umrißlinie bestimmt. Der Heros begegnet den unausgesetzten Angriffen des vielköpfigen, eher einem Drachen als einer Schlange gleichenden Untiers mit einer geradezu tänzerischen Haltung seines sehnigen, athletischen Körpers, der zugleich kraftvolle Energie erkennen läßt. Der Eindruck des Tänzerischen wird durch die im Luftzug gebauschte Löwenhaut noch verstärkt. Die große Überschaulandschaft läßt in ihrer fast landkartenähnlichen Projektion Herkules zum Riesen werden, der diese Landschaft mit wenigen Schritten durcheilen könnte. Die Windungen des Flusses, mit dem wohl der Arno gemeint ist, nehmen Bewegungsformen des Schlangenkörpers auf. Das winzige Bild gibt wie ein zweites, ebenfalls in den Uffizien befindliches mit Herkules und Antaeus eine Vorstellung von den drei großen Gemälden mit Szenen aus der Herkulesgeschichte, die Pollaiolo 1460 im Auftrage des Piero de'Medici für den Stadtpalast in Florenz malte, die aber verschollen sind. Die beiden kleinen Bilder wurden während des Krieges entführt, aber wieder zurückgewonnen.

△ Deutscher oder niederländischer
Meister um 1500,
Skulpturensammlung, Dresden
(Bronzeplastik)
△ Francisco de Zurbarán,
Prado, Madrid
▽ Euripides, Herakles, 419 ff.
▽ Apollodoros, Bibliotheke 2,5,2

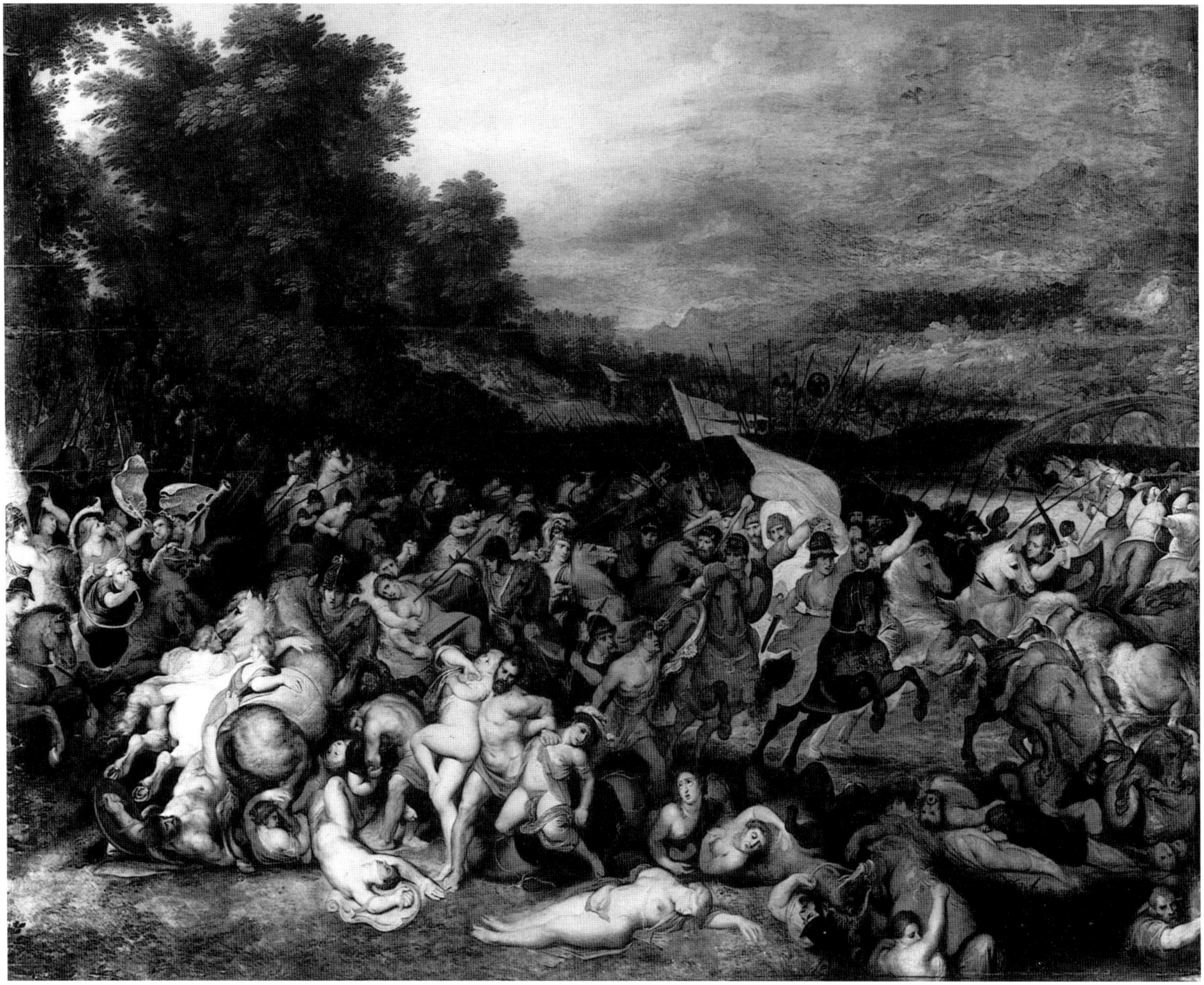

123
Otto van Veen
1556 Leiden – 1629 Brüssel
Herkules im Kampf mit
der Amazonenkönigin Hippolyte
Holz, 97 × 124 cm
Bildergalerie Potsdam-Sanssouci

Der in Leiden von Isaak van Swanenburgh geschulte Maler war von 1575 bis 1580 in Italien und entwickelte dann durch seine Tätigkeit in Lüttich, Antwerpen und Brüssel einen flämischen barocken Stil, der ihn zum Lehrer von Peter Paul Rubens werden ließ, wenngleich er selbst in gewisser Weise noch dem 16. Jahrhundert und dem Manierismus verhaftet blieb. So war auch dieses Bild lange Jan Breughel d. Ä. oder dem Deutschen Johann Rottenhammer zugeschrieben. Die vielfigurige Szene zeigt im Aufeinanderprallen der von Herkules und der Amazonenkönigin angeführten Heere ein wildes Getümmel von Menschen- und Pferdeleibern, womit das Bild als eine Vorstufe zur Amazonenschlacht von Rubens in München gelten kann. Die Körper der kämpferischen Frauen stehen denen der Männer an urwüchsiger Kraft nicht nach, und der Maler hat alle Möglichkeiten genutzt, sie in den verschiedensten Haltungen wiederzugeben. Herkules selbst ist im Vordergrund zu sehen, unbewaffnet mit den Armen zwei Amazonen so umklammernd, daß sie kampfunfähig sind. Seine Körperbräune kontrastiert mit dem zarten Inkarnat der Frauen, so daß die Gegensätzlichkeit der Geschlechter als eine verborgene Ursache des blutigen Kampfes auch optisch in Erscheinung tritt. Rechts galoppiert Hippolyte auf einem Rappen heran, erkenntlich an dem goldenen Gürtel des Mars als dem äußerlichen Gegenstand dieser kriegerischen Auseinandersetzung.

△ Johann Georg Platzer, Bildergalerie Potsdam-Sanssouci
▽ Euripides, Herakles, 408 ff.
▽ Apollonios v. Rhodos, Argonautika 2, 777 ff., 966 ff

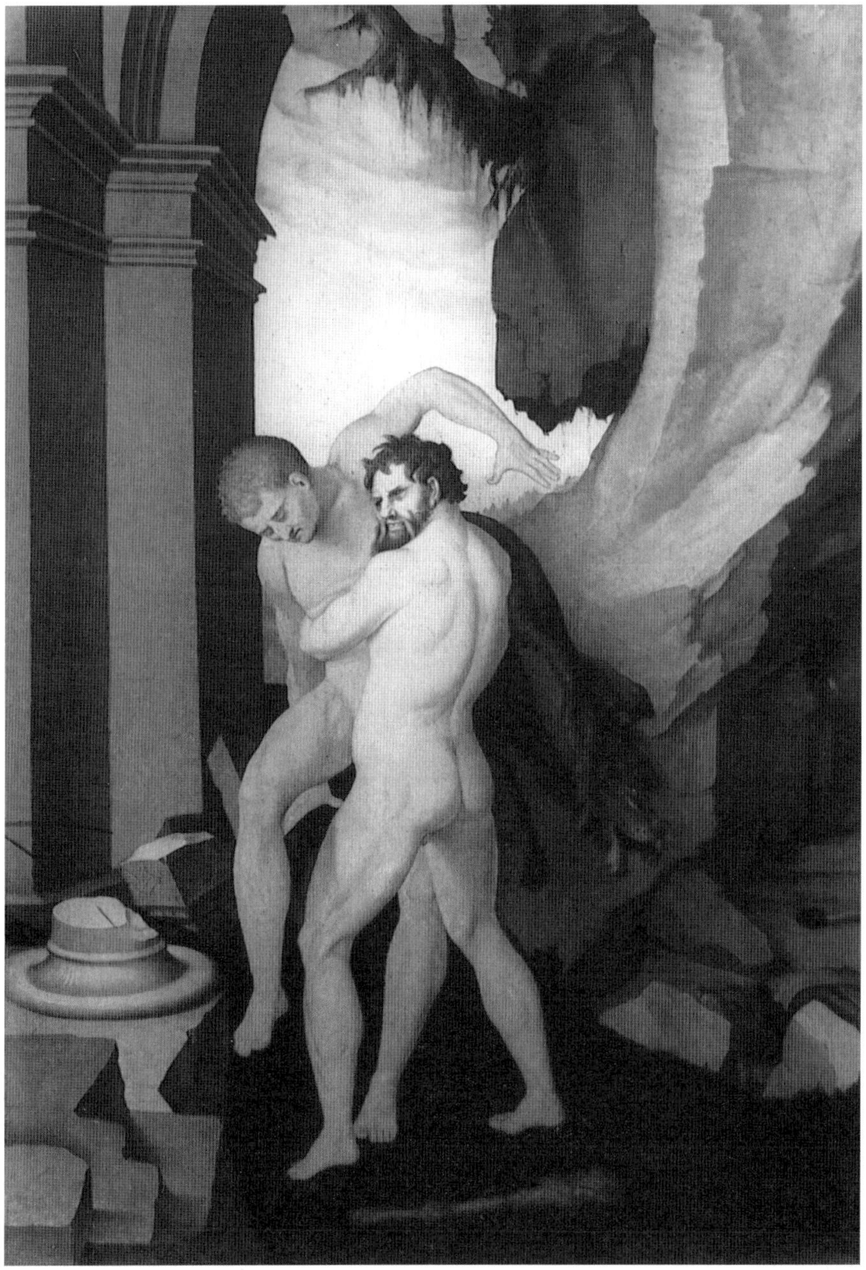

124
Hans Baldung Grien
1484 oder 1485 Schwäbisch-Gmünd
bis 1545 Straßburg
Herkules und Antaeus
Holz, 98 × 73 cm
Museum Narodowe, Warschau

Hans Baldung, der als Fünfzehnjähriger in der Werkstatt eines Straßburger Malers wegen seiner Jugend den Beinamen Grien, der Grüne, erhielt, war einer der eigenwilligsten Meister der Dürerzeit. Seine Kunst ist von leidenschaftlicher Ausdruckskraft und großem Gedankenreichtum. So hat er es auch vermocht, den Kampf zwischen Herkules und Antaeus als ein erbarmungsloses Ringen auf Leben und Tod zu schildern. Es ist ein Bild von plastischer Strenge, dabei stark flächenhaft aufgefaßt. Während Herkules als der Überlegene gespannte Kraft in höchster Anstrengung erkennen läßt, beginnt der Körper seines von ihm mit Verbissenheit umkrampften Gegners schon zu erschlaffen. Der Säulenstumpf unmittelbar neben ihm erscheint als Sinnbild seiner Vernichtung. Die steinernen Architekturteile auf der einen und die Felsgebilde auf der anderen Seite, die kulissenartig die Gruppe flankieren, veranschaulichen mit ihrer unterschiedlichen Struktur das Gegeneinander der beiden Männer; ihre scharfkantige Härte unterstreicht den Eindruck der Gnadenlosigkeit des hier stattfindenden Kampfes. Es ist eine Szene voller Dämonie, die in den brutalen Gesichtszügen Herkules' noch besonders akzentuiert ist. Zugleich lassen die Felsen mit dem halbentwurzelten freihängenden Baum und dem Himmel dahinter das starke Gefühl des Malers für die Landschaft erkennen.

△ Tintoretto, Wadsworth Atheneum, Hartford/Connecticut
△ Stefano Maderno, Grünes Gewölbe, Dresden (Bronzeplastik)
▽ Pindar, Isthmische Epinikien 4, 52 ff.
▽ Philostratos d. Ä., Imagines 2, 21
▽ Apollodoros, Bibliotheke 2, 5, 11

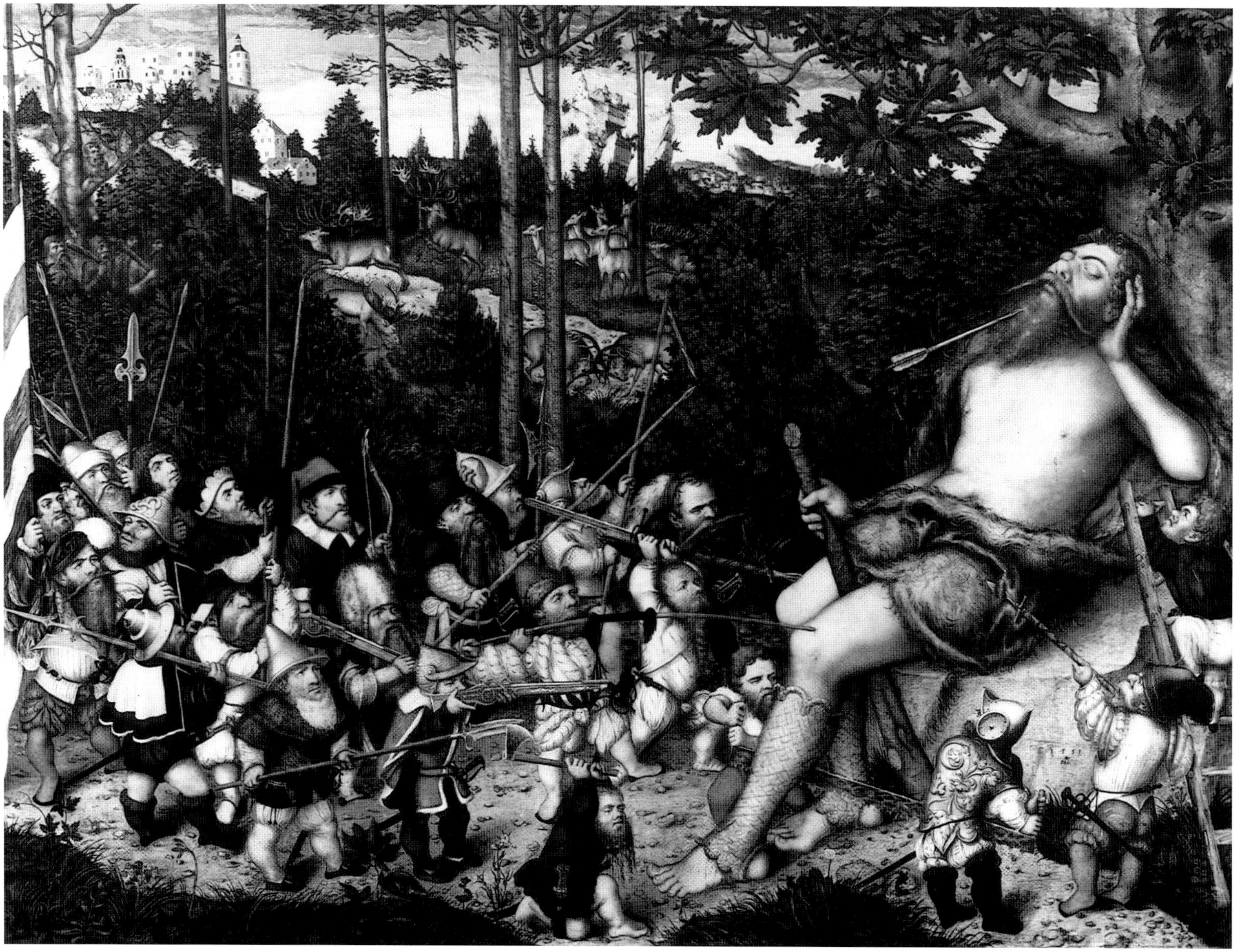

125
Lucas Cranach der Jüngere
1515 Wittenberg – 1586 Weimar
Der schlafende Herkules und die Pygmäen
Bezeichnet rechts am Felsen mit der geflügelten Schlange und 1551
Leinwand, 189 × 259 cm
Gemäldegalerie Alte Meister, Dresden (als Leihgabe im Schloßmuseum Weimar)

Das Bild war ursprünglich Lucas Cranach dem Älteren zugeschrieben und als »Der schlafende Waldriese und die Zwerge« betitelt, es wurde erst 1899 mit dem antiken Stoff in Verbindung gebracht. In der gleichen Art, wie schon sein Vater die mythologischen Themen zu behandeln pflegte, hat auch Cranach der Jüngere die Szene in seine Gegenwart verlegt. Die Pygmäen tragen die Kleidung und die Waffen der Zeit um die Mitte des 16. Jahrhunderts, und nur Herkules selbst macht eine Ausnahme und erscheint als eine Art »Wilder Mann«, als ein Waldmensch, wie er in der Kunst seit dem 15. Jahrhundert häufig erschien, nackt bis auf ein Fell um die Hüften und nur mit der urzeitlichen Keule bewaffnet. Der Angriff der Zwergmenschen ist harmloser dargestellt, als er bei den geschilderten Größenverhältnissen wirklich gewesen wäre: Vergeblich versuchen die Pygmäen, den ledernen Beinling am rechten Fuß des Schlafenden durchzusägen. Die Lanzenspitze vermag sein Knie nur eben zu ritzen, und ein Pfeil, der auf ihn abgeschossen wurde, ist ihm im Bart steckengeblieben, hätte aber in Wirklichkeit eine gefährliche, wenn nicht tödliche Wunde verursachen können. Auch ein auf ihn angelegtes Gewehr erscheint trotz der kleinen Dimension durchaus bedrohlich. Mit seinem ausgeprägten Sinn für die Landschaftsdarstellung erweist auch der jüngere Cranach seine Nähe zur Donauschule. Auf der Lichtung ist ein großes Rudel Hirsche zu sehen, denen die im Dickicht verborgenen keulenbewaffneten Männer aufzulauern scheinen. Ein türmereiches Schloß auf der Höhe erinnert an verschiedene sächsische Schlösser, ohne eines genau abzubilden. – Das ebenfalls in Dresden befindliche und zeitweilig nach Weimar ausgeliehene Gegenstück zeigt, wie der erwachte Herkules die Pygmäen vertreibt.

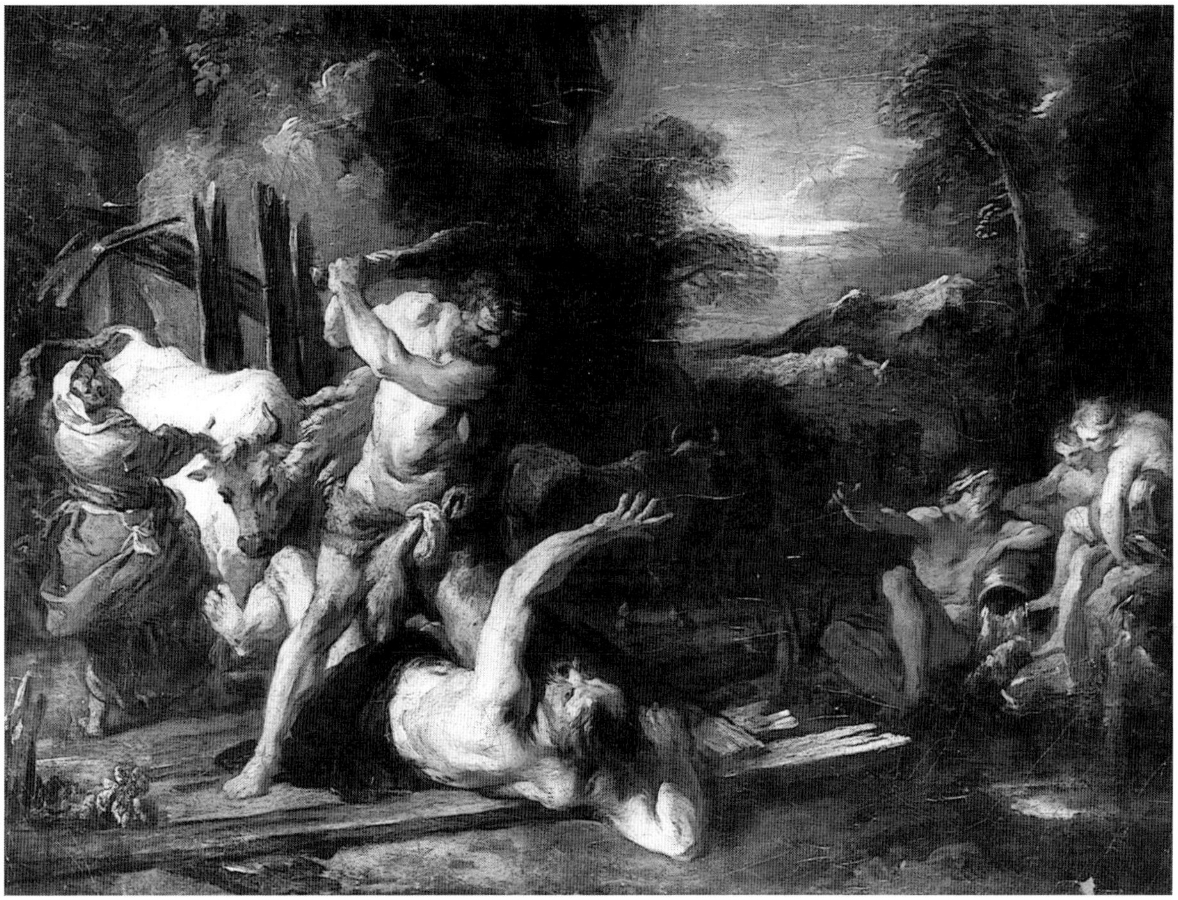

126
François Lemoyne
1688 Paris – 1737 Paris
Herkules und Cacus
1718
Leinwand, 35 × 46,5 cm
Louvre, Paris

Das Bild war das Rezeptionsstück für die Akademie und zeigt den Maler als einen glänzenden Dekorateur, der sich später, 1723, in Italien besonders durch die Begegnung mit den Venezianern noch steigern konnte. An seinen Bildern werden besonders das warme, »wie mit Silberstaub überhauchte« Kolorit (H. Voss) und die reizvolle Aktbehandlung gerühmt, die für Boucher zum Vorbild wurde. Die mythologischen Themen gaben Lemoyne Gelegenheit zu großen Kompositionen, und selbst seine kleinformatigen Bilder wie dieses hier wirken monumental. Der Maler hat sich freilich nur entfernt an die literarische Vorlage gehalten. Links hinten ist die Höhle zu sehen, die wohl durch einen von Herkules wieder zerstörten Verschlag unzugänglich gemacht worden war, dazu einige der gestohlenen Rinder, rechts der Flußgott des Tiber, der den Schauplatz erkennen läßt. Unsichtbar bleibt dagegen Caca, die Schwester des Cacus, die Herkules liebte und ihm den Viehdieb verraten hatte. – Lemoyne hat das Herkulesthema in Form einer Apotheose auch im Salon des Herkules im Schloß zu Versailles dargestellt. Neid der Kollegen trieben den zur Melancholie neigenden Maler mit erst 49 Jahren zum Selbstmord.

△ Baccio Bandinelli,
Staatliche Museen zu Berlin,
Skulpturensammlung
(Wachsplastik)
△ Stefano Maderno,
Grünes Gewölbe, Dresden
(Marmorplastik)
△ Hendrick Goltzius,
Mauritshuis, Den Haag
▽ Ovid, Fasti I, 543–578
▽ Vergil, Aeneis VIII, 190–267

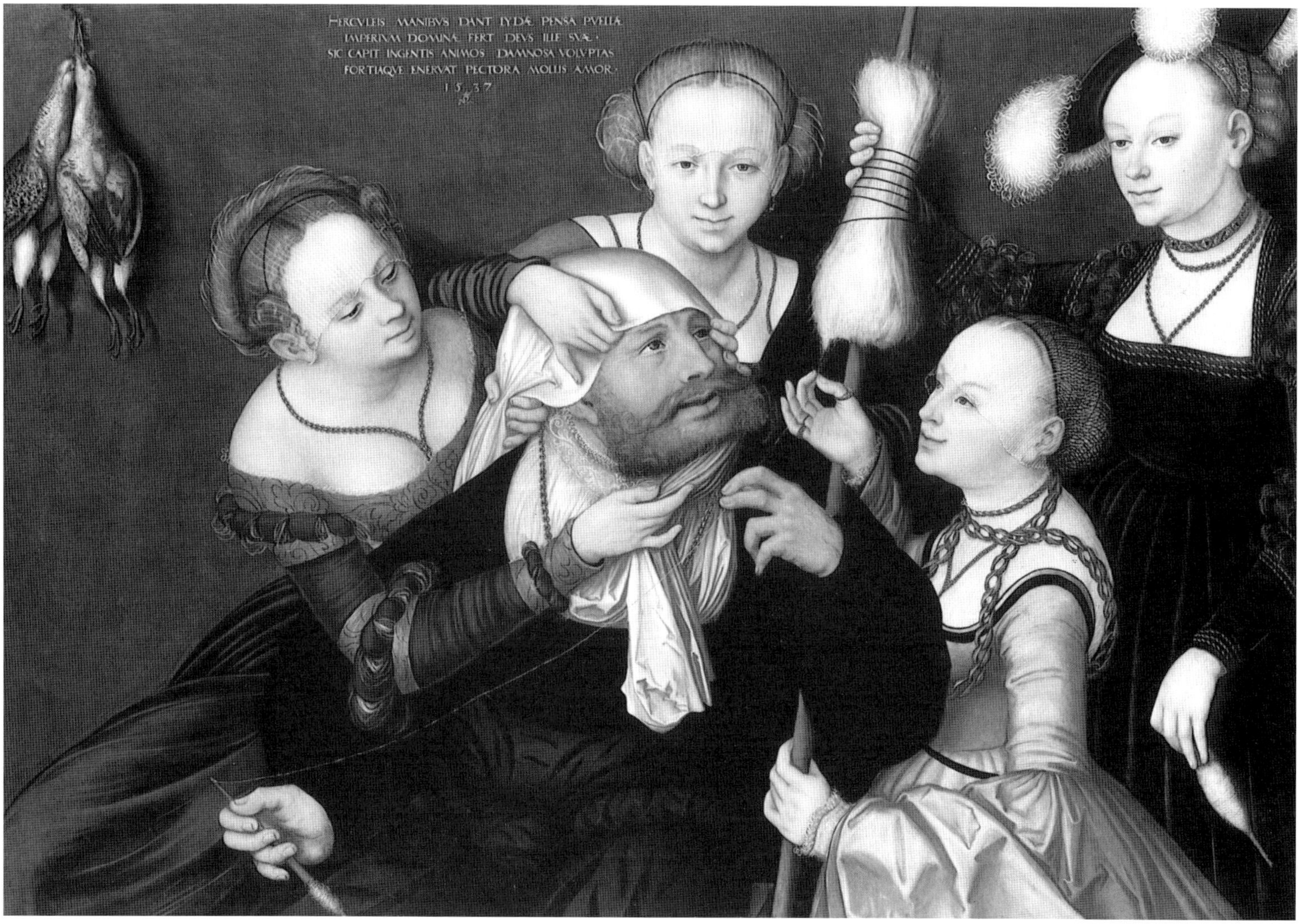

127
Lucas Cranach der Ältere
1472 Kronach (Oberfranken)
bis 1553 Weimar
Herkules bei Omphale
Bezeichnet in der Mitte oben
mit der geflügelten Schlange
und 1537
Rotbuchenholz, 82 × 119 cm
Herzog Anton Ulrich-Museum,
Braunschweig

Das Erbe der Antike in Gestalt von Mythologie und Geschichte war für Cranach nicht anders als für Dürer und ihre Zeitgenossen vertrauter Bildungsstoff, für dessen Verbreitung in Wittenberg die 1502 gegründete Universität sorgte. Der ältere Cranach hat wie später auch sein Sohn Lucas der Jüngere einige Themen mehrfach gestaltet, darunter auch diese nicht eben ruhmreiche Episode aus dem Leben des Herkules. Mit dem lateinischen Vierzeiler oben in der Mitte gab er eine Erklärung zum Inhalt und stellte dabei seine humanistischen Kenntnisse unter Beweis. Die grammatisch nicht ganz korrekten lateinischen Verse lauten in der Übersetzung etwa: »Herkules' Händen geben die lydischen Mädchen Arbeit, und seiner Herrin Befehl beugt sich sogar dieser Gott. So erobert starken Sinn die schädliche Wollust, und weichliche Liebe entkräftet tapferen Geist.« Herkules, der doch den Weg der Tugend beschreiten wollte, ist gestrauchelt und zum Gespött geworden. Herausgeputzt wie ein altes Weib, folgt er als unterwürfiger Diener den Befehlen Omphales, die ihn als Sklaven gekauft hat. Mit den Mädchen, die sich mit dem nun so verweichlichten Heros zu schaffen machen, erscheint sie wie die Vorsteherin eines Bordells, mit dem Gesichtsausdruck der Überlegenheit, eine volle Spindel in der Hand, die Herkules wohl schon geliefert hat. Das Stilleben der zwei nebeneinander aufgehängten toten Vögel, das vielleicht eine symbolische Bedeutung hat, ist bei Cranach öfters zu finden.

△ Pinturicchio,
Metropolitan Museum of Art,
New York
△ Balthasar Permoser,
Grünes Gewölbe, Dresden
(Elfenbeinplastik)
▽ Sophokles, Trachinierinnen,
252f.
▽ Apollodoros, Bibliotheke 2, 6, 2

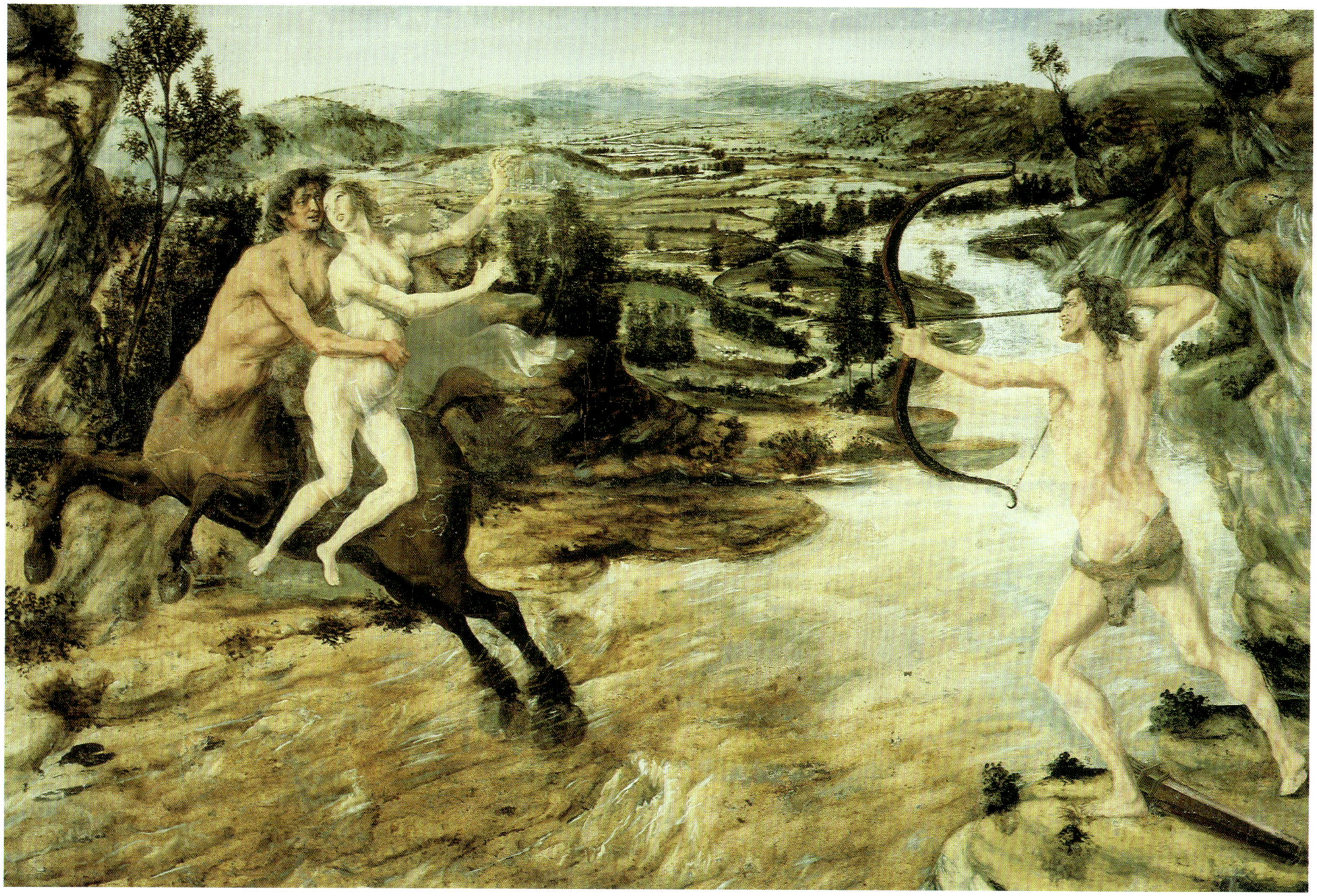

128
Antonio del Pollaiolo
eigentlich Antonio Jacobo
d'Antonio Benci
1429 Florenz – 1498 Rom
Der Raub der Deianeira
Holz, 53 × 80 cm
Yale University Gallery,
New Haven/Connecticut

Ganz besonders in diesem miniaturhaft fein gemalten Bild hat Pollaiolo die Landschaft einbezogen und mit dem dramatischen Geschehen verbunden. In ihrer Vielteiligkeit ist das Vorbild der heimischen Toskana zu erkennen. Durch die kühne Perspektive mit dem hochgelegenen Horizont und die fein abgestufte Farbigkeit ist eine faszinierende Raumillusion erzeugt. In der von Hügeln gesäumten Talaue kommt der Fluß daher, der nach vorn bei schmaler werdendem Bett reißende Schnelligkeit gewinnt. Der Kentaur Nessos mußte daher als Helfer beim Überqueren um so willkommener sein, doch war nicht vorauszusehen, daß er sich dies in seiner Begierde zunutze machen würde. Der Zorn des am Ufer zurückbleibenden Herkules, der dem Kentauren nun gleich den Tod sendet, ist daher begreiflich. Deianeira scheint sich gegen Nessos' Berührung zu sträuben, doch entsteht zugleich der Eindruck, als ob die Sympathie des Malers mehr diesem und seinem zärtlich wirkenden Bemühen als dem verbissen wirkenden Bogenschützen gegolten hätte. Während Herkules ausgesprochen brutale Züge trägt, erscheint das Gesicht des Kentauren sehnsüchtig, verlangend. Seine Arme schließen sich sehr behutsam um den durchsichtig bekleideten Körper Deianeiras, und der Blick, mit dem diese sich zu ihm zurückwendet, ist eher hingebungsvoll als abweisend. Die in der Anstrengung verkrampfte Gestalt des Heros hat Dürer in seinem Bild »Herkules erlegt die Stymphaliden« nachgeformt.

△ Giovanni da Bologna,
Skulpturensammlung, Dresden
(Bronzeplastik)
△ Guido Reni,
Gemäldegalerie der Prager Burg
▽ Ovid, Metamorphosen IX,
101–103

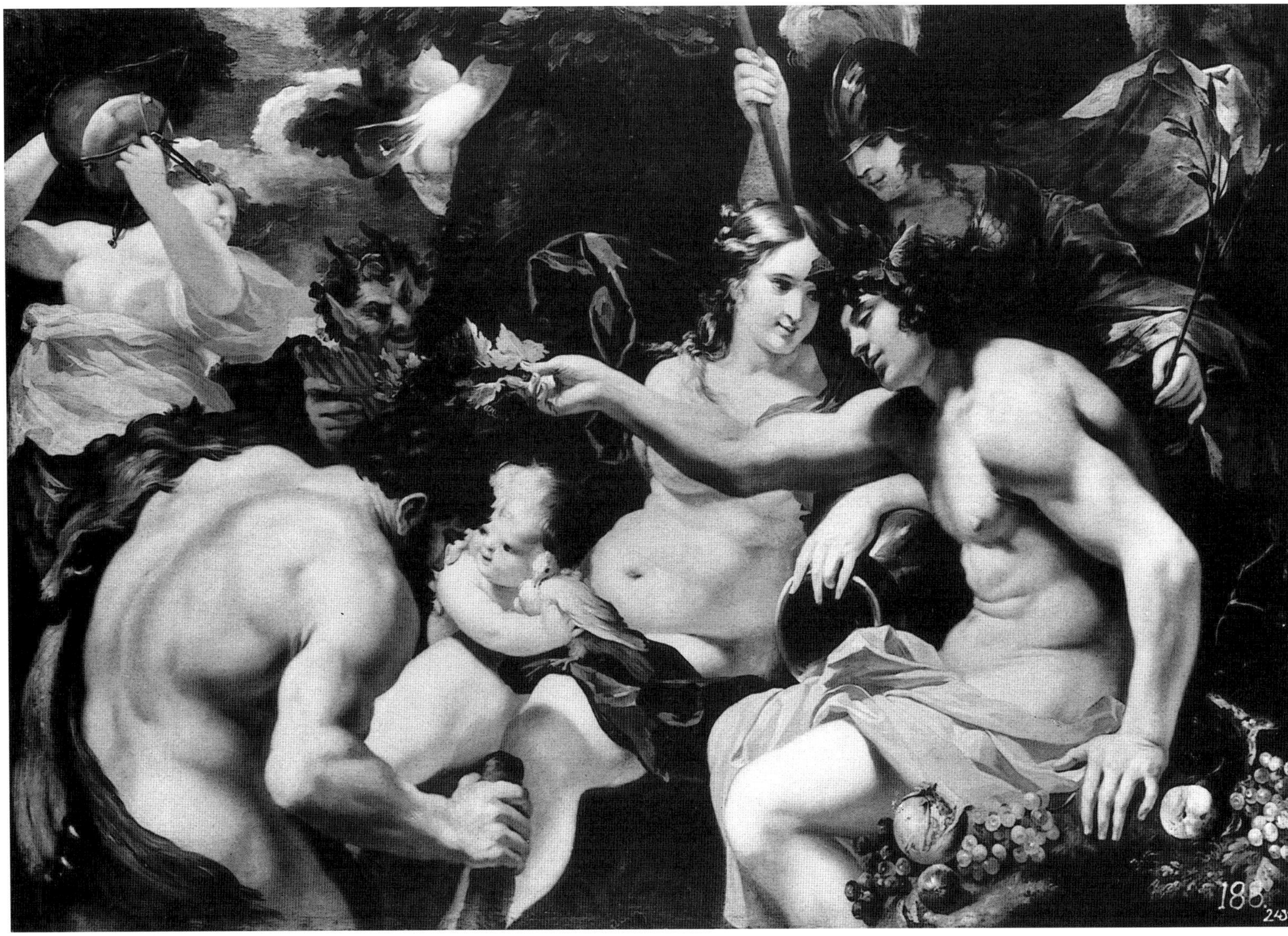

129
Simon Vouet
1590 Paris – 1649 Paris
Herkules, in den Olymp aufgenommen
Leinwand, 143 × 208 cm
Staatliche Ermitage, St. Petersburg

Vouet war schon seit 1612 bis 1627 in verschiedenen italienischen Städten, besonders Rom, tätig und sein Frühwerk daher von der naturalistischen Helldunkelmalerei Caravaggios geprägt. Später in Frankreich gelangte er unter den Einfluß bolognesischer Maler wie Carracci, Guido Reni sowie des Venezianers Veronese zu einer idealisierenden klassizistischen Auffassung, zu der die französische Malerei ohnehin neigte. So ist auch der Gegensatz von Licht und Schatten der frühen Werke einer gleichmäßig ausgeleuchteten Szene gewichen, und an die Stelle der Menschen aus dem Volke finden sich heitere Göttergestalten von strahlender Nacktheit. Es ist eine im besten Sinne dekorative, festliche Malerei. Herkules naht sich den Göttern in gebückter Haltung, demütig, aber zugleich als einer, der sein Werk getan hat, aller Mühsal ledig und seiner Belohnung sicher ist. Bacchus, der durch die Früchte und den Weinkrug charakterisiert ist, schmückt ihn mit Weinlaub, während ein gehörnter junger Satyr mit der Panflöte in der Hand neugierig verschmitzt um die Ecke schaut und eine tanzende Mänade die Zimbeln schlägt. Sinnliche Freuden verheißt ihm auch Venus, die mit dem verspielten Amorknaben an der Seite neben dem Weingott sitzt. Von hinten kommt mit Helm und Lanze Minerva heran, um den Helden für seine Waffentaten mit dem Lorbeer auszuzeichnen.

△ Jean Baptiste Borrekens, Prado, Madrid
△ Marco Benéfial, Palazzo di Spagna, Rom

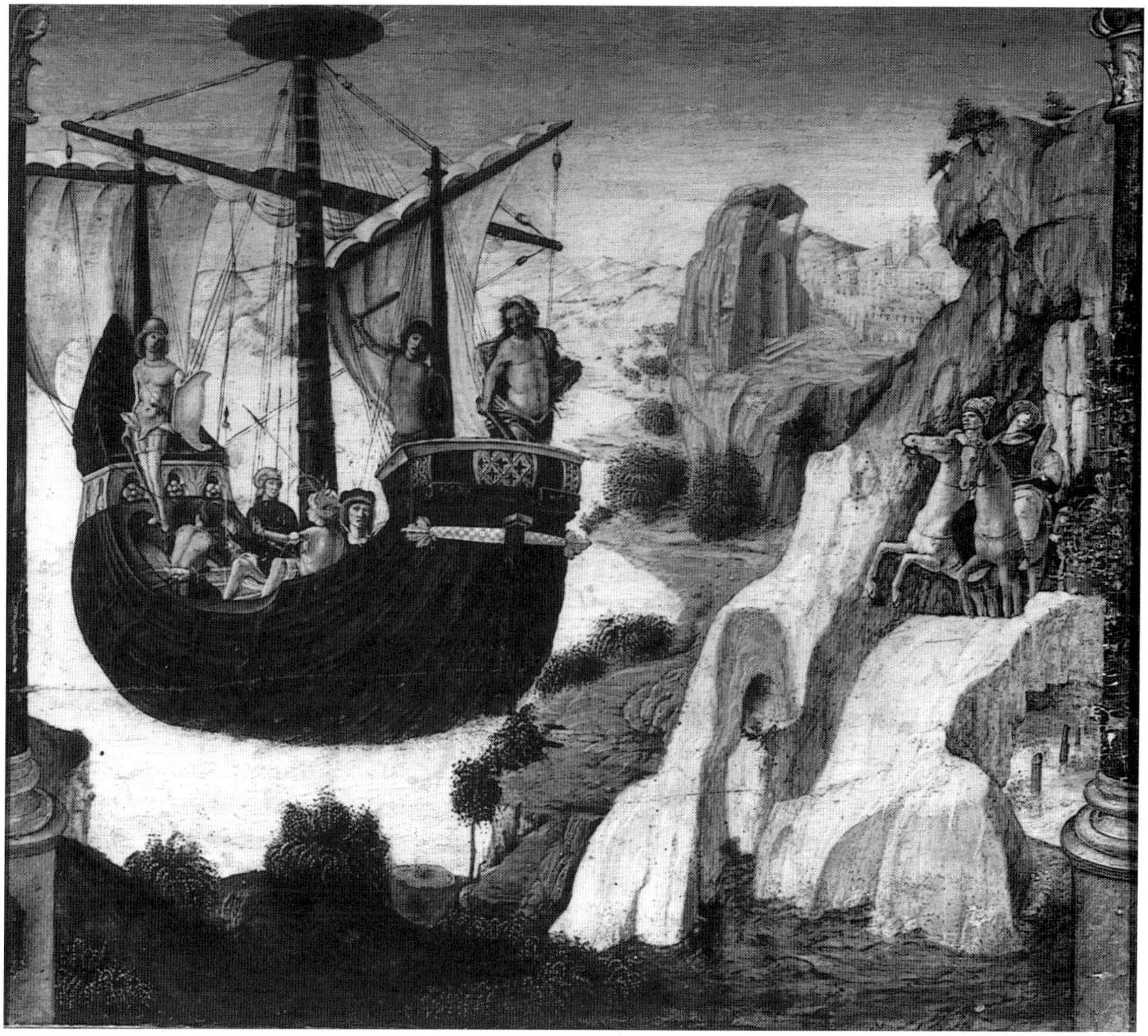

130
Lorenzo Costa (?)
1460 Ferrara – 1535 Mantua
Die Landung der Argo
Tempera auf Holz, 47 × 58 cm
Museo Civico, Padua

Das Bild zeigt eindeutig noch nicht die Ankunft der »Argo« in Kolchis als dem eigentlichen Ziel der Fahrt, sondern die Zwischenlandung in Mysien im Nordwesten Kleinasiens. Das ist daran zu erkennen, daß Herakles, der Mann mit der Keule, und sein Liebling Hylas das Schiff noch nicht verlassen haben: sie stehen beide auf dem kastellartigen vorderen Deckaufbau. Der schöne Jüngling Hylas wurde in Mysien an Land geschickt, um Süßwasser zu holen, und dabei von Nymphen geraubt und in ihr Reich hinabgezogen. Da er nicht zurückkam, ging Herakles ihn suchen, versäumte selbst die Weiterfahrt der »Argo« und kehrte nach Griechenland zurück. Es heißt auch, Herakles sei ausgestiegen, um Ersatz für sein zerbrochenes Ruder zu beschaffen, und Hylas sei ihm gefolgt. Einen Zusammenhang mit der Landung bei den Dolinen in Propontis gibt es aber nicht. – Iason steht hinten im Schiff. Die vier Gefährten sind vielleicht Orpheus, Amphiaraos und die Dioskuren. Die »Argo« erscheint als eine Kogge von bescheidenen Ausmaßen, obgleich sie nach der Überlieferung von fünfzig Ruderern bewegt wurde und das erste griechische Schiff gewesen sein soll, das der offenen See standhalten konnte, nicht zu sprechen davon, daß Athena von der redenden Eiche zu Dodona ein Brett in das Hinterteil des Schiffes eingefügt und ihm dadurch die Gabe des Redens und sogar des Weissagens verliehen hätte. Später wurde die Argo von ihr an den südlichen Sternhimmel versetzt. – Das Bild wurde auch dem ebenfalls aus Ferrara stammenden Ercole de'Roberti oder dem Bernardo Parentino zugeschrieben.

△ Biagio di Antonio,
Metropolitan Museum of Art,
New York
△ Max Beckmann,
Privatbesitz, New York
▽ Apollonios v. Rhodos,
Argonautika 1, 524ff.

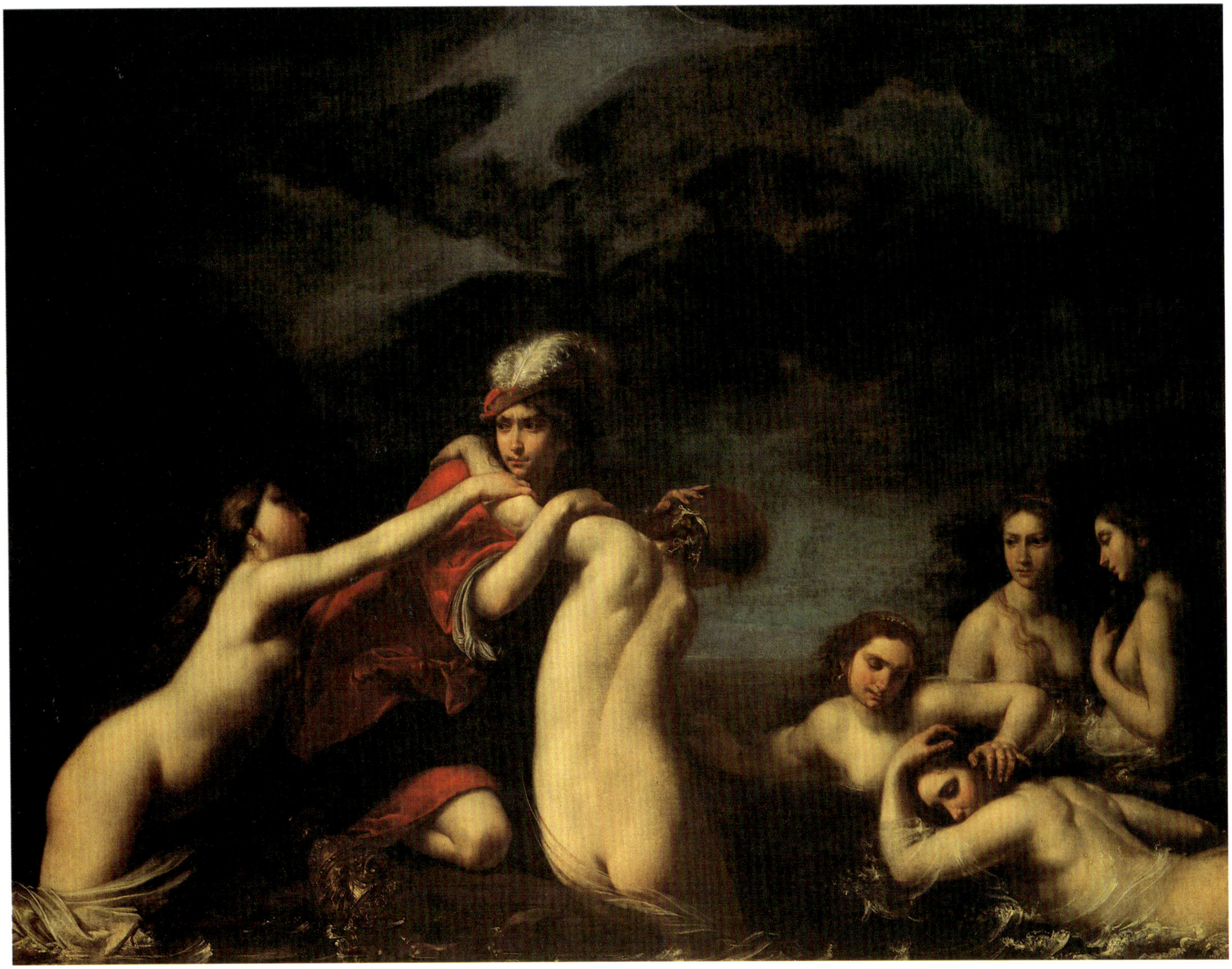

131
Francesco Furini
1603 Florenz – 1646 Florenz
Hylas und die Nymphen
Leinwand, 230 × 261 cm
Galleria Palatina, Palazzo Pitti, Florenz

Der Kunsthistoriograph Filippo Baldinucci lobte Furinis »äußerst zartes, verschwimmendes Kolorit«, und dieses Bild ist ein Beispiel dafür. Der junge Hylas ist beim Wasserholen in eine Lage geraten, die ihm viele Wonnen zu verheißen scheint, in Wirklichkeit aber tödlich für ihn sein wird. Ganz wortlos bieten ihm die schöngestaltigen jungen Nymphen, miteinander um seine Gunst rivalisierend, in verschiedenen Posen ihre Körper dar. So suchen sie ihn zu betören und beginnen in schweigender Leidenschaftlichkeit ihn auch zu berühren und mit sanfter Gewalt Besitz von ihm zu ergreifen. Er wird dem Verhängnis nicht entgehen. Vielleicht ahnt er die Gefahr, aber allein zwischen tiefem Wasser und einem unheilvoll düsteren Himmel ist er den Nymphen ausgeliefert. Vor der bläulichen dunklen Farbigkeit der einsamen Natur kommen die hellen Frauenakte verführerisch zur Wirkung. Das Bild offenbart ebenso wie viele andere von Furini eine starke Sinnlichkeit, die zuweilen als dekadent bezeichnet worden ist. Sie erscheint schwer vereinbar mit der biographischen Entwicklung des Malers, der schon bald die Priesterweihe empfing. Künstlerisch beeinflußt wurde er nicht nur von den Florentinern und in Rom von der Antike, sondern auch von der Farbgebung der Venezianer und dem weichen, Sfumato genannten Helldunkel Leonardo da Vincis. Auch biblischen Stoffen, wie etwa der Geschichte von Lot und seinen lüsternen Töchtern, wußte er verlockende erotische Wirkungen zu verleihen. Er stand im Dienst der Familie Medici, die ihn sehr schätzte, und starb schon mit 43 Jahren.

△ Biagio di Antonio, Metropolitan Museum of Art, New York
△ John William Waterhouse, City Art Gallery Manchester
▽ Apollonios v. Rhodos, Argonautika 1, 1207 ff.

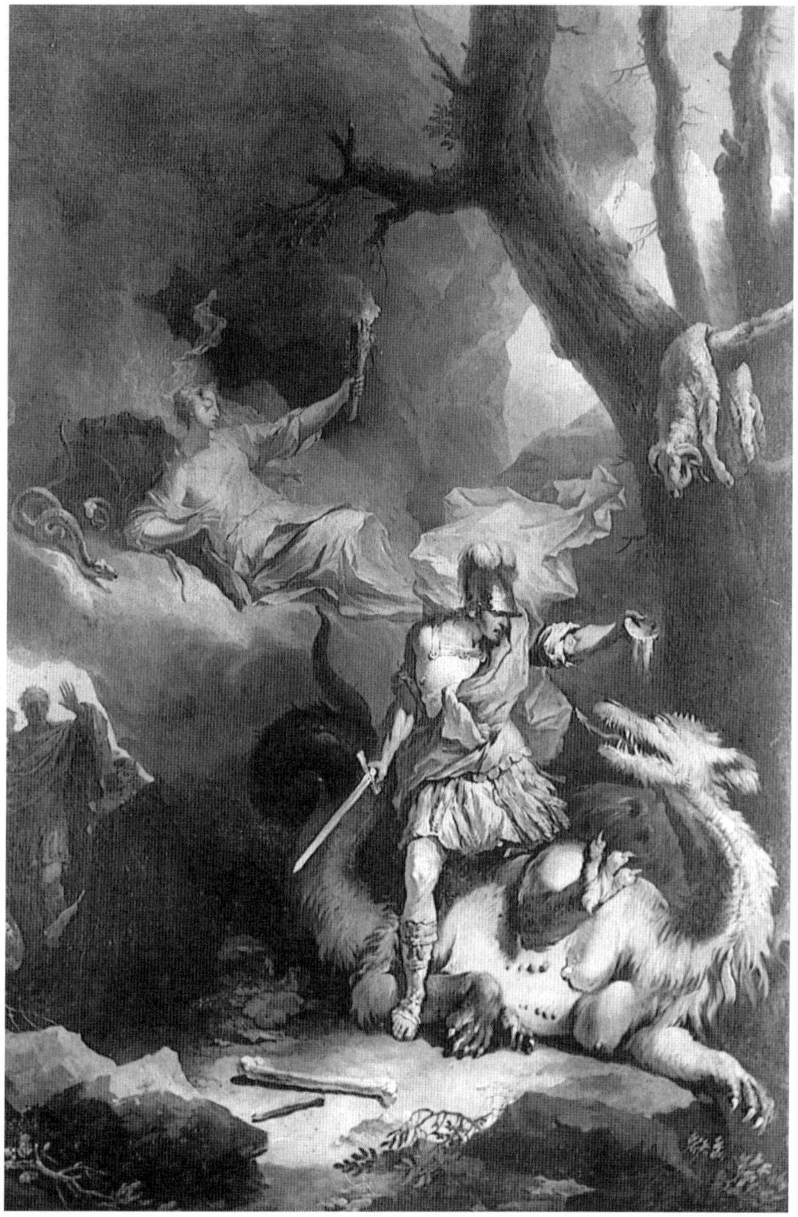

132
Christian Wilhelm Ernst Dietrich
1712 Weimar – 1774 Dresden
Iason schläfert den kolchischen Drachen ein
Leinwand, 120 × 96 cm
Staatliche Galerie Dessau

Iason ist im Begriff, die Schale mit dem von Medeia erhaltenen Betäubungsmittel über das Haupt des Drachen auszugießen, um ihn dann mit dem bereitgehaltenen Schwert leicht töten zu können. Dabei hat es den Anschein, als ob die Zaubertinktur schon jetzt zu wirken beginne, sonst hätte der Held sich dem greulichen Untier schwerlich ohne Gefahr so weit nähern können und ließe dieses ihn nicht zutraulich so ungehindert gewähren. Iasons Gefährten sind aus gutem Grund in einiger Entfernung zurückgeblieben, anstatt ihm tapfer zur Seite zu stehen. Auf einer Wolke aber lagert ganz in der Nähe eine Helferin, die ihn mit einer Fackel bei seinem gefährlichen Vorhaben leuchtet und Mut macht. Die Vertrautheit mit den großen Schlangen neben ihr beweist ihre übernatürlichen Kräfte: Es könnte die Göttin Athena, aber auch Medeia sein. Das goldene Vlies hängt oben an einem dicken Ast. Einige herumliegende Knochen deuten an, daß es der Drache schon gegen andere Eindringlinge siegreich verteidigt hat. – Das Bild verrät deutlich den Einfluß der zeitgenössischen venezianischen Malerei, die Dietrich als Hofmaler Augusts III. von Polen bei seiner Studienreise auf königliche Kosten nach Italien 1743/44 kennenlernen konnte. Einen Impuls zur Gestaltung des Argonautenthemas könnte Dietrich durch die Serie von sieben Entwürfen zur Geschichte Iasons erhalten haben, die der Franzose Jean-François de Troy 1743 für die Porzellanmanufaktur in Paris schuf und die 1748 im Pariser Salon ausgestellt war. – Das ebenfalls in Dessau befindliche Gegenstück zeigt Odysseus und Polyphem.

△ Salvator Rosa,
The Montreal Museum of Fine Arts
△ Frans de Jong,
Statens Museum for Kunst,
Kopenhagen

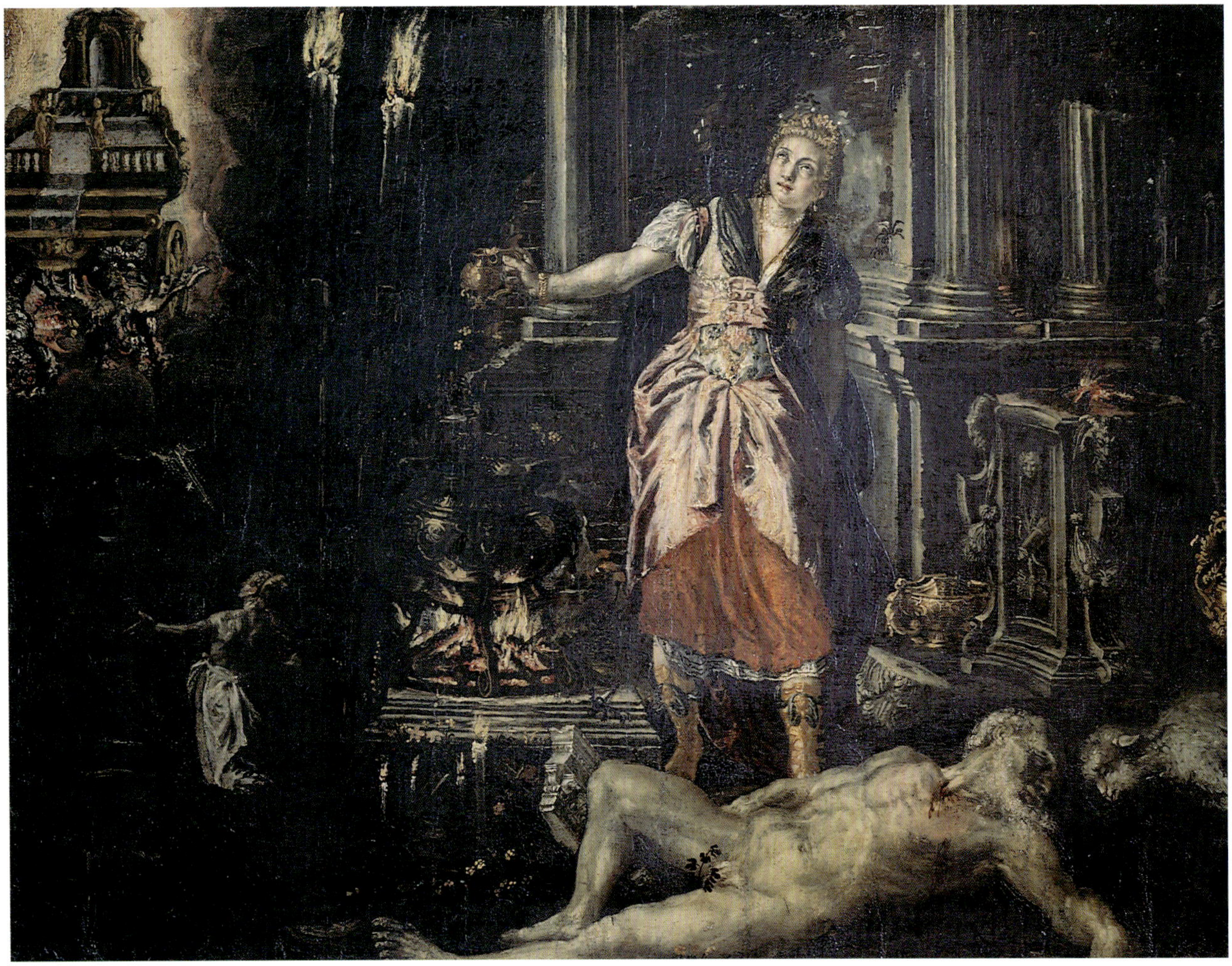

133
Pietro de Mariscalchi
Um 1520 Feltre – 1589 Feltre
Medeia betrügt die Töchter des Pelias
Nach 1580
Leinwand, 55 × 73 cm
Museo di Castelvecchio, Verona

Medeia steht in der Ruine eines reich ausgestatteten Tempels bei dem am Boden liegenden, blutbefleckten Leichnam des alten Königs Pelias, der aber noch nicht zerstückelt ist. Während sie den Blick zum Himmel richtet, vollzieht sie ein Opferritual. Zwei riesige Fackeln wie bei einer Trauerfeierlichkeit und das Feuer unter dem Kessel, worin die Hexe mit Zauberkräutern einen zerhackten alten Widder aufkocht, erzeugen ein gespenstisches Licht. Aus den Dämpfen, die von dem Sud aufsteigen, hatte Medeia das Trugbild eines Lammes entstehen lassen, wie es rechts zu sehen ist, und die Töchter des Greises glauben gemacht, ihr Vater könne auf gleiche Weise jung werden, so daß sie Hand an ihn legten und ihn wie ein Tier schlachteten. Damit vollzogen sie selbst die von Medeia erdachte fürchterliche Strafe für seine ungetreue Handlungsweise gegenüber Iason. Links im Bild erscheint der von geflügelten Drachen gezogene Wagen, der die dort kniende Medeia später aufnehmen und durch die Lüfte zu König Aigeus nach Athen tragen wird. Ihr Großvater Helios schickte ihn zu ihrer Rettung, nachdem sie ihre Kinder getötet hatte. Der von Jacopo Bassano, Schiavone und Tintoretto beeinflußte Maler aus dem nördlichen Veneto hat das grausige, von aufeinanderfolgenden Verbrechen bestimmte Geschehen in der merkwürdig verschnörkelten, manieristischen Formensprache seiner Spätzeit expressiv veranschaulicht.

▽ Ovid, Metamorphosen VII, 298–349

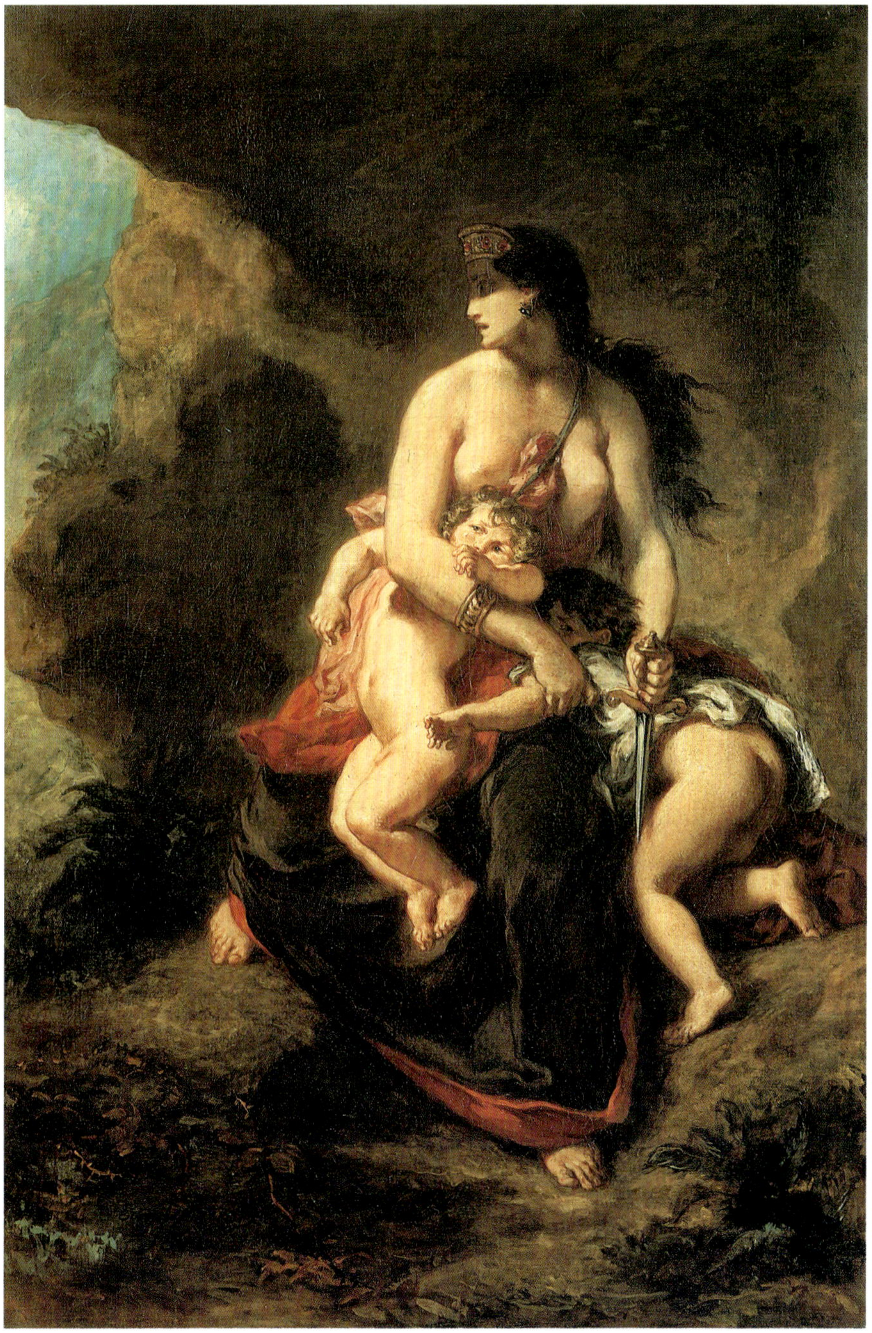

134
Eugène Delacroix
1798 Charenton-Saint-Maurice
bei Paris – 1863 Paris
Medeia tötet ihre Kinder
1862
Leinwand, 122,5 × 84,5 cm
Louvre, Paris

Delacroix hat Medeia in stolzer Weiblichkeit dargestellt, als eine große und schöne, mit ungewöhnlichen körperlichen und geistig-charakterlichen Kräften ausgestattete Frau. Von Iason in ihrer Würde zutiefst beleidigt, ist sie auch zu furchtbarer Rache fähig und bereits im Begriffe, diese zu vollziehen. Ihr leidenschaftlicher Haß besiegt nun auch das Gefühl der Mütterlichkeit: Es sind ja die Abkömmlinge des ungetreuen Gatten, denen sie das Leben wieder nimmt, das sie ihnen erst schenkte. Gerade die Fähigkeit zu dieser tragischen Rolle aber hebt Medeia über andere hinaus. – Delacroix hat es vermocht, wie so vielen weiteren historischen und mythologischen Gestalten auch dieser höchste Überzeugungskraft und Monumentalität zu verleihen. Gerade an bedeutenden geschichtlichen Ereignissen hat er seine Kunst immer wieder erprobt. Ebenso wie seine anderen Gemälde ist auch dieses von bewegender menschlicher Tiefe, »großartig, erschreckend, wild«, wie es der mit Delacroix befreundete Kunstkritiker Théophile Silvestre charakterisiert hat. Der unerhörte Konflikt wird sichtbar, in dem Medeia sich befindet. Verlassen inmitten einer öden, unbarmherzigen Natur, vermag sie ihn nur mit dem Mordstahl zu lösen. In dieser Malerei lebt das Erbe so großer Künstler wie Tizian und Rubens fort.

△ Joseph Bergler d.J.,
Museum der bildenden Künste,
Budapest
△ Angela Hampel,
Staatliche Museen zu Berlin,
Nationalgalerie
▽ Ovid, Metamorphosen VII, 394f.

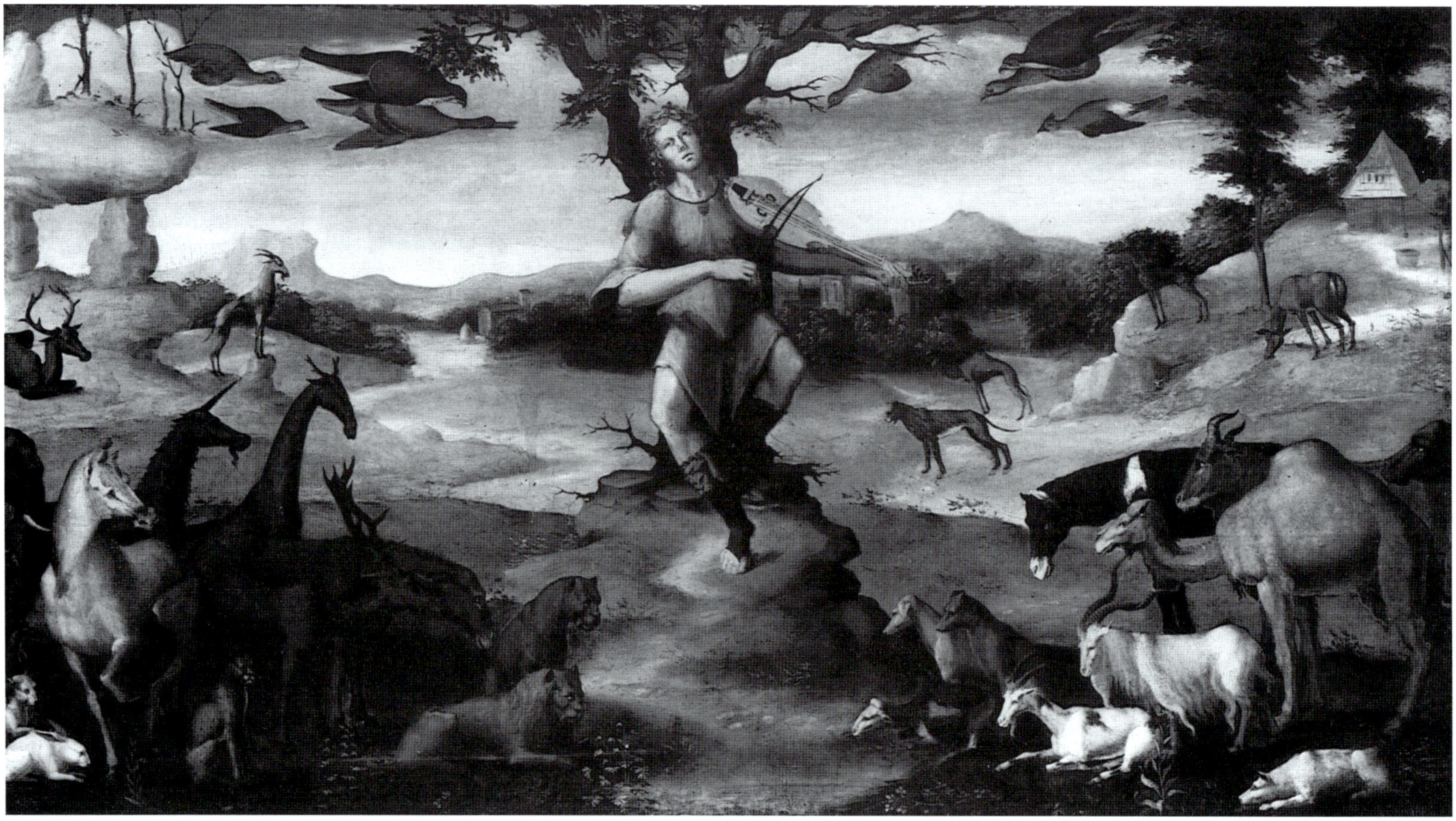

135
Piero di Cosimo (?)
1461 oder 1462 Florenz
bis 1521 Florenz
Orpheus musiziert vor den Tieren
Pappelholz, 68 × 127 cm
Schloß Šternberk (Mähren)

Ähnlich wie die biblische Geschichte von der Arche Noah bot auch dieses Thema Gelegenheit zur Darstellung der Tierwelt; sie ist hier in vielerlei Arten versammelt, um dem begnadeten Sänger zu lauschen. Wir erkennen Haustiere wie Pferd, Hund, Ziege und Kaninchen, einheimische Wildtiere wie Hirsch, Reh und Steinbock, wilde Enten und andere Vögel, aber auch Bewohner wärmerer Breiten wie Dromedar und Giraffe, Löwe und Leopard, die zutraulich näher gekommen sind. Gefährliche Raubtiere erscheinen gezähmt, und ihre sonst scheuen Beutetiere haben jede Furcht vor ihnen verloren; die wohltätige Macht der Musik wird wirksam. Orpheus stützt sich an einen Baum, der aus einer felsigen Bodenerhebung in der Mitte des Bildes erwächst, und versenkt sich in sein Saitenspiel. Die Klänge dringen wohl weit in die von bizarren Felsgebilden belebte anmutige Landschaft hinaus, denn auch weiter entfernt halten Tiere inne, um zuzuhören. Die Szenerie in der schönen Natur an diesem heiteren Frühlingsmorgen wirkt paradiesisch. Als Maler des Bildes kommt vielleicht – mehr als der ebenfalls in Vorschlag gebrachte Baldassare Peruzzi aus Siena – der Florentiner Piero di Cosimo in Betracht, der mehrfach Gruppen von Tieren dargestellt hat. Daß die Gestalt des Sängers viel größer wiedergegeben ist als die doch weiter vorn befindlichen großen und nun wie Miniaturen erscheinenden Tiere, läßt eine Art Bedeutungsperspektive vermuten: Orpheus soll als wichtiger hervorgehoben werden. Dies wäre für Piero di Cosimo, der immer die Gesetze der wissenschaftlichen Perspektive befolgt hat, allerdings befremdlich.

△ Giovanni Bellini,
National Gallery of Art,
Washington
△ Albert Cuyp,
Staatliche Galerie Dessau
▽ Ovid, Metamorphosen X,
86–105; XI, 1–2, 20–21

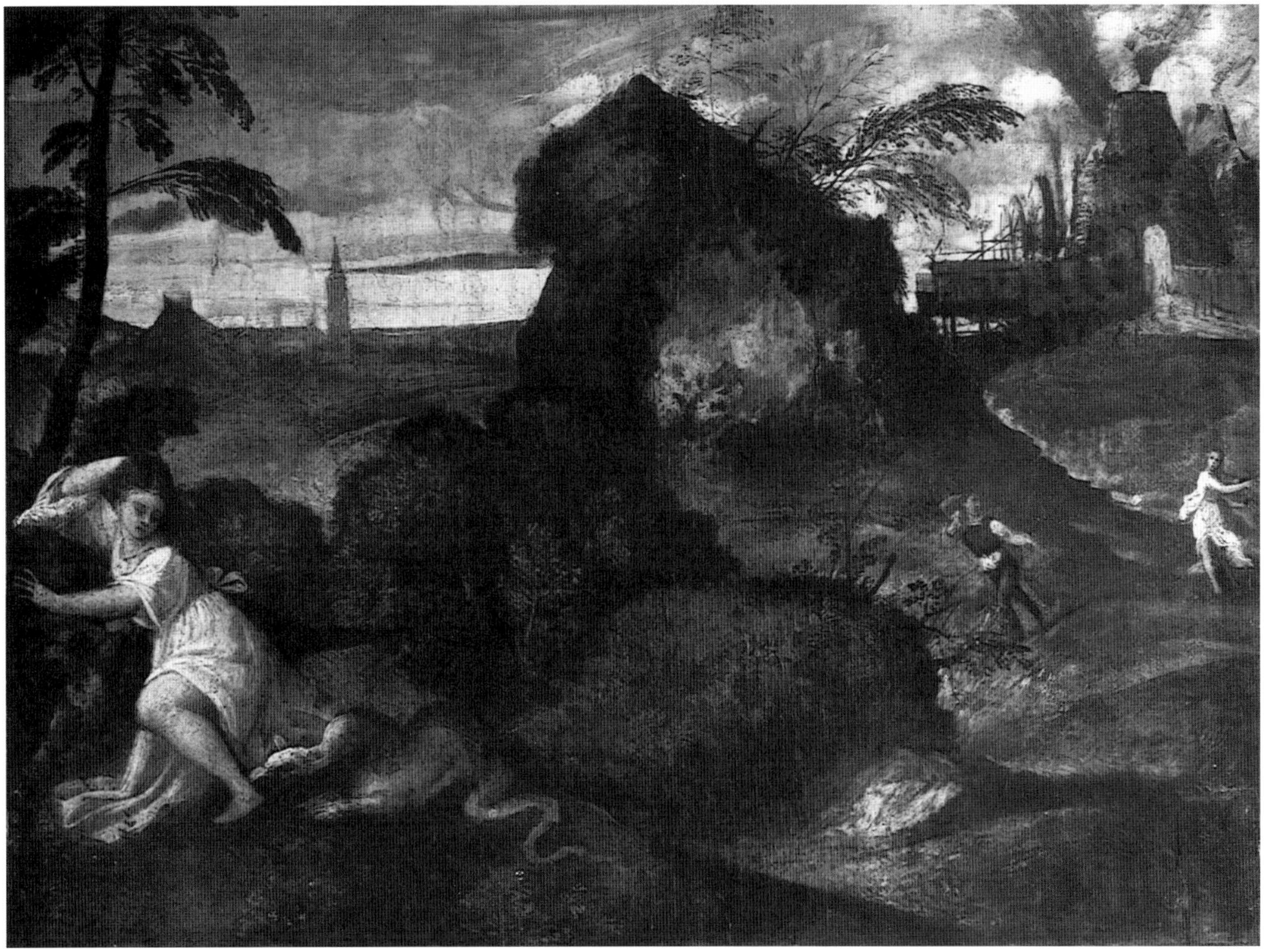

136
Tizian,
eigentlich Tiziano Vecellio
Wohl um 1488–1490 Pieve di Cadore (Dolomiten) – 1576 Venedig
Eurydike, von der Schlange gebissen
Um 1510
Holz, 39 × 53 cm
Accademia Carrara, Bergamo

Dieses Frühwerk Tizians ist noch ganz vom poetischen, romantischen Geist Giorgiones bestimmt, dessen Erbe der aus den Dolomiten nach Venedig gekommene Maler antrat. Ein goldenes Licht erfüllt die Landschaft, die durch eine bizarre, von Gras und Büschen bedeckte felsige Erhebung geteilt wird und damit den zwei aufeinanderfolgenden, simultan wiedergegebenen Episoden der Handlung entspricht. Der linke Teil mit dem Blick auf die von einem einzelnen Baum überschnittene, sanft ansteigende Höhe hat ruhevollen arkadischen Charakter. Ein Glockenturm ragt in den abendlichen Himmel, der am Horizont vom Glanz des Sonnenuntergangs erfüllt ist, darüber aber schon das zarte kühle Blau der herankommenden Nacht angenommen hat. In dieser Stille und Einsamkeit geschieht das Unglück: Ein Mädchen im weißen Kleid, Eurydike, wird von einer Drachenschlange beschlichen und gebissen und durch deren Gift den Tod finden. Sie muß nun zur Unterwelt niederfahren, und in den gespenstischen, im Inneren glühenden, dunklen Rauch ausstoßenden Schmelzöfen – bei deren Wiedergabe der italienische Maler sicherlich Vorbildern der nordischen Kunst folgte – tritt uns dieser höllische Bereich im Gegensatz zur harmonischen Schönheit des irdischen deutlich vor Augen. Eurydike hatte ihn noch einmal verlassen dürfen, aber nun wendet sie sich schon wieder zu ihm zurück, weil Orpheus sich nach ihr umgeblickt hat.

△ Giulio Romano,
Sammlung Ferdinando Rizzi,
Sestri Levante (Genua)
▽ Ovid, Metamorphosen X, 1–10

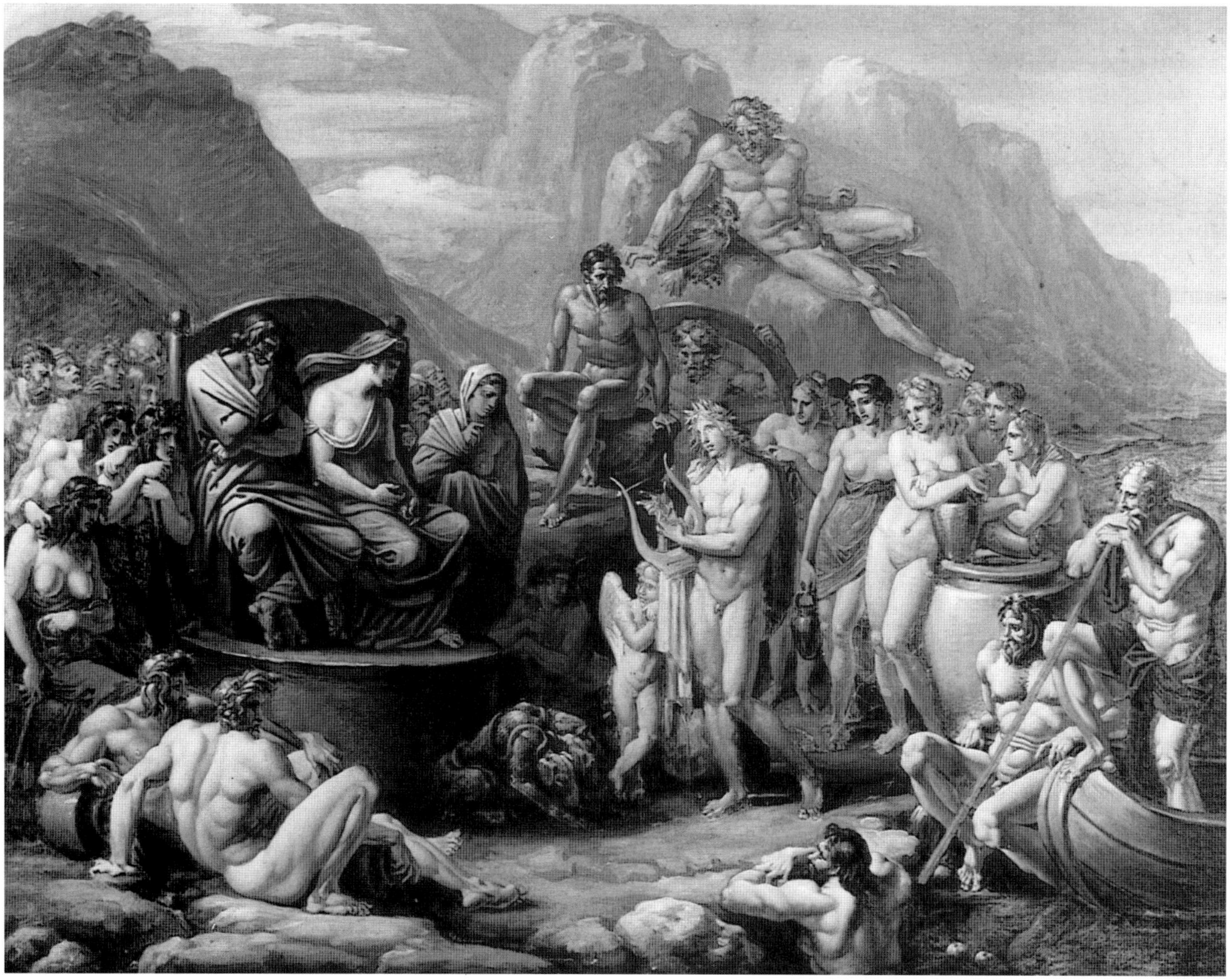

137
Johann Martin von Wagner
1777 Würzburg – 1858 Rom
Orpheus in der Unterwelt
Wohl 1809
Leinwand, 60,8 × 73 cm
Martin-von-Wagner-Museum,
Würzburg

In Wagners Bild sind alle mythologischen Gestalten versammelt, die im Hades erwartet werden müssen: zunächst der Herrscher dieses Reiches, Hades, selbst, mit seiner Gemahlin Persephone auf dem Thron sitzend, und links von ihnen die drei Erinnyen, Rachegöttinnen, die bereit sind, jeden Frevler unerbittlich durch die ganze Welt zu verfolgen und seiner Strafe zuzuführen. Davor haben sich zwei Flußgötter niedergelassen: Hier unten nehmen die Flüsse ihren Anfang. Eurydike steht rechts neben dem Herrscherthron, bange auf Hades' Entscheidung wartend. Nicht weit von ihr in der Mitte des Bildes ist in Begleitung von Eros ihr Gemahl Orpheus zu sehen, der mit seinem Gesang und Leierspiel den Unterweltgott schließlich rühren wird, Eurydike aus dem Reich der Schatten wieder freizugeben. Der Maler nannte das Gemälde darum auch den »Triumph der Musik«. Hinter Orpheus sitzt Sisyphos auf seinem Felsbrocken: Orpheus' Gesang hat die Büßer für eine Weile zur Ruhe kommen lassen. Auch der ans Rad geflochtene Ixion und Tityos mit dem Geier sind zu erkennen, daneben die Danaiden, die in der Hochzeitsnacht ihre Freier ermordeten und zur Strafe immerwährend Wasser in ein durchlöchertes Faß schöpfen müssen. Davor lagert der Flußgott Styx neben dem in seinem Kahn stehenden Charon, dem Fährmann der Toten. Vorn im Fluß steht Tantalos, der zur Strafe für Verbrechen, wie die Tötung des eigenen Sohnes, weder das Wasser zum Trinken noch die Früchte an den Bäumen erreichen kann. Die schemenhafte Gestalt auf dem Bergrücken soll wohl Thanatos, der Tod, sein. Wagner verlieh auch der Unterwelt Berge und einen Himmel. Der klassizistische Maler hatte seinen ständigen Wohnsitz in Rom; weil er die Universitätssammlung in Würzburg durch seine Stiftungen zum Museum erhob, trägt sie seither seinen Namen.

△ Jacopo Sellaio,
Staatliche Ermitage,
St. Petersburg
△ Jean Restout,
Louvre, Paris
▽ Ovid, Metamorphosen X, 11–52

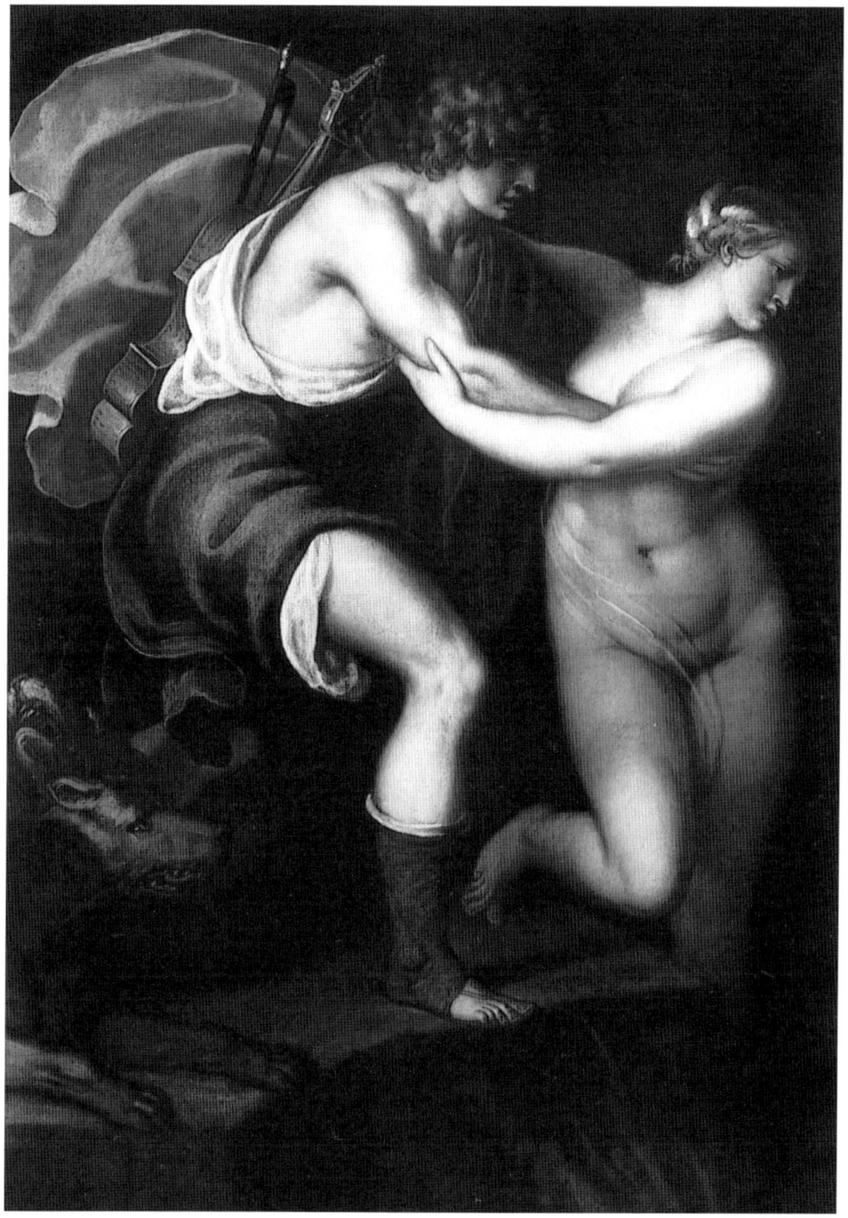

138
Padovanino,
eigentlich Alessandro Varotari
1588 Padua – 1649 Venedig
Orpheus und Eurydike
Etwa 1615–1625
Leinwand, 164 × 119 cm
Gallerie dell'Accademia, Venedig

Dies ist der Augenblick der endgültigen Trennung: Orpheus hat das Gebot überschritten und sich beim Aufstieg aus dem Hades ans Tageslicht doch zu Eurydike zurückgewandt, nun wird sie für immer entschwinden. Am Rande des Höllenschlundes halten sich die Liebenden noch einmal umarmt. Orpheus möchte Eurydike festhalten, und auch sie schlingt ihre Arme um ihn, aber sie darf ihm nicht mehr gehören, und mit klagendem Blick wendet sie sich zurück; von dem fürchterlichen Höllenhund bewacht, ist sie schon im Begriff, in die Tiefe hinabzusteigen und in den Schatten einzutauchen. Während Orpheus voll bekleidet ist und auch sein Instrument, eine große Viola mit zugehörigem Bogen, mit sich trägt, ist seine Geliebte bis auf einen Schleier schon nackt, wie sie in den Hades eingehen wird. – Wegen seiner spätmanieristischen Eleganz wurde das Bild früher Salviati zugeschrieben. Die dramatisierende Helldunkelwirkung läßt an den Einfluß Caravaggios denken, aber zumal in der Haltung der jungen Frau ist das Vorbild Tizians zu erkennen, von dem Varotari stark geprägt wurde. Große Einzelfiguren sind für ihn kennzeichnend, und in der kontrapostischen Spannung zwischen ihnen liegt auch hier die besondere Ausdruckskraft der Komposition.

△ Martin Johann Schmidt,
Museo Sartorio, Triest
△ Anselm Feuerbach,
Österreichische Galerie
Oberes Belvedere, Wien
▽ Ovid, Metamorphosen X, 53–63

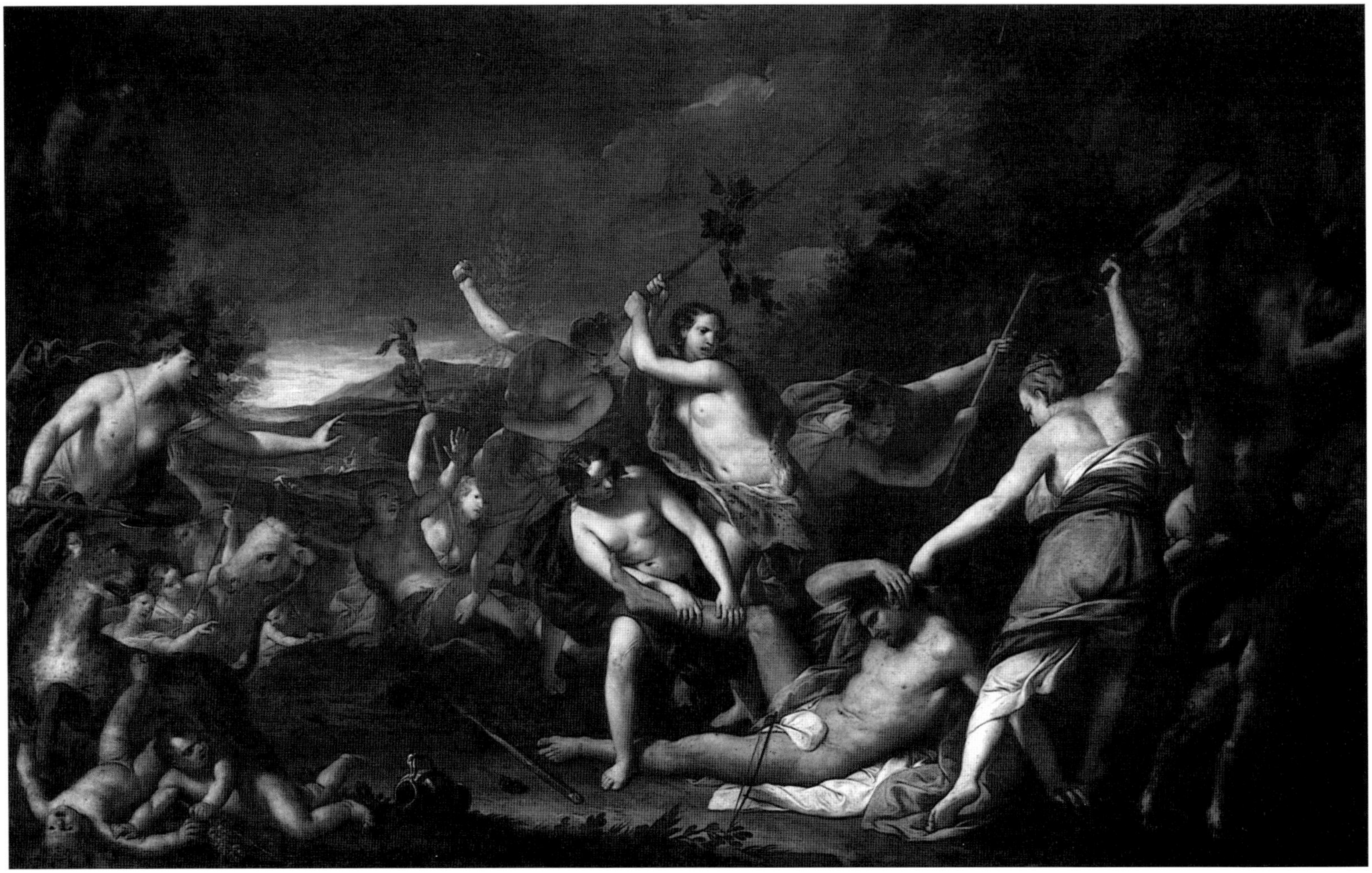

139
Gregorio Lazzarini
1665 Venedig
bis 1730 Villabona (Rovigo)
Orpheus und die Bacchantinnen
1698
Leinwand, 340 × 520 cm
Museo Correr (Cà Rezzonico), Venedig

Auf einer Malfläche von fast 18 Quadratmetern hat Lazzarini für den Prokurator Correr in einer überaus großzügigen Komposition mit überlebensgroßen Figuren das schreckliche Ende des begnadeten Sängers dargestellt. Die aufs höchste erzürnten Bacchantinnen haben ihn zu Boden geworfen und dringen unaufhaltbar auf ihn ein, mit bloßen Händen wie mit ihren rebenumflochtenen Thyrsusstäben oder anderen Gegenständen, die als Waffen gerade zur Hand sind. Der Angegriffene wird ihnen bald erliegen, zumal er jeden Versuch einer Gegenwehr schon aufgegeben hat. Wilde Tiere wie der Panther und der Löwe, die ebenfalls zum dionysischen Gefolge gehören, umkreisen die Szene. Orpheus soll diesen für ihn tödlichen Zorn der thrakischen Mänaden dadurch heraufbeschworen haben, daß er nach dem Verlust Eurydikes die Frauen mied und stattdessen Umgang mit Jünglingen hatte, so daß es auch heißt, er hätte die Knabenliebe bei den Thrakern eingeführt. Darin bestand seine Ähnlichkeit mit Apollon, während Dionysos sich mit Frauen umgab. – Lazzarini gehörte der konservativen akademisierenden Richtung der venezianischen Malerei des späten 17. Jahrhunderts und angehenden 18. Jahrhunderts an. Ehe er sich der Malerei zuwandte, half er seinem Vater im Barbiergewerbe. Später wurde er der erste Lehrer seines großen Landsmannes Giovanni Battista Tiepolo.

△ Roelandt Savery, Kunsthistorisches Museum Wien
△ Alessandro Tiarini, Privatsammlung, Turin
△ Emile Levy, Musée d'Orsay, Paris
▽ Ovid, Metamorphosen XI, 1–43

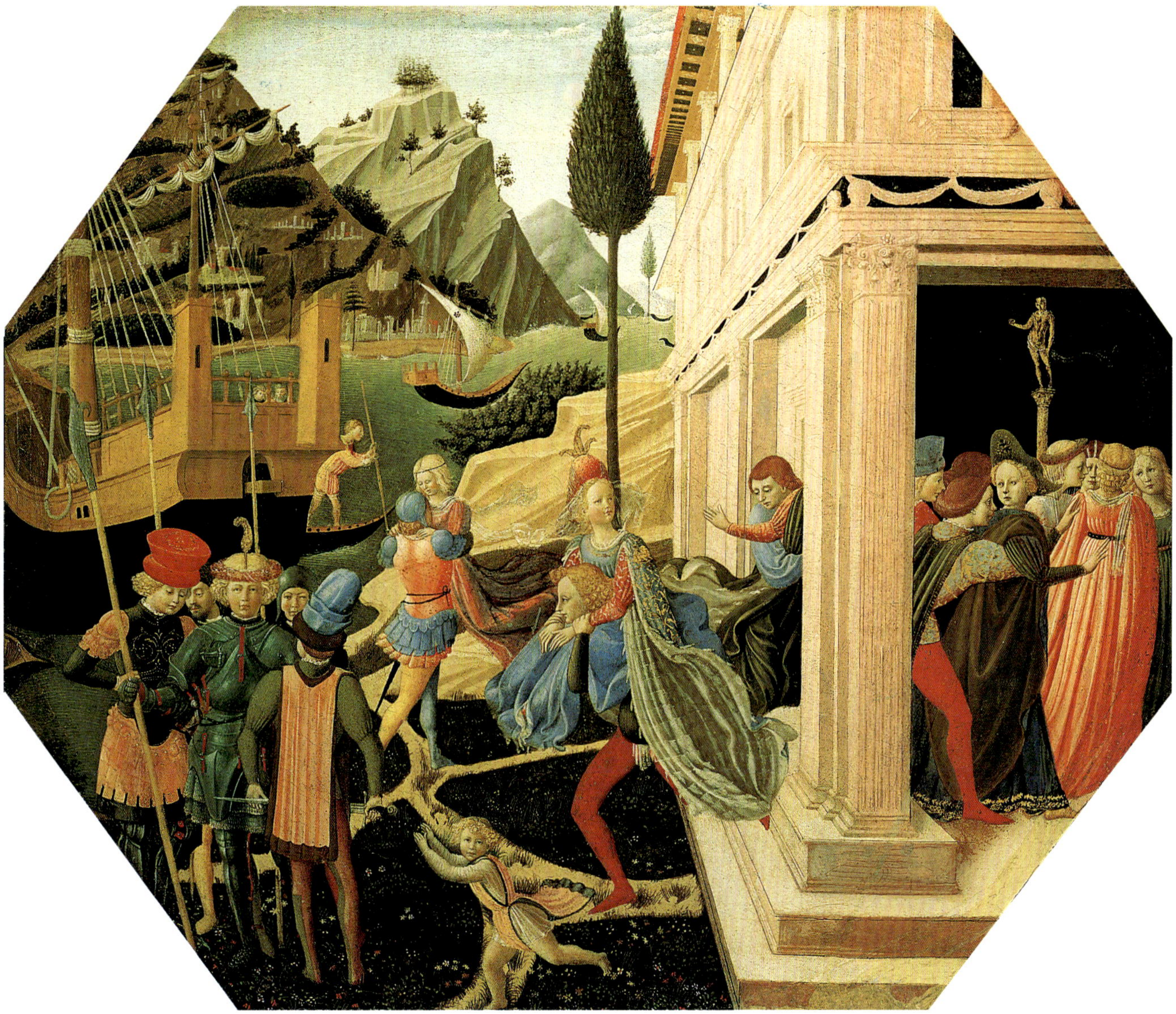

140
Nachfolger des Fra Angelico
Um 1450
Der Raub der Helena durch Paris
Holz, unregelmäßiges Achteck,
51 × 61 cm
National Gallery, London

Nicht weniger als vier Frauen werden hier aus einem Tempel mit goldenem Standbild auf ein Schiff gebracht, und das Motiv wurde darum früher als die legendäre Entführung von Bräuten durch Piraten aus Venedig verstanden. Gemeint ist aber sicherlich doch Helena im Mittelpunkt des Bildes, die nach einer mittelalterlichen Bearbeitung der Trojasage zusammen mit einigen anderen Frauen von Paris aus dem Tempel des Apollon und der Artemis in Helaea auf Kythereia geraubt wurde. Als Maler galt lange der von Fra Angelico beeinflußte Florentiner Benozzo Gozzoli, doch ist weder die Zuschreibung an ihn noch an einen bestimmten anderen Nachfolger des Franziskanermönches bisher sicher möglich gewesen. Zahlreiche Einzelheiten der Architektur, darunter auch die Aufbauten des großen Schiffes, der Kostüme und der Landschaft, sind mit großer Unmittelbarkeit erzählerisch und im besten Sinne dekorativ zusammengefügt. Die leuchtenden Farben, das Rosa des Palastes, die verschiedenen grünen Töne der Rasenfläche, des Wassers, Braun und Grau der in die Tiefe gestaffelten Berge wie der Rot-Blau-Gold-Akkord der Gewänder schaffen eine an Intarsien erinnernde Wirkung. Die Gestalten gewinnen mit der fein gestimmten Farbigkeit und der eleganten Gemessenheit der Bewegungen und der Mimik eine aristokratische Schönheit; das dramatische Geschehen wird zum höfischen Spiel.

△ Giovanni Francesco Susini,
Skulpturensammlung, Dresden
(Bronzeplastik)
△ Gavin Hamilton,
Staatliches Puschkin-Museum,
Moskau
△ Luca Giordano,
Musée des Beaux-Arts, Caen

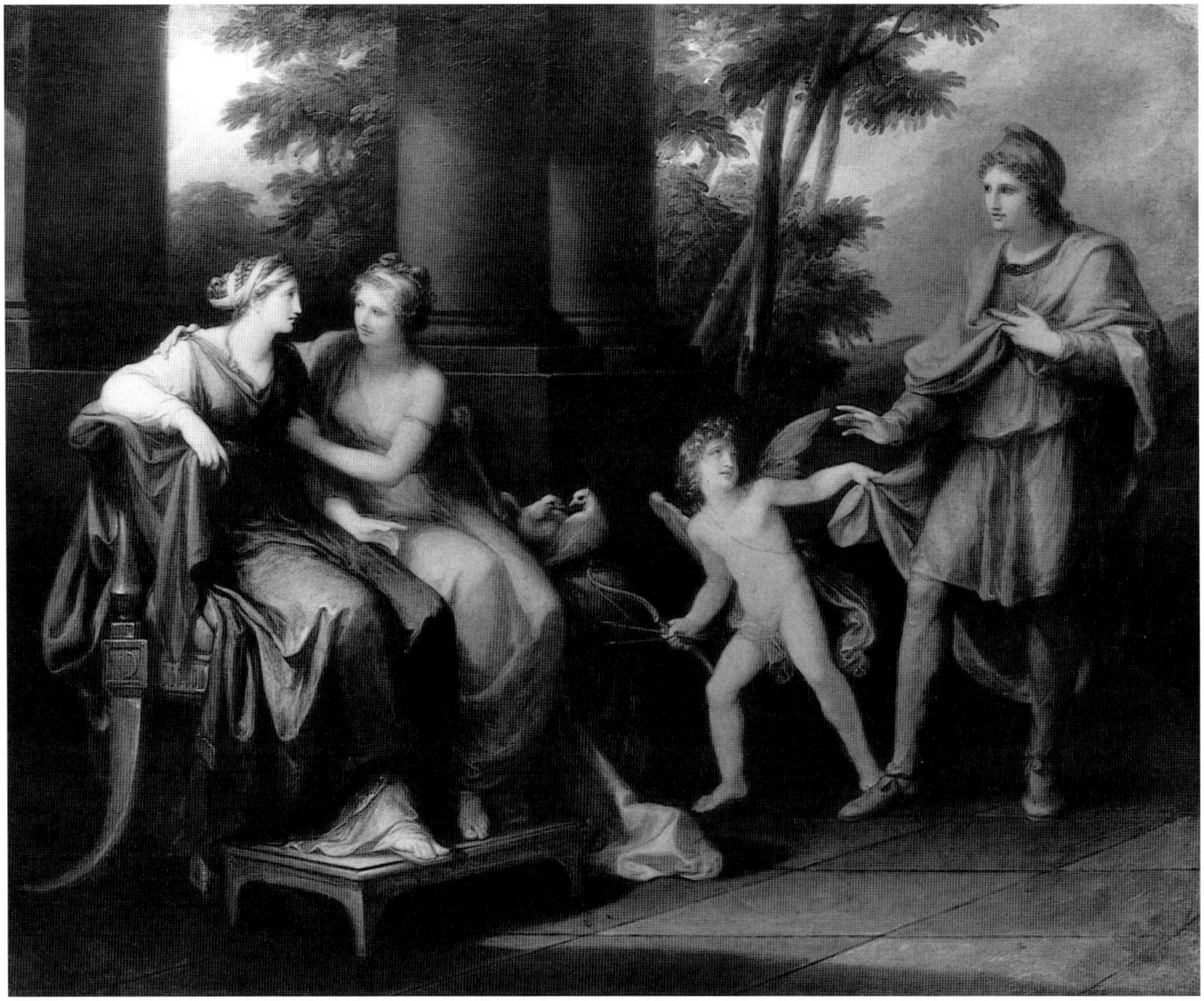

141
Angelika Kauffmann
1741 Chur – 1807 Rom
Venus überredet Helena, Paris zu lieben.
Bezeichnet in der Mitte an der Plinthe: Angelica Kaufmann pinx. 1790
Leinwand, 102 × 127,5 cm
Staatliche Ermitage, St. Petersburg

Angelika Kauffmann war neben der Venezianerin Rosalba Carriera und der Französin Elisabeth Vigée-Lebrun eine der berühmtesten Malerinnen des 18. Jahrhunderts. Dank ihrer Anmut, Güte und hohen Bildung gewann sie die Freundschaft so großer Zeitgenossen wie Winckelmann, Goethe und Herder. Neben zahlreichen Bildnissen malte sie vor allem mythologische Szenen in einem klassizistischen Stil von stark persönlicher Prägung, der dem Zeitalter der Empfindsamkeit entsprach. Ihre von Goethe gerühmte »eingeborene Grazie« prägt auch dieses Bild. Schauplatz ist eine Halle mit hohen Säulen im Königspalast von Troja. Die Liebesgöttin, an den zwei schnäbelnden Tauben und der Nähe Amors zu erkennen, hat sich in schwesterlicher Vertrautheit zu Helena gesellt, um diese ihrem von Amor herbeigezogenen Schützling Paris gewogen zu machen. Für die Gruppe der zwei Frauen fand die Malerin Anregungen bei einem hellenistischen Relief im Nationalmuseum Neapel, die Gestalt des Amor ist einem pompejanischen Fresko entlehnt. Die sanften Physiognomien der Beteiligten und die Gefühlsseligkeit der Darstellung lassen keine Spannungen vermuten; höchstens die schamhafte Zurückhaltung einer jungen Frau gegenüber männlicher Annäherung ist zu bemerken. In Wirklichkeit war der Zweikampf zwischen Helenas erstem Gatten Menelaos und Paris vorausgegangen, dem der Frauenentführer nur mit Hilfe der Venus lebend entkommen konnte, dazu hatte Helena im Gespräch deren Zorn herausgefordert und schließlich Paris wegen seiner Niederlage gescholten.

△ Jacques Louis David, Louvre, Paris
△ Philipp Friedrich von Hetsch, Staatliche Museen zu Berlin, Nationalgalerie
▽ Homer, Ilias III, 390 ff.

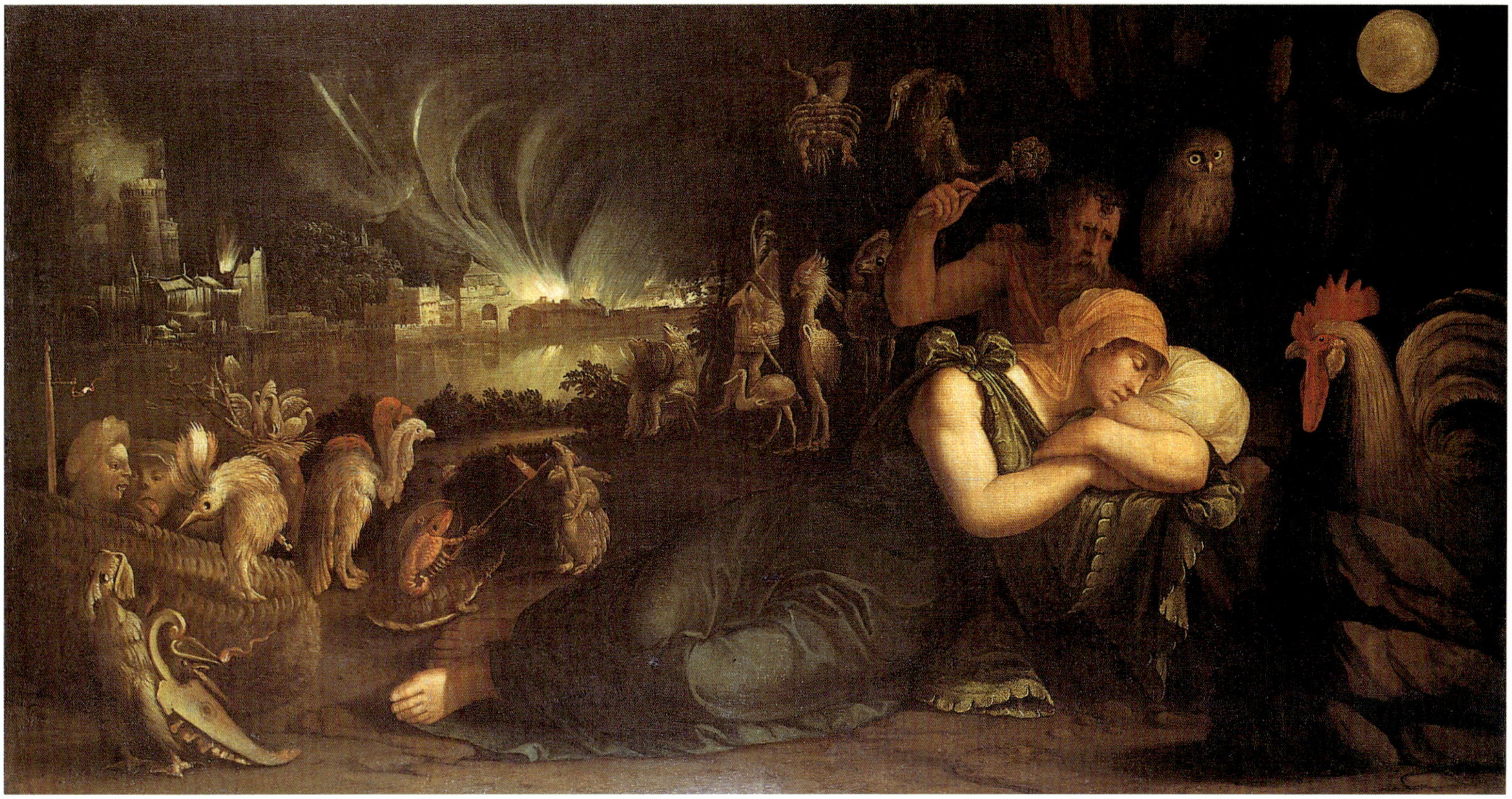

142
Battista Dossi,
eigentlich Battista di Luteri
Um 1493–1495 wahrscheinlich
Ferrara – 1548 Ferrara
Der Traum
Nach 1540
Leinwand, 82 × 149,5 cm
Gemäldegalerie Alte Meister,
Dresden

Das Bild des ferraresischen Malers gehörte wie sein ebenfalls in Dresden befindliches Gegenstück »Eine Hore mit dem Gespann Apollons« sehr wahrscheinlich zu einem für das Kastell zu Ferrara geschaffenen allegorischen Zyklus der Tageszeiten, worin es eine nächtliche Stunde veranschaulichte. Die schlafende Frau wird von schreckenerregenden Traumgesichten gequält und kann ihnen nicht entfliehen. Hypnos, in Rom auch Somnus genannt, als Sohn der Nacht und Bruder des Thanatos, des Todes, die Verkörperung des Schlafes, schwingt hinter ihr seinen Wedel mit dem alle Erinnerungen auslöschenden Wasser des Flusses Lethe und senkt sie in immer tieferen Schlummer. Zu ihm gehören die Eule und der Hahn als das heilige Tier der Insel der Träume, während sich ringsum häßliche Spukgestalten versammelt haben, gespenstische Ausgeburten der Angst. Groß und rund steht der Mond am Himmel, aber sein Licht wird überstrahlt vom Feuerschein einer brennenden Stadt am jenseitigen Flußufer. Verschiedene Forscher haben nach der literarischen Quelle dieser Darstellung gesucht und darin den Bezug zur Geschichte vom Traum der Hekabe (Hecuba), Mutter des Paris, und dem Brande Trojas gesehen, wenngleich diese eine allegorische Verallgemeinerung erfahren hat. Die Darstellung verrät den Einfluß des niederländischen Malers Hieronymus Bosch, in der kraftvollen Liegefigur den Michelangelos. Sie hat vielleicht noch einen anderen Sinn.

△ Luca da Faenza,
genannt Il Figurino, Sala di Troia,
Palazzo Ducale, Mantua
▽ Apollodoros, Bibliotheke 3, 12, 5

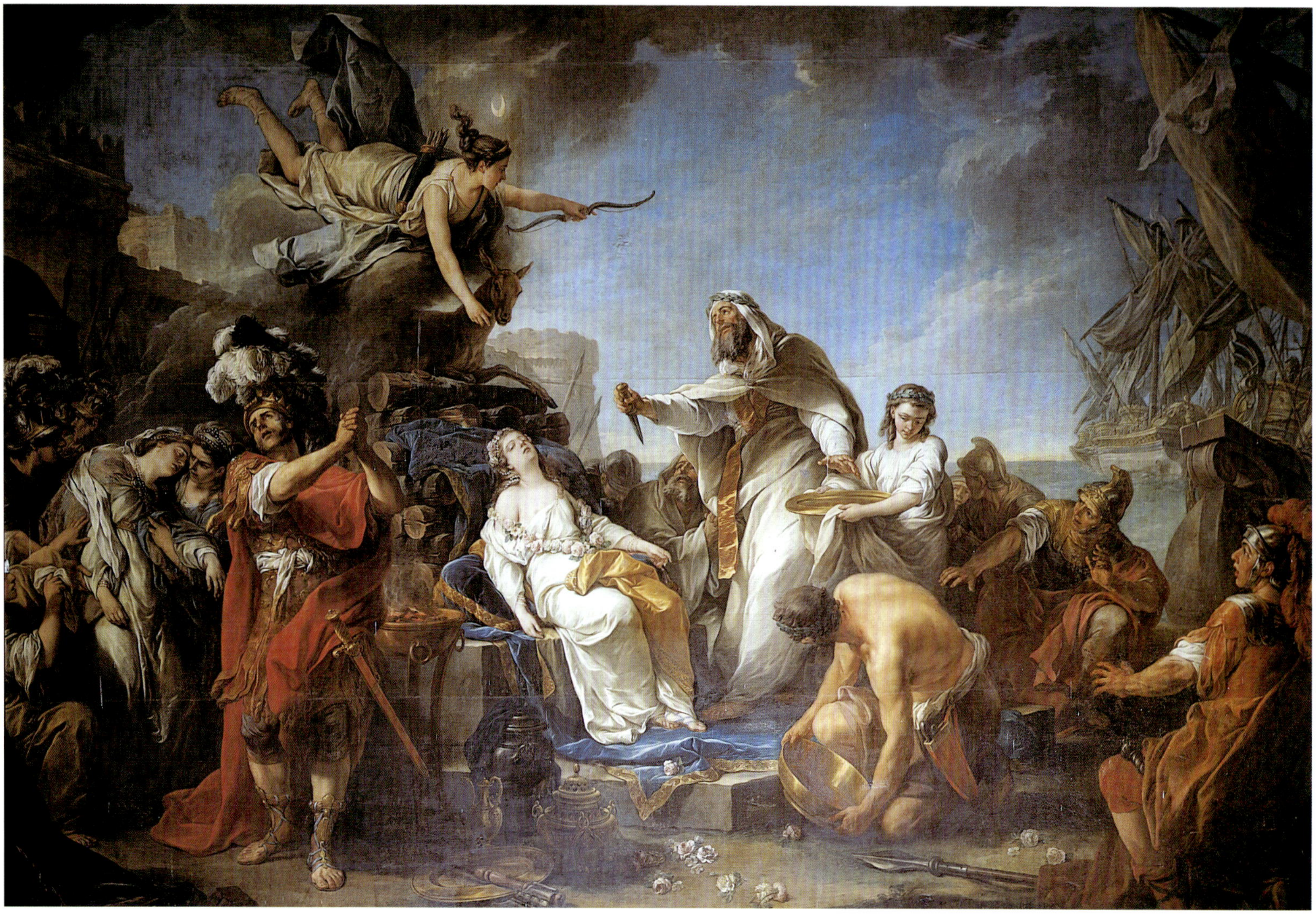

143
Carle van Loo
1705 Nizza – 1765 Paris
Die Opferung der Iphigenie
Bezeichnet und 1757 datiert
Leinwand, 426 × 613 cm
Neues Palais, Marmorsaal,
Potsdam-Sanssouci

Carle van Loo gelangte als »Erster Maler« (»Premier peintre«) des französischen Königs Ludwig XV. und Direktor der Akademie durch seine Wand- und Tafelbilder mit historischen und mythologischen Themen zu europäischer Berühmtheit: Er war einer der bedeutendsten Vertreter des Grand Style.

Alles ist zum Opfer bereit. Agamemnon hat sich von dem ebenso lebensklugen wie listigen Odysseus zur Einsicht in das angeblich Notwendige überreden lassen und in das schwere Opfer eingewilligt, wenngleich er sich als Vater zutiefst dagegen sträubt. Der Scheiterhaufen ist errichtet, das Feuer im Metallbecken entfacht und die schöne Königstochter bereit, für die Ehre Griechenlands zu sterben. Zur Opferung mit Rosen umkränzt, erwartet sie mit halbentblößter Brust den Dolchstoß des Priesters, während ein Helfer mit nacktem Oberkörper eine goldglänzende Schüssel zum Auffangen des Blutes bereithält. Agamemnon mit umgegürtetem Schwert und federgeschmücktem Helm ringt die Hände und richtet den Blick zum Himmel, aber schon naht in seinem Rücken, von ihm noch nicht wahrgenommen, die Rettung: Artemis auf einer Wolke, mit Köcher und Bogen ausgerüstet, erkenntlich an dem strahlenden Möndchen über ihrem Haupt, und die von ihr selbst anstelle Iphigenies zum Opfer gespendete Hirschkuh liegt bereits auf dem Altar. In einem riesigen Bildformat hat der französische Maler das so prachtvoll wie überzeugend dramatisch gestaltet.

△ Giovanni Battista Tiepolo, Sammlung Giustiniani-Recanati, Venedig
△ Franz Anton Maulbertsch, Muzeum Narodowe, Warschau
▽ Ovid, Metamorphosen XII, 25–29

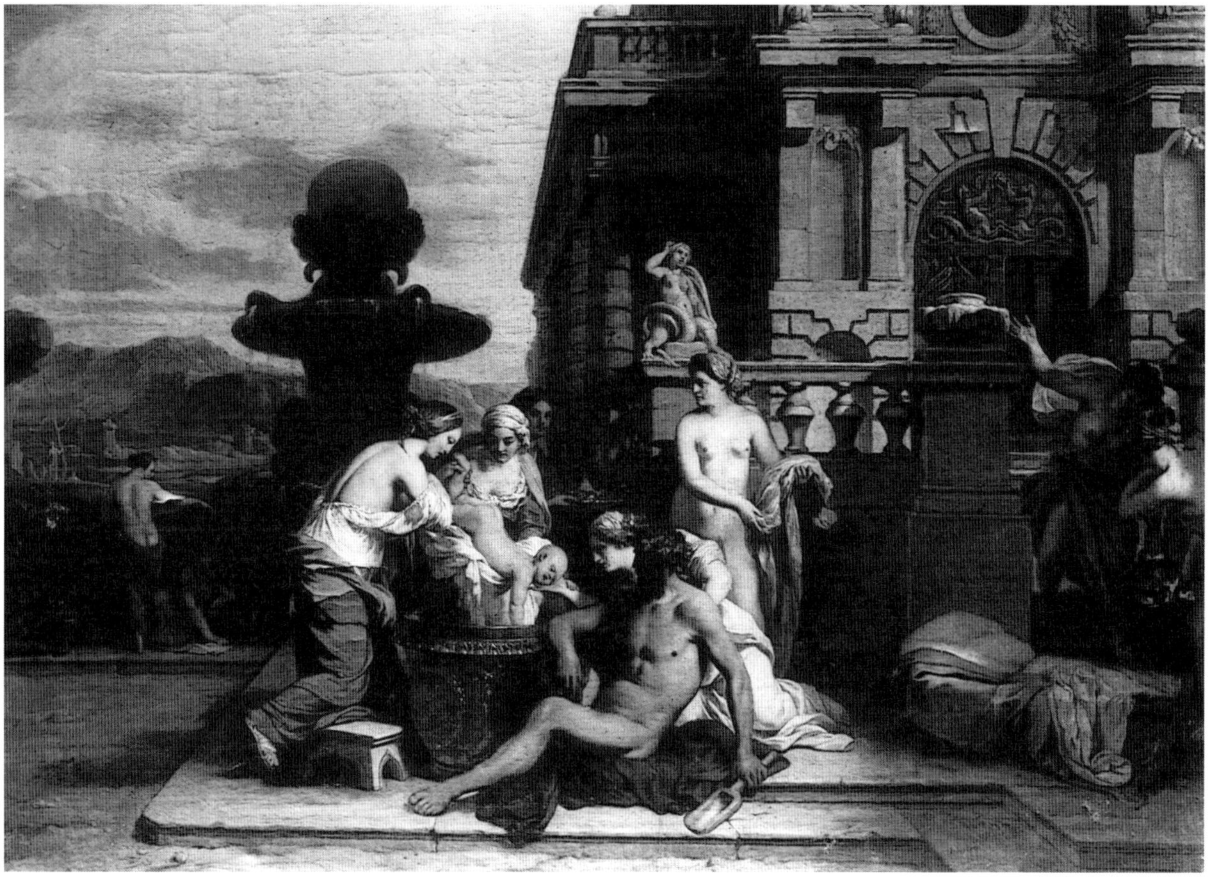

144
Gérard Lairesse
1641 Liège (Lüttich) bis
1711 Amsterdam
Thetis taucht den Achilles-knaben in das Wasser des Styx
Leinwand, 56 × 78 cm
Bildergalerie Potsdam-Sanssouci

Daß der Sohn der Thetis stärker sein würde als sein Vater, wer immer das wäre, war schon vor seiner Geburt geweissagt worden. Jupiter und Poseidon hatten daher aus Furcht vor einem solchen Sohn von ihren Bewerbungen um die Nymphe abgelassen; diese war schließlich von dem Argonauten Peleus im Ringkampf besiegt, geehelicht und zur Mutter gemacht worden.
Noch kann niemand in dem kleinen Knaben Achilles den größten griechischen Helden des Trojanischen Krieges erkennen. Um ihn von allem Sterblichen zu befreien, soll seine Mutter ihn zunächst über das Feuer gehalten haben, von Peleus aber dabei überrascht und daran gehindert worden sein. Im Gemälde des Wahlholländers Lairesse verweist darauf das Becken mit Glut, das zwei Frauen rechts hinwegtragen. Der Styx wird durch ein großes Bronzegefäß verkörpert, in das Thetis ihr Söhnchen soeben eintauchen will. Der davor sitzende nackte Mann ist wahrscheinlich der Flußgott Nereus, der Vater der Thetis. Die stehende Frauengestalt in der Mitte, die ein Gewand bereithält, bezieht sich vielleicht auf den späteren Versuch der Thetis, ihren Sohn als Mädchen verkleidet und am Hofe des Königs Lykomedes versteckt vor der Kriegsteilnahme zu bewahren – was aber mißlang. Der prachtvolle Bau mit den Plastiken fischschwänziger Meeresbewohner ist wohl der Meerespalast des Nereus, in den Thetis später zurückkehrte.
Lairesse vertrat die neue, von der Rubensschule beeinflußte und auf der gelehrten Bildung einer Amsterdamer Oberschicht beruhende, mehr akademische neue Richtung, die den holländischen Realismus ablöste.

△ Marcantonio (und Giacomo) Franceschini, Galleria del Palazzo
△ Durazzo Pallavicini, Genua
Donato Creti,
Pinacoteca Nazionale, Bologna
▽ Apollonios v. Rhodos, 4, 869 ff.
▽ Apollodoros, Bibliotheke 3, 13, 6
▽ Statius, Achilleis I. 269
▽ Hyginus, Fabulae, 107

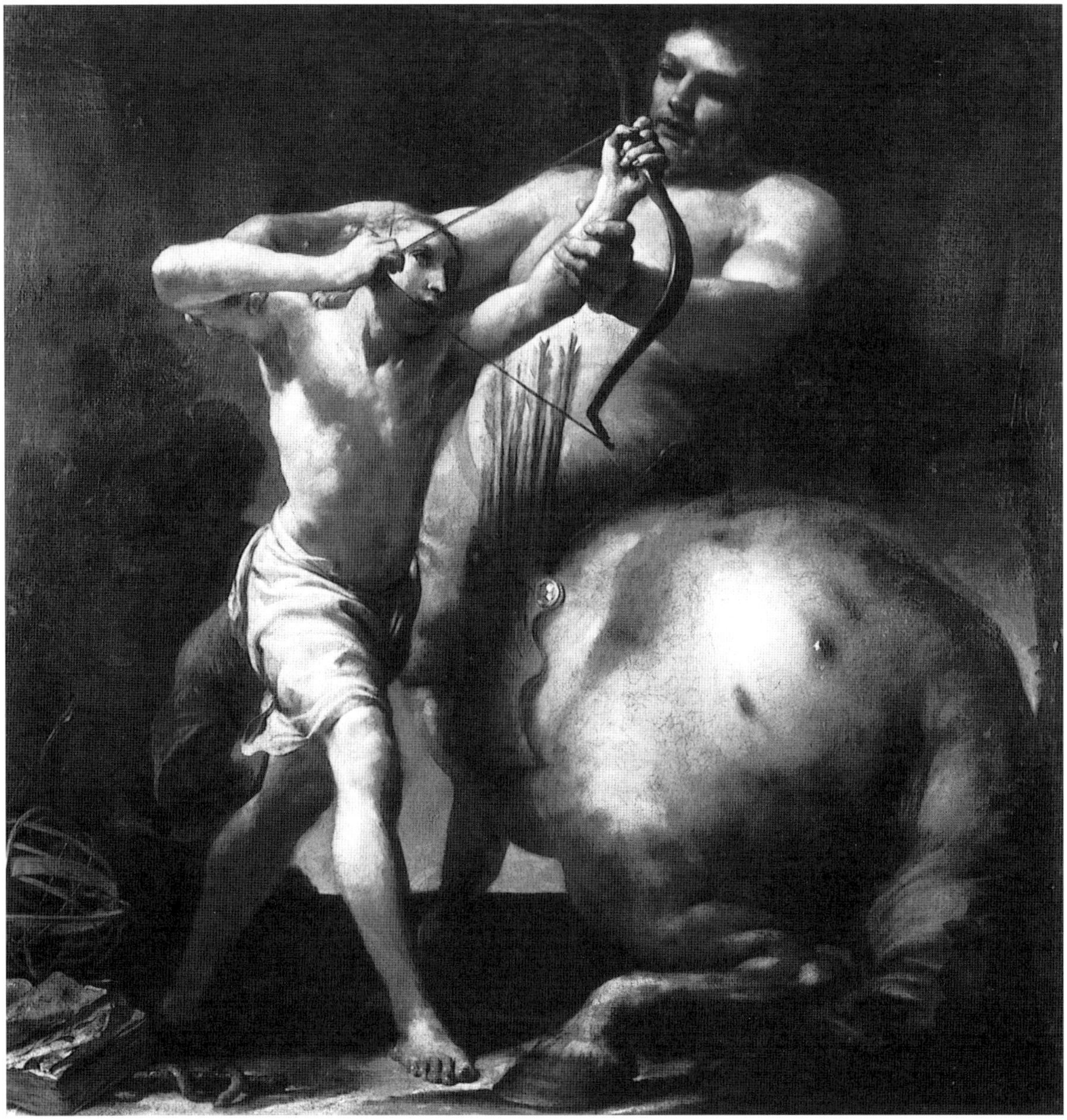

145
Giuseppe Maria Crespi
1665 Bologna – 1747 Bologna
Der Kentaur Chiron lehrt den jungen Achilleus Bogenschießen
Um 1700
Leinwand, 125 × 123 cm
Kunsthistorisches Museum, Wien

Chiron oder Cheiron war der Sohn des Kronos und der Philyra, einer Tochter des Okeanos. Weil Kronos mit Rheia vermählt war und vor ihr die Beziehung zu Philyra geheimhalten wollte, verwandelte er sich in ein Pferd, und so geschah es, daß der Abkömmling Chiron, der aus der Verbindung hervorging, zur Hälfte die Gestalt eines Pferdes hatte. Zuweilen heißt es auch, er sei der Vater der Thetis gewesen, und jedenfalls setzte ihn diese zum Erzieher ihres Sohnes Achilleus ein. Der weise Kentaur hatte selbst hervorragende Lehrer gehabt, Apollon und Artemis, die ihn in den Dingen der Jagd, der Heilkunde, der Musik, der Gymnastik und der Weissagung unterrichtet hatten, und vermittelte sein Wissen und seine Fähigkeiten nun an Achilleus weiter; besonders war er in der Heilkunst erfahren und soll darin auch Asklepios, den späteren Gott dieser Kunst, unterrichtet haben. Es heißt, der Kentaur hätte seinen Zögling mit dem Herz und den Eingeweiden von Löwen, Ebern und Bären gefüttert und ihm dadurch zu großer Stärke verholfen. – Der Maler aus Bologna, der durch seine unpathetisch schlichte, menschlich gefühlvolle Auffassung bekanntgeworden ist, hat den Kentauren mit der Sympathie geschildert, die ihm nach allen Schilderungen zukommt.
Chiron ist noch jung, aber dem Knaben Achilleus an Kräften weit überlegen, und zeigt ihm mit ruhigen, aber sicheren Griffen und fast liebevoll, wie er den Bogen zu spannen und den Pfeil aufzulegen habe. Stilllebenhaft wirkende Gegenstände am Boden, ein aufgeschlagenes Buch und eine Armillarsphäre, weisen auf anderen Lehrstoff hin. Crespi hat das quadratische Format mit der Figurengruppe fast restlos ausgefüllt und die für ihn charakteristische tonige Farbigkeit mit subtilen Helldunkelwirkungen verbunden, die auf den Einfluß des von ihm verehrten Holländers Rembrandt zurückzuführen sind. Crespi malte dieses Bild für den Prinzen Eugen von Savoyen.

△ Giulio Romano
Hampton Court Palace, London
△ Pompeo Girolamo Batoni,
Staatliche Ermitage,
St. Petersburg
▽ Ovid, Fasti V, 385–386
▽ Statius, Achilleis I, 381–452

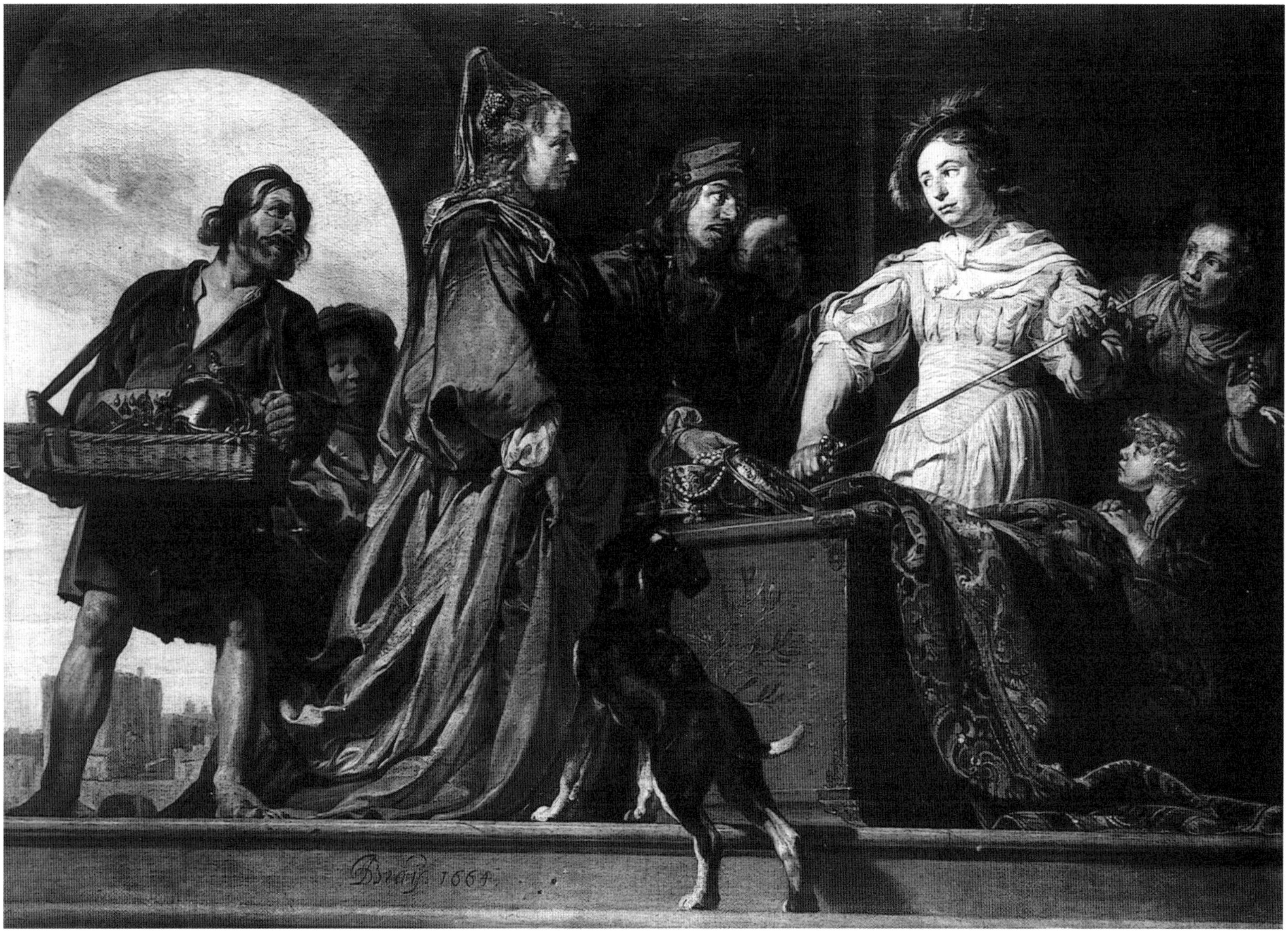

146
Jan de Bray
Um 1627 Haarlem – 1697 Haarlem
Odysseus entdeckt Achilleus unter den Töchtern des Lykomedes
Bezeichnet unten halblinks am Sockel: JDBray 1664 (JDB verschlungen)
Leinwand, 129 × 178 cm
Muzeum Narodowe, Warschau

Jan de Bray hat durch eine geschickte Lichtwirkung mit kräftigen Helldunkelgegensätzen Spannung geschaffen und die Zusammenhänge verdeutlicht: Der Hausierer mit dem Bauchladen unter dem Torbogen, in dem wir Odysseus zu sehen haben, bleibt etwas abseits, nachdem er verschiedene Waren angeboten hat. Er beobachtet die Wirkung aber nicht als einziger. Alle Umstehenden vielmehr, darunter Diomedes, sind aufmerksam geworden, als das angebliche Mädchen – in Wirklichkeit der verkleidete Achilleus – anstatt, wie zu erwarten, den Schmuck und das prachtvolle Gewand in Augenschein zu nehmen, kennerhaft den Degen durch die Hand gleiten läßt. Mißtrauen malt sich auf allen Gesichtern; in diesem Augenblick ist Achilleus bloßgestellt, und so, wie er plötzlich in ein helles unerbittliches Licht gerückt ist, kann er nichts mehr verbergen. Unsicher und mit dem Ausdruck des Schuldgefühls begegnet sein Blick dem stummen Vorwurf der Umstehenden. Nun wird die Geschichte ihren Lauf nehmen. – Der Maler aus Haarlem stand in der Tradition, die Frans Hals begründet hatte, verarbeitete in seinen monumental wirkenden Bildern auch Einflüsse der Caravaggioschule. Als Meister des ausdrucksvollen Porträts erweist er sich auch hier.

△ Jan Erasmus II Quellinus, Sammlungen des Fürsten von Liechtenstein, Vaduz
△ Pompeo Girolamo Batoni, Uffizien, Florenz
▽ Ovid, Metamorphosen XIII, 162–170

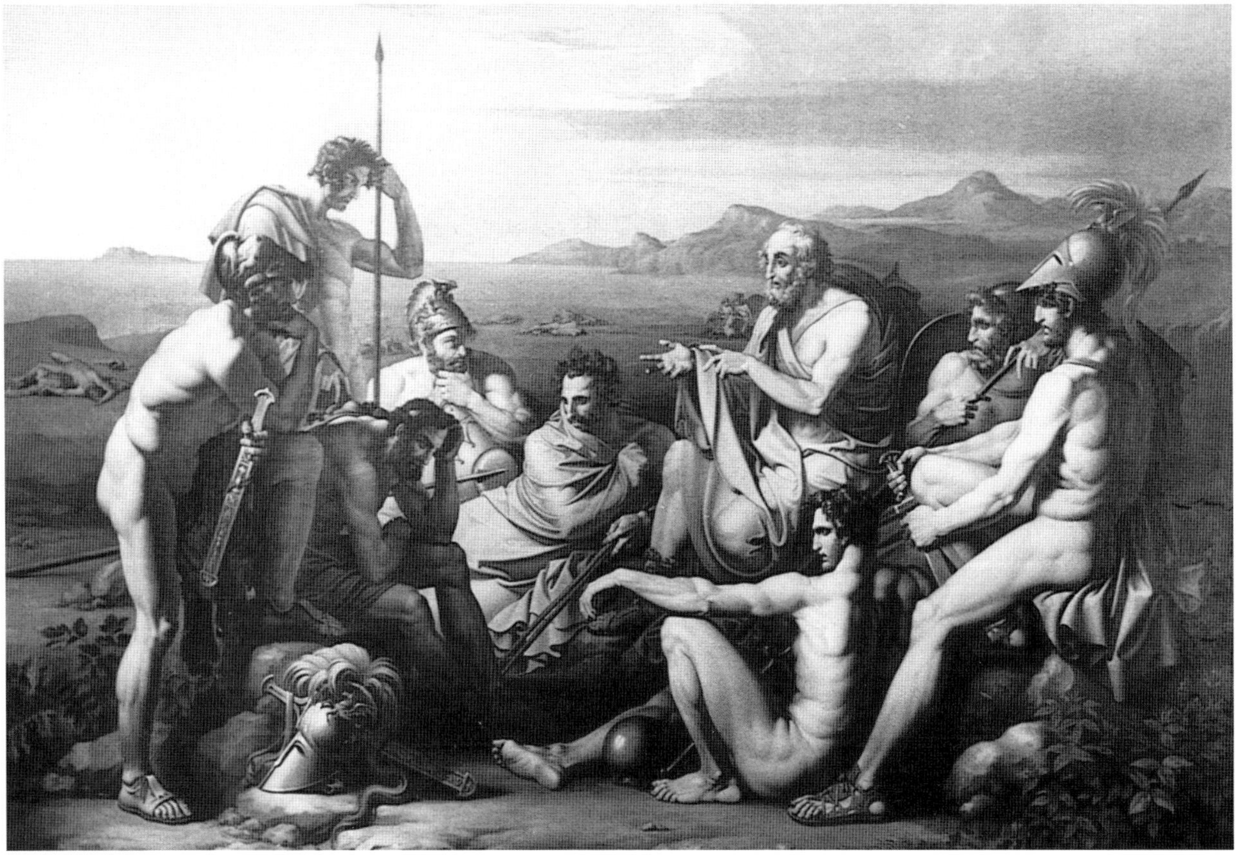

147
Johann Martin von Wagner
1777 Würzburg – 1858 Rom
Der Rat der Griechen vor Troja
1807
Leinwand, 300 × 440 cm
Martin-von-Wagner-Museum,
Würzburg

Zu einem Zeitpunkt schwerer Bedrängnis durch die von Hektor angeführten Trojaner hat Agamemnon als der Oberbefehlshaber des griechischen Heeres seinen Stab zu einem Kriegsrat versammelt; Odysseus und Diomedes wurden von ihm als Späher ausgesandt, wie es Homer in der »Ilias« schildert; sie kehren im Hintergrund gerade mit erbeuteten Rossen zurück. Agamemnon mit nachdenklich aufgestütztem Kopf sitzt halblinks im Schatten seines Bruders Menelaos, des Königs von Sparta und Gemahls der entführten Helena, und des Trasimedes mit langem Speer, die hinter im stehen. Die übrigen Männer in der Runde erscheinen hell beleuchtet: Idomeneus, der sich früher selbst einmal um Helena beworben hatte und nun mit 80 Schiffen am Feldzug teilnimmt; nach der Eroberung Trojas versprach er bei der Rückkehr nach Kreta während eines Sturmes für die Rettung dem Poseidon das erste lebende Wesen, das ihm in seiner Heimat begegnen würde, und mußte dann seinen eigenen Sohn opfern. Es folgen sein Waffengefährte Meriones und der greise Nestor, der nicht mehr kämpfen kann, aber weise Ratschläge erteilt und diese durch sprechende Gesten unterstützt. Vor ihm sitzt Aias der Lokrer am Boden, Sohn des Königs von Lokris, ebenfalls ein früherer Freier Helenas, der mit 40 Schiffen nach Troja fuhr und dort überaus tapfer kämpfte; vor allem ihm verdankten die Griechen die Erhaltung ihrer Flotte. Er zog jedoch den Zorn der Götter auf sich, weil er bei der Eroberung Trojas die Seherin Kassandra aus dem Tempel der Athena riß und wohl auch entehrte und außerdem bei der Heimfahrt den Meeresgott so herausforderte, daß dieser schließlich den Felsen spaltete, auf den Aias sich nach dem Schiffbruch gerettet hatte. Größtenteils verdeckt erscheint rechts neben Nestor der Sohn des Königs Phyleus, Meges, ein weiterer einstiger Bewerber um Helena wie auch der hier behelmte Aias der Telamonier. Dieser bewies vor Troja höchsten Mut, und selbst Hektor vermochte ihn im Zweikampf nicht zu besiegen. Als aber nach dem Tode Achilleus' nicht er, sondern der listige Odysseus die Waffen des Gefallenen erhielt, stürzte er sich in sein Schwert. Die Landschaft im Hintergrund vermittelt eine Vorstellung vom Schauplatz des Geschehens an der Westküste Kleinasiens. Wagner malte dieses Bild in Rom im Auftrage des bayerischen Kronprinzen Ludwig.

▽ Homer, Ilias II, 53–83

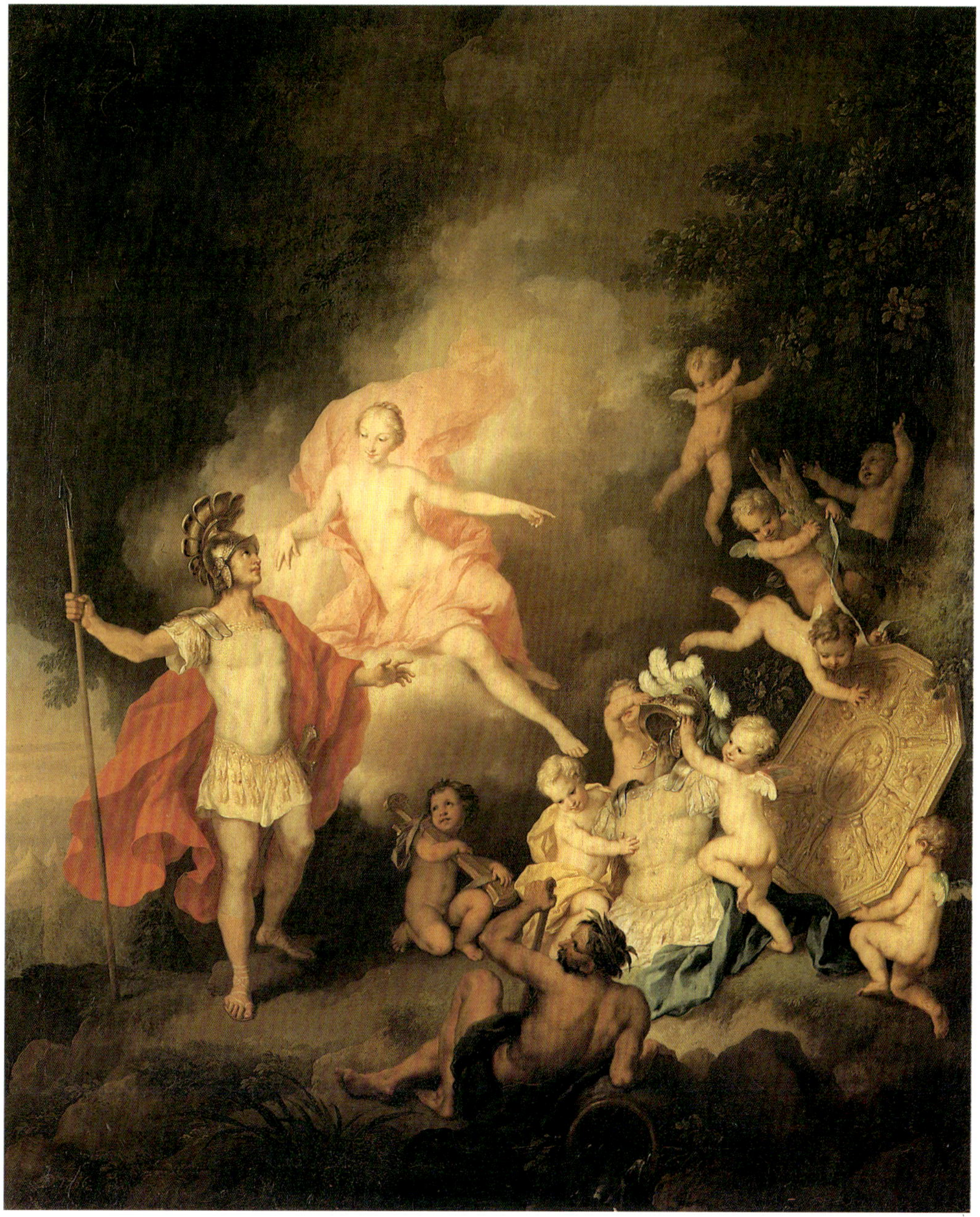

148
Christian Wilhelm Ernst Dietrich
1712 Weimar – 1774 Dresden
Thetis und Achilleus (?)
Bezeichnet links unten:
Dietricy 1766
Leinwand, 75,5 × 63 cm
Gemäldegalerie Alte Meister,
Dresden

In Dietrichs Bild ist Thetis auf einer Wolke herbeigekommen, aber der schilfbekränzte Flußgott unten im Schatten, mit dem wohl ihr Vater Nereus gemeint ist, erinnert uns daran, daß sie dem feuchten Element zugehört. Geflügelte Putten haben die neue Rüstung für Achilleus herbeigebracht und stellen sie dem Helden, aber nicht weniger dem Betrachter, zur Schau: den figürlich und ornamental reich verzierten getriebenen Schild, den Panzer, der genau den Körperformen angepaßt ist, einen prachtvollen, federgeschmückten Helm und ein kurzes Schwert in der Scheide, dazu nun einen blauen Mantel, während Achilleus jetzt einen scharlachfarbenen trägt. Auf seinen Speer gestützt, blickt er fast schmachtend zu seiner Mutter auf, die – zumal in ihrer freimütigen Aufmachung im zart lachsroten, sich öffnenden Gewand – eher wie eine Geliebte erscheint. Merkwürdig bei allem ist es, daß Achilleus durchaus nicht ungerüstet ist und schon ganz ähnliche Stücke trägt, wie sie ihm hier übergeben werden, einschließlich des Kurzschwertes, und sicherlich wäre die metallene Helmzier sogar ein besserer Schutz gegen einen Schwertstreich als die von Federn. – Die Darstellung berührt sich mit dem Motiv, wie Venus ihrem Sohn Aeneas neue, von Hephaistos-Vulkan geschmiedete Waffen übergibt. Dietrich hat etwa im Stile Rembrandts die Szene durch eine kräftige Helldunkelwirkung ins Wunderbare gesteigert. Er war ein überaus frühreifes Talent, wurde schon dreizehnjährig Schüler des Dresdener Hofmalers Johann Alexander Thiele und sechs Jahre später selbst Hofmaler Augusts des Starken. Er hat mit viel Geschick Anregungen anderer Barockmaler verarbeitet.

△ Fermo da Caravaggio,
Palazzo Ducale, Mantua
▽ Homer, Ilias XIX, 1–36
▽ Vergil, Aeneis VIII, 606–625

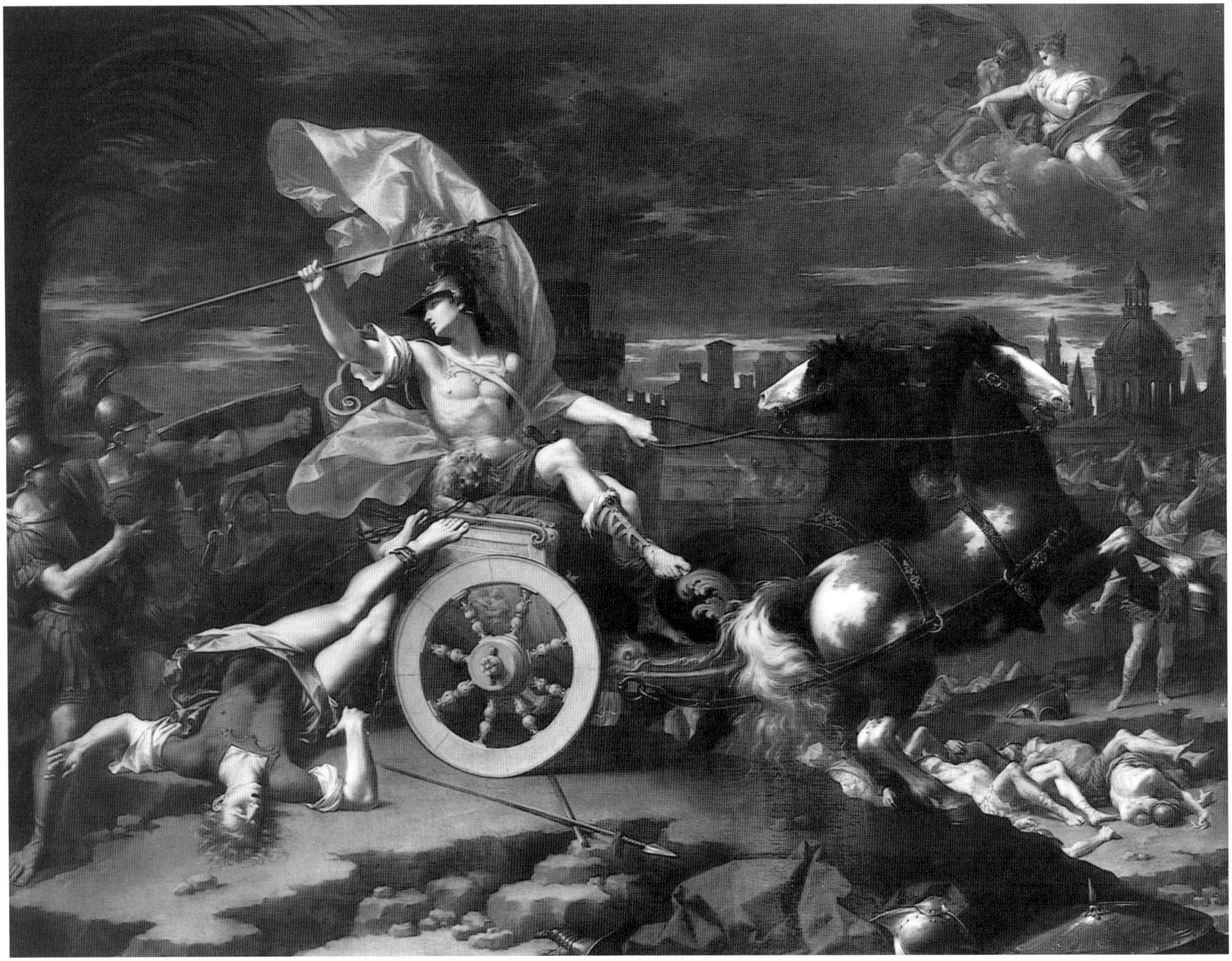

149
Donato Creti
1671 Cremona – 1749 Bologna
Achilleus schleift den Leichnam Hektors um Troja
Zwischen 1710 und 1720
Leinwand, 125 × 163 cm
Collezioni Communali d'Arte, Bologna

So rächte Achilleus den Tod seines geliebten Freundes Patroklos, indem er die Leiche Hektors mit den Füßen an seinen Streitwagen band, um die Mauern Trojas schleifte und auf diese Weise schändete. Donato Creti hat den gefallenen tapferen trojanischen Prinzen mit Sympathie als schönen, hellhaarigen Jüngling dargestellt, der seitlich an den plastisch reich verzierten zweirädrigen, von zwei braun-weiß gescheckten Pferden gezogenen Wagen gekettet ist. Der siegreiche Grieche aber schwingt triumphierend den Speer und schaut sich nach den zwei Kriegern um, die seinem Gefährt folgen. Daß hier Krieg geführt wird, ist auch an den mit verrenkten starren Gliedern in einer flachen Grube liegenden anderen Toten zu erkennen, vor denen die Pferde scheuen. Gegen den stark bewölkten Himmel ragen im Hintergrund die Türme und Monumente der heftig umkämpften Stadt auf, und das düstere Licht einer Sonnenuntergangsstimmung bestärkt böse Vorahnungen über deren Schicksal. Hoch in den Wolken erscheint neben ihrem Gemahl Zeus die Götterkönigin Hera mit ihren Pfauen, die dem mit Pfeilen bewaffneten Eros Anweisungen zu geben scheint; gewiß nicht zum Heile Trojas; weil Paris sie beleidigt und ihre sittlichen Forderungen angetastet hatte, stand sie von Anfang an mit Athena auf Seiten der Griechen. – Donato Creti war als Vertreter des bolognesischen Klassizismus ein Erbe der Kunst der Carracci sowie Albanis, Domenichinos und Renis. Das Bild gehört zu einer Serie von vier Gemälden mit Szenen aus dem Leben des Achilleus.

△ Gaetano Gandolfi, Ufficio Communale di Piano, Piacenza
△ Jacques Louis David, Musée Fabre, Montpellier
▽ Homer, Ilias XXII, 395–404

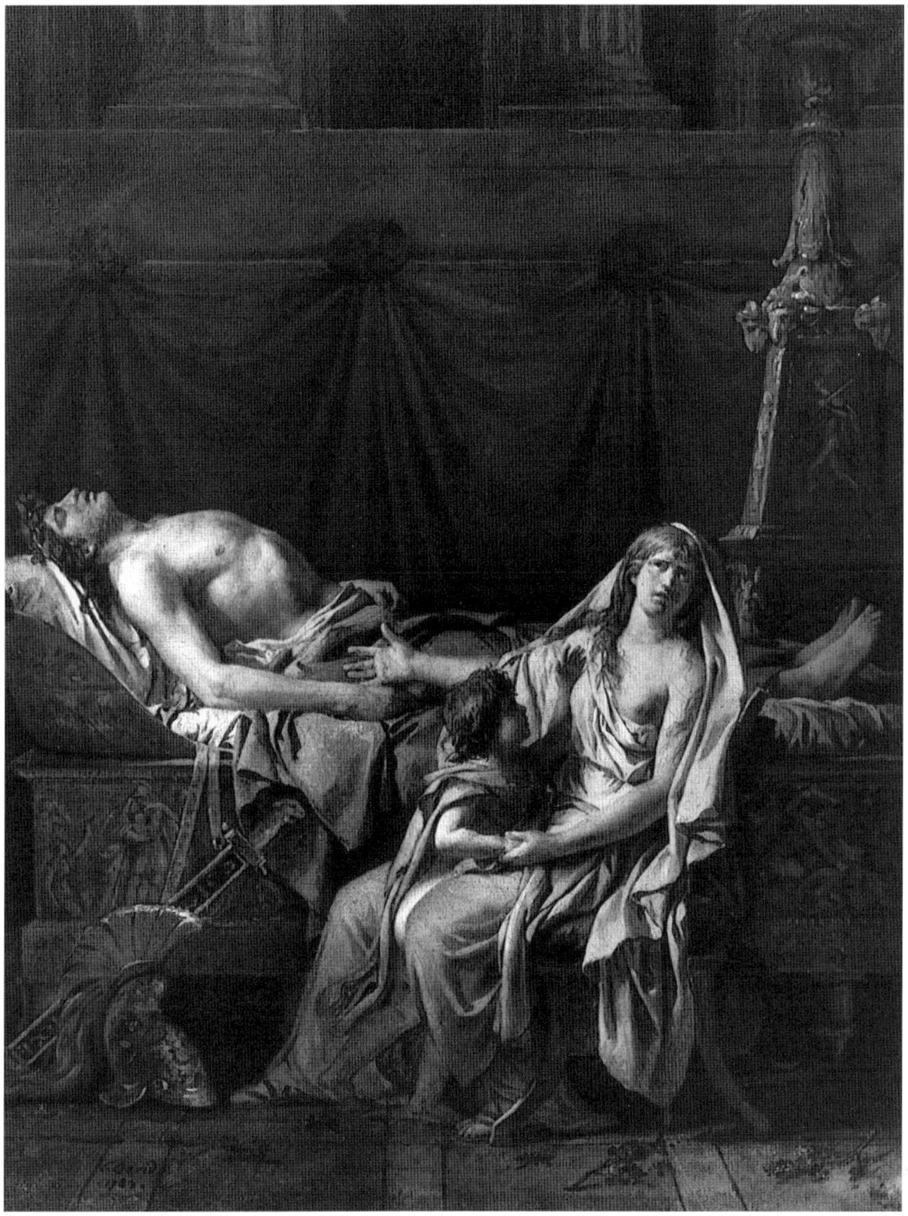

150
Jacques Louis David
1748 Paris – 1825 Brüssel
Andromache beweint den toten Hektor
Bezeichnet links unten:
L. David 1783
Leinwand, 58 × 43 cm
Staatliches Puschkin-Museum, Moskau

Das Bild ist die Vorarbeit zu dem, das David 1783 für seine Aufnahme in die Königliche Akademie einreichte, das sich heute im Louvre befindet und David zuerst mit berühmt werden ließ. Ein fünfjähriger Italienaufenthalt 1775–1780 und die Begegnung mit der Antike hatten den Maler das Rokoko überwinden und zum Begründer des Klassizismus werden lassen, von dem auch dieses Gemälde bestimmt ist. Ähnlich wie zehn Jahre später den in der Badewanne ermordeten Revolutionär Marat, hat David auch den mythischen toten Oberbefehlshaber des trojanischen Heeres rückhaltlos realistisch dargestellt. Sein athletischer Körper liegt auf einem mit einem hohen Kandelaber und reichen Reliefs geschmückten Katafalk. Am Boden daneben sind Helm und Schwert des Toten wiedergegeben, obgleich dieser von den Griechen seiner Waffen beraubt worden war. Wir sehen die Wunde und das Blut am Hals Hektors, den Achilleus mit seiner Lanze durchbohrte. Da Athena dem Griechen beistand, waren dagegen Hektors Speere an dessen Brust abgeprallt. So groß, wie die Liebe zwischen Hektor und seiner Gattin Andromache gewesen war, so groß ist nun deren Schmerz, in dem sie ihr kleiner Sohn Astyanax zu trösten versucht. Um die männliche Nachkommenschaft des trojanischen Königshauses auszulöschen, stürzten ihn die Griechen später von einem Turm herab zu Tode.

▽ Homer, Ilias XXIV, 718–746

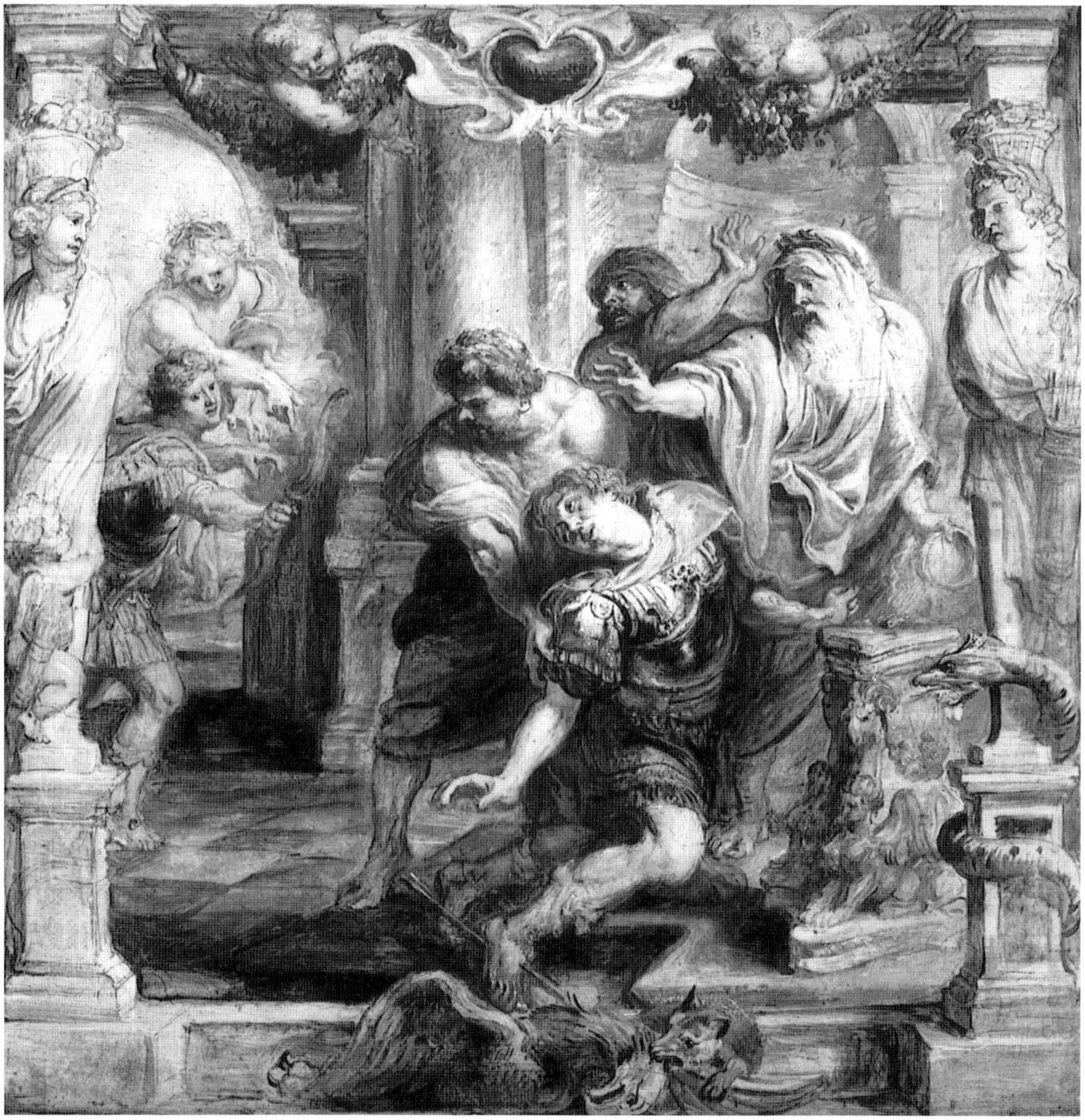

151
Peter Paul Rubens
1577 Siegen (Westfalen)
bis 1640 Antwerpen
Der Tod des Achilleus
Um 1630–1632
Holz, 45 × 45,4 cm
Museum Boymans-van Beuningen, Rotterdam

Den tragischen Tod, den der unüberwindliche Held Achilleus schließlich fand, hat Rubens in dieser Ölskizze dargestellt. Sie gehört zu den acht Entwürfen für eine Folge von Gobelins mit Szenen aus dem Leben des Achilleus, die vielleicht für einen großen europäischen Monarchen seiner Zeit bestimmt waren, für König Philipp IV. von Spanien oder Karl I. von England, und von denen sich die meisten heute in Rotterdam befinden. Achilleus wollte im Apollontempel von Thymbra seine Braut Polyxena finden und fand den Tod. Wir sehen den voll gerüsteten Helden tödlich verwundet zusammenbrechen, nachdem der Pfeil seine Ferse als einzig verletzliche Stelle durchbohrt hat. Ein Mann mit nackten Schultern versucht ihn noch zu unterstützen und wendet dabei seinen Kopf nach hinten in die Richtung, aus der das Geschoß kam. Dort ist im Portal des Tempels der Mordschütze zu sehen: Paris, der noch den Bogen hält, geleitet von Apollon selbst. Der Priester mit der Patera in der Hand an dem römischen Altar, auf dem das Opferfeuer brennt, und ein Mann hinter ihm zeigen ihr Entsetzen, während die Herme rechts in Gestalt des köcherbewehrten Apollon unbarmherzig auf den Stürzenden herabblickt. Ein garstiges Reptil windet sich um den Schaft und bleckt seinen Rachen gegen den sterbenden Helden. Aphrodite mit dem Erosknaben zu Füßen in der anderen Herme scheint über das Gelingen des Anschlages ebenso zu frohlocken, stand sie doch auf Seiten der Trojaner. Rubens hat den Vorgang gleichnishaft interpretiert, durch die Tiergruppe unten in der Mitte, mit einem Fuchs, der einen Adler totbeißt: Auch hier fällt der Edlere dem Listigeren zum Opfer. Die künstlerische Vitalität des großen flämischen Malers offenbart sich in diesen spontanen skizzenhaften Arbeiten ganz besonders.

△ Bertholet Flémal d. Ä., Nationalmuseum Stockholm
▽ Ovid, Metamorphosen XII, 597–611

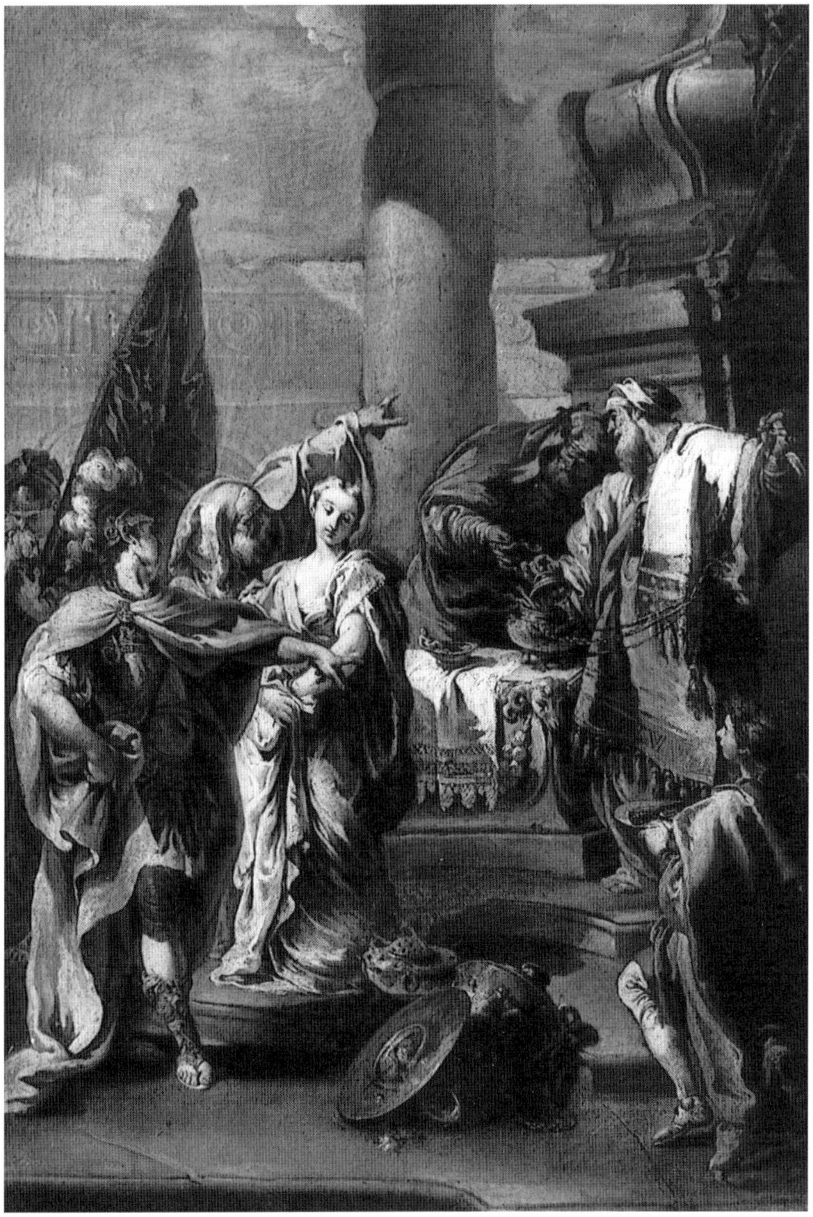

152
Giovanni Battista Pittoni
1687 Venedig (?) – 1767 Venedig
Die Opferung der Polyxena
Um 1736–1737
Leinwand, 71 × 51 cm
Muzeum Narodowe, Poznán

Seinem Grabe zu Ehren und seinen Totengeistern zur Sühne forderte der tote Achilleus als Geist das Blut seiner einstigen schönen Verlobten Polyxena, die sich in den Händen der Griechen befand, und sein Sohn Neoptolemos sorgte für die Vollstreckung dieses Befehls. So nahm der griechische Held noch im Tode an der trojanischen Königsfamilie Rache. Zu Füßen des auf hohem Sockel stehenden Sarkophags des Achilleus neben einer mächtigen Säule ist ein Opferaltar errichtet, an dem zwei Priester Vorbereitungen treffen, indem sie in einem Kessel Weihrauch entzünden. Ein junger Gehilfe kniet davor und hält auf einer Metallschale das Messer bereit, das der eine Priester – selbst aus Mitleid weinend – der Unglücklichen dann in die Brust stoßen wird. In stummem Schmerz, tränenlos, erwartet die trojanische Prinzessin ihre Tötung, die Neoptolemos unerbittlich anweist; sie hatte nur noch darum gebeten, ihrer Mutter Hekabe für ihren Leichnam kein Gold abzufordern, das diese nach der Brandschatzung Trojas nicht mehr besaß, sondern sich mit den Tränen der leidgeprüften Königin zu begnügen. – Pittoni hat das Thema mehrfach gemalt, auch im Querformat unter Einbeziehung einer größeren Zahl von Figuren, wie in dem Entwurf im Louvre. Seine eleganten Kompositionen lassen erkennen, daß er sich an den Werken der anderen großen Venezianer seiner Zeit wie Sebastiano Ricci, Piazzetta und Tiepolo schulte. Er war international sehr angesehen und für mehrere europäische Fürstenhöfe tätig.

△ Pietro da Cortona,
Pinacoteca Capitolina, Rom
△ Sebastiano Ricci,
Royal Collection, London
▽ Ovid, Metamorphosen XIII,
446–481

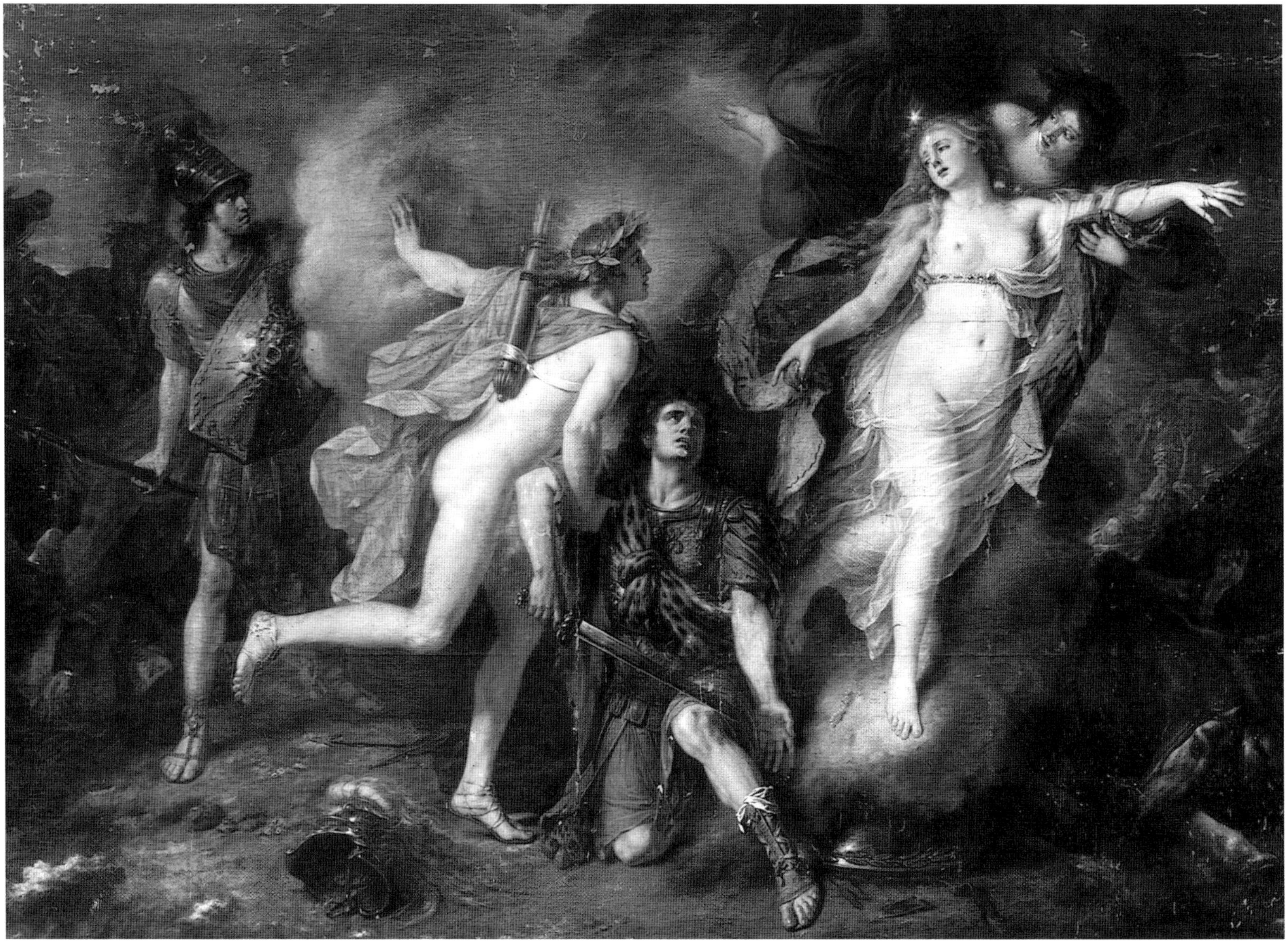

153
Antoine François Callet
1741 Paris – 1823 Paris
Venus, von Diomedes verwundet
Leinwand, 270 × 360 cm
Louvre, Paris

Auch dieses Gemälde war für die Ausführung als Bildteppich in der Pariser königlichen Gobelinmanufaktur bestimmt. Die Gestalten der bewegten Kampfszene sind mehr als lebensgroß wiedergegeben. Die fast nackte Venus, erkenntlich an dem Sternchen auf ihrer Stirn, ist an der Hand verwundet und muß sich eiligst aus der Schlacht zurückziehen; eine weibliche Gestalt, wohl die Götterbotin Iris, nimmt sich ihrer an. Venus wird ihren Sohn Aeneas nicht mehr selbst in Sicherheit bringen können, obgleich der Mythos dies berichtet. Diomedes hat ihm das Hüftgelenk zerstört, so daß er vor ihr in die Knie gesunken ist. Wohl aber erscheint Apollon als Retter, der strahlende, mit Lorbeer bekränzte, von einer goldenen Glorie umgebene schöne Gott, mit dem Köcher todbringender Pfeile auf dem Rücken; als Anhänger der Venus kämpft er wie diese auf Seiten des Entführers der Helena und der Trojaner gegen die Griechen. Er nimmt die Weisung der Liebesgöttin entgegen, Aeneas zu beschützen. Diomedes, der heimliche Rivale des Achilles, hätte Aeneas längst getötet, wenn Apollon nicht dazwischengetreten wäre. Dieser aber weist den Griechen mit einer Bewegung des linken Armes zurück und läßt eine Wolke gegen ihn andringen, die ihm die Sicht nimmt. »Sterblicher, willst du dich mit den Göttern messen!«, soll er ihm zugerufen haben, als Diomedes immer wieder gegen den schwerverletzten Aeneas anstürmte. In der Tat ist Diomedes vor den göttlichen Erscheinungen zurückgewichen und in seiner Kampfkraft gelähmt. – Wie solche mythologischen Szenen, hat Callet auch zahlreiche historische Episoden in Bilder gestaltet, darunter aus den Feldzügen Napoleons I., sowie dessen Vermählung oder den Einzug in Warschau.

△ Joseph-Marie Vien, Privatsammlung, Paris
▽ Homer, Ilias V, 318–351

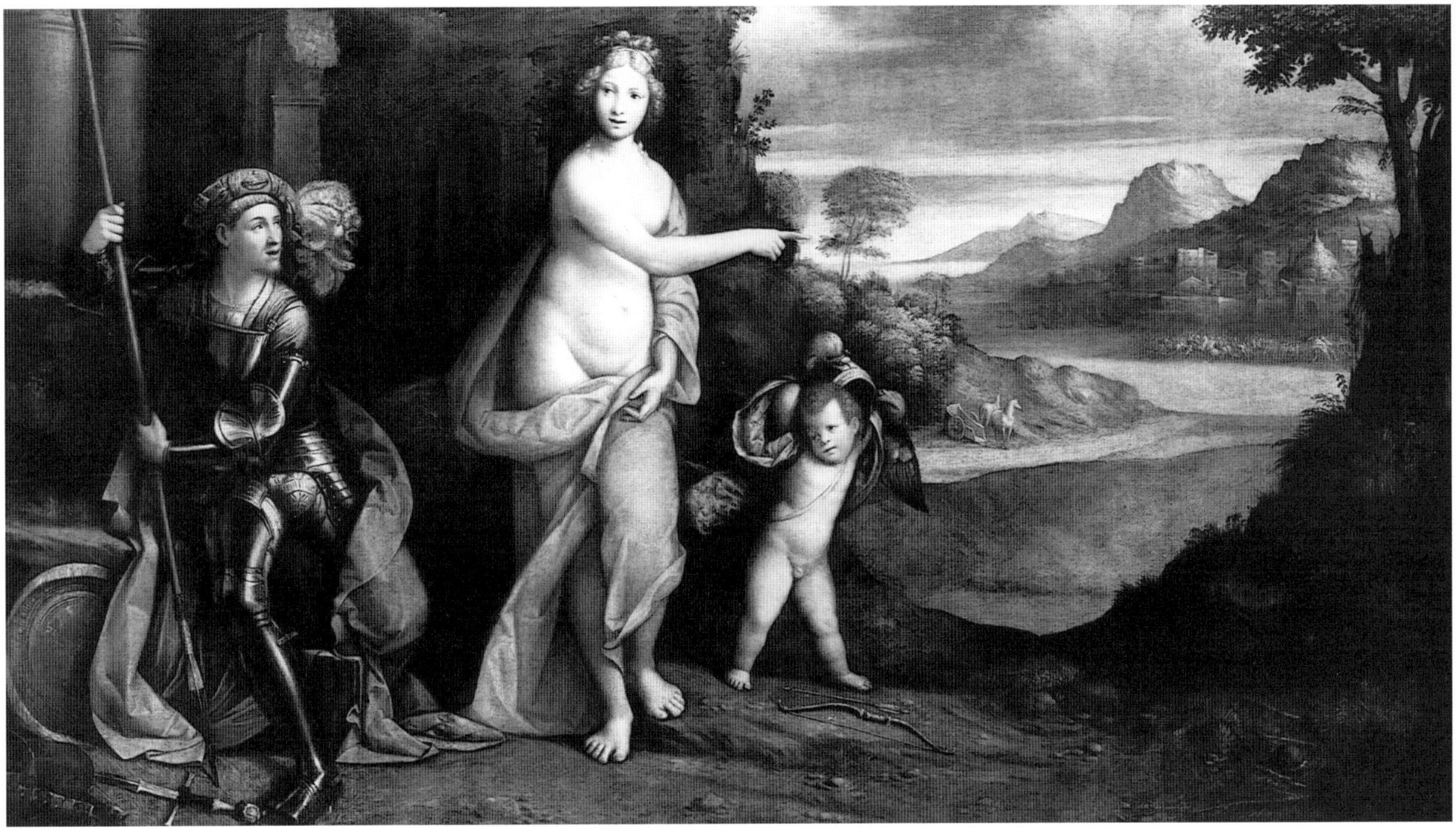

154
Garofalo,
eigentlich Benvenuto Tisi
1481 wohl Ferrara – 1559 Ferrara
Mars und Venus vor Troja
Leinwand, 133,5 × 240 cm
Gemäldegalerie Alte Meister,
Dresden

Der von Athena beschützte und mit besonderer Kraft und Kühnheit ausgerüstete Diomedes hat Venus mit dem Speer an der Handwurzel verwundet. So mußte die Göttin den ohnehin nun geretteten Aeneas fallenlassen und ist zu dem abseits bei einer Palastruine sitzenden Mars geeilt, um sein Gespann zu erbitten und damit auf den Olymp zu entrinnen. In diesem für das Schloß der Herzöge d'Este in Ferrara geschaffenen Bild hat Garofalo die beiden durch ein heimliches Liebesverhältnis verbundenen Gottheiten als ein überaus schönes Paar dargestellt. Die halbentblößte Liebesgöttin weist nach rückwärts, wo bei einem Gebüsch das mit zwei Pferden bespannte Gefährt des Kriegsgottes wartet. Dieser selbst erscheint als ein junger Ritter der Renaissancezeit in einer kostbaren Rüstung, mit prächtigem Federbarett und kunstvoll gearbeiteten Waffen. Der Amorknabe an der Seite der Göttin, der nicht fehlen darf, versucht den für ihn viel zu großen Helm aufzusetzen. Im Hintergrund ist am Fuße von Felsenbergen unweit vom Meeresufer die Stadt Troja zu erkennen, unter deren Mauern die Schlacht tobt. – Das malerisch sehr delikate Bild war früher Garofalos Schüler Girolamo da Carpi zugeschrieben. Die Gestalten zeigen, daß Garofalo auch von Raffael Anregungen empfing. In der romantisierenden Verbindung von Menschen und Landschaft ist zugleich der Einfluß Giorgiones spürbar.

△ Joseph-Marie Vien,
Privatsammlung, Paris
▽ Homer, Ilias V, 352–363

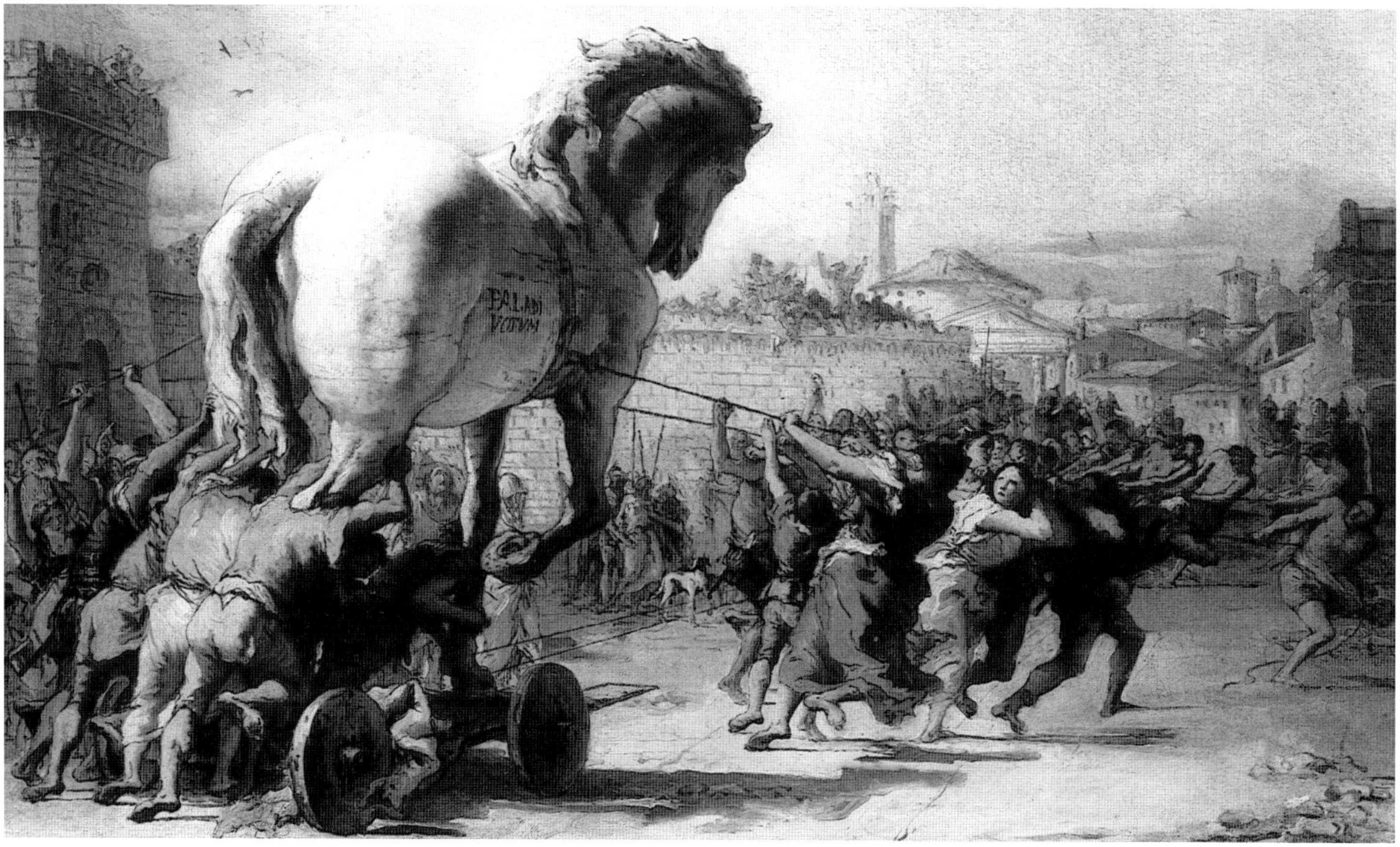

155
Giovanni Domenico Tiepolo
1727 Venedig – 1804 Venedig
Der Einzug des Trojanischen Pferdes in Troja
Um 1775–1785
Leinwand, 38,8 × 66,7 cm
National Gallery, London

Im triumphalen Taumel der Begeisterung, ziehend und schiebend unter Aufbietung aller Kräfte, bugsieren die Einwohner Trojas das hölzerne Pferd als vermeintliches Weihegeschenk der Griechen für die Göttin Athena in ihre Stadt, im Glauben, die griechischen Belagerer seien abgezogen und der Krieg sei zu Ende. Warnende Stimmen werden zum Schweigen gebracht, wie die des Priesters Laokoon durch die Götter selbst, oder ignoriert, wie die der unglücklichen Priesterin Kassandra: Diese ist hinten in der Mitte zu sehen, umgeben von einer Gruppe von Soldaten, die sie ergreifen und einsperren werden. Apollon hatte sie mit Seherkraft begabt, ihre Weissagungen aber dann dazu verdammt, keinen Glauben zu finden, weil Kassandra ihm nicht die versprochene Liebe gewährte. Nach Eroberung der Stadt bemächtigte sich Agamemnon, der König von Mykenai, ihrer, und zeugte mit ihr Zwillinge. – Das hölzerne Pferd ist dem Körper eines schweren Kaltblutpferdes naturgetreu nachgeformt und trägt rechts die Aufschrift PALADI/VOTUM – Opfer für Athena also. Der venezianische Maler, Sohn des hochberühmten Giovanni Battista Tiepolo, entwickelte nach dem Tod seines Vaters im Jahre 1770 größere künstlerische Selbständigkeit und entfaltete seine Begabung zur Wiedergabe lebhafter Bewegung, worin er zuweilen an Goya erinnern kann. Die temperamentvolle Ölskizze gehört zu einer Serie solcher Arbeiten, die in den Jahren 1775–1785 entstand.

△ Niccolo dell'Abbate,
Galleria Estense, Modena
△ Rinaldo Mantovano,
Palazzo Ducale, Mantua
▽ Vergil, Aeneis II, 13–197,
231–244

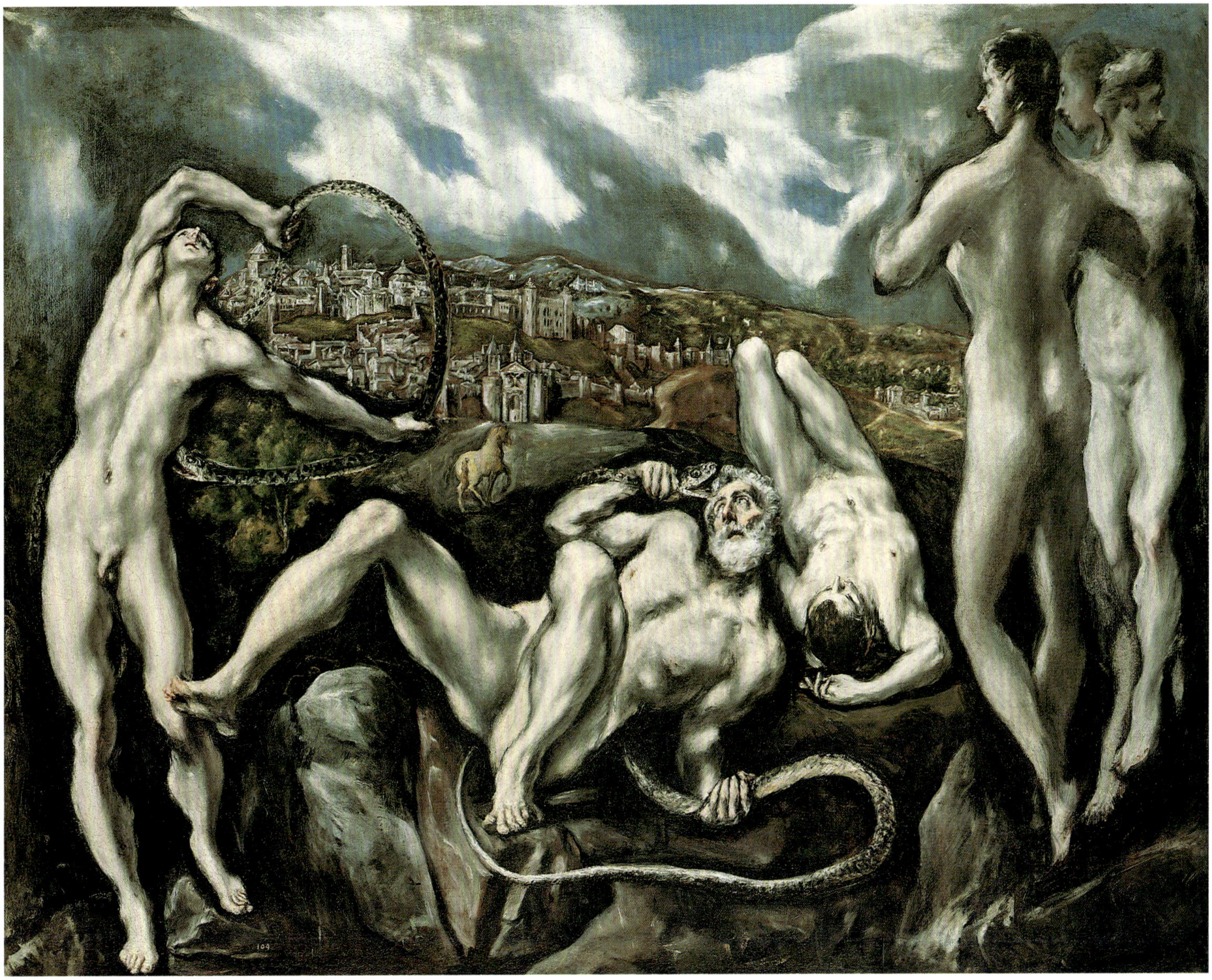

156
El Greco,
eigentlich Domenikos
Theotokopoulos
1541 Kreta – 1614 Toledo
Laokoon
Um 1610–1614
Leinwand, 137,5 × 172,4 cm
National Gallery of Art, Washington

Nach dem Tode des Malers wurden in seinem Atelier drei Bilder des Themas aufgefunden, zu denen dieses unvollendete gehörte; die beiden anderen sind verschollen. Die Darstellung des Todes Laokoons und seiner Söhne ist das einzige mythologische Motiv, das der griechisch-spanische Maler gestaltet hat. Im Gegensatz zu der antiken Marmorgruppe, die 1506 in den Thermen des Titus in Rom ausgegraben wurde, ist die Verbindung zwischen den Gestalten der drei Männer hier ganz locker: Jeder stirbt für sich allein. Der am Boden Liegende hat wohl schon als tot zu gelten. Der Priester selbst und sein anderer Sohn erscheinen jedoch auch nicht wirklich im Kampf mit den Schlangen begriffen, die auch keine gewaltigen Riesenschlangen sind und nicht durch ihre Umschlingungen töten können, aber wohl durch ihr Gift gefährlich werden. Durch den Biß der einen ist Laokoon bereits ganz kraftlos geworden und kann keine größere Anstrengung gegen das Reptil mehr aufbringen, das züngelnd nach seinem Kopf giert und das er wie gebannt anstarrt. Der noch aufrecht stehende Sohn versucht mit ausholenden Bewegungen vergeblich, die zweite Schlange von sich fernzuhalten, und vollführt in der Dehnung des Körpers und der Streckung der Arme eine geradezu tänzerische Bewegung. In den beiden Figuren am rechten Bildrand sind die strafenden Gottheiten Apollon und Artemis zu sehen. Für die Stadt Troja im Hintergrund hat El Greco eine getreue Ansicht von Toledo in der kargen kastilischen Landschaft wiedergegeben. Dem großen Tor in der Stadt nähert sich soeben ein weißes Pferd, dessen natürliche Bewegtheit den Gedanken an das hölzerne Pferd der Griechen freilich fast ausschließt, zumal das Größenverhältnis verunklärt ist: Solche Doppeldeutigkeit ist ebenso typisch für den Manierismus wie die langgestreckten, kleinköpfigen Körper; in ihnen ist die byzantinische Tradition wirksam, die für El Grecos spiritualistische Auffassung immer entscheidend blieb.

△ Adriaen de Vries,
Waldsteinpalais, Prag
(Bronzeplastik)
△ Carl Hofer,
Augustinermuseum, Freiburg/Br.
▽ Vergil, Aeneis II, 31–57,
198–230
▽ Hyginus, Fabulae, 135

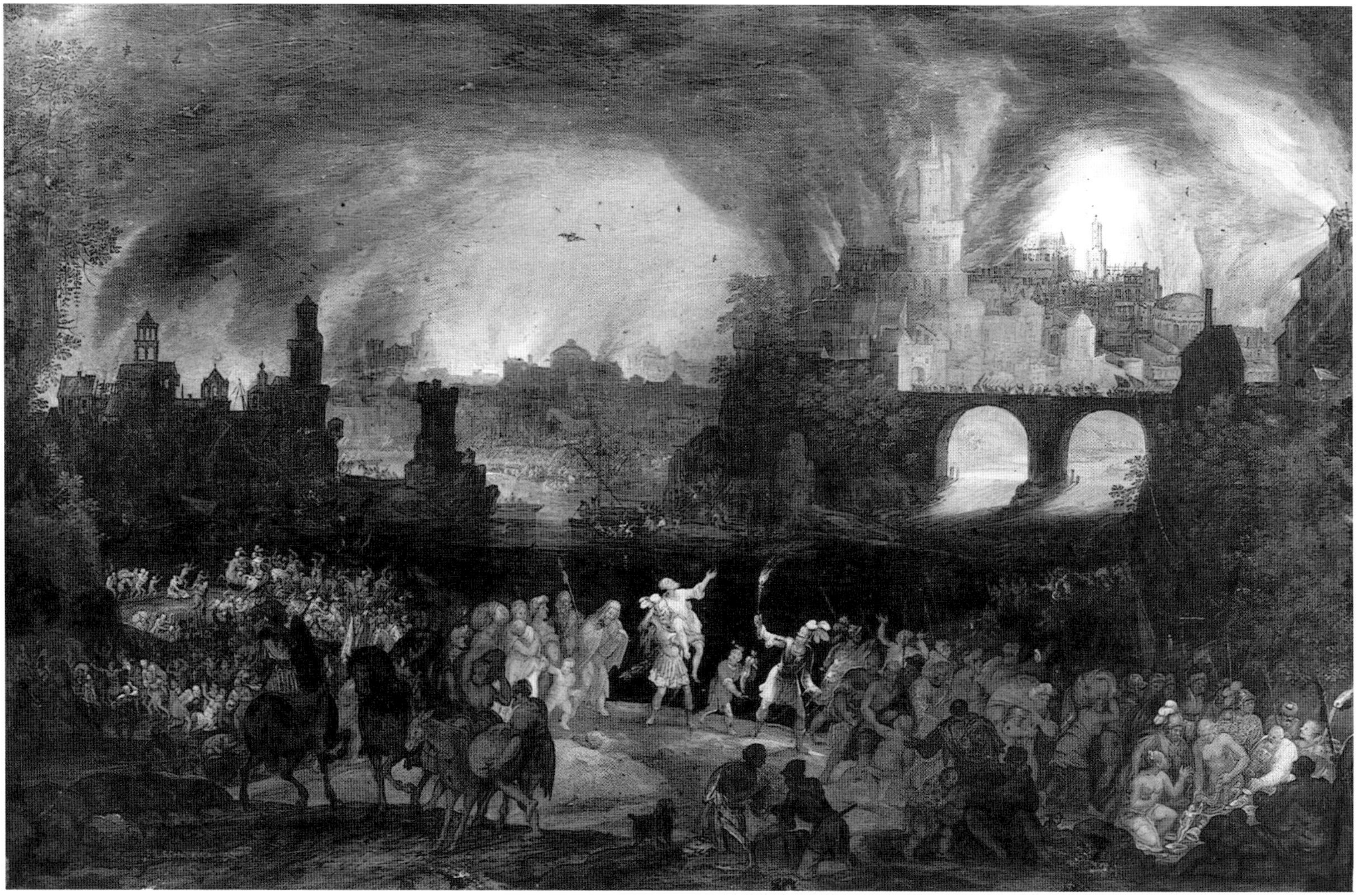

157
Pieter Schoubroeck
Um 1570 Heßheim bei Frankenthal
bis 1607 Frankenthal
Die Zerstörung Trojas
Bezeichnet links unten
PE SCHAVBRVCK 1606
Kupfer, 30,5 × 47 cm
Staatliche Gemäldegalerie Kassel

Das sagenhafte Troja geht in Flammen auf. Die Griechen haben es mit List endlich einnehmen können und angezündet, und die Bewohner, soweit sie nicht im Blutbad umgekommen oder in Gefangenschaft geraten sind, fliehen aus der brennenden Stadt. Rechts im Bild werden sie von Feinden angegriffen, und es kommt zum wilden Kampf. Vorn ist Aeneas zu erkennen, der seinen alten Vater Anchises auf dem Rücken trägt, daneben seine Gemahlin Kreusa mit dem kleinen Askanios. Noch hat er sie nicht verloren. Riesige Brände erhellen die Nacht, spiegeln sich im Wasser und lassen zum letzten Mal vor der Vernichtung die Umrisse der phantastischen Bauwerke vor unserem Blick erstehen, mit denen diese Stadt ausgestattet gewesen sein mag; der Vorstellungskraft der Maler waren hier keine Grenzen gesetzt. – Schoubroeck hat das Motiv nächtlicher Stadtbrände mehrfach dargestellt, den Brand von Troja wie den von Nero herbeigeführten Brand Roms oder den Untergang von Sodom und Gomorrha. Der Maler war Sohn flämischer Eltern, die in der von Kurfürst Friedrich III. von der Pfalz gegründeten Emigrantenkolonie für niederländische Reformierte in der Rheinpfalz Zuflucht vor den Glaubensverfolgungen gefunden hatten. Die Siedlung wurde daher zu einem Mittelpunkt flämischer Kunst. Hierher kam 1587 bis 1595 auch der Antwerpener Gillis van Coninxloo, der zum Hauptmeister der Frankenthaler Malerschule wurde und auch Schoubroecks Lehrer war. Charakteristisch für dessen meist kleinformatige Tafeln ist die Ausstattung mit vielen lebhaften winzigen Figuren, wie sie uns auch hier begegnen.

△ Jacob Willemsz de Wet, Herzog Anton Ulrich-Museum, Braunschweig
△ Johann Georg Trautmann, Goethemuseum, Frankfurt am Main
▽ Vergil, Aeneis II, 622–727

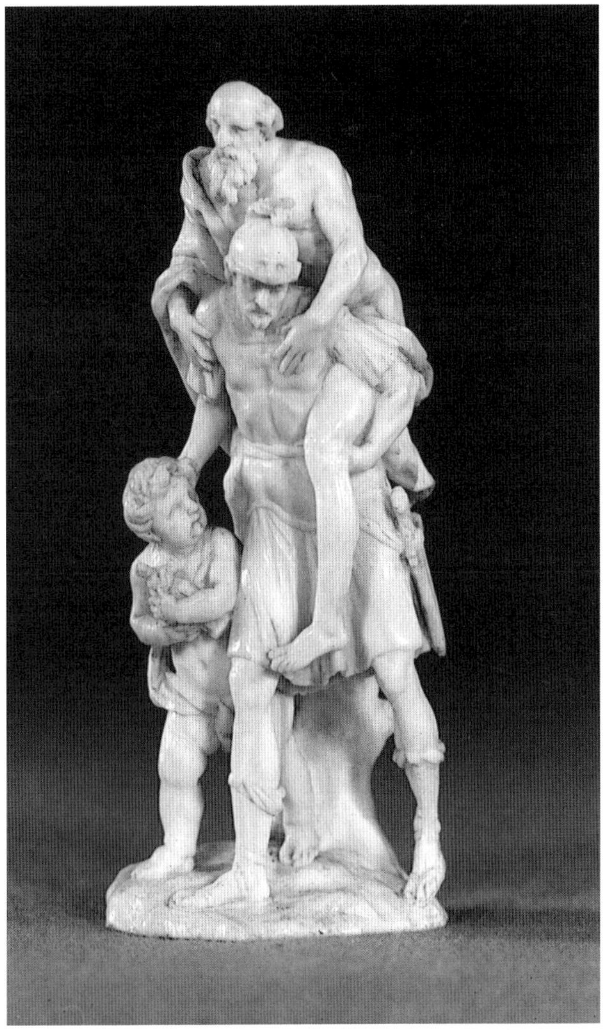

158
Thomas Heberet
Wohl 1. Hälfte 18. Jahrhundert
Aeneas mit seinem Vater Anchises und seinem Sohn Askanios
Elfenbein, Höhe 11 cm
Grünes Gewölbe, Dresden

Häufig wurde der aus dem brennenden Troja flüchtende Aeneas, der Schwiegersohn des trojanischen Königs Priamos, nur mit seinem greisen Vater Anchises auf dem Rücken dargestellt. In Wirklichkeit hatte er aber auch seinen kleinen Sohn Askanios bei sich, der später in Italien Alba longa, die Vorläuferstadt Roms, als religiösen Mittelpunkt des alten Latium gegründet haben soll und der dort den Namen Julius erhielt, weil das römische Kaiserhaus der Julier über ihn seine Abstammung auf des Askanios' Großmutter zurückführen wollte. Zuweilen ist auch noch Kreusa, die Gattin des Aeneas, mit abgebildet, doch hatte in Wirklichkeit Aeneas diese im Gedränge verloren und gesucht, bis sie ihm als Schattenbild erschien und verkündete, sie sei von Hera lebendig in den Olymp aufgenommen worden. – Das Elfenbein als eines der ältesten Werkstoffe der Bildschnitzerei fand ebenso wie schon in der spätantiken auch in der altchristlichen, byzantinischen und gesamten mittelalterlichen Kunst breite Verwendung. Während die Renaissance für Kleinkunstwerke die Bronze bevorzugte, kam es im Barock zu einer neuen Blüte. Im Grünen Gewölbe im Erdgeschoß des Residenzschlosses gab es für solche Elfenbeinarbeiten ein besonderes Zimmer, in das 1769 aus dem Nachlaß des Ministers Graf Brühl auch diese Gruppe gelangte. Nach der Angabe im alten Inventar war auf dem Sockel der Name des bis heute nicht identifizierten Künstlers Thomas Heberet zu lesen. Es ist erstaunlich, wieviel Ausdruckskraft der Bildschnitzer in das winzige Format zu legen verstanden hat: Wie spüren die Niedergeschlagenheit des Kriegers, der trotz aller Tapferkeit seine Heimatstadt nicht vor dem Untergang bewahren konnte, aber auch den Lebenswillen des Greises und die Unbekümmertheit des Knaben, der wie sein Vater noch zu großen Taten berufen ist.

△ Luca Giordano,
Prado, Madrid
△ Januarius Zick,
Mittelrhein-Museum, Koblenz
△ Sebastiano Ricci,
Museo de Arte, Ponce (Puerto Rico)
▽ Vergil, Aeneis II, 795–803

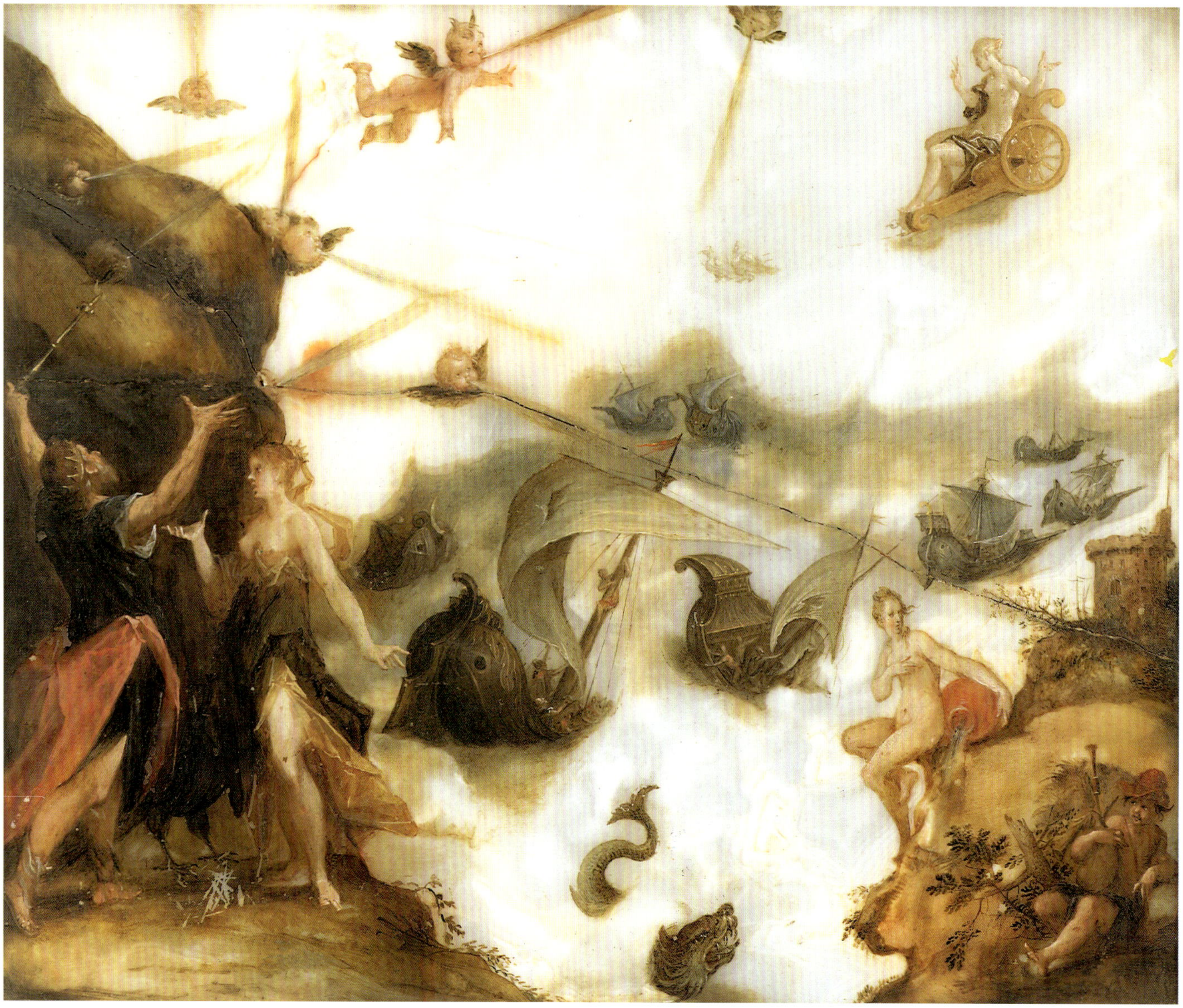

159
Hans von Aachen
1552 Köln – 1615 Prag
Die Entfesselung der Winde
1603–1604
Gemälde auf Alabaster, 38 × 45 cm
Kunsthistorisches Museum Wien, Schloß Ambras

Schönfarbige und -gemaserte Steine wurden – besonders in Italien und hier vor allem in Florenz – nicht nur für ornamentale und bildhafte Mosaiken verwendet, sondern dienten auch als Bildträger für Ölmalerei; ähnlich wie Glas können auch Marmorflächen und Schieferplatten ohne Grundierung bemalt werden und ermöglichen wegen ihrer Glätte eine besonders feine Pinselführung. Neben dem aus Verona gebürtigen Alessandro Turchi hat besonders der nach der Heimatstadt seines Vaters genannte Kölner Hans von Aachen feine Kabinettstücke auch auf Halbedelsteine gemalt. Die Meisterschaft der Natur, wie sie sich in solchen Steinflächen offenbart, wird durch eine kunstvolle Bemalung noch mehr hervorgehoben. Hans von Aachen hatte diese Technik in Italien kennengelernt und sie dann in Prag eingeführt. Er konnte um so schönere Kunstwerke dieser Art schaffen, als die kaiserlichen Sammlungen dort an geeigneten Steinen überaus reich waren. Hier hat er in einer manieristisch stark bewegten Komposition den wolkig gemusterten Achat zur Wiedergabe des von Sturm aufgewühlten Meeres und der vom aufspritzenden Gischt erfüllten Luft darüber genutzt. Auf einem schmalen Plateau der Steilküste gewahren wir links die an einem Krönchen erkenntliche Hera, neben dem ebenfalls gekrönten König Aiolos, der beschwörend das Zepter hebt und die Windgötter auf den Plan ruft. Sie erscheinen in Gestalt von Kinderengeln, und ihre Atemstrahlen folgen teilweise den Bruchstellen des Steins. Schon kocht das Meer und läßt die schwerfälligen Koggen bedenklich tanzen; ein großer Raubfisch wartet auf Beute. Venus, die in ihrem von Tauben gezogenen Wagen durch die Lüfte fährt, wird ihren Sohn und Schützling Aeneas aber vor dem Schlimmsten zu bewahren wissen. Mit der Nackten rechts neben dem Festungsturm könnte Dido bei Karthago gemeint sein, vielleicht aber auch eine Flußgöttin oder die Schönste der Nymphen, Deiopeia, die Hera dem Aiolos zum Lohn für seine Dienste versprach.

△ Johann Rudolf Byss, Bayerische Staatsgemäldesammlungen München, Schloß Schleißheim
△ Francesco Albani, Galleria Sabauda, Turin
△ Jean Restout d. J., Staatliche Ermitage, St. Petersburg
▽ Vergil, Aeneis I, 50–123

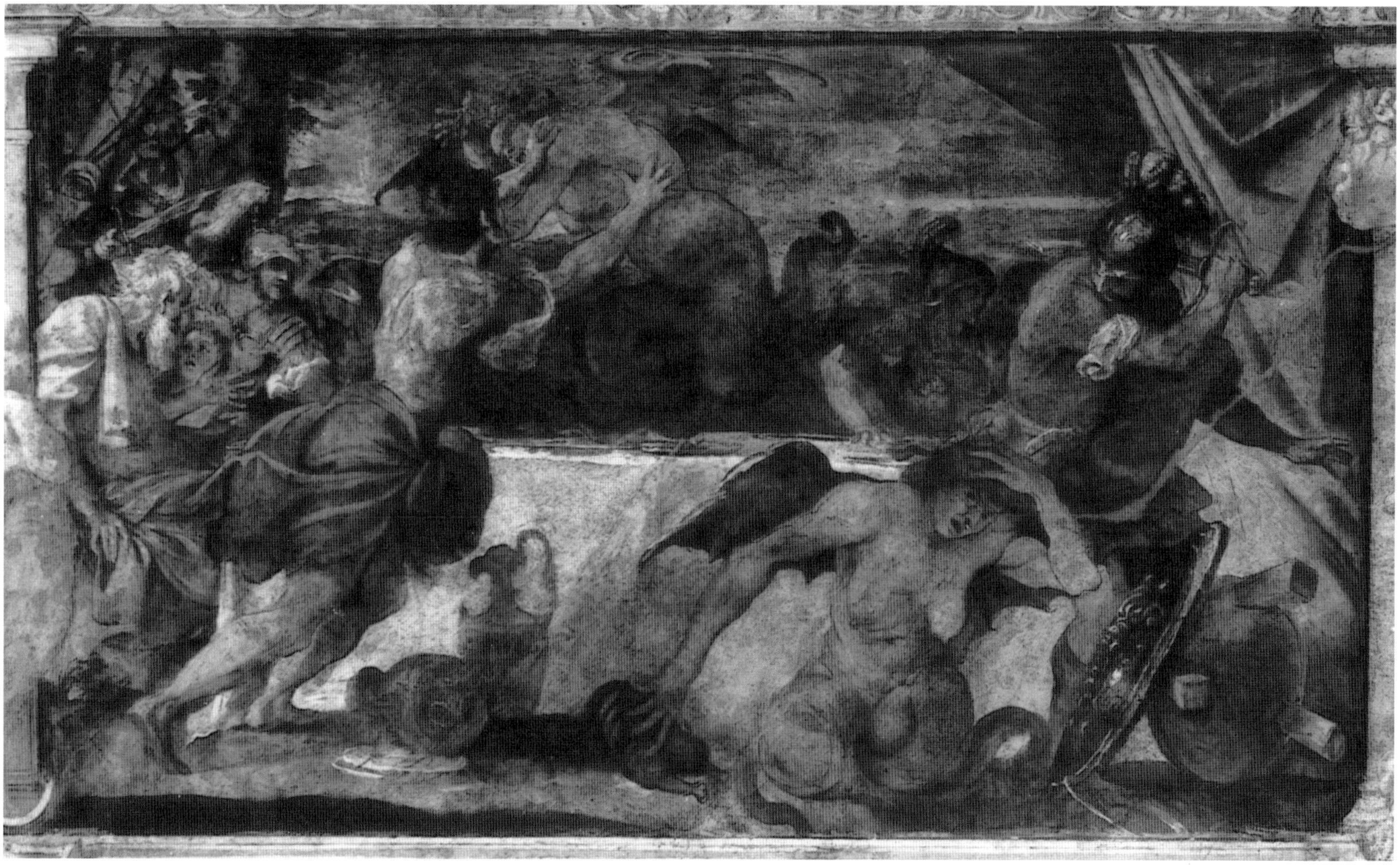

160
Lodovico Carracci
1555 Bologna – 1619 Bologna
Die Harpyien besudeln das Mahl der Krieger
1580–1585
Fresko
Palazzo Fava, Bologna

Lodovico Carracci war der Vetter von Annibale und Agostino Carracci und gründete mit ihnen eine gegen den Manierismus gerichtete Schule, die sich später zur berühmten Akademie von Bologna entwickelte und wesentlichen Anteil an der Herausbildung des Barockstils hatte. Lodovicos erste große Arbeit war die Ausmalung eines Saales im Familienpalast des Grafen Filippo Fava mit Szenen aus der Geschichte des Aeneas. Das gemalte Rahmenwerk schließt zwölf Felder mit abwechslungsreichen Kompositionen ein. In Freskotechnik sind die ganz realistisch empfundenen, auf sorgfältigem Aktstudium beruhenden Gestalten über die Flächen verteilt, wobei immer der wirkungsvollste Augenblick des Geschehens herausgegriffen ist. Wie bei Abendmahlsdarstellungen der Renaissance ist hier die Tafel bildparallel in die Raummitte gerückt und sind die Figuren darum gruppiert. Zwei Harpyien sind stellvertretend für ihre Artgenossen wiedergegeben, und ihr Auftreten ist eher von Verzweiflung bestimmt, sie sind unbewaffnet und müssen den Kriegern gleich unterliegen. Während die eine, über dem Boden schwebende, von einem Unbewaffneten abgedrängt wird, erwartet die andere davor angstvoll und mit dem hilflosen Versuch, sich noch zu schützen, den Todesstreich von einem Behelmten. Es wirkt, als hätten die geflügelten und schlangenfüßigen, doch sehr fraulich dargestellten Wesen eine Annäherung versucht, die ihnen nicht gewährt wurde. Die Harpyien hatten zuvor den seherischen König Phineus belästigt und waren von den Argonauten nach den Strophaden-Inseln vertrieben worden, zum Dank dafür, daß Phineus den Seefahrern den Weg nach Kolchis gezeigt hatte.

△ Pozzoserrato,
National Gallery, London
△ François Perrier,
Louvre, Paris
▽ Vergil, Aeneis III, 224–244

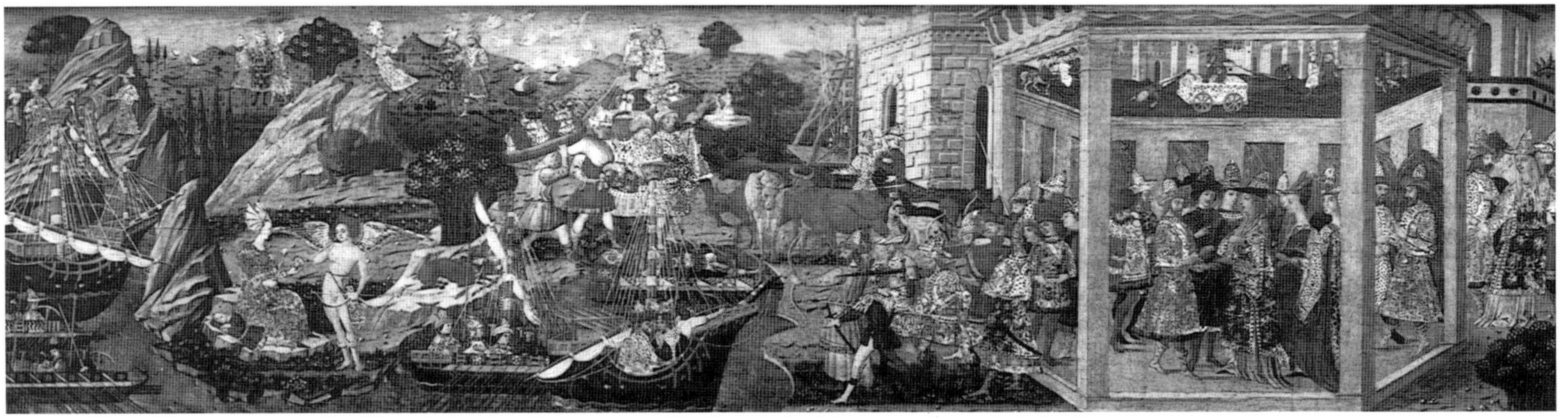

161
Meister der Dido-Truhe
Tätig Mitte des
15. Jahrhunderts in Florenz
Die Ankunft des Aeneas
bei Dido in Afrika
Holz, 42,5 × 164 cm
(Teilwiedergabe)
Niedersächsische Landesgalerie
Hannover

Der anonym gebliebene florentinische Maler erhielt diesen Notnamen, weil er vor allem durch die zwei Cassoni- oder Truhenbilder in Hannover mit der Geschichte des Aeneas und der Dido bekannt geworden ist. Er verstand es, Stilelemente anderer Künstler wie Filippo Lippi, Castagno oder Pesellino geschickt zu einer neuen Ausdrucksweise zu vereinigen. Seine Arbeiten lassen erkennen, daß er von der Miniaturmalerei herkam. Die beiden Cassonigemälde waren die Vorderwände von zwei zusammengehörigen Hochzeitstruhen. Das Gegenstück zeigt das Gastmahl und die Jagd der Dido. Die Darstellungen folgen dem mittelalterlichen Prinzip der Simultaneität. Der hier wiedergegebene Teil der ersten Tafel zeigt, wie Aeneas an der libyschen Küste landet. Links oben ist zu sehen, wie er und sein treuer Gefährte Achates die als Nymphe verkleidete Venus treffen. Links vorn beredet diese Armor, auf Aeneas und Dido zu schießen, um sie füreinander zu entflammen, und entschwebt dann mit den Tauben. Aeneas und Achates haben sich nach Karthago zu Dido begeben, während Diener die goldenen Gaben aus den Schiffen ans Land bringen (nach Paul Schubring). Der Größenmaßstab wechselt dabei, auch im Sinne der umgekehrten Perspektive, die weiter Entferntes wegen seiner Bedeutung größer wiedergibt als Nähergelegenes.

▽ Vergil, Aeneis IV

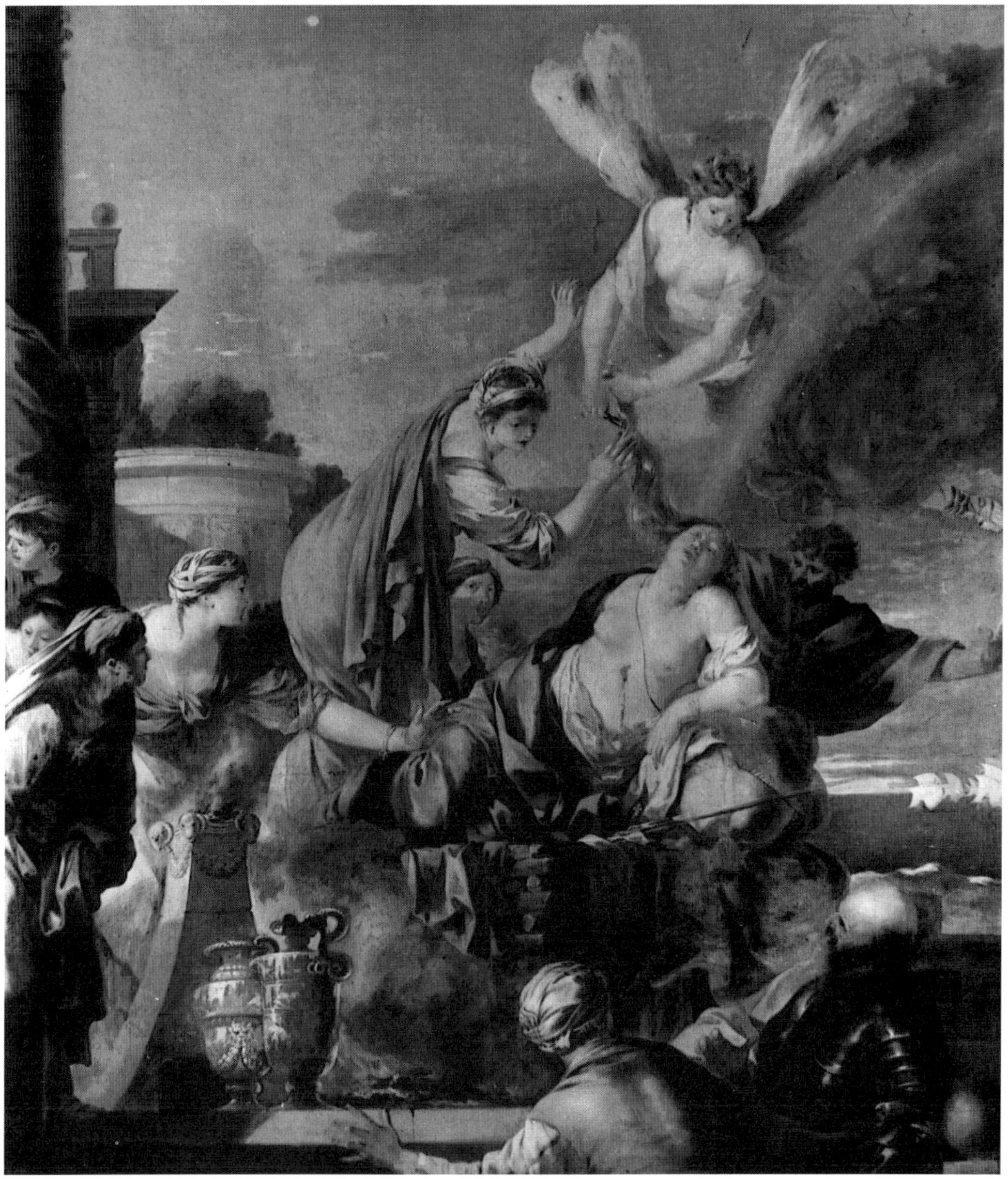

162
Sebastien Bourdon
1616 Montpellier – 1671 Paris
Der Tod der Dido
Leinwand, 158,5 × 139,5 cm
Staatliche Ermitage, St. Petersburg

»Die Bahn, die das Glück mir bestimmt, ist durchlaufen«, läßt Vergil in seiner »Aeneis« die Königin von Karthago sagen, als sie sich zum Freitod entschließt und das Schwert – es ist das von Aeneas bei der Flucht zurückgelassene – gegen sich selbst richtet, obgleich sie weiß, daß sie ungerächt stirbt. Der Geliebte hat sie schmählich verlassen, die Segel seiner Flotte sind schon fern auf dem Meer zu sehen. Didos flüchtiger Gedanke nach Bekanntwerden des Fluchtplanes der Trojaner, Aeneas wie auch seinen Sohn Askanios und alle seine Gefährten in einer Schlacht zu vernichten, ist nicht zur Ausführung gelangt. Die vertraute Schwester Anna, nach der Dido kurz zuvor die alte Amme geschickt hatte, findet die Königin nur noch sterbend. Sie erkennt erst jetzt, was der Holzstoß, die Altäre und das Feuer – angeblich für den treulosen Dardanier bestimmt – zu bedeuten hatten. Wieder und wieder versucht die Todwunde, sich noch einmal aufzurichten, das Licht des Himmels suchend. Endlich erbarmt Hera sich ihrer und schickt Iris, daß sie Dido die blonde Locke vom Haupt nehme und damit endlich den Geist vom Körper löse: »... und das Leben entwich und zerstob in die Lüfte«, heißt es am Ende bei Vergil. Aeneas aber, dem der von Zeus gesandte Hermes mit dringlicher Mahnung zum Aufbruch erneut im Traum erschienen ist, wird in Latium des Königs Latinus Tochter Lavinia zur Gemahlin nehmen. – Bourdon, als Sohn eines Glasmalers geboren, erfreute sich schon zu Lebzeiten großer Beliebtheit. Er gehörte zu den Begründern der Académie royale und war auch zeitweilig deren Rektor. Er hat die Szene in lichter Farbigkeit gestaltet. Orange, Braun und changierendes Blau im Mittelpunkt assoziieren den königlichen Anspruch, der nun dem Tode verfällt.

△ Guercino,
Galleria Spada, Rom
△ Johann Heinrich Füßli,
Yale Center for British Studies
and British Art, New Haven
▽ Vergil, Aeneis IV, 642–705

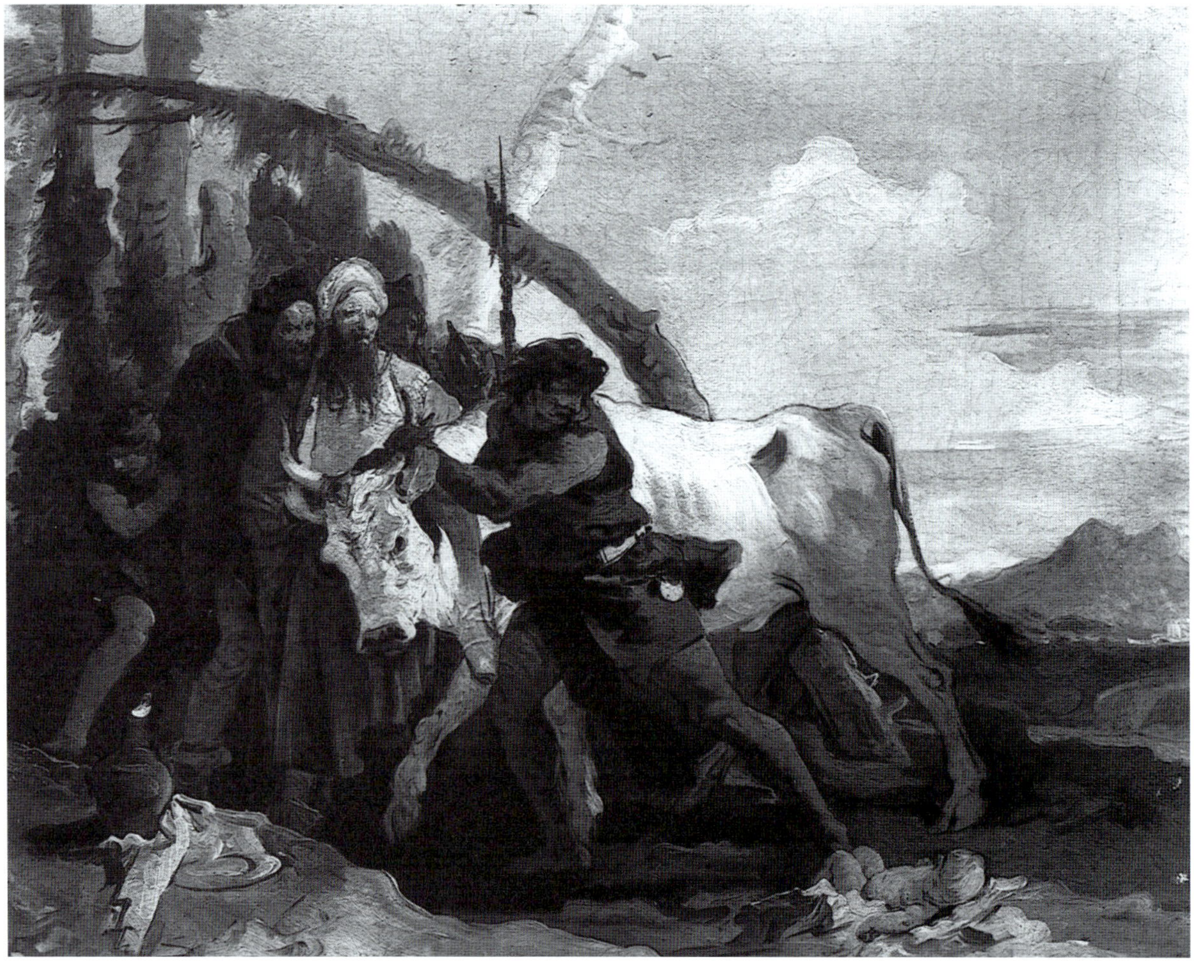

163
Giovanni Battista Tiepolo
1696 Venedig – 1770 Madrid
Der Wahnsinn des Odysseus
Um 1756–1758
Leinwand, 43 × 52 cm
Sammlung Borletti, Mailand

In einer Skizze von kleinem Format, die aber nicht in ein größeres Gemälde umgesetzt wurde, hat der berühmte venezianische Maler die Szene mit dem Wahnsinn heuchelnden pflügenden Odysseus veranschaulicht. Die Boten Agamemnons, voran Palamedes, stehen am Rande des Feldes bei einer Baumgruppe und beobachten aufmerksam und abwartend, wie Odysseus sich nun verhalten wird. Das Knäblein auf der Erde ist den Tritten von Menschen und Tieren schutzlos preisgegeben, und das Mädchen links hinten, das wohl zur Aufsicht über den Säugling bestellt war, wendet sich aus Furcht vor dem drohenden Unheil klagend ab. Odysseus aber hat schon gehandelt und mit Gewalt den Stier zur Seite gedrückt. Alles ist in großer Unmittelbarkeit geschildert, im lockeren Stil der späteren Zeit Tiepolos und in reinen und hellen Farbtönen, die in ihrer Transparenz an Freskomalerei erinnern. Mit sparsamen Mitteln ist die Vorstellung einer klassischen Landschaft auf der Insel Ithaka erzeugt, mit dem Kalkgebirge und dazwischenliegenden Senken. Das Bild gilt als Gegenstück zu einem »Raub der Helena«, als dem Ereignis, das der Werbung der griechischen Helden für den Krieg gegen Troja vorausging.

▽ Hyginus, Fabulae, 95
▽ Philostratos d. Ä., Heroika 11, 2

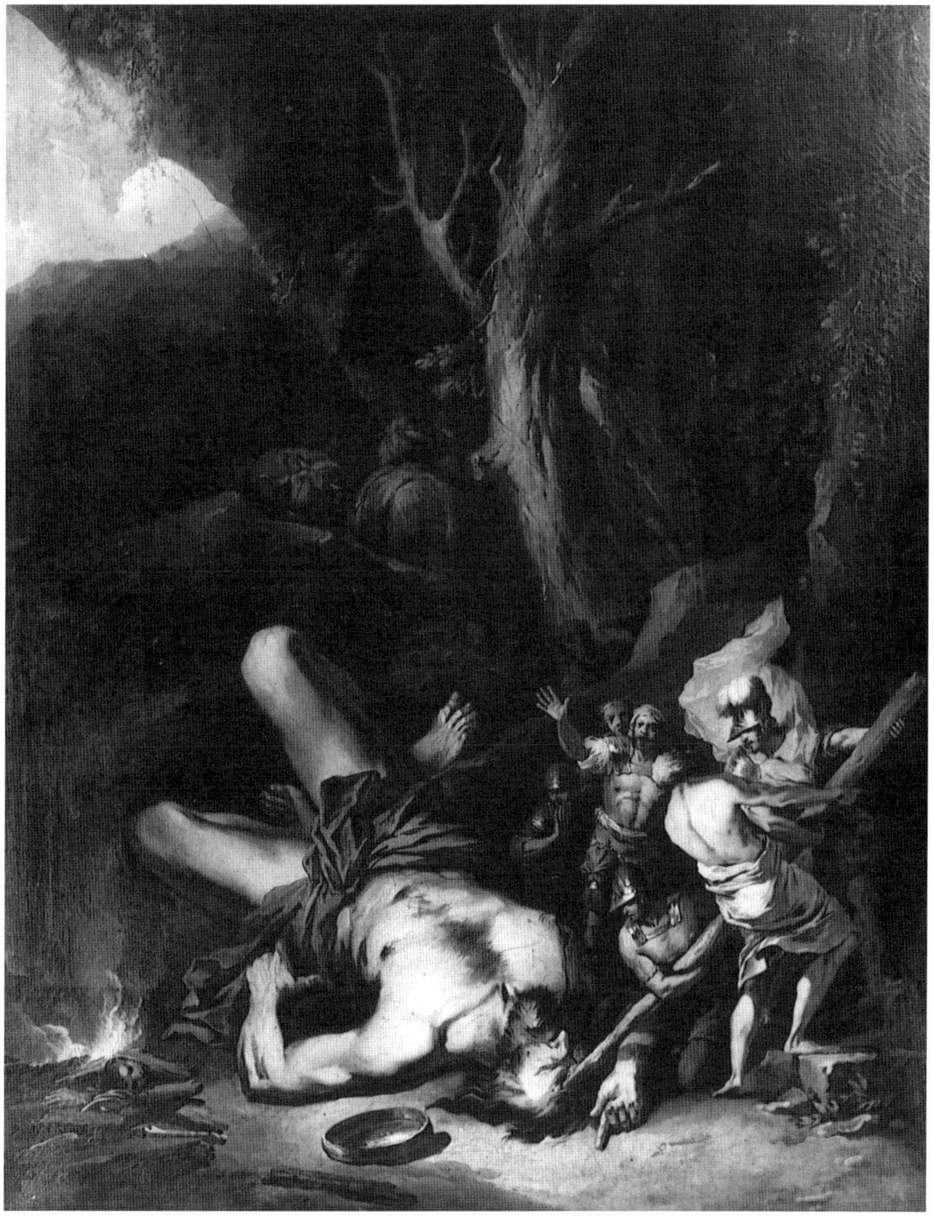

164
Christian Wilhelm Ernst Dietrich
1712 Weimar – 1774 Dresden
Die Blendung Polyphems
Leinwand, 121 × 95,5 cm
Staatliche Galerie Dessau

Das Bild ist das Gegenstück zu der ebenfalls in Dessau befindlichen Darstellung, wie Iason den kolchischen Drachen einschläfert (vgl. Abb. 132). Auch hier müssen die Helden Todesmut beweisen, doch bleibt ihnen keine Wahl. Odysseus konnte selbst mit der Weinspende an den Unhold für sich keine andere Gnade erwirken als das Versprechen, als letzter getötet und verzehrt zu werden. Nun aber kommt Polyphems Trunkenheit, die ihn in Schlaf versetzt hat, den Eingeschlossenen zu Hilfe. Mit aller Kraft bohren sie den glühenden Pfahl in das einzige Auge des Kyklopen, so daß es »wie heißes Eisen im Wasser« zischt. Das Schmerzgebrüll des geblendeten Riesen wird seine Stammesbrüder entlang der Küste und im Gebirge herbeirufen, doch hatte der listenreiche Odysseus vorgesorgt, als er sich »Niemand« nannte. Nun wird Polyphem zur Höhle hinausschreien, daß »Niemand« ihn geblendet habe und »Niemand« ihn töten wolle und wird für krank gehalten werden. – Dietrich hat der Szene dramatische Wirkung verliehen, sowohl durch den Helldunkelkontrast als auch durch Bewegtheit und starke perspektivische Verkürzung der Gestalten, besonders des Kyklopen, dessen Körper kopfunter, »rücklings gebeugt das Genick« und daher zum Aufstehen unfähig, auf dem ansteigenden Felsboden liegt. Die Höhle wölbt sich hoch darüber, wodurch die Figurengruppe zusätzliche Monumentalität gewinnt. – In ähnlicher Weise wie die mythologischen hat Dietrich auch biblische Geschichten veranschaulicht. Er hat aber auch zahlreiche Landschaften und Porträts gemalt und war überaus produktiv. 1748 wurde der Hofmaler Inspektor der Dresdener Gemäldegalerie und 1764 Professor für Landschaftsmalerei an der neugegründeten Kunstakademie.

▽ Homer, Odyssee IX, 336–412
▽ Vergil, Aeneis III, 631–639

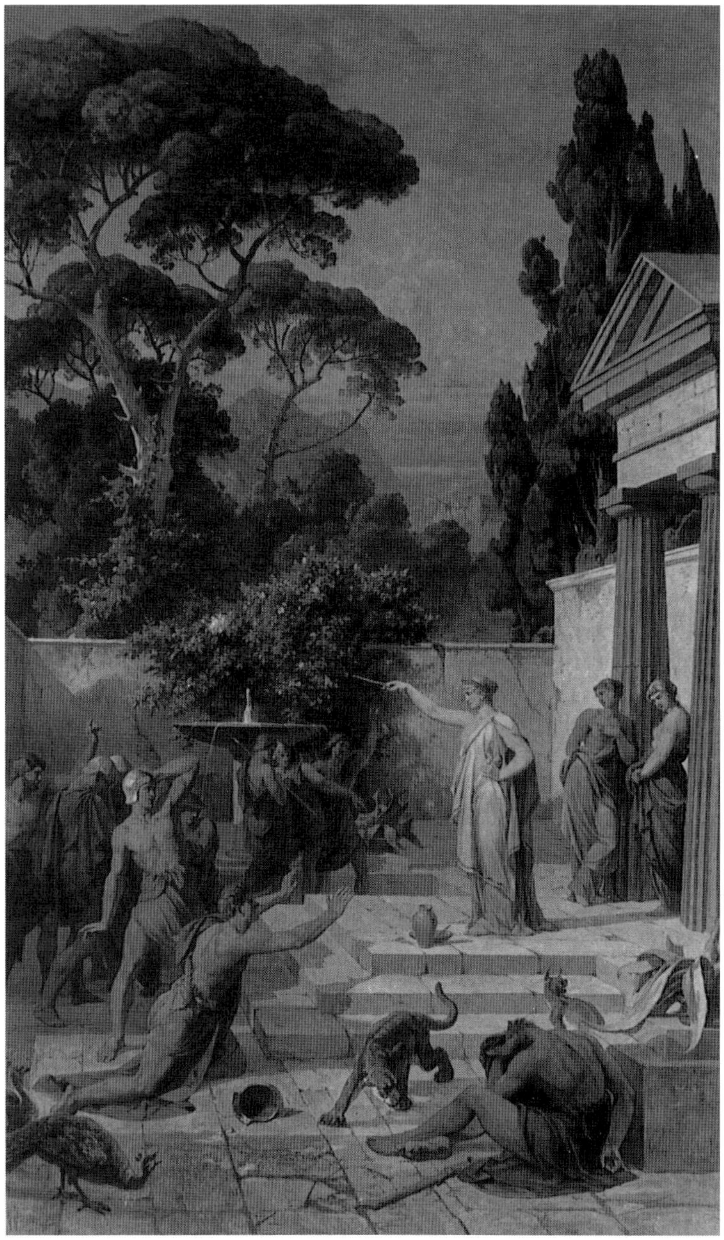

165
Friedrich Preller der Ältere
1804 Eisenach – 1878 Weimar
Die Gefährten des Odysseus, von Circe verwandelt
1865–1869
Wachsfarben auf Kalkputz, 155 × 92 cm
Schloßmuseum Weimar

Vergebens fleht einer der Männer Circe an, ihn von der Verwandlung in die Tiergestalt zu verschonen, und ein anderer neben ihm richtet wie gebannt den Blick auf die Zauberin, die ihn zu ihrem nächsten Opfer erwählt hat. Ein Dritter ist in Trauer und Erschöpfung neben einem Steinpostament niedergesunken, während alle übrigen, die noch ihre menschliche Gestalt besitzen, in Gleichmut verharren. Manche aber sind schon zu Tieren geworden, folgen als Panther oder Pfau ihrer Natur und versuchen wohl auch eine scheue Annäherung. Circe indessen, die in ihrer hohen Gestalt auf der Freitreppe vor dem Portikus wie eine Statue anzusehen ist, führt gebieterisch unbarmherzig ihren Zauberstab, so daß der Vorhof bald von den verschiedensten Tieren angefüllt sein wird. – Friedrich Preller hat in Abweichung von der mythologischen Erzählung neben anderen Tieren Schweine nur angedeutet und damit eine gewisse Idealisierung des Motivs erreicht. Die Anregung zu seinen zahlreichen Odysseebildern empfing er schon 1830 bei seinem ersten Aufenthalt in Italien, den er einem Stipendium des Großherzogs Karl-August von Sachsen-Weimar, dem vertrauten Freunde Goethes, zu verdanken hatte. Die Kartons zu diesem und weiteren 15 Odysseebildern schuf Preller 1860/61 in Rom und führte sie dann im Auftrag Karl Alexanders, des Enkels Karl Augusts, aus. Seine Landschaften sind von der heroischen Auffassung des deutsch-römischen Malers Joseph Anton Koch geprägt und verraten Prellers Sehnsucht nach dem Süden.

△ Dosso Dossi, National Gallery of Art, Washington
△ Jan van der Straet, Palazzo Vecchio, Florenz
△ Pellegrino Tibaldi, Palazzo Poggi, Bologna
▽ Homer, Odyssee X, 229–243

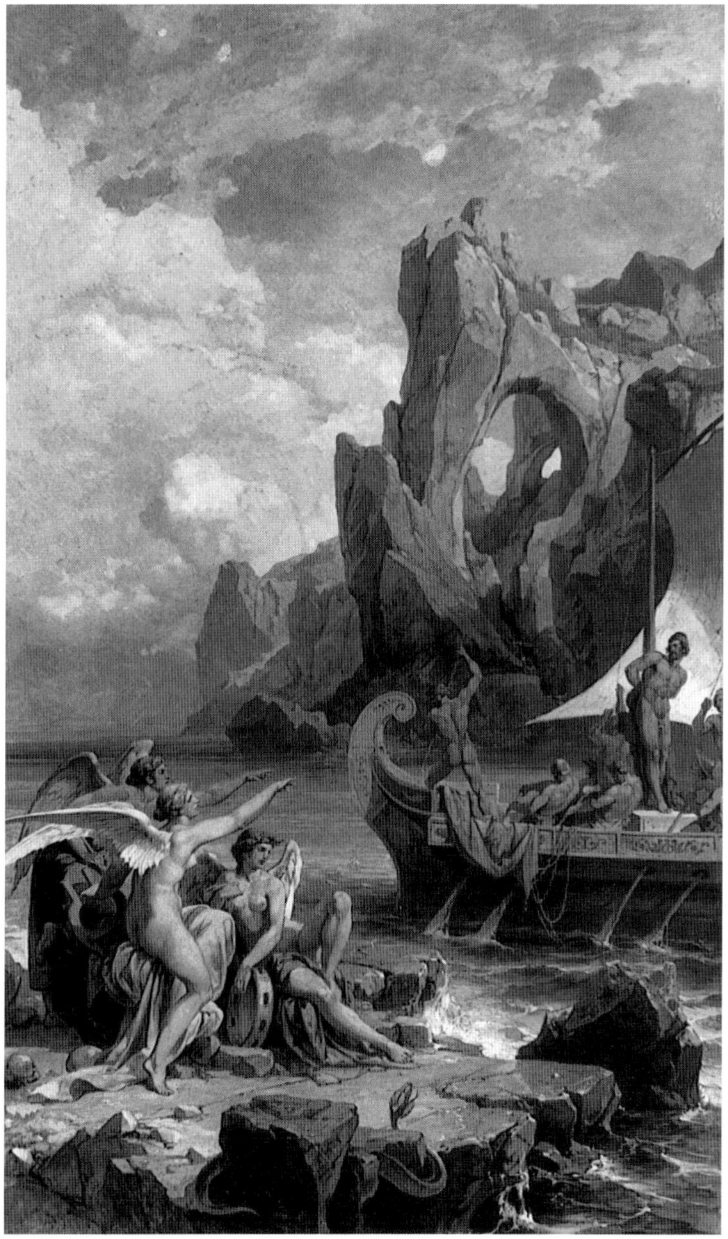

166
Friedrich Preller der Ältere
1804 Eisenach – 1878 Weimar
Odysseus und die Sirenen
1865–1869
Wachsfarben auf Kalkputz,
155 × 92 cm
Schloßmuseum Weimar

Auch diese Darstellung gehört zu dem seit 1859 vorbereiteten, in den Jahren von 1865 bis 1869 ausgeführten Zyklus zu Homers »Odysee«, der seitdem die sogenannte Prellergalerie des Schloßmuseums Weimar schmückt. Preller hatte bei seinem zweiten Italienaufenthalt in Sorrent und auf Capri Studien dafür gemacht, die felsige Insel am Südeingang des Golfs von Neapel ist in der romantisch empfundenen Küstenlandschaft deutlich zu erkennen. Unterhalb von drohend aus dem Meer aufragenden, unzugänglichen Felswänden, dicht vorbei an gefährlichen Klippen, sucht sich das Schiff der Heimkehrer aus dem Trojanischen Krieg seinen Weg durch die Meerenge. Die Sirenen, hochgewachsene Frauen, die mit Vögeln nur die starken Flügel gemeinsam haben, begrüßen es mit winkenden Armen, und fast möchte man es nicht glauben, daß sie ihren schönen Gesang dazu nützen, Seeleute nur anzulocken, um ihnen den Tod zu bereiten; am Boden liegende Totenköpfe lassen aber keinen Zweifel zu, und auch die am Rande von den Steinquadern aufzüngelnde Schlange verheißt Unheil. Odysseus und seine Gefährten haben sich geschützt und werden der Gefahr entgehen. Der Wind bläht das Segel des Schiffes, und die taub gemachten Ruderer schauen kaum herüber, während der gefesselte Odysseus die Lockungen zwar vernimmt, ihnen aber nicht folgen kann. Er wird dann über dieses Abenteuer berichten können. – Preller hat nach späterer Auffassung drei Sirenen dargestellt, während Homer zunächst nur zwei nannte. Das riesige Felsentor erinnert an den Arco Naturale auf Capri. Auch dieses Bild ist von einem ins Theatralische reichenden Monumentalstil bestimmt und in den Figuren auch von dem 1859 nach Weimar berufenen Bonaventura Genelli beeinflußt.

△ Otto Greiner,
Museum der bildenden Künste,
Leipzig
△ Pablo Picasso,
Musée Picasso, Antibes
▽ Homer, Odyssee XII, 39–54,
165–200

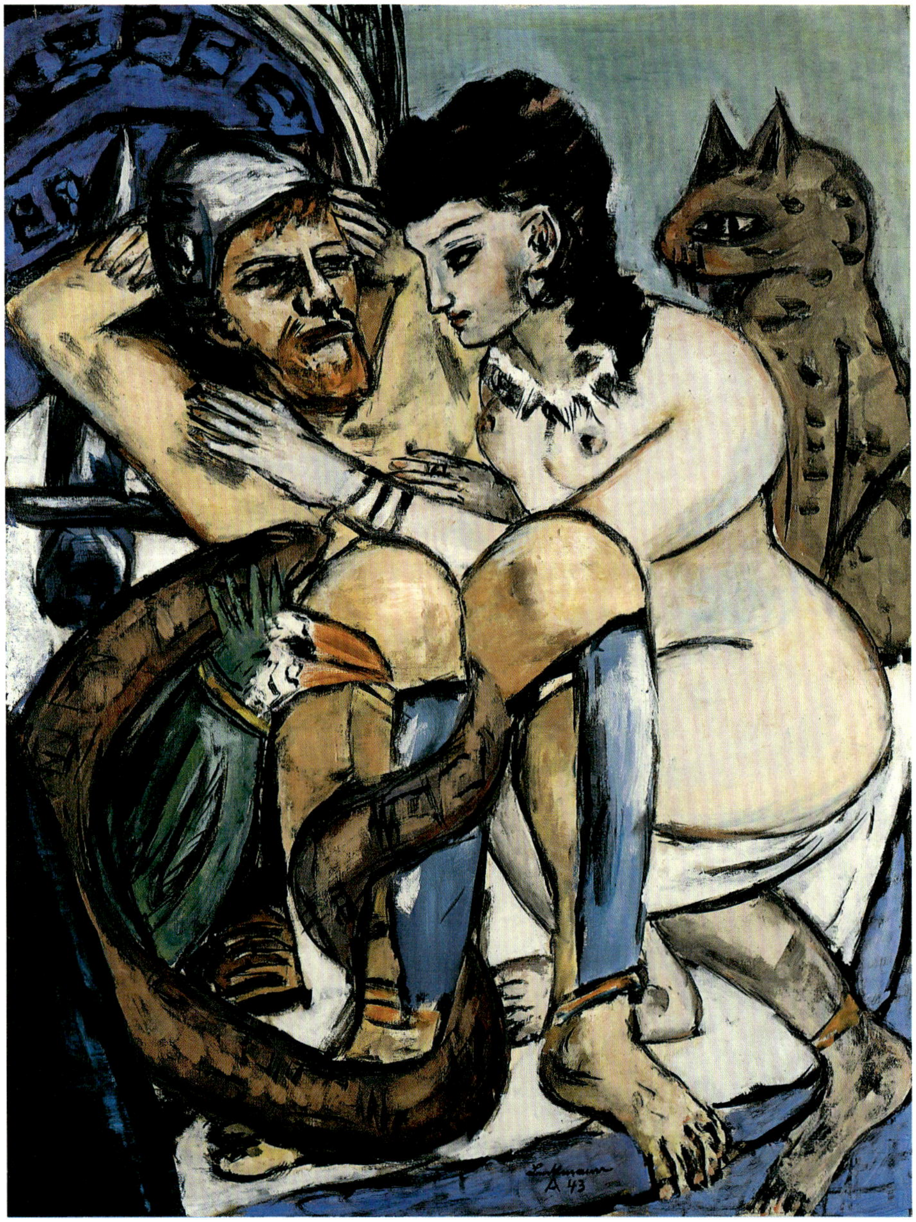

167
Max Beckmann
1884 Leipzig – 1950 New York
Odysseus und Kalypso
1943
Bezeichnet unten in der Mitte:
Beckmann A 43
Leinwand, 150 × 116 cm
Hamburger Kunsthalle

Odysseus nimmt die Annäherung der weißhäutigen Nymphe gelassen hin; er ist noch halb gerüstet und nach der langen abenteuerlichen Fahrt ermüdet und des Ausruhens bedürftig, und die oft entbehrten Liebkosungen bereiten ihm ein Wohlgefühl, doch zeigt er zunächst keine Regung, von Kalypso Besitz zu ergreifen. So aber, wie die starke Schlange sich um seinen Körper zu winden beginnt, ist die Verführung im Gange. Kalypso beginnt Odysseus in ihre Netze zu verstricken, aus denen er sich erst nach langer Zeit wird lösen können. Wie unabsichtlich und ohne ihn anzublicken, berührt sie ihn mit zarten Händen, schmiegt sich sacht an und läßt ihn ihre vollen Brüste, ihre weichen Arme und wohlgerundeten Schultern und Hüften sehen und auch spüren. Wie die Riesenschlange haben auch das großäugige Raubtier und der grüne, rotschnäblige exotische Vogel an diesem Liebeszauber Anteil, den Beckmann mit psychologischem Tiefblick in unnachahmlicher Weise gestaltet hat. Einer sexuellen Versuchung dieser Art vermag auch Odysseus nicht zu widerstehen. Die Komposition ist expressiv gedrängt, und in der für Beckmann charakteristischen, archaisch wirkenden Vereinfachung, Strenge und Verdichtung der Formen liegt etwas Barbarisches, das sich nichtsdestoweniger mit einem hohen sinnlichen Reiz verbindet. Beckmann sah das Motiv wie die meisten von ihm gestalteten gleichnishaft. »Wie viele Odysseuse gibt es?«, schrieb er am 6. November 1943 in sein Tagebuch, nachdem er in Amsterdam abends im Theater eine »Odyssee« gesehen hatte. 1937 hatte er vor dem Hitlerregime aus Berlin flüchten und damit selbst eine »Odyssee« antreten müssen. Odysseus war für ihn eine Verkörperung des Menschen, der immer neuen schicksalhaften Einflüssen unterliegen muß und seinen Weg unter ständigen Bedrohungen geht. Auch die Nymphe Kalypso ist dafür ein Bild.

△ Arnold Böcklin, Kunstmuseum Basel
△ Pierre-Charles Trémolières, Musée Fabre, Montpellier
▽ Homer, Odyssee V, 13–14, 55–269

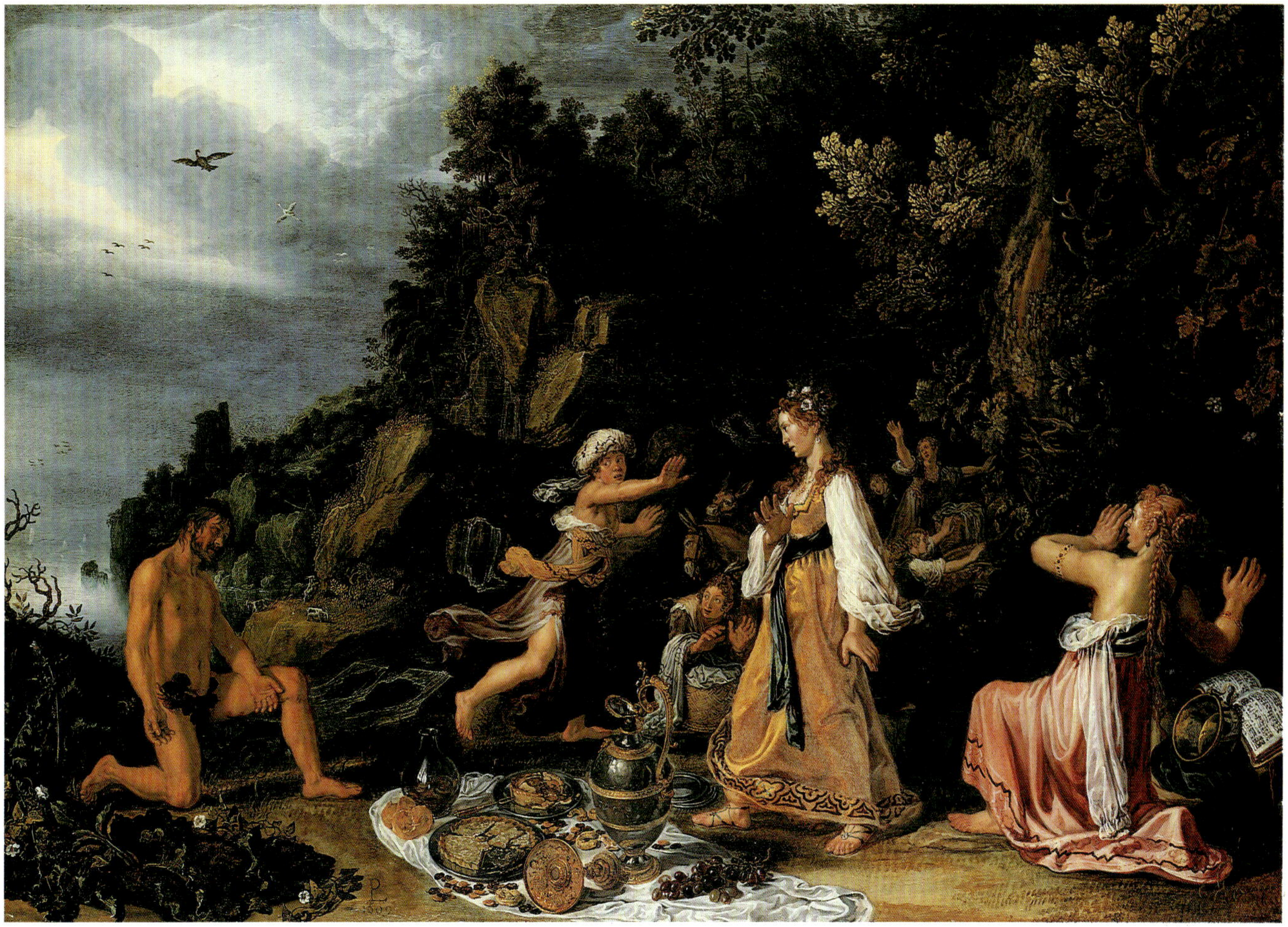

168
Pieter Lastman
1583 Amsterdam – 1633 Amsterdam
Odysseus und Nausikaa
Bezeichnet links unten:
PL (ligiert) 1609
Eichenholz, 87 × 124 cm
Herzog Anton Ulrich-Museum,
Braunschweig

Odysseus, der nach seinem Schiffbruch voller Erschöpfung dreißig Stunden lang im Dickicht geschlafen hat, ist erwacht und hervorgetreten und fleht die Phaiakenprinzessin Nausikaa um Hilfe an. Während die Mägde, die nach dem Wäschewaschen Ball gespielt und eine Mahlzeit gehalten haben, erschrocken die Hände heben und erstarrt sind, sich ducken oder fliehen, bleibt Nausikaa gefaßt und verrät ihre größere Reife und Sicherheit. Lastman hat die waldige Landschaft des Meerufers sorgfältig geschildert und zur Hintergrundkulisse gemacht. In seinem zehn Jahre später, 1619, gemalten Bild gleichen Themas in der Staatsgalerie Augsburg ist sie dann völlig zurückgedrängt, von dem maultierbespannten Wäschewagen mit den daraufsitzenden Mägden verdeckt, während Odysseus rechts vorn kniet und Nausikaa statuenhaft links vor dem Horizont steht. Schon hier wie auch dort wieder hat Lastman seine Neigung zur Stillebendarstellung erkennen lassen: Mit prunkvollen Gegenständen ist auf einem Tuch ein erlesenes Frühstück dargestellt, mit zwei Pasteten, einem kunstvollen Weinkrug, Brot, Trauben und anderem. Vorn ausgebreitet, erscheint es wie ein Symbol der Gastlichkeit, und so gewinnt der Betrachter auch die Gewißheit, daß Odysseus Nahrung und Hilfe erhalten wird, um endlich, zwanzig Jahre nach seiner Ausfahrt, nach Hause zu gelangen. Nausikaa im hochgegürteten Kleid, mit leicht geneigtem Kopf und blumengeschmücktem Haar, erinnert an Rembrandts Bildnis der Saskia als Flora von 1634 in der Ermitage, und wir besinnen uns darauf, daß Rembrandt in Amsterdam Pieter Lastmans Schüler war.

△ Jan Pynas,
Staatliche Ermitage,
St. Petersburg
△ Valentin Alexandrowitsch
Serow,
Staatliche Tretjakow-Galerie,
Moskau
▽ Homer, Odyssee VI, 127–250

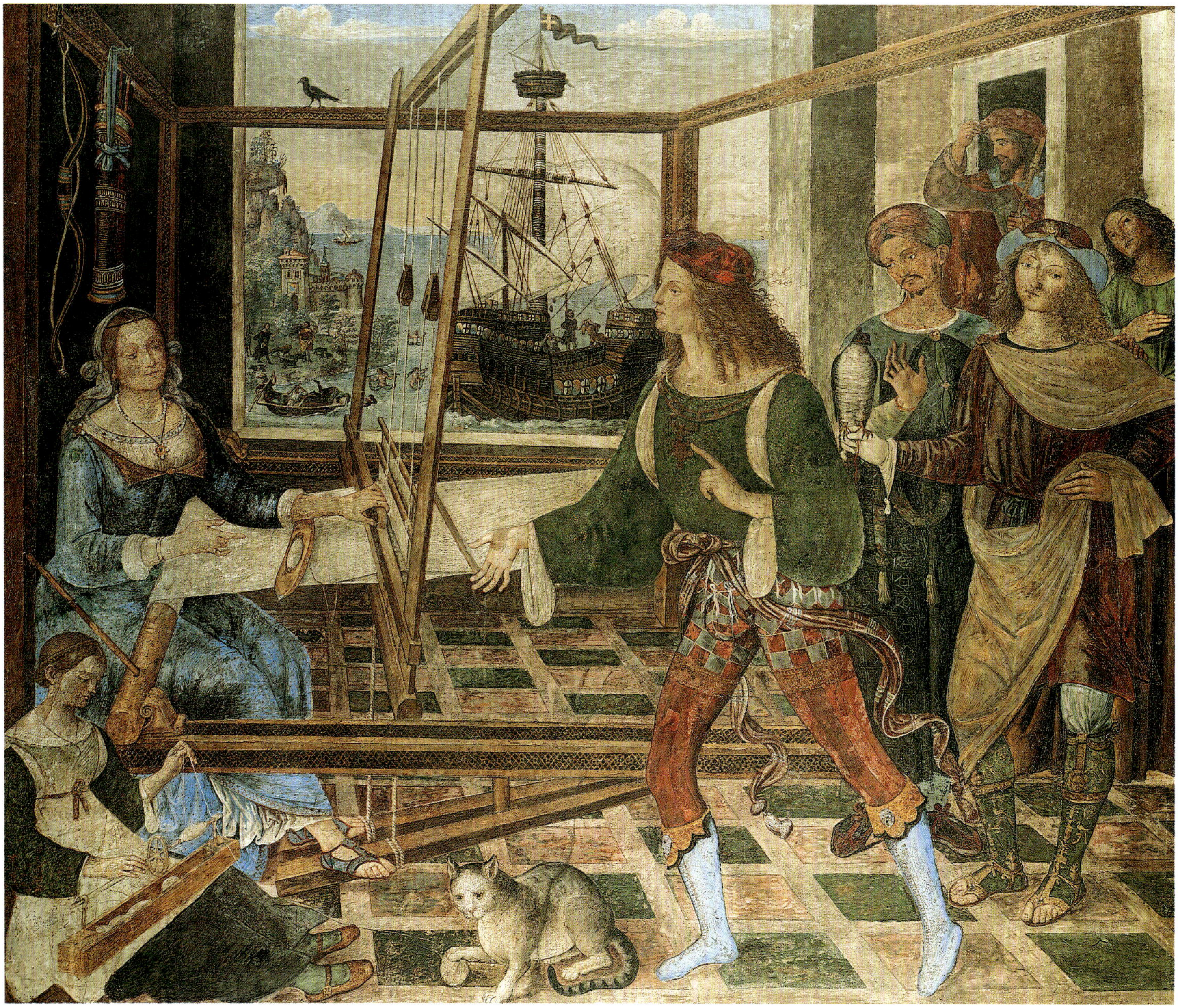

169
Pinturicchio,
eigentlich Bernardo di Betto Biagio
Um 1454 Perugia – 1513 Siena
Szenen aus der Odyssee
Wohl 1508–1509
Fresko, auf Leinwand übertragen,
125,5 × 152 cm
National Gallery, London

Pinturicchio war wie Raffael Schüler Peruginos und hat eine anmutsvolle, farbenprächtige und detailreich genrehaft erzählende Darstellungsart entwickelt. Wir sehen Penelope in ihrem Gemach am Webstuhl, wo hinter ihr Bogen und Köcher ihres abwesenden Gemahls Odysseus an der Wand hängen. Der junge Mann, der sich ihr nähert, ist wahrscheinlich ihr Sohn Telemachos, soeben von einer Reise zurückgekehrt, auf der er seinen Vater suchen wollte. In dem Mann mit dem Falken dagegen ist wohl einer der Freier zu sehen, dazu im Turban vermutlich der blinde Seher Theoklymenos und weiter ein Mann, der augenscheinlich die Zustände beklagt, möglicherweise der Schweinehirt Eumaios. Durch die Türöffnung aber kommt der als Bettler verkleidete Odysseus selbst. Der Eindruck von Häuslichkeit wird verstärkt durch die weibliche Gestalt – gedeutet als die Amme Eurykleia, die Odysseus zuerst an einer Narbe erkannte –, die links unten am Boden sitzt und Garn aufspult, während die Katze mit dem Knäuel spielt. Gleichsam als Bild im Bilde aber öffnet sich durch das Fenster der Blick auf das Meer, wo in unmittelbarer Nähe ein großes Schiff vorüberrauscht. In simultaner Darstellungsweise, der Vereinigung zeitlich aufeinander folgender Szenen in einem Bild, erleben wir die Begegnung Odysseus' und seiner Mannschaft mit den Sirenen und sehen ihn auf dem Deck festgebunden, um nicht den tödlichen Verlockungen zu erliegen. Eine zweite Szene hinten zeigt Circe, die Männer in Schweine verwandelt. Die Flagge des Schiffes hat ein goldenes Kreuz auf rotem Grund, von den zahlreichen Wappen weist eines auf die Adelsfamilie Petrucci in Siena hin, für die Pinturicchio das Fresko wahrscheinlich schuf und aus deren Palast es kam als ein schönes Zeitbild.

△ Pellegrino Tibaldi,
Palazzo Poggi (Universität),
Bologna
▽ Homer, Odyssee XVII

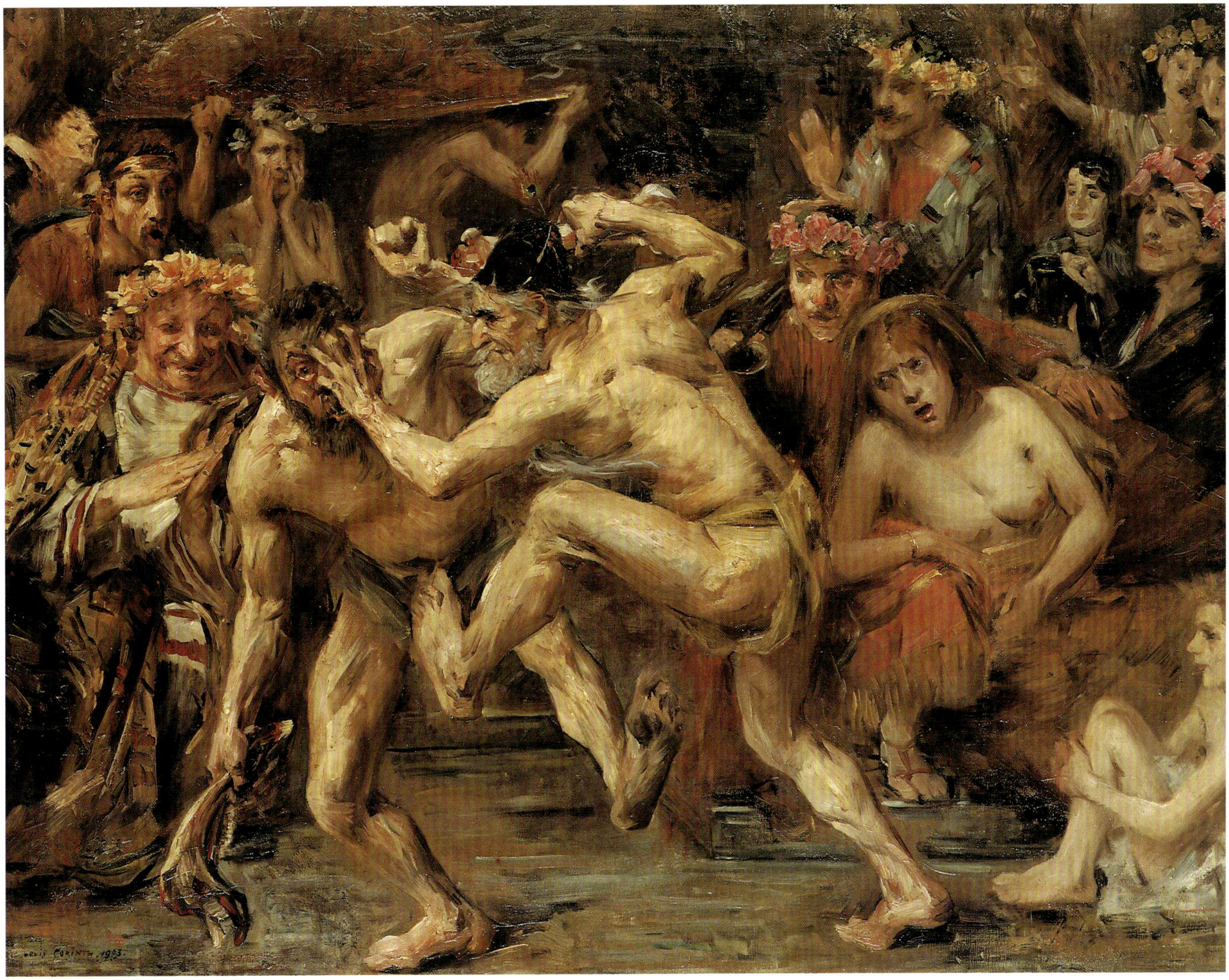

170
Lovis Corinth
1858 Tapiau (Ostpreußen)
bis 1925 Zandvoort (Holland)
Odysseus im Kampf mit dem Bettler
1903
Leinwand, 83 × 108 cm
Národní Galerie, Prag

Der Kampf zwischen Odysseus und dem Bettler wirkt wie eine groteske pantomimische Tanzszene, ist aber das Vorspiel zu einem großen Sterben, der Beginn eines Totentanzes. Die bekränzten Freier und lockeren Dirnen in der Runde, die dem Spektakel mit unterschiedlichen Gefühlsäußerungen zuschauen, mögen etwas davon ahnen, als der armselige Alte plötzlich große Kraft und Gewandtheit entwickelt. Der Bettler Iros, der prahlerisch Odysseus zu erniedrigen gedachte, wird selbst zu einer kläglichen Figur. Der Eselskinnbacken, den er – wie der biblische Held Simson im Kampf gegen die Philister – als Waffe führt, entgleitet seiner Hand. Odysseus kratzt ihm ins Gesicht und trifft ihn mit dem Fuß wie spaßhaft an seiner empfindlichsten Stelle, daß ihm Hören und Sehen vergeht. Hinter dem fast gutmütigen Lachen des vermeintlichen Greises verbirgt sich ein teuflisches Rachegefühl. – Corinths Bild mag auf den ersten Blick wie eine Parodie auf den mythologischen Stoff erscheinen und ist im allgemeinen auch so interpretiert worden. In Wirklichkeit hat der Maler mit psychologischem Tiefblick die zunächst noch verborgene Tragik des Geschehens spürbar gemacht, das unausweichlich zum Untergang all der hier versammelten Personen durch Odysseus führen wird. Einige der fratzenhaften Gesichter muten schon jetzt wie Totenköpfe an. – Corinth hat eine ganze Anzahl Porträts einbezogen, darunter in dem weiblichen Halbakt rechts seine eigene Frau Charlotte, die ihm oft als Modell diente. Er offenbart auch hier sein gewaltiges malerisches Temperament, dem der mythologische Stoff entgegenkam.

▽ Homer, Odyssee XVIII, 1–107

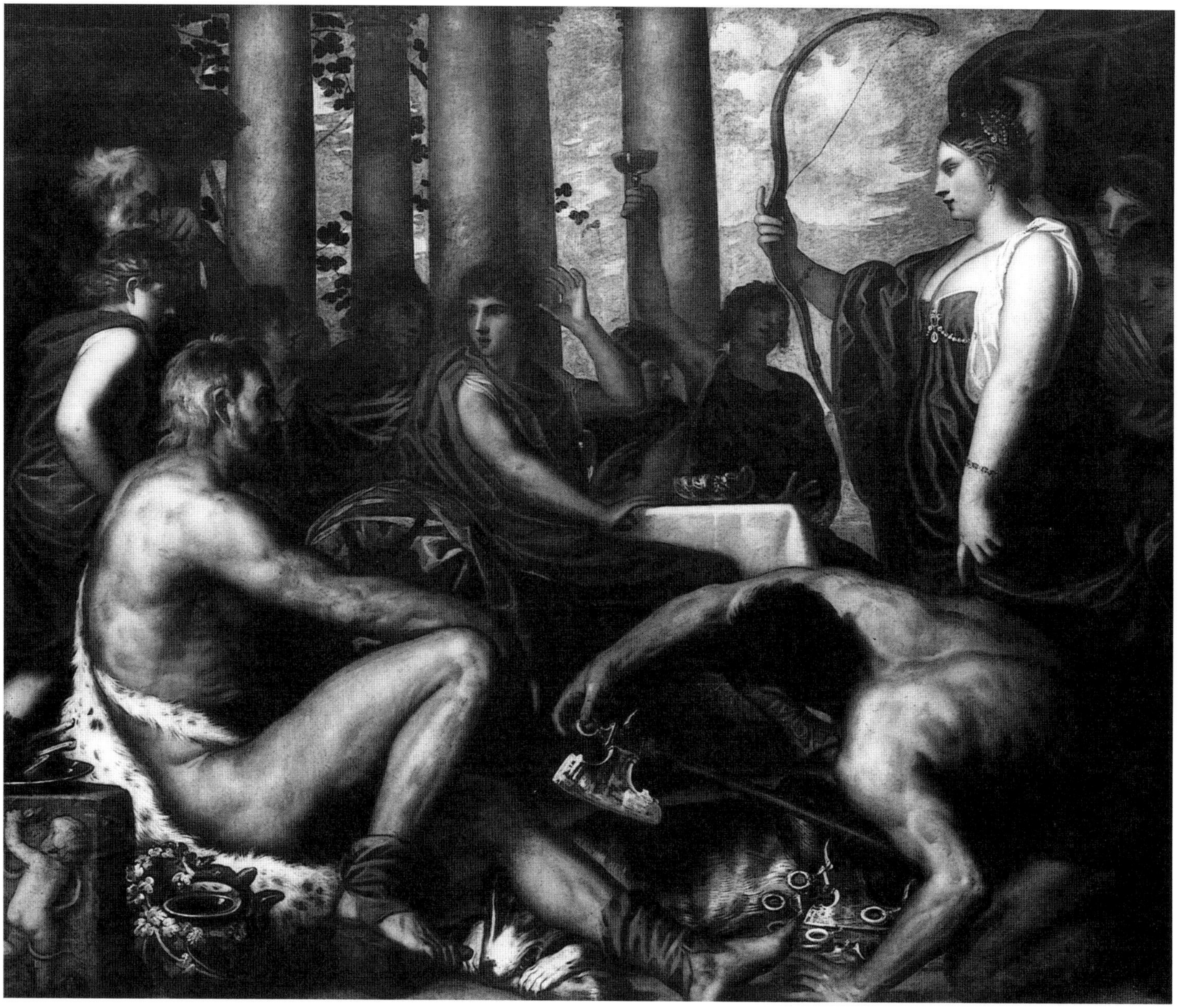

171
Padovanino,
eigentlich Alessandro Varotari
1588 Padua – 1648 Venedig
Penelope bringt den Freiern den Bogen des Odysseus
Nach 1620
Leinwand, 196 × 236 cm
National Gallery of Ireland, Dublin

Das Bild wurde im 19. Jahrhundert in Rom als »Meleager und Atalante« gedeutet. In Dublin trug es bislang den Titel »Artemis erscheint dem Oineus, dem Vater Atalantes«. Inzwischen wurde das Motiv aus der Odyssee darin erkannt. Dargestellt ist in einer spannungsvollen Komposition der Augenblick, da Penelope auf Anweisung Athenas den Freiern den Bogen ihres vermißten Gatten bringt und die Bedingungen nennt, unter denen sie nach langer Werbung endlich einen von ihnen zum Gemahl nehmen werde: den Bogen spannen und den Pfeil durch die Öhre von zwölf nebeneinander aufgestellten Äxten – wie sie im Vordergrund zu sehen sind – schießen zu können. Penelope wirkt wie eine unheilverkündende Schicksalsgöttin. Noch hebt einer der Freier das Glas, aber ein anderer rechts vorn bei den Äxten duckt sich vor der strafenden Erscheinung der Hausherrin, und die Fröhlichkeit erstirbt. In der Figur am linken Bildrand ist vielleicht Penelopes und Odysseus' Sohn Telemachos zu sehen; der andere Jüngling in der Mitte könte der Freier Antinous sein, der Telemachos zu töten versucht hatte und der neben Penelope auch die Herrschaft über Ithaka gewinnen wollte. Das manieristische Bild verrät den Einfluß des späten Tizians: So findet sich zum Beispiel die stolze, im Profil gegebene Gestalt Penelopes mit dem vorgehaltenen Bogen ganz ähnlich in der auf Aktaion schießenden Göttin Artemis in der National Gallery London. Ruggeri datiert das Bild sehr spät in die 1640er Jahre.

▽ Homer, Odyssee XXI, 1–81

Bildnachweis

Neben den bei den Bilderläuterungen genannten Museen und Sammlungen lieferten nachstehende Archive und Fotografen Bildvorlagen:

Alinari, Florenz III, 33, 163
Anders, J. P., Berlin 3, 67
Artothek Kunstdiaarchiv J. Hinrichs, Peissenberg 5, 46, 108

Bildarchiv Preußischer Kulturbesitz Berlin IV
Blomstrann, E. Irvin, Hartford/Conn. 34
Bond, Sue, London 32
Bulloz, Paris 153

Fotostudio Otto, Wien 52
Fymann, Vladimir, Prag 11

Giacomelli, Venedig 7
Guerra, Antonio, Bologna 160

Herzog Anton Ulrich-Museum Hannover (B.-P. Keiser) 27, 127, 168

Jarves, James Jackson, New Haven 128

Karpinski, Jürgen, Dresden 36, 90, 119
Klein, W., Düsseldorf 31

Lichtbildwerkstätte Alpenland, Wien 42, 91, 95, 145
Luck, Chr., Meiningen 58

Mills, John, Liverpool 103

Novosti, Moskau 150

Perz/Maćkowiak, Poznan 152
Petersen, Hans, Kopenhagen 110
Posselt, Milan, Prag 170

Rheinisches Bildarchiv, Köln 70, 94
Rössing, R., Leipzig 56

Sandig, Chr., Leipzig 80
Sächsische Landesbibliothek, Deutsche Fotothek, Dresden IV, 14, 17, 63
(Kramer) 66, 79, 84, 101
(Möbius) 74
SCALA, Antella 16, 30, 44, 82

Service photographique de la Réunion des musées nationaux, Paris 18, 20, 54, 73, 75, 96, 97, 10, 126, 134
Staatliche Kunstsammlungen Dresden (Klut) 22, 25, 35
(Klut/Estel) 15
(Pfauder) 38, 53, 57, 60, 71, 93, 105, 125, 154, 158
Steuerlein, Asmus, Dresden 9, 45, 68, 83, 85, 120, 148

Verlagsarchiv V, VIII, 49, 107, 169

Walford, Elke, Hamburg 167

Literaturauswahl

Bulfinch, Thomas: Myths of Greece and Rome. Herausgegeben von Bryan Holme mit einer Einführung von Joseph Campbell. – London, 1980

Daniel, Howard; Berger, John: Encyclopaedia of Themes and Subjects in Painting. – London, 1971

Gärtner, Hannelore: Kleines Lexikon der griechischen und römischen Mythologie. – Leipzig, 1989

Grant, Michael; Hazel, John: Lexikon der antiken Mythen und Gestalten. – München, 1993

Herder Lexikon. Griechische und römische Mythologie. – Freiburg, 1981

Homer: Werke in zwei Bänden. Bd. 1 Ilias, Bd. 2 Odyssee. Aus dem Griechischen von Dietrich Ebener. – Berlin; Weimar, 1983

Hunger, Herbert: Lexikon der griechischen und römischen Mythologie mit Hinweisen auf das Fortwirken antiker Stoffe und Motive in der bildenden Kunst, Literatur und Musik bis zur Gegenwart. – Wien, 1969

Jahn, Johannes, in Verbindung mit Robert Heidenreich und Wilhelm von Jenny: Wörterbuch der Kunst. – Stuttgart, 1983 (Kröner Taschenausgabe 165)

Kerényi, Karl: Die Mythologie der Griechen. Bd. I: Die Götter- und Menschheitsgeschichten. Bd. II: Die Heroengeschichten. – München, 1984 (dtv; 392)

Klauner, Friderike; Heintz, Günther: Vom Himmel durch die Welt zur Hölle. Inhalt und Sinn von Gemälden. – Wien, 1987

Krauss, Heinrich; Uthemann, Eva: Was Bilder erzählen. Die klassischen Geschichten aus Antike und Christentum. – München, 1988

Lamer, Hans, in Verbindung mit Ernst Bux und Wilhelm Schöne: Wörterbuch der Antike. – Stuttgart, 1956 (Kröner Taschenausgabe, Bd. 96)

Lexikon der Antike/Herausgegeben von Johannes Irmscher und Renate Johne. – Berlin; Leipzig, 1977

Löwe, Gerhard; Stoll, Heinrich Alexander: Die Antike in Stichworten. – Leipzig, 1976

Moritz, Karl Philipp: Götterlehre oder mythologische Dichtungen der Alten. – Leipzig, 1966

Ovid: Werke in zwei Bänden. Bd. 1: Verwandlungen. Aus dem Lateinischen von Reinhart Suchier, bearbeitet von Liselot Huchthausen. – Berlin; Weimar, 1982

Pauly: Lexikon der Antike/bearbeitet von Konrat Ziegler und Heinz Gärtner. – Stuttgart; München, 1965 bis 1975

Pfister, Friedrich: Götter- und Heldensagen der Griechen. – Heidelberg, 1956

Pigler, Andor: Barockthemen. Eine Auswahl von Verzeichnissen zur Ikonographie des 17. und 18. Jahrhunderts. Bd. II: Profane Darstellungen. – Berlin, 1956

Preller, Ludwig; Robert, Carl: Griechische Mythologie. Bd. 1, 2. – Berlin, 1887–1926

Rahner, Hugo: Griechische Mythen in christlicher Deutung. – Zürich, 1945

Ranke-Graves, Robert von: Griechische Mythologie. Quellen und Deutung. – Reinbek bei Hamburg, 1985

Roscher, Wilhelm Heinrich: Ausführliches Lexikon der griechischen und römischen Mythologie. 6 Bde und 4 Suppl.-Bde, fortgesetzt von Konrat Ziegler. – Leipzig, 1884 bis 1933

Sandner, Oskar: Götter und Römer. Mythos–Geschichte–Kunst. – Wien, 1983

Schefold, Karl: Die Göttersage in der klassischen und hellenistischen Kunst. – München, 1981

Schwab, Gustav: Die schönsten Sagen des klassischen Altertums nach seinen Dichtern und Erzählern. 2 Bde. – Leipzig, 1977

Simon, Erika: Die Götter der Griechen. – München, 1969

Trencsényi-Waldapfel, Imre: Die Töchter der Erinnerung. Götter- und Heldensagen der Griechen und Römer mit einem Ausblick auf die vergleichende Mythologie. Aus dem Ungarischen von Mirza Schüching. – Berlin, 1968

Tripps, Edward: Reclams Lexikon der antiken Mythologie. – Stuttgart, 1991

Vergil: Werke in einem Band. Aus dem Lateinischen von Richard Seelisch und W. Hertzberg, herausgegeben von Wolfgang Hering, Liselot Huchthausen und Werner Krenkel. – Berlin; Weimar, 1965

Vollmers Wörterbuch der Mythologie aller Völker. Neu bearbeitet von W. Binder, Einleitung von J. Minckwitz. – Stuttgart 1874, Neudruck Leipzig, 1988

Wind, Edgar: Heidnische Mysterien in der Renaissance. – Frankfurt a. M., 1981

Register mythologischer Namen

Die Namen historisch belegter Personen, die zur Mythologie gehören, sind nur in diesem Register enthalten, geographische Namen wurden nicht aufgenommen. Kursive Ziffern verweisen auf Textseiten, geradstehende auf Bildnummern.

Künstler- und Personenregister